# Wegbereiter
# der Reformation

HERAUSGEGEBEN VON
GUSTAV ADOLF BENRATH

R. Brockhaus Verlag Wuppertal

Fotomechanischer Nachdruck der 1967 in der
Sammlung Dieterich Band 266 erschienenen Ausgabe
der Klassiker des Protestantismus.
© 1967 by Carl Schünemann Verlag Bremen.
Mit freundlicher Genehmigung der Herausgeber
und des Carl Schünemann Verlages Bremen.

Taschenbuchausgabe
© 1988 R. Brockhaus Verlag Wuppertal
Umschlaggestaltung: Carsten Buschke, Leichlingen 2
Gesamtherstellung: Ebner Ulm
ISBN 3-417-24111-1

# INHALT

# EINLEITUNG

„Lebhafter als für Einrichtungen und Zustand der offiziellen Kirche haben die Reformationshistoriker, besonders evangelische, sich für die Bestrebungen interessiert, deren Träger bewußt oder unbewußt in engerem Rahmen ihren christlichen Idealen nachgingen und oft in Opposition zur Kirche gerieten. Die wissenschaftliche Vorliebe für solche Themata war und ist nicht ohne Gefahr. Der Geschichtsschreiber des 16. Jahrhunderts löst solche Tendenzen von ihrem zeitlichen Hintergrund gern los, hält sie für Vorboten der Reformation, legt ihnen größere Wichtigkeit bei, als sie unter den damaligen Erscheinungen besaßen, betont zu stark die Verwandtschaft mit, zu schwach die Unterschiede von späteren religiösen Neubildungen, mißt an den bitteren Klagen, Kritiken und beißenden Satiren die angegriffenen Dinge und Menschen. Derartige Urteile wurden schon vor der Reformation willig und weit verbreitet, bildeten im 16. Jahrhundert das Arsenal der protestantischen Schriftsteller und Volksredner und blieben Gemeingut, zumal die Gegner ihre Sache oft wenig glücklich und geschickt und mit starker Übertreibung verfochten."

Auch wer diese Warnung des Reformationshistorikers Gustav Wolf als begründet anerkennt, kann die Möglichkeit, die Berechtigung und die Notwendigkeit der Frage nach den Wegbereitern der Reformation selbst wohl nicht bestreiten. Es wird zwar niemand auf den Gedanken kommen, solche Wegbereiter zu den „Klassikern des Protestantismus" selbst zu zählen, denn zum Protestantismus gehören sie nicht. Daß aber innerhalb der mittelalterlichen Kirche, an ihrer Grenze und jenseits davon die verschiedensten Kräfte teils durch ihre Positionen, teils durch Negationen, der Reformation der Kirche im 16. Jahrhundert vorgearbeitet haben, läßt sich aus den Quellen erschließen. Ja, es wäre von vornherein anzunehmen, sofern man bei der Erforschung und Erkenntnis der Geschehnisse der Vergangenheit das Axiom aufstellen darf: Historia non facit saltus. Aber ganz abgesehen hiervon: Bei allem, was sie von ihren geistigen und geistlichen Vätern und von ihren zeitgenössischen Gegnern trennte, blieben sich die Reformatoren des 16. Jahrhunderts stets auch dessen bewußt, was sie von ihnen gelernt hatten. Dabei war es nur natürlich, daß sie insbesondere diejenigen hochschätzten, die vor ihnen ähnliche Erkenntnisse gewonnen, ähnliche Meinungen vertreten, ähnliche Forderungen erhoben hatten wie sie. Der theologische Kern der Reformation, die Wieder- und Neuentdeckung des Evangeliums durch Luther, läßt sich an keiner Stelle aus der Theologie seiner Lehrer ableiten; diese bildet vielmehr den negativen Hintergrund und Ausgangspunkt, von dem er sich erst unter schweren Kämpfen losrang. Nachdem er aber den neuen, von Paulus und Augustin gewiesenen Weg eingeschlagen hatte, entdeckte er nachträglich auch in der vielfältigen Überlieferung des späten Mittelalters manches, was ihn in seiner Überzeugung bestätigen konnte.

Es ist mannigfach untersucht worden, wie Luther, der während seiner Schulzeit eine Zeitlang mit der Frömmigkeit der Brüder vom Gemeinsamen Leben in Berührung gekommen war, den ockhamistischen Schultraditionen seiner Studienzeit entwuchs, um schließlich mit ihnen zu brechen. Doch auch nach dieser entschiedenen Abkehr blieben die Nachwirkungen der Scholastik in dem einen und anderen Punkt der Theologie des späteren Reformators erhalten. Die Spuren davon, daß Luther einmal ein „doctor modernus" war, der „die Sekte Ockhams tief in sich eingetrunken" hatte, sind nie völlig verschwunden. Auf welche Weise Luther in den Jahren der Entscheidung von den Grundgedanken der Mystik berührt wurde, ist gleichfalls bekannt. Er las sich in die Predigten Taulers ein, und als er die von ihm entdeckte mystische „Theologia Deutsch" herausgab (1518), pries er sie als ein Dokument der besseren Theologie. Die Weisungen, die ihm der von der Mystik bestimmte Generalvikar Johann Staupitz gab, schätzte er so hoch ein, daß er, noch lange Jahre später (1531), ohne übertreiben zu wollen, erklärte: „Ich habe alles von Staupitz..." Auf der anderen Seite machte Luther dankbar von den Hilfsmitteln Gebrauch, die ihm der Humanismus an die Hand gab. Aus Reuchlins Grammatik (1506) lernte er Hebräisch, die griechische Ausgabe des Neuen Testaments durch Erasmus (1516) hat er seiner Bibelübersetzung zugrunde gelegt. Die vernichtende Kritik Lorenzo Vallas an der sog. Konstantinischen Schenkung, veröffentlicht von Hutten (1520), bestärkte ihn in der Meinung, der Papst sei der Antichrist. Von besonderer Bedeutung war es, daß Luther während der Leipziger Disputation (1519), von seinem Gegner Eck in die Enge getrieben, einige Lehren von Hus als rechtgläubig anerkannte. Nachdem er sich dann in die Schriften Hussens erst recht vertieft hatte, meinte er gar, er und alle, selbst Paulus und Augustin, seien, ohne es zu ahnen, „Hussiten" gewesen. Luther knüpfte mit den Böhmischen Brüdern Beziehungen an, und noch in späteren Jahren hat er das Andenken an Hus, den „wahren Märtyrer Christi", durch die Ausgabe seiner Briefe erneuert und wachgehalten. Mit welchem Eifer Luther auch die älteren Forderungen der Kirchenreform aufnahm, zeigt sich vor allem in seiner Schrift „An den Christlichen Adel deutscher Nation" (1520). Sie stellt in gewisser Weise den Höhepunkt und Abschluß der Gattung der „Gravamina der deutschen Nation" dar, die Luther spätestens jetzt, nach seinem eigenen reformatorischen Neubeginn, ebenso kennenlernte wie die Akten der Reformkonzilien von Konstanz und Basel und die in ihren Umkreis gehörende „Reformatio Sigismundi". Tief beeindruckt war Luther, als er die Traktate von Wessel Gansfort zu lesen bekam (1522). Er gab sie zusammen mit einer eigenen Vorrede in Druck: „Wenn ich den Wessel zuvor gelesen, so ließen sich meine Widersacher dünken, ich hätte alles von Wessel genommen, also tief stimmt unser beider Geist zusammen." Wenig später (1523) veröffentlichte Luther Savonarolas Auslegung des 51. und des 31. Psalms.

So nahm Luther nicht nur aus der Zeit seiner Erziehung und Bildung, die sich ja in keinem Falle völlig „ablegen" läßt, vieles herüber in die Zeit seiner Wirksamkeit als Reformator von Theologie und Kirche. In den Werdejahren machte er von den literarischen und theologischen Waffen und Werkzeugen aller Art Gebrauch, um sich schließlich in den Kampfesjahren, fast ohne sein Zutun, von einem unerwarteten Zuzug verschiedenartiger Bundesgenossen aus Vergangenheit und Gegenwart unterstützt zu sehen. Diese Bundesgenossen verliefen sich allmählich wieder. Mit der allgemeinen Abklärung der Fronten und mit der wachsenden Selbständigkeit der evangelischen Kirche traten die Unterschiede zu jenen Helfern und Wegbereitern wieder stärker hervor. Auch Luther selbst gewann Abstand von ihnen. Die Überschätzung eines Hus und eines Wessel Gansfort, die aus seiner ersten Überraschung und Entdeckerfreude erklärlich ist, wich einer kühleren Beurteilung. So hob er später treffend hervor, was ihn von Wyclif und Hus trennte: Wyclif und Hus, sagte er, haben das Leben im Papsttum bekämpft, sein Beruf aber sei es, dessen Lehre anzugreifen. Und Jean Gerson, den er als Mystiker und Konziliaristen hochschätzte, lobte und tadelte er im gleichen Atemzug, weil er die angefochtenen Gewissen zwar getröstet habe, dies jedoch nur mit einer unzulässigen Verharmlosung des Gesetzes. Immer mehr erkannte Luther, daß er mit jenen Lehrern und Gesinnungsgenossen eher in den kritischen als in den positiven Zielsetzungen übereinstimmte. Auf dieser Seite allerdings war die Schar derer, die im Verlauf der mittelalterlichen Kirchengeschichte ihre Stimme gegen kirchliche Mißstände erhoben hatten und so die Berechtigung der evangelischen Sache wenigstens mittelbar bekräftigen konnten, größer, als es Luther und die Reformatoren zuvor geahnt hatten.

Diese Schar von Opponenten von neuem bekanntzumachen und als Zeugen für die evangelische Wahrheit in Anspruch zu nehmen, war die Absicht, die der

Lutherschüler *Flacius* (1520—1575) in seinem „Catalogus Testium Veritatis" verfolgte. Die Geschichtsschreibung trat hier in den Dienst der Polemik — keineswegs nur zu ihrem Schaden. Es war eine ganze Wolke von großen und kleinen Zeugen, die Flacius der Vergessenheit entriß und vor seinen Lesern vorüberziehen ließ, um sie von einer möglichst breiten, ungebrochenen Kontinuität der wahren evangelischen Lehre und ihrer Bekenner seit der Zeit der Apostel bis auf die Reformation zu überzeugen. In der Auswahl war Flacius keineswegs kleinlich. Päpste, die einmal einen Reformversuch gemacht hatten, wurden ebenso unter die Zeugen der Wahrheit gezählt wie manche Kaiser, die das Papsttum aus politischen Gründen bekämpft hatten; in bunter Folge wurden energische Bestreiter kirchlicher Einrichtungen und Lehren Seite an Seite mit friedlichen, frommen Heiligen verzeichnet, und große Scholastiker traten hier in eine Reihe mit rebellischen Bauern. Der Catalogus wurde auf evangelischer Seite ein großer Erfolg, weil jene Generation der Reformatoren-Schüler in dem Bestreben, ihre Orthodoxie zu verteidigen, in zunehmendem Maß auch wieder auf historische Argumente zurückgriff. Flacius gelang es damit, nicht nur die in allen Ländern und Ständen Europas verbreitete Kritik an der mittelalterlichen Kirche, sondern auch die Versuche zu ihrer inneren und äußeren Reform eindrucksvoll vor Augen zu führen.

Die spätere kirchliche Geschichtsschreibung folgte seinem Vorbild weithin. Man unterließ es jetzt nicht mehr, auf die Vorbereitung der Reformation und auf gewisse Vorläufer der Reformatoren hinzuweisen. Über diesen Verbindungslinien nach rückwärts die Besonderheit und Selbständigkeit der Reformation selbst zu vernachlässigen, bestand keine Gefahr. Aber genauso wie bei Luther und insbesondere bei Flacius der kritisch-polemische Gegensatz zur römischen Kirche die historische Urteilskraft keineswegs nur getrübt, sondern zum Teil auch zu besserer Erkenntnis geschärft hatte, so zogen die Kritiker Luthers ihrerseits die Verbindungslinien. Die katholischen Gegner machten es sich zu leicht, wenn sie Luther und seine Lehre einfach unter die altbekannten Ketzer und Ketzereien einzureihen versuchten. In diesem Sinne verfaßte *Wilhelm Eisengrein* († 1584) einen „Catalogus Testium Veritatis locupletissimus" (1565), um Flacius entgegenzutreten. Ernster zu nehmen war es aber, wenn die Anhänger der calvinischen Reformation auf die Verbindung zwischen Luther und der Scholastik und auf den konservativen Grundzug der lutherischen Reformation hinwiesen. Der gelehrte Pietist *Gottfried Arnold*, dessen „Unpartheyische Kirchen- und Ketzerhistorie" (1699) einen Wendepunkt in der evangelischen Kirchengeschichtsschreibung darstellt, hob von neuem die Verbindung von Luther zu Tauler und zur Mystik im allgemeinen hervor.

Bei der zweiten Jahrhundertfeier der Reformation (1717) erinnerte der Helmstedter Theologe *Hermann von der Hardt*, der Kenner der Konziliengeschichte des 15. Jahrhunderts, an die lange Vorgeschichte der Reformation. Nicht nur eine Stunde, nicht ein Tag allein führte den Umschwung herbei: „Durch lange Jahrhunderte gingen die Geschicke ihren Gang." Wie die Verderbnis wuchs, so mußte auch die Sehnsucht nach einer Reformation erst zunehmen. Von der Hardt, der sich vom Pietisten zum Rationalisten gewandelt hatte, spendete sein Lob vor allem Erasmus und Reuchlin: „Sie waren die ersten, welche den Weg bereiteten zur milderen, echteren Lehre, zur reineren Gestalt der Kirche und des Staates." Jene Gestalten und Kräfte, die sich während des 14. und 15. Jahrhunderts innerhalb der römischen Kirche um eine Reform der Kirche bemühten oder, den Mißerfolg vor Augen, sich ganz von ihr abwandten, wurden in der evangelischen Kirchengeschichtsschreibung des 18. Jahrhunderts nirgendwo vergessen. Man betrachtete sie aber nur selten als wirkliche Wegbereiter der Reformation. Zu stark empfand man, daß sie in den Vorurteilen ihres Jahrhunderts befangen und im Vergleich mit Luther rückständig geblieben waren, dessen Reformation sich auch jetzt noch eines, freilich neu begründeten, kanonischen Ansehens erfreute. Selbst die alte Bezeichnung „Zeugen der Wahrheit" wurde vermieden oder doch umgedeutet. So sprach *Johann Lorenz von Mosheim* (1694—1755), „der Vater der neueren Kirchengeschichtsschreibung", mit spürbarer Zurückhaltung von den „frommen und guten Männern, welche von den Protestanten gemeinhin ‚Zeugen der Wahrheit' genannt zu werden pflegen", und unterdrückte nicht die tadelnde Bemerkung, daß diese Leute ihrerseits Fehler begingen, als sie die Fehler der römischen Kirche zu bekämpfen suchten. Obgleich Mosheim mit erstaunlicher Objektivität zum Beispiel die Geschichte der Begarden und der Lollarden erforschte und würdigte, vermochte er sich von den Gesichtspunkten der Ketzergeschichte noch nicht grundsätzlich freizumachen. Die Unzulänglichkeit eines Wyclif und Hus entschuldigte er mit der Ungunst der Zeit, in der sie lebten.

Mehr Gerechtigkeit widerfuhr den Wegbereitern in der biographischen Darstellung. Das für weite Leserkreise bestimmte Büchlein des englischen Theologen und Pädagogen *William Gilpin* (1724—1804), das die Lebensbeschreibungen von Wyclif, dem adeligen Lollarden Sir John Oldcastle, von Hus, Hieronymus von Prag und von Zischka enthielt (1765), gab sich in der deutschen Übersetzung als „Lebensbeschreibung der bekanntesten Reformatoren vor Luthero" (1769) und lenkte auch schon durch seinen Titel die Aufmerksamkeit von neuem auf die Wegbereiter der Reformation. In dem Vorwort des ungenannten deutschen Übersetzers erschienen diese Männer aber außerdem geradezu als Vorläufer der Aufklärung! Es war Wyclifs Verdienst, so hieß es hier, „daß er zu einer Zeit, wo die dickeste Nacht des dummsten Aberglaubens mit der uneingeschränktesten Gewalt herrschte, mit der Fackel der Wahrheit auftrat und die Finsternis seiner Zeiten mit einem zwar nur glimmenden, doch deutlich zu bemerkenden Licht beleuchtete". Diese Vorläufer gaben „der Welt den Beweis, daß die Wahrheit zu allen Zeiten, auch noch vor dem unsterblichen Luther, ihre Verehrer und Verteidiger gehabt habe". Aber es liegt auf der Hand: Hier war weniger das Licht aus der Höhe gemeint als die Leuchte irdischer Aufklärung, weniger die biblische Wahrheit als die Vernunft des Jahrhunderts. Die biographische Behandlung der Wegbereiter blieb aber nicht ohne Folgen. Waren sie einst bei Flacius als „Zeugen der Wahrheit" hinter ihrem Zeugnis zurückgetreten, so gewannen sie jetzt Interesse als individuelle Persönlichkeiten. Hatten sie vordem in den historischen Darstellungen ihren Platz am Rande der Geschichte und Kirchengeschichte ihrer Zeit gefunden, so wurden sie jetzt aus diesem Winkeldasein befreit und gleichzeitig aus ihrem ursprünglichen historischen Zusammenhang gelöst. Die Verknüpfung mit der Reformation des 16. Jahrhunderts gab diesen „Reformatoren vor Luthero" eine ganz neue, ungewohnte Beleuchtung. Das zeigt sich bei einigen von ihnen bereits in der (übrigens noch aufklärerischen) „Christlichen Kirchengeschichte" von *Johann Mathias Schroeckh* (1733—1808). Hier erschien Johann Wessel (= Wessel Gansfort) als „ein Reformator der Religion", Johann von Wesel (= Ruchrath) als „Reformator des Christenthums" und Johann von Goch (= Pupper von Goch) als „ein Reformator aus der Bibel", während es von Wyclif in ausführlicher Würdigung hieß, er verdiene „gewiß den Nahmen eines Reformators der Religion und Kirche" und schließlich: „Seine unerschrockenen Fortschritte in einem solchen Jahrhundert sind aller Bewunderung und seine Fehltritte der größten Nachsicht werth." Im Vergleich mit ihm war Hus zwar „mehr ein Reformator des Clerus und der Sitten als des Glaubens", aber gleichwohl war auch sein Werk „eine Reformation".

In einer bestimmten Richtung der von der Romantik bestimmten Geschichtsschreibung des 19. Jahrhunderts steigerte sich das biographische Interesse nur noch mehr. Es kam den Wegbereitern der Reformation in ungeahntem Maße zugute. Hier wurden aus den einstigen Zeugen vollends Heilige oder Helden gemacht. Auch in den größeren kirchengeschichtlichen Darstellungen wurden die christlichen Persönlichkeiten dermaßen in den Vordergrund gerückt, daß das echte historiographische Objekt, die Kirche als ganze, dahinter fast zu verschwinden drohte. Selbst wo die

Kirchengeschichte weithin als Ideengeschichte begriffen und dargestellt wurde, kam den Persönlichkeiten als Trägern der Idee in ihrer besonderen Abwandlung und Ausprägung erhöhte Bedeutung zu. Im Blick auf die „Vorläufer der Reformation" schrieb *Ferdinand Christian Baur* (1792—1860) in seiner „Kirchengeschichte des Mittelalters": „So concentrirt sich alles Grosse und Bedeutungsvolle, das schon seit Jahrhunderten die Kirche bewegt, zuletzt in der Persönlichkeit weniger hervorragender Individuen. Sie sind die Vertreter des sittlich religiösen Interesses . . ."

Die größte Beachtung fanden die Wegbereiter der Reformation jedoch in den von *August Neander* (1789 bis 1850) angeregten und beeinflußten monographischen Studien. Neander selbst entwarf von Hus, den er gar dem heiligen Chrysostomus an die Seite stellte, ein liebevolles, allzu liebevolles Bild, die „Züge aus dem Leben des heiligen Johann Huß als Beweise der immer gleichen Wirkung des echt evangelischen Geistes" (1819), wobei er in seinem Heiligen ein „zartes, kindlich-demütiges Gemüt" entdeckte. Daß Neander das Verständnis der christlichen Persönlichkeit als Schlüssel zum Geschichtsverständnis im allgemeinen nahm, wird sogar in diesen kurzen „Zügen" deutlich: „Wie bei den einzelnen Menschen, wenn das Licht in ihnen zur Finsternis geworden, am Ende ihr ganzes Wesen Finsternis wird, so ist es auch in ganzen Abschnitten der Menschengeschichte." Die Fehlerquellen, die sich aus diesem und ähnlichen Grundsätzen ergeben konnten, traten in der mit gewisser Vorliebe für das Mittelalter verfaßten Kirchengeschichte von *Karl von Hase* (1800—1890) allerdings wenig hervor. In einem Schlußkapitel behandelte von Hase die Kräfte der „Opposition und Reform" als „die Vorzeichen der Reformation" und erklärte: „Der Protestantismus vor der Reformation ist ein Zeugnis, daß diese Reformation nicht ein vereinzelter Einfall gewesen ist." Hier kam nun von neuem eine ganze Anzahl jener „Wahrheitszeugen" des Flacius zu Wort, von Matthias von Janow bis auf Geiler von Kaysersberg und Johann Hilten, von Katharina von Siena und Gerson bis hin zu Gregor von Heimburg und Albert Krantz, dazu ausführlich „die gelehrten Vorläufer der Reformation", die jetzt in geradezu kanonischer Dreiheit erscheinenden niederländisch-rheinischen Reformtheologen Wessel Gansfort, Johann Ruchrath von Wesel und Johann Pupper von Goch. Daß Karl von Hase einen „Flacius redivivus" zu schreiben begann, ist für seine Absichten ebenso bezeichnend wie die Tatsache, daß er diesen Plan rasch wieder aufgab und den ersten fertigen Druckbogen sogleich vernichten ließ. Denn sosehr ihm daran lag, den Wegbereitern der Reformation eine eigene Darstellung zu widmen — er erkannte, daß die Mittel des 16. Jahrhunderts zur Lösung dieser Aufgabe nicht mehr ausreichten. Die historische Erkenntnis hatte sich erweitert und vertieft. Über Hus bemerkte Hase: „Durch die Geschichte geht ein Blut-und-Opfer-Gesetz. Die großen Umwandlungen im Leben der Völker vollziehn sich fast nie ohne Opfer und Märtyrertum. Solch ein Opferfest für die Reformation der Kirche ist die Geschichte des Hussitentums." Mit der Darstellung Savonarolas, „diesem letzten Todesopfer", ließ Hase die mittelalterliche Kirchengeschichte zu Ende gehen.

Aus der Hochschätzung der Wegbereiter wurde eine Überschätzung. In seiner zweibändigen „Geschichte der Vorläufer der Reformation" (1835/36) übertrug der Leipziger Historiker *Ludwig Flathe* diesen Begriff von neuem auf alle Arten von Opponenten gegen die Kirche des Mittelalters, vom Bilderstreit des 8. Jahrhunderts bis auf Johann von Wesel. „Die große Reformation der Kirche trat, wie fast alle weitgreifenden und wichtigen Erscheinungen des menschlichen Lebens, nicht ohne lange Vorbereitung hervor: es trugen sie viele Jahrhunderte in ihrem Schoße." Gegenüber früher waren die Gesichtspunkte aber geradezu vertauscht: Die mittelalterlichen Sekten waren jetzt zu Hauptfiguren des Geschehens gemacht, zu den Trägern und bestimmenden Kräften der Kirchengeschichte schlechthin. Es war, als erschöpfte sich die Geschichte der Kirche in der Geschichte der Opposition gegen sie. Diese Überbewertung fand ihren klassischen Ausdruck

in den „Reformatoren vor der Reformation" des Ne-
anderschülers *Carl Ullmann* (1796—1865). Ursprünglich
aus einer Biographie des niederländischen Reformtheologen Wessel Gansfort hervorgewachsen (1833), behandelte dieses Werk in vier Büchern Johann von
Goch, Johann von Wesel, die Brüder vom Gemeinsamen Leben und die deutschen Mystiker, von den Beginen bis hin zu Staupitz, sowie Wessel Gansfort, der
in Ullmanns Augen als „der Vorgänger Luthers im
eminenten Sinne" erschien und „die ausgebildetste
reformatorische Theologie vor der Reformation" besaß.
Nicht die Kämpfernaturen wie Wyclif und Hus, sondern „die stillen, innerlichen Reformatoren" des 14.
und 15. Jahrhunderts, „die unscheinbareren Schrift-
und Erfahrungstheologen", „die bescheidenen Männer"
wollte Ullmann wieder besser bekanntmachen. Vom
tatsächlichen Vorhandensein der Reformation vor der
Reformation ebenso überzeugt wie vom Gesetz ge-
schichtlicher Kontinuität, suchte er die „reformatorischen Übergänge" zu veranschaulichen. Aufs ganze
gesehen, stellte sich ihm der Gang der Vorreformation
als ein dreistufiger Fortschritt von außen nach innen
zu immer tiefer gehender Kritik an der Kirche dar: auf
die Opposition gegen den Kultus (Manichäer, Petro-
brusianer, Henricianer) folgte die Opposition gegen
die Hierarchie (Arnold von Brescia, Albigenser und
Stedinger) und endlich gegen die Lehre (Wyclif, Hus,
Hieronymus von Prag). Ullmann bemühte sich, diese
„Vorbereiter" von den „Vollendern", den Reformatoren des 16. Jahrhunderts, wohl zu unterscheiden. In
eingehenden Reflexionen erinnerte er an das einmalige, unverwechselbare „Wesen der Reformation".
Sie war ihm der Durchbruch eines langen geistigen
Prozesses, zwar durch Persönlichkeiten verwirklicht,
aber auf einem Gesamtgeist ruhend, in ihrem Kern
etwas Positives und nicht nur Negatives, wie er
wiederholt betonte. Auf der anderen Seite jedoch
konnte er Überzeugung und Tendenz der Reformation
„nicht als absolut neu" beurteilen. Der Beruf der Reformatoren des 16. Jahrhunderts sei es nur mehr gewesen, die bereits vorhandenen Elemente klar und

überzeugend zusammenzufassen und die Gedanken und Wünsche der Vorgänger nun auch wirklich in die Tat umzusetzen. Ja, Ullmann behauptete sogar, bei den Vorläufern trete sowohl das Formalprinzip der Reformation, das Schriftprinzip, als auch das Materialprinzip, die Rechtfertigungslehre, deutlich hervor. Wenn irgend etwas, so mußte diese letzte Behauptung als Überspitzung empfunden werden und zur Kritik herausfordern.

Bevor es so weit war, versammelte der Leipziger Kirchenhistoriker *Gotthard Lechler* (1811—1888) die Wegbereiter der Reformation noch einmal zu einer großen Heerschau. Im ersten Buch seiner zweibändigen Monographie „Johann von Wiclif und die Vorgeschichte der Reformation" (1873) griff er, hierin sogar Flathe übertreffend, bis auf den Ursprung der Kirchengeschichte zurück: Seit den Anfängen der Kirche wiederhole sich der Dreitakt Formation, Deformation, Reformation. Zu allen Zeiten gab es in der Kirche Reformen. Die Fäden von den Katharern und Waldensern über die politischen Gegner des Papsttums bis zur deutschen Mystik und zu den Begarden zu knüpfen, war nun wahrlich nicht mehr neu, wohl aber die Behauptung, daß sie bei Wyclif „gleichsam in einen Knoten verschlungen" erscheinen. Wyclif war „der Größte unter den Vorläufern" und „der Mittelpunkt der Vorgeschichte der Reformation" so sehr, daß Lechler die folgende Zeit bis zur deutschen Reformation wesentlich als Geschichte der Nachwirkung Wyclifs begreifen konnte. In seiner Beurteilung der Reformtheologen, die sich diesem Schema freilich nicht fügten und daher nur als Anhängsel erscheinen, schloß sich Lechler eng an Ullmann an, um dann sein Werk mit Savonarola, „dem Propheten der Reformation" und „Märtyrer der Reformation vor der Reformation", zu beschließen.

Aber gleichviel, ob der Kanon der Wegbereiter der Reformation hier weiter, dort enger gefaßt war, ob die „Vorgeschichte der Reformation" mehr oder minder weit ins Mittelalter zurückgriff, die Vorstellung von den Vorzeichen, Vorboten, Vorläufern, Vorkämpfern, ja Vorreformatoren war keineswegs nur ein Gegenstand gelehrter Abhandlungen, unter denen die Werke von Ullmann und Lechler, aber auch „Die Kirche Christi und ihre Zeugen oder Die Kirchengeschichte in Biographien" von *Friedrich Böhringer* (1812—1879) durch die Aufbereitung der Quellen bis heute einen gewissen Wert behalten haben. Seit der Mitte des 19. Jahrhunderts eroberte sie sich vielmehr weite Kreise der evangelischen Bevölkerung. Lange Zeit hindurch erfreute sie sich hier großer Beliebtheit, auch dann noch, als sich die historische und kirchenhistorische Wissenschaft schon längst wieder von ihr gelöst hatte. Als besonders sinnfälliges Beispiel dafür kann das Luther-Denkmal in Worms gelten, das im Jahre 1868 feierlich eingeweiht wurde. Der liberalen, konfessionell, national und kulturkämpferisch getönten Opposition gegen die römische Kirche kam es sehr gelegen, Luther und seine Vorkämpfer miteinander zu verbinden, und so spannte man die Gestalt Luthers vor den eigenen Wagen, ohne zu bedenken, was man ihm und den mittelalterlichen Wegbereitern damit antat. Schon Ullmann hatte ja die Innerlichkeit seiner „Reformatoren vor der Reformation" mit dem germanischen Wesen in Verbindung gebracht und Luther „den deutschesten aller Deutschen" genannt. So sitzen in Worms seit hundert Jahren „die vier Vorkämpfer der Reformation, nämlich der Franke Petrus Waldus, der Engländer Johann Wiklef, der Böhme Johann Huß und der Italiener Hieronymus Savonarola" zu Luthers Füßen. Den Bildhauer *Ernst Rietschel* hatten katholische Pressestimmen hinsichtlich Savonarolas bedenklich gemacht. Karl von Hase antwortete ihm damals auf seine Anfrage: „Gleichgültig, ob Sie ihn für einen Ketzer oder für einen Heiligen halten, jedenfalls ist er ein Vorbote der Reformation gewesen, und Luther hat ihn dafür anerkannt." Die Bedenken waren zerstreut, und so besang man dann das Monument:

> Auf wessen Schultern steht der Mann?
> Sieh, auf des Sockels Schwellen,
> Da sitzen unter Acht und Bann

> Des Kampfes Altgesellen:
> Hier leuchtet Waldos Muth,
> Savonarolas Gluth,
> Dort Wiklef, Johann Huß,
> Der flammend sterben muß,
> Auf daß der Schwan kann singen.

Strenggenommen betrachtete man Luther und seine Wegbereiter nur mehr als Durchgangsstufe und die eigene Opposition als die geradlinige Fortsetzung der ihren. Sie alle waren „Protestanten". Das brachte auch eine Strophe des Berliner Oberhofpredigers *Kögel* zum Ausdruck:

> Doch Luther ist nicht Anfang noch Beschluß.
> Frei braust der Wind heran aus den vier Ecken:
> Dort Englands Wiclif mit dem Bibelgruß,
> Hier zwei im Phönixnest der Feuerschrecken,
> Florenz und Prag, Savonarola, Huß,
> Dort Petrus Waldus mit dem Wanderstecken.
> Die Völker und die Zeiten stimmen ein:
> Die Wahrheit bleibt und lässet nicht allein.

Von jeglicher Verbindung mit den historischen Quellen gelöst, einzig von Dogmenfeindlichkeit oder irgendeinem anderen Widerwillen geleitet, konnte sich diese Art protestantischer Poesie zu den wunderlichsten Behauptungen versteigen. So dichtete *Theodor Souchay*, zu seiner Zeit als „bedeutender lyrischer und lyrisch-epischer Dichter" gerühmt, den folgenden Vers auf Abälard:

> Du gingst auf feiner Geistesfährte
> Und scheutest das Concilium nicht,
> Das, wie manch Simplex heut' noch, gehrte
> Nach Athanasius' Spukgesicht.
> Ja, wär' der Clairvaux nicht gekommen,
> Hätt' man von dir weit mehr vernommen.
> Wer weiß! Die Reformation,
> Sie gärt' in deinem Kopfe schon.

Nach dermaßen extremer, grotesker Überschätzung schwang aber das Pendel zurück. Die Theologen, die ihr einst zur Entstehung verholfen hatten, machten sich jetzt daran, die Legende von den Vorläufern

Luthers zu zerstören und auf ihren Wahrheitsgehalt zurückzuführen. Widerspruch erhob sich zuerst von seiten der Dogmenhistoriker, die nicht mehr nur nach der faktischen Opposition, sondern nach der gedanklichen Position jener Vorläufer fragten. *Albrecht Ritschl* rügte an Ullmann, „sein wunderbarer Mangel an Verständnis sowohl der katholischen als der reformatorischen Heilslehre" habe ihn dazu verleitet, Wessel Gansfort ungebührlich nahe an Luther heranzurücken. Mit Recht kritisierte er es, wenn Lechler und andere die Rechtfertigungslehre Luthers bei Wyclif, Hus und Savonarola entdeckt haben wollten. Er hielt diese Männer vielmehr für „selbständige, eigentümliche Reformatoren, welche sich in Widerspruch mit Luther gesetzt haben würden". *Friedrich Loofs* erweiterte diese Kritik und stellte als Prinzip auf, man dürfe von Vorläufern der Reformation nur dort sprechen, „wo über das katholische Verständnis hinausweisende, positiv-weiterführende religiöse Gedanken zu finden sind". Diesem Prinzip fielen dann sofort die Albigenser (Katharer), Waldenser und Savonarola zum Opfer. An Wyclif würdigte Loofs die Opposition zur Lehrtradition der Kirche, urteilte dann aber abschließend so: „Er hat die meisten Negationen des Protestantismus antizipiert; das Evangelium aber hat er nicht gekannt. Nach seinen Positionen beurteilt, ist er kein ‚Reformator vor der Reformation'." Wie bei Ritschl, so bildete letztlich auch bei Loofs die lutherische Rechtfertigungslehre den kritischen Maßstab. Daher kam er schließlich bei jenen drei Reformtheologen zu demselben Ergebnis: „Auch Goch, Wesel und Wessel sind keine ‚Reformatoren vor der Reformation'. Aber auch sie sind Zeugen dafür, daß mit endendem Mittelalter die Reformation nicht nur negativ vorbereitet worden ist."

In den Jahrzehnten der aufblühenden historischen Spezialforschung wurde die Kritik an den Wegbereitern in verschiedenen Arbeiten noch sorgfältiger begründet. Die Ergebnisse sind in den betreffenden biographischen Artikeln der Protestantischen Realencyklopädie am leichtesten greifbar. Die Mehrzahl jener

„Wahrheitszeugen" des Flacius war hier mit Stillschweigen übergangen, andere, namentlich die Scholastiker, Mystiker und Konziliaristen, wurden nicht mehr als solche in Anspruch genommen. Bei einer kleineren Anzahl wurde das ausdrücklich vermerkt, so z. B., wenn es hieß, Gregor von Heimburg sei „kein bürgerlicher Luther" gewesen und Johann Hilten und Andreas Proles weder Bekenner der evangelischen Lehre noch Vorläufer der Reformation. Geiler von Kaysersberg zu einem solchen zu machen, „war ein Irrtum". Bei Savonarola gestand man sich das Schwanken in der Beurteilung ein, und selbst Johann Ruchrath von Wesel und Johann Pupper von Goch wurden jetzt vorsichtig nur noch als „sogenannte" Vorreformatoren apostrophiert. Auf der anderen Seite wurde Wessel Gansfort noch immer zu den „bedeutendsten Vorläufern der deutschen Reformation" gezählt. Und wenn der Katholik *Johann Loserth* auf Grund seiner langjährigen Forschungen nachdrücklich betonte, Wyclif nenne man mit Recht „den hervorragendsten unter allen Vorreformatoren", so hatte das einiges Gewicht.

Auch *Adolf von Harnack* hatte sich diese modifizierte Beurteilung inzwischen zu eigen gemacht. Und doch bewertete auch er die Ziele der Wyclifiten und Hussiten noch immer als „die principiell wichtigste mittelalterliche Reformbestrebung". Dabei blieb er nicht stehen. Mitsamt den innerkirchlichen „Reformern" des Papsttums (Konziliaristen u. a.) und mit den „Reformen zur Verinnerlichung" (Mystik) stellte er sie ganz souverän in den kirchengeschichtlich-dogmengeschichtlichen Gesamtzusammenhang der mittelalterlichen Kirche hinein. Besonders wichtig waren ihm „die augustinischen Reaktionen, welche die Reformation vorbereitet haben", und so zog er, der Meister in der großen Linienführung, eine Linie von Bradwardina über Wyclif und Hus zu Staupitz und Luther. Auch Wesel, Wessel und Pupper ordnete er unter die Rückkehr zum Augustinismus ein. Jetzt endlich waren die Wegbereiter wieder auf ihren Mutterboden, die mittelalterliche Kirche, versetzt. Jetzt endlich standen sie wieder in Reih und Glied mit ihren Zeitgenossen — ein wirklicher Fortschritt in der

Betrachtung. Harnack ging aber noch einen Schritt weiter. Er kehrte das Problem um und erklärte, nicht nur die sogenannten Vorreformatoren seien so zu nennen, sondern die mittelalterliche Kirche überhaupt. „Für die höchste Stufe der Betrachtung liegt zwischen dem Christentum in der Alten Kirche und dem reformatorischen das Christentum des Mittelalters als die Zwischenstufe, daher als die Vorreformation. *Keine seiner Hauptrichtungen kann in dem Bild entbehrt werden.*" Reinhold Seeberg folgte ihm, als er in seiner Dogmengeschichte, sich von Albrecht Ritschl distanzierend, erklärte, daß nicht nur die Vorreformatoren, sondern auch andere Erscheinungen — wie etwa die Stimmung der deutschen Mystik, Ockhams und der konziliaristischen Gedanken von der Kirche, die augustinische Sünden- und Gnadenlehre usw. — ebenfalls die Bedeutung einer positiven Vorbereitung auf die Epoche der Reformation haben.

Von der grundsätzlichen Forderung, die Wegbereiter der Reformation vornehmlich von ihrem mittelalterlichen Hintergrund aus zu verstehen, ließen sich die Historiker um so leichter überzeugen, als bei ihnen konfessionelle oder gar dogmatische Vorurteile eine geringere Rolle spielten. Sie behandelten das Thema gern unter dem allgemeineren Gesichtspunkt der „Ursachen der Reformation". Einen wesentlichen Beitrag zur genaueren Bestimmung von genus proprium und differentia specifica der Theologie des 15. Jahrhunderts und der drei Reformtheologen Goch, Wesel und Wessel leistete *Gerhard Ritter* in seinen „Studien zur Spätscholastik" (1921, 1922, 1927) und in der Untersuchung „Romantische und revolutionäre Elemente in der deutschen Theologie am Vorabend der Reformation" (1927). Im übrigen wandten sich die Historiker mit Vorliebe der Erforschung der kirchlichen Zustände und Bewegungen, der Laienfrömmigkeit und der Volksreligiosität zu und entdeckten hier eine Fülle von oftmals disparaten Erscheinungen, die der Reformation nicht nur negativ, durch die Auflösung der mittelalterlichen Ordnung und Einheit, sondern auch positiv, z. B. durch das gesteigerte Heilsverlangen, vorgearbeitet haben. Die

Ergebnisse der Einzelforschung hat *Willy Andreas* in seiner geradezu klassischen Darstellung „Deutschland vor der Reformation" ([6] 1959) zusammengefaßt.

Die Richtung ist also gewiesen, in welcher der Leser zur Erkenntnis der Vorgeschichte und Wegbereitung der Reformation des 16. Jahrhunderts gelangen kann. Niemand wird mehr die lange Reihe der Opponenten gegen die mittelalterliche Kirche, wie Flacius, einfach zu „Zeugen der Wahrheit" erklären — obschon Flacius, besser als mancher unter den protestantischen Nachfahren, wußte, daß keiner von ihnen Luthers Evangelium vorweggenommen hatte. Wo in der Kirche des Mittelalters von Reform und Reformern die Rede ist, darf man das nicht von vornherein mit der Reformation des 16. Jahrhunderts in Verbindung bringen. „Das Bedürfnis nach Reform der Kirche ist keine Eigentümlichkeit der ersten Hälfte des fünfzehnten Jahrhunderts noch irgendeiner anderen begrenzten Periode des Mittelalters; es zieht sich vielmehr durch viele Jahrhunderte und ist vielleicht so alt wie die Kirche selbst. Wer Paradoxe liebt, mag sagen, das Problem der Reform beginne mit Ananias und Saphira", so hat *Johannes Haller* einmal treffend formuliert. Das schließt nicht aus, daß die Kritik an der Kirche namentlich im 14. und 15. Jahrhundert Reformforderungen erhebt, welche die Reformation des 16. Jahrhunderts übernimmt und erfüllt. Allein auch das genügt noch nicht. Es muß im einzelnen begründet werden, in welcher Weise Opposition und Kritik, Reformer und Reformgedanken, die zunächst einmal grundsätzlich zum Mittelalter gehören, nicht nur in der Theorie, sondern auch in der Verwirklichung ihrer Ziele über Möglichkeiten und Grenzen der mittelalterlichen Kirche hinausweisen und, vor allem in ihrer Radikalisierung, der Reformation des 16. Jahrhunderts einen Weg bereitet haben.

Auf der anderen Seite ist es nicht mehr angebracht, dem Urteil der mittelalterlichen Kirche zu folgen, indem man die „Ketzer" von den Katholiken sondert, ihnen womöglich ein eigenes Revier am Rande der Gesamtentwicklung zuweist und sie als sträfliches oder kurioses Anhängsel betrachtet, so wie es, mit wenigen

Ausnahmen, auch noch in der evangelischen Kirchengeschichtsschreibung des 18. Jahrhunderts geschah. Hier war das kirchenrechtliche Urteil der Vergangenheit über die Häretiker zu einer Rubrik der historischen Darstellung in der Gegenwart gemacht. Vielmehr sind einmal gerade unter den Katholiken wichtige, wegbereitende Kräfte am Werk, zum anderen sind einige erklärte „Ketzer" nicht als Wegbereiter der Reformation anzusehen. Wegbereiter der Reformation — das war ein richtiger Gesichtspunkt an den „Wahrheitszeugen" des Flacius — finden sich sowohl unter den Katholiken als auch unter den „Ketzern". An die Gefahr einer solchen einseitigen Rubrizierung wäre vielleicht gar nicht zu erinnern, enthielte nicht das neueste evangelische Handbuch „Die Kirche in ihrer Geschichte" eine eigene, in sich geschlossene „Ketzergeschichte des Mittelalters" (1963). Auch ganz abgesehen von dem Aspekt der Vorgeschichte der Reformation, sollte sich die Betrachtung der mittelalterlichen Kirchengeschichte von diesem Begriff losmachen. Die Behandlung in einem so engen Rahmen wird zumindest den Waldensern, Wyclif und den Wyclifiten, Hus und den Hussiten in ihrer historischen Bedeutung nicht gerecht.

Das 19. Jahrhundert erlag einem anderen Mißverständnis. Es löste die Wegbereiter aus ihrer geistigen und geistlichen Heimat im Mittelalter heraus und betrachtete sie als fortschrittliche Persönlichkeiten, die der Reformation des 16. Jahrhunderts manches vorweggenommen hatten. Es war zu viel in sie hineingedeutet, wenn man sie als „Reformatoren vor der Reformation" bezeichnete. Man war aber da und dort auf der richtigen Spur, wenn man auch innerkirchliche katholische Kreise, namentlich die Mystik und die Devotio moderna, als Wegbereiter in Betracht zog. Auch dieses Mißverständnis ist heute gewiß überwunden. Wer die Wegbereiter der Reformation entdecken will, muß seinen Blick auf das gesamte Mittelalter oder wenigstens auf das gesamte Spätmittelalter richten, *„denn keine seiner Hauptrichtungen kann in dem Bild entbehrt werden"* (Harnack).

Ein solches Bild selbst darzustellen, ist nicht die Aufgabe der vorliegenden Sammlung. Sie legt vielmehr, wenn man so will, die Mosaiksteinchen hierfür in einer gewissen Ordnung bereit, Quellenstücke, die aus der reichen und bunten, zum Teil aber auch eintönigen Überlieferung jener „Hauptrichtungen" der spätmittelalterlichen Kirche und ihrer Theologie ausgewählt sind. Auf diese Weise sollen einige der Gestalten vergegenwärtigt werden, die in Wort und Tat, entweder einzeln oder aber meistens im Zusammenhang mit ihrer ganzen „Hauptrichtung", als Wegbereiter der Reformation gelten können. Daß eine solche Auswahl bereits eine echte historiographische Aufgabe ist, liegt auf der Hand, desgleichen, daß sie, genau wie das Bild einer Gesamtdarstellung, nicht schlechthin gültig sein kann, sondern Gegenstand der Diskussion bleiben muß.

Eine der „Hauptrichtungen" ist in der vorliegenden Auswahl nicht berücksichtigt worden, obwohl man auch in ihr nicht allein die Anzeichen des vergehenden Mittelalters und nicht nur rückwärts, sondern auch vorwärts weisende, ja wegbereitende Züge wird feststellen können: die Laienfrömmigkeit und der Volksglaube in seinen verschiedenen Spielarten bis hin zu den weitverbreiteten Weissagungen der Prophetie, als deren Erfüllung die Reformation gedeutet werden konnte. Diese Hauptrichtung blieb deswegen außer Betracht, weil sie auch da, wo sie mit ihrer erwartungsvollen Stimmung, ja mit einer geradezu spannungsgeladenen Atmosphäre das geistige und geistliche Gesamtklima der Reformation vorbereitet hat, eher zu den Voraussetzungen der Reformation gehört als zu deren aktiver Wegbereitung, vor allem aber, weil sie weithin in der Anonymität verbleibt und nur selten in einzelnen Wegbereitern zu fassen ist. Doch auch von anderen allgemeineren Voraussetzungen geistiger, sozialer, wirtschaftlicher und selbst technischer Art — wer wollte etwa die wegbereitende Bedeutung des Buchdrucks verkennen? — ist in dieser Auswahl bewußt abgesehen.

Es versteht sich, daß nicht jeder Name und jeder Gedanke der hier versammelten Wegbereiter auf Luther oder Zwingli oder Calvin oder ganz allgemein auf die

Reformation hinführt. Wie komplex ist doch auch die Reformation in sich! Der aufmerksame Leser wird von selbst die eine oder andere Verbindungslinie entdekken, die von den Wegbereitern zu den Täufern und Spiritualisten des 16. Jahrhunderts und wohl auch zur katholischen Reform des 16. Jahrhunderts führt. Um das Mißverständnis des 19. Jahrhunderts noch einmal ausdrücklich auszuschließen: Die Wegbereiter sind hier nicht so sehr als reformerische Einzelpersönlichkeiten verstanden, sondern vor allem als Vertreter ihrer „Hauptrichtungen". Auch kann es sich nicht um einen oder um den Weg der Reformation schlechthin handeln, sondern um verschiedene Wege, die sie der Reformation bereitet haben. Auf der anderen Seite ist es klar, daß die Bedeutung einzelner großer Gestalten unter den Wegbereitern von der hier versuchten schematischen Einteilung nicht erfaßt werden kann. So müßte z. B. ein Gerson nicht nur als Scholastiker und als Mystiker, sondern auch als Konziliarist gewürdigt werden. Indem Gersons Theologie verschiedene Traditionen und Elemente miteinander kombiniert, ist sie ein Beispiel für die Eigenart der Theologie seines Jahrhunderts oder vielleicht, strenger genommen, für das Fehlen einer solchen. Gerade in dieser gewissen Vielseitigkeit liegt aber auch seine wegbereitende Wirkung begründet. In zahlreichen ähnlichen Fällen muß sich der Leser gewisse Verbindungen, Wirkungen und Rückwirkungen hinzudenken, so z. B. zwischen den Konziliaristen und den Reformpredigern, zwischen den Mystikern, insbesondere der Devotio moderna, und den Humanisten u. a. m. In Wirklichkeit stehen die „Hauptrichtungen" eben keineswegs so isoliert nebeneinander wie hier auf dem Papier. Der überragende Theologe und Philosoph seines Jahrhunderts, Nikolaus von Kues, entnimmt schließlich jeder der „Hauptrichtungen" etwas, um sie alle zu überwinden. Ihn in ein Schema binden zu wollen, wäre verkehrt. In welcher Weise er mit seinen theologischen und philosophischen Gedanken auf die Reformation eingewirkt hat, wird noch genauer erforscht werden müssen. Im Vergleich mit den bereits revolutionär zu nennenden niederländischen Reformtheologen der nächsten Generation, denen diese Bezeichnung stets an erster Stelle vorbehalten bleiben wird, erscheinen die Gedanken des Cusaners eher konservativ, ja restaurativ. Immerhin war auch sein „Entwurf für die allgemeine Reform der Kirche" als ein Weg zur Reformation gedacht.

Im Falle der *Waldenser (I)* wurde bis ins hohe Mittelalter zurückgegriffen. Gewiß gehört die ursprüngliche Zielsetzung des Laien Valdes und seiner ersten Anhänger ganz in die Armutsbewegung hinein, die typische Reformbewegung der mittelalterlichen Kirche. Die späteren Waldenser gingen aber darüber hinaus und bildeten eine selbständige kirchliche Gemeinschaft, die, obschon zahlenmäßig gering, kräftig genug war, nicht nur ihren Protest gegen gewisse Lehren der Großkirche, sondern auch ihr einfaches, urchristlich-apostolisches kirchliches Leben durchzuhalten bis ins 16. Jahrhundert hinein und, von der Reformation erfaßt, bis in die Gegenwart. Die Waldenser haben auf ihre Weise das Gefüge der Großkirche gelockert und trugen so dazu bei, der Reformation einen Weg zu bereiten. Die beiden Theologen *Wyclif* und *Hus (VI und VII)* gingen ebenfalls von den Reformforderungen der früheren Armutsbewegung aus, erweiterten, vertieften und verstärkten aber ihre Opposition und Reform durch eine umfassende biblisch-scholastische Begründung und durch die Kritik an einigen zentralen Lehren der Kirche. *Wyclifiten* und *Hussiten (VI und VII)* waren über die Großkirche innerlich bereits hinausgeführt, als man sie auch äußerlich ausschloß. Sie bildeten, wie die Waldenser, eine selbständige kirchliche Gemeinschaft. Diese Tatsache, der Schritt zur Verwirklichung der Reform, unterscheidet sie von vornherein und wesentlich von allen anderen „Hauptrichtungen", die als Wegbereiter der Reformation anzusehen sind.

Nach den Waldensern, Wyclifiten und Hussiten waren es die vereinzelt, ohne greifbare Anhängerschaft dastehenden *Reformtheologen (VIII)* aus der 2. Hälfte des 15. Jahrhunderts, die am weitesten bis an die Grenzen der katholischen Kirche und über sie hinaus vorstießen. Erblickt man das entscheidende Moment der

Kirchenreform in der Erneuerung der kirchlichen Theologie, so waren es sie, deren Lehren am ehesten umstürzend wirken konnten. Unter ihnen kam Wessel Gansfort, wenn nicht inhaltlich, so doch der Intention nach, der Lehre Luthers und Zwinglis am nächsten.

Innerhalb der Kirche selbst entwarfen die *Konziliaristen (IV)* die reformfreudigsten Gedanken. Sie verbanden die in Frankreich entwickelten Ideen des frühen Gallikanismus mit den von deutschen Theologen lebhaft unterstützten Plänen zur umfassenden Verwaltungs- und Sittenreform der Kurie und des Klerus. Der Konziliarismus erlebte seine Hochblüte auf dem Konzil von Konstanz (1414—1418), auf dem Konzil von Basel (1431—1449) seine Niederlage. Wenn im 16. Jahrhundert Freunde und Gegner der Reformation ihre Hoffnungen jahre- und jahrzehntelang auf die Einberufung eines allgemeinen Konzils setzten, so suchten sie den Weg zu beschreiten, den ihnen die Konziliaristen bereitet hatten.

Die Reformforderungen, die auf dem Konzil von Konstanz in zahlreichen Predigten zum Ausdruck gebracht, nach dem Konzil jedoch unerfüllt geblieben waren, wurden von den *Reformpredigern (V)* der folgenden Zeit weitergetragen. Ihnen war es zuzuschreiben, daß der Ruf nach „Reformation an Haupt und Gliedern" im ganzen 15. Jahrhundert nicht wieder verstummte.

In welchem Maße die *Scholastiker (II)* des späten Mittelalters der reformatorischen Theologie einen Weg bereitet haben, ist im einzelnen noch nicht hinreichend geklärt. In jedem Fall ging hier die Umschichtung nur allmählich vonstatten, denn die Spannung, die Wilhelm von Ockham mit Hilfe der Unterscheidung zwischen der absoluten Möglichkeit und der tatsächlichen Verfügung Gottes in das ganze überlieferte System der scholastischen Lehre hineingetragen hatte, wurde von seinen Schülern geflissentlich gemildert und kam nicht zum Ausbruch. Aufs ganze gesehen, spekulierte die Theologie im 14. Jahrhundert weit kühner als im 15. Jahrhundert. Neben dem Nominalismus war es die Erneuerung der augustinischen Gedankenlehre, die der Reformation einen Weg bereitete.

Etwas Ähnliches kann für die *Mystiker (III)* gelten. Die Spekulation des von der Kirche verurteilten Meisters Eckhart wurde durch seinen Schüler Tauler im kirchlichen Sinne entspannt, und die mystische Frömmigkeit der Devotio moderna knüpfte weniger an ihn als an die frühmittelalterliche bernhardinische Mystik an. Sie kam mit der Kirche kaum in Konflikt. Aber indem es an vielen Stellen die kirchliche Lehre einfach hinter oder neben sich liegenließ, bedeutete das Programm der mystischen *reformatio interna* eine folgenreiche Evolution, die der Reformation gleichfalls einen, ja mehrere Wege bereitete.

Neue Gedanken, die aus der Überlieferung der Kirche nicht erwachsen waren, entfalteten schließlich die *Humanisten (IX)* in der Begegnung mit der Antike und mit dem christlichen Altertum. Zum Teil an die Devotio moderna, zum Teil auch schon an eine nationale Opposition anknüpfend, übten auch sie Kritik an der Kirche. Wo sie sich um die Reform der Kirche bemühten, suchten sie sie von innen her, durch Hebung der Bildung und durch Vertiefung der Frömmigkeit, herbeizuführen. Vor allem aber haben sie den Reformatoren dadurch einen Weg bereitet, daß sie ihnen den Zugang zum Urtext der Bibel eröffneten. Eine große Zahl von Angehörigen der jüngeren Humanistengeneration, voran Zwingli und Melanchthon, beschritten dann den Weg der Reformation selbst.

Daß sich der Weg der Reformation des 16. Jahrhunderts seinerseits sogleich wieder in verschiedene Wege verzweigte, war zu keiner Zeit vergessen und ist im einzelnen von derselben ausgedehnten historischen und kirchenhistorischen Spezialforschung wieder aufgezeigt worden, die auch die Stellung der Wegbereiter und die Vorgeschichte der Reformation genauer untersucht und jeder voreiligen Vereinfachung entrückt hat. Bei aller Verschiedenheit der Ausprägung und der Nachwirkungen dürfte die Reformation des 16. Jahrhunderts aber von größerer innerer Einheitlichkeit gewesen sein als das Zeitalter, das ihr voranging. Was beide voneinander trennte, war letztlich das ursprüngliche, dort noch nicht vorhandene, hier neugewonnene Verständnis des

Evangeliums. Dort war bei allem Ernst zur Reform der Bann der Gesetzlichkeit nirgends durchbrochen. „Jetzt entstehen die nominalistische Theologie, der konziliaristische Kirchenbegriff, die landeskirchlichen Tendenzen, das Laienchristentum und die revolutionäre Stimmung. Fast alle diese Linien konvergieren schon in der großen Bewegung der Reformkonzilien, aber so beständig die einzelnen Linien sind, so wenig vermögen sie sich zu einer Einheit der erwünschten Reformation zusammenzufinden. Die Tendenzen zur Reform bleiben lebendig, aber die Reformation scheitert" *(Reinhold Seeberg).* Als aber im neuen Jahrhundert aus der Erneuerung des Kerns der Theologie neue Positionen gefolgt waren, ergaben sich alsbald tief eingreifende Veränderungen nicht allein im Bereich der Kirche, sondern auf allen Lebensgebieten. Die Reformation war da. Diese entscheidende Erneuerung selbst liegt jenseits der Wegbereitung. Andeutend läßt sich sagen: „Nur wenn reformatorische Zeit ist, nicht in irgendeinem beliebigen Moment der Geschichte, können wahre Reformatoren auftreten . . ." *(Carl Ullmann).*

# I. DIE WALDENSISCHE REFORMBEWEGUNG

## VALDES († UM 1206?)

Valdes, das Haupt der nach ihm benannten Waldenser, lebte als reicher Kaufmann in der Großstadt Lyon, bis er um 1173 dem weltlichen Leben entsagte. Von den asketischen Forderungen des Evangeliums aufgerüttelt, verteilte er seinen Besitz und verließ seine Familie. Nachdem ihm zwei Kleriker verschiedene biblische Texte in seine provenzalische Muttersprache übersetzt hatten, zog er zusammen mit gleichgesinnten Gefährten aus, um bettelarm wie die Jünger Jesu hin und her im Lande das Evangelium zu verkündigen, vor allem aber zur Umkehr, zur Buße und zum Tun guter Werke zu mahnen. Als frei predigender Laie von Anfang an der Ketzerei verdächtig, mußte sich Valdes mit seinen „Brüdern" vor einer Synode in Lyon (1180) verantworten und das folgende (erst 1946 bekannt gewordene) Glaubensbekenntnis unterzeichnen. Dieses von den kirchlichen Vorgesetzten, nicht von Valdes selbst formulierte Glaubensbekenntnis beweist, daß sich die Waldenser in ihren ersten Jahren in der gemeinsamen Front gegen die in Südfrankreich verbreiteten und von der Kirche heftig bekämpften Katharer auf den Boden der kirchlichen Rechtgläubigkeit stellten. Nur am Rande wird die Besonderheit des waldensischen Sendungsbewußtseins zum Ausdruck gebracht: das Drängen auf einen tatkräftigen Christenglauben, der sich als Absage an die Welt versteht, der die „evangelische Armut" in sich schließt und dem auch die „Ratschläge" Jesu als „Gebote", als streng verpflichtende Gesetze, gelten. Diese Besonderheit ist jedoch noch nicht zur Ausschließlichkeit geworden. Noch ist die Verbindung zur Kirche aufrechterhalten. Als die Kirche der anwachsenden und radikaler werdenden Bewegung weitere Konzessionen verweigerte, sahen sich die Waldenser gegen ihren ursprünglichen Willen auch zur Opposition gegen die kirchliche Lehre gedrängt, während die Kirche schon während der ersten Jahrzehnte des 13. Jahrhunderts mit der Bestätigung der Bettelorden die Armutsbewegung in großem Stil in ihren Dienst nahm.

Allen äußeren Verfolgungen und inneren Zerwürfnissen zum Trotz, bald offener, bald im geheimen werbend, breiteten sich die waldensischen Gemeinden von Südfrankreich und Oberitalien über Mitteleuropa hin aus. Da und dort auch regional verschiedenen Traditionen folgend, hielten sie an den Grundsätzen ihres biblisch-apostolischen Christentums treulich fest. Zur Großkirche fanden sie nicht wieder zurück. Sie trugen nicht nur dazu bei, dem Hussitentum des 15. Jahrhunderts den Weg zu bereiten — um dann selbst von ihm weitergeführt zu werden. Im 16. Jahrhundert vom evangelischen Glauben reformierter Prägung erfaßt und neu belebt, haben die italienischen Waldenser ihr Erbe bewahrt bis auf den heutigen Tag.

Lat. Text: *G. Gonnet*, Enchiridion fontium Valdensium I (1958) 34 ff., Datierung ebenda 31.

Literatur: *H. Böhmer*, Art. Waldenser, Prot. Realencyklopädie 20 (1908) 799—840; *H. Grundmann*, Religiöse Bewegungen im Mittelalter (1961) 57—69, 91—126; *Ders.*, Ketzergeschichte des Mittelalters (1963) 28—34; *K. V. Selge*, Die ersten Waldenser (1967); (Bibliographie) *A. Armand-Hugon* und *G. Gonnet*, Bibliografia valdese (1953). — Zum Text: *A. Dondaine OP*, Aux origines du Valdéisme. Archivum Fratrum Praedicatorum 16 (1946) 191—235; *G. Gonnet*, Waldensia. Revue d'Histoire et de Philosophie religieuses 33 (1953) 202—254.

## Aus dem Glaubensbekenntnis (1180)

... Wir glauben die eine katholische, heilige, apostolische und unbefleckte Kirche, außerhalb deren niemand selig wird. Auch die Sakramente, welche unter der Mitwirkung der nicht wahrnehmbaren, unsichtbaren Kraft des Heiligen Geistes in ihr gefeiert werden, verwerfen wir keineswegs, selbst wenn ein sündhafter Priester sie spendet, sofern die Kirche ihn annimmt. Auch tun wir den von ihm vorgenommenen kirchlichen Handlungen oder Segnungen keinen Abbruch, sondern nehmen sie willig an, als sei er völlig rechtschaffen. Wir billigen also die Taufe der Kinder, so wie wir bejahen und glauben, daß sie selig werden, wenn sie nach der Taufe sterben, bevor sie Sünden begehen. In der Taufe aber, so glauben wir, werden alle Sünden vergeben, sowohl jene Erbsünde als auch die mit Willen begangenen Sünden. Auch halten wir dafür, daß die vom Bischof vorgenommene Firmung, das ist: die Handauflegung, als heilig und ehrwürdig anzunehmen ist. Wir glauben fest und bestätigen es aufrichtig, daß das Opfer, das ist: Brot und Wein, nach der Konsekration Leib und Blut Jesu Christi ist, welches weder ein guter Priester mehr noch ein schlechter weniger wirkt. Wir gestehen, daß die Sünder, welche von Herzen bereuen, mit dem Munde bekennen und mit dem Werk nach der Schrift Genugtuung leisten, von Gott Gnade erlangen können. Und wir halten mit ihnen bereitwillig Gemeinschaft. Wir achten die Ölung der Kranken mit geweihtem Öl heilig. Wir bejahen leibliche Eheschließungen nach dem Wort des Apostels, ordentlich geschlossene aber aufzulösen, lassen wir in keinem Falle zu, aber auch zweite Ehen verwerfen wir nicht. Die kirchlichen Ämter, das Bischofsamt, das Priesteramt und alle übrigen niederen und höheren Ämter und alles, was in der Kirche nach ordnungsgemäßer Bestimmung gelesen und gesungen wird, loben wir in Demut und ehren wir treulich. Vom Teufel glauben wir, daß er nicht auf Grund seines Wesens, sondern durch seinen Willen böse geworden ist. Das Essen von Fleisch rügen wir keineswegs. Wir glauben im Herzen und bekennen mit dem Mund die Auferstehung dieses unseres Fleisches, welches wir an uns tragen, und keines anderen. Auch glauben wir fest und bestätigen, daß ein künftiges Gericht sei, an dem jeder einzelne für das, was er hier im Fleische getan hat, Lohn oder Strafe empfangen wird. Daß Almosen und Opfer und die übrigen guten Taten den gläubigen Toten nützen können, bezweifeln wir nicht. Und weil der Glaube nach dem Apostel Jakobus „ohne Werke tot" ist (Jak. 2,26), haben wir der Welt abgesagt und haben unseren Besitz, wie es der Herr geraten hat, den Armen gegeben und beschlossen, arm zu sein, so wie wir uns nicht sorgen um den morgigen Tag noch darum, Gold oder Silber oder etwas derartiges von jemand entgegenzunehmen außer der täglichen Nahrung und Kleidung. Auch haben wir den Vorsatz gefaßt, die evangelischen Räte wie Gebote zu halten. Wir bejahen aber voll und ganz und glauben, daß [auch] diejenigen, die in der Welt bleiben, ihren

Besitz behalten und damit Almosen spenden und andere gute Taten tun, die Gebote des Herrn befolgen und selig werden...


## DURANDUS VON HUESCA

Der gleichfalls 1946 von *Dondaine* entdeckte *Liber Antiheresis* enthält in zwei Büchern die Auseinandersetzung eines Waldensers mit den von der Kirche verworfenen Lehren der Katharer. Indem sich der Verfasser einerseits zu den kirchlichen Glaubensartikeln bekennt, andererseits aber Gott dafür dankt, daß er Valdes erweckt habe, und sodann die Grundsätze der frühen Waldenser verteidigt, bewegt er sich noch auf derselben Linie wie Valdes selbst. Hiernach war der ersten Generation der Waldenser die Armut nicht einfach asketischer Selbstzweck, sondern Voraussetzung für die ungehinderte Wanderpredigt, die auch nach diesem Zeugnis hauptsächlich auf das Tun guter Werke drängte und ihre Legitimation unmittelbar den Worten der Heiligen Schrift entnahm. Ausdrücklich wird auch hier noch die Treue gegenüber den Amtsträgern und den Sakramenten der Kirche versichert, aber zugleich wird deutlich, daß die Waldenser dem Wandel des Klerus kritisch gegenüberstehen.

Lat. Text: *G. Gonnet*, Enchiridion fontium Valdensium I (1958) 37 f., 39 f., 41 f. Datierung ebenda 31.


### Aus dem Liber Antiheresis (um 1190)

#### Die freie Predigt schließt Handarbeit aus

Wenn es der Wille des Herrn gewesen wäre, daß sich die Apostel der irdischen Arbeit und dem Gelderwerb hätten widmen sollen, so hätte er nicht das Gleichnis von den Vögeln des Himmels und von den Lilien auf dem Felde gepredigt noch das, was dort zuvor und danach gesagt ist. Weil er aber wußte, daß niemand, der in irdische Geschäfte verstrickt ist, frei predigen kann, so daß er sich der Predigt und der Ermahnung und dem Heil seiner Nächsten mit voller Aufmerksamkeit hingeben kann, so hat er sie, um ihren Sinn nicht mit dem Gewicht der irdischen Dinge zu beschweren, von irdischer Arbeit ganz ferngehalten. Mit welcher Arbeit er sie hingegen betrauen wollte, gibt er in demselben Evangelium kund, da er zu den Jüngern spricht: „Die Ernte ist groß, aber wenige sind der Arbeiter. Darum bittet den Herrn der Ernte, daß er Arbeiter in seine Ernte sende" (Mt 9,37). Aber vielleicht würde einer dagegen einwenden: „Das ist auf besondere Weise zu den Aposteln gesagt. Doch hört, was Paulus euch sagt, die ihr in keiner Weise Apostel seid: ‚Wenn einer', so spricht er zu den Thessalonichern, ‚nicht arbeiten will, soll er nicht essen' (2 Thess 3,10). Und daß der Apostel selbst viel gearbeitet hat, wissen wir durch sein eigenes Zeugnis." — Doch dagegen wollen wir sagen: „Der genannte Satz ist zu solchen gesprochen, die irdische Güter besitzen, nicht aber zu den Predigern noch zu denjenigen, welche um des Herrn willen ihren Besitz aufgegeben haben."

Damit unsere Sinne nicht durch die Liebe zum Reichtum gehindert werden, so haben wir uns vorgenommen, uns nach dem Maß der Gnade, das uns von Gott verliehen ist, der Predigt und dem Gebet zu widmen und auf Geheiß des Herrn wie Arbeiter, das ist: Prediger, in die Ernte, das ist: unter das Volk, zu gehen . . .

*Gute Werke gilt es zu tun!*

Aber vielleicht werden sie uns vorhalten und sagen: „Gott kennt alle Dinge und weiß alles, was zukünftig sein wird, bevor er etwas erschuf. Und wenn er alles weiß, so weiß er also, wer selig und wer verdammt werden soll, und das ist die Prädestination. Wir aber sagen, daß wir nicht daran zweifeln, denn wir wissen wohl, daß er alles weiß, aber wir wollen nicht über Gottes Wissen disputieren. Denn wer wäre so töricht, daß er nicht glaubte, daß Gott alles vor der Weltzeit weiß? Aber auch wenn er es weiß, so darf man doch nicht glauben, daß er die Bösen so zur Verdammnis bestimmt hat, daß sie nicht selig werden könnten, wenn sie sich von ihrem bösen Weg bekehren, noch daß er die Guten so zur Seligkeit bestimmt hat, daß sie nicht verdammt werden könnten, wenn sie von ihrem rechten Weg abgefallen sind und sich in Schande verstrickt haben. Vielmehr ist ein jeder in der Tat zum Leben vorherbestimmt und ins Buch des Lebens eingeschrieben — unter welchem wir das Gedächtnis Gottes verstehen —, wenn er die Bosheit ablegt und sich von ganzem Herzen dem Dienst Gottes hingegeben hat. Wenn aber einer das Gute ablegt und sich bösen Werken hingibt, so wird er ohne Zweifel aus dem Buch des Lebens getilgt... An den Werken also liegt die Seligkeit oder die Verdammnis und nicht an der verhängnisvollen Prädestination. Denn oft folgt Gutes und Böses entsprechend den Verdiensten der Menschen, und Gott entzieht auch seine Verheißungen, wie der Herr selbst es bezeugt, der durch den Propheten Jeremia (18,8) sprach: „Wenn jenes Volk sich bekehrt von seiner Bosheit..., [so es aber Böses tut vor meinen Augen, daß es meiner Stimme nicht gehorcht, so soll mich auch reuen das Gute, das ich ihm verheißen hatte zu tun]." An diesen Beweisstellen und anderen mehr ist zu erkennen, daß ein jeder nicht nach der Prädestination, sondern nach seinen Werken gerichtet wird...

### Die Lehre der apostolischen Armut ist von Gott

... Sie sagen nämlich: „Euere Religion gefällt uns nicht, weil sie neu ist und erst seit kurzer Zeit begonnen hat." — Wir aber sagen: „Das ist nichtig und eitel, und wie uns scheint, fehlt euch jede Unterstützung durch Schriftbeweise, weil ihr behauptet, daß unser Weg neu, der euere aber alt sei und ihr die Lehre der Apostel die längste Zeit hindurch bewahrt habt... Aber das hat auch, wie wir lesen, der Herr, unser Heiland, zu hören bekommen. Denn als der Herr einen von einem Dämonen befreit hatte, sprachen seine Gegner: „Was ist das? Was ist das für eine neue Lehre?" (Mk 1,27). Wir glauben, daß sie in der Tat neu ist deswegen, weil sie vom Neuen Testament bestätigt ist. Denn unseren ganzen Glauben, welcher das Funda-

6

ment unserer Seligkeit und der Vorsatz unseres Weges ist, können wir mit dem Neuen Testament und anderen göttlichen Zeugnissen bestätigen. Denn das ist der Weg, von dem der Apostel sagt: „So wir denn nun haben, liebe Brüder, die Freudigkeit zum Eingang in das Heilige durch das Blut Jesu, welcher uns bereitet hat den neuen Weg..." (Hebr 10,19-20). — Doch nun werden sie sagen: „Wo befand sich die Kirche seit dem Advent des Heilands bis zu euerer Ankunft? Und wer hat Valdes jenen Weg gelehrt? Hat er ihn nicht von einem guten Menschen überkommen und hat er für diesen Weg keinen Lehrer gehabt?" — Wir aber sagen: „Immer ist Gottes Kirche da, wo die Versammlung der Gläubigen ist, welche den rechten Glauben haben und mit ihren Werken erfüllen. Wenn ihr aber wissen wollt, wer ihn gelehrt hat, so sollt ihr wissen: Es war die Gnade Gottes, die ihm vom Himmel her verliehen wurde, und die Stimme des Evangeliums, welche sprach: ‚Selig sind die Armen im Geist, denn ihrer ist das Himmelreich' (Mt 5,3). Diese Stimme, sage ich, hat ihn unterwiesen und gelehrt..."

...„Alle gute Gabe und alle vollkommene Gabe kommt von oben herab von dem Vater des Lichts" (Jak 1,17). Wir glauben, daß wir alles, was Gutes in uns ist, von ihm empfangen haben. Mag auch das Leben der Priester verwerflich sein, so müssen wir doch tun, was sie Gutes sagen, wie unser Heiland bezeugt, der zu den Jüngern und gleichermaßen zur Menge sagte: „Alles nun, was sie euch sagen, das haltet und tut's, aber nach ihren Werken sollt ihr nicht tun. Auf dem Stuhl Moses sitzen die Schriftgelehrten und Pharisäer usw." Also haben wir den Befehl, den Worten derjenigen, deren Wandel wir verwerfen, zu gehorchen, wenn sie uns befehlen, was den Heiligen Schriften gemäß ist. Und aus diesem Grund hat Valdes die Worte Gottes von ihnen angenommen, und seine Genossen suchen sie zu erfüllen. Denn aus den Worten dessen, der nicht lügt, haben sie vernommen: „So jemand mein Wort wird halten, der wird den Tod nicht sehen ewiglich" (Joh 8,51). Unser Weg ist, wie wir zugeben, darin neu, daß er sich vom Neuen Testament

7

bestätigen läßt. Denn unser Glaube und unsere Werke
stützen sich auf evangelische Gründe. Wenn ihr fragt,
warum wir arm sind, so antworten wir: „Weil wir
lesen, daß unser Heiland und seine Apostel arm gewesen sind."

## DIE EDLE BELEHRUNG

Das ursprünglich in provenzalischer Sprache verfaßte, gegen 500 Verszeilen umfassende Gedicht „La Nobla Leyczon"
ist vermutlich das älteste in der Reihe der waldensischen
Lehrdichtungen. Es vermittelt einen Einblick in die Frömmigkeit der nun schon in sich geschlossenen kirchlichen Gemeinschaft. In den folgenden Abschnitten erscheint die Verpflichtung, gute Werke zu tun, im Blick auf das nahe bevorstehende Ende der Zeiten und das Gericht Gottes noch verschärft. Die radikalen Forderungen der Bergpredigt Jesu bilden, als „neues Gesetz" verstanden, die Grundlagen des
frommen Wandels der „Brüder".
Deutsche Übersetzung von v. 1—21 und 229—266 des Ur-
textes (bei *E. Montet*, La Noble Leçon, 1888) nach *E. Staehelin*, Die Verkündigung des Reiches Gottes in der Kirche Jesu
Christi III (1955) 116 ff; hier sind auch die übrigen Druck-
ausgaben genannt. Erläuterungen bei *J. J. Herzog*, Die roma-
nischen Waldenser (1853) 76—91.

O Brüder, höret eine edle Belehrung!
Häufig sollen wir wachen und im Gebet verweilen,
denn wir sehen, daß diese Welt dem Zusammenbruch nahe ist.
Wir sollen sehr begierig sein, gute Werke zu tun,
denn wir sehen, daß diese Welt sich dem Ende nähert.
Tausend und hundert Jahre sind völlig erfüllt
seit der Stunde, da man schrieb, wir seien in der letzten Zeit.
Wir sollen wenig begehren, denn wir sind am Ende.
Jeden Tag sehen wir, wie sich die Zeichen erfüllen;
Vermehrung des Bösen und Verminderung des Guten,
das sind die Gefahren, von denen die Schrift redet.
Das Evangelium erzählt es und auch der heilige Paulus:
daß kein Mensch, der lebt, das Ende wissen kann.
Auch sollen wir uns mehr fürchten, denn wir sind nicht
    sicher,
ob uns der Tod heute oder morgen dahinraffen wird.

Aber jeder wird, wenn er zum Tage des Gerichts kommen
wird,
ganz und gar Vergeltung empfangen,
sowohl der, welcher Böses, als auch der, welcher Gutes getan
hat.
Aber die Schrift sagt es, und wir sollen es glauben,
daß sich alle Menschen der Welt auf zwei Wegen entfernen
werden:
Die Guten gehen ein in die Herrlichkeit und die Bösen zur
Qual.

Er berief die zwölf Apostel, welche wohl bezeichnet sind.
Er wollte das früher gegebene Gesetz ändern,
aber er änderte es nicht, um es abzuschaffen,
sondern er erneuerte es, damit es besser beobachtet werde.
Er empfing die Taufe, um das Heil zu spenden,
und hob an, den Aposteln zu sagen, sie sollten die Leute
taufen.
Damals nämlich begann die Erneuerung:
Das alte Gesetz verbietet zwar, Unzucht zu treiben und Ehebruch,
aber das neue tadelt sogar die Blicke und das Begehren.
Das alte Gesetz läßt zu, die Ehe aufzulösen —
man mußte nur einen Scheidebrief geben —,
aber das neue sagt, daß man eine Geschiedene nicht nehmen
und daß niemand trennen solle, was Gott zusammengefügt
hat.
Das alte Gesetz verflucht den Schoß, der nicht geboren hat,
aber das neue erteilt den Rat, die Jungfräulichkeit zu bewahren.
Das alte Gesetz verbietet nur den Meineid,
aber das neue sagt, überhaupt nicht zu schwören,
und dein Reden sei nur „Ja" oder „Nein".
Das alte Gesetz gebietet, gegen die Feinde zu kämpfen und
Böses mit Bösem zu vergelten,
aber das neue sagt: Suche dich nicht zu rächen,
überlaß die Rache dem himmlischen König!
Laß diejenigen, welche dir Böses tun, in Frieden leben,
und du wirst die Verzeihung des himmlischen Königs erlangen.
Das alte Gesetz sagt: Liebe deine Freunde und hasse deine
Feinde!
Aber das neue sagt: Du sollst nicht mehr also handeln,
sondern: Liebet eure Feinde und tut wohl denen, die euch
hassen!
Betet für die, welche euch verfolgen und anklagen,
auf daß ihr Söhne seid eures Vaters im Himmel.

Das alte Gesetz gebietet, diejenigen, welche Böses tun, zu
  bestrafen,
aber das neue sagt: Vergib allen Menschen,
und du wirst die Vergebung des allmächtigen Vaters erlangen.
Denn wenn du nicht vergibst, wirst du das Heil nicht finden.
Niemand darf einen Menschen töten oder hassen,
ja, wir sollen uns über den Geringen und Armen nicht einmal lustig machen
noch geringschätzen den Fremdling, der aus einem anderen
  Lande kommt,
denn in dieser Welt sind wir alle Pilger.
Wie wir alle Brüder sind, so sollen wir Gott dienen.
Das ist das neue Gesetz, das Jesus Christus uns zu befolgen
  gebot.

## DAS BEKENNTNIS DES JOHANNES LESER (UM 1368)

Die „Neuheit" der waldensischen Lehre in der Selbstgewiß-
heit des Glaubens allein mit der „Neuheit" der Lehre Jesu
und des „Neuen" Testaments zu begründen, genügte den späteren Waldensergenerationen auf die Dauer nicht mehr. Im
Anschluß an die mittelalterliche Silvesterlegende erzählten
sie, ein Genosse des Papstes Silvester (✝ 335) habe, im Gegensatz zur Mehrheit der Christen in der Großkirche, zusammen mit seiner Gefolgschaft an dem armen Leben und damit
am ursprünglichen apostolischen Christentum festgehalten.
Dieser Vorläufer aber hatte 800 Jahre später einen Nachfahren in Petrus Valdes und den Seinen. Inmitten des allgemeinen Abfalls der Kirche zur Bosheit und ihrer Verfolgung zum
Trotz hoffen die Waldenser auf die künftige Erweckung und
„Auferstehung" der Kirche — das Ganze ein Zeugnis für die
negative Kennzeichnung der mittelalterlichen Kirchengeschichte als Geschichte des Verfalls der Kirche und für das
historische Selbstbewußtsein der Waldenser, die z. T. bis an
die Schwelle des 19. Jahrhunderts an altkirchliche oder gar
urchristliche Ursprünge ihrer Kirche glaubten.
    Lat. Text: *Döllinger II,* 352—355; Datierung nach *H. Böhmer,*
Prot. Realencyklopädie 20 (1908) 803.


... Diese heilige Kirche aber wuchs von der Zeit der
Apostel an in heiliger Ordnung über den Erdkreis in
vielen Tausenden, und durch lange Zeit hindurch ver-

harrte sie in der Kraft der heiligen Religion und die Leiter der Kirche fast dreihundert Jahre lang bis zur Regierung des Kaisers Konstantin. Als aber Konstantin aussätzig war, war Leiter der Kirche ein gewisser Silvester von Rom mit Namen. Dieser führte auf dem Berge Sirachia[1] bei Rom mit den Seinen ein armes Leben, wie man liest, wegen der Verfolgung. Konstantin aber suchte, wie berichtet wird, nach einem Traumgesicht die Hilfe Silvesters und wurde in Christi Namen von ihm getauft und von dem Aussatz gereinigt. Als Konstantin sah, daß er von der elenden Krankheit im Namen Christi geheilt worden war, gedachte er, den zu ehren, der ihn geheilt hatte, und übergab ihm die Krone des Kaisertums und die Würde. Jener aber nahm sie an. Doch als ihn sein Genosse davon erzählen hörte, wandte er sich von ihm ab und versagte ihm die Zustimmung und hielt vielmehr am Weg der Armut fest. Konstantin aber begab sich mit der Menge der Römer in die Gebiete jenseits des Meeres und baute dort, wie es heißt, die Stadt Konstantinopel und nannte sie nach seinem Namen. Seit jener Zeit stieg der Häresiarch[2] zu Ehren und Würden auf, und die Übel wurden vermehrt auf Erden.

Wir glauben jedoch nicht, daß die Kirche sofort ganz vom Wege der Wahrheit abgewichen ist, vielmehr fiel ein Teil ab und, wie gewöhnlich, hielt sich die Mehrheit zum Bösen, ein anderer Teil aber verharrte, wie man glauben muß, längere Zeit in der Wahrheit, welche er angenommen hatte. Und so begann die Heiligkeit der Kirche allmählich einzuschlafen, und die Bosheit wuchs. Achthundert Jahre nach Konstantin erhob sich aber einer mit dem Eigennamen Petrus, wie ich gehört habe, der nach einer gewissen Gegend „Waldis" genannt wurde. Dieser war, wie sie sagen, ein reicher und sehr rechtschaffener Mann und nahm sich die Worte des Evangeliums zu Herzen, die er entweder selbst oder von anderen gehört hatte, und verkaufte seinen Besitz und verteilte den Erlös unter die Armen und nahm den Weg der Armut an, predigte, gewann Schüler, ging nach Rom und disputierte vor dem Häresiarchen[2] über den Glauben und die Religion . . .

11

In der Kurie erhielt er die Antwort, daß die römische Kirche seine Worte nicht dulden könne, doch er verließ den eingeschlagenen Weg nicht und wurde nach seiner Verurteilung aus der Synagoge[3] ausgeschlossen. Nichtsdestoweniger predigte er in der Stadt Rom, gewann sehr viele Schüler und bereiste die Gebiete Italiens und sammelte eine Anhängerschaft, so daß er, wie auch seine Nachfolger, in mehreren Gebieten viele Menschen zu ihrem Wandel bekehrte und sie stark vermehrt wurden. Denn das Volk hörte sie gern, weil das Wort der Wahrheit in ihrem Munde war und sie den Weg zum Heil darlegten . . .

. . . Schließlich aber erhob sich der Haß des Satans und die Bosheit der Gottlosen, und es entstand keine geringe Verfolgung wider die Knechte Christi, und man vertrieb sie von einem Gebiet in das andere, und ihre Grausamkeit wider uns dauert an bis jetzt.

Unterdessen wollen wir doch bedenken, daß die Zeiten vor der Ankunft Christi Schatten und Figur waren für die Zeiten seit Christus bis zum Ende der Welt. Denn wir finden nirgendwo in den Schriften des Alten Testaments, daß von Abraham bis auf Christus die Leuchte der Wahrheit und Heiligkeit zu irgendeiner Zeit gänzlich erlosch. Vielmehr verharrten allezeit mehr oder weniger Menschen im heiligen Leben. Auch lesen wir nicht, daß sie völlig verfallen sei. So meinen wir auch, daß seit der Zeit Christi bis heute dasselbe der Fall ist und sein wird bis zum Ende: daß die Kirche Gottes seit ihrer Gründung bis zum Ende der Welt niemals so gänzlich verfallen ist, daß auf der ganzen Erde oder doch wenigstens in einigen ihrer Gebiete nicht stets einige Heilige gelebt hätten. Denn über die ganze Erde ging ihre Rede aus (Ps 19,5). Wenn also infolge des Hasses des Satans und des Hasses der Gottlosen und infolge der Lässigkeit der Mehrzahl und wegen vieler Trübsale und Verfolgungen die Kirche in einigen Gegenden nahezu verfallen ist, so wollen wir doch glauben, daß sie in einigen Gebieten der Welt wenigstens bei einer geringen Zahl von Heiligen bei gutem Leben und heiligem Wandel verblieben ist. Denn der Herr spricht zu Salomo durch den Geist der

Prophetie: „Wenn die Gottlosen aufkommen, so verbergen sich die Leute, wenn sie aber umkommen, werden der Gerechten viel" (Spr 28,28). Auf Grund dieser und vieler anderer Worte der Schrift glauben wir, daß die Kirche von neuem in großer Zahl aufersteht. Daher sollt ihr sicher wissen, daß der Anfang dieses Ordens Christus ist und das Haupt dieser Kirche Jesus, der Sohn Gottes. Wir wollen darum Gott bitten, daß sie nach seiner Barmherzigkeit noch vermehrt wird zu unseren Zeiten, um noch Tausende von Heiligen, und daß Gott der Vater seinen Namen verherrliche durch den Sohn im Heiligen Geist, welchem die Herrlichkeit ist und das Reich in Ewigkeit. Amen.

[1] Ein anderer Text (Ch. Schmidt: Actenstücke, besonders zur Geschichte der Waldenser. Zeitschrift für hist. Theologie 22, 1852, 240) hat: Seraphia. Im Text der Silvesterlegende selbst (C. Mirbt, Quellen zur Geschichte des Papsttums ... 1924, 109) steht: ad montem Seraptem (für Soracte?).
[2] der Papst.
[3] aus der katholischen Kirche.

## DIE LEHRE DER WALDENSER ZU MAINZ (UM 1390)

Die drei folgenden Quellenstücke gehören zu einer Gruppe von Protokollen der kirchlichen Inquisition, in denen die Lehren der Waldenser Punkt für Punkt, z. T. in Form von Listen (Irrtumslisten) niedergelegt sind. Im Unterschied zu den vorangehenden Texten kommt hier deutlich zum Ausdruck, wie weit sich im Laufe der Zeit die waldensischen Gemeinden mit ihrem biblisch-apostolischen Christentum von der römisch-katholischen Kirche entfernt hatten. Nicht nur einzelne kirchliche Lehren, Gebräuche und Institutionen wie z. B. die Lehre vom Fegefeuer und von den Heiligen sowie die Fürbitte für die Toten, Reliquienverehrung, Wallfahrten und Mönchsorden verwarfen sie, zumal mit biblischen Gründen, sondern das kirchliche Amt, die Sakramente und die gottesdienstlichen Handlungen der Kirche überhaupt. Und folgerichtig erklärten sie ihre Prediger für die rechtmäßigen Nachfolger der Apostel, während in ihren Augen die Katholiken von der Wahrheit abgefallen waren. Man kann es verstehen,

wie dieser andauernde, trotzige Protest der Waldenser gegen
die Kirche die Inquisition nicht zur Ruhe kommen ließ und
wie er, selbst bei beschränkter Reichweite, da und dort die
Position der Kirche untergrub.

Lat. Text: *Döllinger* II 620 f.

Im Jahre des Herrn 1390 am Fest Sankt Michaelis
wurden in Mainz die folgenden Artikel der waldensischen Häretiker gefunden:

1. Die Priester, die von den Juden und Christen repräsentiert werden, können den Leib des Herrn nicht
herstellen.[1]

2. Diejenigen, die den Priestern und ihrer Lehre folgen, können nicht selig werden.

3. Ein Fegefeuer gibt es nicht, vielmehr wird, wer
Gutes tut, sogleich nach seinem Tode das ewige Leben
haben, wer aber Böses tut, wird sogleich zur Hölle fahren.

4. Gebete, die man zugunsten der Verstorbenen in
den Kirchen spricht, nützen ihnen nichts.

5. Die selige Jungfrau und die anderen Heiligen im
Himmel können für die Menschen auf Erden keine Fürbitte leisten.

6. Die Ablässe der Kirche sind lose Künste und um
des Geldes willen erfunden.

7. Weihwasser und exorzisiertes Salz haben keine
Heilswirkung.

8. Der Gesang in der Kirche Gottes ist Gott nicht
wohlgefällig, weil er aus Hochmut geschieht.

9. Hohe und große Kirchen bauen ist wider Gott.

10. Sie, die Häretiker, sind besser als die Priester,
weil sie mehr beten und öfter fasten als die Priester
und nicht schwören noch lügen wie die Priester.

11. Ihre Gebete sind Gott angenehmer als die der
Priester, denn sie sprechen das Gebet des Herrn genau so, wie es Christus eingesetzt hat.

12. Den englischen Gruß darf man nicht sprechen,
denn er ist kein von Gott eingesetztes Gebet, sondern
von den Priestern erfunden.

13. Diejenigen, die unter ihnen das Wort Gottes predigen, Beichte hören und Sakramente spenden, tun das
mit mehr Recht und besser als die Priester.

14

14. Sie können die Sakramente herstellen[1] und sie ihren Leuten darreichen.

15. Bilder sind gegen die Gebote Gottes und um der Habsucht willen erfunden.

16. Das Holz des Kreuzes besitzt keine größere Kraft als ein anderes Holz.

17. Die Beichte, die von der Kanzel für das Volk abgelegt wird, hat für den, der ebenda beichtet, keine Kraft, sondern ist eine bloße Erfindung.

[1] = konsekrieren.

## Bericht über die Lehren österreichischer Waldenser (1398)

Lat. Text: *Döllinger* II, 306—311; W. *Preger*; Beiträge zur Geschichte der Waldesier im Mittelalter. Abh. der Bayr. Ak. der Wiss., hist. Klasse 13 (1875) (181—250), 246—249.

. . .

1. Die genannten waldensischen Häretiker haben ihre eigenen Beichtiger, und die Führer ihrer Häresie sind reine Laien.

2. Sie glauben, daß jene die Vollmacht, das Wort Gottes zu predigen, allein von Gott, nicht von dem Herrn Papst oder einem katholischen Bischof besitzen.

3. Sie glauben, daß jene die Stellvertreter und die rechtmäßigen Nachfolger der Apostel Christi seien.

4. Sie verdammen die römische Kirche, weil sie zur Zeit des Papstes Silvester Besitztümer angenommen, behalten und erworben hat.

5. Sie glauben, daß ihre Häresiarchen sie von ihren Sünden besser lossprechen können als die Priester der Kirche, obwohl sie nicht glauben, daß sie geweihte Priester sind oder von dem apostolischen Herrn [1a] oder von einem katholischen Bischof gesandt sind.

6. Obwohl sie den Priestern der Kirche beichten und

15

den Leib Christi von ihnen empfangen, offenbaren sie
ihnen doch ihre Sekte keineswegs.

7. Die Predigten ihrer Häresiarchen hören sie mit
größter Aufmerksamkeit, und sie schenken ihnen mehr
Glauben als den Predigern der Kirche, obgleich diese
nachts im verborgenen, unsere aber offen predigen.

8. Sie glauben, die selige Jungfrau und andere Heilige im Himmel seien dermaßen von Freude erfüllt,
daß sie nicht an uns denken können.

9. Sie glauben, die selige Jungfrau und die anderen
Heiligen im Himmel können keinerlei Fürbitte für uns
leisten.

10. Sie sagen und glauben, wir dürfen sie nicht anrufen.

11. Sie sagen und glauben, wir dürfen sie nicht verehren.

12. Sie sagen und glauben, wir dürfen ihnen nicht
dienen.

13. Sie sagen und glauben, sie können nicht Fürbitte
für uns leisten, und obgleich sie an den Vigilien der
seligen Jungfrau und anderer Heiligen fasten und ihre
Feste feiern, tun sie das doch nur zum Schein, um
nicht entdeckt zu werden[1], oder allein zum Lobe und
zur Ehre Gottes und nicht der Heiligen, und so glauben sie keine Gemeinschaft der Heiligen.

14. Alle Häresiarchen und manche Gläubigen glauben, daß die heilige Firmung kein Sakrament sei, sondern an ihrer Stelle haben sie die Handauflegung.

15. Sie glauben, nach diesem Leben gebe es nur zwei
Wege[1b] und kein Fegefeuer.

16. Sie sagen und glauben, die Vigilien, Messen,
kirchlichen Gebete und alle anderen Fürbitten der
Kirche für die Verstorbenen seien ohne Kraft und Bedeutung, und obgleich sie bei den Totenmessen opfern,
tun sie das doch nur zum Schein, um nicht entdeckt zu
werden[1], oder allein zum Lobe Gottes und nicht zum
Heil der Seelen.

17. Die kirchliche Bestattung lassen sie nicht zu,
sondern sie sagen und glauben, man könne und dürfe
überall ohne Unterschied bestattet werden.

18. Sie glauben, der Friedhof sei nicht heiliger als

16

ein Acker oder ein anderer Platz oder ein beliebiges Stück Land.

19. Sie glauben, eine Kirche sei nicht heiliger als irgendein anderes gewöhnliches Haus.

20. Einen geweihten Altar halten sie nicht für heiliger als irgendeinen beliebigen Steinhaufen.

21. Sie verdammen und verwerfen den Gesang der Geistlichen.

22. Sie verdammen und verwerfen die Musik von Instrumenten.

23. Sie sagen und glauben, die Stundengebete dienten nicht dem Lobe Gottes.

24. Sie sagen, man dürfe nichts anderes beten als das Vaterunser, und darum machen ihnen die Häresiarchen niemals ein Ave Maria zur Pflicht.

25. Sie verdammen und verwerfen die Verehrung von Bildern.

26. Sie verdammen und verwerfen das Küssen der Reliquien.

27. Sie verdammen und verwerfen die Ablässe der geistlichen Oberen.

28. Sie verdammen und verwerfen die Wallfahrten zu heiligen Stätten.

29. Sie verdammen und verwerfen deren Exkommunikationen.

30. Sie sagen und glauben, der allerheiligste Vater und Herr, unser Herr Papst, wer auch immer zur Zeit es gewesen sein mag, sei das Haupt und der Ursprung aller Häretiker.

31. Sie sagen und glauben, wir Katholiken seien alle Häretiker.

32. Sie verdammen und verwerfen den Ornat und die Paramente der Priester.

33. Sie verdammen und verwerfen die Abzeichen der Päpste.

34. Sie sagen und glauben, in einem Stall und in einer Scheune dürfe man geradeso beten wie in einer Kirche, und in der Kirche nicht besser als irgendwo anders.

35. Sie verdammen und verwerfen die Prozessionen an den Tagen des Herrn.

36. Sie verdammen und verwerfen die Prozessionen an Bettagen.

37. Sie verdammen die Prozessionen an den Tagen des Leibes Christi.

38. Sie verdammen den Schmuck von Blumen, Gras, Gewändern und Leuchten, welche die Christgläubigen bei der Prozession tragen zum Lobe Gottes.

39. Sie sagen, das alles sei Hochmut und Eitelkeit.

40. Die Quatemberfasten, sagen sie, seien nicht göttlich, sondern von Menschen eingesetzt.

41. Sie sagen, das Holz des heiligen Kreuzes sei nicht heiliger als irgendein gewöhnliches Holz.

42. Dieselbe Meinung haben sie von der Dornenkrone unseres Herrn Jesu Christi auf seinem verehrungswürdigen Haupt.

43. Dieselbe Meinung haben sie von den eisernen Nägeln an den allerheiligsten Händen und Füßen Christi.

44. Dieselbe Meinung haben sie von jener kostbaren Lanze in Christi Seite.

45.—51. Dieselbe Meinung haben sie von den Geißeln, mit denen Christus gegeißelt wurde, von der Säule, an die er angebunden war, von dem Tisch, an dem er das Sakrament stiftete, von dem Purpurmantel, von dem Rohr, von dem weißen Gewand, vom Grab des gekreuzigten Herrn.

52, 53. Dieselbe Meinung haben sie von dem heiligen Land Jerusalem, von Bethlehem, Nazareth und anderen heiligen Stätten und von den Ketten der Apostel und von allen anderen Abzeichen der Leiden der heiligen Märtyrer.

54. Sie verwerfen und verdammen die Weihen und Ordinationen der Akolythen, Subdiakonen, Diakonen, Priester, Bischöfe.

55.—62. Sie glauben, das Taufwasser sei nicht heiliger als beliebiges Wasser, da man mit einem jeden anderen getauft werden könne. Dieselbe Meinung haben sie vom Weihwasser, vom geweihten Salz, von den Palmwedeln, der Asche und den Kerzen, von den Glocken, vom Jubeljahr und von der Segnung der Speisen.

63. Sie verdammen und verwerfen alle Orden von Mönchen und Nonnen jeglicher Regel und Observanz.

64. Sie verdammen und verwerfen die Kathedralkirchen und Kollegien.

65. Sie sagen, der apostolische Herr besitze keine größere Autorität als ein einfacher Priester.

66. Sie verdammen und verwerfen alle privilegierten Studien[2].

67. Sie verdammen und verwerfen jeglichen Eid, gleichviel, wie und wie wahr und rechtmäßig er geleistet ist.

68. Sie verdammen und verwerfen Kaiser, Könige und Fürsten, Markgrafen, Landgrafen, Grafen, Barone, Justitiare, Geschworene, Richter und Schöffen wegen jeder Tötung eines Menschen, gleichviel wie rechtmäßig und gerecht sie auch vollzogen worden sein mag.

69. Sie verdammen und verwerfen den apostolischen Herrn, weil er Krieger gegen die Sarazenen ausschickt und das Kreuz gibt oder predigt wider alle Heiden.

70. Sie verdammen und verwerfen jene lobenswerte Sitte, wonach sich die Christgläubigen durchs Los besondere Apostel [zu Patronen] erwählen.

71. Sie verdammen und verwerfen die Tonsur der Kleriker, der Weltpriester wie auch der Mönche.

72. Sie verdammen und verwerfen alle Worte der heiligen Lehrer, des Augustinus, Hieronymus, Gregor und Ambrosius und aller anderen, es sei denn, daß sie etwas zur Bestätigung ihrer Sekte aussagen ...

73. Sie verdammen und verwerfen die kaiserlichen Gesetze und die kanonischen Bestimmungen.

74. Die feierliche Weihe von Kirchen und Altären verwerfen und verdammen sie.

75. Sie verdammen und verwerfen den Exorzismus und andere Gebete, welche die Priester über den Täuflingen sprechen.

76. Sie verdammen und verwerfen jene frommen Handlungen, welche die Exorzisten oder die Priester vornehmen, wenn sie die Dämonen beschwören, damit sie von den Besessenen ausfahren.

77. Sie sagen und glauben, nach dem Tode Christi

könne kein Mensch mehr von Dämonen besessen werden.

78. Sie glauben, die Beichte, welche die Christgläubigen vor den Priestern leisten, sei ohne Kraft und Bedeutung.

79. Sie sagen und glauben, alle Worte der heiligen Messe seien überflüssig und zum Meßgottesdienst gehöre nichts außer den Einsetzungsworten und dem Vaterunser.

80. Sie sagen und glauben, die Priester sündigen, sooft sie bei der Messe die Namen der Heiligen nennen und aussprechen.

81. Sie sagen und meinen, dasselbe sei der Fall, sooft die Priester oder andere Christgläubige die Litaneien lesen oder feierlich vortragen.

82. Die Feuerweihe am Vorabend von Ostern halten sie für unwirksam und unnütz.

83. Sie glauben, die Tücher und das Schweißtuch, in welchen der Leib und das Haupt Christi eingehüllt waren, seien ohne geistliche Bedeutung und Heiligkeit.

84. Sie glauben, die Anbetungen und Kniebeugungen samt dem Gesang und den feierlichen Handlungen am Karfreitag vor dem Kreuz unseres Herrn seien unnütz.

85. Sie glauben, einzig die Sekte der Waldenser sei der christliche Glaube.

86. Alle Katholiken mit Ausnahme der kleinen Kinder halten sie für verdammenswert.

87. Die Katholiken nennen sie „die Welt“, „die Fremden“.

88. Sich selbst, ihre Anhänger oder Komplizen nennen sie die „chunden“ [3].

89. Sie glauben, die Seelen aller Heiligen wie zum Beispiel des Laurentius, Nikolaus, Martin, Hieronymus, Ambrosius, Augustinus, Gregor, Bernhard, Chrysostomus, Benedikt, Franziskus, Dominikus, Antonius, Vin-

---

[1a] = vom Papst
[1] Es handelte sich also um heimliche Waldenser.
[1b] s. o. S. 9
[2] = Hochschulen.
[3] = die Bekannten, Erkannten, wohl nach 1 Kor 13,12;
2 Tim 2,19.

zentius, der Katharina, Margaretha, Dorothea, kurzum.
aller Heiligen, Märtyrer, Bekenner und Jungfrauen, die
nicht in der Bibel hervorgehoben sind, seien zur Hölle
verdammt . . .


## Verhör des Waldensers Matthäus Hagen (1458)

Lat. Text: W. *Wattenbach,* Über die Inquisition gegen die
Waldenser in Pommern und der Mark Brandenburg. Abh. der
Königl. Akademie der Wiss. zu Berlin 1886, Nr. 3, 78 ff.,
81 f. — Dazu die Erläuterungen ebenda 71 f.


. . . Matthäus Hagen aus Selchow, reiner Laie, Schu-
ster, [erklärt], er sei Priester, geweiht von einem gewissen Friedrich Rysz[1], Bischof in ihrer Sekte, die gemeinhin heißt „Die treuen Brüder", und habe zuvor von
demselben nacheinander die Weihen des Subdiakonats
und des Diakonats erhalten in Gegenwart eines gewissen Nikolaus[2], gleichfalls Bischof in ihrer Sekte, in
Laientracht, ohne die heiligen Gewänder und ohne die
Feierlichkeiten, die bei solchen Anlässen gewöhnlich
beobachtet werden, morgens in der Dämmerung, in
einem Haus in der Stadt Saaz in Böhmen, durch Handauflegung, und zwar außerhalb der Zeiten, die vom
Gesetz dafür bestimmt sind . . .
Desgleichen glaubt er fest, er könne, nachdem er auf
diese Weise ordiniert worden ist, das Sakrament der
Eucharistie herstellen, in der deutschen Volkssprache
Messen feiern und in Laientracht Beichte hören und
den Leuten seiner Sekte unter beiderlei Gestalt die
Kommunion erteilen, was er hierzulande recht häufig
getan hat außerhalb der Kirchengebäude, in Häusern,
Stuben oder Verstecken zur Zeit der Morgendämme-
rung.
Desgleichen glaubt er, die Kommunion unter beider-
lei Gestalt sei heilsnotwendig.
Befragt nach der Gewalt der Kirche und unseres
Herrn Papstes, ist er zweifelhaft und spricht in seiner

21

Sprache die Worte: „Das lass ich seyn als es ist" und sagt sonst nichts weiter dazu.

Desgleichen bekannte er, seine Sekte sei hinsichtlich des Ritus, der Gewohnheiten und der Darreichung der Sakramente von der römischen Kirche unterschieden, wobei er sich auf ihre Bücher bezog, die von Irrtümern voll sind.

Desgleichen bekannte er, er beichte niemand außer seinem Vorgesetzten, Friedrich Rysz, dem genannten angeblichen Bischof in Böhmen, und er bete das Stundengebet nicht.

Desgleichen ist er hinsichtlich der Gewalt der Priester, die sich in Todsünde befinden, ob sie binden und lösen und das Sakrament der Eucharistie herstellen können usw., zweifelhaft und sagt ähnliche Worte wie oben von der Gewalt der Kirche und unseres Herrn Papstes.

Desgleichen hat er eine falsche Meinung vom Ablaß und sagt, man verkaufe ihn in Scheffeln und Schoppen und man kaufe ihn um Geldes Preis.

Desgleichen hofft er, Wyclif, Johannes Hus und Hieronymus, die schon längst wegen ihrer Häresien und ihres Götzendienstes von den heiligen allgemeinen Konzilien zum Feuertod verdammt worden sind, erfreuten sich der Seligkeit.

Desgleichen, daß er von dem genannten Friedrich Rysz, seinem angeblichen Bischof, in unsere Gegend gesandt worden sei, um die vier Evangelien der Evangelisten zu predigen, so wie die Apostel von Christus gesandt worden sind, als er sprach: „Gehet hin in alle Welt usw."

Desgleichen ersucht und befragt, ob er seine genannten Irrtümer und seine falsche Lehre, die er gepredigt hat, widerrufen und sich dem Ritus der heiligen römischen Kirche gleichordnen wollte, sprach er, er wolle auf keinen Fall widerrufen, sondern deswegen lieber sterben. Nichtsdestoweniger gaben ihm der Herr Bischof und der Herr Inquisitor Johann Kanneman [3] drei Tage Bedenkzeit mit der freundlichen Ermahnung, er solle sich von diesen Häresien bekehren und seine Seele dem Höchsten, seinem Schöpfer, zum Gewinn geben, und so wurde er an die Stätte seines Gewahrsams zurückgeführt.

... [Hagen erklärt], er wolle die von ihm bekannten Artikel auf keinen Fall widerrufen, weil sie zu seinem Glauben gehörten, welcher, wie er selbst fest glaubt, der richtige katholische und formierte Glaube sei, in welchem er selig zu werden hofft, und er wolle bei den genannten Artikeln festbleiben, wobei er hinzufügte, lieber wolle er standhaft jede Strafe auf sich nehmen, als die von ihm bekannten Artikel widerrufen oder jemand aus seiner Sekte verraten oder melden. Und nachdem derselbe Matthäus Hagen mit großer Milde durch den genannten Ehrwürdigen Herrn P. Stephanus, Bischof von Brandenburg, und den Inquisitor Mag. Johann Kannemann vier Tage hindurch gebeten worden war, seine Irrtümer, die gegen die Dogmen der heiligen römischen Kirche verstoßen, zu widerrufen, für das Heil seiner Seele zu sorgen und den heilsamen Geboten der Mutter Kirche zu gehorchen, antwortete er, er wolle das auf keinen Fall tun, sondern in den von ihm bekannten Artikeln beständig verbleiben. Er wurde wiederholt ersucht und gebeten, seine Irrtümer zu widerrufen, doch wies er das gänzlich zurück und widersprach mit verhärtetem und verstocktem Gemüt.
...

[1] Friedrich Reiser (1401—58), süddeutscher Waldenserbischof, vom Hussitentum beeinflußt, in Straßburg von der Inquisition verbrannt, vgl. RGG 5, 950 und LThK 8, 1154.
[2] Über Nikolaus von Pilgram s. u. S. 379 f.
[3] Über Johannes Kannemann vgl. LThK 5, 1048 f.


ANSCHLUSS MÄRKISCHER WALDENSER AN DIE
BÖHMISCHEN BRÜDER (UM 1480)

Lat. Text: W. *Wattenbach* (s. o. S. 21) 87 f.

... Außer diesen zwei Verfolgungen erging noch eine dritte, durch welche aus der Mark nicht wenige Leute um desselben Glaubens und der göttlichen Wahrheit willen bedrängt und vertrieben wurden. Denn nachdem zuvor einige von den dortigen Waldensern von den Brüdern gehört hatten, kamen von dort zwei Abgesandte zu den Brüdern nach Böhmen, um die Lehre und den Gottesdienst der Brüder zu sehen, aufzuschreiben und kennenzulernen. Nachdem sie hier einige Zeit unter ihnen verweilt und sich alles aufgeschrieben und auch untersucht hatten, wollten sie sehr gern die Meinung und den Gottesdienst der Brüder annehmen und bezeugten, daß er nach der Wahrheit der Heiligen Schrift sei. Und sie baten die Brüder um einen Bruder, welcher zwar gut böhmisch verstand, aber doch ein geborener Deutscher war, und kehrten mit diesem in die Mark zurück. Als sie dann dort waren und anfingen, öffentliche Zusammenkünfte zu halten und in denselben zu predigen, wandte sich viel Volks, das nach dem Worte der Wahrheit durstig war, von den Irrtümern und Götzen ab und bekehrte sich zu dem Herrn Christus, nachdem es das Wort des Evangeliums gehört hatte. Darüber erzürnte sich der Teufel und erweckte ihnen viele Gegner, welche sich, als sie das sahen und hörten, maßlos ereiferten und Lärm schlugen. Gegen sie und gegen dieses ganze Volk richteten sie ihre listigen Angriffe, nahmen viele gefangen und mordeten, verbrannten, ertränkten und enthaupteten sie. Durch Anstiftung und Aufhetzung der boshaften Geistlichkeit, sodann durch diese übermäßige Tyrannei verscheuchten und vertrieben sie dieselben, so daß einige Hundert von ihnen aus der Mark nach Böhmen und Mähren kamen und sich den Brüdern anschlossen, von denen noch jetzt eine ziemliche Anzahl schon hochbetagter am Leben ist und dies bezeugen kann.

# II. SCHOLASTIKER

## MARSILIUS VON PADUA († 1342)

In der berühmten Bulle „Unam Sanctam" (1302) hatte Papst Bonifaz VIII. die Machtansprüche des mittelalterlichen Papsttums aufs höchste gesteigert, indem er, vom Grundsatz der päpstlichen Machtfülle (plenitudo potestatis) ausgehend, nicht nur die absolute, keinem Menschen verantwortliche totale Regierungsgewalt des Papstes innerhalb der Kirche, sondern auch die Oberherrschaft des Papstes und der Kirche über den Kaiser und den weltlichen Staat behauptete. Unter den zahlreichen Gegnern dieser papalistischen Theorie, denen sich auch Dante Alighieri († 1321) anschloß, ragt Marsilius von Padua († 1342) hervor. Der vielseitige Gelehrte, Mediziner, Jurist und Theologe zugleich, verfaßte mit seinem „Defensor Pacis" (1324) die umfassendste und schärfste Widerlegung. In scholastischer Beweisführung verknüpfte er hier die Grundgedanken der aristotelischen Staatslehre mit den Forderungen der apostolischen Armut und Gewaltlosigkeit. Dabei beschränkte er sich nicht darauf, den Papalismus auf die Theorie einer Gleichordnung oder auch Trennung zwischen geistlichem und weltlichem Bereich zurückzuführen, sondern vertrat vielmehr umgekehrt die Überordnung der weltlichen über die geistliche Macht, indem er dem „gläubigen Gesetzgeber" und dem Konzil die wesentlichen geistlichen Rechte zuerkannte.

Aus den folgenden 42 Konklusionen geht die revolutionäre Tendenz des Gesamtwerks deutlich hervor, obwohl sie von der zersetzenden Schärfe der Argumentation im einzelnen natürlich keinen Eindruck zu geben vermögen. 1327 wurde Marsilius zusammen mit seinem Gesinnungsgenossen Johann von Janduno als Häretiker, ja als „Häresiarch" exkommuniziert. Er starb als Berater Ludwigs des Bayern in München. Sein Werk hat auf den Konziliarismus des 15. Jahrhunderts gewirkt und wurde im Jahrhundert der Reformation weit verbreitet.

Lat. Text und dt. Übersetzung: Marsilius von Padua, Der Verteidiger des Friedens, hg. v. *H. Kusch,* 1958, Teil 3, Kap. 2 (= S. 1088—1101).

Lit.: *J. Heckel,* Marsilius v. P. und Luther, Zeitschr. f. Rechtsgeschichte, Kan. Abt. 44 (1958) 268—336. — *H. Segall,* Der „Defensor pacis" des Marsilius von Padua (1959).

## 42 Konklusionen

1. Allein die göttliche oder kanonische Schrift und jede ihr mit Notwendigkeit folgende Schrift sowie ihre Auslegung durch ein allgemeines Konzil ist wahr; diese zu glauben ist für die ewige Seligkeit notwendig, wenn sie einem in richtiger Weise vorgelegt wird...

2. Nur ein allgemeines Konzil der Gläubigen oder die bedeutsamere Mehrheit oder der bedeutsamere Teil darf den Sinn zweifelhafter Stellen des göttlichen Gesetzes, insbesondere in den sogenannten Artikeln des christlichen Glaubens und in den übrigen Stücken, die man als heilsnotwendig glauben muß, definieren; kein anderes Teilkollegium oder Einzelperson, welchen Standes auch immer, besitzt die Autorität zu der genannten Definition...

3. Nach der Vorschrift der Heiligen Schrift wird niemand durch eine zeitliche oder weltliche Buße oder Strafe genötigt, die Gebote des göttlichen Gesetzes zu befolgen.

4. Allein die Gebote des evangelischen Gesetzes oder was aus ihnen mit Notwendigkeit folgt und was nach richtigem Denken zu tun oder zu lassen ist, muß man mit der ewigen Seligkeit unbedingt befolgen, die des Alten Testaments jedoch keineswegs alle...

5. Von den Geboten oder Verboten Gottes im evangelischen Gesetz kann kein Sterblicher entbinden. Erlaubtes aber kann unter Festsetzung einer Schuld oder Strafe, die sich auf gegenwärtige oder zukünftige Welt bezieht, allein ein allgemeines Konzil oder der gläubige menschliche Gesetzgeber verbieten und kein Teilkollegium, keine Einzelperson, welches Standes auch immer...

6. Menschlicher Gesetzgeber ist allein die Gesamtheit der Bürger oder ihr bedeutsamer Teil...

7. Die Dekretalen oder Dekrete[1] der römischen oder aller anderen Priester, welche von allen gemeinsam oder von einzelnen ohne Genehmigung des menschlichen Gesetzgebers oder des allgemeinen Konzils er-

lassen sind, verpflichten niemand derart, daß er sich einer weltlichen oder geistlichen Buße oder Strafe schuldig macht.

8. Von menschlichen Gesetzen kann allein der Gesetzgeber oder ein anderer mit seiner Autorität entbinden ...

9. Eine gewählte Regierung oder irgendein anderes Amt, das seine Autorität allein der Wahl verdankt, ist von keiner anderen Bestätigung oder Anerkennung abhängig ...

10. Die Wahl jeder Regierung oder eines anderen Amtes, zu dem man erwählt wird, zumal eines solchen mit zwingender Gewalt, hängt allein von dem ausdrücklichen Willen des Gesetzgebers ab ...

11. In einer Stadt oder in einem Staat darf es nur eine einzige oberste Regierungsgewalt geben ...

12. Personen [für die Staatsämter] und ihre Eignung und Zahl und ebenso alle anderen bürgerlichen Angelegenheiten zu bestimmen, kommt ausschließlich der Autorität des gläubigen Herrschers zu nach Maßgabe der Gesetze und gebilligter Gewohnheitsrechte ...

13. Kein Herrscher und noch weniger ein Teilkollegium oder eine Einzelperson, welches Standes auch immer, besitzt über fremde geistliche oder bürgerliche Handlungen ohne Anweisung des sterblichen Gesetzgebers die Fülle der Gewalt oder Macht ...

14. Regierungsgewalt oder zwingende Rechtsprechung über einen Kleriker oder Laien, auch einen Ketzer, hat kein Bischof oder Priester als solcher ...

15. Die zwingende Rechtsprechung über Personen und Sachen bei sterblichen Einzelpersonen, welches Standes auch immer, und bei einem Kollegium von Laien oder Klerikern hat ausschließlich der Herrscher auf Grund seiner ihm vom Gesetzgeber verliehenen Autorität ...

16. Ohne die Autorität des gläubigen Gesetzgebers ist es keinem Bischof oder Priester oder deren Kollegium erlaubt, jemand zu exkommunizieren ...

17. Alle Bischöfe haben die gleiche Machtvollkommenheit unmittelbar von Christus, und aus dem göttlichen Gesetz läßt es sich nicht erweisen, daß in geist-

lichen oder irdischen Dingen einer dem anderen untergeordnet oder übergeordnet ist ...

18. Auf Grund göttlicher Autorität und mit Zustimmung oder Erlaubnis des gläubigen menschlichen Gesetzgebers haben die übrigen Bischöfe insgesamt oder
allgemein die Vollmacht, den römischen Bischof zu
exkommunizieren und eine andere Autorität gegen
ihn auszuüben, wie auch er gegen sie ...

19. Von Heirats- oder Eheverboten des göttlichen
Gesetzes kann kein Sterblicher entbinden. Die Heirats-
und Eheverbote des menschlichen Gesetzes hingegen
stehen ausschließlich in der Gewalt des menschlichen
Gesetzgebers oder dessen, der in seinem Namen regiert ...

20. Uneheliche Kinder zu legitimieren, so daß sie
erbberechtigt sind und andere bürgerliche und kirchliche Ämter und Pfründen übernehmen können, steht
allein dem gläubigen Gesetzgeber zu ...

21. Über die Kandidaten für kirchliche Weihen und
über ihre Eignung ein rechtskräftiges Urteil zu fällen,
kommt allein dem gläubigen Gesetzgeber zu, und ohne
seine Autorität jemand dazu zu befördern, ist keinem
Priester oder Bischof erlaubt ...

22. Die Zahl der Kirchen oder Tempel und der in
ihnen dienenden Priester, Diakonen und der übrigen
Amtsträger zu bemessen, steht allein dem Herrscher
zu nach Maßgabe der Gesetze der Gläubigen ...

23. Abtrennbare kirchliche Ämter dürfen allein auf
Grund der Autorität des gläubigen Gesetzgebers verliehen und entzogen werden, desgleichen auch Pfründen und andere Stiftungen für fromme Zwecke ...

24. Notare oder andere öffentliche bürgerliche Beamte einzusetzen, steht keinem Bischof als solchem
zu, weder allen gemeinsam noch einem einzelnen ...

25. Die Zulassung zu einem öffentlichen Lehramt
oder zu der öffentlichen Ausübung eines Berufes kann
kein Bischof als solcher, weder alle gemeinsam noch
ein einzelner, gewähren, sondern das steht ausschließlich dem Gesetzgeber zu, wenigstens dem gläubigen,
oder dem, der mit seiner Autorität regiert ...

26. Wer zum Diakonat oder Priesteramt befördert ist

und wer sonst Gott unwiderruflich geweiht ist, muß bei der Besetzung von kirchlichen Ämtern und Pfründen den Vorrang haben vor allen anderen, die nicht in dieser Weise geweiht sind ...

27. Die irdischen Güter der Kirche kann der Gesetzgeber, wenn der notwendige Bedarf der Priester und der anderen Diener des Evangeliums sowie die Kosten des Gottesdienstes und der Bedarf der erwerbsunfähigen Armen gedeckt ist, erlaubtermaßen und in Übereinstimmung mit dem göttlichen Gesetz für allgemeine oder öffentliche Zwecke oder für die Verteidigung ganz oder teilweise verwenden ...

28. Alle Stiftungen für fromme Zwecke oder Werke der Barmherzigkeit (wie zum Beispiel Vermächtnisse für eine Reise übers Meer [= ins Heilige Land] zum Widerstand gegen die Ungläubigen oder für den Loskauf der von ihnen Gefangenen oder für den Unterhalt von erwerbsunfähigen Armen und dergleichen) zu verwalten, kommt allein dem Herrscher zu, der nach den Richtlinien des Gesetzgebers und den Wünschen des Erblassers oder eines anderen Stifters zu verfahren hat.

29. Eine freie Stelle in einem Kollegium oder in einem Orden zu übertragen und zu bewilligen oder zu besetzen, kommt allein dem gläubigen Gesetzgeber zu ...

30. Häretiker und alle Verbrecher und andere, die von einer zeitlichen Strafe oder Verurteilung betroffen werden sollen, durch ein rechtskräftiges Urteil abzuurteilen, Leibesstrafen zu verhängen und Vermögensstrafen einzuziehen und zu verwenden, kommt allein dem Herrscher zu nach der Anweisung des Gesetzgebers ...

31. Einen Untertan, der einem anderen durch einen rechtmäßigen Eid verpflichtet ist, kann kein Bischof oder Priester ohne vernünftigen Grund, über welchen der gläubige Gesetzgeber durch ein Urteil ... zu befinden hat, von seiner Verpflichtung entbinden; das Gegenteil davon widerspricht der gesunden Lehre ...

32. Einen Bischof oder eine Kathedralkirche für alle schlechthin einzusetzen und ihn eines solchen Am-

tes zu entkleiden oder ihn abzusetzen, steht allein dem allgemeinen Konzil aller Gläubigen zu ...

33. Ein allgemeines Konzil oder ein Teilkonzil der Priester und Bischöfe und der übrigen Gläubigen durch zwingende Gewalt zu versammeln, steht ausschließlich dem gläubigen Gesetzgeber zu oder demjenigen, der mit seiner Autorität in den gläubigen Gemeinschaften regiert; und was auf einem in anderer Form einberufenen Konzil festgelegt ist, hat keine Gültigkeit oder Rechtskraft und verpflichtet niemand unter Androhung einer weltlichen oder geistlichen Strafe oder Schuld ...

34. Fastengebote und Verbote irgendwelcher Speisen darf allein ein allgemeines Konzil der Gläubigen oder der gläubige Gesetzgeber festlegen. Auch die Ausübung der verschiedenen Zweige des Handwerks und den wissenschaftlichen Unterricht, den das göttliche Gesetz an keinem Tage verbietet, kann allein das besagte Konzil oder der Gesetzgeber untersagen, auch kann zur Befolgung solcher Vorschriften allein der gläubige Gesetzgeber durch eine weltliche Buße oder Strafe nötigen oder wer mit seiner Autorität regiert ...

35. Die Heiligsprechung oder Heiligenverehrung darf allein durch ein allgemeines Konzil bestimmt und angeordnet werden ...

36. Ob das Verbot der Ehe für Bischöfe, Priester und andere Diener der Kirche richtig ist, und über andere Fragen der kirchlichen Praxis, kann allein das allgemeine Konzil der Gläubigen Bestimmungen und Anordnungen treffen, und nur derjenige kann einem Kollegium oder einer Einzelperson hierin wie auch in den erwähnten Punkten Dispens erteilen, dem das genannte Konzil hierzu Vollmacht erteilt hat ...

37. Von dem zwingenden Urteil, das einem Bischof oder Priester zugestanden ist, soll der Rechtsuchende immer an den Gesetzgeber oder an denjenigen, der auf Grund seiner Ermächtigung regiert, appellieren dürfen ...

38. Wer die evangelische Vollkommenheit der höchsten Armut wahren muß, kann unbewegliche Güter nur mit dem bestimmten Vorsatz in seiner Verfügungsgewalt haben, jedes solches Gut so bald wie möglich

zu verkaufen und den Erlös an die Armen zu verteilen. An einer beweglichen oder unbeweglichen Sache hat er weder Eigentumsrecht noch Verfügungsgewalt, sofern er den Vorsatz hat, diese Sache vor einem Richter mit zwingender Amtsgewalt zu verteidigen, wenn sie ihm jemand wegnimmt oder wegnehmen will...

39. Die Gemeinde oder die Einzelperson ist nach göttlichem Gesetz dazu verpflichtet, den Bischöfen und den übrigen evangelischen Dienern, die ihnen das Evangelium darreichen, das Notwendige an Nahrung und Kleidung, wenigstens Tag für Tag, zu liefern. Zehnten aber oder etwas anderes, was über die Deckung des notwendigen Bedarfs der genannten Diener hinausgeht, auf keinen Fall...

40. Der gläubige Gesetzgeber, oder wer mit seiner Autorität regiert, kann in seinem Lande die Bischöfe und die übrigen Diener des Evangeliums, die mit Nahrung und Kleidung ausreichend versorgt sind, dazu zwingen, Gottesdienst zu halten und die kirchlichen Sakramente zu spenden...

41. Den römischen Bischof und jeden anderen Geistlichen oder Diener einer Kirche darf nach dem göttlichen Gesetz allein der gläubige Gesetzgeber, oder wer mit seiner Autorität regiert, oder ein allgemeines Konzil auf ein abtrennbares kirchliches Amt befördern, davon entheben oder entsetzen, wenn ein Vergehen es erforderlich macht.

42. Noch sehr viele andere nützliche Folgerungen ließen sich aus den ersten beiden Teilen mit Notwendigkeit ziehen. Doch mit diesen begnügen wir uns, denn um die genannte Pest samt ihrer Ursache auszurotten, bilden sie einen bequemen und ausreichenden Anfang, und wir wollen die Darstellung abkürzen...

---

[1] Rechtsentscheidungen, insbesondere päpstliche Verfügungen mit Rechtskraft (Dekretalen).

# WILHELM VON OCKHAM († 1349)

Die umgreifende theologische Synthese von Vernunft und Offenbarung, von aristotelischen und biblischen Gedanken, wie sie in der Summa Theologica des Thomas von Aquino († 1274) ihre klassische Ausgestaltung gefunden hatte, wurde von dem Franziskaner Wilhelm von Ockham, dem einflußreichsten Theologen des 14. Jahrhunderts, einer grundsätzlichen Kritik unterworfen. Indem er die Tragfähigkeit der rationalen Elemente des überkommenen theologischen Systems in Zweifel zog, gewann bei ihm das biblische Fundament der Lehre, wenigstens in der Theorie, an Bedeutung. Auf dem Hintergrund der Allmacht und absoluten Entscheidungsfreiheit Gottes stellte Ockham die logische Notwendigkeit selbst der ethischen Grundregeln und der kirchlichen Heilsvermittlung in Frage, dies jedoch nur, um sie dann von dem Grundsatz der besonderen Verfügung und Einsetzung Gottes her erneut zu bejahen. So ging die schonungslose Kritik schließlich in eine Hochschätzung der kirchlichen Autorität über, der sich Ockham gelegentlich selbst gegen besseres Wissen unterwarf. Auf diese Weise wurde die erzeugte Spannung jeweils ausgeglichen, aber nicht wirklich beseitigt. Für die kirchenpolitischen Ansichten gilt das allerdings nicht. Hier hat Ockham an dem Idealbild seines Ordens von der rein geistlichen, besitzlosen, dienenden und leidenden Kirche sein ganzes Leben hindurch festgehalten, ohne daß die schärfsten propagandistischen Waffen, die er im Kampf für die franziskanische Kirchenreform gegen das Papsttum einsetzte, zum Erfolg geführt hätten. Auch er lebte und starb, wie Marsilius von Padua, als überzeugter Vertreter der kaiserlichen Rechte über die Kirche in der Umgebung Ludwigs des Bayern in München. Die von ihm ausgehende nominalistische Schultradition des späten Mittelalters hat teils unmittelbar, teils durch d'Ailli und Gabriel Biel auf Luther gewirkt, der ihr seine theologische Schulung und einige wichtige Grundsätze verdankt. Auf Ockhams kirchenpolitische Streitschriften griff der Konziliarismus des 15. Jahrhunderts zurück.

Lat. Texte: Quodlibet I, q. 1, nach dem Text bei *Boehner* (s. u.) S. 406 f. — Quodlibeta septem (1491), Quodl. VI, q. 1. —, Super IV libros Sententiarum subtilissimae quaestiones (1483), I, q. 19, 0. — ebenda IV, q. 4 N und 6. — Dialogus de potestate imperiali et papali, in: *Melchior Goldast,* Monarchia (1614), 494 f. und 843. — De imperatorum et pontificum potestate. Unbekannte politische Streitschriften ... hg. von *R. Scholz,* II (1914) (S. 453—480), 455 f., 458, 461, 464 ff., 467 ff., 478 ff.

Lit.: *Ph. Boehner*, Collected Articles on Ockham (1958); *E. Iserloh*, Gnade und Eucharistie in der philosophischen Theologie des Wilhelm von Ockham (1956); *W. Kölmel*, Wilhelm Ockham und seine kirchenpolitischen Schriften (1962); *M. A. Schmidt*, Kirche und Staat bei Wilhelm von Ockham, Theol. Zeitschrift 7 (1951) 265—284; *R. Scholz*, Wilhelm von Ockham als politischer Denker und sein Breviloquium de principatu tyrannico (2. Aufl. 1952).

## Quodlibeta

### Glaube und Vernunft sind zweierlei

Frage: Kann man mit Hilfe der natürlichen Vernunft beweisen, daß es nur einen einzigen Gott gibt? Dafür spricht: Es gibt nur einen einzigen Herrn der Welt, nach dem 12. Buch der Metaphysik; es läßt sich aber mit der natürlichen Vernunft beweisen, daß es nur eine einzige Welt gibt, nach dem Philosophen[1] im 1. Buch de Caelo; also kann man mit natürlicher Vernunft beweisen, daß es nur einen einzigen Herrn gibt; dieser aber ist Gott. Ergo.

Dagegen spricht: Ein Glaubensartikel läßt sich nicht evident beweisen; daß es nur einen einzigen Gott gibt, ist aber ein Glaubensartikel; ergo.

Bei der Behandlung dieser Frage möchte ich erstens darlegen, was unter dem Namen „Gott" zu verstehen ist; zweitens will ich die Frage selbst beantworten.

Zum ersten sage ich: Dieser Name „Gott" kann verschieden umschrieben werden, einmal: Gott ist etwas, was edler und besser ist als alles, was von ihm verschieden ist; zum anderen: Gott ist dasjenige, im Vergleich zu dem es nichts Besseres und Vollkommeneres gibt.

Zum zweiten sage ich: Wenn man „Gott" entsprechend der ersten Umschreibung nimmt, so kann man nicht demonstrativ beweisen, daß es nur einen einzigen Gott gibt. Der Grund hierfür: Wenn man „Gott" so versteht, kann man nicht evident beweisen, daß Gott ist. Demnach kann man, wenn man „Gott" so versteht, nicht evident beweisen, daß es nur einen einzigen Gott gibt. Die Konsequenz ist offenbar. Die Voraussetzung läßt sich so beweisen: Der Satz „Gott ist" ist nicht durch sich selbst bekannt, weil viele daran zweifeln, noch läßt er sich aus Sätzen, die durch sich selbst bekannt sind, herleiten, weil man in jedem Vernunftgrund etwas Zweifelhaftes oder etwas Glaubwürdiges annehmen muß; noch ist dieser Satz durch Erfahrung bekannt. Das ist offenbar; ergo.

Zweitens sage ich: Wenn man evident beweisen könnte, daß Gott ist, wenn man „Gott" so versteht, dann könnte evident bewiesen werden, daß Gott ein einziger ist . . .

Drittens sage ich: Daß Gott ein einziger ist, läßt sich nicht beweisen, wenn man „Gott" nach der zweiten Umschreibung versteht. Und doch kann man den negativen Satz „Daß Gott ein einziger ist, läßt sich nicht evident beweisen" nicht demonstrativ beweisen, denn man kann nicht demonstrieren, daß die Einzigkeit Gottes evident beweisbar ist, sofern man nicht die Gegengründe entkräftet. So wie man nicht demonstrativ beweisen kann, daß die Sterne gleich sind, und sowenig, wie man die Dreieinigkeit der Personen demonstrativ beweisen kann. Und doch können diese negativen Aussagen nicht evident bewiesen werden: „Man kann nicht beweisen, daß die Sterne gleich sind", „Die Dreieinigkeit der Personen läßt sich nicht beweisen."

Gleichwohl muß man wissen, daß sich Gott beweisen läßt, sofern man „Gott" nach der zweiten vorhin genannten Umschreibung versteht. Denn sonst gäbe es ein Fortschreiten ins Unendliche, falls es nicht unter den Seienden etwas gäbe, im Verhältnis zu dem nichts früher oder vollkommener ist. Daraus aber folgt nicht, daß man beweisen kann, daß dieses nur ein einziges ist. Dies vielmehr läßt sich nur im Glauben ergreifen.
. . .

[1] Aristoteles

### Die absolute und die verfügte Macht Gottes

Kann der Mensch selig werden ohne erschaffene Liebe? Dagegen spricht, daß jeder, der selig wird, Gott lieb ist, aber niemand kann Gott lieb sein, ohne daß

34

er Liebe hat, also kann niemand ohne Liebe selig werden. Dagegen kann Gott jedes Absolute, das unterschieden ist von einem anderen, trennen und ohne es
in seinem Sein erhalten, die Gnade aber ist etwas Ab-
solutes, das von einem anderen unterschieden ist,
ergo.

Hierzu treffe ich erstens eine Unterscheidung hinsichtlich der Gewalt Gottes. Zweitens beantworte ich
die Frage.

Zum ersten sage ich: Gewisse Dinge vermag Gott
zu tun nach seiner geordneten Gewalt, gewisse nach
seiner absoluten. Diese Unterscheidung ist nicht so zu
verstehen, als seien in Gott real zwei Gewalten, eine
geordnete und eine absolute, denn es gibt nur eine einzige Gewalt in Gott nach außen, die in jeder Hinsicht
Gott selbst ist. Es ist aber auch nicht so zu verstehen,
als könne Gott das eine geordnet tun und anderes absolut und nicht geordnet; denn Gott kann nichts unge-
ordnet tun. Es ist vielmehr so zu verstehen, daß „etwas
können" bisweilen von den von Gott geordneten und
verfügten Gesetzen ausgesagt wird, und das, so sagt
man, kann Gott tun infolge seiner geordneten Gewalt.
Im anderen Sinne versteht man unter „können": alles
das tun können, was keinen Widerspruch in sich
schließt, mag Gott seine Ausführung geordnet haben
oder nicht — denn Gott kann vieles tun, was er nicht
tun will, nach dem Magister [1] im 1. Buch der Sentenzen
Dist. 43. Und das, sagt man, kann er infolge seiner absoluten Gewalt, so wie der Papst manches auf Grund
der von ihm erlassenen Gesetze nicht tun kann, was
er absolut jedoch kann. Diese Unterscheidung läßt sich
mit dem Wort des Heilands (Joh 3,5) begründen:
„Wenn jemand nicht aus Wasser und Geist geboren
wird, so kann er nicht in das Reich Gottes kommen."
Da nämlich Gott die gleiche Gewalt hat jetzt wie damals und so, wie zuzeiten einige in das Reich Gottes
gelangten ohne jede Taufe, wie offenbar ist von den
beschnittenen Knäblein, die zur Zeit des Gesetzes starben, bevor sie zu Verstand gekommen waren, so ist
es auch jetzt möglich. Aber das, was damals möglich
war auf Grund der damals erlassenen Gesetze, ist jetzt

nicht möglich nach dem jetzt erlassenen Gesetz, mag es auch absolut möglich sein.

¹ Petrus Lombardus (✝ 1160)

## Aus dem Sentenzenkommentar

### Gut ist einzig das, was Gottes Gebot verfügt

... Mag auch der Haß wider Gott, der Diebstahl und der Ehebruch einen bösen Umstand an sich haben und ähnliches aus dem allgemeinen Gesetz, sofern es von jemand begangen wird, der auf Grund von Gottes Gebot zum Gegenteil verpflichtet ist, so kann es doch hinsichtlich des absoluten Seins in jenen Handlungen von Gott ohne jeden bösen Umstand geschehen. Ja, es könnte auch von einem Menschen auf dieser Erde mit Verdienst begangen werden, wenn es unter das göttliche Gebot fiele so, wie jetzt tatsächlich das Gegenteil unter das göttliche Gebot fällt. Und wenn das göttliche Gebot dem entgegensteht, so kann niemand solche Akte verdienstlich oder gut ausüben, denn sie wären nicht verdienstlich, wenn sie nicht unter das göttliche Gebot fielen, und wenn dergleichen von einem Menschen auf Erden verdienstlich getan würde, so könnte man es nicht Diebstahl, Ehebruch, Haß und so weiter nennen, weil diese Bezeichnungen solche Handlungen nicht absolut bezeichnen, sondern so, daß sie bezeichnen und zu verstehen geben, daß derjenige, der solche Handlungen nach dem Gebot Gottes begeht, zum Gegenteil verpflichtet ist. Und darum bezeichnen sie im Hinblick auf den gesamten Inhalt des Bezeichneten böse Umstände, und im Hinblick darauf verstehen die Heiligen und die Philosophen, daß die eben genannten Handlungen mit Bosheit vermengt sind. Wenn sie aber unter das göttliche Gebot fielen, dann würde einer, der solche Handlungen begeht, nicht zum Gegenteil verpflichtet sein, und infolgedessen würden sie dann nicht Diebstahl, Ehebruch und so weiter genannt werden ...

Frage: Ist der Leib Christi wahrhaftig unter den Gestalten des Brotes enthalten?

... Darum bin ich der Meinung, daß derselbe Leib auf definitive Weise an verschiedenen Orten sein kann. Der Leib Christi aber ist in erster Linie zusammen mit der Hostie und einem jeden Teil von ihr vorhanden, also kann er auf dieselbe Weise und noch viel mehr an verschiedenen Orten gegenwärtig sein, so daß das Ganze beim Ganzen und der Teil beim Teil vorhanden ist, und das heißt: auf cirkumskriptive Weise an einem Ort sein. Auf ähnliche Weise kann ein und dasselbe Unteilbare an verschiedenen Orten sein, so, wie die Seele im ganzen Leib und ganz in einem jeden Teil des Leibes sein kann und wie ein Engel ganz in einem Ganzen und in einem jeden seiner Teile sein kann. Ebenso können jene Prädikate „vorher sein", „an verschiedenen Orten sein" und dergleichen niemand zukommen, es sei denn unmittelbar oder durch Vermittlung eines Dinges auf besondere Weise mit ihm vereinigt, also ist der Leib Christi immer, wenn er bei einem Ding gegenwärtig ist, sich selbst unmittelbar gegenwärtig, und infolgedessen trägt jene Gestalt des Brotes nichts zur Gegenwart des Leibes bei..., denn Gott kann den Leib an der Stelle, an der jetzt die Hostie ist, erhalten und die Hostie zerstören, und das schließt keinen Widerspruch in sich. Und hierdurch wäre der Leib Christi an jenem Ort unmittelbar vorhanden, also ist er es jetzt auf dieselbe Weise unmittelbar ohne Vermittlung jener Gestalt, und so kann der Leib Christi unmittelbar in verschiedenen Sakramenten sein auf dieselbe Weise örtlich und auf zirkumskriptive Weise. Und das eine bietet keine größere Denkschwierigkeit als das andere: Daß ein Leib an verschiedenen Orten ist, so daß er ganz im Ganzen und als Teil im Teil ist, ist nicht schwerer denkbar als daß er ganz im Ganzen und ganz in jedem beliebigen Teil ist. Das zweite aber haben wir aus dem Glauben, also ist das erstere möglich ...

Frage: Wird die Substanz des Brotes in den Leib Christi verwandelt? Das wird verneint, denn entweder bleibt das Brot oder es bleibt nicht. Bleibt es, dann wird es nicht verwandelt. Bleibt es aber nicht, dann wird es vernichtet und infolgedessen nicht verwandelt. Dagegen spricht aber der Wortlaut des Magisters [1] in der vierten Distinktion: „Aus dem Brot wird der Leib Christi, aus dem Wein aber wird Blut."

Zum ersten läßt sich sagen: Die Transsubstantiation ist in diesem Falle das Ersetzen einer Substanz, die in sich schlechthin aufhört zu sein, durch eine andere Substanz, unter gewissen eigenen Akzidenzien der vorhergehenden Substanz. Die Möglichkeit hierfür leuchtet ein, weil es der göttlichen Macht nicht widerstreitet, die Substanz in sich zu zerstören und die Akzidenzien dabei zu erhalten, noch auch, daß eine andere Substanz unmittelbar zusammen mit denselben Akzidenzien existiert, welche ihr aber keine Form verleihen.

Zum zweiten sage ich, daß am Altar die wahre Transsubstantiation des Leibes Christi geschieht. Doch das kann man auf verschiedene Weisen annehmen, einmal, indem man annimmt, daß die Substanz des Brotes dort verbleibt, und damit, daß der Leib Christi mit jener Substanz zusammen vorhanden ist, so daß die erste Substanz ihr Akzidens fallen läßt, die zweite aber nicht, sondern nur zusammen mit der ersten existiert ...

An der ersten Art [der Wandlung] kann man festhalten, weil sie weder der Vernunft noch der Autorität einer Bibelstelle widerspricht und weil sie unter allen Arten am vernünftigsten und leichtesten angenommen werden kann, denn aus ihr folgen weniger Denkschwierigkeiten als aus irgendeiner anderen Art. Das ist offensichtlich, denn unter allen Denkschwierigkeiten, die aus diesem Sakrament folgen, ist die größte diejenige, daß ein Akzidens ohne Subjekt ist.

Wenn man aber die erste Art annimmt, so ist diese Annahme vermieden ...

So scheint aus der ersten angenommenen Art keine

der Denkschwierigkeiten zu folgen, die nicht aus der zweiten folgt. Doch dem steht die Entscheidung der Kirche entgegen ... Darum nehme auch ich an, daß die Substanz des Brotes nicht bleibt, vielmehr nur jene Gestalt, und daß der Leib Christi mit ihr zusammen vorhanden ist.

[1] Petrus Lombardus († 1160)

### Dialog über die Gewalt der Kaiser und der Päpste (um 1342)

#### Auch Konzilien können irren

... Meister: Über das allgemeine Konzil gibt es zwei gegensätzliche Meinungen. Die eine ist, daß es keine häretische Meinung fassen kann, die andere, daß es vom Makel der Häresie befleckt werden kann.

Schüler: Obwohl ich ganz fest glaube, daß ein allgemeines Konzil keine häretische Meinung fassen kann, so will ich doch gerne die Gründe für die gegensätzliche Behauptung hören.

Meister: Daß ein allgemeines Konzil in Glaubensdingen irren kann, läßt sich, wie es scheint, mit Vernunftgründen und mit Beispielen erweisen. Erster Grund ...: Es gibt nur die eine, auf Erden kämpfende Kirche, welche in Glaubensdingen nicht irren kann. Weil aber nur von der kämpfenden Gesamtkirche in den echten Schriften ausgesagt ist, sie könne nicht irren — das allgemeine Konzil aber, mag es auch ein Teil der kämpfenden Gesamtkirche sein, ist nicht die Gesamtkirche selbst —, ist es vermessen zu sagen, daß ein allgemeines Konzil in Glaubensdingen nicht irren kann.

Schüler: Mag auch ein allgemeines Konzil nicht die Gesamtkirche sein, so repräsentiert es doch die Gesamtkirche und hat ihre Stellvertretung inne. Und daher kann das allgemeine Konzil so wenig wider den Glauben irren wie die Gesamtkirche.

Meister: Diese Antwort läßt sich bestreiten: (1) Wie das allgemeine Konzil die Gesamtkirche repräsentiert und ihre Stellvertretung innehat, so repräsentiert auch der Papst die Gesamtkirche und hat ihre Stellvertretung inne, denn er hat als öffentliche Person die Stellvertretung und Verantwortung für sie in Händen. Nichtsdestoweniger kann der Papst irren, also kann auch das allgemeine Konzil im Glauben irren. (2) Weil eine Einzelperson oder ein Kollegium, welche eine Stellvertretung innehaben, sich nicht jedes Vorrechts erfreuen, dessen sich die Gemeinschaft erfreut, deren Stellvertretung sie innehaben, ergibt sich, daß man aus dem Satz, daß die Gesamtkirche in Glaubensdingen nicht irren kann, nicht folgern darf, daß auch das allgemeine Konzil in Glaubensdingen nicht irren kann, mag es auch die Stellvertretung der Gesamtkirche innehaben. Der zweite Grund: Diejenige Versammlung, die auf Grund eines menschlichen Willensentschlusses aufgelöst werden kann, kann auch in Glaubensdingen irren, denn jene Kirche, die nicht in Glaubensdingen irren kann, wird bleiben bis an das Ende der Welt, nach der Verheißung Christi (Mt 28, 20). Das allgemeine Konzil jedoch kann auf Grund eines Willensentschlusses aufgelöst werden, wie es auch tatsächlich in dieser Weise aufgelöst wird, also kann das allgemeine Konzil in Glaubensdingen irren. Dritter Grund: Jene Personen, die an verschiedenen Orten in Glaubensdingen irren können, können auch dann in Glaubensdingen irren, wenn sie an einem und demselben Ort zusammenkommen, denn der Zusammenschluß an einem Ort macht sie nicht irrtumslos. Denn sowenig, wie der Ort die Menschen heilig macht, sowenig bestärkt er sie im Glauben. Vielmehr waren alle, die zu einem allgemeinen Konzil zusammenkommen, imstande, in Glaubensdingen zu irren, bevor sie zusammenkamen, denn es steht fest: Wenn hundert oder zweihundert Bischöfe zusammenkommen, so können infolge ihrer Willensfreiheit alle in häretische Bosheit verfallen, also werden sie, nachdem sie zusammengekommen sind, ebenfalls in häretische Bosheit verfallen können.

Schüler: Diese Begründung ist hinfällig, denn Gott leistet denjenigen, die an einem Ort versammelt sind, seinen Beistand nach dem Zeugnis der Wahrheit

(Mt 18,20): „Wo zwei oder drei versammelt sind in meinem Namen, da bin ich mitten unter ihnen." Mögen daher diejenigen, die sich versammeln, vorher auch in Glaubensdingen irren können, so können sie es doch nicht mehr, nachdem sie sich im Namen Christi versammelt haben.

Meister: Diese Antwort läßt sich bestreiten, denn mag Gott auch denjenigen beistehen, die in besonderer Weise im Namen Christi an einem Ort versammelt sind, so werden sie doch keineswegs dermaßen in der Gnade und im Glauben bestärkt — auch solange sie an einem Ort beisammen bleiben —, daß sie nicht auf Grund ihrer freien Willensentscheidung von der Gnade Gottes und vom Glauben abweichen könnten...

*Allein die Heilige Schrift ist unfehlbar!*

... Meister: Jene Meinung geht dahin: Wenn eine Dekretale des Papstes in der Sache dem Glauben und den guten Sitten widerspricht, so dürfen sich diejenigen, die das nicht wissen, für sie einsetzen, doch nicht so, daß sie nicht möglicherweise oder gegebenenfalls wirklich einen Beweis dagegen annehmen müssen. Wenn aber andere, vor allem gebildete und mit besonderem oder auch mittelmäßigem Wissen begabte Leute sich zum Beweis erbieten, daß die Dekretale des Papstes dem Glauben und den guten Sitten widerspricht oder daß sie nicht unter die authentischen Schriften aufgenommen werden darf, so sind die anderen verpflichtet, deren Beweise zu hören, vor allem dann, wenn dem Glauben oder den Sitten oder auch irgendwelchen Personen Gefahr droht, denn in diesem Fall ist jeder Christ gehalten, der Unverletzlichkeit des Glaubens, der guten Sitten und der katholischen Christen den Vorzug zu geben gegenüber einer irrigen Dekretale des Papstes und seiner irdischen Ehre. Und jeder, der ohne Schwierigkeiten die Gründe vernehmen kann, die da beweisen, daß die Dekretale des Papstes irrig oder häretisch ist, sie aber nicht gehört haben will, wenn er sie verteidigt oder sich gar für sie ein-

41

setzt, ist als Anhänger und Begünstigter der häretischen Bosheit anzusehen, denn das Nichtwissen entschuldigt einen solchen Menschen nicht, denn diese Art von Unwissenheit ist geheuchelt oder plump und verkehrt und unentschuldbar.

Schüler: Es scheint, daß Beweise gegen die Dekretalen der Päpste keineswegs gehört werden dürfen, weil mit ähnlicher Begründung auch Beweise gegen die Heilige Schrift anzuhören wären, und so würde ein Lehrer oder ein anderer Gebildeter, der ohne Schwierigkeiten die Bücher der Häretiker und der Philosophen lesen könnte und nicht lesen würde, gegen die Heilige Schrift sündigen, was man doch als unsinnig ansehen muß.

Meister: Hierauf läßt sich antworten, daß die Heilige Schrift und die Dekretalen des Papstes nicht zu vergleichen sind. Denn man muß daran festhalten, daß die Heilige Schrift nicht irren kann. Darum darf man ohne besondere Ursache keinen Beweis gegen sie lesen oder hören, gleichgültig, welcher Art und Anzahl die Leute sein mögen, die da behaupten, sie könnten etwas gegen sie beweisen. Was aber den Papst betrifft, so müssen vor allem die gebildeten, verständigen und vernünftigen Katholiken daran festhalten, daß er irren kann, und infolgedessen muß ein Beweis gegen jedes seiner Schreiben gehört werden, insbesondere gegen ein solches, das sich auf Dinge des Wissens und der Erfahrung bezieht, sofern nicht auf besondere Weise feststeht, daß es mit der Heiligen Schrift oder mit einem offenkundigen Vernunftgrund oder mit der Behauptung der Gesamtkirche übereinstimmt oder durch ein göttliches Wunder bestätigt ist. Daher sind diejenigen, die Beweise gegen die Dekretalen des Papstes nicht hören wollen, obwohl sie dazu imstande wären, keinesfalls zu entschuldigen, wenn sie aus Unwissenheit irren, vielmehr gilt von ihnen allen das Wort des Apostels (1 Kor 14, 38): „Wer da nicht anerkennt, wird nicht anerkannt werden."

Schüler: Wie ist auf Darlegungen zu antworten, in denen gezeigt wird, daß man den von der Kirche gebilligten Lehrern Glauben schenken muß?

Meister: Darauf ist zu antworten, daß man den Worten der Lehrer auf die folgende Weise glauben und zustimmen muß, falls nicht offenkundig ist, daß sie der Wahrheit widersprechen. Man muß also ihre Arbeiten mit Ehrfurcht behandeln, doch nicht so, daß man nicht glauben dürfte, daß man in ihnen etwas finden kann, was mit der Wahrheit in Widerspruch steht. Denn in der Tat widerspricht einer dem andern und einer von beiden muß daher geirrt haben, denn widersprüchliche Aussagen können nicht zugleich wahr sein. Doch muß man ihnen so viel Ehrerbietung entgegenbringen, daß man nicht annimmt, es sei einer hartnäckig bei einer falschen Meinung verblieben. Und darum ist keiner von ihnen der häretischen Bosheit zu bezichtigen, vielmehr muß man von einem jeden von ihnen annehmen, daß er mit allem nur möglichen Eifer die Wahrheit gesucht hat, auch wenn er sie nicht in jedem Falle gefunden hat ...

Vierter Grund: Keine menschliche Berufung bestimmter Personen noch auch ein menschlicher Auftrag für besondere Personen kann diese im Glauben bestärken oder vor dem Irrtum bewahren, denn die katholische Kirche wird allein durch die Macht Gottes vor Irrtümern bewahrt. Die bestimmten Personen jedoch, die auf dem allgemeinen Konzil versammelt sind, werden nur durch eine menschliche Berufung berufen und empfangen ihre Autorität und Vollmacht allein durch menschliche Berufung. Sie werden also auf Grund der Tatsache, daß sie zu einem allgemeinen Konzil zusammenkommen, nicht im Glauben bestärkt noch notwendigermaßen vor Irrtümern bewahrt. Sie werden also auch nach ihrer Berufung zum allgemeinen Konzil in häretische Bosheit fallen können, so gut wie vorher. Fünfter Grund: Wenn solche, die auf dem allgemeinen Konzil versammelt sind, in Glaubensdingen nicht irren können, so ist das der Fall (a) auf Grund ihrer hervorragenden Weisheit oder (b) auf Grund ihrer besonderen Heiligkeit oder (c) auf Grund ihrer Autorität oder Vollmacht oder (d) auf Grund der Verheißung Christi, daß der Glaube der Apostel dauern wird bis an das Ende der Welt. Das erste (a) ist aber nicht möglich, weil oftmals viele weise Katholiken außerhalb des Konzils zu finden sind, die den Glauben verteidigen können, mögen sie auch alle irren, wenn sie auf dem Konzil versammelt sind. Sodann aber, weil Gott oft den Unmündigen offenbart, was den Weisen und Klugen verborgen ist. Mögen also auf dem allgemeinen Konzil alle irren und allein die Unmündigen und Ungebildeten nicht zum Konzil kommen, so dürfte man darum noch nicht zweifeln, daß Gott die katholische Wahrheit nicht den Unmündigen offenbart oder sie mit dem Geist dazu ausrüstet, die schon bekannte Wahrheit zu verteidigen. Das aber würde Gott zur Ehre gereichen, denn er würde dann bezeugen, daß unser Glaube nicht auf der Weisheit der Menschen beruht, die zum allgemeinen Konzil berufen sind, sondern auf der Kraft Gottes, der oftmals erwählt hat, was vor der Welt töricht ist, um die Weisen zuschanden zu machen. Doch darf man (b) auch nicht sagen, die zum Konzil Berufenen könnten auf Grund ihrer Heiligkeit nicht irren, teils deswegen, weil bisweilen keineswegs die Heiligen zum Konzil kommen, teils deswegen, weil die Heiligkeit in der kämpfenden Kirche niemand im Glauben bestärkt. Aber auch aus dem dritten Grund (c) darf man nicht sagen, daß sie in Glaubensdingen nicht irren können, denn die Autorität oder die Macht in diesem Leben bestärkt niemand im Glauben ... Noch auch (d) mit der vierten Begründung: denn Christus hat bei seiner Verheißung, daß der Glaube der Apostel bis zum Ende der Welt dauern wird, keineswegs ein allgemeines Konzil erwähnt ...

## Traktat über die Gewalt der Kaiser und der Päpste (1347)

... Doch das sollen alle für gewiß halten, daß mich in Dingen des Glaubens und des Wissens ein einleuchtender Vernunftgrund oder eine richtig verstandene Stelle der Heiligen Schrift mehr überzeugen wird als die Behauptung aller Sterblichen insgesamt, deren Gehorsam ich meine Vernunft unterwerfen soll. Darum meine ich, daß der Vorwurf meiner Gegner, ich dürfe nicht gegen die Menge angehen, nach offenbarer Häresie klingt, da die Menge, wie es gemeinhin der Fall ist, irrt, und da in den Heiligen Schriften zu lesen steht, daß ein einzelner manchmal alle anderen gemieden hat (vgl. Tob. 1, 5) ...

Es ist also vor allem festzuhalten, daß Christus dem seligen Petrus, als er ihn zum Haupt der ersten Apostel machte, keine solche Fülle der Gewalt in weltlichen und geistlichen Dingen gegeben hat, so daß er mit Recht die Macht hätte, in der Regel alles zu tun, was dem göttlichen Gesetz und dem Gesetz der Natur nicht widerstreitet. Vielmehr hat er seiner Macht gewisse Grenzen gesetzt, die er nicht überschreiten darf. Daß er ihm in weltlichen Dingen eine solche Gewalt nicht verliehen hat, wird durch eine Autorität und einen Vernunftgrund bewiesen. Denn der Apostel sagt (2 Tim 2, 4): „Kein Kriegsmann flicht sich in weltliche Händel, auf daß er gefalle dem, der ihn angenommen hat." Da also der selige Petrus unter den hauptsächlichen Streitern Gottes nicht der geringste war und aufs höchste danach trachtete, Gott zu gefallen, durfte er sich nicht in weltliche Geschäfte verstricken; darum hätte er von Christus eine solche Fülle der weltlichen Gewalt ganz vergeblich empfangen ...

Doch ebensowenig, wie Christus dem seligen Petrus eine Fülle der Gewalt in weltlichen Dingen verliehen hat, sowenig hat er ihm eine solche Fülle der Gewalt in geistlichen Dingen verliehen. Denn wie noch deutlich werden wird, enthält das evangelische Gesetz eine geringere Knechtschaft als das mosaische Gesetz, welches der selige Petrus, wie man (Apg 15, 10) liest, ein Joch nennt, das weder er noch seine Väter haben tragen können. Wenn aber der selige Petrus die genannte Fülle der Gewalt in geistlichen Dingen erhalten hätte, so hätte er auch die Gewalt empfangen, den Gläubigen hinsichtlich der Gottesverehrung, der Nachtwachen, der Fasten und anderer geistlicher Übungen Lasten aufzuerlegen, die schwerer sind als es die Lasten des alten Gesetzes waren. Also enthielte das evangelische Gesetz eine größere Knechtschaft als das mosaische.

Dem Gesagten ist zu entnehmen, daß sich der päpstliche Prinzipat in der Regel keinesfalls auf die Rechte und Freiheiten anderer erstreckt, so daß er sie aufheben oder in Unordnung bringen dürfte, insbesondere die der Kaiser, Könige, Fürsten und anderer Laien, denn Rechte und Freiheiten dieser Art sind in der Mehrzahl unter die weltlichen Dinge zu rechnen, auf welche sich der päpstliche Prinzipat in der Regel auf keinen Fall erstreckt. Daher sagt der selige Ambrosius in seinem Kommentar über den Titusbrief: „Die christliche Religion beraubt niemand seines Rechts." Darum kann der Papst niemand seines Rechts berauben, insbesondere des Rechts, das er nicht von ihm, sondern von Gott oder von der Natur oder von einem anderen Mitmenschen empfangen hat, und mit demselben Grund kann er die anderen nicht ihrer ihnen von Gott und von der Natur verliehenen Freiheiten berauben . . .

Daß nämlich der päpstliche Prinzipat zum Nutzen der Untertanen, nicht zu seinem eigenen Ruhm oder Vorteil von Christus eingesetzt ist und darum kein Prinzipat der Herrschaft und des Gebietens, sondern des Dienens genannt werden muß, der sich, so wie er aus der Anordnung Christi stammt, auf diejenigen Dinge erstreckt, welche sich auf das Heil der Seelen und auf die Regierung und Leitung der Gläubigen beziehen, unbeschadet der Rechte und Freiheiten anderer, ist aus den Worten Christi deutlich zu entnehmen, welcher in der Person des Petrus und der übrigen Apostel, wie oben berührt, zu den Nachfolgern des seligen Petrus gesagt hat (Lk 22, 25—27): „Die weltlichen Könige herrschen, und die Gewaltigen heißt man ‚gnädige Herren'. Ihr aber nicht also!" . . .

. . . Aus diesen Worten geht deutlich hervor, daß der Papst den Prinzipat zum Nutzen der Gläubigen innehat und ihnen als freien Menschen gebietet, nicht zum Vorteil seiner eigenen Person, sondern der Kirche. Darum hat Christus zu Petrus, als er ihn an die Spitze seiner Schafe stellte, nicht gesagt: „Schere meine Schafe und mach dir Gewänder aus ihrer Wolle", er sagte nicht: „Melk meine Schafe und trink oder iß etwas von ihrer Milch", er sagte nicht: „Schlachte meine Schafe und iß ihr Fleisch", sondern: „Weide meine Schafe", das ist: Bewahre sie, leite sie, bewache sie und diene ihnen zu meiner Ehre und ihrem Nutzen...

...Alles, was ein sterblicher Fürst oder Leiter in den Stücken vermag, die zur Sicherung des ewigen Seelenheils und zur Regierung und Leitung der Gläubigen notwendig sind, bezieht sich auf den päpstlichen Prinzipat, so jedoch, daß sein Maß in keiner Weise gegen die Norm überschritten wird, unbeschadet der Dinge, Rechte und Freiheiten anderer, ausgenommen, daß er von seinen Untertanen das Lebensnotwendige erheben darf.

Aber fragt einer weiter, auf welche Dinge sich der apostolische Prinzipat im besonderen erstreckt, so gebe ich ihm zur Antwort: Wie allen Bischöfen im allgemeinen, so kommt dem Papst, nach dem Zeugnis der kanonischen Satzungen, die Lesung zu, das Gebet, die Predigt des Wortes Gottes und der Gottesdienst und alles das, was zur Erlangung des ewigen Lebens der Christen nötig und eigentümlich und was bei den Ungläubigen nicht vorhanden ist...

Das erste davon ist: Wie man nach dem Gesagten die Worte Christi (Mt 16, 19): „Was immer du binden wirst..." samt ihren Ausnahmen zu beachten hat, so müssen auch die Kanones, in welchen behauptet wird, daß man dem Papst in allen Stücken gehorsam sein müsse, mitsamt ihren Ausnahmen beachtet werden. Anderenfalls wäre die Macht des Papstes der Macht Gottes gleich, und er könnte mit Recht den Kaiser und alle Könige und Fürsten und alle Sterblichen insgesamt ihres Kaiserreichs, ihrer Königtümer, Herrschaften und allgemein aller ihrer Dinge berauben und für sich in Anspruch nehmen oder zurückbehalten oder anderen, selbst den niedersten Personen zuweisen. Das aber hebt die vollkommene Freiheit des evangelischen Gesetzes auf und zerstört sie...

Dem Gesagten kann man entnehmen, worin die Erhabenheit des apostolischen Prinzipats besteht. Sie besteht in drei Stücken: Erstens darin, daß er sich auf die geistlichen Dinge bezieht, welche wertvoller sind als die weltlichen...; zweitens darin, daß er für Freie, nicht für Knechte eingesetzt ist, denn nach dem göttlichen Recht ist keiner der Knecht des Papstes...; drittens darin, daß der Papst nach göttlichem Recht in der Regel oder von Fall zu Fall Macht hat zu allem, was zur Regierung und Leitung der Gläubigen nötig ist, obgleich seiner Macht ordnungsgemäß und der Regel nach gewisse Grenzen gesetzt sind, die er für gewöhnlich nicht überschreiten darf. Und welche diese Regeln sind, geht aus dem Gesagten hervor, auch wenn nicht entschieden ist, welche die Fälle sind, in denen ihm das erlaubt ist, was ihm in der Regel keineswegs erlaubt ist. Und vielleicht kann man hierüber gar keine bestimmte allgemeine Regel aufstellen. Vielmehr muß man hierbei nach reiflichster Überlegung dem Urteil und dem Rat der weisesten Männer folgen, die ganz aufrichtig, ohne Ansehen der Person, um die Gerechtigkeit eifern — sofern man solche finden kann —, gleichviel, ob Arme oder Reiche, Untertanen oder Vorgesetzte. Wenn aber keine solche zu finden sind, so muß man von einer Entscheidung absehen, damit der Papst nicht infolge der Unkenntnis, an der er in der Tat häufig leidet, seine alten Grenzen in gefährlicher Weise überschreitet und Urteile fällt, die selbst nach göttlichem Recht nichtig sind...

...Um der Kürze willen, insbesondere aber, weil es in anderen Werken sorgfältig bewiesen ist, unterlasse ich jetzt den Beweis, weshalb die Kirche von Avignon in ihrer Sucht, allen mit Strenge und Macht zu befehlen, als wären sie ihre niedrigsten Knechte, Unrecht tut und die Gläubigen auf vielfache Weise betrügt und die ganze Christenheit in Verwirrung bringt, indem sie sich eine Macht anmaßt, die ihr nicht zukommt, und die Gläubigen, Kleriker und Laien, ihrer Dinge, Rechte und Freiheiten beraubt und ihnen untragbare Lasten auf die Schultern legt, die Angelegenheiten der römischen wie auch der anderen Kirchen vielfachen Mißbräuchen aussetzt, unter den Christen Kriege, Aufruhr und Zwietracht stiftet und mehrt, ihre eigenen

Leute parteiisch befördert und andere Nationen verachtet, gültige Eide auflöst, die Untertanen der Fürsten und anderer von ihrer Treue und ihrem schuldigen Gehorsam entbindet, von Gelübden gegen Gott befreit oder sie nach Belieben verwandelt, Kathedralkirchen und andere Kirchen ihrer kanonischen Wahl beraubt und über ihre Angelegenheiten nach Belieben verfügt, durch unrechte Schiedssprüche und Prozesse einfachen Leuten eine Falle stellt, manche Mönche zu größerer Strenge verpflichtet, als es ihre Regel verlangt, oder ihnen einen größeren Nachlaß gewährt oder gestattet, daß sie ins Weltleben zurückkehren, und unerlaubte Satzungen unter ihnen aufrichtet, katholische und solche Lehren, die dem christlichen Glauben nicht widersprechen, verdammt und auf vielfache Weise den Fortschritt der Wissenschaft hemmt und die Gelehrten und solche, die verständiger sind als sie, dazu zwingt, ihren Intellekt wider die Vernunft und die heiligen Schriften ihrem Gehorsam zu unterwerfen, von ihren Taten und Schriften Rechenschaft verlangt und alle diejenigen, welche ihren Ungerechtigkeiten oder Irrtümern zu widerstreiten wagten oder ihr Recht oder Gerechtigkeit oder ihren Willen durchzusetzen oder zu verteidigen oder ihre Unschuld darzulegen suchten, lügenhaft falscher Verbrechen beschuldigt und der häretischen Bosheit zeiht und, falls sie ihrer habhaft wird, sie tötet oder lebenslänglich gefangensetzt.

Unzählige andere Rechtsbrüche und Ausschreitungen könnte man aufzählen, mit denen sie das Christenvolk heimsuchen, verwirren und verführen und gegen die Freiheit des evangelischen Gesetzes in die Knechtschaft zu bringen versuchen, wie es im Dialogus dargelegt und nach Art einer Disputation erörtert wird. Wenn aber in den genannten Dingen „die Fülle der Gerechtigkeit" erreicht werden könnte, so glaube ich, könnten alle anderen Dinge leicht gebessert werden. Doch ich meine, daß diese Dinge keineswegs verändert werden, und zwischen den Inhabern des apostolischen Stuhls und den anderen Christen wird niemals ein wahrer Friede hergestellt werden, es sei denn, es werde von Klerikern und Laien unwiderlegbar festgelegt, welcher Gewalt sich der Papst auf Grund göttlichen Rechtes erfreuen darf. Denn solange die Mehrzahl der Gläubigen das nicht weiß und der Papst in seinem Streben nach Herrschaft und weltlichem Besitz oder aus Unkenntnis es unternimmt, seine Grenzen zu überschreiten, werden andere Leute ihre Dinge, Rechte und Freiheiten mit Gründen der Vernunft, die sich bisweilen auch bei den Ungebildeten einstellt, wenn man ihre Macht bestreitet, oder ohne Vernunftgrund zu schützen trachten. Und der andauernde Kampf wird unter ihnen nicht aufhören. <u>Doch meine ich, wie vorher gesagt und bewiesen, daß der Papst sich kraft göttlichen Rechtes keiner anderen genannten Gewalt erfreut als derjenigen, die notwendig ist für das Heil und für die Regierung und Leitung der Gläubigen,</u> unbeschadet der Dinge, Rechte und Freiheiten anderer, die ihnen Gott, die Natur oder menschliche Verordnung gegeben hat, ausgenommen das eine, daß er von den anderen, welchen er den geistlichen Samen darreicht, mit Recht das Lebensnotwendige, doch maßvoll, fordern kann. Und so erscheint es kraft göttlichen Gesetzes unrecht, daß er den Christen gegen ihren Willen überpflichtmäßige Leistungen befehlen und ihre Rechte und Freiheiten in Unordnung bringen darf. Und darum ist der apostolische Prinzipat kein Prinzipat der Herrschaft, sondern des Dienstes, weshalb er infolge seiner Würde und Auszeichnung sämtliche weltlichen Herrschaften überragt. Alle andere Gewalt, die er ausstrahlt, hat er auf Grund menschlichen Rechtes empfangen, eine Gewalt, welcher ein Papst, obschon nicht der apostolische Stuhl als solcher, in gerechten Fällen bei Undankbarkeit und Mißbrauch beraubt werden darf. Ich glaube aber, daß derjenige, welcher nicht mit Eifer öffentlich zur Kenntnis bringen will, auf welche Weise, in welchem Umfang und mit welchem Recht der Papst seine Macht ausüben darf, den christlichen Eifer nicht hat oder wenigstens nicht den wissenschaftlichen. Darum sollten sich in dieser gefahrvollen Zeit alle Gelehrten damit beschäftigen, Näheres zu erforschen, wegen der unendlichen Übel, die infolge von Unkenntnis in diesem Punkt seit alters unter den

Christen entstanden sind. Anderenfalls nämlich wird das Wort Gottes in ihrem Mund gebunden sein (2 Tim 2, 9), und sie werden sein wie Hunde, die nicht bellen können (Jes 56, 10) ...

## Nikolaus von Lyra († 1349)

Fest überzeugt von dem unerschöpflichen Tiefsinn der Aussagen der Heiligen Schrift, suchte die mittelalterliche Schriftauslegung die Bestätigung für die Lehre der Kirche auch in den entlegensten Bibelstellen. Und sie fand, was sie suchte. Der buchstäbliche Sinn war ihr soviel wie die Schale, die es aufzubrechen galt, um zum Kern der Sache, zu den Geheimnissen der Offenbarung, zu gelangen. Die Regeln zur Ermittlung dieses mystischen, geistlichen Sinnes hatte sie noch aus dem kirchlichen Altertum übernommen, im Laufe der Jahrhunderte aber zur üppigsten Entfaltung gebracht. Ohne die Berechtigung dieser Methode grundsätzlich zu verwerfen, wandte sich der Franziskaner Nikolaus von Lyra davon ab und widmete sein ganzes Gelehrtenleben der nüchternen Auslegung des Wortsinns der Bibel. Diese Rückkehr von den luftigen Höhen der oft spielerischen Spekulation zur irdischen Wirklichkeit der Fakten war von großer Bedeutung. Mochten auch manche Gegner den „Doctor planus et utilis" belächeln und schelten, sein Bibelkommentar setzte sich durch, und im 15. Jahrhundert ging kein Ausleger mehr an ihm vorüber. „Si Lyra non lyrasset, Lutherus non saltasset" — Hätte Lyra nicht auf seiner Leier gespielt, so hätte Luther nicht tanzen können! Dieser alte Vers kann zwar nicht gelten hinsichtlich der reformatorischen Entdeckung des Evangeliums, wohl aber allgemein insofern, als Lyra den Blick erneut auf den historischen Sinn lenkte und damit die Erschließung der biblischen Geschichte eingeleitet hat. Noch in späten Jahren verzeichnete Luther in seinem knappen Verzeichnis wissenswerter historischer Daten das Jahr, in dem Lyra seine „Postille" vollendete (1328). Seit der Erfindung des Buchdrucks bis zur Mitte des 16. Jahrhunderts erschien sie in über hundert Ausgaben.

Lat. Text: Biblia cum postillis ... Nicolai de Lyra, I (1482), Anfang.
Lit.: *H. Hailperin*, Rashi and the Christian Scholars (1963).

... Dieses Buch hat jedoch die Besonderheit, daß ein einziges Wort mehrere Deutungen in sich schließt. Der Grund hierfür ist, daß der hauptsächliche Autor dieses Buches Gott selbst ist, in dessen Macht es steht, nicht allein Worte zu gebrauchen, um etwas damit zu bezeichnen — was auch die Menschen tun können und tun —, sondern auch die durch die Worte bezeichneten Sachen, um damit andere Sachen zu bezeichnen. Daher haben alle übrigen Bücher untereinander gemeinsam, daß sie mit ihren Worten etwas bezeichnen, die Besonderheit dieses Buches aber ist es, daß hier die durch Worte bezeichneten Sachen ihrerseits noch etwas anderes bezeichnen. Auf Grund der ersten, durch Worte vermittelten Bedeutung erhält man also den buchstäblichen, historischen Sinn; auf Grund der zweiten, durch die Sachen selbst vermittelten Bedeutung erhält man den mystischen oder geistlichen Sinn, der im allgemeinen ein dreifacher ist: (1) Wenn die durch Worte bezeichneten Sachen auf das zu beziehen sind, was im Neuen Testament zu glauben ist, so erhält man den allegorischen Sinn. (2) Wenn sie auf das zu beziehen sind, was wir tun sollen, so ist es der moralische oder tropologische Sinn. (3) Wenn sie aber auf das zu beziehen sind, was wir in der zukünftigen Seligkeit erhoffen dürfen, so ist es der anagogische Sinn ..., daher der Vers:

> Littera gesta docet, quid credas allegoria,
> moralis quid agas, quo tendas anagogia.[1]

Ein Beispiel für diese vier Deutungen kann das Wort „Jerusalem" liefern: (1) „Jerusalem" bedeutet nach dem wörtlichen Sinn die einstige Hauptstadt im Königreich Juda, welche nach ihrer Gründung durch Melchisedek von Salomo erweitert und befestigt wurde. (2) Nach dem moralischen Sinn hingegen bedeutet „Jerusalem" die gläubige Seele; in diesem Sinne heißt

es (Jes 52, 2): „Steh auf, du gefangenes Jerusalem!"
(3) Nach dem allegorischen Sinn bedeutet „Jerusalem"
die Kirche in ihrem Kampf auf Erden; dementsprechend heißt es (Apk 21, 2): „Ich sah die heilige Stadt,
das neue Jerusalem, vom Himmel herabsteigen, bereitet als eine geschmückte Braut ihrem Mann." (4)
Nach dem anagogischen Sinn jedoch bedeutet „Jerusalem" die triumphierende Kirche, so wie es heißt
(Gal 4, 26): „Aber das Jerusalem, das droben ist, das
ist die Freie, die ist unser aller Mutter." — Und so,
wie sich das Beispiel für ein Wort liefern läßt, so auch
für einen Satz, und so, wie für einen Satz, so auch für
andere . . .

### Der wörtliche Sinn ist das Fundament

„Und ich sah in der rechten Hand des, der auf dem
Stuhl saß, ein Buch, beschrieben inwendig und auswendig" (Apk 5, 1). Wie in dem vorangehenden Prolog gesagt ist, ist dieses Buch die Heilige Schrift, von
der es heißt „auswendig beschrieben" im Hinblick
auf den wörtlichen Sinn und „inwendig beschrieben"
im Hinblick auf den mystischen und geistlichen Sinn.
Obschon dieser, wie gesagt, im allgemeinen dreifach
ist, so können doch im Sonderfall bei jedem beliebigen
Stück die mystischen Auslegungen vervielfacht werden; dennoch setzen sie alle den buchstäblichen Sinn
gleichsam als ihr Fundament voraus. Wie daher ein
Gebäude, das von seinem Fundament abweicht, zum
Einsturz verurteilt ist, so ist die mystische Auslegung,
welche von dem wörtlichen Sinn abweicht, als unpas-
send und unzutreffend oder zumindest als weniger
passend und weniger zutreffend anzusehen. Darum
müssen diejenigen, die im Studium der Heiligen Schrift
vorankommen wollen, mit dem Verständnis des wörtlichen Sinnes beginnen, zumal man ein Argument zum
Beweis oder zur Erläuterung einer Zweifelsfrage nicht
den mystischen Auslegungen entnehmen kann, wie
Augustin in seinem Brief an den Donatisten Vincentius
sagt. Weiter ist zu beachten, daß der wörtliche Sinn,
mit dem man, wie gesagt, beginnen muß, heutzutage

in besonderem Maße verdunkelt erscheint, teils durch die Schuld der Abschreiber, die infolge der Ähnlichkeit der Buchstaben etwas anderes niedergeschrieben haben als den richtigen Text, teils durch Schuld unerfahrener Korrektoren, die an vielen Stellen Punkte gemacht haben, wo keine stehen dürfen, und Verse an falschen Stellen beginnen oder endigen ließen, denn hierdurch ergibt sich ein verschiedenartiger wörtlicher Sinn, wie ich an den betreffenden Stellen, wenn es mir der Herr verleiht, ausführen möchte, teils wegen der Eigenart unserer Übersetzung[2], die an vielen Stellen etwas anderes hat als die hebräischen Handschriften, weshalb ... man beim Alten Testament zur Ermittlung des wahren Wortlauts auf die hebräischen Handschriften zurückgreifen muß. Doch muß man sich hier bei denjenigen Stellen des Alten Testaments, die von der Gottheit Christi und den dazugehörigen Lehren handeln, besonders in acht nehmen, weil die Juden manche davon zur Verteidigung ihrer Irrlehre verfälscht haben ... An denjenigen Stellen aber, wo eine Verfälschung unwahrscheinlich ist, weil kein Anlaß dazu vorliegt, besteht keine Gefahr. Hier geht man dann um so sicherer, weil man zur Erklärung des echten Textes nach dem Wort des heiligen Hieronymus in Zweifelsfällen auf den hebräischen Text gleichsam wie auf das Original zurückgreifen muß. Auch muß man wissen, daß der wörtliche Sinn infolge der allgemein üblichen Auslegungsweise anderer Ausleger weitgehend verdunkelt ist; mögen diese auch viel Gutes gesagt haben, so haben sie doch den wörtlichen Sinn nur wenig berührt, und sie haben die mystischen Deutungen dermaßen vermehrt, daß der wörtliche Sinn unter so vielen mystischen Auslegungen teils verdrängt, teils erstickt worden ist. Desgleichen haben sie den Text in so viele Teile geteilt und zum Beweis ihrer vorgefaßten Meinung so viele Parallelstellen angeführt, daß sie damit zum Teil Verstand und Gedächtnis in Verwirrung bringen, sobald sie die Aufmerksamkeit vom Verständnis des wörtlichen Sinnes abführen. In der Absicht, diese und ähnliche Fehler zu vermeiden, will ich mit Gottes Hilfe beim wörtlichen Sinn stehenbleiben und nur sehr wenige und — dann und wann, aber nur selten — kurze mystische Auslegungen einflechten.

Desgleichen ist es meine Absicht, nicht allein die Worte der katholischen, sondern auch der jüdischen Lehrer, vor allem aber des Rabbi Salomo zur Erklärung des Wortsinns heranzuziehen... Auch manche sehr abgeschmackte Äußerungen der Juden will ich mitunter, jedoch nur sehr selten, einflechten, nicht etwa, damit man sie übernimmt oder ihnen folgen soll, sondern damit dadurch offenbar wird, mit welcher Blindheit Israel geschlagen ist nach dem Wort des Paulus (Röm 11, 10); weshalb man auch den Worten der Juden nur insoweit folgen darf, als sie mit der Vernunft und mit dem buchstäblichen Wortlaut in Einklang stehen. Desgleichen möchte ich die Vorreden auslassen und mit dem Anfang der Genesis beginnen, und zwar deswegen, weil ich glaube, daß der Rest meines Lebens zur Erklärung der ganzen Heiligen Schrift gar nicht hinreichen wird. Ich will mich aber mit der Auslegung der Worte des Hieronymus oder auch eines anderen Lehrers teilweise deswegen nicht aufhalten, weil die genannten Vorreden, wie mir scheint, nur wenig zum Verständnis der folgenden biblischen Bücher beitragen, teils weil ein anderer Bruder aus unserem Orden die Bibelvorreden in einem Werk, das allgemein zur Verfügung steht, vollauf zur Genüge ausgelegt hat, und darum schien es mir nicht notwendig, die Auslegung der genannten Vorreden noch einmal vorzunehmen. Die Vorreden zu anderen Büchern habe ich dagegen schon ausgelegt, bevor ich mit der Genesis begann. Schließlich aber möchte ich, weil ich in der hebräischen und in der lateinischen Sprache nicht so geschult bin, daß mir nicht an vielen Stellen ein Fehler unterlaufen könnte, die öffentliche Erklärung abgeben, daß ich nur zu demjenigen assertiv oder definitiv etwas behaupten will, was durch die Heilige Schrift oder durch die Autorität der Kirche klar definiert ist; alles übrige aber soll man gleichsam als eine Aussage ansehen, die innerhalb der Schule und zu Übungszwecken ausgesprochen ist, weshalb ich alle meine Worte der Korrektur der Heiligen Mutter Kirche und eines jeden Sachverständigen unterwerfe, wobei ich mir einen frommen Leser und einen liebevollen Kritiker erbitte ...

[1] Der Buchstabe lehrt, was geschehen ist; was du glauben sollst, lehrt die Allegorie; der moralische Sinn: was du tun sollst, die Anagogie: wohin du strebst.
[2] gemeint ist die Vulgata.

## Thomas von Bradwardine († 1349)

Im Gegensatz zu den ihn umgebenden scholastischen „pelagianischen" Traditionen knüpfte Thomas von Bradwardine, Lehrer der Theologie in Oxford und Erzbischof von Canterbury, mit seiner Theologie an Thomas von Aquino und Anselm von Canterbury, vor allem aber an Augustins Gnadenlehre an, durch die sich ihm die paulinische Gnadenlehre erschloß. Den Kampf um die Wiederbelebung des Augustinismus führte er um so heftiger, als sich seine Gegner in der Überzahl befanden. Er hat hierdurch vor allem auf Wyclif gewirkt. Auch wenn neuerdings selbst der mittelbare Einfluß Bradwardines auf die Theologie der Reformatoren wieder in Frage gestellt wird, so bleibt doch seine Erscheinung im Zusammenhang der verschiedenen gleichzeitigen Versuche einer Erneuerung des Augustinismus sehr bemerkenswert.

Lat. Texte: Thomae Bradwardini ... de causa Dei contra Pelagium et de virtute causarum ... (London 1618), Praefatio und I, 35 (S. 308 f.).

Lit.: G. Leff, Bradwardine and the Pelagians (1957). H. A. Oberman, Archbishop Thomas Bradwardine (1957).

### Von Gottes Sache wider Pelagius (1344)

Durch die wiederholten Bitten vieler großer Leute werde ich unaufhörlich gedrängt, das, was ich kürzlich im scholastischen Lager gegen Pelagius über Gott als Ursache und über die Kraft der Ursachen mündlich vorgetragen habe, schriftlich und für die Dauer niederzulegen. Doch ohne Zweifel: So, wie die Freunde Gottes mich in der Sache Gottes ermutigen und bestärken, so werden mich die Freunde des Pelagius, ihrer Zahl nach stärker als jene, entmutigen und schrecken. Denn siehe, was ich nur mit betrübtem Herzen aussprechen kann: So, wie sich einst gegen den einen Propheten Gottes 850 Baalspropheten und ähnliche Leute fanden, denen überdies unzähliges Volk Gefolgschaft leistete, so steht es heute in diesem Fall. Wie viele, Herr, kämpfen heute Seite an Seite mit Pelagius für die Willensfreiheit gegen deine frei geschenkte Gnade und gegen Paulus, den geistlichen Vorkämpfer für die Gnade! Wie viele verachten auch heute deine frei geschenkte Gnade und ereifern sich dafür, daß zum Heil allein der freie Wille hinreichend sei, oder, wenn sie die Gnade gebrauchen, so tun sie, als sei sie vielleicht obenhin notwendig, rühmen sich aber, sie könnten sie mit den Kräften ihres freien Willens verdienen, damit es auf diese Weise wenigstens so erscheint, als sei sie nicht ganz und gar frei geschenkt, sondern verkauft! Wie viele, allmächtiger Gott, sind ohnmächtig, rühmen sich aber gleichwohl der Macht ihres Willens, weisen die Hilfe deiner Mitwirkung bei ihrem Tun zurück und sprechen mit den Heiden: „Hinweg von uns!" Wie viele, Herr, erheben die Freiheit ihres Willens und fliehen vor deiner Knechtschaft! Oder wenn sie wenigstens mit den Lippen bekennen, daß du mit ihnen zusammenwirkst, so ergreifen sie doch zusammen mit jenen deinen hoffärtigen und verhaßten Dienern von einst die Flucht davor, daß du über sie herrschst, ja, noch hoffärtiger als Luzifer, sind sie nicht einmal damit zufrieden, mit dir auf gleicher Stufe zu stehen: Ganz schamlos prahlen sie damit, über dich, den König der Könige, zu herrschen! Denn sie scheuen sich nicht zu behaupten, in jeder allgemeinen Handlung gehe ihr Wille dem deinen voran wie die Herrin, der deine aber folge ihm nach wie die Magd; sie gehen voraus wie die Herren, du aber folgst wie der Knecht; sie befehlen wie Könige, du gehorchst wie der Untertan. Ja, selbst bei den künftigen Ereignissen schreiben sie ihrem Willen so viel Freiheit zu, daß sie sich sogar gegen das Wort des Propheten anmaßen, sie seien davon ausgenommen, sich dir unterwerfen zu müssen, und deinen gänzlich freien, allmächtigen und gänzlich unwandelbaren Willen suchen sie von dem Gipfel seiner alten Freiheit zu stürzen und der Knechtschaft ihrer neuartigen Notwendigkeit zu unterwerfen. O Herr, mein Gott, nur mit Seufzen kann ich daran denken, wie viele und große Richter darum bemüht sind, die einst geächteten, verdammten und aus dem Gebiet der ganzen Kirche verbannten Pelagianer freizusprechen und zu begnadigen! Wie viele Rechtshelfer haben sie, welche ihre Stimme geschwollen für sie erheben! Wie viele verwerfliche Sachwalter vertreten ihre Sache! Wie viele greifen außerdem, da sie keine kunstvollen Argumente haben, zu kunstlosen und suchen deine Sache zu schmälern, um die Sache der Pelagianer wenigstens durch Geschrei, fürchterliche Schmähungen, Verleumdungen und spöttische Gebärden zu erheben! Wie viele sind es, wie zahllos die Leute, die auf ihrer Seite stehen! Denn fast die ganze Welt ist hinter Pelagius in den Irrtum gestürzt. Darum erhebe dich, Herr, richte deine Sache und unterstütze den, der dich unterstützt, beschirme, stärke, tröste ihn! Denn du weißt, daß ich, winzig wie ich bin, nirgends aus meiner Kraft, sondern im Vertrauen auf dich diese Sache anpacke.

Als ich aber ziemlich lange und voll Sorge so betete, siehe, da fand ich mich neulich in der Stille der Nacht, nachdem ich vor dem Herrn mein Herz ausgeschüttet hatte, beruhigt und erfuhr, daß er es ist, der nach dem Sturm Ruhe schafft und Freude schenkt nach den Tränen und daß er allen nahe ist, die ihn mit Ernst anrufen. Denn es schien mir, als sei Tageslicht um mich her, und ich wurde über den Erdboden in die Luft emporgehoben, und ich stieg auf und wandelte unerschrocken von Osten gen Westen. Und Pelagius kam mir entgegen, ergriff und umklammerte meine linke Hand und versuchte mit aller Gewalt, mich zur Erde hinabzustürzen. Mit eigener Kraft stemmte ich mich ihm mächtig entgegen, und dieses harte Ringen dauerte eine ganze Weile, doch als Pelagius beständig die

Oberhand behielt und mich fast ganz hinabzuziehen drohte, erhielt ich in mir die Antwort auf meine Verzweiflung, doch mit ganzer Kraft bäumte ich mich auf und nahm von ganzem Herzen meine Zuflucht zur göttlichen Hilfe, und sofort wird Pelagius mit freier Hand kopfüber hinabgestürzt und fällt mit dem Nacken voran auf die Erde und liegt mit geschlossenen Augen tot auf dem Rücken. Ich aber blieb in der Luft hoch über der Erde und stieg auf und voran wie vorher und dankte mit Freuden und staunte. Hierdurch vom Geiste der Stärke bestärkt, schöpfte ich Hoffnung, daß ich, der geringe Diener Christi, über den hoffärtigen Pelagius, den verruchten Fürsten der Pelagianer, und damit auch über seine ganze Gefolgschaft, den Sieg davontragen werde, nicht aber ich, sondern seine Gnade mit mir, doch so, daß ich mich nach Kräften mit ihr zusammen bemühe. Denn es ist nicht meine Sache, nicht mein Kampf, sondern der Kampf Gottes, des Herrn der Weisheiten, Heere und Mächte. Ich aber, vor wessen Drohen, Schmähung, Zorn und Schrecken sollte ich mich fürchten, geborgen unter dem sichersten Schutz eines solchen Herrn? Daher verbünde sich mir, wer des Herrn ist, doch nicht mir, sondern beide wollen wir uns mit dem Herrn verbünden! Stehen wir zusammen, wer mag wider uns sein? Denn ich weiß, daß ein einziger, auf dessen Seite der Herr ist, tausend verfolgt, und zwölftausend werden vor ihm fliehen.

So wie die alten Pelagianer voll Stolz auf den windigen Namen der weltlichen Wissenschaften die Versammlung der Theologen verachteten und die der Philosophen suchten, so auch die modernen. Denn ich hörte, daß einige Anwälte des Pelagius, obschon auf den heiligen Gipfeln weit fortgeschritten, behaupteten, man habe Pelagius nirgendwo durch einen natürlichen und philosophischen Vernunftgrund überwinden können, vielmehr wurde er nur mit Mühe durch irgendwelche ziemlich ungedeckten theologischen Autoritäten, vor allem aber durch die Autorität der Kirche widerlegt, die den Satrapen nicht gefällt. Darum habe ich vorgesehen, sie gerade durch philosophische

Gründe und Autoritäten zu reformieren. Und da überdies alle Pelagianer insgemein, alte wie neue, bemüht sind, die Schriften des Kanons und der katholischen Lehrer zum Verderben ihrer Verkehrtheit zu verdrehen, so war ich der Meinung, deren solides Verständnis müsse deutlicher erhellt werden. Und weil sie in ihrer unermeßlichen Menge die Anhängerschaft Gottes zu unterdrücken suchen, nahm ich mir vor, sie meinerseits mit einer großen Schar von Zeugen Gottes unter Druck zu setzen, damit es nicht scheine, als sei ich der einzige wider so viele Ungeheuer, zumal in einer so umstrittenen und erhabenen Sache ...

... Als ich mich aber, in meiner Torheit fern von der Weisheit Gottes und eitel, den philosophischen Schriften widmete, wurde ich vom gegensätzlichen Irrtum verführt. Denn als ich die Theologen diesen Gegenstand behandeln hörte, schien auch mir die Sache des Pelagius wahrer. Denn in den Vorlesungen der Philosophen pflegte ich selten etwas von der Gnade zu hören, außer von der uneigentlich so genannten. Vielmehr hörte ich den ganzen Tag, daß wir die Herren unserer freien Handlungen seien und daß es in unserer Macht liege, Gutes oder Böses zu tun, Tugenden oder Laster zu haben und vieles andere dieser Art. Und sooft ich in der Kirche eine Lesung des Apostels hörte, welche die Gnade erhebt und den freien Willen verkleinert, wie zum Beispiel jene (Röm 9, 16): „So liegt es nun nicht an jemandes Wollen oder Laufen, sondern an Gottes Erbarmen" und viele ähnliche Aussagen, da mißfielen sie mir, der ich der Gnade Gottes ungnädig war. Auch glaubte ich wie die Manichäer, der Apostel hätte wie irgendein Mensch in einem Punkt die Wahrheit verfehlen können. Danach aber, bevor ich noch Theologie hörte, wurde ich von dem erwähnten Argument gleichsam wie von einem Strahl der Gnade heimgesucht, und unter einem schwachen Abbild der Wahrheit schien es mir, als sähe ich, wie die Gnade Gottes allen guten Verdiensten der Zeit und dem Wesen nach von weither zuvorkommt, und zwar der gnädige Wille Gottes, der schon vorher auf beide Arten das Heil dessen will, der Verdienst erwirbt, und noch vor ihm selbst wesenhaft das Verdienst in ihm wirkt, so wie er in allen Dingen der erste Beweger ist. Daher sage ich ihm Dank, der mir diese Gnade aus Gnaden geschenkt hat. Auch Augustinus gesteht, er habe sich eine Zeitlang vom Irrtum des Pelagius dermaßen täuschen lassen, daß es ihm unmöglich erschien, daß die Texte des Apostels, in denen er die Gnade preist, mit den Zeugnissen des Gesetzes und der Propheten übereinstimmten, ja ihnen vielmehr widersprächen. Aus diesem Irrtum führte ihn ein ähnlicher Grund zur Erkenntnis der Wahrheit. Denn er sagt im 4. Buch über die Prädestination der Heiligen: „Als ich, ähnlich wie Pelagius, irrte und vermeinte, der Glaube, mit dem wir an Gott glauben, sei nicht das Geschenk Gottes, sondern von uns aus in uns, und durch ihn erlangten wir die Gaben Gottes, und als ich nicht glaubte, daß die Gnade Gottes dem Glauben zuvorkomme, da wurde ich insbesondere von diesem Zeugnis des Apostels getroffen und überzeugt (1 Kor 4,7): ‚Was hast du aber, das du nicht empfangen hättest? So du es aber empfangen hast, was rühmst du dich denn, als hättest du es nicht empfangen?'" Und nachdem er bekannt hat, wie er durch die weltlichen Bücher, Weisheit und Wissenschaft aufgeblasen war und danach von der göttlichen Gnade heimgesucht wurde, sagt er im 7. Buch der Konfessionen folgendermaßen: „Voll Begier nahm ich an den verehrungswürdigen Stil deines Geistes und vor allen anderen den Apostel Paulus, und jene Fragen fielen dahin, in welchen mir die Texte seiner Rede den Zeugnissen des Gesetzes und der Propheten zu widersprechen und nicht zuzustimmen schienen. Und es erschien mir das einhellige Antlitz der reinen Worte, und ich begann und fand, daß alles, was ich dort Wahres las, mit Empfehlung deiner Gnade gesagt sei, wie sich zum Beispiel der, welcher hat, sich nicht rühmen soll, als hätte er nicht empfangen[1]." Den Spuren dieser beiden folge ich, soviel ich es vermag, bei der Behandlung dieses ganzen Gegenstands, denn, wie mir scheint, ist der eine der Logiker und Philosoph unter den

Aposteln, der andere der Logiker und Philosoph unter den Lehrern. Auch viele moderne Philosophen halten, wie ich fürchte, nur zu gern unter dem Schein wahrer Weisheit an diesem falschen Wahnwitz fest, denn vielen erscheint er wahr, weil er mit großer Wahrscheinlichkeit geschminkt ist, der Erfahrung entspricht und der Vernunft entgegenkommt — denn manchmal scheint das Falsche wahrscheinlicher als das Wahre —, ein Wahnwitz, den sie, wenn sie in Wahrheit philosophieren wollen, auf philosophischem Wege widerlegen können, ich will nicht sagen: an Hand der hier von mir vorgelegten oder noch vorzulegenden Vernunftgründe, sondern vielleicht durch andere, stärkere, die sie mit Hilfe der zuvorkommenden Gnade Gottes noch finden werden.

[1] Aug. Conf. VII c. 21.

## Gregor von Rimini († 1358)

Eine zweite, sehr bemerkenswerte Hinwendung zur augustinischen Lehre von Sünde und Gnade stellt das Werk des Augustinereremiten und Generals dieses Ordens, Gregor von Rimini, dar. Im Unterschied zu Bradwardine verband zwar Gregor von Rimini seinen Augustinismus mit dem Nominalismus Ockhams, aber im wesentlichen erreichte er gleichfalls die vertiefte Ansicht von der Realität der Sünde, von der Unfähigkeit des Menschen zum Guten und von der gnädigen Alleinwirksamkeit Gottes bei der Rechtfertigung des Sünders. Auf diese Weise trug auch er dazu bei, das allgemein verbreitete Mißverständnis des Christentums als einer gesetzlichen Lehre zu überwinden und das richtige Verständnis von Gnade und Erlösung wiederzugewinnen. Innerhalb seines Ordens wirkten Gregors Gedanken weithin nach. Als Angehöriger desselben Ordens hat Luther die Lehre Gregors gekannt und wiederholt gerühmt.

Lat. Text: Super primum et secundum Sententiarum, Venedig 1522 (Nachdruck Paderborn 1955), d. 40/41, q. 1, a. 2 (S. 158 und 160).

Lit.: *M. Schüler*, Prädestination, Sünde und Freiheit bei Gregor von Rimini (1934); *G. Leff*, Gregory of Rimini (1961).

## Das Heil des Menschen ist Gnadengeschenk Gottes

...Dem Verständnis derjenigen Lehrer, die eine Ursache dafür finden wollten, warum die einen zum Guten vorherbestimmt sind, die anderen aber verworfen, sind gewisse Leute gefolgt und haben als positive Ursache dafür angegeben: Weil Gott die guten Werke oder den guten Gebrauch des freien Willens bei gewissen Menschen vorauswußte, hat er sie prädestiniert, und die anderen hat er wegen ihres schlechten Gebrauchs des freien Willens in der Zukunft verworfen. Und hierbei gab es eine Meinungsverschiedenheit; einige sagten: wegen des guten Gebrauchs des freien Willens im Hinblick auf den Glaubensakt, andere aber: außer im Hinblick auf den Glaubensakt auch auf andere Akte, welche aus dem freien Willen hervorgehen. Wieder andere sagten, daß der gute Gebrauch des freien Willens in doppelter Hinsicht betrachtet werden könne: auf die eine Weise, insofern er teilweise von der Gnade ausgeht und gut ist auf Grund der aus Gnaden geschenkten oder durch Verdienst erworbenen Güte, wonach er nach ihrer Meinung nicht die Ursache, sondern das Ergebnis der Prädestination ist; auf andere Weise aber, wie er aus dem freien Willen selbst hervorgeht und gut ist auf Grund der moralischen Güte. Und so ist er die Ursache der Prädestination, zwar nicht durch Verdienst, aber durch Anspruch darauf. Schließlich haben andere gesagt, daß es für die Prädestination in den Prädestinierten keine positive Ursache gibt, sondern nur eine privative, das ist: das Fehlen des infolge der Erbsünde oder Aktualsünde bestehenden letzten Widerstands im Blick auf die Gnade Gottes. Für die Verwerfung aber besteht eine positive Ursache in den Verworfenen: das Vorhandensein eines solchen Widerstands der Sünde gegen die Gnade. Daher sagen sie: Sobald ein jeder Mensch dem Anblick Gottes ausgesetzt ist, will Gott für ihn Gnade und Heil, ja, er schafft auch alle zu diesem Zweck, sofern er nur nicht den Widerstand gegen die Gnade vorfindet, durch welchen der Mensch unwürdig wird, und so ordnen sie also das Vorherwissen unter jenen allgemeinen Willen ein und sagen, daß sich in Gottes Vorherwissen einige befinden, die gleichzeitig im Widerstand gegen die Gnade und in der aktualen oder auch in der habitualen Würde stehen, so wie in den Kindern die Erbsünde ist oder die Aktualsünde oder der schlechte Gebrauch des freien Willens in den Erwachsenen. Die anderen hingegen befinden sich zwar nicht in irgendeiner Würde oder positiven Vorbereitung, und dessen bedarf es auch gar nicht, vielmehr genügt es, daß sie sich nicht unwürdig befinden und ohne Widerstand sind: Dann ist für sie die Endgnade und das ewige Heil beschlossen, für jene aber der Entzug der Gnade und die Vorbereitung der Strafe, und infolgedessen sind jene auf Grund eines gerechten Urteils verworfen, diese aber sind allein aus Barmherzigkeit erlöst, doch nicht ohne negative Ursache.

Mir aber scheint, daß sich aus den Aussagen der Heiligen Schrift und der Heiligen die folgenden Sätze ergeben, mit deren voller Wahrheit sich die Wahrheit einer der genannten Aussageweisen nicht verträgt: ...

... Zum zweiten sage ich, daß jener erste Satz, für allgemeingültig genommen, falsch ist. Er hat gegen sich das Beispiel von einem freischaffenden Menschen. Denn ein Künstler handelt nicht an jedem Teil seines ihm vorgegebenen Stoffes, sondern an dem einen, an dem anderen aber nicht, so wie es ihm gefällt. Gott aber ist freier als ein schaffender Mensch ... Der andere Satz ist falsch, sofern er von der Gnade und dem Heil spricht, welche Wirkungen der Prädestination sind, so wie es sein muß, wenn dieser Vernunftgrund im vorliegenden Fall anwendbar sein soll. Denn es steht fest, daß er solche Gaben nicht allen verleiht, vielmehr ist gewiß, was Augustinus in seiner Schrift über die Prädestination der Heiligen sagt: Der Anfangsglaube und der vollkommene Glaube sind ein Geschenk Gottes, und daß dieses Geschenk den einen verliehen wird, den anderen aber nicht, wird nur der bezweifeln, der den völlig offenkundigen

Zeugnissen der Heiligen Schrift widersprechen will. Und so wie es sich mit dem Glauben verhält, so auch mit den anderen Gnadengaben Gottes; und es verschlägt nichts, wenn man dagegen einwendet, daß Gott bei denjenigen, welchen er solche Gaben nicht verleiht, ein Hindernis vorfindet, denn ein Hindernis kann nicht sein, wo er handeln will, so wie es aus der Bekehrung des Paulus deutlich wird, welchem er größere Gnade gegeben hat als vielen bereits Gläubigen und Gerechten, bei denen kein Hindernis vorhanden war, während er sie dagegen anderen, sogar weniger Unvorbereiteten, nicht verliehen hat. Wahr ist jedoch, daß es kein Geschöpf gibt, dem Gott seine Gaben, das Sein und das Leben, nicht aus Gnaden schenkt, und überhaupt alles, was gut ist, ist Gabe Gottes . . .

## JEAN GERSON († 1429)

Jean Gerson, seit 1395 als Nachfolger seines Lehrers Pierre d'Ailli Kanzler der Universität Paris, gehörte zu den angesehensten Theologen seiner Zeit. Er verband in seiner eklektischen Theologie Gedanken des Nominalismus, des Realismus und der Mystik, wandte sich aber, je länger, desto mehr, der Mystik zu und suchte auf eine Vertiefung der kirchlichen Frömmigkeit in ihrem Sinne hinzuwirken. Er erblickte in der Scholastik den toten, in der Mystik den lebendigen Glauben, doch wollte er die scholastische Form nicht fallenlassen, sondern in der Mystik verwenden und erst recht entfalten. Hier griff er sowohl auf die neuplatonische Seins- und Gottesmystik des Ps.-Dionysius Areopagita als auch auf die Christusmystik Bernhards von Clairvaux zurück, nicht aber auf die Gedanken der großen deutschen Mystik. Mystische Sonderlehren und -gruppen bekämpfte er. Seinen Ruhm erwarb sich Gerson jedoch vor allem als der vornehmste Vertreter des Konziliarismus, dessen Theorien er zusammenfaßte und auf dem Konzil von Konstanz (1414—1418) zum Siege führte.

In dem folgenden Gutachten kommt Gersons Mißbilligung des herkömmlichen Universitätsbetriebs deutlich zum Ausdruck. Er mißt die Lehren der Theologen am Maßstab der Heilsnotwendigkeit, der Frömmigkeit und der Erbauung der Kirche. Als Gegenmittel empfiehlt er die Einführung einer einheitlichen scholastischen Terminologie, ein verstärktes Bibelstudium, die Zurückhaltung in der Definition und die strengere Kontrolle der theologischen Lehren sowie die Unterweisung des Christenvolks in den Grundlagen des Glaubens und der Moral. Auch wenn diese Vorschläge den Kern der Theologie nicht zu berühren und noch weniger zu reformieren vermochten, so zeigen sie doch immerhin, wie einer der großen Theologen seines Jahrhunderts die Notwendigkeit ihrer Reform empfand und nach Kräften herbeizuführen suchte. Luther hat Gersons scholastische und mystische Schriften schon früh, die kirchenpolitischen erst später kennengelernt und geschätzt. Er rühmte Gerson vor allem als Seelsorger und als Gegner von Papsttum und Ablaß und sagte gelegentlich, „daß Gerson wäre der erste gewesen, den unser Herr Gott angefangen hätte in dieser letzten Zeit der Welt zu erleuchten. Und er ist vielen Leuten und Gewissen tröstlich gewesen. Aber der Papst hat ihn verdammet, denn er hat angefangen zu disputieren, ob der Papst über ein Concilium sei, und schriebe davon einen Dialogum, der mir über alle Maßen wohl gefallen hat."

Lat. Text: Oeuvres complètes, hg. v. *P. Glorieux*, Bd. 2 (1960), 26 ff.

Lit.: *J. L. Connolly*, John Gerson, Reformer and Mystic (1928); *W. Dress*, Die Theologie Gersons (1931).

## Gutachten über die Reform des theologischen Studiums (1400)

Ehrwürdiger Vater [1], mit dem Vorbehalt der Berichtigung durch Euch und unsere Magister erscheint mir in der theologischen Fakultät eine Reform unter anderem in folgenden Punkten notwendig:

Erstens: Es mögen nicht so gemeinhin unnütze, fruchtlose und ungegründete Lehren behandelt werden, denn um ihretwillen werden heilsnotwendige und nützliche Lehren vernachlässigt. „Sie kennen die notwendigen Dinge nicht, weil sie überflüssige gelernt haben", spricht Seneca.

Zweitens werden die nicht Studierenden durch sie in die Irre geführt, weil sie nämlich glauben müssen, Theologen seien vor allem solche, die sich unter Verachtung der Bibel und der anderen Lehrer solchen Lehren widmen.

Drittens werden durch sie die von den heiligen

Lehrern gebrauchten Fachausdrücke verändert, gegen den Grundsatz Augustins: „Wir müssen nach einer gewissen Regel reden" usw. [2], und nichts anderes bewirkt den Verfall einer Wissenschaft schneller als dies.

Viertens werden um ihretwillen die Theologen von den anderen Fakultäten verlacht, denn ihretwegen nennt man sie Phantasten, und man sagt, sie verstünden nichts von gründlicher Wahrheit, von den Morallehren und von der Bibel.

Fünftens bereiten sie vielfachen Irrtümern den Weg, denn sie gebrauchen und erdichten sich beliebige Fachausdrücke, welche andere Lehrer und Magister weder verstehen können noch wollen, und behaupten unglaubliche und höchst absurde Dinge als angebliche Konsequenzen aus ihren absurden Gespinsten.

Sechstens erbauen sie Kirche und Glauben weder innerlich noch äußerlich. Es steht vielmehr fest, daß sie Anlaß dazu geben, daß man glaubt, Gott sei nicht gänzlich einfach oder einer, wie Bradwardina sagt.

Siebentens nehmen viele Theologen aktiv und passiv Anstoß an ihnen, denn die einen werden von den anderen Dummköpfe gescholten, die anderen dagegen „verstiegen" oder „Phantasten". Aus solchen Lehren ergeben sich jetzt folgende Sätze: „Unendlich sind in den göttlichen Personen die Zeitläufte hinsichtlich ihres Früher und Später, doch gleichwohl ewig." Und Entsprechendes behauptet man vom Raum. „Die Hervorbringung des Heiligen Geistes geschieht hinsichtlich ihres ursächlichen Prinzips frei, kontradiktorisch, zufällig." „In den göttlichen Personen besteht absolut die Möglichkeit zum Nichtsein des Heiligen Geistes." „In den göttlichen Personen ist die Hervorbringung des Sohnes als solche nichts." „Die Hervorbringung des Heiligen Geistes ist früher als seine höchste Vollkommenheit." „Vater und Heiliger Geist sind nicht Erkennen" und „Vater und Sohn sind nicht Liebe." „In den göttlichen Personen kann der Sohn einen anderen Sohn hervorbringen, weil er dieselbe Macht besitzt wie der Vater." Und unzählige andere Sätze dieser Art.

Desgleichen hat sich seit vielen Jahren ein heftiger Streit um die Mitteilung der göttlichen Eigenschaften ergeben, welche die Realisten so beschränken, daß sie sagen, Gott werde keine Aussage mitgeteilt, welche eine Unvollkommenheit zum Ausdruck bringt. Die anderen hingegen erweitern sie und behaupten, jedes Prädikat werde ihm so allgemein mitgeteilt, daß man von Gott aussagen könne, er sei verdammt.

Desgleichen muß man dafür Sorge tragen, daß die Fakultät mit den anderen Fakultäten, welche in dieser Sache gleiche Stimme haben wie sie, niemals Glaubensartikel determiniert, so wie es in der Universität geschieht, denn hieraus könnte sich eine Gefahr für den Glauben und eine unheilbare Schmach für die Fakultät ergeben.

Desgleichen heißt es, daß der Fakultät Wandel und Sitten einiger ihrer Glieder Anstoß geben; wenn das wahr ist, so muß man dem abhelfen.

Desgleichen: Weil gegen anderswo veröffentlichte und übertragene Irrtümer keine Maßregel oder Berichtigung möglich ist, daß nicht ein Bacchalar von anderswoher Lehren überträgt, welche böswillig behauptet wurden, obgleich die öffentliche Schule daran Anstoß genommen hat. Doch entschuldigt sich der Kanzler in diesem Punkt, weil er keine anderen Magister findet, die hierfür genügend Zeit und Willen aufbringen. Außerdem fürchtete er eine gefährlichere Spaltung wegen der Lehren, von denen er selbst und aus dem Rat urteilsfähiger Leute erfahren hat.

Desgleichen sollen unsere Magister, vor allem solche, die hierfür Anlaß gegeben haben, ermahnt werden, ihrerseits ihre Bacchalare und Scholaren zu ermahnen, die überaus eitlen, unnützen und unfruchtbaren Lehren zu meiden und fallenzulassen und weder zu billigen noch auf hartnäckige oder verstiegene Weise zu widerlegen, so wie jetzt, mit Gottes Gnade, die Sophismen aus der Theologie fast vertrieben sind; außerdem, daß der Stoff des zweiten, dritten und vierten Buchs der Sentenzen häufiger behandelt wird, weil man kaum über etwas anderes liest als über das erste und weil die Zeit mit den genannten Lehren hingebracht wird, und desgleichen soll auch die Bibel häufiger behandelt werden. Und daß die Bücher mit den genannten Lehren nicht teilweise gelesen werden ohne die Erlaubnis der Fakultät.

Und zur Ehre Gottes soll man sorgfältig darauf achten, wie groß die Notwendigkeit ist, das Volk zu belehren und zu unseren Zeiten die Morallehren darzulegen. Und dann muß man glauben, daß man in solcher Kürze der Zeit und angesichts so vieler Gefahren für die Seelen nicht viel Gefallen daran finden wird, mit ganz überflüssigen Dingen zu spielen, um nicht zu sagen: zu phantasieren. Auch wird es gut sein, daß kein geringer oder ungebildeter Geist solche Punkte erläutert und gründlich durchforscht, vielmehr ist die Vollkommenheit und die gründliche Tiefe anderswo zu finden, welche diejenigen nicht wahrnehmen, die sich nicht mit Tat und Wort damit beschäftigen.

Desgleichen wäre es wohl nützlich, daß die Fakultät, so wie einst die medizinische Fakultät zur Zeit gewisser Seuchen einen kleinen Traktat zur Unterrichtung aller verfaßt hat, entweder selbst oder durch einen Beauftragten einen kleinen Traktat mit den hauptsächlichen Punkten unserer Religion abfaßt, insbesondere über die Gebote, zur Unterweisung der Ungebildeten, welche keine oder nur selten oder keine richtige Unterweisung haben.

Desgleichen wäre es notwendig, einen Inquisitor zu bestellen oder einen solchen, der sich wie ein Inquisitor mit solchen Äußerungen beschäftigt, die in allzu freier oder gar vermessener Weise gegen den Glauben bei Zusammenkünften oder auf öffentlichen Plätzen oder auf andere Weise vorgebracht werden. Desgleichen wäre die Dekretale jetzt vielleicht besser zu verwirklichen als sonst, wonach an jeder Kathedral- oder Metropolitankirche ein Dozent der Theologie vorhanden sein soll usw.

Desgleichen wäre es in Anbetracht aller früheren, zur Vermeidung von künftigen anstößigen Lehren vielleicht hinreichend, sie auf einem Schriftstück zu verzeichnen. Dieses Schriftstück soll in den Schulen veröffentlicht werden und zum Ausdruck bringen, daß solche Lehren von den Magistern nicht gebilligt werden und daß von nun an allesamt von diesen oder ähnlichen Lehren Abstand nehmen sollen. Und wenn die Fakultät dies oder etwas Ähnliches nicht tun will, so wird sie doch dem Kanzler auferlegen, auf irgendeine solche Art dafür Sorge zu tragen, daß diejenigen, welche sich solche Lehren zuschulden kommen lassen, keine Lehrbefähigung erhalten, auch wo die Fakultät das will, obgleich es besser wäre, daß in einer solchen Angelegenheit Kanzler und Fakultät einiggingen.

¹ Empfänger war Pierre d'Ailli; über ihn vgl. S. 161 f.
² De civitate Dei X, 23.

## GABRIEL BIEL († 1495)

Als der letzte bedeutende Nominalist lehrte Gabriel Biel seit 1484 an der kurz zuvor (1477) begründeten Universität Tübingen. Sein Hauptwerk, das Collectorium, enthält einen teils erläuternden und erweiternden, teils abkürzenden und glättenden Auszug aus Ockhams Sentenzenkommentar, der sich als theologisches Lehrbuch großer Beliebtheit erfreute. Mit ihm wurde Luther schon in seiner Erfurter Klosterzeit bekannt. Nach Melanchthons Zeugnis soll Luther die Schriften Biels fast auswendig gekannt haben. Noch i. J. 1516 meinte er, alles, was Gabriel sage, sei gut, außer wo er von Gnade, Glaube, Liebe und Tugend rede. Aber bereits im folgenden Jahr erscheint Biels Name im Katalog der Gegner, denen Luther mit seiner „Disputatio contra scholasticam theologiam" eine endgültige Absage erteilte. So hat Luther an Biel einerseits die vorbereitende Einwirkung des Nominalismus erfahren, andererseits die grundsätzliche Abkehr von ihm vollzogen. Selbst für jene ihm so wichtigen Themen (Gnade, Glaube, Liebe und Tugend) konnte der werdende Reformator aus Biels Darlegungen manchen wertvollen Gedanken entnehmen. Allein auf Grund der dem nominalistischen System eigentümlichen dialektischen Bewegung wurde das erste, von dem Grundsatz der absoluten Macht Gottes ausgehende Denkvorstoß zumeist wieder zurückgenommen und entwertet. Was die eine Hand gab, nahm die andere wieder zurück.

Lat. Text: Epitome et Collectorium ex Occamo circa qua-
tuor sententiarum libros, Tübingen 1501 (Nachdruck 1965),
Prologus; ebenda II, d. 28, q. 1, a. 3 (N); ebenda IV, d. 14,
q. 2, 3 (K); ebenda I, d. 17, a. 1 und 2.

Lit.: *H. A. Oberman,* Spätscholastik und Reformation I
(1965).

## Aus dem Collectorium

### Vorrede

Unsere Aufgabe und Absicht ist es, uns dem theologischen Studium zu widmen, durch welches wir mit
der göttlichen Gnade zur verständigen Erkenntnis des
Herrn, unseres Gottes, gelangen, welche die wahre
Weisheit und weise Wissenschaft ist, auf daß in uns
mit dem Wachstum der Erkenntnis Gottes auch die
Glut der göttlichen Liebe zunehme, die allein, gleichsam wie das Band der Vollkommenheit, uns Gott angenehm macht, vervollkommnet und eint. Und da der
Weg der Schrift, auf dem wir zur Erkenntnis Gottes
geführt werden, sehr breit ist, so ist es schädlich,
schwierig und geradezu zwecklos, insbesondere die
Anfänger und die erstgeborenen Kindlein in der heiligen Theologie auf dieses große, weite Meer zu
schicken. Zum Ruhm des katholischen Glaubens und
zur Förderung der Studenten hat daher der Magister
Petrus Lombardus, Bischof von Paris, gleichsam wie
eine stoffreiche Biene aus den Bienenkörben der heiligen Väter ein nützliches Werk, die Bücher der Sentenzen, herausgegeben, in welchen er in erlesener
und gepriesener Ordnung die theologischen Lehrsätze
zusammen mit ihren Zeugnissen zusammengefaßt und
vereinigt hat, so daß niemand die zahlreichen Bücher
aufzuschlagen braucht, weil ihm die kurzgefaßte
Sammlung ohne Mühe bietet, was er sucht. An diese
geordnete Lehre und an die gehörige Anordnung der
Lehre haben sich die nachfolgenden Liebhaber der
Heiligen Schrift und die Meister, die scharfsinnigen
Erforscher der Wahrheit, angeschlossen, und auch jetzt
noch schließen sie sich an sie an und stützen sich bei
der scholastischen Disputation theologischer und manch-

71

mal auch anderer Fragen auf das, was der Meister
in seinem wunderbaren Werk zusammengetragen hat.
Weil sie dazu aber verschiedenartige, manchmal auch
gegensätzliche Mittel und Wege gebrauchen, auch
wenn sie zu demselben Ziel streben und zu gelangen
suchen, so ist es notwendig und, wie die Erfahrung
lehrt, zumeist nützlich, daß derjenige, der vorankommen will, einen davon auswählt. Damit nun nicht
der Wanderer schwankt und ratlos, ohne festen Boden
unter den Füßen, umherzieht und das Ziel der Wahrheit eher verfehlt als erreicht, haben wir für jetzt die
uns besser vertraute Lehre eines einzigen Lehrers
erwählt, um ihr vor allem und in den meisten Fällen
zu folgen. Doch wollen wir — Gott sei unser Zeuge,
dem jedes Herz offenbar ist —, sobald es geraten
erscheint, auch die Lehrmeinungen anderer anführen.
Wir sagen, daß wir keinen gesunden katholischen
Schriftsteller verachten. Fern sei von uns diese Vermessenheit! Wir verehren, loben und preisen die
Lehrsätze aller, und den nützlichen Arbeitern im
Weinberg des Herrn sagen wir wärmsten Dank und
unendliches Lob. Der Tenor unseres Collectoriums
wird die Wahrheit meiner Worte bestätigen. Wir
werden nämlich im eigenen Lager kämpfen, wenn
wir es vielleicht einmal gegen Angreifer zu verteidigen vermögen, die Burgen anderer werden wir
jedoch in keinem Fall mit Macht bestürmen. Doch
werfe ich mich bei dieser scholastischen Übung nicht
zum Meister auf, vielmehr eile ich mit den anderen
zusammen als Weggenosse der Lehre und will dabei
die Regel des seligen Augustinus beachten, der im
1. Buch über die Dreieinigkeit, Kapitel 2, von sich
sagt: „Es wird mich nicht verdrießen, nachzuforschen,
sobald ich steckenbleibe, und es wird mir keine
Schande sein, davon zu lernen, sobald ich irre." Und
im 3. Kapitel folgt, was wir dem seligen Augustin,
dem größten unter den Theologen, von Herzen nach-
sprechen wollen: „Der Leser folge mir, wo er ebenso
gewiß ist wie ich; wo er zögert, wie ich, forsche er
mit mir nach; wo er einen Irrtum bei sich erkennt,
kehre er zu mir zurück, wofern aber bei mir, so rufe

er mich davon zurück; so werden wir miteinander den Weg der Liebe beschreiten und ziehen zu dem, von welchem es heißt: Suchet sein Antlitz alle Wege (Ps. 105, 4)."

Da es unsere Absicht ist, in kurze Form zu bringen, was der ehrenwerte Inceptor[1], der Engländer Wilhelm Ockham, der überaus scharfsinnige Erforscher der Wahrheit, über die vier Bücher der Sentenzen gelehrt und geschrieben hat, so wollen wir unter göttlicher Leitung über den Prolog und einzelne Distinktionen scholastische Fragen aufwerfen und da, wo der genannte Lehrer seine Meinung weitläufiger äußert, seine Meinung und Worte abkürzen, und zwar vor allem im ersten Buch, wo er in größerer Tiefe und Breite als in den übrigen Schriften seine Fragen, den einzelnen Distinktionen entsprechend, aufwirft und löst. An anderen Stellen aber, wo er zu wenig oder nichts schreibt, will ich aus den Kammern der berühmtesten Männer die Lehrsätze anderer Lehrer zusammentragen, soweit sie nicht von den Prinzipien des genannten Lehrers abweichen. Daher wollte ich meiner Arbeit auch den Titel „Collectorium" und „Epitome"[2] geben. Mitunter werden wir, wie es beim scholastischen Wettkampf üblich ist, auch das heranziehen und vortragen, was im Einklang mit seinen Prinzipien gesagt werden kann, auch wenn der Lehrer selbst gegenteiliger Meinung zu sein scheint. Doch in allen diesen Fällen ist das theologische Bekenntnis vorausgesetzt, das ich häufig wiederholt habe. Darum unterwerfe ich mich und dies mein Sammelwerk und alles, was ich lehren oder sagen werde, ganz und gar der Korrektur durch die heilige Mutter Kirche und dem Urteil eines jeden Rechtgläubigen, der es besser weiß. „Der Gerechte schlage mich freundlich und in brüderlicher Liebe, das Öl aber des Sünders benetze mein Haupt nicht" (Ps. 140, 5, Vulg.).

---

[1] In formaler Hinsicht blieb Ockham auf der Stufe des „Anfängers" der theologischen Lehrtätigkeit.
[2] Sammlung und Abriß.

...Zweitens muß man berücksichtigen: Obwohl der menschliche Wille frei ist, so daß er nicht gezwungen werden kann..., kann er dennoch auf verschiedene Weise gebeugt, gezogen und dazu überredet werden, verschiedene Dinge zu wollen oder nicht zu wollen. Auch wenn er dazu nicht genötigt wird, so leistet er doch manchmal nur mit großer Mühe Widerstand. Mag er auch von Natur zum Guten geneigt sein, so wird er doch durch die Wirkung des Teufels, des bösen Sämanns, bald vom Irrtum der Vernunft verführt, bald von der Lockung eines Sinnes, dem er zu folgen geneigt ist, weil er mit ihm von Natur aus verbunden ist, bald durch den Schrecken oder die Schmeicheleien der Umwelt, die alle zum Bösen hinziehen. Denn wer könnte den Betrug und die Täuschungen der geistlichen Bosheiten des Teufels oder Tausendkünstlers und seine tiefverborgenen Versuchungen als solche erkennen? Wer kann sich dem beständigen Kampf der Sinnlichkeit entziehen und der Neigung des Fleisches immer den Rücken kehren? Wer kann den vielfältigen Stricken der Welt entrinnen? Hierzu kommt, daß der Wille in seiner natürlichen Kraft von der Erbsünde geschwächt ist, so daß er, obgleich er schlechthin frei ist, dennoch von Jugend auf zum Bösen geneigt ist (Gen. 8, 21), und zwar auf Grund der widerspenstigen Sinnlichkeit und des Irrtums der Vernunft, wovon das erste Buch der Ethik am Ende handelt. Denn es sucht zwar die Vernunft ganz richtig das Beste zu erreichen, es scheint aber außer der Vernunft uns etwas angeboren zu sein, was der Vernunft zuwider ist, das ist die Sinnlichkeit. Hierüber sagt der Apostel (Röm. 7, 23): „Ich sehe aber ein ander Gesetz in meinen Gliedern, das da widerstreitet dem Gesetz in meinem Gemüt und nimmt mich unter das Gesetz der Sünde gefangen, welches ist in meinen Gliedern", und (Gal. 5, 17): „Das Fleisch gelüstet wider den Geist und den Geist wider das Fleisch, dieselben sind einander zuwider, so daß ihr nicht tut, was ihr wollt." Außerdem ist der Wille wandelbar, unbeständig und infolge des Zunders der

Sünde krank und verletzt, zum Bösen geneigt, unlustig zum Guten ...

Darum müssen wir in allen unseren Taten Gott bitten, daß er die Vernunft erleuchte, damit sie nicht irregeht, den Willen zügle, damit er nicht von der Vernunft abweicht, die Kräfte des Vollbringens stärke, damit sie die befohlenen Werke tun, die Listen der Feinde abkehre, damit sie einen nicht verstricken, ihre Wildheit dämpfe, damit sie nicht obsiegen, alles Böse abtue und alles Gute verleihe. Denn niemand kann den vielen Gefahren des Leibes mit eigenem Fleiß entrinnen, viel weniger denen der Seele. Darum darf man nicht davon ablassen, zu bitten und zu danken für die fortgesetzten Wohltaten Gottes, mit denen er in seiner Barmherzigkeit auf uns Rücksicht nimmt, uns umhegt und beschützt.

### Die Liebe zu Gott ist der Grund wahrer Reue

... Hier muß man jedoch beachten, daß der Abscheu vor der Sünde vergleichbar ist entweder mit dem Abscheu vor einem anderen zeitlichen oder ewigen Übel oder aber mit dem graduell größeren oder geringeren Abscheu derselben Art. Im ersten Fall muß der Abscheu nicht der größte sein, denn so wie man keine Sünde begehen darf, um ein Übel zu vermeiden, so darf man kein Übel weniger nichtwollen als die Sünde, darum muß der Abscheu vor der Sünde um Gottes als des letzten Zieles willen der größte sein, denn er ist in der alles übersteigenden Liebe Gottes begründet, die Gott gegenüber kein Ding, vielmehr allen Dingen gegenüber Gott vorzieht. Denn wenn sie Gott gegenüber etwas vorzöge, so wäre sie nicht mehr Liebe zu Gott als dem letzten Zweck. So stellt auch der Abscheu, der in dieser Liebe begründet ist, den Haß wider irgendein Übel hinter den Haß wider das Böse, durch welches Gott beleidigt wird, zurück. Und wenn sie den Haß wider irgendein Böses vorzöge, so wäre dieser Haß wider die Sünde nicht von derselben Art, denn so wäre es kein Haß wider die Sünde um Gottes als des letzten Zweckes willen ...

Und auf diese Weise ist der Haß oder der Abscheu vor der Sünde um Gottes als um des letzten Zweckes willen (seiner Art nach) der größte, mag er auch (seinem Grad nach) noch so gering sein.

...Daraus folgt, daß die Fortsetzung des Abscheus vor der Sünde als hinreichende Voraussetzung für die Gnade in der Art, daß vor dem Ende dieser Zeit noch keine hinreichende Voraussetzung vorhanden ist, nicht erforderlich ist. Denn zu jeder Zeit hat man zugleich mit ihr auch die alles übersteigende Liebe Gottes, auf der sie beruht, diese aber kann nicht ohne Gnade sein, also kann ein solcher Abscheu in keinem Augenblick ohne Gnade sein.

Hieraus ergeben sich sechs Folgerungen: (1) Kein Abscheu vor der Sünde bildet eine angemessene Voraussetzung zur Vergebung der Sünde, sofern er nicht seinen besonderen Umstand erhält durch den letzten Zweck. (2) Jedes solches Mißfallen an der Sünde genügt als äußerste Voraussetzung zur Eingießung der Gnade, also kann es nicht ohne Gnade sein, und darum ist es keine vorausgehende, sondern eine mitfolgende Voraussetzung, so wie jede letzte Voraussetzung hinsichtlich ihrer Form. (3) Jeder solcher Abscheu wird genannt und ist wahre Reue über die Sünde (contritio, aus Liebe zu Gott). (4) Das bloße Bedauern der Sünde als solches (attritio), wie man es von der wahren Reue über die Sünde unterscheidet, ist keine hinreichende Vorbereitung zur Eingießung der Gnade. (5) Zur Rechtfertigung des Gottlosen ist der Abscheu vor der Sünde um Gottes als des letzten Zweckes willen erforderlich, denn eine Voraussetzung ist erforderlich, und das bloße Bedauern der Sünde genügt nicht, also ist eine andere erforderlich, jener Abscheu vor der Sünde um Gottes willen.

*Gott macht den Menschen gerecht,
indem er ihn aus Gnaden annimmt*

Frage: Ist es, wenn man von dem Heiligen Geist absieht, notwendig, die absolute geschaffene Liebe anzunehmen, welche der Seele förmlich die Form verleiht, damit sie Gott lieb und angenehm ist?

... Erste Folgerung: Nach der absoluten Macht Gottes kann jemand Gott angenehm und lieb sein ohne jede ihm innewohnende Form, sofern man von der Annehmung des ganz besonderen Wohlgefallens spricht, von der allein hier die Rede ist. Beweis: Weil auch ohne eine solche innewohnende Form die Handlung eines Menschen verdienstlich sein kann. Beweis: Weil Gott jede Handlung, die er zum ewigen Leben annimmt, aus freier Entscheidung annimmt. Also kann er auf diese Weise jede moralische gute Handlung annehmen ...

... Zweite Folgerung: Keiner kann nach dem geordneten Gesetz Gott lieb und angenehm sein zum ewigen Leben, wenn er nicht eine gewisse in ihn eingegossene Qualität besitzt, die Liebe oder die Gnade. Diese Folgerung kann nicht von der natürlichen Vernunft erschlossen werden, denn von der natürlichen Vernunft läßt sich nicht erschließen, daß es einen eingegossenen Habitus gibt. Es kann jedoch mit der vielfachen Autorität der Schrift und der Heiligen dargelegt werden ...

... Dritte Folgerung: Gleichgültig, welche übernatürliche Form in der Seele besteht, Gott hat die Macht, sie nicht anzunehmen zum ewigen Leben. Beweis: Gleichgültig, welche Form besteht, Gott wird durch sie nicht genötigt, etwas anderes zu schaffen, ohne welches jene Form bestehen und erhalten werden kann, also hat Gott die Macht, auch wenn jener Habitus besteht, die Seligkeit nicht zu verleihen. Desgleichen kann Gott eine jede Form, die er auf eine gewisse Zeit schaffen und erhalten kann ohne eine andere, auch beständig ohne sie erhalten. Desgleichen kann er jene Form zunichtemachen samt der Seele, der sie innewohnt. Desgleichen zweifelt niemand daran, daß er Henoch und Elia beständig im Paradies erhalten kann ohne seliges Schauen und Genießen, obwohl sie, wie man glauben muß, Gnade haben. Hieraus folgt: Einen jeden, den Gott selig macht, macht er ganz aus freien Stücken, frei und aus seiner Barmherzigkeit und Gnade selig, nicht auf Grund irgendeiner Form oder auf Grund einer verliehenen Gabe,

es sei denn, Gott hat in seiner Barmherzigkeit verfügt, daß derjenige, der eine solche Gabe hat, das
ewige Leben verdient. Und dieser Satz unterscheidet
sich ganz und gar von dem Irrtum des Pelagius, der
behauptete, Gott werde genötigt, demjenigen, der
eine moralisch gute Handlung hat, das ewige Leben
zu geben, also nicht aus Gnaden, so daß er vielmehr
ungerecht wäre, wenn er es ihm nicht gäbe.

Die dargelegte Behauptung: Mag Gott auch nicht
durch eine natürliche Handlung (auch wenn sie in
einem gewissen Maße moralisch gut ist, um das
ewige Leben zu erhalten) genötigt werden, so wird
er doch genötigt von der übernatürlichen Form, die
er eingegossen hat. Die Antwort aber besagt: Gott
wird weder durch eine natürliche noch durch eine
übernatürliche Form zur Verleihung des ewigen Lebens
genötigt. Vielmehr gilt: So wie er frei und aus freien
Stücken um seiner Güte willen die Gnade eingießt,
so verleiht er dazu, mag man auch eine Form zu-
gestehen, aus seiner Gnade, frei und aus Barmherzigkeit das ewige Leben, und er hätte, ohne damit
ungerecht zu sein, die Macht, sie nicht zu verleihen,
denn er ist der, dem niemand sagen kann: „Warum
tust du das?" Und alles, was er tun kann, ist gerecht
dadurch, daß er es tut, und so tut er es gerechter-
maßen ...

Frage: Kann eine Handlung des Willens verdienstlich sein, ohne daß die Liebe ihr die Form gibt? Diese
Frage hängt mit der vorigen zusammen und fragt nach
dem Können, nicht nach dem tatsächlich verfügten
Gesetz, sondern nach der absoluten Möglichkeit. Daher
wird nach der Widerlegung der gegenteiligen Meinung durch den Meister in seinem Sinn folgende Antwort gegeben: Es schließt keinen Widerspruch ein,
daß eine Handlung verdienstlich ist, ohne jeden übernatürlichen, förmlich innewohnenden Habitus. Beweis:
Daß eine Handlung verdienstlich ist, hängt allein von
dem gnadenreichen Willen Gottes ab, der sie aus
freien Stücken zur Belohnung annimmt, und nicht aus
irgendeiner erschaffenen Ursache, aber ebenso wohl

wie Gott nach seinem Willen und aus freien Stücken die gute Regung des einzelnen zum Verdienst annimmt, wenn sie von einem, der Liebe hat, hervorgerufen wird, so könnte er doch in seiner absoluten Macht dieselbe Regung des Willens auch dann annehmen, wenn er keine Liebe eingösse.

# III. MYSTIKER

## MEISTER ECKHART († 1327)

Unter den großen Gestalten der mittelalterlichen deutschen
Mystik ist Meister Eckhart die größte. Von seinen Zeitgenossen wurde ihm höchste Verehrung und heftige Ablehnung
zuteil: den einen war er der Lehrer des geistlichen Lebens
schlechthin, den anderen ein Irrlehrer und Stein des Anstoßes. Um 1260 in Hochheim bei Gotha geboren, trat Meister
Eckhart in das Dominikanerkloster in Erfurt ein, dessen
Prior er als Dreißigjähriger wurde, um dann zum Vikar und
Provinzial verschiedener Provinzen seines Ordens aufzusteigen. 1302 als Student, 1311—13 als theologischer Lehrer in
Paris, wirkte Meister Eckhart seit 1314 von Straßburg aus als
Prediger und Seelsorger verschiedener Klöster in Ober-
deutschland. An der Spitze des Kölner Generalstudiums
wurde er, vor allem auf Grund bestimmter Äußerungen in
seinen deutschen Predigten, der Irrlehre angeklagt. Weder
seine Rechtfertigungsschrift (1326) noch sein vorsorglich ge-
leisteter Widerruf, noch auch die persönliche Appellation vor
der Kurie in Avignon konnten es verhindern, daß Papst Johannes XXII. nach seinem Tode 26 seiner Lehrsätze als häretisch oder der Häresie verdächtig verurteilte (1329). Der großen Nachwirkung des Meisters tat dies allerdings wenig Abbruch.

In den Reden der Unterscheidung, einem Frühwerk Eckharts,
in welchem seine geistlichen Ansprachen vor verschiedenen
thüringischen Konventen niedergelegt sind, tritt das eine, immer neu variierte Thema der Mystik deutlich hervor: die Abkehr von aller Äußerlichkeit und die entschiedene Hinwendung zu Gott, zum wesenhaften Sein, eine Hinwendung, die
in besonders begnadeten Augenblicken ihre Vollendung in
der *unio mystica* erreichen kann. In seinen lateinischen Werken baut Meister Eckhart nicht nur auf dem neuplatonisch-
augustinischen, sondern auch auf dem aristotelisch-thomisti-
schen Gedankengut und damit auf der Scholastik auf. Er
vereinfacht aber die theologische Spekulation auf seine selbständige Weise, vertieft sie und verleiht ihr in bis dahin
unbekannten, unerhörten Wendungen Ausdruck in deutscher

80

Sprache. Meister Eckharts Ziel war die Verwirklichung geistlichen Lebens. Nicht bloß „Lesemeister", sondern „Lebemeister" wollte er sein. Der Mensch soll nicht einen gedachten, sondern einen wesenhaften Gott haben. Zu diesem hochgesteckten Ziel wies er einen Weg, der die Wege, auf welchen die Kirche ihre Gläubigen führte, weit unter sich ließ. Es lag ihm ferne, seine Kirche und ihre Ordnungen zu verachten, und doch lehrte er so, als führte der Weg der Seele zu Gott nicht über die Kirche. Gott und die Seele stehen sich unmittelbar gegenüber, ja, Gott wohnt in der Seele, weil deren edelster Teil, ihr Funke, der Seelengrund, mit Gott wesenhaft verwandt ist. Wer das erfaßt, hat Gott bei sich. Für ihn gibt es keine besonderen heiligen Stätten, für ihn ist heiliges Land überall. Er erkennt auch, daß alle äußeren Werke nichts fruchten, denn nicht auf das Tun, sondern auf das Sein kommt es an. Vor Gott zählt nicht die äußere Bußleistung, sondern die innere Buße. Sie kommt zustande, wenn der Mensch angesichts Gottes seiner Sünde innewird und das reine Nichts an sich empfindet. In der Ablehnung der Sünde ergreift er Gottes Erlösung und wird von Liebe zu seinem Erlöser erfüllt.

Meister Eckharts Ruf zur Verinnerlichung und zum wesenhaften Sein sollte ein tausendfaches Echo finden. Zu seinen ersten und treuesten Schülern gehörte der große Mystiker Heinrich Seuse aus Konstanz († 1366). Meister Eckhart hat eine Fülle geistlichen Lebens gemehrt und neu geweckt, das bis dahin in der Kirche auf enge Kreise beschränkt oder gar unbekannt war. Er leitete damit die Entwicklung einer Frömmigkeit ein, die sich von dem herkömmlichen kirchlichen Leben unterschied und die es selbst dann relativierte, wenn sie sich nicht von ihm lossagte. Nicht von ungefähr erblickten auch die sich von der Kirche absondernden „Brüder und Schwestern des Freien Geistes" ihren Meister in Eckhart. Mit Recht wird man urteilen, „daß in der deutschen Mystik die Geschichte des deutschen Glaubens einen entscheidenden Schritt ihrem großen Wendepunkt zu getan hat" (Hans von Schubert).

Neuhochdeutsche Übersetzung: Meister Eckhart, Deutsche Predigten und Traktate, hg. und übers. von J. Quint (1955), 53 f., 57—60, 64, 71 f., 75 ff., 81 f.

Lit. zur deutschen Mystik: (Forschungsbericht) K. Ruh, Altdeutsche Mystik, Wirkendes Wort 7 (1957) 135—146. — J. Bernhart, Die philos. Mystik des Mittelalters (1922); W. Muschg, Die Mystik in der Schweiz (1934); W. Oehl, Deutsche Mystikerbriefe des Mittelalters 1100—1500, (1931); W. Preger, Geschichte der deutschen Mystik im Mittelalter,

3 Bände (1874 bis 1893); *F. W. Wentzlaff-Eggebert*, Deutsche
Mystik zwischen Mittelalter und Neuzeit (2. Aufl. 1947). —
Zu Eckhart: *H. Bornkamm*, Meister Eckhart und Luther (1936);
*H. Ebeling*, Meister Eckharts Mystik (1941); *K. Heussi*, Mei-
ster Eckhart, und *K. Weiß*, Meister Eckharts Stellung inner-
halb der theol. Entwicklung des Spätmittelalters, Studien der
Luther-Akademie N. F. 1 (1953); *O. Karrer*, Meister Eckhart
(1923).

## *Reden der Unterscheidung*

### *Vom wahren Gehorsam*

Wahrer und vollkommener Gehorsam ist eine
Tugend vor allen Tugenden, und kein (noch) so großes Werk kann geschehen oder getan werden ohne
diese Tugend; wie klein ein Werk sei und wie gering,
es ist nützlicher getan in wahrem Gehorsam. Sei es
Messelesen oder -hören, Beten, Betrachten oder was
du dir denken magst, oder nimm wiederum ein Tun,
so geringwertig, wie du nur willst, es sei, was es
auch sei: Wahrer Gehorsam macht es dir edler und
besser. <u>Gehorsam bewirkt allewege das Allerbeste in
allen Dingen</u>. Fürwahr, der Gehorsam stört nie und
hindert nicht, was einer auch tut, bei nichts, was aus
wahrem Gehorsam kommt, denn der versäumt nichts
Gutes. Gehorsam braucht sich nimmer zu sorgen, es
gebricht ihm an keinem Gut.

Wo der Mensch in Gehorsam aus sich selbst her-
ausgeht, eben da muß Gott notgedrungen wieder-
eingehen. Denn wenn einer für sich selbst nichts will,
muß Gott für ihn in gleicher Weise wollen wie für
sich selbst. Wenn ich mich meines Willens in die
Hand meines Prälaten entäußert habe und für mich
selbst nichts will, so muß Gott für mich wollen, und
vernachlässigt er mich darin, so vernachlässigt er sich
selbst. <u>So steht's in allen Dingen: Wo ich nichts für
mich will, da will Gott für mich.</u>

Nun gib acht! Was will er denn für mich, wenn ich
nichts für mich will? Worin ich mich ihm überlasse,
da muß er für mich notwendig alles das wollen,

was er für sich selbst will, nicht weniger noch mehr und in derselben Weise, mit der er für sich will. Und täte Gott das nicht — bei der Wahrheit, die Gott ist —, so wäre Gott nicht gerecht, noch wäre er Gott, was (doch) sein natürliches Sein ist.

In wahrem Gehorsam darf kein „Ich will so oder so oder dies oder das" gefunden werden, sondern vollkommenes Aufgehen des Deinen. Und darum soll es in dem allerbesten Gebet, das der Mensch beten kann, weder heißen „Gib mir diese Tugend oder diese Weise" noch „Ja, Herr, gib mir dich selbst oder ewiges Leben", sondern nur: „Herr, gib nichts, als was du willst, und tue, Herr, was und wie du willst in jeder Weise!" Dies überragt das erste wie der Himmel die Erde, und wenn man das Gebet so verrichtet, so hat man wohl gebetet, wenn man in wahrem Gehorsam sich seiner selbst gänzlich für Gott entäußert hat. Und so wie wahrer Gehorsam kein „Ich will so" kennen soll, so soll auch niemals von ihm vernommen werden: „Ich will nicht", denn „Ich will nicht" ist wahres Gift für jeden Gehorsam. Wie denn St. Augustinus sagt: Den getreuen Diener Gottes gelüstet es nicht, daß man ihm sage oder gebe, was er gern sähe oder hörte, denn sein erstes, höchstes Bestreben ist es, zu hören, was Gott am allerbesten gefällt.

### Vom Nutzen des Lassens, das man innerlich und äußerlich vollziehen soll

Du mußt wissen, daß sich noch nie ein Mensch in diesem Leben so weitgehend gelassen hat, daß er nicht fände, er müsse sich noch mehr lassen. Der Menschen gibt es wenige, die das recht beachten und darin beständig sind. Es ist ein gleichwertiger Tausch und ein gerechter Handel: Soweit du ausgehst aus allen Dingen, so weit — nicht weniger und nicht mehr — geht Gott ein mit all dem Seinen, sofern du dich in allen Dingen des Deinen völlig entäußerst. Damit heb an und laß dich dies alles kosten, was du aufzubringen vermagst, dann findest du wahren Frieden und nirgends sonst.

Die Leute brauchten nicht so viel nachzudenken, was sie tun sollten, sie sollten vielmehr bedenken, was sie sind. Wären nun die Leute und ihre Weise gut, so könnten ihre Werke hell erstrahlen. Bist du gerecht, so sind auch deine Werke gerecht. Nicht gedenke man, Heiligkeit auf ein Tun zu gründen, man soll Heiligkeit vielmehr gründen auf ein Sein. Denn nicht die Werke heiligen uns, sondern wir sollen die Werke heiligen. Wie heilig die Werke immer sein mögen, sie heiligen uns ganz und gar nicht, soweit sie Werke sind, sondern: Soweit wir Sein und Wesen haben, soweit heiligen wir alle unsere Werke, es sei Essen, Schlafen, Wachen oder was es sei. Welches Werk auch immer diejenigen wirken, die nicht großen Seins sind, es wird nichts daraus. Erkenne hieraus, daß man allen Fleiß darauf anwenden soll, gut zu sein, nicht so sehr darauf, was man tue oder welcher Art die Werke seien, sondern wie der Grund der Werke sei.

### Von der Abgeschiedenheit und vom Besitzen Gottes

Ich ward gefragt: manche Leute zögen sich streng von den Menschen zurück und wären gern immerzu allein, und darin läge ihr Friede und (daran), daß sie in der Kirche wären — ob dies das Beste sei? Da sagte ich: Nein. Und gib acht, warum.

Mit wem es recht steht, wahrlich, dem ist's an allen Stätten und unter den Leuten recht. Mit wem es aber unrecht steht, für den ist's an allen Stätten und unter Leuten unrecht. Wer aber recht daran ist, der hat Gott in Wahrheit bei sich; wer aber Gott recht in Wahrheit hat, der hat ihn an allen Stätten und auf der Straße und bei allen Leuten ebenso wohl wie in der Kirche oder in der Einöde oder in der Zelle. Wenn er ihn recht und nur ihn hat, so kann einen solchen Menschen niemand behindern...

Wem aber Gott nicht auf diese Weise wahrhaftig innewohnt, sondern wer Gott beständig in diesem und in jenem von außen her nehmen muß und wer Gott in ungleicher Weise sucht, sei es in Werken oder

unter den Leuten oder an gewissen Stätten, der hat
Gott nicht. Und es mag leicht sein, daß einen solchen
Menschen etwas behindert, denn er hat Gott nicht,
und er sucht ihn nicht, noch liebt, noch erstrebt er ihn
allein. Und darum hindert ihn nicht nur böse Gesellschaft, sondern ihn hindert auch die gute, und nicht
allein die Straße, sondern auch die Kirche, und nicht
allein böse Worte und Werke, sondern auch gute
Worte und Werke. Denn das Hindernis liegt in ihm,
weil Gott in ihm nicht alle Dinge geworden ist. Denn
wäre er ihm das, so wäre ihm an allen Stätten und
bei allen Leuten gar recht und wohl, denn er hätte
Gott, und den könnte ihm niemand nehmen, noch
könnte ihn jemand an seinem Werk hindern.

Woran liegt nun dieses wahre Innehaben Gottes,
daß man ihn wahrhaft besitze?

Dieses wahrhafte Innehaben Gottes liegt am Gemüt
und an einer innigen, geistigen Hinwendung und
Strebung zu Gott, nicht an einem beständigen, gleich-
mäßigen Darandenken, denn das wäre der Natur zu
erstreben unmöglich und sehr schwer und zudem
nicht das Allerbeste. Der Mensch soll sich nicht genügen lassen an einem gedachten Gott, denn wenn der
Gedanke vergeht, so vergeht auch der Gott. Man soll
vielmehr einen wesenhaften Gott haben, der weit
erhaben ist über die Gedanken des Menschen und
alle Kreatur. Dieser Gott vergeht nicht, der Mensch
wende sich denn mit Willen (von ihm) ab.

*Wie die Neigung zur Sünde dem Menschen allezeit frommt*

...Die Neigung zur Sünde ist nicht Sünde, aber
sündigen wollen, das ist Sünde; zürnen wollen, das
ist Sünde. Wahrlich, hätte derjenige, um den es recht
bestellt ist, die Möglichkeit zu wünschen, er würde
nicht wünschen wollen, daß ihm die Neigung zur
Sünde verginge, denn ohne diese stünde der Mensch
unsicher in allen Dingen und in allen seinen Werken
und unbesorgt gegenüber den Dingen und auch ohne
die Ehre des Kampfes, des Sieges und des Lohnes.
Denn der Anstoß und die Erregung durch die Un-

tugend bringen Tugend und Lohn für das Bemühen. Die Neigung nämlich macht den Menschen allewege beflissener, sich kräftig in der Tugend zu üben. Sie treibt ihn mit Macht zur Tugend und ist eine scharfe Geißel, die den Menschen zur Aufmerksamkeit und Tugend antreibt. Denn je schwächer sich der Mensch findet, desto besser muß er sich mit Stärke und Sieg wappnen, liegt doch Tugend wie Untugend im Willen.

*Dies handelt von den Sünden, wie man sich verhalten soll, wenn man sich in Sünden findet*

Wahrlich, Sünde getan haben ist nicht Sünde, wenn sie (uns) leid ist. Nicht soll der Mensch Sünde tun wollen um alles, was in Zeit oder Ewigkeit geschehen kann, weder tödliche noch läßliche noch irgendeine Sünde. Wer recht zu Gott stünde, der sollte sich allewege vor Augen halten, daß der getreue, liebreiche Gott den Menschen aus seinem sündhaften Leben in ein göttliches Leben gebracht und aus seinem Feind zum Freund gemacht hat, was mehr ist, als eine neue Erde zu schaffen. Das wäre einer der stärksten Antriebe, der den Menschen ganz in Gott versetzen würde, und man sollte sich wundern, wie sehr es den Menschen in starker, großer Liebe entzünden müßte derart, daß er sich seiner selbst völlig entäußerte.

Ja, wer recht in den Willen Gottes versetzt wäre, der würde nicht wollen, daß die Sünde, in die er gefallen, nicht geschehen wäre. Freilich nicht im Hinblick darauf, daß sie gegen Gott gerichtet war, sondern sofern du dadurch zu größerer Liebe verbunden und dadurch erniedrigt und gedemütigt bist, also nur deshalb nicht, weil er gegen Gott gehandelt hat. Du sollst aber Gott darin recht vertrauen, daß er dir's nicht hat widerfahren lassen, ohne dein Bestes daraus ziehen zu wollen. Wenn aber der Mensch sich völlig aus den Sünden erhebt und ganz von ihnen abkehrt, dann tut der getreue Gott, als ob der Mensch nie in Sünde gefallen wäre, und will ihn aller seiner Sünden nicht einen Augenblick entgelten lassen. Und wären ihrer auch so viele, wie alle Menschen je zusammen getan, Gott will es ihn nie entgelten lassen. Er könnte mit einem solchen Menschen alle Vertraulichkeit haben, die er mit je einer Kreatur unterhielt. Wenn er ihn jetzt bereit findet, so sieht er nicht an, was vorher gewesen ist. Gott ist ein Gott der Gegenwart. Wie er dich findet, so nimmt und empfängt er dich, nicht als das, was du gewesen, sondern als das, was du jetzt bist. Alle Unbill und alle Schmach, die Gott durch alle Sünden widerfahren könnten, will er gern erleiden und viele Jahre gelitten haben, auf daß der Mensch danach zu einer großen Erkenntnis seiner Liebe komme und damit seine Liebe und Dankbarkeit um so größer und sein Eifer um so feuriger werde, wie das ja natürlicherweise und oft nach den Sünden geschieht.

Darum duldet Gott den Schaden der Sünden gern und hat ihn schon oft geduldet und allermeist über diejenigen Menschen kommen lassen, die er nach seinem Willen dazu ausersehen hat, zu großen Dingen emporzuziehen. Sieh doch: Wer war unserem Herrn jemals lieber und vertrauter als die Apostel? Keinem von ihnen blieb es erspart, in Todsünde zu fallen, alle waren sie Todsünder. Das hat er im Alten und im Neuen Bunde oftmals an denen bewiesen, die ihm nachher weitaus die Liebsten wurden, und auch heute noch erfährt man selten, daß es Menschen zu etwas Großem bringen, ohne daß sie zuvor irgendeinen Fehler begangen hätten. Und damit zielt unser Herr darauf ab, daß wir seine große Barmherzigkeit erkennen und er uns zu wahrer Demut und Andacht mahne. Denn wenn die Reue erneuert wird, wird auch die Liebe stark gemehrt und erneuert werden.

*Von der wahren Buße und vom seligen Leben*

Es dünkt viele Leute, sie müßten große Werke in äußeren Dingen tun wie Fasten, Barfußgehen und dergleichen mehr, was man Bußwerke nennt. Die wahre und allerbeste Buße aber, mit der man kräftig und im höchsten Maße Besserung schafft, besteht darin, daß der Mensch sich gänzlich und vollkommen abkehre von allem, was nicht völlig Gott und göttlich an ihm und an allen Kreaturen ist, und sich gänzlich und vollkommen seinem lieben Gott zukehre in einer so unerschütterlichen Liebe, daß seine Andacht und sein Verlangen zu ihm groß seien. In welchem Werk du davon mehr hast, in dem bist du auch gerechter. Je mehr das zutrifft, um ebensoviel ist die Buße und die Reue echter, und um so mehr Sünden, ja, selbst alle Strafe tilgt sie. Ja, fürwahr, könntest du dich rasch in Kürze so kräftig mit solchem echtem Widerwillen von allen Sünden abkehren und dich ebenso kräftig Gott zuwenden und hättest du alle Sünden getan, die von Adams Zeiten an jemals geschehen sind und hinfort je geschehen werden, es würde dir ganz und gar vergeben mitsamt der Strafe, so daß du, wenn du jetzt stürbest, hinführest vor das Angesicht Gottes.

Dies ist die wahre Buße. Sie gründet sich insbesondere und am vollkommensten auf das kostbare Leiden, auf das vollkommene Bußwerk unseres Herrn Jesu Christi. Je mehr sich der Mensch in es einbildet, um so mehr fallen alle Sünden und Sündenstrafen von ihm ab. Auch soll sich der Mensch gewöhnen, sich in allen seinen Werken allezeit in das Leben und Wirken unseres Herrn Jesu Christi hineinzubilden, in allem seinem Tun und Lassen, Leiden und Leben, und er halte ihn hierbei allezeit vor Augen, so wie er uns vor Augen gehabt hat.

Solche Buße ist ein von allen Dingen fort ganz in Gott erhobenes Gemüt. Und diejenigen Werke, in welchen du das am meisten haben kannst und durch die Werke hast, die tu ganz freimütig. Hindert dich aber ein äußeres Werk daran, es sei Fasten, Wachen, Lesen oder was es sei, so laß freiweg davon ab ohne Besorgnis, daß du damit irgend etwas an Bußwerk versäumst. Denn Gott sieht nicht an, welcher Art die Werke seien, sondern einzig, welcher Art die Liebe und die Andacht und die Gesinnung in den Werken sei. Ihm ist ja nicht so viel an unseren Werken gelegen als vielmehr nur an unserer Gesinnung in allen unseren Werken und daran, daß wir ihn allein in allen Dingen lieben. Denn der Mensch ist allzu habsüchtig, daß er sich an Gott nicht genügen läßt. Alle deine Werke sollen damit belohnt sein, daß dein Gott um sie weiß und daß du ihn damit meinst, das ist dir allezeit genug. Und je unbefangener und einfältiger du ihn im Blick hältst, um so eigentlicher büßen alle deine Werke alle Sünden ab.

Auch magst du daran denken, daß Gott ein allgemeiner Erlöser der ganzen Welt war, und dafür bin ich ihm viel mehr Dank schuldig, als wenn er mich allein erlöst hätte. So sollst du ein allgemeiner Erlöser alles dessen sein, was du durch Sünden an dir verdorben hast. Und mit alledem schmiege dich ganz an ihn, denn du hast mit Sünden alles verdorben, was an dir ist: Herz, Sinne, Leib, Seele, Kräfte und was an und in dir ist, es ist alles ganz krank und verdorben. Darum flieh zu ihm, an dem kein Gebrechen ist, sondern lauter Gutes, auf daß er ein allgemeiner Erlöser für alle deine Verderbnis an dir sei, innen und außen.

*Warum Gott oft gestattet, daß gute Menschen, die wahrhaft gut sind, von ihren guten Werken gehindert werden*

Deshalb läßt der getreue Gott zu, daß seine Freunde oft in Schwachheit fallen, damit ihnen aller Halt abgehe, auf den sie sich lehnen oder stützen könnten. Denn es wäre für einen liebenden Menschen eine große Freude, wenn er viele und große Dinge vermöchte, sei es im Fasten, im Wachen oder in anderen Übungen sowie in sonderlich großen und schweren Dingen. Dies ist ihnen eine große Freude, Stütze und Hoffnung, daß ihnen ihre Werke ein Halt, Stütze oder Verlaß sind. Gerade das aber will unser Herr ihnen wegnehmen und will, daß er allein ihr Halt und Verlaß sei. Und das tut er aus keinem anderen Grunde als aus seiner bloßen Güte und Barmherzigkeit. Denn Gott verlangt zu keinem Werk etwas anderes als seine eigene Güte, unsere Werke tragen nichts dazu bei, daß Gott uns etwas gebe oder tue. Unser Herr will, daß seinen Freunden solche Gesinnung vergehe, und deshalb entzieht er ihnen solchen Halt, auf daß er allein ihr Halt sei. Denn er will ihnen Großes geben und will es rein nur aus seiner freien Güte. Und er soll ihr Halt und Trost sein, sie aber sollen angesichts aller großen Gaben Gottes das reine Nichts an sich finden und erachten. Denn je entblößter und lediger das Gemüt Gott zufällt und von ihm gehalten wird, um so tiefer wird der Mensch in Gott versetzt und um so empfänglicher wird er für Gott in allen seinen kostbarsten Gaben. Denn einzig auf Gott soll der Mensch bauen.

## Die Legende von dem guten Morgen

Meister Eckhart sprach zu einem armen Menschen: „Gott gebe dir einen guten Morgen, Bruder!" — „Herr, den behaltet für euch selber, ich habe noch nie einen bösen gehabt." Er sagte: „Warum denn, Bruder?" — „Weil ich alles, was mir Gott je zu leiden aufgab, fröhlich um seinetwillen litt und mich seiner unwürdig dünkte, und darum ward ich nie traurig noch betrübt." Er sprach: „Wo fandest du Gott zu allererst?" — „Als ich von allen Kreaturen abließ, da fand ich Gott." Er sprach: „Wo hast du denn Gott gelassen, Bruder?" — „In allen lauteren, reinen Herzen." Er sprach: „Was für ein Mann bist du, Bruder?" — „Ich bin ein König." Er sprach: „Worüber?" — „Über mein Fleisch, denn alles, was mein Geist je von Gott begehrte, das zu wirken und zu erleiden war mein Fleisch noch behender und schneller als mein Geist, es aufzunehmen." Er sprach: „Ein König muß ein Königreich haben. Wo ist denn dein Reich, Bruder?" — „In meiner Seele." Er sprach: „Wieso, Bruder?" — „Wenn ich die Pforten meiner fünf Sinne verschlossen habe und ich Gottes mit ganzem Ernst begehre, so finde ich Gott in meiner Seele ebenso strahlend und froh, wie er im ewigen Leben ist." Er sprach: „Du magst wohl heilig sein. Wer hat dich heilig gemacht, Bruder?" — „Das tat mein Stillesitzen und meine hohen Gedanken und meine Vereinigung mit Gott, das hat mich in den Himmel emporgezogen, denn ich konnte nie bei irgend etwas

Ruhe finden, das weniger war als Gott. Nun habe ich ihn gefunden und habe Ruhe und Frieden in ihm ewiglich, und das geht in der Zeitlichkeit über alle Königreiche. Kein äußeres Werk ist so vollkommen, daß es die Innerlichkeit nicht hinderte."

## Johannes Tauler († 1361)

Einen wesentlichen Beitrag zur Verbreitung der mystischen Frömmigkeit leistete der Dominikaner Johannes Tauler dadurch, daß er die Lehre Eckharts ohne ihre für das kirchliche Dogma anstößigen Konsequenzen weitertrug. In einprägsamer, bilderreicher Sprache machte er sie bei den erweckten Kreisen der „Gottesfreunde" in Süddeutschland heimisch. Er lehrte in seiner Vaterstadt Straßburg und in Basel, zeitweise auch in Köln. Noch mehr als bei Meister Eckhart erfährt man bei Tauler von dem Auf und Ab der mystischen Erfahrung, vom Dürsten und Darben und von der beseligenden Trunkenheit und Freude im Geist. Ein Meister der Seelenführung, gibt Tauler in seinen Predigten, von denen rund achtzig erhalten sind, Anweisungen zum geistlichen Leben. Je mehr er dabei ins einzelne geht, desto deutlicher grenzt er sich ab von der Werkfrömmigkeit seiner Kirche. So wendet er sich z. B. gegen die Veräußerlichung des Gebets und ebenso, überzeugt von der Sündhaftigkeit des ganzen Menschen vor Gott, gegen die notwendig oberflächlich bleibende Aufzählung der einzelnen Sünden bei der Beichte. Ganz allgemein bekämpft er „die jüdische Weise" der Werkgerechtigkeit vor Gott. Wohl hält auch Tauler am Gehorsam gegenüber den Anordnungen der heiligen Kirche fest: sie hat sogar das Recht und die Macht, den Gläubigen die Sakramente zu entziehen. Aber der geistliche Genuß des Sakraments bleibt ihnen allemal unbenommen. An den Kern des Verhältnisses zwischen Gott und Mensch kann die Kirche nicht rühren. Der Papst hat keine Gewalt über den Mystiker. Ja, in stolzem Selbstbewußtsein kehrt Tauler gar das Verhältnis um: Nicht die Kirche trägt die Mystiker, sondern um der Mystiker willen hat die Kirche Bestand.

Mittelhochdeutscher Text: Die Predigten Taulers, hg. von *F. Vetter* (1910), 51 ff., 108 f., 324 f.; 155; 274 f.; 64; 255; 258; 265 f; 169 f. Übersetzt unter Heranziehung von: Johannes Tauler, Predigten. Übertragen und hg. von *Dr. G. Hofmann*

(1961), 76 ff.; 183 f.; 255 f; 297; 617 f.; 94 f.; 497 f.; 501 f.;
542; 332.
Lit.: *K. Grunewald*, Studien zu Johannes Taulers Frömmigkeit (1930); *D. Helander*, Johann Tauler als Prediger (1923);
*G. Siedel*, Die Mystik Taulers (1911).

## Aus den Predigten

### Durst nach Gott

... Der heilige David sprach im Psalter: „Recht wie
den Hirsch dürstet nach dem Born des Wassers, so
dürstet, Herr, meine Seele nach dir, o Gott." (Ps. 42, 2.)
So wie der Hirsch heftig von Hunden gejagt wird durch
Wälder und über Berge und von der großen Hitze
großer Durst in ihm erweckt wird und Verlangen nach
Wasser, viel mehr als bei anderen Tieren, wie also
der Hirsch von den Hunden gejagt wird, so auch der
beginnende Mensch von den Versuchungen, sobald er
sich von der Welt abkehrt, und besonders von seinen
starken, großen, groben Gebrechen wird der Mensch
heftig gejagt. Das sind die sieben Hauptsünden, die
jagen ihm nach mit großen, leidenschaftlichen Versuchungen, viel mehr als da er noch in der Welt war.
Da kam die Versuchung unmerklich über ihn, nun aber
wird man ihres Jagens gewahr. So sprach Salomo:
„Mein Sohn, wenn du zum Dienst Gottes herzutrittst,
so mache dein Herz stark gegen die Versuchung." Je
stärker und ungestümer nun dieses Jagen ist, um so
größer sollte auch der Durst, den wir nach Gott haben,
und das Verlangen und das Begehren sein. Nun geschieht es zuweilen, daß der Hunde einer den Hirsch
erreicht und ihm mit den Zähnen in den Leib fährt.
Wenn der Hirsch sich von dem Hund nicht befreien
kann, so schleppt er ihn mit sich bis an einen Baum,
schlägt ihn dann recht heftig dagegen, zerschmettert
ihm den Kopf und wird so seiner ledig. Ebenso sollte
der Mensch verfahren. Wenn er seine Hunde, das heißt
seine Versuchungen, nicht überwinden kann, so soll
er mit großer Hast zum Baum des Kreuzes und des
Leidens unseres Herrn Jesus Christus eilen und einem

solchen Hund, das heißt seiner Versuchung, den Kopf zerschlagen, das heißt: er überwindet da alle Versuchungen und befreit sich gänzlich von ihnen.

Wenn der Hirsch sich nun der großen Hunde erwehrt hat, so kommen die kleinen und laufen unter ihn und zwicken ihn hier und da, und davor hütet sich der Hirsch nicht genug, und doch zerbeißen sie ihn ganz so, daß er davon schwach werden muß. Ebenso geht es dem Menschen. Hat er sich der großen Sünden erwehrt und sie überwunden, so kommen dann die kleinen Hündlein, vor denen er sich nicht hütet, das sind Gespielen oder Kleinode oder die Gesellschaft oder Kurzweil oder menschliche Liebenswürdigkeit, und die reißen ihm hier und da Stücklein aus, das heißt: sie zerstreuen ihm Herz und Innerlichkeit, daß er notwendigerweise schwach wird in allem göttlichem Leben und aller Gnade und Andacht. Aller fromme Ernst und Gottsuchen und heilige Andacht verblassen in ihm. Dies ist ihm oft viel schädlicher als die großen Versuchungen. Vor denen nämlich hütet er sich und hält sie für unrecht, aber der kleinen achtet er nicht. So viel schädlicher sind die Dinge, deren Gefahr man nicht erkennt, als die, deren Gefährlichkeit man erkennt, so ist es auch mit den Umständen, auf die man nicht achten will, wie der Verkehr mit den Gespielen oder Tücher, Kleider, Kleinode.

Wie nun der Hirsch nach jedem Jagen immer mehr erhitzt wird und sein Durst wächst und zunimmt, so sollte in Wahrheit der Mensch von jeder Versuchung immer mehr erhitzt und in wahrem Durst zu Gott hingerissen werden, wo er nichts fände als Wahrheit, Frieden, Gerechtigkeit und Trost.

Wenn der Hirsch nun zu durstig und müde ist, so füttern zuweilen die Jäger die Hunde ein wenig und halten sie zurück, wenn sie des Hirschen in dem Gehege sicher sind; sie lassen ihn sich eine kleine Weile abkühlen, und er wird dann ziemlich gestärkt und kann dann das Jagen ein zweites Mal um so besser aushalten. Ebenso verfährt unser Herr: Sobald er sieht, daß die Versuchungen und das Jagen zu viel und zu schwer werden, so hält er beide ein wenig auf, und der Mensch erhält einen Tropfen in den Mund seines Herzens, einen Geschmack der Süßigkeit göttlicher Dinge. Das stärkt ihn so, daß ihm alle Dinge, die nicht Gottes sind, nicht mehr zusagen, und ihn dünkt, er habe alle seine Not überwunden. Das ist aber nur die Stärkung für ein neues Jagen, und wenn er es am allerwenigsten vermutet, sind ihm die Hunde am Halse und stellen ihm mehr nach denn zuvor, aber er ist nun gestärkt und vermag viel mehr als zuvor.

Aber dies tut Gott aus wunderbarer Treue und großer Liebe, daß er die Jagd über den Menschen kommen läßt, denn durch diese Jagd wird der Hirsch von Rechts wegen zu Gott gejagt, und Durst wird in ihm rege nach dem, in welchem aller Friede und alle Wahrheit und ganzer Trost in Wahrheit ist. Das tut er, damit dem Menschen der Trunk, der ihm den Durst stillt, um so süßer und lieblicher und lustvoller hier in der Zeit und später in der Ewigkeit sei. Dort wird man aus dem allersüßesten Brunnen trinken mit vollem Munde, aus seinem eigenen Ursprung und Gottes väterlichem Herzen und hier zu solchem Trost, daß ihm, dem Menschen, alle Dinge klein werden und er alle Mühen um Gottes willen zu tragen vermag.

Wenn so der Hirsch alle Hunde überwunden hat und ans Wasser kommt, so beugt er sich mit dem Munde völlig ins Wasser und trinkt mit vollen Zügen, soviel er nur kann. So tut es auch der Mensch, sobald er sich mit unseres Herrn Hilfe von der ganzen Schar großer und kleiner Hunde befreit hat und aufrichtigen Sinnes mit diesem Durst zu Gott kommt. Was soll er dann tun? So viel des göttlichen Trankes in sich ziehen und mit vollem Munde trinken, daß er ganz trunken werde und Gottes so voll, daß er in Wonne und Überfluß seiner selbst vergißt. Ihn dünkt dann, er könne Wunder wirken. Er glaubt, er könne unversehrt und fröhlich durch Feuer, Wasser und tausend Schwerter gehen, ja, der Spitze des Schwertes trotzen. Er fürchtet weder Leben noch Tod, Lieb und Leid ist ihm gleich. Das kommt davon, daß solche Menschen trunken geworden sind, dies nennt man jubilieren. Zuweilen schreien, zuweilen lachen oder singen sie.

Dann kommen die vernünftigen Leute, die nichts davon wissen, welche Wunder und Werke der Heilige Geist mit den Seinen wirkt, denn sie haben oder verstehen nichts, als was die Natur ihnen gibt. „Gott behüte!" sagen diese, „was seid ihr so unbesonnen und ungestüm?" Gott tut, daß sie so trunken sind, doch davon wissen diese nichts. Hernach kommen sie in eine unaussprechliche Freude, daß ihnen alle Dinge Wonne und Freude sind. Wie es ihnen auch gehe, was man ihnen auch tue, stets sind sie in wahrem Frieden und in wahrer Freude, denn der Liebesbrand liegt in ihnen und glimmt und glüht und verzehrt alles Wasser, das in ihnen ist, so läßt sie das Feuer in Freude und Wonne aufwallen . . .

### *Anfechtung, Umkehr, Gelassenheit*

. . . Dann kommt die fünfte Gabe: der Rat. Und dieser Gabe bedarf der Mensch gar sehr, denn Gott wird ihm nun alles nehmen, was er ihm zuvor gab, und will ihn ganz auf seine eigene Kraft verweisen und will sehen, und auch der Mensch soll es sehen, was und welcher Art er sei und wie er sich in dieser neuen Prüfung verhalte. Hier wird er bis ins letzte sich selbst überlassen derart, daß er weder von Gott noch von Gnade noch Trost noch von allem, was er oder irgendein guter Mensch je erwarb, weiß. Dies alles wird ihm hier gänzlich verborgen und genommen. In diesem Zustand ist dem Menschen jene Gabe sehr nötig, damit er sich auf Grund dieses Rates so verhalte, wie Gott von ihm will. Und mit Hilfe dieses Rates lernt der Mensch Gelassenheit und Sterben und Ergebenheit in die furchtbaren, geheimnisvollen Urteile Gottes, die ihm in schmerzvoller Weise das edle, lautere Gut entziehen, daran all sein Heil, seine Freude und sein Trost liegt.

Der Mensch ist dann seiner selbst entblößt in völliger und wahrer Gottergebenheit und versinkt in den göttlichen Willen, in dieser Armut und Entblößung zu verweilen nicht etwa eine Woche oder einen Monat, sondern, wenn Gott will, tausend Jahre oder ewiglich oder, falls Gott ihn auf ewig in die Hölle verwiese, in ewiger Pein, daß er selbst dann von Grund aus sich lassen kann. Das, Kinder, wäre Gelassenheit! Es wäre ein Geringes und nichts dagegen, daß man tausend Welten verlöre, wiederum war es ein Geringes und nichts dagegen, daß die Heiligen ihr Leben ließen, denn sie besaßen Gottes Trost im Innern, so groß, daß sie es für ein Spiel ansahen und fröhlich starben mit Wonne. Und doch war es ein Nichts dagegen: vielmehr Gottes entbehren und darben, das ist weit über alle Dinge.

Und dann stehen im Menschen auch noch dazu alles Unglück, alle Versuchung, alles Gebrechen auf, die zuvor überwunden waren, die fechten ihn nun an, und zwar in der allerschwersten Weise, viel schlimmer als zu der Zeit, da man mitten darin war. Hierin nun läßt sich der Mensch und leidet es so lange, wie Gott will, denn wird der Mensch sich selbst überlassen, so bleibt er keine Stunde bei sich selbst, da ist bald dies, bald das, bald etwas so oder anders; so aber muß er alles erdulden und sich darin lassen bis zum Grunde. Warum, glaubt ihr, wurde zu Sankt Peter gesagt, er solle siebenmal siebzigmal vergeben? Weil (der Mensch), sich selbst überlassen, so schwach ist. Nicht allein siebenmal siebzigmal, sondern tausendmal, ohne Zahl, Nacht und Tag, wird ihm vergeben, sooft er sich zu Gott wendet und seinen Fall bekennt. Das ist ein edel, gut Ding, wenn man seine Schwäche bekennt und stets wieder zu Gott kommt. Hierin, Kinder, wie in allem muß man sich lassen, dem Rat folgen, auf alles verzichten, alles überwinden und in den Ursprung zurückkehren, in den Grund und in Gottes Willen ...

... Der böse Feind redet dem Menschen mancherlei ein: „Ach", denkt der Mensch dann, „hättest du doch einen Beichtvater! Mir ist dies und das eingefallen. Ach, wie steht es mit dir!" Nein, liebes Kind, von solchen Einreden weiß ich gar wohl. Aber ich sage dir: Ist dir etwas eingefallen, so laß es auch wieder ausfallen und sei zufrieden und kehre dein Herz zu Gott, schenke solchen beunruhigenden Gedanken keine Aufmerksamkeit, sprich nicht mit ihnen, laß sie fallen! Mancherlei Bedrängnis wird dir kommen, in die der Feind dich bringt, das kommt alles von ungeordneter Traurigkeit. Schließlich bringt der Feind den Menschen in Verzweiflung und sagt: „Es ist alles verloren!" Was soll der Mensch dann tun? Er soll all seine Sorge auf Gott legen. Wirf deinen Anker in Gott! Ist man auf Schiffen in Not und glaubt sich verloren, so wirft man den Anker in den Rhein auf den Grund, so erwehren sie sich. Ebenso, wenn der Feind den Menschen mit schweren Versuchungen angreift, es sei innen oder außen, so lasse der Mensch alle Dinge, nehme den Anker und werfe ihn allzumal in den Grund: das ist ganzes, volles Vertrauen und Hoffen auf Gott ... Unter Vertrauen versteht man, daß der Mensch aus dem Grunde der wahren Demut und Liebe sein Unvermögen erkenne und falle mit rechter Bescheidung in die Hilfe Gottes. Und das tu mit wahrer, ganzer Abkehr, denn einen fröhlichen Auf-geber hat Gott lieb. Solltest du dem nicht ganz vertrauen, der dir so unendlich viel und großes Gutes getan hat? Noch ehe du Mensch wurdest, erkannte er deine Schwäche; er wußte, du würdest sündigen, und fand im voraus die Art, mit der du deine Sünde auslöschen solltest: mit seinem kostbaren Tod, ganz abgesehen von den unzähligen Guten, das er dir alle Tage und alle Stunden und ohne Unterlaß tut. Kehre dich gänzlich ab und zu ihm ...

### Vom rechten Beten und Beichten

... Ihr Lieben! Alles, was wir unser eigen nennen, haben wir doch von Gott. Das Geringste ist, all das, was wir empfangen haben, wieder zu ihm hinaufzutragen mit einem nach innen gewandten Blick und einem Geist, der ungeteilt und eins ist. Und so soll der Mensch alle seine äußeren und inneren Kräfte anspannen und sie alle zu Gott hinauftragen.

Das ist die rechte Weise des wahren Gebets. Glaubt doch nicht, das wahre Gebet bestehe darin, daß man viel außen mit dem Mund plappert, viele Psalmen und Vigilien[1] betet, den Rosenkranz durch die Finger gleiten und die Gedanken hier und dorthin laufen läßt! Wisset wahrlich: Alle die Gebete oder Werke, die euch am Gebet aus einem Sinn hindern, die laßt kühnlich beiseite, es sei oder heiße wie immer oder wie groß und gut es scheine, außer dem Tagesgebet bei denen, die es auf Anordnung der heiligen Kirche zu beten verpflichtet sind! Von diesem abgesehen, laß entschlossen alles fahren, was dich an dem wahren und wesentlichen Gebet hindert.

Kinder, ich rate euch und mahne und bitte euch, daß ihr es lernt, Gott innerlich und lauter alle euere Gebrechen zu beichten und euch vor ihm von Grund aus schuldig zu bekennen, und daß ihr euere Fehler vor ihm innerlich mit schmerzlicher und tiefer Reue erwäget und nicht danach trachtet, äußerlich lange zu beichten und viele verschiedene Einzelheiten von eueren täglichen Verfehlungen zu erzählen. Denn das, Kinder, bringt euch wenig Fortschritt, und ihr nehmt den Beichtigern ihre kostbare Zeit und macht ihnen Verdruß und Unlust.

Kinder, von diesem vielen Reden fallen die Gebrechen nicht ab. Und wie ich es oft genug gesagt habe: Die Beichtiger haben keine Gewalt über die Fehler, ja, kein Priester hat sie. Kehret euch in euch selbst und erkennet euch selbst! Denn dieses äußere Hersagen ohne das innere bringt wenig Frucht, wenn es sich um Dinge handelt, die keine Todsünden sind, und es ist das Kennzeichen für den Unfleiß des inneren Beichtens eines Menschen. Denn wo die innere Wahrheit ist, da erlöschen die täglichen Zufälle so gründlich von innen, daß man kaum einen oder vielleicht gar keinen mit bestimmten Worten bezeichnen könnte. Und alles ginge ganz gut, wenn es mit Gott so verrichtet wäre. Das betrifft alles die täglichen Sünden. Vor Todsünden bewahre euch Gott!

Kinder, die innere Selbsterkenntnis des Menschen tut not, denn der Mensch hat gar manche Haut in sich, die ihm den Grund bedeckt und ihn überwachsen haben, so daß er sich selbst die Wahrheit zudeckt und sie ihm unbekannt bleibt und er es selbst nicht weiß und kennt. So viele andere Dinge kennt er, sich selbst aber nicht. Wohl dreißig oder vierzig Häute und Felle sind da, so dick und hart wie eine Ochsenstirn. Das ist ganz wie bei der Gerberlohe, die ganz voll saurer Häute ist, eine unter der anderen bis auf den Grund. Das könnt ihr durch die Beichte nicht loswerden, wie ihr meint. Was sind diese Felle? Das sind alles die Dinge, bei denen du dich und das Deine im Auge hast und liebst und meinst und suchst und brauchst, all das, dessen wahre Ursache und Ziel nicht Gott ist. Das sind alles Abgötter, die Bilder der Dinge, Eigenlust und Eigenwille, Vergnügen der Sinne in der Natur: die besitzt der Mensch, so wie Frau Sarah, die sich auf die Götterbilder setzte. Das ist Vermessenheit, Ungelassenheit, Unachtsamkeit und Unfleiß in allen göttlichen Dingen. Diese sind die Ursache aller dieser Felle. Das sollen wir nicht alles beichten, aber der Mensch soll dies innerlich wahrnehmen und demütig vor Gott bekennen und vor seinen göttlichen Füßen niederfallen. Wenn sich der Mensch in solcher Weise ganz und gar schuldig bekennt und sich mit allem Fleiß davon abkehren will, soweit er das mit der Hilfe des Herrn vermag, dann wird alles gut.

### Gnade, nicht Werke

... Und er wird dir die Übungen der Heiden geben, die weder Vorschrift noch Heiligkeit noch Gesetze kannten, außer daß sie empfingen Gnade um Gnade ohne jegliches Verdienst, die Juden aber verließen sich auf ihr eigenes Tun, sie hatten ihre Zeremonien und die Gebote und das Gesetz und vielerlei, die Heiden aber hatten keinen festen Halt, auf den sie hätten bauen können, als nur auf Gottes Gnade und nur auf seine Barmherzigkeit. Siehe, so soll auch deine Übung sein, daß du dich an nichts hältst als an die Gnade Gottes allein und an die Barmherzigkeit

99

Gottes und von Gottes Güte allein Gnade um Gnade empfängst und begehrst und nicht wissest von deiner Bereitung und Würdigkeit.

Aber gar viele Leute haben diese jüdische Weise. Sie stehen auf ihren eigenen Werken, die wollen sie stets zur Stütze nehmen, und haben sie ihre Werke nicht getan, so ist alles für sie verloren; sie wagen weder Gott noch sonst jemand zu glauben noch zu Gott zu kommen. Sie bauen heimlich auf ihre Werke und auf ihr eigenes Tun und nicht ausschließlich auf Gott. Ich meine damit nicht, daß man gute Übungen etwa unterlassen solle. Man soll sich allezeit üben, aber man soll nichts darauf bauen noch sich darauf stützen. Solche Leute stützen sich sehr darauf, daß sie härene Hemden und Harnische getragen und so viel gefastet, gewacht und gebetet und vierzig Jahre in Armut gelebt haben, und alle diese Übungen sind ihnen so viel wie ein Zugang zu Gott. Ohne diese wären sie nicht so sorglos und kühn. Hätte man aller Menschen Werke, die je getan würden, vollbracht, so müßte man der eigenen Werke so frei und ledig sein in dem Grunde und sich verhalten wie diejenigen, welche nie ein gutes Werk getan haben, weder klein noch groß, so daß man dann alles dessen so bloß und ledig ist, wie mein Finger bloß ist, und man dürfte nichts darin sehen als Gnade um Gnade und allein die Barmherzigkeit Gottes, ohne alle Stütze eigenen Vertrauens auf diese Bereitung, das ist die Hoffnung der Heiden, und „du wirst mich Vater nennen und wirst nicht aufhören, bei mir einzukehren" (Jer. 3, 19).

Daß uns dies allen zuteil werde, dazu helfe uns Gott. Amen.

### Vom Gehorsam gegen die Kirche

Versteht mich recht! Was ich von mir sage, das gilt von allen Menschen. Ich habe von Gottes Gnade und von der heiligen Kirche meinen Orden empfangen, diese Kutte und dieses Gewand, mein Priestertum und den Auftrag, zu lehren und Beichte zu hören. Käme es nun so, daß der Papst mir dies nehmen wollte und die heilige Kirche, von der ich es habe, so sollte ich, wäre ich ein gelassener Mensch, ihnen alles miteinander überlassen und nicht fragen, warum sie es mir nehmen. Ich sollte, könnte ich ihn haben, einen grauen Rock antun, niemals mehr bei meinen Brüdern im Kloster sein, es verlassen, nie mehr Priester sein noch Beichte hören noch predigen, alles in Gottes Namen, so sei nichts mehr, denn sie haben es mir gegeben und können es mir auch nehmen. Ich habe sie nicht zu fragen, warum, sofern ich nicht ein Ketzer heißen oder in den Bann getan werden wollte.

Wollte mir aber sonst jemand eines dieser Dinge nehmen, so sollte ich, wäre ich ein recht gelassener Mensch, eher den Tod erwählen als es mir nehmen lassen. Auch wenn uns die heilige Kirche äußerlich das heilige Sakrament nehmen wollte, so sollten wir uns darein ergeben. Aber es auf geistliche Weise zu empfangen, das kann uns niemand nehmen. Alles, was die heilige Kirche uns gegeben hat, kann sie uns wieder nehmen. Und das alles sollte gelassen sein ohne Murren oder Widerspruch ...

... Der Weg, der zu diesem Ziel bringt, muß über das anbetungswürdige Leben und Leiden unseres Herrn Jesu Christi führen, denn er ist der Weg, und er ist es, durch den man gehen soll. Und er ist die Wahrheit, die auf diesem Wege leuchten soll. Und er ist das Leben, zu dem man kommen soll. Er ist die Tür, und wer durch eine andere Tür eintreten will, ist ein Mörder. Durch diese liebliche Tür soll man eingehen, indem man die Natur durchbricht und in Übung der Tugend mit Demut, mit Sanftmut und mit Geduld. Und wisset in der Wahrheit: Wer diesen Weg nicht so geht, geht schließlich irre. Gott geht vor den Leuten her, die diesen Weg nicht einschlagen, ja, er geht mitten durch sie hindurch, aber sie bleiben dennoch blind.

Über die jedoch, die diesen Weg gehen, hat der Papst keine Gewalt, denn Gott selbst hat sie freigesprochen. Sankt Paulus sagt: „Die von dem Geist

Gottes getrieben oder geführt werden, sind unter keinem Gesetz..." Das sind selige Menschen! Wo immer man sie findet, soll man sie loben. Aber ich fürchte, daß sie sehr dünn gesät sind.

...Früher marterten die Heiden und die Juden heilige Menschen, jetzt werden dich, liebes Kind, diejenigen martern, die sehr heilig scheinen, viel Aufsehen erregen und viel mehr Werke tun als du. Das geht bis ins Mark, wenn sie sagen, du hättest unrecht, sie aber haben viel gesehen und die großen Prediger gehört und wissen wohl Bescheid. Ach, da weißt du nicht, was tun oder wohin dich wenden. Trag das geduldig und sei gelassen und beuge dich, schweig stille und sprich bei dir: „Lieber Herr, du weißt, ich meine nichts als dich." Diese Leute wollen einen jeden Orden nach ihrem Kopf und wollen alle auf einen Punkt treiben, und das kann nicht sein. Jedes muß seine Weise haben, und wie es berufen ist, so muß es kommen. So werden wir alle erneuert werden in Heiligkeit, in Wahrheit und in Gerechtigkeit.

Kinder, alle unsere Heiligkeit und Gerechtigkeit ist allzumal nichts. Und unsere Gerechtigkeit ist eine Ungerechtigkeit, eine Unreinheit und ein zweckloses Ding, das man nicht vor die Augen zu nehmen wagt. Aber, Kinder, es muß sein in seiner Gerechtigkeit und Heiligkeit, nicht auf irgendeine unserer Weisen, nicht nach unseren Worten oder nach irgend etwas des Unseren, sondern in ihm. Daß wir nun doch alle zu Grund in ihn versinken und zerfließen, daß wir in Wahrheit in ihm erneuert, daß wir in ihm gefunden werden, dazu möge er uns helfen! Amen.

...Das sind die, welche Gott in der Zeit für alle ihre Mühsal entschädigt, und sie haben einen wahren Vorgeschmack dessen, was sie ewiglich genießen sollen. Diese sind es, auf denen die heilige Kirche beruht, und wären sie in der heiligen Kirche nicht vorhanden, so hätte die Christenheit keine Stunde Bestand. Denn ihr Dasein, allein ihr Dasein, ist etwas viel Köstlicheres und Nützlicheres als alles Tun der Welt. Sie sind es, von denen der Herr sprach: „Wer sie angreift, greift mir in den Augapfel" (Sach. 2, 12). Darum hütet euch, daß ihr ihnen kein Unrecht tut!

¹ Gebete zur Nachtzeit.

## Theologia Deutsch

Diese mystische Schrift aus dem Ende des 14. oder Anfang des 15. Jahrhunderts, deren Verfasser bis heute nicht eindeutig ermittelt werden konnte, läßt sich als kleine Summe der deutschen Mystik bezeichnen. Sie gibt wesentliche Gedanken der großen Mystiker wieder, dies jedoch nicht in geistloser Kompilation, sondern auf durchaus selbständige Weise und in der besonderen Abgrenzung gegen „die freien Geister", welche die Vergottung als Dauerzustand im Diesseits vorwegzunehmen meinten. In der Frontstellung gegen ihren Vollkommenheitswahn treten die Erkenntnisse der wahren mystischen Frömmigkeit besonders deutlich hervor. Die spekulativen neuplatonischen Elemente sind hier noch einmal lebendig entwickelt. Zugleich wird die *unio mystica* aber nicht so sehr als Vereinigung des göttlichen und des menschlichen Wesens, sondern vielmehr als Ergebung des menschlichen Willens in den göttlichen Willen gefaßt. Die „Anmaßung", der Eigenwille des Menschen, ist die Sünde schlechthin. Die Sehnsucht des Mystikers nach Gott und sein Schweben jenseits von Furcht und Hoffnung werden eindrucksvoll beschrieben. Christus gilt als das Urbild und Muster der mystischen Existenz. Aber so wenig wie Christus das Gesetz verachtet hat, darf der Mystiker es verachten. Er erfüllt es vielmehr aus Liebe, obgleich er weiß, daß die Seligkeit daran nicht liegt. Wieder ist von der Kirche und ihren Ämtern und Sakramenten gar nicht oder nur dann die Rede, wenn an dem Christentum der „Löhner" Kritik geübt wird, die um Lohnes willen, nicht aber aus Liebe zu Gott fromm sind.

Luther war es, der „diß edle Buchlein" zum erstenmal in Druck gab (1516 und 1518). In seiner Vorrede nannte er es in einem Atemzug mit seinen höchsten Autoritäten: „Und daß ich nach meynem alten narren rüme, ist myr nechst der Biblien und Sankt Augustinus nyt vorkummen eyn buch, darauß ich mehr erlernet hab und will, was got, Christus, mensch und alle dyng seyn." Daß er in seiner Begeisterung die Aussagen der Theologia Deutsch mit seiner eigenen Erfahrung füllte und umdeutete, steht außer Zweifel. Den Weg, den ihm die Mystik — neben Tauler insbesondere die Theologia Deutsch — bereitet hatte, sollte er schon bald wieder verlassen. Nach ihm betraten ihn die Spiritualisten unter den Anhängern der Reformation. Sie waren die eigentlichen Erben der mittelalterlichen Mystik. Bei ihnen erfreute sich die Theologia Deutsch höchster Wertschätzung und weiter Verbreitung.

Übersetzung aus: Eyn deutsch Theologia, hg. von *Martin Luther* (1518), Kapitel 2, 3, 9, 10, 17, 24, 25, 37, 40.

Lit.: (Bibliographie) *G. Baring,* Bibliographie der Ausgaben der „Theologia deutsch" (1963). — *G. Siedel,* Theologia deutsch (1929).

### Das Wesen der Sünde ist Anmaßung

Die Schrift, der Glaube und die Wahrheit spricht, Sünde sei nichts anderes, als daß sich die Kreatur abkehrt von dem unwandelbaren Gut und sich kehrt zu dem wandelbaren, das ist, daß sie sich kehrt von dem Vollkommenen zu dem Geteilten und Unvollkommenen und allermeist zu sich selber. Nun merke: Wenn die Kreatur sich selbst etwas Gutes anmaßt wie z. B. Wesen, Leben, Erkennen, Vermögen und kurz: alles das, was man gut nennen soll, so als ob sie das sei oder habe, so kehrt sie sich ab. Was tat der Teufel anderes, oder was war sein Abkehren oder sein Fall anderes, als daß er sich anmaßte, er wäre auch etwas und wollte etwas sein und etwas wäre sein und ihm gehöre auch etwas zu? Diese Anmaßung und sein Ich und sein Mich und sein Mir und sein Mein, das war seine Abkehr und sein Fall. So ist es noch immer.

Was tat Adam anderes als eben das? Man sagt: Darum, daß Adam den Apfel aß, wäre er verloren oder gefallen. Ich sage: Es kam von seiner Anmaßung und von seinem Ich, Mein, Mir, Mich und dergleichen. Hätte er sieben Äpfel gegessen und wäre die Anmaßung nicht gewesen, er wäre nicht gefallen. Aber als die Anmaßung geschah, da war er gefallen und hätte er nie in einen Apfel gebissen...

Man soll merken und wissen in ganzer Wahrheit, daß alle Tugend und Gutes und auch das Gute, das Gott selber ist, den Menschen und die Seele nimmer tugendsam, gut oder selig machen, solange es außerhalb der Seele ist. In gleicher Weise verhält es sich auch mit der Sünde oder Bosheit. Darum, wiewohl es gut ist, daß man fragt und erfährt und es auch erkannt wird, was gute und heilige Menschen getan und gelitten haben oder wie sie gelebt haben und auch, was Gott in ihnen und durch sie gewirkt und gewollt habe — so wäre es doch hundertfältig besser, daß der Mensch erführe und erkennte, was und wie sein eigen Leben wäre, und auch, was Gott in ihm wäre und wollte und wirkte und wozu ihn Gott gebrauchen wollte oder nicht. Darum ist es auch noch wahr, wenn man spricht: „Es ward nie ein Ausgang so gut, Innenbleiben wäre besser. [1]" Auch muß man wissen, daß die ewige Seligkeit allein daran liegt und an nichts anderem! Und soll der Mensch oder die Seele selig sein oder werden, so will und muß das eine allein in der Seele sein. Nun könnte man fragen: Was ist aber dies eine? Ich spreche: Es ist gut oder gut geworden und doch weder dies noch jenes Gute, was man nennen, erkennen oder zeigen kann, sondern alles und über alles. Auch braucht es nicht in die Seele kommen, denn es ist bereits darinnen. Es ist aber unerkannt. Wenn man spricht, man soll zu ihm kommen oder es soll in die Seele kommen, so ist das ebensoviel wie: man soll es suchen, empfinden und schmecken und, da es nun eines ist, so ist auch besser Einigkeit und Einfältigkeit als Mannigfaltigkeit. Denn Seligkeit liegt nicht am vielen oder an der Vielheit, sondern an Einem und an der Einheit. Auch liegt Seligkeit, kurz gesagt, an keiner Kreatur oder keiner Kreaturen Werk, sondern allein an Gott und an seinen Werken. Darum sollte ich allein Gottes und seines Werkes warten und alle Kreatur mit allen ihren Werken lassen und vor allem mich selber. Auch alle die Werke und Wunder, die Gott je gewirkt hat, oder noch immer in oder durch alle Kreaturen wirken kann, oder auch Gott selber mit aller seiner Güte: Soweit es außerhalb meiner ist und geschieht, macht es mich nicht selig, sondern soviel es in mir ist und geschieht und erkannt und liebgehabt wird und empfunden und geschmeckt wird.

Nun soll man merken: Wo mit dem wahren Licht erleuchtete Menschen sind, die erkennen, daß alles, was sie begehren oder erwählen könnten, nichts ist gegenüber dem, was von allen Kreaturen, soweit sie Kreaturen sind, je begehrt oder erwählt und erkannt ward. Darum lassen sie alles Begehren und Erwählen und befehlen und überlassen sich und alle Dinge dem ewigen Gut. Dennoch bleibt in ihnen ein Begehren, ihnen selbst zum Fortschritt und zur Annäherung an das ewige Gut, das ist: zu einer näheren Erkenntnis und heißer Liebe und klarem Wohlgefallen und völliger Untertänigkeit und Gehorsam dermaßen, daß ein jeglicher erleuchteter Mensch sprechen kann: „Ich wäre gern dem ewigen Gut, was dem Menschen seine Hand ist." Und allezeit fürchten sie, daß sie dem nicht genügen, und begehren auch aller Menschen Seligkeit. Doch dieses Begehren stehen sie ledig und maßen es sich nicht an. Denn diese Menschen erkennen wohl, daß dieses Begehren nicht aus dem Menschen stammt, sondern aus der ewigen Güte, denn alles, was gut ist, das soll sich niemand anmaßen, sondern es gehört allein dem ewigen Gut zu. Auch stehen diese Menschen in einer Freiheit, daß sie die Furcht der Pein oder Hölle und auch die Hoffnung des Lohnes oder des Himmelreichs verloren haben, vielmehr leben sie in lauter Untertänigkeit und Gehorsam der ewigen Güte aus einer freien Liebe. Das ist in Christo gewesen in Vollkommenheit und in seinen Nachfolgern, in dem einen mehr, in dem anderen minder ...

### Selbstverleugnung

Niemand denke, daß er zu diesem wahren Licht und wahrer Erkenntnis komme oder zum Christusleben mit viel Fragen oder von Hörensagen oder mit

Lesen oder Studieren noch mit großen, hohen Künsten und mit Meisterschaft oder mit hoher natürlicher Vernunft. Ich spreche vielmehr: Solange der Mensch etwas hochschätzt oder etwas in seiner Liebe oder Meinung oder in Begierde oder Sucht treibt oder zu Händen hat, was dies oder das ist, es sei der Mensch selber oder sei, was es sei, so kommt er hierzu nicht. Das hat Christus selber gesagt. Er spricht: „Willst du mir nachgehen, so verleugne dich selbst und folge mir nach. Und wer nicht sich selbst und alles verleugnet und verläßt und verliert, der ist mein nicht würdig noch kann er mein Jünger sein." Das bedeutet: Wer nicht alle Dinge läßt und verliert, der kann mich in Wahrheit nimmer erkennen noch zu meinem Leben kommen. Und wäre dies durch Menschenmund nie gesprochen, so spricht es die Wahrheit in sich selber. Denn es ist in der Wahrheit also. Aber weil der Mensch die Teile und die Stücke und am allermeisten sich selber liebhat und damit umgeht und davon hält, so ist er und wird er so blind, daß er von keinem anderen Guten weiß, als was ihm und dem Seinen am allernützlichsten und allerbequemsten und allerlustigsten ist: das hält er für das Beste und ist ihm das Liebste.

Danach soll man merken: Wenn man spricht und auch Christus selber spricht, man solle alle Dinge lassen und verlieren, so soll man das nicht so verstehen, als solle der Mensch nichts tun oder in Händen haben, denn der Mensch muß etwas tun und zu beschicken haben, solange er lebt. Vielmehr soll man es so verstehen, daß alles Vermögen, Tun und Lassen und Wissen des Menschen und auch aller Kreaturen ist nicht das, woran die Vereinigung liegt. Was ist nun die Einigung? Nichts anderes, als daß man lauter und einfältig und gänzlich in der Wahrheit mit dem einfältigen, ewigen Willen Gottes im Einklang sei oder überhaupt ohne Willen sei und daß der geschaffene Wille in den ewigen Willen geflossen und darin verschmolzen und zunichte geworden sei, so daß der ewige Wille allein daselbst wolle, tue und lasse ...

... Auch wird in dieser geistlichen Armut und Demut verstanden und gefunden, daß die Menschen allzumal auf sich selber zugehen und zu Untugend und Bosheit geneigt und zugekehrt sind. Darum ist nötig und nützlich, daß Ordnung und Weisung und Gesetz und Gebote vorhanden sind, damit die Blindheit dadurch gelehret und die Bosheit zur Ordnung gezwungen werde, und wäre das nicht, die Menschen würden viel böser und unordentlicher denn Hunde oder andere Tiere. Auch wird mancher Mensch durch diese Weisung und Ordnung zur Wahrheit gezogen und gekehrt, was sonst nicht geschähe. Auch sind wenige Menschen zur Wahrheit gelangt, sie haben denn zuvor Ordnung und Weisung angefangen und sich darin geübt, solange sie nichts anderes oder Besseres wußten. Siehe, darum werden Gesetze und Gebote und Ordnung und Weisungen in der demütigen Geistlichkeit und in geistlicher Armut nicht verschmäht noch verspottet, noch auch die Menschen, die damit umgehen und sie handhaben, sondern da wird in einer liebhabenden Erbarmung und in einem klagenden Jammer und Mitleid gesprochen: „Gott und Wahrheit, dir sei's geklagt, und du klagst es selber, daß menschliche Blindheit und Gebrechen und Bosheit es machten, daß dasjenige nötig ist und sein muß, was in Wahrheit nicht nötig ist noch sein sollte." Und es ist eine Begierde, daß diejenigen Menschen, die nichts Besseres oder anderes wissen, zur Wahrheit gelangen, so daß sie wissen und erkennen, warum alle Gesetze und Ordnungen sind und geschehen. Und man greift es an mit den anderen, die nichts Besseres noch anderes wissen, und übt es mit ihnen, auf daß man sie dabei behalte, daß sie sich nicht zu bösen Dingen kehren, vielmehr, daß man sie könnte zu einem Näheren bringen. Siehe, alles was hier zuvor von Armut und Demut gesagt ist, das ist in Wahrheit also, und man bewährt und bezeugt es mit dem Leben Christi und mit seinen Worten. Denn er hat alle Werke der wahren Demut geübt und vollbracht, wie man in seinem Leben findet, und mit Worten spricht er es aus: „Lernet von mir, daß ich gütig bin und eines demütigen Herzens." Er hat auch das Gesetz und die Satzungen nicht versäumt noch verschmäht, noch die Menschen im Gesetz. Er spricht freilich, es wäre daran nicht genug, man solle weiter kommen! — wie es in Wahrheit ist. Es ist auch von Sankt Paulus geschrieben: „Christus nahm das Gesetz auf sich, auf daß er die, so unter dem Gesetz waren, erlöste", das meinte er so: daß er sie zu einem Näheren und Besseren möchte bringen. Auch sprach er: „Ich bin nicht gekommen, daß man mir diene, sondern ich soll dienen." Kurzum: in Christi Worten und Werken und Leben findet man nichts als wahre, lautere Demut und Armut...

Man spricht, und es ist wahr: Gott ist über und ohne alle Weisung und Maß und Ordnung und gibt allen Dingen Weisung, Ordnung, Maß und Vernunft. Das soll man so verstehen: Gott will das alles haben und kann es für sich selbst, ohne Kreatur, nicht haben. Denn ohne Kreatur ist in Gott weder Ordnung noch Unordnung, Weisung oder nicht Weisung und dergleichen. Darum will er es haben, daß es sein und geschehen soll und kann. Denn wo Wort, Werk und Wandlung ist, da muß es geschehen entweder in Ordnung, Weise, Maß und Vernünftigkeit oder in Unordnung. Nun ist Ordnung und Vernunft besser und edler als das andere.

Doch soll man merken, das viererlei Menschen die Ordnungen und Gesetze und Weisungen handhaben. Etliche tun es weder um Gottes willen noch um dies oder um das, sondern aus Zwang. Die tun so wenig wie sie nur können, und es wird ihnen sauer und schwer. Die anderen, die tun sie um Lohn. Das sind Menschen, die nichts anderes wissen als das und die wähnen, man solle und könne damit das Himmelreich und das ewige Leben gewinnen und verdienen und anders nicht. Und wer viel davon tut, der ist heilig, und wer etwas davon versäumt und unterläßt, der ist verloren und des Teufels. Und sie haben großen Ernst und Fleiß dabei, aber es wird ihnen doch sauer. Die dritten, das sind die bösen, falschen Geister, die das wähnen und sprechen, sie seien vollkommen, sie bedürften sein nicht, und es dient ihnen zum Spott. Die vierten, das sind mit dem wahren Licht erleuchtete Menschen, die handeln diese Dinge nicht um Lohn, denn sie wollen damit nichts gewinnen oder daß ihnen darum etwas zuteil werde, sondern sie tun es aus Liebe, was immer sie davon tun. Und sie haben keine so große Not, wie viel davon geschehe und wie bald und dergleichen, sondern was immer geschehen kann mit Frieden und mit Muße, und würde etwas davon ungefähr versäumt und dergleichen, so gehen sie darum nicht verloren. Denn sie wissen wohl, daß Ordnung und Vernunft besser und edler sind denn Unvernunft, darum wollen sie es halten, doch wissen sie auch, daß die Seligkeit hieran nicht liegt. Darum haben sie nicht so große Not wie die anderen...

### Wahre Gottesliebe

...Auch gibt es eine Erkenntnis, die heißt man Wissen. Sie ist aber nicht Wissen, sie besteht darin, daß man vom Hörensagen oder vom Lesen oder von großer Meisterschaft der Schrift wähnt, man wisse gar viel. Und es heißt ein Wissen und spricht: „Ich weiß dies und das." Und wenn man fragt: „Woher weißt du das?", so sagt man: „Ich habe es in der Schrift gelesen" und dergleichen. Siehe, das heißt man Wissen und Erkennen, es ist aber nicht Wissen, sondern Fürwahrhalten. Siehe, von diesem Wissen und dieser Erkenntnis wird viel erkannt und gewußt und doch nicht geliebt. Auch ist eine Liebe, die ist zumal falsch. Sie besteht darin, daß man etwas um des Lohns willen liebt, so wie man Gerechtigkeit liebhat nicht um der Gerechtigkeit willen, sondern damit man etwas gewinne und dergleichen. Und wenn eine Kreatur die andere liebhat um etwas, was ihr eignet, oder wenn die Kreatur Gott um einer Sache willen liebhat, so ist es alles falsch, und diese Liebe gehört eigentlich der Natur zu. Und die Natur als Natur vermag oder weiß keine andere Liebe als diese. Denn wer es merken kann: Natur als Natur hat nichts lieb als sich selbst. Siehe, in dieser Weise wird etwas für gut erkannt und nicht geliebt. Aber wahre Liebe wird gelehrt und geleitet von dem wahren Licht und der Erkenntnis, und das wahre, ewige oder göttliche Licht lehrt die Liebe, nichts liebzuhaben als das wahre, einfältige, vollkommene Gut und um keiner anderen Ursache als um des Guten willen und nicht, daß man es oder etwas von ihm zum Lohn haben wollte, sondern dem Guten zulieb und darum, daß es gut ist und daß es mit Recht geliebt werden soll. Und was so von dem wahren Licht erkannt wird, das muß auch von der wahren Liebe geliebt werden. Nun kann das vollkommene Gut, was man Gott nennt, nicht anders erkannt werden als durch das wahre Licht. Darum muß es auch geliebt werden, wo es erkannt wird oder erkannt ist.

[1] vgl. Augustinus, de vera religione 72 (XXXIX)

## Ludolf von Sachsen († 1371)

Zeitlich und örtlich ein unmittelbarer Nachbar von Tauler, nahm der Kartäusermönch Ludolf von Sachsen in Straßburg (seit 1340) die älteren Traditionen der Christusmystik Bernhards von Clairvaux wieder auf und verband mit ihnen einzelne Gedanken der Eckhartschen Gottesmystik. Der abstrakten Spekulation abhold, war Ludolf von Sachsen vor allem bestrebt, den Erdenwandel des armen und demütigen Heilands, wie er in den Evangelien beschrieben war, zum Gegenstand der Betrachtung und zum Kraftquell für das geistliche Leben zu machen. Die innere Bereitung richtete er nicht mehr auf die seltenen Augenblicke der *unio mystica* aus, sondern auf die tägliche Sinnesänderung und das tätige Tugendleben. Der Weg der Seele war nun nicht mehr gleichbedeutend mit dem Aufstieg und dem seligen Übersprung in das jenseitige Wesen Gottes: er war Nachfolge Christi, die Bewährung im Tun und Leiden bei beständiger Vergegenwärtigung des irdischen Vorbildes Jesu.

111

Lat. Text: Ludolphus de Saxonia, Vita Jesu Christi ... hg.
von *L. M. Rigollot,* Paris und Brüssel I (1878), 1—3, 6, 7, 9 f.

Lit.: *M. J. Bodenstedt,* The Vita Christi of Ludolphus the
Carthusian (1944).

## Das Leben Christi

### Vorwort

Der Sünder, der die Bürde seiner Sünden abzuwer-
fen und zur Ruhe der Seele zu gelangen wünscht,
höre also zuerst, wie Gott die Sünder zur Gnade
einlädt und spricht: Kommet zu mir alle, die ihr
an der Mühsal der Laster leidet und mit der Bürde
der Sünden beladen seid, ich will euch (heilend und
lindernd) erquicken, und ihr sollt Ruhe finden für
euere Seelen hier und in der Zukunft. Der Kranke
höre also auf den treuen, besorgten Arzt und trete
zu ihm hin in gründlicher Zerknirschung, gewissen-
hafter Beichte und mit dem ernsten Vorsatz, das Böse
immerdar zu meiden und das Gute zu tun. Zum zweiten soll der Sünder, der aber bereits in Christus
gläubig und durch die Buße gleichsam mit ihm versöhnt ist, sich mit größter Sorgfalt darum bemühen,
seinem Arzt anzuhangen und in vertrauten Verkehr
mit ihm zu kommen, indem er sein allerheiligstes
Leben mit aller Frömmigkeit, deren er fähig ist, immer
von neuem überdenkt. Doch hüte er sich wohl, daß
er über sein Leben nicht nur oberflächlich lesend
hinweggeht, vielmehr soll er den Tag hindurch Stück
für Stück etwas davon zu sich nehmen ... Auch soll
er das Leben Christi so lesen, daß er bemüht ist,
seinen Wandel nach Kräften nachzuahmen, denn es
nützt wenig, wenn er es liest, ohne es nachzuahmen ...

... Dieses Leben muß der Sünder aus vielen Gründen aufs höchste schätzen: Erstens wegen der Vergebung der Sünden, denn wenn er das Urteil der
Sünde über sich fällt und sich durch die Beichte an-
klagt, durch die Gerechtigkeit freiwillig Buße auf sich
nimmt und nunmehr, auf die besagte Weise meditie-
rend, mit Gott eifrig wandelt, so wird er vom Sünden-

112

schmutz nicht wenig gereinigt... Zweitens wegen der
Erleuchtung, die er dabei empfängt... Drittens wegen
der Gnade der Tränen, die dem Sünder in diesem
Tal des Elends sehr notwendig ist, welche Christus,
der Quell der Gärten und der Brunnen lebendiger
Wasser, den Sündern, die ihm anhangen, darzu-
reichen pflegt. Viertens wegen der Wiedergutmachung
der täglichen Rückfälle... Fünftens wegen des süßen
und liebenswerten Geschmacks, den es in sich hat...
Sechstens wegen der Erkenntnis der Majestät des
Vaters, die allein aus ihm zu gewinnen ist... Siebtens
wegen des sicheren Abschieds aus diesem gefährlichen
Leben. Denn der gläubige Sünder, der Christus jetzt
täglich in die Herberge seine Herzens aufnimmt und
ihm durch süße Meditationen das blütenreiche Bett
bereitet, wird umgekehrt nach dem Tode von Christus
gesucht und aufgenommen werden, so wie er es immer
getan und gewünscht hat, und wird in Ewigkeit bei
ihm sein.

...Doch hüte sich der gläubige Sünder mit Sorgfalt
davor, daß er, in welchem Stande er sich auch immer
befinden mag, niemals sein Vertrauen auf seine Verdienste setzt, sondern stets wie ein armer Bettler,
von allem entblößt und mittellos, zum Erbarmen sich
naht, um zu betteln. Das tue er nicht etwa aus ge-
heuchelter Demut, indem er seine Verdienste versteckt, sondern in dem sicheren Bewußtsein, daß „vor
Gott kein Lebendiger gerecht wird" (Ps. 143, 2). Auch
können wir nicht einen einzigen unserer Gedanken
verteidigen, wenn er mit uns ins Gericht gehen will...

...In allen Tugenden und gutem Wandel setze dir
also jenen überaus klaren Spiegel und das Muster
aller Heiligkeit, das Leben und den Wandel des Sohnes Gottes, unseres Herrn Jesu Christi, vor Augen,
der darum vom Himmel zu uns gesandt ist, um uns
auf dem Wege der Tugenden voranzugehen und uns
durch sein Vorbild das Gesetz seines Lebens und
seiner Zucht zu geben und uns so zu erziehen, wie
er sich selbst erzog, damit wir in der Weise, wie wir
von Natur aus nach seinem Bilde geschaffen sind,
durch die Nachahmung seiner Tugenden nach unserem

Vermögen zur Ähnlichkeit seines Wandels reformiert werden, die wir durch die Sünde sein Bild in uns entstellt haben. So viel sich einer durch die Nachahmung seiner Tugenden ihm gleichförmig zu werden bemüht, so viel wird er ihm im Vaterland in der Klarheit der Herrlichkeit näher und verklärter sein. Geh also jedes einzelne Lebensalter Christi und alle seine Tugenden einzeln durch, und bemühe dich, wie ein treuer Jünger ihn nachzuahmen. Auch in äußerem und innerem Leiden erinnere dich der Leiden und Anfechtungen Christi, und wenn immer du davon bedrückt wirst, eile sofort zu ihm, dem treuen Vater der Armen, wie ein Kind zu seiner Mutter Schoß. Ihm enthülle dich ganz, ihm übergib dich ganz, auf ihn lege und wirf dich ganz, und er wird den Sturm ohne Zweifel stillen und dich trösten...

Wenn du aber hieraus eine Frucht ernten willst, so mußt du dich von ganzem Gemüt mit Sorgfalt, Lust und Muße, ohne alle Sorgen und Kümmernisse, in die Gegenwart der Worte und Taten des Herrn Jesu und der Berichte über sie hineinversetzen, als ob du sie mit deinen Ohren hörtest und mit deinen Augen vor dir sähest, denn sie sind das Allersüßeste für denjenigen, der sie mit Verlangen überdenkt und vielmehr schmeckt. Und obwohl viele Dinge davon gleichsam als Taten der Vergangenheit erzählt werden, sollst du sie doch alle bedenken, als geschähen sie in deiner Gegenwart, denn ohne Zweifel wirst du dadurch größere Lust empfinden. Lies also, was geschehen ist, als geschähe es jetzt! Stelle dir die vergangenen Ereignisse vor Augen, als wären sie dir gegenwärtig, so wirst du an ihnen mehr Geschmack und Vergnügen finden...

...Bemühe dich also, unter allen Schriften insbesondere das Evangelium, was nach Augustin unter den göttlichen Autoritäten der Heiligen Schrift mit Recht hervorragt, immerdar in der Hand und im Herzen zu tragen, denn es kann dich über das Leben und den Wandel unseres Herrn Jesu Christi und über alles, was zum Heil notwendig ist, besonders klar belehren...

Herr Jesu Christe, Sohn des lebendigen Gottes, verleihe mir schwachem und elendem Sünder, daß ich dein Leben und deinen Wandel stets vor den Augen meines Herzen habe und nach meinem Vermögen nachahme, und laß mich darin fortschreiten und zu einem vollkommenen Mann wachsen und zum heiligen Tempel im Herrn. Ich bitte dich, erleuchte mein Herz mit dem Licht deiner Gnade, welche mir beständig zuvorkommen und folgen möge, so daß ich auf allen meinen Wegen dich zum Führer habe und alles, was dir gefällt, zu tun und, was dir mißfällt, zu lassen vermag. Ich bitte dich, leite meine Gedanken, Worte und Werke auf die Bahn deines Gesetzes, deiner Gebote und Räte, o Höchster, damit ich in allen Dingen deinen Willen tue und hier und in Ewigkeit durch dich erlöst zu sein verdiene. Amen.

## GEERT GROOTE († 1384)

Nach einem rastlosen, vielseitigen wissenschaftlichen Studium wurde Geert Groote aus Deventer Kleriker in Utrecht. Die eindringlichen Mahnungen seines Freundes, des Kartäusermönchs Heinrich von Kalkar († 1408), bewirkten in ihm die Umkehr von aller Äußerlichkeit und Oberflächlichkeit zu einem entschieden geistlichen, frommen Leben. Geert Groote vertiefte sich in die Schriften Meister Eckharts und des großen niederländischen Mystikers Jan van Ruysbroek († 1381). Seine selbstgewählte Einsamkeit verließ er schließlich, um hin und her im Bistum Utrecht Bußpredigten in niederländischer Sprache zu halten, durch die er sich erbitterte Gegner schuf, aber auch treue Freunde gewann. Geert Groote gilt als Haupt der *Devotio moderna,* der neuen Frömmigkeit. Was schon bei Ludolf von Sachsen zu bemerken war, tritt bei ihm noch deutlicher hervor: Das Drängen auf Verwirklichung der mystischen Frömmigkeit im täglichen Leben unter Vermeidung ihrer spekulativen Grundsätze. Diese Verlagerung der mystischen Motive war so folgenschwer, daß man bezweifeln kann, ob die Erweckung geistlichen Lebens bei den großen Mystikern und in der *Devotio moderna* überhaupt unter der gemeinsamen Bezeichnung „Mystik" zusammengefaßt werden darf. Gewiß ist, daß die Verkürzung und Verflachung der mystischen Gedanken ihrer Verbreitung förderlich war. Ganz neue Stände und Volksschichten ließen sich für sie gewinnen. Die mystischen Höhen und Tiefen, der kühne Überschwang und die jähe Verzweiflung, die bedingungslose Sehnsucht nach Erkenntnis und „die Liebe sonder Lohne" blieben ihnen auf die Dauer fremd, ja, verdächtig. Aber die schlichten Tugenden des Gottvertrauens, der Selbstbescheidung, der Gewissenserforschung und der tätigen Nächstenliebe nahmen sie ernst. So blieben sie hellhörig und empfänglich für die Weisungen und den Zuspruch des Evangeliums.

Lat. Text: Thomae Hemerken a Kempis Opera Omnia, ed. *M. J. Pohl*, Band 7 (1922) 90—98, 107 ff. (Vita Gerardi Magni).

Lit. zur *Devotio moderna*: (Forschungsbericht): *W. Jappe Alberts*, Zur Historiographie der Devotio Moderna und ihrer Erforschung, Westfälische Forschungen 11 (1958) 51—67. — *S. Axters*, Geschiedenis van de vroomheid in de Nederlanden 3 (1956); *E. Barnikol*, Studien zur Geschichte der Brüder vom gemeinsamen Leben (1917); *J. Hashagen*, Die Devotio Moderna in ihrer Einwirkung auf Humanismus, Reformation und spätere Richtungen, Zeitschr. für Kirchengeschichte 55 (1936); *A. Hyma*, The Brethren of the Common Life (1950); *R. Kekow*, Luther und die Devotio Moderna (1937); *R. R. Post*, De moderne Devotie (2. Aufl. 1950).

## Entschlüsse und Vorsätze

Alles, was ich beginne, will ich im Namen des Herrn beginnen und will dabei meine Hoffnung auf den Herrn setzen, daß er mich damit auf den Weg meines Heils leitet, und keine Hoffnung soll sich auf das Schicksal oder auf die Gestirne richten, meine einzige Hoffnung sei auf Gott und auf das Gebet, auf die guten Geister und ihren Schutz. Was weiß ich, ob es mir nützlich ist, auf einem Wege oder in einer Sache voranzukommen? Im Gegenteil: das ist oft sehr unnütz, denn oftmals sind Angst und Trübsal von großem Nutzen, darum will ich mich der Anordnung Gottes unterwerfen. „Wirf also alle Sorge auf ihn, denn er sorgt für dich." Mit welchem Erbarmen hat er mich durch seine Züchtigung wider meinen Willen zurückgerufen! Auch sollen wir uns nicht sorgen, was wir essen, noch weniger sollen wir uns um die Gestirne und abergläubische Dinge kümmern. Denn es ist für jeden Christen nötig, aus reinem Herzen sich selbst zu verlassen und sich Gott anzuvertrauen. Ebensowenig will ich ein Urteil über die Zukunft abgeben, ich will mich überhaupt kaum um die Zukunft kümmern. Denn ich will mich und alle meine Angelegenheiten Gott unterwerfen.

Durch Ehren, durch Beziehungen und durch Gewinnsucht, um die sich alle mühen, wird man verunreinigt, und durch solche gewinnbringenden Gewerbe wird der Mensch verdunkelt, er wird von Leidenschaften heimgesucht, seine natürliche Willensrichtung wird verkehrt und sein Wollen beeinträchtigt, so daß sie weder göttliche noch tugendhafte Dinge noch auch die Güter des Leibes recht betrachten können. Daher geschieht es höchst selten, daß derjenige, der sich mit gewinnbringenden Gewerben oder mit Medizin, mit dem weltlichen oder mit dem kanonischen Recht befaßt, in seinem Urteil rechtschaffen und billig ist oder gerecht oder ruhig ist oder den richtigen Blick behält.

Verwende keine Zeit auf Geometrie, Arithmetik, Rhetorik, Grammatik, Dialektik, Lyrik, Poesie noch auf die urteilende Astrologie. All das wird von Seneca verworfen, und ein rechter Mann muß dergleichen auf Distanz betrachten, wieviel mehr muß ein geistlich Gesinnter oder ein Christ es verachten. Auch ist es eine unnütze Zeitverschwendung und nützt nichts für das Leben.

Unter allen Wissenschaften der Heiden sind die moralischen am wenigsten zu verachten, denn oft sind sie sehr nützlich und förderlich sowohl für das eigene Leben als auch für die Unterweisung anderer. Darum haben die Größeren unter den Weisen, wie zum Beispiel Sokrates und Platon, die gesamte Philosophie auf die Sittenlehre beschränkt ... Denn alles, was uns nicht bessert oder vom Bösen zurückhält, ist schädlich.

Keine Kunst studieren, kein Buch verfassen, keine Reise oder Arbeit unternehmen, keine Kunst ausüben zu meinem eigenen Ruhm, zum Ruhm meines Wissens, oder um Ehrungen oder um die Dankbarkeit der Mitmenschen zu erwarten oder um später ein Andenken an mich zu hinterlassen. Wenn ich nämlich solche Dinge oder irgendeine Tat um Lohn getan habe, so wird mir bei dem himmlischen Vater kein Lohn erstattet, und sollte ich etwas dergleichen tun, dann will ich es stets um des Guten und um des ewigen Lohns willen tun. Daher ist die Ausbreitung meines Namens auf alle Weise zu meiden . . .

Alle öffentliche Disputation meiden und verabscheuen, welche Streit mit sich bringt oder zum Sieg oder zum Ruhm führen soll, so wie alle Disputationen der Theologen und Philosophen in Paris, ja, sie nicht einmal besuchen, um sie kennenzulernen, denn es ist offenbar, daß sie der Ruhe zuwider sind und daß Zank und Streit daraus entstehen und daß sie unnütz sind und stets abgeschmackt und meistens abergläubisch, ungeistlich, teuflisch, irdisch; ihre Lehre ist oft schädlich und immer unnütz, und der Zeitaufwand ist nutzlos vertan. Inzwischen könntest du dir durch ein verdienstliches Gebet oder beim Studium eines Frommen geistlichen Gewinn erwerben.

. . . Studiere niemals, um einen Grad in der Theologie zu erlangen und dich darauf zu stützen, denn ich will keinen Gewinn, keine Pfründe oder Ruhm damit erwerben, und das Wissen kann ich ebensowohl haben ohne akademischen Grad. Auch ist es fleischlich, und sie denken fleischlich. Auch würdest du in vielen Dingen vom Heil des Nächsten abgezogen, desgleichen vom Gebet, von der Reinheit des Geistes und von der Entäußerung, auch muß man vielen eitlen Vorlesungen beiwohnen und unter einer Menge von Menschen sein, in der man befleckt und verstört wird.

Jura und Medizin studiere niemals, es sei denn bei einem gegebenen Zufall, bei dem du etwas Gutes damit schaffen kannst, denn in sich selbst schaffen sie keine Speise, sondern lenken den Geist ab. Doch aus Liebe zum Frieden oder bei dringender Notwendigkeit oder wenn sich ein wundersamer Zufall ergibt, kann das Studium der Gesetze ratsam erscheinen und die Medizin für den eigenen oder für den

Leib des Nächsten. Denn es gibt weltliche Dinge, bei denen es besser ist, die Entscheidung der anderen auf sich zu nehmen, als selbst eine solche zu fällen. So ist den Theologen, den Mönchen und denjenigen, die nach dem Gesetz Gottes verlangen, das Studium der Rechte und der Medizin versagt...

Niemals sollst du um einer freundschaftlichen, verwandtschaftlichen oder anderen Beziehung willen vor einem Beamten oder einem geistlichen Richter erscheinen, es sei denn, die Frömmigkeit verlange es unausweichlich, und in einem solchen Fall sollst du einen anderen als Bevollmächtigten schicken, nicht aber selbst gehen. Denn wenn du gehen und dich in den Lärm und in das Unglück der Welt einmischen wolltest, so würde dein Geist in Unruhe versetzt. In allen übrigen Fällen lasse die Toten ihre Toten begraben...

Wenn dein Verwandter geschlagen, getötet oder belästigt wird, so verletze den Übeltäter niemals. Gib nie einen Rat wider ihn zu seinem Nachteil. Verhärte nie deinen Mund wider ihn und meide ihn nicht, vielmehr sollst du trösten und ermahnen oder auch eine Versöhnung herbeiführen. Und wenn die Freunde von dir eine Rache verlangen, so bringe sie von ihrer Rachsucht mit freundlichen Worten ab, damit sie kein Unrecht tun. Du aber vergib allen, und gib ein solches Beispiel, daß du andere dadurch ermahnen kannst.

Ebensowenig will ich mich jemals mit den Taten meiner Freunde oder Blutsverwandten oder Vorgesetzten befassen, es sei denn, sie seien ausschließlich fromm und dienten der Nächstenliebe, der Frömmigkeit und der Gerechtigkeit und sie seien derart, daß andere sie nicht ebensowohl tun können. Auch wäre es ein Übel, die Frömmigkeit, die Gerechtigkeit und den geistlichen Nutzen des Nächsten, den ein anderer nicht wahrnehmen kann, nur um der eigenen Beschaulichkeit willen außer acht zu lassen.

Ich komme noch einmal auf die Wissenschaft zu sprechen. Die Wurzel deines Studiums und der Spiegel deines Lebens sei in erster Linie das Evangelium

Christi, denn darin ist das Leben Christi enthalten; des weiteren die Lebensbeschreibungen und Unterredungen der Väter, sodann die Briefe des Paulus, die kanonischen Briefe und die Apostelgeschichte, sodann fromme Bücher wie die Meditationen Bernhards und das Horologium Anselms, die Schrift Bernhards über das Gewissen, die Monologe Augustins und ähnliche Bücher, desgleichen die Legenden und die Blütenlesen der Heiligen, die moralischen Unterweisungen der Väter wie die Hirtenschrift Gregors, die Schrift des seligen Augustin über die Arbeit der Mönche, Gregor über Hiob und dergleichen, die Evangelienpredigten der heiligen Väter und der vier Lehrer [1], die Auslegungen der heiligen Väter und die Postillen über die Paulusbriefe, weil sie in den Abschnitten der Kirche enthalten sind, das Studium der Gleichnisse in den Büchern Salomos und das Buch Prediger und Jesus Sirach, weil sie in den Abschnitten und den Lesungen der Kirche enthalten sind, ... das Studium und das Verständnis des Psalters, weil sie in der Kirche der heiligen Väter enthalten sind, ... das Studium der Geschichten der Bücher Mose, des Josua, der Richter und der Prophetenkönige sowie die Auslegungen der Väter dazu ...

... Um nichts in der Welt sollte sich der Mensch in Verwirrung bringen lassen. Wer tut, was er weiß, verdient viel zu wissen, und wer nicht tut, was er weiß, verdient viel Blindheit.

Es ist etwas Großes, in solchen Dingen gehorsam zu sein, die einem zuwider sind und schwer fallen, und das ist der wahre Gehorsam.

Vor allen und in allen Dingen trachte danach, dich zu demütigen, insbesondere im Herzen, aber auch nach außen vor den Brüdern. Die Weisheit der Weisheiten ist es, zu wissen, daß man nichts weiß. Je mehr sich der Mensch bewußt wird, daß er von der Vollkommenheit entfernt ist, desto näher ist er der Vollkommenheit. Der Anfang eitlen Ruhmes ist es, sich selbst zu gefallen. An nichts ist ein Mensch besser zu erkennen als an dem, was man an ihm lobt. Immer mußt du dich bemühen, am anderen Gutes zu bemerken und von ihm zu denken. Sooft wir wider die Ordnung etwas anderes begehren als Gott, sooft werden wir Gott untreu. Darum spricht der Prophet: „Gott anzuhangen ist mir gut" (Ps. 73, 28).

Wir müssen mannhaft sein im Gebet und nicht leicht davon ablassen, noch dürfen wir denken: „Gott will mich nicht erhören." Vielmehr sollen wir, sooft wir auch abgewiesen werden, niemals verzweifeln. Die Kleinmütigen sollen beten wie der Sohn zu seinem guten Vater, wie es im Evangelium heißt: „Wo bittet unter euch ein Sohn ums Brot, der ihm einen Stein dafür biete?" usw. (Lk. 11, 11).

In allen Dingen der Welt steckt Versuchung, auch wenn es der Mensch nicht bemerkt. Die größte Versuchung ist es, nicht versucht zu werden. Solange der Mensch etwas an sich findet, was er abtun muß, steht es wohl um ihn. Wenn dir etwas Böses eingegeben wird, so denke einfach: Darüber willst du deine Freunde befragen — so kommt der Teufel in Verwirrung.

Immer sollst du mehr auf die ewige Herrlichkeit hoffen als dich vor der Hölle fürchten.

Es hüte sich jeder, anderen durch seinen Wandel einen Anstoß zu geben, vielmehr trachte er danach, durch seinen Wandel die anderen zu korrigieren und sich allenthalben ehrbar zu verhalten, damit die anderen mehr erbaut werden.

Der Mensch erhebt sich mit denselben Gedanken, mit denen er zu Bett geht. Es ist dann nützlich, zu beten oder Psalmen zu lesen.

Die geringe Beschämung, die man hier erleidet, macht die ewige Beschämung vor Gott und allen Heiligen unwirksam. Trachte allein ihm zu gefallen und ihn zu fürchten, denn er kennt dich und alle deine Sachen. Gesetzt, du gefielst allen Menschen, mißfällst

---

[1] *Anselm von Canterbury* (✝ 1109), Meditationes et orationes; *Bernhard von Clairvaux* (✝ 1153), De conscientia (unecht); *Augustinus* (✝ 430) Soliloquia und De opere monachorum; *Gregor I.* (✝ 604) Regula pastoralis und Moralia in Job. — Die vier (Kirchen-)Lehrer sind: Ambrosius, Hieronymus, Augustinus, Gregor I.

aber Gott, was wäre gewonnen? Wende also dein Herz von den Kreaturen ab, auch unter großem Aufwand von Kraft. Wende dich ab, daß du dich selbst vollkommen besiegst, und erhebe dein Herz stets zu Gott, wie der Prophet sagt: „Meine Augen sehen stets zu dem Herrn" (Ps 25, 15).

## GERARD ZERBOLT († 1389)

Die engsten Anhänger Geert Grootes schlossen sich zu festen geistlichen Gemeinschaften zusammen. Während die von der *Devotio moderna* beeinflußten Kleriker im Kloster Windesheim bei Zwolle den Ausgangspunkt für eine weitreichende Klosterreform des 15. Jahrhunderts ins Leben riefen, führten die devoten Laien, die „Brüder vom Gemeinsamen Leben", ein klosterähnliches Gemeinschaftsleben in den Brüderhäusern, die in den Städten der Niederlande und Nord- und Süddeutschlands mit der Zeit großen Zulauf fanden. Sie entdeckten hier ein neues, ihr eigentliches Arbeitsfeld: die Schule. Auf dem Gebiet der niederen und höheren Schulbildung haben sie Vorzügliches geleistet. In ihren Unterricht nahmen sie allmählich auch antike Schriften auf und wurden so zu den Begründern des christlichen Schulhumanismus, mit dem sie im 15. Jahrhundert eine ganze Generation von niederländischen und deutschen Theologen und Laien prägten. Auch aus diesem Grunde sind sie zu den Wegbereitern der Reformation zu zählen.

Nach dem Tode von Geert Groote war neben Florentius Radewijns († 1400) Gerard Zerbolt von Zütphen die führende Gestalt des Brüderhauses in Deventer. Um die wichtigste Quelle der devoten Frömmigkeit auch den Laien zu erschließen, verteidigte er die Übersetzung der Heiligen Schrift in die Landessprache.

Lat. Text: *A. Hyma,* The „De Libris Teutonicalibus" by Gerard Zerbolt of Zutphen, Nederlands Archief voor Kerkgesch. N. S. 17 (1922) 57 ff.

Lit.: *J. van Rooy,* Gerard Zerbolt van Zutphen, Leven en geschriften (1936); *F. M. Bartoš,* Hus, Lollardism and Devotio Moderna in the Fight for a National Bible, Communio Viatorum 3 (1960) 247—54.

## Ob es erlaubt sei, die Heilige Schrift in die Volkssprache zu übersetzen?

... Die Hebräer haben die Heilige Schrift in ihrer Sprache, das ist: auf hebräisch, die Griechen auf griechisch, die Aramäer auf aramäisch, die Araber auf arabisch, die Syrer in ihrer Sprache, die Goten haben sie in ihrer Sprache, die Ägypter auf ägyptisch, die Inder in ihrer eigenen Sprache, die Russen, die Slawen, die Kelten, jeder in der seinen, und, wenn man genauer nachforschen wollte, ist sie wohl in jeder Sprache vorhanden, die unter dem Himmel ist. Denn es heißt Apostelgeschichte 2: Nach der Aussendung des Heiligen Geistes auf die Apostel fanden sich fromme Männer aus allen Ländern zusammen, die unter dem Himmel sind, um zu hören, wie die Apostel die großen Taten Gottes verkündigten, ein jeder in der Sprache, in der er geboren war, zum Zeichen dafür, daß das Gesetz des Heiligen Geistes in jeder Sprache verkündigt werden sollte. Daß aber die Heilige Schrift in hebräischer und griechischer Sprache vorhanden ist, ist allen bekannt, denn in diesen beiden Sprachen wurde das Alte und das Neue Testament anfänglich verfaßt, und in diesen Sprachen ist die Heilige Schrift authentischer als im Lateinischen. Denn die Schrift, die ins Lateinische übersetzt ist, wird stets aus der hebräischen oder auch aus der griechischen Ausgabe korrigiert und verbessert, sobald sich eine Zweideutigkeit im Lateinischen ergibt, nach dem Brief des Hieronymus an Sunia und Fretela. Desgleichen bezeugt der selige Hieronymus in verschiedenen Briefen und Prologen und insbesondere in seinem Prolog über Hiob, daß die Heilige Schrift in aramäischer Sprache vorhanden ist. Denn Jonathan, der Sohn Osiels, schrieb das ganze Alte Testament auf aramäisch nieder. Diese aramäische Ausgabe galt bei den Juden für so authentisch, daß sie sie gleichsam als Kommentar für den hebräischen Urtext benützten, denn bei manchen Worten war sie leichter verständlich als die hebräische Ausgabe, wie Bruder Nikolaus von Lyra in einer Quaestion sagt.

Desgleichen ist die Heilige Schrift auch auf syrisch
und auf arabisch vorhanden, denn der selige Hieronymus hat verschiedene Bücher aus diesen Sprachen
übersetzt, wie aus dem Prolog des Hieronymus über
Hiob hervorgeht. Daß sie auch in gotischer Sprache
vorhanden ist, geht aus dem 8. Buch der Historia
Tripartita hervor, wo man liest, daß Wulfila, der
Bischof der Goten, die Heilige Schrift in die Sprache
der Goten übersetzt hat. Desgleichen, wie gesagt,
auch in ägyptischer Sprache, ebenso in der Sprache
der Slawen, die, wie es heißt, noch heutigen Tages
den Gottesdienst in ihrer eigenen Sprache feiern.
Ähnlich besitzen die Russen diejenigen Schriften,
welche sie annehmen, nämlich die Paulusbriefe, in
ihrer eigenen Sprache, wie es allen bekannt ist, die
dort gewesen sind. Die Inder besitzen das Evangelium und vielleicht auch andere Schriften in ihrer
Sprache in einer Übersetzung des seligen Bartholomäus, nach der Auskunft des seligen Dorotheus.
Ebenso besaß sie der ganz ungebildete Sklave, von
dem Gregor erzählt, er hätte sich Bücher gekauft,
um sie zu lesen, doch wohl nur auf keltisch.

... Wenn die Heilige Schrift sowohl innerhalb wie
außerhalb des Kanons in verschiedenen Sprachen verfaßt vorliegt, so wie sie in fast allen Sprachen zu
lesen ist, die unter dem Himmel sind, was ist der
Grund oder die Ursache dafür, daß sie nicht auch auf
deutsch gelesen werden darf, so wie sie auf arabisch
oder auf slawisch zu lesen ist? ...

## THOMAS VON KEMPEN († 1471)

Das bekannteste Zeugnis der *Devotio moderna* ist die
weltweit verbreitete Erbauungsschrift „De imitatione Christi",
als deren Verfasser oder Redaktor Thomas von Kempen gilt,
einer der fruchtbarsten Schriftsteller der Brüder vom Gemeinsamen Leben. Thomas gehörte zur zweiten Generation der
Devoten, die das Andenken ihrer geistlichen Ahnen weitertrug, indem sie es verklärte. In den vier verschiedenartigen

Büchern der „Nachfolge Christi" mischt sich bisweilen die geistliche Erfahrung bewährter Jüngerschaft mit den Regeln allgemein menschlicher Weisheit, trifft sich Jesusliebe mit antiker Morallehre, kreuzt sich die Ergebung in Gnade und Leiden mit dem Streben nach Leistung und geistlichem Lohn. Vor den Geheimnissen des Sakraments wird die Vernunft in ihre Schranken gewiesen: Zweifel sind vom Teufel. Kam die „Nachfolge Christi" damit, ohne von der Kirche zu sprechen, der Lehre der Kirche ihrer Zeit entgegen, so enthielt sie andererseits doch auch Kritik an dem kirchlichen Wallfahrts- und Reliquienunwesen. Die in ihr verwobenen Einsichten und Weisungen sind so mannigfaltiger Art, daß sich die Spiritualisten unter den Anhängern der Reformation ebensowohl an ihr erbauen konnten wie die Vertreter der katholischen Reform, die katholische Mystik so gut wie der evangelische Pietismus und die Erweckungsbewegung beider Konfessionen. In der Gefahr, die Vertrautheit mit Jesus in Vertraulichkeit zu verkehren und hinter Jesus als Lehrer und Vorbild Christus den Erlöser aus den Augen zu verlieren, konnte die „Nachfolge Christi" bei den Reformatoren selbst wenig Gefallen finden. Gleichwohl darf man behaupten, daß sie als gültiger Ausdruck und als wirkungsreiche Anweisung zur frommen „agricultura sui" die Schärfung der Gewissen vieler gefördert und damit für die Reformation wegbereitend gewirkt hat.

Lat. Text: Thomae Kempensis De imitatione Christi libri quattuor, hg. von *K. Hirsche* (1891), Buch I, 1 (= S. 3 f.), II, 8 (= S. 103 f.), II, 11 (= S. 116 f.), IV, 18 (= S. 365 f.).

Lit.: *L. M. Delaisse*, Le manuscrit autographe de Thomas a Kempis et l'Imitation de Jésus-Christ, 2 Bde. (1956); *E. Iserloh*, Die Kirchenfrömmigkeit in der Imitatio Christi, in: Sentire Ecclesiam (1961), 251—267.

## Von der Nachfolge Christi

„Wer mir nachfolgt, wandelt nicht in der Finsternis" spricht der Herr (Joh. 8, 12). Dies sind die Worte Christi, die uns auffordern, seinem Leben, seinem Wandel nachzuleben, wenn wir wahrhaft erleuchtet und von aller Blindheit des Herzens geheilt werden wollen. Daher sei es unser höchstes Bestreben, uns in die Betrachtung des Lebens Jesu Christi zu versenken.

Die Lehre Christi übertrifft die Lehren aller Heiligen, und wer den Geist hätte, müßte in ihr das verborgene Himmelsbrot finden. Aber es kommt vor, daß viele, obwohl sie das Evangelium häufig hören, nur wenig Verlangen danach spüren, weil ihnen der Geist Christi fehlt. Wer die Worte Christi vollkommen richtig verstehen will, muß danach trachten, sein ganzes Leben ihm gleichförmig zu machen.

Was nützt es dir, tiefsinnig über die Dreieinigkeit zu disputieren, wenn du die Demut nicht hast, ohne die du der Dreieinigkeit niemals gefallen kannst? Wahrlich, hohe Worte machen den Menschen nicht heilig und gerecht; ein tugendreiches Leben, das macht ihn Gott lieb. Lieber ist es mir, Reue zu empfinden, als ihre Definition zu kennen. Wenn du die ganze Bibel auswendig kenntest und die Sprüche aller Philosophen, was würde dir das nützen ohne die Liebe und Gnade Gottes? „Es ist alles ganz eitel" (Pred. 1, 2) außer Gott lieben und ihm allein dienen. Das ist die höchste Weisheit: durch die Verachtung der Welt zum himmlischen Reich streben.

### Über die vertraute Freundschaft mit Jesus

Ist Jesus da, so ist alles gut, und nichts erscheint schwierig. Wenn aber Jesus nicht da ist, so ist alles hart. Wenn Jesus im Innern nicht spricht, so ist alle andere Tröstung vergeblich. Wenn Jesus aber auch nur ein einziges Wort spricht, ist großer Trost zu verspüren. Erhob sich nicht Maria sogleich von der Stelle, da sie weinte, als Martha ihr sagte: „Der Meister ist da und ruft dich" (Joh. 11, 28)? Selige Stunde, da Jesus von Tränen zur Freude des Geistes ruft! Wie bist du so dürr und hart ohne Jesus, wie töricht und eitel, wenn du etwas suchst außer Jesus! Ist das nicht ein größerer Verlust, als hättest du die ganze Welt verloren?

Was hilft dir die ganze Welt ohne Jesus? Ohne Jesus zu sein, das ist bedrückende Hölle. Mit Jesus sein, das ist süßes Paradies. Ist Jesus bei dir, so kann kein Feind dir schaden. Wer Jesus findet, der hat einen köstlichen Schatz gefunden, ein Gut, besser als alles Gut. Wer aber Jesus verliert, hat allzu viel verloren und mehr als die ganze Welt. Der Ärmste ist, wer ohne Jesus lebt. Und wem es wohl ist bei Jesus, der ist der Reichste.

Eine große Kunst ist es, mit Jesus zu wandeln, und zu wissen, wie man ihn behält, ist eine große Weisheit. Sei demütig und friedsam, und Jesus wird mit dir sein. Sei fromm und gelassen, und Jesus wird bei dir wohnen. Du kannst Jesum schnell von dir vertreiben und seine Gnade verlieren, wenn du dich nur an die äußeren Dinge wendest. Und wenn du ihn vertrieben und ihn verloren hast, zu wem willst du fliehen, wen willst du dann zum Freund nehmen? Ohne Freund kannst du nicht wohl leben, und wenn Jesus nicht dein bester Freund ist, so wirst du immerzu nur traurig und einsam sein. Du handelst also töricht, wenn du auf einen anderen traust oder dich eines anderen freust. Lieber die ganze Welt zum Feinde haben als Jesus betrüben! Von allen deinen Lieben soll dir allein Jesus dein liebster Freund sein.

### Über die geringe Zahl der Liebhaber des Kreuzes Christi

... Wo ist ein solcher, der Gott dienen will ohne Lohn? Selten findest du einen solchen Geistes, der wirklich von allem entblößt ist. Denn einen wahrhaft Armen im Geist, der sich von aller Kreatur losgelöst hat: „Wer wird ihn finden? Fern und von den äußersten Grenzen ist sein Wert" (Spr. 31, 10, Vulg.). So ein Mensch alle seine Habe dahingibt, ist es noch nichts. Wenn er die strengste Buße tut, so ist es noch wenig. Wenn er alle Weisheit begriffen hätte, so ist er noch fern davon. Und wenn er große Tugend hätte und glühenden Eifer, so fehlt ihm noch viel: das eine, was für ihn im höchsten Maße notwendig ist. Was ist das? Daß er, nachdem er alles verlassen hat, sich selbst verläßt und ganz aus sich ausgeht und keine Eigenliebe behält. Und wenn er alles getan hat, was er zu tun wußte, soll er wissen, daß er nichts getan hat.

Nichts soll er großachten, was großgeachtet werden mag, er halte sich vielmehr in Wahrheit für einen

unnützen Knecht, wie die Wahrheit spricht: „Wenn
ihr alles getan habt, was euch befohlen ist, so sprechet: ‚Wir sind unnütze Knechte'" (Lk. 17, 10). Dann
kann er wahrhaft arm und bloß sein im Geist und mit
dem Propheten sprechen: „Ich bin einsam und elend"
(Ps. 25, 16). Doch niemand ist reicher, niemand mächtiger, niemand freier als der Mann, der sich und alles
zu verlassen weiß und sich zuunterst zu setzen
versteht.

*Man grüble nicht über das Sakrament,*
*sondern als demütiger Nachfolger Christi unterwerfe man*
*seinen Sinn dem heiligen Glauben*

... Manche Menschen werden von Anfechtungen
gegen den Glauben und das Sakrament schwer geplagt, aber daran sind sie nicht schuld, sondern der
Feind. Bekümmere dich nicht darum, laß dich in keinen Disput mit deinen Gedanken ein und gib keine
Antwort auf die Zweifel, die dir der Teufel ein-
geflüstert hat. Glaube vielmehr den Worten Gottes,
glaube seinen Heiligen und den Propheten, und der
böse Feind wird von dir weichen. Oft ist es von großem Nutzen, daß ein Diener Gottes solche Prüfungen
bestehen muß. Denn die Ungläubigen und die Sünder, die er schon in seiner sicheren Gewalt hat, greift
er nicht an, aber die gläubigen Frommen plagt und
versucht er auf mancherlei Weise.

Fahre fort mit deinem einfachen, unbezweifelten
Glauben, mit tiefster Ehrfurcht nahe dich dem heiligen
Sakrament. Und was du nicht begreifen kannst, überlasse getrost dem allmächtigen Gott. Gott betrügt
dich nicht, wer sich selbst zu viel glaubt, wird betrogen. Gott wandelt mit den Einfältigen, er offenbart
sich den Demütigen, er gibt Einsicht den Kleinen, er
öffnet den Sinn den reinen Seelen und verbirgt seine
Gnade vor den Vorwitzigen und Hoffärtigen. Die
menschliche Vernunft ist schwach und kann hintergan-
gen werden, aber der wahre Glaube kann nicht
zuschanden werden.

Alle Vernunft und alle natürliche Forschung muß

128

dem Glauben folgen, nicht ihm vorangehen oder ihn kreuzen. Denn Glaube und Liebe stehen hier an erster Stelle, und auf geheimnisvolle Weise wirken sie in diesem heiligsten, erhabensten Sakrament. Gott, der Ewige und Unermeßliche, dessen Allmacht ohne Grenze ist, tut Großes und Unerforschliches im Himmel und auf Erden, und seine Wundertaten sind nicht zu ergründen. Denn wären die Werke Gottes nur so beschaffen, daß sie von der Vernunft des Menschen leicht zu begreifen wären, so wären sie keine Wunder noch unaussprechlich zu nennen.

## JOHANNES BUSCH († 1480)

Die niederdeutsche Klosterreform nach den Regeln und im Geiste der *Devotio moderna* war das Werk des Augustinerpriors Johannes Busch, den man einen „katholischen Reformator des 15. Jahrhunderts" genannt hat. Zeitweise in enger Verbindung mit Nikolaus von Kues, visitierte und reformierte Johannes Busch zahlreiche Klöster, wobei er sich weithin der tatkräftigen Unterstützung durch die Landesherren erfreute. Das folgende Selbstzeugnis dieses Mannes ist für die Leistungen wie für die Schranken der *Devotio moderna* im Blick auf die Reformation gleichermaßen aufschlußreich: Die vorgeschriebene Lektüre der heiligen Schriften, d. h. der Bibel und der Erbauungsliteratur, trieb ihn als jungen Novizen in Windesheim in eine Krise hinein. Das Bewußtsein seines Versagens gegenüber der ethischen Forderung Gottes ließ ihn an Gottes Gnade zweifeln. Doch anstatt tiefer in die Heilige Schrift einzudringen, half er sich mit leichterer geistlicher Kost, und die wohlmeinenden Worte eines älteren Predigers holten ihn aus der Krise vollends zurück auf den Boden einer fromm getönten geistlichen Selbstbescheidung.

Lat. Text in: *K. Grube*, Des Augustinerpropstes Johannes Busch Chronicon Windeshemense und Liber de reformatione monasteriorum ... Geschichtsquellen der Provinz Sachsen 19 (1886), 708 ff.

Als ich, Johannes, Propst in Sülte, in Windesheim
Novize war oder kurz vor meiner Profeß [1] stand, las
ich mit größtem Eifer die Bücher der Heiligen Schrift,
um ihre Gebote kennenzulernen, und zwar zuerst die
Evangelien, sodann die Paulusbriefe und die kanonischen Briefe und das ganze Neue Testament sowie
auch das Alte Testament, den Pentateuch des Mose
und die Propheten, dazu die Kirchenlehrer, Augustin,
Gregor, Ambrosius, Hieronymus und Bernhard. Genau
und gründlich prüfte ich alle ihre Worte und suchte
zu erfahren, was sie im Neuen Testament zu meiner
Unterweisung im Glauben, in der Hoffnung, in der
Liebe und in den guten Sitten enthielten und was
sie im Alten Testament voraussagten, von dessen
Erfüllung im Neuen Testament berichtet wird. Auch
die genannten Lehrer bestätigten, daß ein Mann des
geistlichen Standes in den wahren Tugenden, den
theologischen, den Kardinal- und den moralischen
Tugenden bewandert und daß seine Seele damit bekleidet sein müsse wie sein Leib mit den äußeren
Kleidern. Als ich mit meiner ganzen inneren Kraft
bedacht war, in die Tat umzusetzen, was ich so oft
in den heiligen Büchern geboten fand, um meine
Seele mit den heiligen Tugenden zu schmücken und
mit meinen Willensregungen und heiligen Betrach-
tungen Gott beständig und unermüdlich bei mir zu
tragen, als wären Gott und ich die einzigen auf Erden
und im Himmel, und als ich täglich noch viele andere
Vorsätze faßte und zu verwirklichen trachtete, die
meine Natur und meine natürlichen Gaben überstie-
gen, und als ich erblicken mußte, daß meine Natur
dabei versagte, da entfernte ich mich von Gott um so
mehr, je mehr ich ihm näherzukommen versuchte,
wie mir damals schien, und ich meinte, er vertraue
mir nicht mehr. Schließlich kam ich so weit, daß ich
alle heiligen Schriften in die Bibliothek zurückbrachte
und keine mehr lesen wollte, weil ich oftmals bei mir
dachte: „Der Knecht aber, der seines Herrn Willen
weiß, aber nicht tut, wird viele Streiche leiden müs-

sen" (Lk. 12, 47). Lieber wollte ich Gottes Willen gar
nicht kennen als ihn kennen, ohne ihn zu tun, um
noch schwerer bestraft zu werden. Als mein Herz
schwankte, weil ich lange Zeit hindurch die Heilige
Schrift nicht las, auf Grund der Satzungen und der
Regel jedoch gezwungen war, zu gewissen Lesezei-
ten in den Büchern zu lesen, las ich die Leidens-
geschichten oder auch die Legenden der Heiligen, in
welchen keine tiefe Spekulation zu suchen war, sondern nur die einfache Erzählung des Hergangs.

Später traf es sich indessen, daß uns jener große
Vater Arnold Huls von Nordhorn einmal ein Gleichnis vorlegte, wodurch er mein Herz mit seinen
vielerlei Gedanken gänzlich heilte. Wenn ein großer
Tisch gedeckt wäre, sagte er, auf welchem viele verschiedene Speisen wie z. B. Fleisch, Kohl, Gemüse
und andere aufgetragen sind, und viele Menschen
beiderlei Geschlechts säßen dort zur Mahlzeit und
unter ihnen befänden sich auch Säuglinge, so würde
sich jeder Gast vom Tisch dasjenige nehmen, was
ihm und seiner Natur am besten bekömmlich ist. Wenn
dann das Kind oder ein Säugling weinen wollte, daß
es von jenem festen, gebratenen oder gekochten
Fleisch nichts essen kann, weil es dafür keine Zähne
hat, um solche festen Speisen zerkauen und zerbeißen
zu können, so befände es sich in großem Irrtum, und
sein Weinen wäre vergebens. Vielmehr dürfte es von
allen jenen Speisen nichts nehmen, als was seiner
Natur bekömmlich ist: weichen Brei, Milch, Mehl-
suppe, und zwar nur von der Hand der Mutter oder
der Amme, oder allenfalls das Fleisch, das seine
Mutter zu sich genommen und in ihrem Leibe in
Milch verwandelt hat, was es dann der Brust entnehmen kann, und auf diese Weise würde sich auch
der Säugling von allen jenen Speisen nähren.

Damit wollte er nur zum Ausdruck bringen, daß
jener große Tisch die Heilige Schrift ist, welche viele
für jeden Gläubigen bekömmliche Speisen in sich
enthält, von welchem ein jeder sich nehmen soll,
was seinem Geist und dem Wesen seiner Seele
und seines Leibes dienlich ist. Es wird nicht verlangt,

daß alle Menschen die Tiefen Gottes und der Heiligen Schrift kennen und tun und zu erforschen trachten, sondern es ist ihnen genug, daß sie recht leben und recht glauben und den guten Willen haben, Gottes Willen zu tun, soweit sie es vermögen und soweit sie ihn kennen, und daß sie rechtschaffene Menschen sind und nach Gottes Geboten leben, und wenn sie vollkommener sein wollen, seine Räte erfüllen, und so befinden sie sich auf dem rechten Wege, der sie zum Himmel führt.

[1] Gelübde beim Eintritt in den Orden.

## JOHANNES VON STAUPITZ († 1524)

Bei dem Generalvikar der strengen deutschen Augustiner-Eremiten, Johannes von Staupitz, dem Vorgesetzten und Seelsorger Luthers, finden sich Gedanken aus verschiedenen älteren und jüngeren mystischen Traditionen vereinigt. Die Gefahr moralisierender Vereinseitigung meidend, fand Staupitz Zugang zu den tieferen Grundsätzen der Mystik, denen er geistliche Früchte für sich und andere abgewann: Die mit ihrer Sünde Ringenden lehrte er, auf die Verheißung Gottes zu achten. Selbst ihren guten Vorsatz zur Besserung sollten sie als Gnadengabe empfinden. Vor allem aber bewertete er Anfechtung und Leiden als sicheres Anzeichen der Erwählung durch Gott. Den Blick der Zweifelnden lenkte er auf die in Christus geoffenbarte göttliche Barmherzigkeit. Mit solchen Hinweisen hat Staupitz den jungen Luther im Kloster viele Male wiederaufgerichtet. Über den zahlreichen und breiten Wegen, die von der Mystik und von der *Devotio moderna* zur Reformation hinführen, wird die einmalige persönliche Verbindung zwischen diesem Nachfahren der Mystik und dem Reformator nie in Vergessenheit geraten. Luther hat „seinem lieben Doktor Staupitz", der die Wendung seines Schülers nicht mitmachte und als Abt des Benediktinerklosters St. Peter in Salzburg starb, zeit seines Lebens echte Dankbarkeit bewahrt; er war fest überzeugt, durch seine Mitwirkung sei ihm das Licht des Evangeliums aus der Finsternis aufgeleuchtet.

Lat. Text: Johannes von Staupitz, Tübinger Predigten, hg. von *G. Buchwald* und *Ernst Wolf.* Quellen und Forschungen zur Reformationsgeschichte 8 (1927) 91—94. — Dt. Übersetzung: *A. Jeremias,* Johannes von Staupitz (1926) 164—168, 170 f. (= Aus den Adventspredigten 1516).

Lit.: *Ernst Wolf,* Staupitz und Luther (1927).

## Aus den Predigten

### Prädestination, Nachfolge im Leiden, Rechtfertigung (1497/98)

... Wer drittens den Tag der Prädestination betrachten will, denkt an das Wort des Apostels (Röm. 8, 29): „Die er zuvor versehen hat, die hat er auch verordnet, daß sie gleich sein sollten dem Ebenbild seines Sohnes, daß dieser sei der Erstgeborene unter vielen Brüdern." Daraus folgern wir also: Erstens gibt es bei jeder Gattung eine Regel und Maß für die übrigen, welche derselben Gattung angehören. Christus, der lebendige Sohn Gottes, ist der erste unter vielen Brüdern, also ist er die Regel und das Maß der Brüder. In der Kraft seiner Vernunft ist Christus die Regel der Prediger durch seine überaus weise Predigt. In der Kraft seines Begehrens ist er die Regel für die Keuschen durch seine unversehrte Keuschheit. Schließlich ist er die Regel der Märtyrer in der Kraft seines Leidens durch das überaus geduldige Leiden ... Die Keuschheit empfahl er als Rat, denn er sprach (Mt. 19, 12): „Wer es fassen kann, der fasse es." Die Gleichförmigkeit seines Leidens aber hat er allen aufgetragen; denn er spricht (Mt. 16, 24): „Wer mir nachfolgen will, der verleugne sich selbst und nehme sein Kreuz auf sich", ebenso (Mt. 10, 38): „Wer nicht sein Kreuz auf sich nimmt und mir nachfolgt, der ist mein nicht wert", und (Lk. 14, 27): „Wer nicht sein Kreuz trägt und folgt mir, der kann nicht mein Jünger sein." Siehe: Wer nicht sein Kreuz trägt, ist nicht sein Nachfolger, wer Christus nicht nachfolgt, ist dem Bild des Sohnes Gottes nicht gleichförmig. Wer nicht gleichförmig ist, ist nicht prädestiniert. Wer nicht prädestiniert ist, wird nicht selig werden. Wer nicht selig wird, leidet ewige Pein ... Das untrüglichste und unmittelbare Zeichen der Prädestination ist daher die

Gleichförmigkeit des Leidens Christi. Wenn du aus dem Tage der Prädestination diese Erleuchtung empfängst zur Trübsal, wirst du sie nicht für ein großes Geschenk halten? Es ist sehr groß. Wunderlich ist die Torheit des Volkes, die um der geringen Bitternis willen die beste Arznei verschmäht. Aber so wie in der Tat niemand den überaus süßen Kern der Nuß schmecken wird, der die Bitternis der Schale auch nur etwas verschmäht, so steckt in der Bitternis der Anfechtung die überaus süße Tröstung, die Sankt Paulus gekostet zu haben scheint, als er sprach (Röm. 8, 18): „Dieser Zeit Leiden sind der Herrlichkeit nicht wert, die an uns soll offenbart werden." So seid nun getrost, Brüder, seid getrost und seid stark ...

Desgleichen folgt in dem Worte Sankt Pauls, auf dem wir diesen Punkt aufgebaut haben: „Welche er aber verordnet hat, die hat er auch berufen" (Röm. 8, 30) durch die Gnade, und zwar im wahren katholischen Glauben. Es darf aber niemand glauben, daß er berufen sei ohne Trübsal. Hast du Trübsal und Anfechtung erfahren, so ist es gut. Wenn du aber nicht angefochten bist, so sei bereit, daß du alsbald angefochten wirst. „Wenn du aber glaubst, du habest keine Trübsale", sagt Sankt Augustin über Psalm 55, „so hast du noch nicht angefangen, ein Christ zu sein."

Desgleichen folgt in dem Worte Sankt Pauls: „Welche er aber verordnet hat, die hat er auch berufen, welche er aber berufen hat, die hat er auch gerecht gemacht" (Röm. 8, 30). Unsere Rechtfertigung empfangen wir durch die Sakramente, in welchen die Kraft des Leidens unseres Herrn Jesus Christus wirkt ... Und wer könnte so wandeln, daß er niemals strauchelt? Was mit der Zunge gewiß gar rasch geschehen kann. Denn wenn einer mit der Zunge sündigt, ist er nicht vollkommen. Wer wollte es schließlich wagen, sich als vollkommen zu bezeichnen und zu wähnen? Es ist also wohl unausweichlich, daß einer mit der Zunge sündigt. Unsere Feinde aber fangen unsere Worte auf und suchen uns einen Strick daraus zu drehen und lästige Vorwürfe. Aber der

Mensch wird sich in sein Herz zurückziehen und eilt zu Gott und weiß ihm zu sagen: Alles Gute, alles Wahre, was ich gesagt habe, ist Gottes und von Gott; alles, was ich sonst gesagt habe und nicht hätte sagen dürfen, habe ich als Mensch gesagt, aber als Mensch unter Gott, der einen in seinem Wandel bestärkt, im Irrtum bedroht, der dem Reuigen verzeiht und den Gefallenen wieder zu sich ruft. „Denn ein Gerechter fällt siebenmal und steht wieder auf, aber die Gottlosen versinken im Unglück" (Spr. 24, 16). Aber wie erhebt sich der Gerechte? Durch die Buße mit Tränen vor Gott und in der Hoffnung auf die Verheißung.

### Über den Ablaß (1516)

... Und das ist klar, daß ein Mensch, der eine so herzliche Reue zeigt, nicht nur der Hölle, sondern auch der Pein des Fegefeuers zu entfliehen vermag, selbst wenn er unversehens ohne die christlichen Sakramente sterben müßte. Wie aber diese Reue zur Tilgung der genannten Pein hinreichend sein soll, das zeigt Paulus in seinem Brief an die Römer: Der Mensch soll einen so großen, innigen Schmerz über seine Sünde empfinden, wie er Lust empfand, als er die Missetat beging. Obwohl es nun sehr schwer ist, eine solche hohe Reue zu erreichen, so will doch Gott der Allmächtige, falls wir durch eine geordnete Reue hierzu unser Mögliches tun und uns der mitwirkenden Kraft und Erfüllung des Blutes Christi unterwerfen, wie ein barmherziger Vater abermals Geduld mit uns üben und uns nicht verlassen, sondern unsere Burg und unser Helfer sein.

Und es ist nicht recht, wenn etliche dem einfältigen Volk einreden: Wenn der Mensch seine Sünden fleißig beichtet und dann durch seine irdische Gabe des päpstlichen Ablasses teilhaftig wird, so erlange er damit die Vergebung der Sünden. Denn der Klang des Guldens, der in die Geldkiste fällt, wird den Sünder von seiner Sünde nicht freimachen. Dem allem muß vornehmlich und an erster Stelle ein recht reuiges

Herz vorangehen. Auch ist es unzweifelhaft, daß der
Mensch durch eine recht gegründete ordentliche Reue
auch ohne allen Ablaß, dessen er sich bedienen kann,
Vergebung seiner Missetat zu erlangen vermag. Aber
es ist unglaubhaft und ohne allen Grund, selbst mit
der allerhöchsten päpstlichen Gnade, Verzeihung der
Sünden zu erlangen, wenn nicht zuvor eine wahre,
herzliche Reue über die Sünden damit verbunden ist.

### Gott wirkt den guten Vorsatz des Menschen

Weil rechte Reue ohne ordentlichen, guten Vorsatz
keinen Bestand hat, so ist es notwendig, daß der
Mensch, der bereut hat, auch in seinem Vorsatz eine
rechte Ordnung hält. Wenn nun der Mensch meinen
wollte, er habe diesen Vorsatz, aus seinem freien
Willen alles das, was ihn zur Untreue ziehen möchte,
zu fliehen und Gott allein ganz ruhig zu dienen, desgleichen alle Ursache und Lockung zur Sünde zu meiden und den Lüsten der Sünde gar nicht mehr statt-
zugeben, so wäre das ein unordentlicher und unfrucht-
barer Vorsatz. Denn damit stellt der Mensch sein
Vertrauen und seinen Vorsatz in seinen eigenen freien
Willen, seine Kraft und Wirkung und nicht in den
Willen und die Kraft Gottes. Das kann Gott nicht
leiden, denn er allein ist es, der dem Menschen die
Sünden vergibt und ihn zu einem guten Vorsatz bringt.
Der Mensch muß an solchem freien, eigenen, kräftigen
Vorsatz verzweifeln und darf sich keineswegs zu-
trauen, daß er auch der geringsten Lust, Anfechtung
oder Versuchung zu den Sünden aus sich selbst
Widerstand leisten kann oder will. Er muß sich deshalb mit seinem Willen und Vorsatz Gott dem Allmächtigen, aus dessen Kraft und Wirkung diese Gnade
allein fließt, gänzlich unterwerfen, wie der Stoff dem
Handwerker, und muß ihn bitten, daß er in ihm wirke,
damit er die Lust zur Sünde fliehen und solchen zufälligen sonderlichen Anfechtungen Widerstand leisten
kann und ihn zu einem Menschen mache nach seinem göttlichen Wohlgefallen und zu seiner Seelen
Heil.

...So soll unser ganzes Tun und Wirken, auch all unser Streiten hier auf Erden in Gott geordnet sein. Denn unser ganzes Leben und Wirken wäre ohne Gottes Hilfe ganz unnütz, eitel und vergebens, und es ist gewiß, daß wir durch unsere Kraft und aus uns selbst auch der geringsten Anfechtung nicht Widerstand leisten können, desgleichen, daß wir unsere Feinde, ja, die wenigsten, durch unseren Streit überwinden können. Denn wenn dem so wäre, so müßte es wahr sein, daß Gott unser einziger Erhalter, Erlöser und Seligmacher wäre...

### Gott ist barmherzig

Es ist eine große Torheit, zu denken, die Sünden seien größer als Gottes Barmherzigkeit. Die Barmherzigkeit Gottes ist ohne Maß und unendlich groß. Keinem, der sie begehrt, wird sie versagt. Auch wer nicht in besonderen Sünden ist, soll seine Bedürftigkeit anerkennen und sich auf Christus richten, daß er ihm helfen möge. Er hat uns den Brunnen der Gerechtigkeit Gottes geöffnet.

Gott will von seinen Kreaturen allezeit mehr geliebt als gefürchtet werden. Er zeigt sich nicht als der Henker oder Scharfrichter, der dem Übeltäter auf den Nacken tritt, sondern als ein Seelenhirt, der seine verlorenen Schafe sucht. Der Scharfrichter und der Vater strafen aus verschiedenen Gründen, wenn auch die Härte der Züchtigung vielleicht dieselbe ist. Die eine will Furcht erwecken, die andere geschieht aus der Liebe des Vaters zum Sohn. Darum sollen wir Gott lieben als den freundlichsten, barmherzigsten Vater und fürchten als einen gerechten und milden Richter, nicht mit einer knechtischen, sondern mit der kindlichen Furcht. Durch die Furcht Gottes wird der Mensch wie ein Hase geschreckt, daß er in das Garn der göttlichen Liebe eilt und hier gefangen wird.

# IV. KONZILIARISTEN

## GUILELMUS DURANDUS († UM 1330)

In seinem Ringen mit dem Kaisertum hatte das Papsttum im 13. Jahrhundert entscheidende Siege errungen. Es war ihm gelungen, seinen Primat zu einem Supremat zu steigern, den die europäischen Völker weitgehend hinnahmen. Zu der führenden Stellung in der äußeren Politik kam die geradezu absolute Gewalt in der Kirche selbst: die katholische Kirche des Abendlands war nunmehr Papstkirche. Glanzvolle Beweise dieses doppelten päpstlichen Supremats waren die beiden großen Konzilien des 13. Jahrhunderts, das Vierte Laterankonzil (1215) und das Konzil von Lyon (1274). Die realpolitische Basis der allumfassenden päpstlichen Herrschaftsansprüche war freilich zu schmal. Das Papsttum mußte politische Verbündete suchen. Am Ende des 13. Jahrhunderts fand es Anlehnung an das aufstrebende, starke Frankreich. Aus dieser Anlehnung wurde Abhängigkeit. Und gleichzeitig regte sich innerhalb der Kirche eine vielartige, verschieden begründete Opposition. Der päpstliche Zentralismus sollte eingeschränkt, die Macht der Kurie beschnitten, der frühere Rechtszustand der Kirche wiederhergestellt werden. Zur Durchführung dieser Reform sollte ein Konzil einberufen werden, jetzt nötigenfalls auch gegen den Willen von Papst und Kurie — ein Gedanke, der die Kräfte des Widerstands beflügelte und unter sich einte: der Konziliarismus entstand. Er sollte ein Hauptthema der Kirchengeschichte des späten Mittelalters bilden.

Neben den führenden Geistern des Jahrhunderts wie Marsilius von Padua und Wilhelm von Ockham machten sich auch kirchliche Prälaten die Gedanken des Konziliarismus zu eigen. Einer der frühesten französischen Konziliaristen war der Bischof Durandus von Mende im Erzbistum Albi. Unerschrocken forderte er die Wiederherstellung der alten bischöflichen Rechte und eine gründliche Reform der Kurie. Er büßte seinen Freimut in päpstlicher Haft, und nur der Einspruch der französischen Krone rettete ihn vor der Verurteilung.

Lat. Text: Guilelmus Durantis Tractatus de modo generalis concilii celebrandi (Lyon 1531) Teil III, Rubrik 27, 31, 32.

Lit. zum Konziliarismus: (Forschungsbericht) *E. F. Jacob*, The Conciliar Movement in recent study, Bulletin of the John Rylands Library 41 (1958/59) 26—53. — *F. Bliemetzrieder*, Das Generalkonzil im Großen abendländischen Schisma (1904); *J. Haller*, Papsttum und Kirchenreform (1903); *K. Hirsch*, Die Ausbildung der konziliaren Theorie im 14. Jahrhundert (1903); *B. Tierney*, Foundations of the Conciliar Theory (1955).

## Traktat über die Abhaltung eines allgemeinen Konzils

Sicherlich würde es, was die Reform der römischen Kirche angeht, gut erscheinen, daß die römische Kirche, welche keine Falte noch Runzel haben soll und welche die Mutter des Glaubens ist und die Lehrerin der Gesamtkirche sein soll, welcher man alle Dinge der heiligen Religion vorbringen und von der man die Norm empfangen muß, sich selbst als Regel und Schule der Tugenden erweist, damit sie durch guten Wandel die Norm für den guten Wandel anderer ist und sich selbst auf den Pfaden der Gerechtigkeit richtig leite und nicht abseits führe und so durch vorherige Verbesserung an sich selbst in der Liebe zu Gott und dem Nächsten, in wahrer Demut, durch ehrbaren Wandel, ernste Sitten, fleißigen Gottesdienst, Sparsamkeit in Nahrung und Kleidung und unter Vermeidung allen Übermaßes an Gewändern, Ausrüstungen, Dienerschaft und Gepränges, mit gründlichem Wissen begabt und nach Entfernung des Balkens aus ihrem Auge dasjenige, was unter ihren Untertanen verkehrt und böse ist, in Erfahrung bringe, berichtige und auch reformiere nach Christi Beispiel, welcher zuerst handelte, bevor er zu lehren begann (Apg. 1, 1).

Desgleichen soll sie sich das Gesetz auferlegen, dasjenige, was in den bewährten göttlichen und menschlichen Gesetzen enthalten ist, nicht zu übertreten, wodurch das Menschengeschlecht von ihr und von der kaiserlichen und königlichen Autorität geleitet werden soll. Doch soll sie auch befehlen, es bis aufs Blut zu befolgen und keinen Dispens dagegen erteilen noch Privilegien noch Ablässe noch Ausnahmen bewilligen, vielmehr soll sie die bewilligten Ausnahmen wieder rückgängig machen. Und der Herr Papst soll keine wichtige Sache ohne den Rat seiner Brüder unternehmen noch soll er die von seinen Vorgängern mit guten Gründen erlassenen Satzungen aufheben noch soll er gestatten, daß sie gegen die kirchliche Freiheit verkauft werden.

Da die Bischöfe an die Stelle der Apostel getreten sind, welche von Gott die gleiche Vollmacht erhalten haben wie Petrus — was von den Kurialbeamten, welche keine Bischöfe sind, nicht zu lesen steht —, soll sie denselben Bischöfen, Erzbischöfen, Metropolitanen, Primaten und Patriarchen, den Äbten und anderen in ihren Schreiben, bei Prozessen, bei der Sitzordnung innerhalb und außerhalb der Kirche und bei anderen Gelegenheiten in Wort und Tat die ihnen gebührende Ehre erweisen . . .

Desgleichen soll die genannte römische Kirche die Gewalt und Rechtsprechung, welche den genannten Prälaten und Kuraten zukommt, und das, was ihnen von Gott, den Aposteln, den Konzilien, den römischen Päpsten und von der Gesamtkirche an eben ihren Orten und unter ihren Völkern übergeben ist, nicht in Unordnung bringen . . .

Desgleichen soll sie bei der Ausübung der Gerechtigkeit eine so große und derartige Sorgfalt anwenden, daß die Entscheidung einer bedeutenden Rechtssache auf keinen Fall mehr als drei Jahre und die Appellationen nicht mehr als zwei Jahre hinausgezögert werden können . . .

Desgleichen soll sie von nun an keine allgemeinen Gesetze erlassen ohne die Einberufung eines allgemeinen Konzils, was jedes Jahrzehnt einmal einberufen werden soll; so wie die römische Kirche selbst das, was bisher gut und richtig beschlossen gewesen ist, bei sich selbst befolgen soll, so soll sie auch dafür sorgen, daß es von allen befolgt wird.

Desgleichen soll die genannte römische Kirche

keine Laien aus der Verwandschaft oder Freundschaft
des römischen Papstes oder der Kardinäle oder anderer geistlicher Personen ausstatten, befördern oder
über ihren Stand hinaus mit Kirchengütern ausrüsten
und reichmachen und, soweit es möglich ist, soll sie
das bereits Vergebene widerrufen oder allenfalls wie
ein noch unbestraftes Ärgernis mit Dispens behandeln.

Desgleichen soll der Primat der besagten römischen
Kirche näher erklärt und durch kirchliche und weltliche Rechte entschieden werden, und der Herr Papst
soll nicht Priester der universalen Kirche genannt
werden . . .

Weiterhin: Die genannte universale Kirche und auch
das ganze christliche Volk könnte, dürfte und sollte
reformiert werden, wenn die zwei Instanzen, von
denen nach der Meinung des Papstes Gelasius[1] diese
Welt vor allem regiert wird, die heilige Autorität
der Päpste und die Gewalt der Könige, das Menschengeschlecht durch zwei Dinge, durch welche es in heilsamer Weise regiert werden kann, regierten, und zwar
mit dem natürlichen Gesetz, welches im Gesetz und im
Evangelium enthalten ist, und mit den Gewohnheiten
(das ist: mit den menschlichen Gesetzen, die durch
Eingebung des Heiligen Geistes in den Kanones der
Apostel, in den Konzilien [und von den römischen
Päpsten und von den hohen katholischen Prälaten][2]
erlassen sind, um das Menschengeschlecht zum allgemeinen Nutzen zu regieren). Und das, was sie oder
andere im Gegensatz dazu erlangt haben, sollen sie
widerrufen, korrigieren und verbessern ohne Rücksicht auf alle möglichen Privilegien, Ablässe, Freiheiten, Immunitäten und Exemptionen, die sie im
Gegensatz dazu erteilt haben, auch ohne Rücksicht auf
alle möglichen Bräuche und Gewohnheiten, die dem
entgegenstehen, die aber vielmehr für Mißbräuche zu
halten sind. Und sie sollen dafür sorgen, daß nicht
das, was in vielen Nächten ausgedacht und nach reif-
licher Erwägung erlassen wurde, mit Rücksicht auf
einen so oder anders lautenden Erlaß aufgehoben
oder ungestraft widerrufen wird. Denn was die alte

Zeit richtig festgesetzt hat, das hat unsere neue Zeit schwer vernachlässigt. Und da die geistlichen und weltlichen Ämter verteilt und unterschieden sind, sollen sie dafür sorgen, daß sie in größere, mittlere und kleinere unterschieden bleiben, daß jedem von ihnen seine eigentlichen Aufgaben zugehören und daß sie die stufenweise zu ihren Ämtern gehörigen Pflichten ausüben, und was einem Amt übertragen war, soll von keinem anderen in Unordnung gebracht werden. Unsere neue Zeit hat unter Unruhe gelebt, weil sie die genannten Stufen und Ordnungen verlassen hat...

Zum zweiten könnte die Gesamtkirche reformiert werden, wenn die römische Kirche in erster Linie von sich und dann Stufe für Stufe von den Prälaten und anderen die bösen Beispiele entfernte, von welchen das ganze Volk geärgert und gleichsam angesteckt wird. Und die Herrscher des Volkes lassen den Namen des Herrn nach Jesaja (Jes. 52, 5) gelästert werden. Denn nach Augustinus verwirrt und hemmt die Kirche Gottes nichts mehr, als wenn man sagt: Schlimmer sind die Kleriker als die Laien...

Und wenn man auf diesem heiligen Konzil nicht für ein zureichendes Mittel sorgt gegen die genannten Untaten, die in der Kirche Gottes gleichsam öffentlich und notorisch begangen werden, so wird man unter den Gläubigen und Ungläubigen sagen, daß der Glaube, welcher (nach Jak. 2, 17) ohne die Liebe tot ist, mit den Prälaten und den kirchlichen Personen, welche das Licht der Welt sein und die Lampen der guten Werke in ihren Händen tragen sollen, untergegangen ist... Und wenn das gegenwärtige heilige Konzil vorbei und beendigt ist und es in jedem Stand an der Reform fehlt, so wird, wenn die gehörige Reform nicht in tadelloser Weise[3] stattfindet, ein

---

[1] Er regierte 492—496. Anspielung auf seinen Brief an Kaiser Anastasius, vgl. *C. Mirbt*, Quellen zur Geschichte des Papsttums... (4. Aufl. 1924) 85.

[2] Das Eingeklammerte ist vielleicht ein späterer Zusatz, vgl. auch *Haller*, Papsttum und Kirchenreform (I), 59.

[3] Vielleicht *inculpabiliter*, statt im Text: *incorporabiliter*.

Übel auf das andere folgen. Und die Schuld an alledem wird man unserem Herrn, dem Papst, zuschreiben und seinem ehrwürdigen Kollegium und diesem heiligen Konzil, welche die Macht und die Pflicht haben, die genannten Dinge zu verbessern und abzustellen ...

## KONRAD VON GELNHAUSEN († 1390)

Bis zur Erfüllung der Wünsche der Konziliaristen war es ein weiter Weg. Es galt dabei nicht nur, die ins allgemeine Bewußtsein eingedrungenen Vorstellungen vom päpstlichen Primat zu überwinden, sondern vor allem die nun schon seit langem im Kirchenrecht verankerten Rechtsbestimmungen zu entkräften oder gar aufzuheben. Vielleicht wäre die Lösung dieser Aufgabe auch den scharfsinnigsten Theoretikern mißglückt, wenn ihren Bemühungen nicht ein äußeres Ereignis Nachdruck verliehen hätte: das päpstliche Schisma von 1378, das die abendländische Christenheit in zwei Teile spaltete und von vielen Zeitgenossen geradezu als apokalyptisches Ereignis empfunden wurde; sie meinten, die Zeit des Antichrists sei gekommen.

In Paris, wo die konziliare Theorie seit den Tagen des Marsilius von Padua fortgebildet wurde, trat der deutsche Theologe Konrad von Gelnhausen mit seinem „Eintrachtsbrief" hervor (1380), um das schwere Ärgernis des Schismas womöglich mit Hilfe eines Konzils zu beseitigen. Als sich Frankreich für den französischen Papst Clemens VII. gegen den römischen Urban VI. erklärte, kehrte Konrad nach Deutschland zurück, wo er als Kanzler der neugegründeten Universität Heidelberg starb. Das geltende päpstliche Recht suchte er durch ein Ausnahmerecht zu beschränken, indem er das Schisma als Notstand auffaßte, dem nur eine der Situation angemessene Auslegung der Gesetze („epieikeia") gerecht werden könne. Mit aller Deutlichkeit lehrte er, die allgemeine Kirche der Gläubigen und ihre Vertretung, das Konzil, sei dem Papst und den Kardinälen nicht unter-, sondern übergeordnet. Die rasche Weiterentwicklung des Konziliarismus wurde durch seine Grundsätze wesentlich bestimmt.

Lat. Text in: *F. P. Bliemetzrieder*, Literarische Polemik zu Beginn des großen abendländischen Schismas (1909), 116 f., 119 f., 121 f., 130 ff.

Lit. *Hauck* V, 738—741.

## Epistola Concordiae (1380)

„Der Anfang deiner Worte ist Wahrheit", spricht die Wahrheit selbst (Ps. 119, 160). Damit daher meine Lippen einfältig die reine und wahre Meinung vorbringen, beuge ich meine Knie in Demut von Herzen und rufe Jesus Christus an, welcher der Weg, das Leben und die Wahrheit ist, und spreche: „Komm, Herr Jesu, komm, Herr Jesu" (Apk. 22, 20).

Der Heiland sagt im Evangelium voraus, am Ende der Welt werden sich falsche Propheten erheben und viele verführen, und seine Gläubigen werden viele Anfechtungen in der Welt haben, doch die Pforten der Hölle werden sie nicht überwinden (Mt. 16, 18). Daher müssen, wie der Apostel sagt, Häresien und Schismen sein, auf daß diejenigen, so rechtschaffen sind, offenbar werden (1. Kor. 11, 19). Daher müssen auch wir uns zusammen mit dem Propheten dagegen erheben und eine Mauer errichten für das Haus Israel, damit wir nicht zu den stummen Hunden gehören, die nicht bellen — das ist: frei reden — können, sondern sich scheuen, das Rechte frei auszusprechen, und sich fürchten, die Gnade der Menschen zu verlieren. Nun ist jüngst in diesen bösen Tagen, sei es wegen der Sünden unserer Väter, wie einige sagen, welche ich gleichwohl nicht beschuldigen will, sei es wegen der Fehler der Söhne meinesgleichen, die ich nicht entschuldigen will, sei es wegen der Sünden beider, was manche mit größerem Recht glauben und für erwiesen halten, mit der Zulassung Gottes ein ganz unerhörtes und höchst verderbliches Schisma zum Schaden der Einheit der heiligen katholischen Kirche entstanden. Wenn ein Christ diesem nicht mit allen seinen Kräften entgegenarbeitet und sich entgegenstellt, so zeigt er damit in der Tat, daß er den rechten Glauben nicht hat und eigentlich ein Verräter seiner Mutter ist, ein Verräter, schlimmer als ein Ungläubiger, ja, ein Vorläufer des Antichrists. Und manche von ihrer Weisheit erlauchte und durch ihren heiligen Wandel berühmte Männer sind der Meinung, ein solches verderbliches Schisma könne, wenn nicht durch ein gött-

liches Wunder schlechthin, dann nur noch durch ein
allgemeines Konzil geheilt werden. Diesen Männern
pflichte ich, der geringste und unnütze Zögling derselben heiligen Mutter, bei, welche die Sünder, wie
ich leider einer bin, nicht verachtet...

... Die Hauptthese ist diese: Zur Heilung und Aufhebung des jetzigen Schismas soll, kann und darf ein
allgemeines Konzil berufen werden. Dies wird mit
drei Gründen bewiesen — „eine dreifältige Schnur
reißt nicht leicht entzwei" (Pred. 4, 12) — und dazwi-
schen sodann durch Autoritäten ergänzt.

Erster Hauptgrund: Wenn das, was geringere Bedeutung zu haben scheint, Bedeutung hat, dann auch
das, was mehr Bedeutung hat. Geringer aber dürfte
es erscheinen, daß in Fällen von weitaus geringerem
Gewicht und geringerer Gefahr, als es bei dem gegenwärtigen Schisma der Fall ist, ein Konzil berufen
werden darf, und doch sind zur Erörterung solcher
Dinge allgemeine Konzilien abgehalten worden. Mit
größerem Recht kann, soll und darf daher zur Erörterung des jetzigen Schismas ein allgemeines Konzil
berufen werden...

Zweiter Hauptgrund: Sobald ein neuer, Ärgernis
erregender Tatbestand vorliegt, welcher die Einheit
der ganzen katholischen Kirche zerreißt, aus dessen
Fortdauer mit Wahrscheinlichkeit auch die gänzliche
Zerstörung der Ruhe und des Friedens der Kirche und
die Entstehung unzähliger Gefahren für die Seelen
zu befürchten steht, und hierüber nicht nur die Leute
aus dem Volk und die Gemeinen, sondern auch die
Mächtigsten und Weisesten der ganzen Welt, Geistliche und Weltliche unter sich gespalten und verschiedener und gegensätzlicher Meinung sind, so gibt es,
wenigstens bei dem jetzigen Tatbestand, kein einziges,
unumstrittenes, höchstes Haupt, an das man sich zur
Entscheidung über diesen Tatbestand wenden könnte.
die Streitfrage betrifft ja gerade dieses Haupt. Und
so ist ohne Zweifel ein allgemeines Konzil notwendig,
welches derartige Meinungsverschiedenheiten und
Gefahren schlichtet und abwehrt...

Dritter Hauptgrund: Die Prüfung, Erörterung und

Entscheidung einer großen, schweren Zweifelsfrage, welche durch irgendeinen Untergebenen oder durch Untergebene angeregt ist und welche nicht nur die Anreger selbst, sondern den katholischen Glauben und den Stand der Gesamtkirche betreffen, ist dem- oder denjenigen, die ihm oder ihnen übergeordnet sind, vorzutragen. Die heilige Mutter, die katholische und allgemeine Kirche, welche durch das allgemeine Konzil repräsentiert wird, ist aber dem Kollegium der Kardinäle übergeordnet, denn es ist ihr Tatbestand, ihr Glaube und der Zustand der Gesamtkirche, welche in Zweifel und Frage gezogen wird. Und es gibt auf der Erde keine andere übergeordnete Instanz, an die man sich in diesem Falle wenden könnte. Also muß man sich zur Prüfung, Erörterung und Entscheidung an die heilige Gesamtkirche selbst und infolgedessen an das allgemeine Konzil wenden.

... Die heilige katholische Kirche, deren unerschüt- terliches Haupt Christus ist (1. Kor. 11, 2) und sie sein Leib (Kol. 1, 18), mit der sich ein Mann aus tausend vermählt hat (Pred. 7, 29), der den Ring seiner Treue zum Pfand gegeben hat (Hos. 2, 22): „Ja, im Glauben will ich mich mit dir verloben", der Gott selbst über- aus viele Vorrechte und Freiheiten verliehen hat (Mt. 16), ist nicht das Kollegium des Papstes und der Kardinäle noch irgendein Teilkollegium der Welt, und zwar deswegen, weil ein solches schuldhaft irren kann... Die Kirche ist vielmehr die Versammlung der Gläubigen in der Einheit der Sakramente..., deren Glaube bis zum Tage des Gerichts niemals auf- hören wird, „denn er hat uns geliebt, da wir tot waren in den Sünden" (Eph. 2, 4 f.), und liebte uns bis zum Ende (Joh. 13, 1), daher ist seine Liebe niemals dahin- gefallen, von der es heißt (Jer. 31, 3): „Ich habe dich je und je geliebt, darum habe ich dich zu mir gezogen aus lauter Güte"..., die Kirche vollkommenen Glau- bens, der Hoffnung und der Liebe ist nicht allein in den heiligen Jungfrauen, sondern auch in den vermähl- ten Gläubigen gänzlich Jungfrau, daher sagt der Apo- stel zur gesamten Kirche, deren Glieder sie alle sind: „Denn ich habe euch vertraut einem Manne, daß ich eine reine Jungfrau Christo zubrächte" (2. Kor. 11, 2). Diese heilige Mutter Kirche schließt den Papst nicht aus, sondern ein, samt jedem Gläubigen ...

... Wenn also der Notstand einer Privatperson und eines Sünders die Bande des Gesetzes aufhebt, wer zweifelt daran, daß in einem solchen großen Notstand der heiligen katholischen Kirche, der Braut Christi und unserer gemeinsamen Mutter, kein menschliches Gesetz, welches die Versammlung eines allgemeinen Konzils nur auf Grund der Autorität des Papstes vorsieht, ein Hindernis dafür bildet, daß die Krankheit am Haupt geheilt wird und nicht den ganzen Leib ansteckt ...? Wie daher ein Krieg nicht allein dann gerecht ist, wenn er von einem Fürsten in gehöriger Weise erklärt wird ..., sondern wie man auch auf Grund eines unausweichlichen Notstands zur Selbstverteidigung oder zur Verteidigung des Vaterlandes oder des väterlichen Gesetzes einen erlaubten und gerechten Krieg führen kann, so muß man das auch im geistlichen Krieg auf entsprechende Weise gelten lassen, da die fleischlichen Kriege der Typus der geistlichen Kriege sind ..., und zwar des allgemeinen Konzils, welches berufen werden muß, damit gegen die geistlichen Irrtümer die Häresien und Schismen und andere Widerwärtigkeiten und Bosheiten des Dämons nicht allein mit der Autorität des Fürsten, das ist: des Papstes, gekämpft wird, falls man sich ihrer bedienen kann, sondern, im äußersten Notfall, wie er heute vorliegt, auch ohne seine Autorität. Das wird an einem klaren Beispiel deutlich: Wenn nämlich plötzlich Feinde mit starker Macht die Stadt Paris überfielen und so tapfer und heftig kämpften, daß sie sogar die Tore zerstören und die ganze Stadt erobern könnten, müßten dann nicht die Bürger der Stadt Paris auch ohne die Erlaubnis des Königs von Frankreich, der vielleicht viele Tagereisen weit entfernt ist, ihren Feinden zur Abwehr entgegeneilen, oder sollten sie die drohende Gefahr in ihren Häusern erwarten, ohne sich zu verteidigen? ...

... Drittens muß man bemerken, daß die Gesetzgeber bei der Schaffung von Gesetzen für das öffentliche Wohl häufig das im Auge haben, was oftmals und bei vielen sich ereignet, und daß sie dementsprechend ihre Gesetze erlassen... Diese Gesetze oder allgemeinen Satzungen in gewissen Fällen nur nach dem äußeren Wortlaut zu beachten, wäre jedoch gegen die Billigkeit der Gerechtigkeit und auch gegen das Allgemeinwohl, um dessen willen, wie gesagt, die Gesetze erlassen werden, und infolgedessen gegen die Meinung des Gesetzgebers... Um ein Beispiel zu nennen: Ein Gesetz verordnet im allgemeinen die Rückgabe einer hinterlegten Sache, denn das ist in der Regel gerecht. Aber es kann bisweilen schädlich sein, wenn zum Beispiel der Hinterleger wahnsinnig geworden ist und ein Schwert fordert, um sich oder einen anderen zu töten, oder wenn einer das hinterlegte Gut zurückfordert, um damit gegen sein Vaterland zu kämpfen. In diesen und ähnlichen Fällen ist es offenbar verkehrt, dem Wortlaut des Gesetzes zu folgen. Daher ist der Empfänger des hinterlegten Gutes nicht gehalten, das hinterlegte Gut zurückzuerstatten, auch wenn er es versprochen hat. ... Hierzu ist eine gewisse Fähigkeit verordnet, welche der Philosoph [1] im 5. Buch der Ethik „Epikeia" nennt, welche die Gerechtigkeit des Gesetzes leitet und darum besser und edler ist, weil man mit ihrer Hilfe der Meinung des Gesetzgebers auf bessere und vollkommenere Weise Gehorsam leistet ...

... Auch muß man wissen, daß es noch viele andere Gründe gibt, um deren willen es höchst notwendig wäre, ein Konzil zu berufen, selbst wenn das gegenwärtige Schisma nicht entstanden wäre. — Um der Kürze willen habe ich sie hier nicht vorgebracht, und in Demut bitte ich um Nachsicht für meine Unzulänglichkeit, denn ich habe keine Schriften anderer Lehrer gesehen, die für diese These eintreten, vielmehr ist die Mehrzahl dagegen. Doch will ich an der Wahrheit, an der ich festhalte, nicht abtrünnig oder wankend werden, mit ihrer Hilfe, denn sie selbst ist über alles Wesen, allen Ruhm und über alles gesegnet und gepriesen in alle Ewigkeit. Amen.

[1] Aristoteles

## Matthäus von Krakau († 1410)

Von Anfang an war der Konziliarismus als Träger der Reform der Kirche gedacht. Die Reformforderung selbst wurde aber allmählich ausgedehnt, vertieft und verschärft: sie sollte nicht nur auf das Gebiet der kirchlichen Verwaltung und Gesetzgebung beschränkt sein, sondern auch das Gebiet der kirchlichen Sitte und Gesinnung umfassen. Diese moralisch-religiöse Zielsetzung erhielt der Konzilsgedanke, außer durch Heinrich von Langenstein († 1397), vor allem durch Matthäus von Krakau, Bischof von Worms (seit 1405). Matthäus von Krakau war von der Universität Prag, wo er im Sinne des böhmischen Reformpredigers Militsch von Kremsier (s. u. S. 203 f.) wirkte, an die Universität Heidelberg gekommen. Weit entfernt von der vorsichtigen Loyalität eines Konrad von Gelnhausen, verband er seine Forderungen mit kühnen Angriffen gegen das kuriale System. Mit Hohn und Spott entlarvte der wortgewandte Eiferer in einer bis dahin unerhörten Schärfe die Habsucht und die Machtgier des kirchlichen Apparats. Die Leidenschaft, von der er sich mitreißen ließ, griff auf weitere Kreise über.

Lat. Text (De squaloribus curiae Romanae) bei *Walch*, Monimenta I, 1 S. 3 ff., 7—10, 31 f., 79, 95 f., 99 f.

Lit.: G. *Ritter*, Die Heidelberger Universität I (1936) 271 bis 278.

### Vom Unrat der römischen Kurie (nach 1403)

Mose, der Heilige, gleichsam ein Freund der Einsamkeit, betrat mit dem Blick der inneren Betrachtung die inneren Teile der Wüste und hatte eine große Vision, welche mit ihrem wundersamen Inhalt seiner Seele einen außerordentlichen Schrecken einjagte: Ein Busch brannte, ohne zu verbrennen (Ex. 3). Ich hingegen, ein Sünder, Zeitgenosse einer Fülle von sonderbarer Schau, richte meinen Blick auf die äußeren Teile der Welt und sehe oder glaube doch eine noch viel verwunderlichere Vision zu sehen: der Klerus und die Kirche liegen im Argen (1. Joh. 5, 19), die ganze Zeit hindurch gleichsam wie in einem bösen Feuer, und wird vom Wind heftig entflammt und beständig in Brand gesetzt, wird aber dennoch keineswegs davon verzehrt, sondern in ihrem Bestand erhalten. Ein Wunder war jenes — dieses ist noch verwunderlicher. Denn wenn jenes die Kräfte der Natur überstieg, so stand es doch nicht im Gegensatz zu der wunderschaffenden Gnade Gottes, hier aber werden die natürlichen Gaben verderbt, die geistlichen Gaben zerstört, und durch Verdienst wird jede Gnade ausgeschlossen, und die Gerechtigkeit Gottes, welche die Bösen bedroht, wird von dem Bösen so heftig provoziert, daß die Duldung und Erhaltung des Klerus angesichts eines solchen Sturms von Lastern und seine Bewahrung vor jeglicher Zerstörung von allen wundersamen Werken das verwunderlichste zu sein scheint.

Obwohl ich aber glaube, zu wachen und nicht zu schlafen, und meine, eine wahre Vision und keinen Traum zu haben, so bemerke ich doch, daß andere, gleichfalls ganz wache Leute, die sich demselben Gegenstand unmittelbar gegenüber sehen, weder um Hilfe rufen noch zusammenlaufen noch Alarm schlagen, wie es doch sonst bei einer Feuersbrunst zu sein pflegt, und so durchfährt mich die Furcht, ob ich etwa von einer trügerischen Vision getäuscht worden bin und der Stab unversehrt im Wasser steht, der mir von außen her gebrochen zu sein scheint. Dennoch ist meine Furcht nicht so groß, weil ich häufig und allgemein höre, wie gleichsam das ganze Menschengeschlecht murrt und sich fürchtet und vielfach Schmerz empfindet, so daß es verwunderlich ist, warum es nicht um Hilfe ruft. Damit ich aber, wenn ich rufe, wie ich es für nötig halte, die Menschen nicht unbedacht und grundlos erschrecke und aus ihrer Ruhe aufscheuche, so habe ich bei mir beschlossen, das, was mir auffällt, und die Gegenstände, an denen es mir auffällt, sowie die Gegenstände, auf Grund deren einige anders urteilen, einfach und klar niederzuschreiben, so daß es ein jeder nach Belieben und in Muße betrachten und sich dann davon überzeugen kann; damit ich, falls sich anderen vielleicht dasselbe zeigt wie mir, mit besserem Grund um Hilfe rufe und Mitrufer finde und nicht einer solchen Unruhestiftung angeklagt werden kann. Denn mein Hilferuf, ja, allein schon die Auslegung meiner Vision, wird, wie ich nicht zweifle, eine solche

Anklage zur Folge haben, so wie die bloße Erzählung des Traumes in den Brüdern Josephs Haßgefühle erregt hat (Gen. 37). Weil ich aber vor allen Dingen wünsche, daß der schädliche Brand gelöscht wird, so will ich wenigstens versuchen zu erforschen, wie dieser Brand entstanden und gefördert worden ist, damit, wenn das erkannt ist, die Ursache und der Zunder vernichtet und der Zündstoff entfernt werden kann, damit er nicht zunimmt, sondern weniger schadet und schließlich desto leichter ausgelöscht werden kann ...

Wenn man aber ihre äußeren Taten betrachten soll, aus den äußeren Taten aber das innere Verhalten, wie unter Menschen üblich, erschlossen werden darf, dann ist eine überaus große Vernachlässigung der Mehrzahl von sehr notwendigen Dingen der Kirche festzustellen. Wenn hier nämlich über die rein geistlichen Dinge, welche zum Heil der Seele gehören, beratschlagt wird, wie zum Beispiel über die Bekehrung der Ungläubigen, über die Inquisition und die Auslöschung der Häretiker und der Häresien, über die Rückführung der Schismatiker und über die Wiederherstellung der zerstörten oder entstellten Stände wie zum Beispiel des Klerus, der Mönche und der Orden, sowie über die Verteidigung der Gerechtigkeit und der ungerecht Bedrückten und über die Erklärung von Zweifelsfragen, welche allenthalben in großer Zahl und in gefährlichem Ausmaß auf verschiedene Weise besprochen werden und die einfachen Gläubigen sehr beschäftigen — wenn man hierüber zu Rate geht, so geschieht das jedenfalls so spärlich und selten, daß man es kaum beachtet oder eine Wirkung davon verspürt. Denn eine Beseitigung der Mißbräuche wird doch nur dann vorgenommen, soweit ein solches Verbrechen zum äußeren Nachteil gereicht oder wenn seine Beseitigung zu einem Gewinn verhilft. In solchen Fällen nämlich ergehen fast die härtesten Urteile und Strafen. In anderen Fällen aber ist keine oder nur wenig Sorgfalt bei der Beseitigung zu bemerken ...

... Die ganze Kurie jedenfalls und alle ihre Beamten und Diener scheinen sich um nichts anderes zu bekümmern, als daß sie Tag und Nacht darauf verwenden und Leib und Seele mit der genauen Erforschung und Ermittlung von Vakanzen anstrengen[1]. Ihretwegen wird mit allem Fleiß in den Registern wieder und wieder nachgelesen, welche Stelle vergeben, welche nicht vergeben ist, auf welche Weise sie erbeten wurde, wie man dabei unterzeichnet, was man zum Spruch herangezogen hat und schließlich, was zur Formulierung, zur Niederschrift und zur Überreichung der Supplikationen, zur Bekräftigung, zur Erneuerung oder zur Erlangung von neuen Provisionen zu geschehen hat, desgleichen zur Abfassung von kleinen und zur Niederschrift von großen Briefen, was zur Korrektur, zur Abschrift, zur Herstellung von Bullen, zum Registrieren, zur Einleitung und Eröffnung von Prozessen und zu ihrer Weiterung durch öffentliche Sätze, was zur Erstattung von Berichten, was für verschiedene Vorsichtsmaßregeln, was zur Ersinnung von täglich neuen Listen, was zum Durchfechten von Streitfällen, zur Erwerbung von Landbesitz und was für den Stand der Kurie durch die Beachtung von äußeren Zeremonien und Gewohnheiten zu geschehen hat ...

Damit aber niemand glaube, es müsse so sein, wie viele Leute vielleicht meinen, so muß man betrachten, mit welchem Recht, mit welchem Grund und auf welche Weise sich der Apostolische Stuhl die Ernennung und Verfügung über Bistümer, Abteien und andere Würden und überhaupt die Verleihung jeglicher Pfründen angeeignet hat, welche von Rechts wegen dem Patronat geistlicher Personen gehören ...

... Auch wenn sonst nichts Böses in der Kurie zu finden wäre — legt nicht allein schon das dar und beweist das nicht zur Genüge, daß der Papst und alle, die jene Verträge machten, dazu alle Beamten der Kurie, welche die Erlangung erhaltener Pfründen und Würden wissentlich fördern oder unterstützen, sich im Stand der Verdammnis befinden, seien es selbst Protonotare, Kubikulare, Auditoren, Advokaten, Abbreviatoren, Skriptoren, Prokuratoren, Notare, Sollizitatoren und alle Beamten dieser Art, auch die Kardinäle, wenn sie zu den genannten Stellen befördern oder verhelfen. Die Simonie² ist jedenfalls eine Häresie und keine von den gewöhnlichen Todsünden, vielmehr eine von den schweren Sünden, die jeden, der sie begeht, außerhalb der Gnade und in den Stand der ewigen Verdammnis versetzt... Und welche Übel die Kirche infolge der Unterlassung von Konzilien erlitten hat und noch heute erleiden muß, das steht fester als fest, auch wenn es keine anderen Anzeichen gäbe als dieses verderbliche Schisma, welches so viele Jahre hindurch die Christen in Dunkelheit und Schrecken gefangengehalten hat. Es ist so beschwerlich und schädlich, daß bis auf den heutigen Tag die Rechte der Kirche verletzt, daß ihre Güter eingenommen und von den weltlichen Herren ungestraft an sich gerissen werden und die Kleriker nicht nur ihre Privilegien nicht erhalten, sondern überall gering geachtet sind. Wer aber möchte zweifeln, daß das Schisma schon längst beseitigt worden wäre, wenn, wie sonst zu geschehen pflegt, allgemeine Konzilien einberufen worden wären?...

... Wenn es also bisweilen geschieht, daß der Papst seines Amtes wegen geehrt, gepriesen und zu seinem Lobe oder aus Schmeichelei oder aus Verehrung der Bräutigam, der Herr und das Haupt der Kirche genannt wird, so ist darauf zu achten, daß das nicht eigentlich wahr gesprochen sein kann, denn die Kirche hat nicht zwei Häupter und nicht zwei Bräutigame, sondern nur den einen, Christus, nicht seinen Stellvertreter. Denn diesem kommt eine solche Bezeichnung nicht zu, weil ihn Christus vielmehr zum Beschützer seiner Braut gemacht hat, nicht zum Bräutigam selbst. Er wird nämlich aus keinem andern Grunde „Haupt" genannt als deswegen, weil er ihr höchstes Glied ist, und zwar nicht an sich selbst, sondern infolge seines Amtes, und darum darf er sich die Herrschaft über sie nicht anmaßen, weil es unwürdig ist, wenn der Sohn seine Mutter nicht zur Herrin hat, die ihn aufgezogen und der er sein Leben verdankt, so daß er ohne sie nichts wäre noch könnte. Wenn nämlich die Kirche dem Papst nicht beistände und anhinge — was wäre er? Wer würde sich recht

um ihn kümmern? So wie ein Fürst, der keine Anhängerschaft im Volke besitzt und keine Unterstützung durch
die Gemeinschaft hat, keine Macht mehr hätte und
nicht mehr zu fürchten wäre als ein anderer Mensch
seinesgleichen. Vielmehr wird er deswegen mehr gefürchtet, weil sich die anderen ihm insofern unterstellt
haben, als sie ihm Hilfe leisten ...

... So laßt uns endlich mit Seufzen, mit Flehen und
Bitten zu Gott, unserem Herrn, um Hilfe rufen, der
ein verzehrendes Feuer ist (Dtn. 4, 24), damit er durch
das Feuer seiner Liebe, welches er auf die Erde gesandt hat und entbrennen ließ, den Ansturm dieses
Feuers, welches durch die Habsucht entzündet ist,
auslöschen möge ... In alle Ewigkeit sei Er gepriesen,
der dem Volk Israel Mose zum Führer gegeben hat
und der in seiner unendlichen Barmherzigkeit die
Kurie zum Besseren reformieren möge.

[1] Freie Stellen (die von der Kurie besetzt werden können).
[2] Nach Apg. 8, 18—24 der Erwerb und die Übertragung eines
geistlichen Amtes um Geld.

## DIETRICH VON NIEHEIM († 1418)

Als sich die Kardinäle beider Seiten auf dem Konzil von
Pisa (1409) von ihren Päpsten lossagten und gemeinsam
einen neuen Papst wählten, war das Schisma nicht, wie sie
hofften, beseitigt, sondern vermehrt, denn keiner der drei
Päpste verzichtete auf sein Amt. In dieser verworrenen Lage
griff der Westfale Dietrich von Nieheim zur Feder. Als langjähriger Beamter der römischen Kurie kannte er die Verhältnisse an der Spitze der Kirche genau. Verschiedene Gedanken von Marsilius von Padua und Wilhelm von Ockham
(s. o.) aufnehmend, wiederholte er die grundsätzliche Überordnung des Konzils in der Kirche einschließlich des Rechts,
einen Papst abzusetzen. Die Kanones der früheren Konzilien
stellte er gar der Autorität der Evangelien gleich. Die Macht,
die das Papsttum in der Kirche verlieren mußte, sollte den
Bischöfen zugute kommen. Doch nicht nur der Papst und die
Kurie, sondern sämtliche Stände der Kirche sollten reformiert
werden: Das Konzil sollte die „Reformation an Haupt und
Gliedern" zustande bringen.

Lat. Text: Dietrich von Niem, Dialog über Union und Reform der Kirche 1410 (De modis uniendi et reformandi ecclesiam in concilio universali ...) hg. von *H. Heimpel* (1933) 1, 39—46, 47 ff., 118.

Lit.: *H. Heimpel,* Dietrich von Niem, Westfälische Lebensbilder 5 (1937) 176—192; *K. Pivec* und *H. Heimpel,* Neue Forschungen zu Dietrich von Niem, Nachrichten von der Akademie der Wiss. in Göttingen phil.-hist. Kl. (1951) Heft 4.

## *Dialog über die Union und die Reform der Kirche (1410)*

In unserem Schmerz wollten wir dich befragen über alle die fremdartigen, schmachvollen und verkehrten Dinge, die nicht aus dem Glauben Christi, nicht aus jener apostolischen Urkirche stammen, ja, wie ich glaube, auch nicht von jenen Apostelschülern und ihren Kardinälen und Mitbischöfen ersonnen wurden, Dinge, die jetzt den Weinberg des Herrn zu zerstören und das Haus Gottes heimzusuchen beginnen und welchen sich die kirchlichen Leiter unserer Zeit zuwenden, als wären sie tugendhaft, und schreiben, als wären sie Gesetz und Vorschrift, Dinge, deren Verehrung sie predigen zum Schaden zwar der Gesamtheit der Kirche, wohl aber zu ihrem eigenen privaten Vorteil. Also hat uns der Eifer des Hauses Gottes gefressen, mögen deswegen auch die Schmähungen der Schmähenden auf uns gefallen sein (Ps. 69, 10) ...

... Um also jene Schwierigkeit zu beheben, sagte und sage ich, daß es da, wo es sich um die Absetzung des Papstes, seine Zurechtweisung und die Einschränkung seiner Macht handelt, keineswegs seine Sache ist, ein allgemeines Konzil zu berufen, das ist vielmehr Sache der Prälaten, der Kardinäle, der Bischöfe und der weltlichen Herren, aus deren Zahl einige gewählt werden sollen, die den Vorsitz auf dem allgemeinen Konzil führen können und sollen. Sobald es sich aber um die Reform irgendeines Reiches oder einer Provinz, um die Ausrottung der Häresien und um die Verteidigung des Glaubens handelt, ist es die Aufgabe des Papstes und seiner Kardinäle, das Konzil zu berufen ... Ist aber nun etwa ein solches Konzil, dessen Vorsitz der Papst nicht führt, dem Papst übergeordnet? Ja, gewiß; der Autorität, der Würde und dem Amt nach. Einem solchen Konzil muß nämlich auch der Papst in allen Dingen gehorsam sein. Ein solches Konzil kann auch die Macht des Papstes beschränken, denn einem solchen Konzil sind die Schlüssel, zu binden und zu lösen, anvertraut, weil es die Gesamtkirche repräsentiert. Ein solches Konzil kann die päpstlichen Rechte aufheben. Gegen ein solches Konzil kann niemand appellieren. Ein solches Konzil kann den Papst erwählen, seiner Würde berauben und absetzen. Ein solches Konzil kann neue Gesetze schaffen und die erlassenen alten außer Kraft setzen. Auch sind die Bestimmungen, Satzungen und Regeln eines solchen Konzils unwandelbar und für jede Person, die dem Konzil untersteht, unaufhebbar.

Auch vermag oder vermochte der Papst von den auf allgemeinen Konzilien festgesetzten Kanones niemals zu entbinden, es sei denn, daß ihm das Konzil aus einem triftigen Grund die Erlaubnis dafür erteilt hat. Auch kann der Papst die Handlungen des Konzils nicht verändern, ja, er kann sie nicht einmal auslegen oder einen Dispens erteilen zu ihrem Nachteil, denn sie sind gültig wie die Evangelien Christi, welche keinen Dispens zulassen und über die der Papst kein Verfügungsrecht hat. Auf diese Weise wird also die Einheit der Glieder in der Einheit des Geistes im Band des Friedens bestehen, auf diese Weise werden wir „einer des anderen Last tragen" und auf diese Weise im Geiste leben und im Geiste wandeln.

Weiterhin aber wird gefragt: Was würde es der Gesamtkirche nützen, wenn sie das eine Haupt, den einen Papst, hat, dem alle Gläubigen beiderlei Geschlechts gehorchen sollen, so daß nunmehr „eine Herde und ein Hirte" wären und dennoch jener Hirte samt seiner Herde auf Habsucht ausginge, sich der Schwelgerei hingäbe, die Simonie pflegte, Pfründen verkaufte, seinen Raub an Reservationen erstrebte und jeden Tag neue Gesetze und Regeln erließe, um Geld in seiner Kammer zu haben, so daß die Kirche nicht als eine Kirche der Gläubigen, sondern als eine Kirche der Bösewichter erschiene, wobei sie die alten Grenzen, Satzungen und Kanones überschreiten, welche unsere heiligen Väter und die alten Bekenner und Märtyrer festgesetzt haben, die so viele Kirchen erbaut, so viele Kanones erlassen, so viele Güter für die Kirche erworben und so viele Seelen dem Glauben Christi zugeführt haben? ...

... Und darum habe ich gesagt, daß der Papst wegen üblen Lebenswandels, wegen öffentlichen Ärgernisses, wegen Häresie und wegen einer jeden Todsünde, an welcher die Gesamtkirche Anstoß nimmt, wie zum Beispiel öffentliche Unzucht und Simonie, sei es, daß sie geschieht, weil sie verboten ist, oder umgekehrt, oder um irgendeiner anderen notorischen, der Kirche anstößigen Ursache willen abgesetzt werden soll. Denn sein guter oder schlechter Lebenswandel ist das Beispiel für alle anderen Prälaten und Kleriker.

In erster Linie muß die Kirche also am Papst, in zweiter Linie an den Kardinälen, in dritter an den übrigen kirchlichen Prälaten reformiert werden. Wenn also das allgemeine Konzil, welches die Gesamtkirche repräsentiert, die vollständige Union erreichen, die Schismen eindämmen, den Schismen ein Ende setzen und die Kirche erhöhen will, so muß es vor allen Dingen die zwingende, angemaßte päpstliche Gewalt nach dem Vorbild der heiligen Väter, die vor uns waren, einschränken und begrenzen ...

... Diese zwingende Gewalt haben viele Päpste im Laufe der Zeit wider Gott und die Gerechtigkeit in Anspruch genommen, indem sie die ihnen unterstellten Bischöfe der Gewalt und Vollmachten, die ihnen von Gott und von der Kirche übertragen waren, beraubten. Diese besaßen in der Urkirche die gleiche Amtsgewalt wie der Papst, als es noch keine päpstlichen Pfründenreservationen, noch keine Inhibitionen bischöflicher Fälle[1], noch keinen Verkauf von Ablaß, noch keine Kommenden[2] der Kardinäle und noch keine Verwertung von Pfründen, von Prioraten und Klöstern gab. Im Laufe der Zeit wuchs schließlich die Habsucht der Kleriker und die Simonie, die Habgier und der Ehrgeiz des Papstes an, und die Gewalt und die

Autorität der Bischöfe und der niederen Prälaten erscheint gleichsam entleert und völlig zerstört, so daß sie in der Kirche nichts anderes zu sein scheinen als bloße Kopien und gleichsam ohne Wert. Denn jetzt hat sich der römische Papst alle kirchlichen Pfründen vorbehalten. Er hat jetzt alle Fälle an seine Kurie gezogen. Dort will er jetzt auch das Bußwesen haben, und die Legitimationen von Klerikern, die heiligen Weihen aller möglichen Leute ohne Unterschied läßt er an seiner Kurie vornehmen. Und solche, die in ihrem eigenen Land nicht geweiht werden können, erhalten an der Kurie die Weihe mit Leichtigkeit.

Jetzt werden die Klöster aller Orden, in welchen Mönche nach ihrer Regel und in großer Anzahl lebten, den besagten Kardinälen als Kommenden gegeben. Sie haben in jedem kaum mehr den zehnten Teil der Mönche, die dort einst waren, oder nur wenige oder überhaupt keine. Daher kannst du sehen, daß manche Laien, Vettern oder Blutsverwandte der Kardinäle in der römischen Kurie selbst müßiggehen und nur ihrem Wohlleben und Vergnügen nachhängen und so viele prunkvolle und kostbare Gewänder haben, wie sie wahrlich jedem großen Fürsten genügen könnten. Und die armen Mönche, von deren Erträgen dieser Prunk bezahlt wird, leiden an der Kurie selbst stets großen Mangel, und die Armen empfangen keinen Unterhalt von dem Patrimonium[3] Jesu Christi, welches von anderen so unnütz vergeudet wird. Darum soll das heilige allgemeine Konzil die Gesamtkirche im alten Recht reformieren und wieder auf ihren früheren Stand zurückführen, und die mißbräuchlich angemaßte päpstliche Gewalt im Dekretum und in den Dekretalen, im Liber Sextus, in den Clementinen und in den päpstlichen Extravaganten[4] soll es einschränken.

... Auch soll die Kirche hinsichtlich der Kardinäle reformiert werden, die ohne Ursache so viele Kommenden haben und so viele Kirchen und Klöster zugrunde richten. Man müßte sie daran hindern, daß sie irgendeine Verwaltung von Klöstern oder Pfarrkirchen übernehmen. Wäre es nicht besser, daß die

Einkünfte aus den Ländereien der Kirche zu gleichen Teilen zwischen dem Papst und dem Kardinalskollegium verteilt würden und die Kommenden und Übertragungen unzähliger kirchlicher Titel ein Ende nähmen, welche der Papst den genannten Kardinälen unaufhörlich erteilt und der ganzen Kirche zur Schande und Verwirrung gereichen?

Auch soll die Kirche an den Prälaten, Mönchen und Priestern reformiert werden. An den Prälaten: daß solche Männer durch die Bischöfe und Erzbischöfe zur Leitung der Kirchen erwählt werden, die sich durch ihren ehrbaren Wandel, hinlängliche Bildung und zureichendes Alter hervortun. Die Mönche sollten nach ihrer Regel leben. Als Priester sollen nur solche an die Spitze der Gemeinden gestellt werden, welche tugendhaft und hinreichend gebildet, gelehrt und unterwiesen sind. Und es soll bei ihnen nach der Ordnung und ehrbar geschehen, so wie die alten, auf Grund von reicher Erfahrung erlassenen heiligen Kanones es vorschreiben. Auch sollen die mißbräuchlichen Freiheiten und Exemptionen, welche jenen vier Bettelorden erteilt und von ihnen allzusehr mißbraucht worden sind, beschnitten werden, denn wenn die Ursache aufhört, hört auch die Wirkung auf. Und überhaupt sollen alle Nonnenklöster von ihnen abgelöst werden, denn die Mönche oder doch viele von ihnen tun den ihnen untergebenen Nonnen in den meisten Provinzen große Schande an. So nehmen die Orden selbst Anstoß und die Eltern und die Verwandten der genannten Nonnen, und daraus entstehen viele Sünden und Laster. Und die genannten Nonnen sollen der Leitung ihrer Diözesanorte unterworfen sein, welche auch ihre Rechte besser schützen können. Auch soll die Zahl dieser Mönche nicht über die Maßen anwachsen. Denn wozu ist es nötig, daß in einem Hause dieser Brüder, etwa in Köln oder in einer anderen großen Stadt, andauernd siebzig oder mehr von ihnen hausen, unter welchen vielleicht keine fünf oder sechs für die Predigt des Wortes Gottes vor dem Volk geeignet sind? Und so viele könnten für eine ganze Provinz genügen! So soll also auf diese drei Arten „eine Herde und ein Hirte" werden, auf diese Weise wird beständiger Friede in der Kirche sein . . .

Aus allem, was wir oben dargelegt haben, ergibt sich sonnenklar, daß das künftige Konzil auf jede Weise durch die weltlichen Fürsten oder durch die kirchlichen Oberen versammelt und bestimmt werden muß.

Und vor allen Dingen soll die Wiedervereinigung und Zusammenführung der Glieder der Gesamtkirche stattfinden.

Und in zweiter Linie soll ein Hirte sein, für alle und von allen unbestritten, ein bewährter und sicherer Mann von lobenswertem Leben und ehrbarem Wandel, wie ich ausgeführt habe.

Danach soll die Beschränkung und Minderung der Gewalt eben dieses Hirten vorgenommen werden, denn sie ist allzu groß und hat die Rechte der anderen Prälaten und der Alten verringert und an sich gezogen.

Viertens aber soll eine Reform und Erneuerung der alten Rechte und der Dekrete und der alten Gewohnheiten der Urkirche vorgenommen werden.

Fünftens sollen im Blick auf den Papst und seine Kardinäle solche Satzungen und Anordnungen getroffen werden, daß in Zukunft keine Schismen mehr sein oder entstehen können.

Sechstens soll man für die Klöster und Kirchen und für die Kuratpfründen[5] Sorge tragen, daß sie auf keine Weise den Kardinälen oder irgendwelchen Prälaten zur Kommende übergeben werden, es sei denn, sie seien so arm, daß sie dort persönlich residieren wie die Leiter der Pfarrei.

Siebtens sollen die Mißbräuche, ja, die Gewaltmaßnahmen, die offenbaren Beraubungen und Ausbeutungen durch die apostolische Kammer und ihre verderblichen Satzungen, Strafen, Exkommunikationen und Entziehungen abgeschafft werden.

Achtens sollen die Kommenden, die Inkorporationen und die Zusammenlegung von Kirchen sowie die übrigen Gott und dem Gewissen zuwiderlaufenden, zur Zeit des Schismas entstandenen Mißbräuche widerrufen werden, desgleichen die Übergriffe von Klöstern in Pfarrkirchen und das Einheimsen von zwei oder drei miteinander unverträglichen Pfründen unter angeblichem Dispens.

Und man soll bei den Universitäten dafür Sorge tragen, daß sie nicht leichtfertig Doktoren und Magister promovieren.

Und allen diesen Dingen soll man solche Sorgfalt zuwenden, daß Gott vorherrscht, die Gesamtkirche befriedet und die ganze Welt und Christenheit errettet werde zur Ehre und zum Ruhm dessen, der mit dem Vater und dem Heiligen Geist regiert und lebt, gepriesen in Ewigkeit, Amen.

[1] Beschränkungen des bischöflichen Verfügungsrechts durch den Papst und die Kurie.
[2] Pfründen, deren Einkünfte ihr Inhaber genießt, ohne zu Dienstleistungen verpflichtet zu sein.
[3] Das der Kirche anvertraute irdische Gut.
[4] Teilsammlungen des Corpus Juris Canonici, in welchem das geltende mittelalterliche Kirchenrecht niedergelegt war.
[5] Pfründen, deren Inhaber zum Pfarrdienst und zur Seelsorge verpflichtet ist.

## PIERRE D'AILLI († 1420)

An der Vorbereitung des lange ersehnten Konzils war das glänzende Dreigestirn der französischen Theologen Pierre d'Ailli, Jean Gerson (s. o.) und Nikolaus von Clémanges († 1437) maßgeblich beteiligt. Pierre d'Ailli hat auch den Verlauf des Konzils von Konstanz (1414—18) wesentlich mitbestimmt. Als Beichtvater des französischen Königs und Kanzler der Universität Paris (1389), Bischof von Cambrai (1397) und Kardinal (1411) hatte er in Kirche und Staat eine führende Stellung inne. Ebenso wie für die Überwindung des Schismas setzte sich d'Ailli für die Reform in allen Ständen der Kirche ein. Durch die Eröffnung des Konzils ermutigt, verstärkten und vervielfachten sich die Stimmen der reformbegeisterten Kräfte zu einer wahren Flut von Flugschriften, Predigten, Reden und Ansprachen. D'Aillis „Entwurf zur Reform der Kirche", der auf einer Anzahl von fremden und eigenen Vorarbeiten aufbaut, kann als die Summe der Reformforderungen seines Zeitalters gelten. Bei aller Kritik war d'Ailli indessen bestrebt, an der bisherigen Verfassung der Kirche weitgehend festzuhalten. Gegen die kirchliche Lehre ließ er nicht den geringsten Widerspruch zu. D'Ailli leitete die letzten Verhöre von Hus, die mit dem Todesurteil über den böhmischen Reformer endigten (1415). Ankläger und Angeklagter hatten beide für die Reform der Kirche geeifert, aber eine breite Kluft trennte die konservativen Reformpläne des einen von der umwälzenden evangelischen Predigt des anderen.

Lat. Text in: *Herm. v. d. Hardt,* Magnum Oecumenicum Concilium Constantiense Band I,4 (1696) 409—433.

Lit.: *B. Meller,* Studien zur Erkenntnislehre des Peter von Ailli (1954); *J. P. McGowan,* Peter d'Ailly and the Council of Constance (1936); *P. Tschackert,* Peter von Ailli (1877).

## Entwurf zur Reform der Kirche (1416)

Einiges, was ich früher über die Reform der Kirche geschrieben habe, möchte ich jetzt kurz zusammenfassen und der Prüfung und Berichtigung durch das heilige allgemeine Konzil zu Konstanz vorlegen. Wie notwendig die Reformation der Kirche einst war und jetzt noch mehr ist, zeigt deutlich ihre beklagenswerte Deformation. Darum haben einige Spiritualen diese Übel mit dem Auge höherer Vernunft vorausgesehen und die gegenwärtige Verfolgung der Kirche und die schauderbare, ungeheuerliche Zertrennung dieses Schismas, auch den Entzug des Gehorsams von der römischen Kirche und andere Ärgernisse mehr, die daraus folgen sollten, vorausgesagt, so wie es in den Büchern des Abtes Joachim und der Hildegard[1] zu lesen ist, welche, wie die Autorität einiger großer Lehrer beweist, nicht zu verachten sind. Der barmherzige Gott aber, der allein aus dem Bösen Gutes hervorzubringen vermag, läßt es, wie man glauben muß, deswegen zu, damit seine Kirche bei dieser Gelegenheit zum Besseren reformiert wird. Wenn das aber nicht rasch geschieht, so wage ich zu sagen: Mag es auch groß sein, was wir sehen, so werden wir in kurzem noch Größeres sehen, und nach so schrecklichen Donnerschlägen werden wir demnächst anderes, noch Schlimmeres zu hören bekommen. Darum muß man mit größter Sorgfalt auf die Reform der Kirche bedacht sein...

Unsere erste Betrachtung befaßt sich mit demjenigen, was am Leib der Gesamtkirche reformiert werden muß. Hier scheint es an erster Stelle nützlich und notwendig, daß, häufiger als bisher, allgemeine Konzilien abgehalten werden. Ebenso scheint es nützlich, daß auch die Provinzialkonzilien häufiger abgehalten werden...

Und mit Sicherheit lehrt uns heute die Erfahrung, wie viele und große Übel daraus entstehen, wenn man solche unterläßt...

Desgleichen: Hätte man öfter Konzilien abgehalten, so hätte dieses schmachvolle Schisma wahrscheinlich nicht so lange angedauert, wie auch wohl nicht das Schisma der Griechen. Darum hätte man solchen Schismen rasch durch ein allgemeines Konzil Abhilfe schaffen sollen... Desgleichen gibt es einige schwere Fälle, bei denen eine Reform dringend notwendig ist und welchen man nicht besser beikommen kann als durch ein allgemeines Konzil, so, wie es an erster Stelle bei der Reform der römische Kurie, von der unten die Rede sein wird, der Fall ist... Darum darf die römische Kirche die Reform durch ein allgemeines Konzil nicht verwerfen oder verweigern, so, wie sie es auch nicht verschmäht hat, die Mehrzahl der Ehren ihres Prinzipals von dem allgemeinen Konzil entgegenzunehmen...

Desgleichen handelt es sich bei der Reform des ganzen Leibes der Kirche und der römischen Teilkirche um schwerwiegende Dinge, die sich auf den Glauben beziehen. Denn ihre allgemeine Deformation berührt den Glauben in keinem geringen Ausmaß... Und darum ist der Papst gewohnt, in neuen und schweren Fällen die Beratung durch das Konzil zu suchen...

Die zweite Betrachtung befaßt sich mit demjenigen, was am Haupt des Leibes reformiert werden muß, das ist: am Stand des Papstes und seiner römischen Kurie. Und an erster Stelle ist jener abscheuliche

Mißbrauch zu beseitigen, welcher den Ursprung des gegenwärtigen Schismas bildete: daß nämlich eine Nation oder Reich, bald diesseits, bald jenseits der Alpen, zur Schmach der übrigen Christenheit das Papsttum so lange in Händen gehabt hat, daß man hätte sagen können: „Wir wollen die Häuser Gottes einnehmen" (Ps. 83, 13) ... Ebenso wird die Reform und Abhilfe für die Beschwernisse notwendig sein, welche die römische Kirche den anderen, ihr untergebenen Kirchen und Prälaten auferlegt ... wegen ihrer Bedrückung durch Steuern, Exkommunikationen und Satzungen ...

Doch diesen Irrtum auf bestimmte Weise wiederzubeleben, haben sich auf diesem Konzil zu Konstanz einige Leute erkühnt. Wenn sie doch nach der Lehre Christi zuerst den Balken aus ihrem eigenen Auge nehmen wollten, bevor sie den Splitter aus dem Auge der Brüder, ja, ihrer Väter nehmen wollten! Wenn sie doch nur den Stand der Bischöfe und der anderen Prälaten und der übrigen Geistlichen und auch der Laien betrachteten, wie er von zahllosen Mißbräuchen und Lastern deformiert ist! Dennoch wären diese Stände deswegen nicht zu vernichten und zugrunde zu richten, denn in vielen Dingen haben wir alle gesündigt. Doch muß man das Laster und den Mißbrauch bessern, nicht die Stände abschaffen und ihrer gehörigen Rechte berauben! So, wie es die Aufgabe eines guten Arztes ist, den Kranken von seiner Krankheit zu befreien, nicht aber den kranken Leib zugrunde zu richten! Wenn sie doch schließlich betrachten wollten, wie sich die Herren Kardinäle zur Reform der Kirche und ihres Standes bereitwilliger erzeigt haben als alle anderen Stände! ...

Unsere dritte Betrachtung wird sich mit der Reform der Kirche an ihren hauptsächlichen Teilen, den höheren Prälaten, befassen. Hier muß man dafür Sorge tragen, daß solche Leute gewählt werden, die nicht zu jung und ohne Urteilsvermögen oder ohne gute Sitten oder fleischlich gesinnt und geistlicher Dinge unkundig sind, sondern ihrem Alter und ihren Sitten nach reife Männer, die hervorragen durch geistliche

Weisheit und Lehre, die nicht in ihren eigenen Angelegenheiten fleißig, in den kirchlichen aber lässig
sind, die nicht um ihre eigenen mehr als um die allgemeinen Rechte besorgt sind, welche ihren Untertanen keine Frondienste und Auflagen oder Beschwernisse dieser Art auferlegen, welche ihre Pfarreien
alljährlich mit fruchtbarer Zuneigung visitieren, welche
die Mächtigen und Tyrannen, die das Volk bedrücken,
zur Rede stellen und zurechtweisen, welche die heiligen Schriften studieren und nicht ganz und gar den
praktischen und Streitwissenschaften nachhängen, welche sich nicht an den Worten oder Spielen der Gaukler und Schauspieler oder an öffentlichen Vorstellungen oder überflüssigen Gelagen ergötzen, sondern
mit unauffälliger Kleidung und mäßiger Speise zufrieden sind und bei Tisch die Lesung der göttlichen
Schriften anhören und, um es kurz zu sagen, in allen
Dingen so beschaffen sind, daß sie den übrigen Gläubigen ein Vorbild sind...

Desgleichen: Damit solche Leute zu den Prälaturen
erwählt werden und keine Unwürdigen und Unfähigen,
muß man darauf achten, daß die Wahlen der Prälaten
nicht leichtfertig, sondern nur nach sorgfältiger, strenger Prüfung bestätigt werden, selbst wenn kein Ge-
genkandidat vorhanden ist...

Und wenn auch heutzutage das Konzil keine Bischöfe
absetzt oder einsetzt, sondern allein der Papst... so
wäre es jetzt doch nützlicher, zum alten Brauch jenes
Kapitels zurückzukehren, daß die Bischöfe von der
allgemeinen Synode verurteilt oder freigesprochen
werden...

Desgleichen ist jener ungeheure Mißbrauch abzustellen, daß gewisse Prälaten ihre geistlichen Waffen
ablegen, um zu weltlichen zu greifen, und im Felde
kämpfen wie weltliche Fürsten und oftmals mit Bedrückung der Armen und mit grausamem Blutvergießen...

Desgleichen: Wenn man nicht beschließt, jenes Gesetz streng zu beobachten, wonach es den Bischöfen
nicht erlaubt ist, mehr als drei Wochen von ihrer
Kirche abwesend zu sein, so muß man doch wenigstens

dafür Sorge tragen, daß sie ohne Erlaubnis oder zureichenden Grund ihre Kirchen zum Nachteil der Seelen nicht verlassen, so, wie es heute viele Prälaten tun und, was noch ungeheuerlicher ist, auch die Mönche, welche noch eher Kassenbeamte sind als Christi Jünger und an den Höfen der Fürsten, bei den Stühlen des Gerichts und in den Kammern der Rechner und bei anderen weltlichen Geschäften dienen...

Desgleichen wird man dafür sorgen müssen, daß die Prälaten auf ihren Synoden und ihre Beamten an ihren Höfen nicht darauf ausgehen, ihre Beutel zu füllen, sondern die Laster abzustellen, die Sitten zu bessern und die Seelen zu erbauen, und daß die Steuern für Siegel und Briefe vermindert werden und Geldstrafen aufgehoben oder verringert oder in der Regel ganz oder zum Teil frommen Zwecken zugeführt werden, daß die Strafe der Exkommunikation, wie gesagt, nicht leichtfertig ausgesprochen wird und daß die Dauer der Prozesse, bei welchen die Armen ihr Geld einbüßen und viele an der Durchsetzung ihrer Rechte verzweifeln müssen, durch geeignete Maßnahmen eingeschränkt wird und daß die untragbare Willkür der Anwälte und Bevollmächtigten eingeschränkt wird...

Desgleichen wäre mit demselben oder einem noch triftigeren Grund ein Nachlaß oder Entgegenkommen bei mehreren anderen Rechten oder Satzungen vorzunehmen, zum Beispiel: daß man für die Erteilung von Graden, bei der Spendung von Weihen und Sakramenten oder bei Bestattungen oder geistlichen Handlungen oder dergleichen in keinem Falle etwas annehmen darf. Daß es einem Bischof oder Kleriker nicht erlaubt sei, dem feierlichen Gottesdienst am Sonntag fernzubleiben, daß die Kleriker zum Morgen- und Abendgottesdienst zu kommen verpflichtet sind, daß es den Klerikern nicht erlaubt sei, vor drei Uhr etwas zu essen, daß kein Priester zwischen Quinquagesima und Ostern Fleisch ißt, daß die Priester im Advent fasten...

Daß in den Kirchen die große Menge von verschiedenen Statuen und Bildern nicht vermehrt wird, daß nicht so viele neue Feste gefeiert werden, daß nicht so viele neue Kirchen gebaut werden, daß nicht so viele neue Heilige kanonisiert werden... daß es, außer an Sonntagen und größeren, von der Kirche festgesetzten Feiertagen, erlaubt sei, nach dem Gottesdienst zu arbeiten, teils weil an den Festen die Sünden in Wirtshäusern, beim Tanz und bei anderen Ausschreitungen, welche der Müßiggang lehrt, oftmals vermehrt werden, teils weil die Werktage für die armen Leute kaum zum Erwerb des Lebensnotwendigsten genügen; daß an solchen Festtagen keine apokryphen Schriften oder neue Hymnen oder Gebete oder andere Neuigkeiten aus freien Stücken verlesen werden, zum Nachteil der alten und authentischen, in der Kirche bereits gebräuchlichen.

Die vierte Betrachtung befaßt sich mit den Dingen, welche am Stand der Mönche verbessert werden sollen. Und erstens scheint es, als ob eine solche Menge und Verschiedenheit von Mönchen keinen Nutzen stiftet, sondern zur Verschiedenheit der Gebräuche und bisweilen zur Gegnerschaft des Wandels führt und häufig zur Vereinzelung und zum Hochmut und zu eitler Überheblichkeit eines Standes über den anderen. Und vor allem scheint es notwendig, daß die Bettelorden vermindert werden, denn sie sind so zahlreich an Konventen und Mitgliedern, daß ihr Stand den Menschen eine Last ist und ein Schaden für die Siechenhäuser und Hospitäler und andere wahrhaft arme und elende, hilfsbedürftige Menschen, die ein Recht und eine echte Berechtigung zum Betteln haben...

Desgleichen muß man auf die Besserung der erwerbsmäßigen Prediger oder auch der weltläufigen Mönche dringen, denn mit ihren Lügen beflecken sie die Kirche und machen sie lächerlich und machen jetzt das Predigtamt, das aufs höchste geehrt werden sollte, verächtlich. Auch muß man dafür sorgen, daß sie nicht ihr Kloster verlassen, um zu studieren, oder wenn, dann nur, um Theologie zu studieren — obwohl es doch die einfachen Theologen waren, welche die

Kirche erbauten. Denn allzu viele Weltliche studieren in der Fakultät der Prozesse. Auch hat die Theologie im Stand der Weltpriester wenig Jünger, weil der Mißbrauch der römischen Kurie die Theologen verachtet und bei jedem geistlichen Grad die Studenten einträglicher Wissenschaften vorgezogen hat. Die Gauner haben sie zerstört und führen sie jetzt gleichsam ihrer letzten Katastrophe zu, so daß bereits einige Leute das schreckliche Wort im Munde führen: Mit der Kirche ist es so weit gekommen, daß sie es verdient hat, von Bösewichtern regiert zu werden.

Desgleichen wäre es, um den Vorwürfen der Ungläubigen zu begegnen, sehr nötig, die Ritterorden zu reformieren und sie zur Bewahrung des Glaubens, der Sitten, der Regeln der Väter und ihrer früheren Satzungen zu zwingen, desgleichen müßte man eine Verbesserung der Nonnenklöster vornehmen, welche jetzt leider, mehr, als ich zu sagen wage, entehrt sind ...

Die fünfte Betrachtung befaßt sich mit den Dingen, die am Stand der untergebenen Kirchen und Geistlichen reformiert werden müssen.

... Desgleichen wäre dafür zu sorgen, daß die Universitäten reformiert und durch wissenschaftliche Prälaten visiert werden, daß die Grade an würdige Leute ohne Begünstigung oder Ansehen der Person verliehen werden und unter strenger Prüfung ihres Wissens und ihrer Sitten, daß nützliche Lehren vorgetragen, überflüssige oder weniger nützliche aber beschnitten werden, daß Lehrer der Rhetorik und der griechischen und lateinischen Sprache, deren Unkenntnis für die Kirche vielfach schädlich ist, angestellt werden ... Desgleichen müßte man eine Besserung der Sitten der Geistlichen vornehmen, die jetzt leider allzusehr verderbt sind durch Zorn, Freßsucht, Üppigkeit, Prunk, Verschwendung, Müßiggang und Laster anderer Art, was den Laien schweren Anstoß gibt. Und vor allen Dingen müßte man dem überaus anstößigen Brauch oder eher Mißbrauch einer großen Zahl begegnen, die sich heute nicht scheuen, öffentlich Konkubinen zu haben. Und weil keine Strafen des Rechts, der Suspension, der Exkommunikation und der Widerrechtlichkeit etwas gegen sie ausrichten, so sollte man gegen solche, die hierin oder in anderen öffentlichen Unehrbarkeiten unverbesserlich erscheinen, mit der Strafe der Enthebung von Amt und Pfründe vorgehen.

Die sechste und letzte Betrachtung befaßt sich mit dem, was am Stand der christlichen Laien und insbesondere der Fürsten zu reformieren ist, von deren Sitten das Betragen des Volkes vor allem abhängt...

Desgleichen, daß sie das ihnen untergebene Volk mit guten Sitten zu erbauen beflissen sind, daß sie es von Üppigkeit, Habsucht, Müßiggang und allen dem Gemeinwohl schädlichen Lastern fernhalten, insbesondere von der Lästerung Gottes und der Heiligen, welche oftmals bei der Ablegung von Eiden und Meineiden begangen wird. Desgleichen, daß sie die bösen Gewohnheiten, die dem göttlichen und menschlichen Recht zuwiderlaufen, nach dem Rat ihrer Theologen und anderer kluger Ratgeber bei ihren Untertanen abschaffen, desgleichen, daß sie magische Künste und anderen Aberglauben, der im göttlichen Gesetz verdammt ist, und andere Irrtümer und Häresien wider den Glauben mit größerer Sorgfalt ausrotten und zunichte machen, desgleichen, daß sie zur Mehrung des Glaubens, zur Ehre des Gottesdienstes und zur Reform der Kirche achthaben auf das, was oben und unten zu einer solchen Reform gesagt ist, und sich um alle anderen nützlichen Dinge mit Sorgfalt bemühen.

Desgleichen, daß sie gegen Verfolger und Bedrücker der Kirche, der Armen und der Schwachen im Eifer um Gerechtigkeit erglühen und nicht säumen, ihr Unrecht zu ahnden ... Desgleichen wird es, weil die Kirche die Fürsten zur Reform der genannten Dinge nicht auf weltliche Weise zwingen kann, empfehlenswert sein, daß das Konzil sie mit heilsamen Mahnungen daran erinnert, damit es auf diese Weise tut, was in seinen Kräften steht, und vor dem höchsten Richter entschuldigt ist. Doch wird es dazu nicht allein ermahnender Worte bedürfen, sondern auch des Beispiels guter Sitten und zum Besseren reformierter Taten. Denn mehr vermögen Beispiele als Worte. Darum „begann Jesus zu tun und zu lehren" (Apg. 1, 1) . . .

Und so ist offenbar, daß die Reform der Geistlichen notwendig ist, denn die Deformation ihrer Sitten ist so gefährlich und so schädlich für alle Gläubigen. Der Herr aber in seiner Barmherzigkeit wende von seiner Kirche die Schmach, daß alle Prälaten, Priester oder andere Geistliche an dieser beklagenswerten Deformation schuldig erfunden werden. Sondern wie er sich einst in Israel siebentausend Menschen bewahrt hat, deren Knie sich vor Baal nicht gebeugt haben (1. Kö. 19, 18), so hat er sich heute, wie man glauben muß, in jedem Stand der Kirche einige Leute bewahrt, die im Eifer für das christliche Gesetz die deformierten Sitten zum Besseren reformieren werden und durch ihre heilsamen Worte und Beispiele andere unterweisen werden. Das möge er selbst wahrmachen, der seine Kirche mit dem kostbaren Blut seines Sohnes zu erlösen geruhte . . .

[1] Joachim von Fiore († 1202) und Hildegard von Bingen († 1179)

## DAS KONZIL VON KONSTANZ (1414—1418)

Das auf Initiative von König Sigismund berufene Konzil von Konstanz bildete den Höhepunkt des Konziliarismus. Eine dreifache schwierige Aufgabe war ihm gestellt: die Überwindung des verheerenden, nunmehr bald vier Jahrzehnte andauernden Schismas der Päpste (causa unionis), die Entscheidung über die Lehren von Wyclif und Hus (causa fidei) und die Reform der Kirche (causa reformationis). In dem Dekret „Haec sancta synodus" erklärte das Konzil sich selbst für die von Christus unmittelbar bevollmächtigte oberste Instanz der Kirche. Damit war der Konziliarismus zum Dogma erhoben. Die Päpste wurden zur Abdankung gezwungen. Das Schisma war beendigt. Der zweiten Aufgabe entledigte man sich durch die Verurteilung von Hus (4. Juli 1415). Über die dritte, die Reform der Kirche, konnten sich die Abgeordneten aber nicht einigen. Zu stark gingen die Interessen der verschiedenen Nationen auseinander. Bald gewannen restaurative Tendenzen an Boden. Die Reformfreude kühlte ab. Als sich die Kardinäle mit ihrer Forderung durchsetzten, noch vor den weiteren Reformverhandlungen zur Wahl eines neuen Papstes zu schreiten, legte die deutsche Nation Protest ein. Doch ihr Vorbehalt, den sie mit ihren Vorwürfen gegen das „antichristliche Wesen" in der Kirche begründete, blieb ohne Erfolg. Von dem großen Reformprogramm von einst wurde nur ein kläglicher Rest in Kraft gesetzt, alles andere überließ man dem neugewählten Papst. Durch das Dekret „Frequens" wurde noch die regelmäßige Abhaltung von Konzilien zum kirchlichen Gesetz erhoben. Dann löste sich das Konzil auf.

Lat. Text der beiden Dekrete: *C. Mirbt,* Quellen zur Geschichte des Papsttums und des römischen Katholizismus (4. Aufl. 1924), 228, Text der Protestation: *H. von der Hardt,* Corpus Actorum et Decretorum Magni Constantiensis Concilii IV (1699) 1419—23.

Lit.: *P. Arendt,* Die Predigten des Konstanzer Konzils (1933); *H. Finke,* Bilder vom Konstanzer Konzil (1903); *ders.,* Forschungen und Quellen zur Gesch. des Konstanzer Konzils (1889); *A. Franzen* und *W. Müller* (Hg.), Das Konzil von Konstanz (1964); *Hauck* V, 951—1049; *B. Hübler,* Die Constanzer Reformation und die Concordate (1867); Die Welt zur Zeit des Konstanzer Konzils (1965).

## Dekret: »Haec sancta synodus« (6. April 1415)

Diese heilige Synode zu Konstanz ... erklärt erstens, daß sie, im Heiligen Geist rechtmäßig versammelt, ein allgemeines Konzil abhaltend und die katholische Kirche repräsentierend, von Christus unmittelbar Vollmacht hat. Ihr ist ein jeder, welchen Standes und welcher Würde auch immer, einschließlich der päpstlichen, in denjenigen Stücken zu gehorchen verpflichtet, die sich auf den Glauben beziehen, auf die Ausrottung des besagten Schismas und auf die Reform der Kirche an Haupt und Gliedern. Desgleichen erklärt sie, daß ein jeder, welcher Stellung, welchen Standes und welcher Würde auch immer, einschließlich der päpstlichen, der den Geboten, Satzungen oder Anordnungen oder Vorschriften dieser heiligen Synode und eines jeden anderen rechtmäßig versammelten allgemeinen Konzils in den genannten oder auf sie bezüglichen Stücken den Gehorsam verweigert, sofern er nicht davon Abstand nimmt, einer entsprechenden Buße unterworfen und gehörig bestraft wird, wobei nötigenfalls auch zu anderen Rechtsmitteln gegriffen wird ...

## Protestation der Deutschen Nation (14. Sept. 1417)

### Reform der Kirche vor der Wahl des Papstes!

Ehrwürdigste Väter und Herren ... Weil die vorausgegangene Deformation verdientermaßen die Heimsuchung durch das Schisma oder die Kirchentrennung nach sich gezogen hat, ist zur Vermeidung künftiger Schismen, deren Entstehen man bei den Wahlen der Päpste befürchten muß, vor allen anderen Dingen und in nächster Linie die Reform des Hauptes und der päpstlichen Kurie notwendig, auf die sich eine künftige Wahl auch notwendigermaßen zu stützen hat und durch welche sie mit Hilfe der besten Gesetze befestigt werden soll. Diese vorausgehende Reform hat jener Hohepriester bei seinem Tode am Kreuz — als er die kämpfende Kirche, die damals ohne stellvertretendes Haupt war, von sich ließ, als alle erwählten Apostel deformiert waren und noch bevor er dem Schlüsselträger des Himmels, welcher freilich seinen Fall beweinte und sich bekehrte und die übrigen stärkte, gleichsam als dem Papst seine Schafe zur Weide anvertraute — mit vielen Beweisen der Reform mehrere Tage lang durch sein liebevolles Beispiel ins Werk gesetzt, um mitsamt der Herde den Hirten zu reinigen, den er als einen gereinigten an ihre Spitze stellen wollte. Seit der Jugendzeit der Kirche ist sie, wie es zu lesen ist und durch die Tradition der Vorväter bezeugt wird, eben durch Petrus, den bewährtesten Fürsten der Apostel, und durch die übrigen Apostel und ihre Nachfolger, durch überaus heilige und fromme Hirten — nicht über Geld, sondern über die Seelen — geleitet und fast zwölfhundert Jahre lang regiert worden, solange sie auf das Himmlische mehr achteten als auf das Fleischliche. Und ihr solltet die Hohenpriester auf die heilsamste Weise, mit der Leitung über alle anderen untergebenen Kirchen betraut, den Weg bereiten, die Tugenden pflanzen, die Laster ausrotten, die Irrenden zurechtweisen, die Bedrückten beschützen, die Armen unterstützen und alles, was deformiert war, reformieren. Und in dem Maße, wie hierbei ihr frommer Eifer wuchs, wurden sie mit reichster irdischer Unterstützung ausgerüstet und durch die Stiftungen der christlichen Kaiser, Könige und Fürsten zur Genüge gefördert. Ja, mit ihren Grenzen zufrieden, glaubten sie auch, daß sie die festgesetzten Rechte der ihnen untergebenen Kirchen auf keinen Fall antasten dürften, ja, im Gegenteil, gegen gegnerische Gewalten zu verteidigen hätten. Aber — wie man nur mit dem größten Schmerz berichten kann — seit ungefähr 150 Jahren haben manche Hohenpriester und ihre Helfer (die samt der römischen Kurie dem fleischlichen Sinn ergeben und von Wohlleben trunken waren und so immer tiefer sanken und sich allmählich um ihre Seligkeit brachten, das Himmlische verließen und keineswegs ausschließlich die Ordnung der geistlichen Dinge und das Heil der Seelen erstrebten, sondern das, was die Beute von Habsucht und Geldgier ist) mit allen Mitteln und Kniffen auf die Rechte der anderen Kirchen übergegriffen, indem sie bald allgemeine, bald besondere, bald auf andere Art ausgeklügelte Reservationen von Klöstern, Kirchen und Würden sowie von kleineren und größeren kirchlichen Pfründen vornahmen, zum Nachteil der gesetzmäßigen Wahlen, Postulationen [1] und anderer Verfügungen, welche in den bestbegründeten Rechten mannigfach verankert sind.

So haben sie Kommenden erteilt, was zum Schaden des Gottesdienstes, zur Hintergehung der Stifter und zur Verödung und zur Auslöschung der heiligen Stätten führte.

Sie haben die Übertragung aller, sowohl größerer als auch kleinerer geistlicher Pfründen gänzlich an sich und ihre Kurie gebracht ...

Sie haben auf unmenschliche Weise den Kirchen,

Klöstern, Würden, Ämtern und Pfründen, insbesondere zu der Zeit, da sie die bedauerlichen Nachteile einer Vakanz und Verwaisung zu tragen hatten, Annaten[2] oder allgemeine Dienstleistungen (servitia communia) abgepreßt.

Sie haben die Spolien[3] der Verstorbenen, welche ihren Nachfolgern vorbehalten oder nach dem Willen des Erblassers einem frommen Zweck zugeführt werden sollten, an sich genommen.

Sie haben Gerichtsentscheidungen in allen möglichen, selbst in profanen Fällen an sich gezogen.

Sie haben Prozesse durch Übertragung an verschiedene Kommissionen und durch andere Kniffe, zum größten Nachteil der Kirchen und Personen, verschleppt.

Sie haben vor dem kirchlichen Bußgericht offenkundig abscheuliche Mißbräuche begangen.

Sie haben außergewöhnliche Ablässe für Geld erteilt.

Sie haben unstete und flüchtige Kleriker ohne Unterschied gegen Zahlung von Geld zu den heiligen Weihen zugelassen.

Und schließlich haben sie eine Menge Geld aufgehäuft, wie einige von ihnen ihre Eltern, Brüder, Schwestern und Verwandte damit ausstatteten, ja, sogar bis zur hohen Würde irdischer Fürstentümer zu erhöhen trachteten.

Infolgedessen und insbesondere, weil die Fortsetzung der heiligen Reformkonzilien zur Abstellung der genannten Undinge unterlassen wurde, ist die Habsucht, welche Götzendienst ist, ist die Jagd nach kirchlichen Würden, ist die Häresie und die Simonie und sind die überaus gefährlichen Schismen, welche die Kardinäle gewisser verschiedener, ja verfeindeter Nationen in fleischlicher Gesinnung angestiftet und gefördert haben, sind der Hochmut und die Prunksucht im Klerus aufgekommen und gewachsen.

So haben infolgedessen die gelehrten Studien und die Gelehrten selbst abgenommen, die Bauten von Kirchen und Klöstern, Würden und Pfründen sind zusammengestürzt, und die unbeweglichen Güter blieben ohne Pflege, die kostbaren beweglichen aber sind verschleudert. Und so haben ausschließlich Geldleute und Wechsler, die man vordem aus dem Tempel vertrieben hatte, leichtfertige Gesellen und Vagabunden, Ignoranten, lasterhafte und ungeeignete Leute unter Zurücksetzung von tugendhaften, gebildeten, frommen und heiligen Männern nicht nur eine Beförderung erhalten, sondern auch im Tempel Gottes, als hätten sie ein unanfechtbares Recht auf Nachfolge, den Vorrang erhalten und haben sich solche Mißbräuche erlaubt. Die Laien sind darüber entsetzt, und nachdem sie gleichsam strenger geworden sind, verachten sie jetzt den geistlichen Stand, den sie einst fromm verehrten, und sie glauben, er sei bei einigen mehr dem antichristlichen als dem christlichen Wesen gemäß.

Darum, ehrwürdigste Väter, macht die genannte Nation auf Grund der vorangegangenen Ereignisse, nach denen sie zu ihrer Enttäuschung bedenken muß, daß auch die in Pisa beschworene und verheißene künftige Reform selbst nach zwei Wahlen nicht nur verhindert wurde, sondern zu einem noch schlimmeren und ruchloseren Zustand geführt hat, folgenden Vorbehalt: Sie will die antichristliche Unordnung dieser Dinge und der greulichen Schandtaten und die überaus schlimmen Unsitten, die nach dem gesunden Gewissen und nach den heiligen Kanones keineswegs geduldet werden dürfen, aus der Herde des Herrn wie einen ansteckenden Eiter entfernen, bevor ein apostolischer, gereinigter, heiliger und gerechter Hirte durch gereinigte, geheiligte und gerechte Männer erwählt wird...

[1] Wahlbitten
[2] Jahrgelder
[3] Hinterlassenschaften

### Dekret »Frequens« (9. Oktober 1417)

Die häufige Abhaltung allgemeiner Konzilien bildet die hauptsächliche Pflege des Ackers des Herrn und rottet die Sträucher, die Dornen und das Unkraut der Häresien, der Irrtümer und der Schismen aus, berich-

tigt die Ausschreitungen, reformiert, was deformiert
ist, und bringt den Weinberg des Herrn zum Nutzen
überreicher Fruchtbarkeit. Ihre Unterlassung hingegen
verbreitet und fördert die genannten Schäden, wie es
uns die Erinnerung an die vergangene und die Betrachtung der gegenwärtigen Zeit vor Augen führt.
Daher setzen wir fest, bestimmen und ordnen wir
durch diesen Erlaß auf immer an, daß von jetzt an
allgemeine Konzilien so abgehalten werden, daß ein
erstes vom Ende dieses Konzils innerhalb des Zeit-
raumes des unmittelbar folgenden Jahrfünfts, ein
zweites aber vom Ende des unmittelbar folgenden
Konzils innerhalb des Zeitraums von sieben Jahren
und von da an von Jahrzehnt zu Jahrzehnt beständig
an solchen Orten abgehalten wird, welche der Papst
einen Monat vor der Beendigung eines jeden Konzils,
mit der Billigung und Zustimmung des Konzils (oder,
falls er es unterläßt, das Konzil selbst) anzuordnen
und zu ernennen verpflichtet ist, so daß beständig
entweder ein Konzil tagt oder an dem bestimmten
Termin zu erwarten steht. Diesen Termin darf der
Papst auf Anraten seiner Brüder, der Kardinäle der
heiligen Kirche, aus zufällig auftretenden Ursachen
vorverlegen, auf keinen Fall aber hinausschieben.


## Reformatio Sigismundi (1439)

Statt der Erneuerung der Kirche hatte das Konzil von
Konstanz die Restauration des Papsttums erbracht. Den Wünschen einzelner Fürsten, die sich jetzt mehr als früher für
die kirchliche Ordnung ihrer Länder einzusetzen begannen,
kam der Papst durch den Abschluß von Konkordaten entgegen. Nach außen hin schien der Konziliarismus erledigt. Als
dann aber Papst Eugen IV. das eben erst einberufene Konzil
von Basel (1431—1449) von sich aus aufzulösen versuchte,
erhielten die konziliaren Reformideen wieder mächtigen Auf-
trieb. Die Dekrete „Haec sancta" und „Frequens" wurden erneuert. Energisch plante man eine Reform der Kurie. Doch
dieser zweite Höhepunkt des Konziliarismus war bald wieder

überschritten, als es Eugen IV. gelang, die Union mit der griechischen Kirche selbständig zu einem glücklichen Abschluß zu bringen (1439). Für die Verwirklichung einer konziliaren Kirchenreform bestand nun keine Aussicht mehr.

In diesem Jahr erhob sich in Basel eine enttäuschte, mahnende und warnende Stimme. In kräftiger deutscher Sprache brachte sie die alten Klagen und Vorschläge in eindringlicher Variation wieder vor. Der bis heute unbekannt gebliebene Verfasser dieser Reformschrift, die in ihrem Jahrhundert als das Werk Kaiser Sigismunds galt, forderte erneut eine umfassende Reform aller Stände in Kirche und Reich. Dabei gehörte sein Herz den „Kleinen", seine Antipathie „den hohen Leuten". So schlicht-vernünftig und rechtlich-fromm er seine Sache vertrat — einige seiner Vorschläge oder Forderungen, wie z. B. Priesterehe, Einschränkung des Mönchtums, Enteignung der Kirchengüter und Aufhebung der Leibeigenschaft, enthielten umstürzende Gedanken. Am Ende des 15. Jahrhunderts durch den frühen Buchdruck verbreitet, trug die „Reformatio Sigismundi" die älteren Reformgedanken in weite Kreise des deutschen Volkes und wirkte unmittelbar auf die Reformation Luthers ein.

Übersetzt nach dem sog. N-Text in: Reformation Kaiser Siegmunds, hg. von *H. Koller,* Mon. Germ. Historica, Staatsschriften des späteren Mittelalters 6 (1964), 50, 52, 54, 56, 70, 74, 76, 90, 92, 96, 98, 100, 104, 106, 116, 126, 128, 148, 150, 182, 184, 186, 188, 202, 204, 206, 332, 334.

Lit.: *L. Graf zu Dohna,* Reformatio Sigismundi (1960).

### *Die Notwendigkeit der Reform des geistlichen und des weltlichen Standes*

Allmächtiger Gott, Schöpfer Himmels und der Erde, gib Kraft und Gnade, gib Weisheit, zu erkennen und zu vollbringen nach dem allerseligsten Stand und eine Ordnung geistlichen und weltlichen Standes aufzurichten, in der dein heiliger Name und Gottheit bekannt werde, denn dein Zorn ist offenbar, deine Ungnade hat uns erfaßt. Wir gehen wie die Schafe ohne Hirten, wir gehen auf die Weide ohne Erlaubnis.

Gehorsam ist tot. Gerechtigkeit leidet Not. Nichts steht in rechter Ordnung.

Darum entzieht uns Gott seine Gnade, und zwar mit Recht, denn wir mißachten sein Gebot; was er geboten hat, das wird von uns nur leichtfertig gehalten, ohne alle Gerechtigkeit.

... Bedenket, wie es jetzt steht: Man hat auf dem heiligen Konzil reformiert, was man reformieren soll, geistlich und weltlich, vom Haupt bis auf den Geringsten, so daß die Häupter sehen, wie man sie von ihrem Unrecht abbringen möchte, damit sie sein lassen, was unrecht ist. Doch sie zeigen, mit Verlaub, den Hintern und wollen keine Reformation, und die geistlichen Häupter bedienen sich alle der Simonie mit Gewalt, und die Habgier hat ihren Lauf bei Weltlichen und Geistlichen mannigfach.

Darum suchte unser Herr, der Kaiser Sigmund, Steg und Weg, um der Sache zu begegnen, welche die Christenheit schwer bedrückt, und brachte das Konzil von Konstanz zusammen, wo man eine Einigung der Päpste erreichte. Dort bat er, eine Reformation durchzuführen. Aber die geistlichen Häupter schlugen es ab, und der Kaiser wurde vertröstet bis auf das Konzil von Pavia. Daraus wurde nichts, und so wurde es abermals hingehalten nach der hohen Leute Sinn. Da wurde von seiten der päpstlichen Macht, der Kardinäle, der Universitäten und aller Hohen Schulen — und wer immer ein Konzil anordnen soll — eigentlich festgesetzt und in Aussicht genommen und mit feierlichen Gelübden bekräftigt, es in Basel zu vollbringen und diese drei Punkte auszutragen und zu ordnen, welche die heilige Christenheit schwer bedrücken: Der erste Punkt ist, dem ketzerischen Glauben zu begegnen, wie er sich an manchen Stellen erhebt, wo er nicht vorkommen dürfte. Der andere Punkt: Frieden zu beschließen und durchzuführen. Der dritte: eine rechte Reformation geistlichen und weltlichen Standes. So ist es veranschlagt und sind Dekrete gemacht. Nun sehe man: wer hintertreibt es? Wo kommen die Häupter? Wo sind die Kurfürsten? Wo sind die Kardinäle und Erzbischöfe? Sie fliehen! Mich dünkt, sie träten gern zurück. Man kann die Reformation nicht anders anstellen als mit Gewalt und Strafe. Ich habe eines gedacht: Als Christus Jesus gemartert wurde, stand ihm in seinen großen Gerechtigkeiten nur wenig Volk bei, und doch gewann er den Sieg. So hängen aller Gerechtigkeit nur wenige Leute an, und doch gewinnt sie zuletzt.

Der Schatz aller Gerechtigkeit ist vielleicht „den Kleinen" vorbehalten...

...Will man eine rechte Ordnung aufrichten, so muß man die sieben Sakramente beachten, aus denen lassen sich alle gerechten Dinge in eine gute Ordnung ziehen... Diese sieben Sakramente hat uns Gott zum Trost verordnet. Sie werden aber so oberflächlich gehalten. Nichts entfremdet uns seiner Gnade mehr als das. Darum ist es notwendig, daß man sich bei der Reformation mit den Sakramenten befasse, denn sie weisen den Weg zu aller Gerechtigkeit...

### Die geistlichen Oberen

...Prälaten lassen sich nicht gerne reformieren, denn sie lassen nicht gerne fahren, was sie ergriffen haben. Doch soll sich darum niemand fürchten. „Der Fund ist gefunden durch die Gnade Gottes." ...Alle Häupter der Christenheit sollen hierzu ermahnt sein und alle Gemeinschaften mit aller Vermahnung, die man im Blick auf Gott erdenken kann. Und man lasse das Schwert gebrauchen gegen die ungehorsamen Personen, wer sie auch sein mögen. Es kommt ein strenger Richter, der wird mit Zorn richten, dem soll man beistehen bis in den Tod!...

### Der Papst

...Nun hebe ich an mit unserem Vater, dem Papst. Hier soll man zum ersten wissen, warum man ihn heilig nennt. Das ist zum einen deshalb, weil ihm alle heiligen Dinge und heiligen Stücke empfohlen sind, die uns Gott der Herr zum Trost in der Welt geordnet hat, die sieben Sakramente, in die sich Gott ohne allen Widerruf geistlich hineingegeben und die er seiner Gewalt überantwortet hat, damit er sie mit der gleichen Frucht, mit der sie uns Christus Jesus übergeben hat, mannigfach mitteilen soll; darum steht seine Gewalt in ganzer Heiligkeit. Zum anderen heißt er heilig um aller heiligen Gaben willen, die er von Christus empfangen hat, zu binden und zu lösen. Ein

Papst soll auch heilig sein samt den Seinen, um alle seine Sachen zu vollbringen, die ihm von Gott befohlen sind, und damit zu wirken und zu tun, daß er dem Herrn den Gewinn vorweise, wie der Evangelist Lukas schreibt. Er schreibt sich auch „servus servorum dei" — ein Knecht der Knechte Gottes — wie Christus, der da aller Welt Diener war, wie er einmal zu seinen Jüngern sprach: „Ich bin nicht gekommen, daß man mir diene, sondern ich soll dienen" (Mt. 20, 28). Ein Papst hat die Gewalt über alle Dinge, die sich auf das Rechte und auf den Himmel beziehen, desgleichen alle Sünder in Gnaden aufzunehmen, aber er darf keine Erlaubnis wider das Recht geben, das Gott zugehört...

... Da seit ungefähr zweihundert Jahren und jetzt die Orden angewachsen sind und sich vergrößert haben, wurden sie mächtig, und stets wurden viele Ordensleute zu Päpsten und Kardinälen. Die haben den Orden Zuzug und Gewinn verschafft und Freiheiten erteilt, so daß sie um den Papst und das Konzil fast nichts geben und ihnen keineswegs gehorsam sind. Sie haben die Erde in Besitz genommen und ihre Regel schlafen gelegt. <u>Man soll verhüten, daß weiterhin Päpste, Kardinäle oder Bischöfe aus den Orden genommen werden, denn solange das der Fall ist, kann es nicht gut gehen: Sie sind stets parteiisch</u> und nicht für die Allgemeinheit da. Das steht der Christenheit übel an...

### Die Kardinäle

Man soll auch darauf achten, daß kein Kardinal aus einem Orden genommen wird, denn das hat gewiß großen Schaden gebracht, wie offenbar ist. Ein Kardinal aus einem Orden wird von dem Orden in Dienst genommen. Der liegt dann dem Papst Tag und Nacht in den Ohren mit Gold und Silber und gewinnt es, es sei gerade oder krumm, recht oder unrecht. Man läßt nicht davon ab, bis es vorangeht. Was den Orden bedrängt, dafür suchen sie Milderung. Früher waren die Klöster fest geschlossen. Man hielt die Regel. Jetzt ist alles geändert. Das hat der Papst befohlen. Er konnte es wohl tun. Sollte es recht sein, lasse ich es fallen, das bekennt jedermann wohl. Fragt man einen Mönch: „Warum haltet ihr eure Regeln nicht?", was kann er anderes antworten als: „Man hat uns dispensiert." — Oh, das Dispensieren! Der Papst, Kardinal und der Orden dispensieren alle in die Hölle. Wer darf die Gelübde brechen oder abtun, welche die Orden ablegen? Sie sind doch ein Sakrament und verbinden in besonderer Weise mit Gott.

### Die Bischöfe

...Die Bischöfe treiben ihren Mutwillen mit den armen Priestern. Sie erheben Steuern und setzen ihnen zu mit der Bestrafung von Dingen, mit denen es die Bischöfe selbst viel schlimmer treiben. Sie vertreten ihr Unrecht mit Gewalt. Sie meinen, was sie tun, das sei keine Sünde. Wollten die Bischöfe aber recht handeln und lebten sie ordentlich und hielten sie, was ihnen von Gott empfohlen ist, so würde jedermann im Bistum recht handeln.

Sehet an, was die Bischöfe jetzt tun: Sie führen Krieg und allen Unfrieden wie weltliche Herren. Das tun sie mit Hilfe der Gottesgaben, die in dem Bistum von allen geistlichen Gefällen auf Grund der Priestersteuer hereinkommen, obwohl sie erkennen, daß es unrecht ist. Ich stimme Herzog Friedrich bei, der zu Basel dem Kaiser unter vier Augen sagte: „Die Bischöfe sind blind! Wir müssen sie sehend machen!"...

Man soll wissen, daß kein Bischof Schlösser haben darf. Vielmehr soll ein Bischof in der Hauptkirche eines jeden Bistums residieren und ein geistliches Leben führen, daß es alle Geistlichen an ihm sehen müssen. Jetzt reiten sie wie Laien einher in weltlicher Ausrüstung wie weltliche Herren. Es besteht kein Unterschied mehr...

### Die Priester

Es herrscht unter der Priesterschaft große Zwietracht mit den Bischöfen, wie ich euch sage: Die Bischöfe legen aus Habgier, ohne genötigt zu sein, widerrecht-

lich ihren Priestern Schatzung auf und nehmen ihnen
Steuer ab gegen alles Recht und zwingen sie dazu mit
Prozessen. Diese schickt ihnen der Bischof an erster
Stelle um ihrer Konkubine willen, damit sie auf die
Steuer um so eher eingehen, und so kommen sie in den
Bann, denn sie lassen von jenen nicht ab. So nimmt
der Bischof das Geld und verhängt das Unrecht und
läßt ihm seinen Lauf mit großem Unrecht und vielerlei Bann und absolviert, was verkehrt ist, so daß die
Priester und ihre Untertanen in der Ungnade Gottes
sind und miteinander in den Abgrund der Hölle fahren. Aber damit das geändert werde und sie desto
sicherer würden, sollte man leben wie im Orient und
in Spanien, wo die Priester Frauen haben, denn Christus hat das nie verboten. Ich meine, in unserem Teil
der Christenheit sei mehr Böses entstanden als Gutes,
seit man das Gebot Calixts [1] beachtete...

### Die Mönchsorden

Nun, was man vom Johanniter- und vom Deutschen
Orden wissen soll: Mit diesen muß man auf einem
Konzil ein besonderes Gespräch führen, denn sie begehen Fehler in vielen Dingen. Über beide Orden
wird schwere Klage laut...

Jetzt beginne ich mit den Benediktinern und den
Bernharditen [2], zwei strengen Orden. Wenn man sie
hält, wie ihre Väter sie bestimmt und geordnet haben,
so würden sie selig und gut sein. Sie sind aber zu beiden Seiten abgewichen und halten Regeln, die ihnen
passen. Sie sollen in ihren Klöstern eingeschlossen
sein und nicht in die Welt hinausgehen. Jetzt sind sie
offen, sie bauen die Welt, sie singen in Pfarrkirchen.
Sie reiten und gehen überall in die Welt hinaus. Sie
treiben ein Lotterleben, sie spielen, sie kehren sich
nicht darum, was ihre Regel verbietet. Sie gehen viel
mit weltlichen Dingen um. Sie besitzen Strafgewalt wie
Herren, Richter, Vögte, wie Freie und Grafen. Sie
unternehmen es, Herrschaften zu kaufen, und haben
sich vorgenommen, Herren zu sein...

...Ebenso soll man auch wissen: Es gibt in manchen

Klöstern viele Mönche. Wo 60 sind, soll man sie abnehmen lassen, bis ihrer 24 sind. Wo 24 sind, soll man sie bis auf 8 oder mindestens sechs verringern, und zwar deswegen, weil sich bei einer Vielzahl von Personen der eine auf den anderen verläßt. Wo wenige Personen in einem Kloster sind, da ist der Gottesdienst lauterer und besser als bei vielen: einer will dies, der andere das . . .

Ebenso sollen die Bettelorden auch abgeschieden sein und in geschlossenem Chore singen und lesen. Doch an den vorderen Altären, wo Messe gehalten wird, können Frauen und Männer die Messe wohl hören, doch sollen sie bald herausgehen. Man soll niemand bekümmern im Kloster. Sie sollen keinen Zins haben, noch soll man ihnen eine Jahrzeit setzen, denn sie sind verpflichtet, für Lebendige und Tote zu beten; darum soll man geneigt und willig sein, ihnen das Almosen zu geben, denn zum Almosen sind sie von der heiligen Christenheit berechtigt. Denn mancher Arbeiter, reich und arm, vernachlässigt Gott, da kann das Almosen für ihn bitten. Damit die vier Bettelorden die Christenheit unterstützen, haben sie Terminierer [3], daß sie reichlich seien in ihrem Gebet und desto besseres Auskommen haben. Ebenso sollen sie keine Beichte hören noch Begräbnisse vornehmen noch Predigten halten, es sei denn mit Erlaubnis, wo es vonnöten ist. Die Erlaubnis soll vom Bischof kommen. Kein Kloster soll übernehmen, was die Pfarrkirchen verrichten können.

## Offenbarung und göttlicher Auftrag an Kaiser Sigismund

Im Namen Gottes, des Herrn Jesu Christi. Wir, Sigmund, unwürdig, ein Diener Gottes und ein Mehrer des Heiligen Reichs genannt zu werden, tun zu wissen, was uns geoffenbart wurde im Geist, wovon wir sehr betrübt worden sind bis an unser Ende, daß wir nämlich so klein seien vor dem Angesicht Gottes. Wohl sind wir aufgesetzt als ein Haupt, wir sollen aber die heilige, selige Ordnung nicht vollbringen, wie ihr hören werdet in kurzen Worten. Wir nehmen es auf unsere Seele, wir setzen es in die Wahrheit Christi und sprechen es bei der Marter unseres Herrn Jesu Christi. Was wir hier kundtun, das ist uns geschehen, als man zählte 1413 Jahre, zu Ungarn zu Preßburg am Auferstehungstage am Morgen, da der Morgenstern aufging. Da kam eine Stimme, die rief:

„Sigmund, steh auf, erkenne Gott, bereite einen Weg für die göttliche Ordnung. Allem geschriebenen Recht gebricht es an Gerechtigkeit. Du kannst es allerdings nicht vollbringen. Doch bist du ein Wegbereiter dessen, der nach dir kommen soll. Dieser ist ein Priester, durch den Gott viel wirken wird, er wird genannt Friederich von Landnau. Er wird des Reichs Wappenzeichen antun. Sein eigenes Zeichen wird er links neben dem Zeichen des Reiches führen, in der Mitte davon ein Kreuz. Seine Ehre wird sich erheben furchtbar. Niemand vermag etwas wider ihn. Er setzt die Ordnung Gottes in Kraft. Herren und Städte werden ihm gehorsam sein. Ihm wird zuteil, das Unrecht zu strafen. Gott hat ihn auf mancherlei Weise mit mancherlei Kummer versucht. Er ist allezeit geduldig erfunden. Sein Opfer ist Gott genehm."

Als wir nun dies hörten, wurden wir von Herzen betrübt und vergaßen, wer wir selbst waren. Da ward uns die Erkenntnis zuteil, daß wir den Weg dazu bereiten sollten. So wurden wir erquickt und erleichtert ...

[1] Papst Calixt I. († 222) gilt als Verfasser eines Edikts, das den Erlaß der Kirchenstrafen auch für Unzuchtsünden in Aussicht stellte.
[2] = Zisterzienser, nach Bernhard von Clairvaux († 1153)
[3] Almosensammler.

## GREGOR VON HEIMBURG († 1472)

Gegen die Entmachtung des Konzils wandte sich auch der fränkische Jurist Gregor von Heimburg aus Schweinfurt. Teilnehmer am Konzil von Basel (1434), Syndikus der Reichsstadt Nürnberg (1435—1461), vorübergehend Berater des

Grafen Sigismund von Tirol in seinem Streit mit Nikolaus von Kues (s. u.) und endlich Anwalt des Böhmenkönigs Georg Podjebrad, tat sich Gregor von Heimburg sein ganzes Leben lang in Wort und Schrift als Verfechter der Rechte der weltlichen Obrigkeit, als Befürworter der konziliaren Ideen und als grober, unversöhnlicher Kämpfer gegen das wiedererstarkte Papsttum hervor. Seine Exkommunikation durch Papst Pius II. beantwortete er mit der Appellation an ein allgemeines Konzil. Seine von nationalem Pathos durchglühte Polemik mußte um so verletzender wirken, als er den rechtlichen Grundlagen der angeblichen „Fülle der Macht" (plenitudo potestatis) des Papsttums durch bemerkenswerte historische Darlegungen den Boden entzog. In wirkungsvoller Antithese stellte er der Gewaltlosigkeit Christi und der Apostel die maßlose Machtgier des Stellvertreters Christi gegenüber. Anklagen, die einst unter den kompromißlosen Feinden der Papstkirche, unter den Franziskanerspiritualen, Waldensern, Wyclifiten und Hussiten laut geworden waren, verbreitete jetzt der gelehrte Rat zahlreicher deutscher Fürsten. Erst kurz vor seinem Tode erlangte er die Lösung vom kirchlichen Bann.

Lat. Text in: *Melchior Goldast,* Monarchia I (1613) 557 ff. — Datierung nach *C. Brockhaus,* Gregor von Heimburg (1861) 46.

Lit.: *Paul Joachimson,* Gregor Heimburg (1891).


## *Mahnung zur Wiederherstellung des Konzils und zur Reform der Kirche (1443)*

...Durch diese Amtsanmaßung, die der heiligen Kirche, der weltlichen und kaiserlichen Würde zum Nachteil und der ganzen Welt zur Beunruhigung gereicht, ist es so weit gekommen, daß keiner der Lehrer es wagte zu widersprechen: die einen in der Hoffnung, Pfründen zu gewinnen, die anderen aus Furcht, sie zu verlieren. Seit vielen Jahren konnte man über die Allmacht Gottes freimütiger predigen oder disputieren als über die Macht des Papstes. Trunken vom Wein der Hure (Apk. 17, 2) und bezaubert von ihrer süßen Schmeichelei, verfälschen sie die Schrift und verdrehen sie, um ihren Irrtum zu stützen. Weil aber die Kaiser, Könige, Fürsten und Städte das nicht zu erkennen vermochten — teils infolge einer bereits üblich gewordenen Vernachlässigung der Studien und der Wissenschaften, teils infolge ihrer allzu großen weltlichen Üppigkeit —, so sind sie dermaßen versklavt worden, daß man sie zwang zu glauben, es sei heilsnotwendig, daß der Papst eine solche ihm von Christus verliehene Fülle der Macht (plenitudo potestatis) besitze, daß er alles auf Erden nach seinem Belieben anordnen kann, und niemand dürfe es wagen, ihm zu sagen: „Warum tust du also?" Denn der Papst besitze die Macht — um mich der Worte der Schmeichler zu bedienen —, selbst den Engeln zu gebieten. Und um mit dem Propheten zu sprechen: „So lasset euch nun weisen, ihr Könige, und lasset euch züchtigen, ihr Richter auf Erden!" (Ps. 2, 10). Habt acht und bemerket die überaus schwere Sünde: Die römischen Bischöfe tun wissentlich nichts Gutes, ja, sie handeln der Wahrheit des Evangeliums in der Tat zuwider. Denn wie das Evangelium (Lk. 22, 25) zeigt, hat Christus weder den Aposteln noch Petrus irgendeine Fülle der Gewalt oder Herrschaft verliehen, vielmehr hat er ihnen die Ausübung von Herrschaft und Gewalt in Wort und Tat untersagt: „Die weltlichen Könige herrschen, und die Gewaltigen heißt man ‚Gnädige Herren'. Ihr aber nicht also!" ... Hieraus ergibt sich, daß es eine Fabel und bloße Erdichtung ist, was in den Dekretalen der römischen Päpste geschrieben steht: daß Christus ihnen die Fülle der Gewalt verliehen habe und eine solche Herrschaft, daß sie auch in irdischen Dingen den Königen und Fürsten übergeordnet sind ...

...Ja, es wäre gar nicht nützlich, wenn die geistlichen Lehrer, der Papst und die Seinen, die Herrschaft oder auch die Zwangsgewalt besäßen. Denn wer gegen seinen Willen dazu gezwungen wird, hat keinen oder nur wenig Nutzen vom Glauben und von der Tugend, denn es steht fest: Erzwungene Dienste gefallen Gott nicht. Darum hat Christus auch kein Gesetz erlassen, wodurch die Juden und Heiden unter Androhung einer irdischen Strafe zur Annahme des Glaubens gezwungen werden. Wenn ihm aber Christus, wie der Papst es in seiner Selbsttäuschung zu behaupten pflegt, die Fülle der Gewalt über die christlichen Könige verliehen hat, warum dann nicht auch über die Juden? Wenn aber das der Fall ist, so ist seine Schuld groß, weil er sich nicht um ihr Heil bekümmert, obwohl er die Fülle der Gewalt zu haben behauptet.

...Daß der Klerus eine solche [Herrschaft] übernimmt, hat Christus nicht allein durch sein Gebot oder seinen Rat verboten, vielmehr hat er auch durch sein Beispiel deutlich bezeugt, daß dem Klerus vor allem die Sittenzucht übertragen ist, als er nicht nur für sich und seine Jünger die irdische Herrschaft ablehnte, sondern auch die Seinen der irdischen Gewalt unterwarf, ja, er hat sich selbst der richterlichen Gewalt gestellt: „Des Menschen Sohn ist nicht gekommen, die Welt zu richten, sondern zu erlösen" (Joh. 12, 47). Und auf die Frage des Pilatus antwortete er (Joh. 18, 36): „Mein Reich ist nicht von dieser Welt" ... Man sehe, wie Christus König sein wollte, vielmehr: nicht sein wollte (Joh. 6, 15). Daraus ergibt sich: Hätte Christus seine und des Petrus Stellvertreter, die sich zu Herren über alle Sterblichen aufgeworfen haben, von der Steuerpflicht befreit sehen wollen, so hätte er für sich und Petrus keinen Zinsgroschen bezahlt (Mt. 22, 21) ...

...Weiter ist zu sehen, was Christus hier seinen Aposteln anvertraut hat. Ich glaube: nichts anderes, als was er in Wort und Tat gelehrt hat, denn es sagt der Apostel zu Titus (3, 1): „Erinnere sie, daß sie den Fürsten und der Obrigkeit untertan seien", er sagte nicht: „den Bischöfen!" ... Mit welchem Recht nimmt sich ein Priester, ja, auch der Papst, heraus, treue Lehensleute des Reiches von ihrem Treueid und von dem Gehorsam zu entbinden, zu dem ein jeder gerade auf Grund des Glaubens durch Christus und die Apostel verpflichtet ist? ... Mag der Papst sie auch von dem Gesetz seiner eigenen Oligarchie dispensieren — vom göttlichen Gesetz kann er sie nicht befreien, ohne in Irrtum zu fallen.

...Wenn man alle diese Stellen vergleicht und dazu die Auslegungen der Väter heranzieht, so ergibt sich ganz deutlich, welche Gewalt Christus den Aposteln und welche diese ihren Nachfolgern verliehen haben. Es wird in den heiligen Schriften gewiß nichts anderes deutlich zu finden sein, als daß sie die Untertanen ihrer Könige und Fürsten sein sollen, aber nicht ihre Herren . . .

Weiterhin hat die Urkirche, weil sie das wußte und deshalb keine weltliche Herrschaft für sich beanspruchte, die Kirche durch heilige Sitten und Lehren erbaut und das Römische Reich dem Glauben Christi und der Ehrerbietung gegenüber seinem Priestertum zugeführt. Nachdem aber die maßlose Herrschsucht die jetzige, fleischliche Kirche ergriffen hatte, verkehrte sie die Ehrerbietung des Kaisers in eine Pflicht und die ihr von den frommen Kaisern zugestandenen Vorrechte und Freiheiten in eine Herrschaft, und so rückte sie allmählich voran bis zu der angemaßten Ausübung der Fülle der Macht. Das kann ein jeder deutlich erkennen, der sich die Chroniken und das *Speculum Historiale* [1] ansieht.

Denn von dem seligen Petrus bis auf den heiligen Silvester zur Zeit Konstantins des Großen war die weltliche Herrschaft kein Problem fast dreihundert Jahre lang. Fast dreihundert Jahre lang ließen sich die erkannten Päpste nicht zur weltlichen Herrschaft, sondern zum Martyrium hinreißen. Der Ruhm dieser Kirche war kein Purpur, kein Reichtum, kein weißes Pferd, kein Gepränge, keine Herrschaft, sondern: „Siehe, wir haben alles verlassen und sind dir nachgefolgt, Herr" (Mt. 19, 27), nicht in der Hoffnung einer Erhöhung auf Erden, sondern auf den Stuhl derjenigen, welche nach der Verheißung Christi die zwölf Stämme Israels richten sollen. Aber mit der Zeit Silvesters, des dreißigsten Papstes nach Petrus, begann die „vermischte Kirche". Denn der heilige Silvester [2] nahm die Schenkung Konstantins zum Nutzen der Notare entgegen, welche die Märtyrerakten aufzuzeichnen hatten, und zum Nutzen der Armen, also nicht zur Herrschaft, sondern zur Nutzung. Und damit die Mischung zwischen der heiligen und der fleischlichen Kirche auf dem Stuhl der römischen Päpste

188

offenbar würde, geschah es, daß der dritte Papst der Römer nach ihm, Liberius, genannt Leo — freilich kein „Löwe aus dem Stamme Juda" —, zum arianischen Häretiker wurde. Und wenn sich nicht die heiligen Lehrer Hieronymus, Eusebios, Ambrosius und Augustinus erhoben hätten, die mit ihren Verdiensten und ihrer Lehre die Kirche erleuchteten, so wäre es damals in Anbetracht des Mißbrauchs der irdischen Güter um den Glauben Roms — freilich nicht um den Glauben des Petrus — jedenfalls geschehen gewesen.

Von dieser Zeit an bis auf die Zeit Ottos I. empfingen die Päpste vom Reich vielfache Ehrerbietung und Verehrung, so daß sich die Kaiser in ihrer Verehrung und Ehrerbietung bei ihrem Amtsantritt teils durch Gesandte, teils in eigener Person dem Papst vorstellten, sich seinen Segen erbaten und sich seiner Fürbitte empfahlen für die Regierung des Reichs und für gute Zeiten [3]. Und wenn sich eine Häresie erhob — wie sich in jener Zeit viele erhoben —, so wurden auf Befehl oder auf Bitten verschiedener Kaiser hin heilige Konzilien abgehalten, auf denen die Kirche zuweilen angeklagte Päpste vor den Kaisern auf Grund der kanonischen Bestimmung reinigte; das war zu einer Zeit, als sich der Papst noch keine Herrschaft anmaßte. Doch wurden die Päpste unter den Privilegien und Herrschaften der Kaiser dermaßen verehrt, daß manche Kaiser in ihrer Ehrerbietung vom Papst auch gekrönt sein wollten. Als sie dann auszuarten begannen, wurden mehrere von ihnen durch die Kaiser abgesetzt, so wird zum Beispiel Johannes XII., weil er sittenlos und unverbesserlich war, von Otto I. abgesetzt und durch Leo VIII. ersetzt, und nach allgemeinem Wunsch wird festgestellt, daß keiner Papst werden sollte ohne die Zustimmung des Kaisers. Und so wurde die Frechheit der Päpste zur Zeit der Ottonen gezügelt, weil das Reich mächtig war. Mit Zustimmung der Römer und des Reichs haben sie die Ottonen zu Fürsten bestimmt, welche den Kaiser zu wählen hatten, nicht aber auf Grund der Autorität des Papstes, denn ihm kam nichts zu als fromme Verehrung.

Nach Otto III. begannen die Päpste mit Scharfsinn

danach zu trachten, wie sie sich die ihnen ergebenen und ehrerbietigen Kaiser untertan machen könnten. Dazu erschien ihnen kein Mittel geeigneter und für das Reich gefährlicher als dasjenige, die Kurfürsten, zumindest die geistlichen, zu bestechen und aufsässig zu machen, damit eine zwiespältige Wahl entstünde, so daß die Parteien beim Papst und bei seinem Stuhl die Entscheidung zu suchen hatten. So entstanden zahlreiche Spaltungen auf Anstiften der Päpste im Reich. Dennoch wurden zur Zeit Heinrichs III. die Bischofssitze von den Königen und Fürsten vergeben und durch die Bischöfe ihrerseits die übrigen Pfründen im Einvernehmen mit den Fürsten...

... Doch wurde in vorsichtiger Form unter Lothar und Konrad das Dekretum abgefaßt [4]. Obwohl hier mit den Autoritäten der Heiligen Schrift das Heu und die Spreu der Päpste vermischt sind, schätzen es manche Leute dermaßen hoch, daß man meinen könnte, das Evangelium sei darin enthalten. Und seitdem schöpften die fleischlich gesinnten Päpste ihre Fülle der Gewalt aus dem Dekret wie aus einem authentischen Buch, nicht aber aus dem Evangelium...

... Schließlich verfaßte Innozenz III. die Dekretalen zur besseren Verteidigung der Fülle der Gewalt...

... Und alles das, was sie solchen Partei- oder vielmehr schismatischen Königen abzupressen vermochten, ließen sie im *Liber Sextus* der Dekretalen und in den Clementinen gleichsam als von Christus verliehenes Recht niederschreiben, und so schritten sie, als das Reich gespalten war oder keinen Herrscher hatte, weiter voran und behielten sich die Bestätigung aller Wahlen und Würden vor, auch wenn über diese nach der kanonischen Bestimmung verfügt worden war, ja, sogar die Verleihung von Pfründen, wobei sie nichtsdestoweniger gleichzeitig die Bistümer und Pfründen mit Annaten und anderen simonistischen Steuern belegten, und zwar als Bezahlung für die Bestätigungen, welche in Wirklichkeit in die Kompetenz des Reichs gehörten, so daß die Päpste auf diese Weise die Schätze der Welt ausschöpften, als seien sie mit der Herrschaft allein noch nicht zufrieden...

Christus verschmähte ein weltliches Reich — sein Stellvertreter erstrebt es.

Christus schlug das Königtum, das man ihm antrug, aus — sein Stellvertreter will es erringen.

Christus sagte, er sei nicht zum weltlichen Richter bestellt — sein Stellvertreter nimmt sich heraus, den Kaiser zu richten.

Christus unterstellte sich dem Stellvertreter des Kaisers — der Stellvertreter Christi erhebt sich über den Kaiser, ja, über die ganze Welt.

Christus tadelte diejenigen, welche nach dem ersten Rang trachteten — sein Stellvertreter ringt selbst mit der ganzen Kirche um den Primat.

Christus ritt, wie man liest, am Palmsonntag auf einem Esel — sein Stellvertreter ist mit prunkvoller Reiterei nur zufrieden, wenn ihm der Kaiser den rechten Steigbügel hält.

Christus vereinte die zwieträchtigen Juden und Heiden zu dem einen Reich der Kirche — sein Stellvertreter hat die einträchtigen Deutschen einst oftmals gegeneinander aufgewiegelt.

Christus, der Schuldlose, trug erlittenes Unrecht geduldig — sein schuldbeladener Stellvertreter läßt nicht davon ab, der Kirche und dem Reich Unrecht zu tun.

Das heilige Konzil zu Basel versuchte, das abzustellen und eine Reform durchzuführen und den gegenwärtigen Stellvertreter Christi in gewisser Weise zum Lebenswandel Christi zurückzuführen, doch das wird bis auf den heutigen Tag verhindert. Denn nachdem es die Reform begonnen hatte, zog es, weil sie die Kurie des Papstes berührte, einen so heftigen Sturm auf sich, daß das Schiff Petri gleichsam von den Wogen verschlungen erscheint und, weil es nicht untergehen kann, auf den Wellen treibt. Das kommt daher, daß diejenigen, welche anfangs auf und zusammen mit dem heiligen Konzil höchst eifrig gegen die Ausschreitungen Eugens [5] auftraten, so daß sie seine Wahl auch öffentlich für ungültig erklärten und sogar seine Absetzung ins Auge faßten, falls er sich nicht demütigte und seine Irrtümer zurücknähme, durch ihn bestochen worden sind und jetzt, indem sie zugleich damit ohne Vertrag seine Irrtümer billigen, gegen das heilige Konzil selbst Widerstand leisten. Und den Primat, den sie vordem auf katholische Weise dem heiligen Konzil zugeschrieben hatten, den schreiben sie jetzt ohne Scheu der irrtumsfähigen (Kirche) zu.

Denn wegen dieses einen Mannes an der Spitze, der übrigens in einen Irrtum über den Geist der Freiheit abgeirrt ist, der sich so lange der Reformation der römischen Kirche widersetzt, die gesamte Kirche in Verwirrung bringt und den Irrtümern der fleischlich gesinnten Päpste, von denen die Rede war, nachfolgt, ja, sich noch mehr Macht anmaßt als irgendeiner seiner Vorgänger, indem er nach dem Primat über die allgemeinen Konzilien trachtet, scheinen sie allesamt, Geistliche und Weltliche, trunken und blind zu werden, vor allem aber die Deutschen, die man noch mehr bedauern muß, denn über das ehrbare Gute hinaus, was die heiligen Konzilien mit sich zu bringen pflegen, hätten sie vom heiligen Konzil zu Basel ein über die Maßen nützliches Gut empfangen können: sie hätten nämlich die verschiedenen Arten von Steuern an den Klerus abschaffen und die Freiheiten des Reichs, die sie nach Kriegsrecht auf die gerechteste Weise erworben und mit ihrem deutschen Blut behauptet haben, die man ihnen aber mit apostolischen Sophismen heimlich genommen hat, wieder erringen können.

So erhebt euch denn und seid nüchtern, schüttelt den Staub ab, bindet das schwere Joch von eurem Nacken los! Verlaßt die verdammenswerte Neutralität ... — so, wie auch sämtliche Universitäten Deutschlands sie mit gutem Grund verworfen haben — und stellt das heilige Konzil wieder her, das samt dem Schiff Petri noch immer auf den Wogen treibt. Und wenn es wieder hinreichend geordnet ist und sie zu einer Entscheidung gelangt sind, so nehmt die Reformation in die Hand, vor seiner Auflösung! Wenn sie richtig durchgeführt ist, so wird damit erfüllt, was von der fleischlich gesinnten Kirche (Apk. 18, 2 f.) prophezeit ist: „Sie ist gefallen, die große verhaßte Babylon, denn von dem Wein ihrer Hurerei haben alle Heiden getrunken, und die Könige auf Erden haben mit ihr Hurerei getrieben, und die Kaufleute — das sind die Simonisten — sind reich geworden von ihrer großen Wollust."

Hört alle, die ihr einen rechten Eifer habt, und laßt euch gesagt sein, was dort folgt (Apk. 18, 4): „Gehet aus von ihr, mein Volk, daß ihr nicht empfanget etwas von ihren Plagen! Denn ihre Sünden reichen bis in den Himmel..." Aus diesen so deutlichen Worten folgt, daß es im übrigen für Könige, Fürsten und Gemeinschaften keine Entschuldigung dafür gibt, denn sie sehen die Undankbarkeit der Päpste vor Augen, denen eben die göttlichen Kaiser aus Gnaden irdische Güter und Privilegien zum Gebrauch für die Armen und für die kirchlichen Personen verliehen haben — die sie aber mißbraucht haben, so daß sie diejenigen, die ihnen die huldreiche Stiftung gemacht haben, zum Dank in schmähliche Knechtschaft bringen —, so daß sie verdientermaßen durch das heilige Konzil zur Besserung gezwungen werden, damit ihr Übermut durch die starke Hand des Kaisers gezügelt wird, der hierbei vor allem zu leiden hat. Denn der erhabene König Englands und Frankreichs, ein Herzog und ein Markgraf werden durch keinen Eid an den Papst gebunden. Sobald aber einer Kaiser geworden ist, so ist er gehalten, auf ihre erdichteten Dekretalen zu schwören, so daß der oberste Monarch mehr zum Sklaven wird als jeder, der ihm untergeben ist. Soviel habe ich zur Ermahnung derjenigen, die es angeht, in groben Worten, damit es deutlicher wird, in Erinnerung bringen wollen.

---

[1] Vielgelesene Weltgeschichte (bis 1250), verfaßt von Vinzenz von Beauvais († 1264).
[2] Papst Silvester I. regierte 314—335, zu der angeblichen „Konstantinischen Schenkung" vgl. auch S. 476.
[3] Otto I. regierte von 936—973 (deutscher Kaiser seit 962), sein Enkel Otto III. 983—1002.
[4] Heinrich III. regierte 1039—1056, Lothar III. 1125—1137, Konrad III. 1138—1152.
[5] Papst Eugen IV.

# GRAVAMINA (1451)

Auf dem Konzil von Konstanz hatte die deutsche Nation, ebenso wie andere Nationen, ihre Klagen über die vielfältigen Bedrückungen (gravamina) durch Papsttum und Kurie in einem Verzeichnis vorgelegt. Verzeichnisse dieser Art erhielten um so größere Bedeutung, je länger die meisten Reformwünsche unerfüllt blieben. In den 1450er Jahren wurden sie verändert, ergänzt und bei verschiedenen offiziellen Verhandlungen der deutschen Fürsten mit der Kurie ins Spiel gebracht. Nach der Jahrhundertwende griff Kaiser Maximilian I. (1493—1519) im Zusammenhang mit der geplanten Reichs- und Kirchenreform auf sie zurück. Als die deutschen Stände auf dem Reichstag von Augsburg (1518) die Erhebung eines kirchlichen Zehnten ablehnten, taten sie dies unter erneutem Hinweis auf die unterbliebene Beseitigung der Gravamina. Luther benützte das Verzeichnis in seiner Schrift „An den christlichen Adel" (1520). Und auf dem Reichstag von Worms (1521) erlangte die Liste der Reformwünsche, in der nunmehr gar 102 Gravamina aufgeführt waren, noch einmal hochaktuelle Bedeutung. So wie sie die Einstellung der deutschen Stände vor der Reformation bestimmt hatten, wurden sie jetzt von den Anfängen der in breiten Schichten des Volkes verwurzelten Reformation getragen — ein beredtes Zeugnis für die Reformbedürftigkeit der Kirche im Jahrhundert vor der Reformation. Der konziliaristisch gesinnte Verfasser der folgenden, in Form eines Gutachtens verfaßten Reformforderungen von 1451 ist nicht bekannt.

Lat. Text in: *Walch*, Monimenta I,1, S. 103—110.

Lit.: *Bruno Gebhardt*, Die Gravamina der deutschen Nation gegen den römischen Hof (2. Aufl. 1895). (hier S. 6 Datierung).

## *Reformforderungen an ein allgemeines Konzil*

Ehrwürdigster Vater, auf einem heiligen Konzil ist einigen wichtigen Dingen Aufmerksamkeit zu schenken: Erstens, daß die Autorität der heiligen allgemeinen Konzilien nicht vernichtet noch durch die Dekrete des Ehrwürdigsten Vaters und Herrn Kardinallegaten geschwächt wird. Denn seine Dekrete, die auf Grund der Autorität seiner Gesandtschaft eingeführt werden, sind gleichsam die Dekrete des Basler Konzils, die bei allen Nationen verachtet und soweit noch nirgends angenommen worden sind, am wenigsten bei der deutschen Nation. Wenn sie daher jetzt auf Grund der Autorität seiner Gesandtschaft angenommen würden, dann würde seine Macht höher erscheinen als die des allgemeinen Konzils, dies aber widerspricht der Wahrheit, weshalb man das mit höchster Sorgfalt bedenken muß. Auch schiene es weder sicher noch ratsam, daß eine besondere oder Teil-Reformation einer Provinz durchgeführt wird, ohne daß die anderen Provinzen reformiert sind, denn es entstünde in der Kirche dadurch eine Verschiedenheit der Gebräuche, wenn in einer Provinz die weltlichen und geistlichen Christgläubigen hinsichtlich der Art der Reformation wie auch in der Beachtung des göttlichen Gesetzes sich von Einwohnern anderer Provinzen unterschieden. Und so schiene es notwendig, daß man zur Reformation dieser werten Provinz insgesamt fortschreitet: Erstens muß man aufs sorgfältigste nachforschen, worin oder in welchen Stücken einige Provinzen der deutschen Nation die Reformation durchführen wollen. Solange hierüber nichts gewiß ist, muß man, meine ich, die Teilreformation verschieben, damit keine Verschiedenheit der kirchlichen Gebräuche eingeführt wird. Daraus könnten wahrscheinlich große Übelstände entstehen, solange und bis eine allgemeine Reformation aller Provinzen vorgenommen wird. Daher wäre es nötig, daß ein allgemeines Konzil und zugleich ein Nationalkonzil für unsere deutsche Nation durchgeführt wird, wozu der Ehrwürdigste Vater und Herr Kardinallegat, wie er sagt, gesandt ist. Und in der Tat ist es nicht allein notwendig, daß ein Nationalkonzil gehalten wird, sondern auch ein allgemeines Konzil, denn wenn allein die deutsche Nation reformiert wird und die anderen Nationen in ihren Gebräuchen und Satzungen beharrten, so würde gleichsam ein Schisma oder eine Spaltung entstehen. Und so würde man auf die Deutschen blicken wie auf die Griechen, die ihren besonderen Ritus und ihre Art des göttlichen Gesetzes haben, dies aber wäre verkehrt. Auch daß der genannte Herr Kardinallegat zur Reformation der deutschen Nation, zu Weltlichen wie auch zu Geistlichen, gleichsam wie zu Gliedern der Kirche gekommen ist:

Wäre es nicht gut, wenn diese Reformation ihren gehörigen und regelmäßigen Fortschritt nähme? Denn wenn das Haupt erschlafft, so leiden die übrigen Glieder mit. Darum muß man mit dem Haupt und nicht mit den Gliedern beginnen!

Wenn also eine regelmäßige und ordentliche Reformation stattfinden soll, so muß vor allen Dingen unser Papst und seine römische Kurie zu Anfang und an erster Stelle reformiert werden wegen der vielen Exzesse und vielen Regelwidrigkeiten, welche durch ihn und durch seine Kardinäle, durch ihre verfluchte, verdammte Simonie tagtäglich begangen werden beim Verkauf kirchlicher Güter, welche man wie Schweine und Kühe auf offenem Markt verkauft, obwohl er, wie gesagt, nicht der Besitzer der Kirche ist, sondern ihr Verwalter. Durch diesen allerschändlichsten Verkauf häuft er Gold und Silber in seinem Keller auf und beeilt sich, es in seinen Säcken einzuschließen, ohne Scheu davor, daß einer hierbei um so schwerer sündigt, je höher der Rang ist, den er einnimmt.

Auch hinsichtlich der Gebühren für die Erteilung von apostolischen Briefen muß der Herr Papst reformiert werden. Denn während die Briefe früher gewöhnlich ungefähr sieben oder acht Gulden kosteten, kosten sie jetzt zwölf oder vierzehn, ebenso die Gnaden- oder Rechtsbriefe, welche man zur Zeit Johannes XXII. für zehn und acht auszustellen pflegte. Entsprechendes können wir von allem sagen, was die Erteilung von Briefen angeht. Ebenso sinnt der apostolische Herr samt den Seinen den ganzen Tag mit unersättlicher Begierde darauf, wie er sich die gesamte Habe der deutschen Nation aneignen kann, wie aus vielen Beispielen hervorgeht. Denn bei seiner Wahl zum päpstlichen Amt war er allen gnädig und wohlwollend, und allen, die um die Gnaden einer Anwartschaft nachsuchten, erteilte er sie unter dem Datum seiner Krönung. So hofften Reiche und Arme, sie könnten aus jenen Gnaden Pfründen erlangen und Briefe über die gewährten Gnaden, welche er allen im ersten Jahr nach seiner Krönung erteilt hatte. Und so gewann er in seinem ersten Jahr einen schier unermeßlichen Schatz. Nachdem er auf solche Weise einen großen Schatz gesammelt hatte, erteilte er im zweiten Jahr größere Anwartschaftsgnaden, und zwar auf Grund eigenen Handschreibens beinahe allen ohne Unterschied, so daß nicht nur die Reichen, sondern auch die Armen solche Gnaden erbaten in der Hoffnung, einen Gewinn daraus zu ziehen. Durch diese Gnaden gewann er auch in jenem Jahr einen sehr großen Geldbetrag. Als er aber im dritten Jahr sah, daß er mit den Anwartschaftsgnaden auf Grund eigenen Handschreibens nichts mehr erreichen konnte, da erklärte er das Handschreiben dahin, er wolle durch das Handschreiben nur die Erschleichung aufheben. Und so sahen sich diese Armen betrogen, die da hofften, durch das päpstliche Handschreiben noch mehr erlangt zu haben. Sie verloren ihr Geld so gut wie ganz. Ebenso gab der Papst nach dem Erlaß des päpstlichen Handschreibens Reservationen auf freiwerdende Pfründen. Dieses Verfahren war in der römischen Kurie unerhört . . . Da mögen alle selbst sehen, ob es gerecht oder heilig ist, die Armen so gänzlich zu verachten.

Desgleichen muß die Kurie des Herrn Papstes in vielen Dingen reformiert werden. Denn die Kardinäle reiten mit 160 oder 170 Pferden hochmütig in ihren Palast ein, und ihre Diener tragen zweiteilige, bunte, seidene Gewänder in verschiedenen Farben samt Gold und Silber. So pflegten sie zur Zeit Bonifaz' IX., Innozenz' VII. oder Johannes' XXIII. nicht einherzureiten [1]. Auch haben gewisse Kardinäle drei Metropolitankirchen und Kathedralen zur Kommende, zehn Abteien, sechs Propsteien oder Archidiakonate und vier private Pfarrkirchen. Sie kümmern sich nicht darum, wie viele Mönche im Kloster sind. Wo nämlich zum Gottesdienst sechs oder zehn Mönche im Kloster waren, sind jetzt kaum zwei oder einer, weil die Kardinäle das gesamte Klostergut wegnehmen, von dem sechzig Mönche hätten leben sollen, und damit erheben sie sich über den Papst. Und das gilt nicht allein von den Kardinälen, sondern auch von allen Dienern des Papstes. Deswegen muß man das reformieren.

Desgleichen sind in der römischen Kurie öffentliche Wucherer, Bankiers und Geldleute, bei welchen der Papst und die Kardinäle Geld liegen haben, Gott weiß, ob mit Verlust oder Gewinn. Auch sind dort öffentliche Hurenmänner, Konkubinarier, Kuppler und viele andere Sünder unter den Dienern der Kardinäle und noch mehr öffentliche Sünderinnen. Und der Papst duldet sie, von welchen das deutsche Land bisher unbefleckt geblieben ist. Desgleichen gaben sich der apostolische Herr und die Italiener nicht damit zufrieden, daß sie von den Christgläubigen, welche um der Gnade des Jubiläumsjahres willen die römische Kurie persönlich besuchten, im Jubiläumsjahr einen fast unermeßlichen Schatz empfangen haben. Vielmehr sendet er jetzt den Kardinal aus, um den Rest von unserer Habe zu gewinnen, und beraubt die Armen Christi durch die Aufstellung von Kisten und den Verkauf von Ablässen des Jubiläumsjahres. Diese Aufstellung von Kisten bringt die Christgläubigen in Verwirrung und läßt sie am Glauben zweifeln, weil sie hiermit schon oft betrogen worden sind, z. B. durch die geplante Bekehrung der Böhmen und die Rückführung der Griechen, was beides nicht ausgeführt wurde. Und man weiß nicht, warum die Deutschen, welche die Ablaßgesandtschaft gutgläubig aufnehmen, im Jahr der Gnade mehr bestraft werden sollen als die Italiener, welche von dem Jubiläum andauernd Gebrauch machen, obwohl sie der Kirche keine Steuer zukommen lassen. Und eben jener Legat ist unter der Vorspiegelung einer Reformation entsandt und will die armen Kleriker reformieren, die Müller, die Metzger, die Köche. Gewiß, wenn der apostolische Herr und seine Kirche sich reformieren wollten oder durch ein allgemeines Konzil eine allgemeine Reformation stattfinden könnte, so würde leicht ein jedes Glied der Kirche in seinem Stand reformiert werden. Also erscheint es notwendig und das beste, daß ein allgemeines Konzil durch den Papst durchgeführt wird, so wie er geschworen hat, daß er es halten wolle.

[1] Johannes XXIII. (1410—1415), Konzilspapst.

198

## ANDREAS VON KRAIN († 1484)

Den letzten Versuch, ein Reformkonzil gegen den Papst zustande zu bringen, unternahm Andreas Zamometitsch, Erzbischof von Granea. Während seines Aufenthalts als Gesandter Kaiser Friedrichs III. in Rom kritisierte er die Mißstände an der Kurie, zumal die Vetternwirtschaft seines früheren Freundes, Papst Sixtus' IV. Diese Kritik brachte ihn ins Gefängnis. Nach seiner Entlassung berief er von sich aus, im Vertrauen auf die Unterstützung des Kaisers und auf die noch lebendige konziliare Gesinnung im Volk, ein Konzil nach Basel, erschien mit seinen polternden Proklamationen jedoch wenig geeignet, die Reformfreunde um sich zu scharen. Nach gewissen diplomatischen Anfangserfolgen zog der Kaiser schließlich die Hand von ihm ab. Die Basler Bürger nahmen ihn in Gewahrsam, ohne ihn an den Papst auszuliefern. Verzweifelt starb der Erzbischof während der Haft, vermutlich durch Selbstmord.

Lat. Text bei *Joh. Heinrich Hottinger,* Historiae Ecclesiasticae Novi Testamenti Saeculum XV. (= Band 4) 1654, 360—367.

Lit.: *Jacob Burckhardt,* Erzbischof Andreas von Krain und der letzte Concilsversuch in Basel 1482—1484, Beiträge zur vaterl. Geschichte, hg. von der Hist. Gesellschaft zu Basel 5 (1854) 1—106; *A. Stoecklin,* Der Basler Konzilsversuch des Andreas Zamometič vom Jahre 1482 (1938).

### Einberufung eines allgemeinen Konzils nach Basel (1482)

Wir, Andreas, von Gottes Gnaden Erzbischof von Krain, der heiligen römischen Kirche Kardinalpresbyter zu St. Sixtus, Ankündiger des Konzils zu Basel, tun allen und jeden Gläubigen Jesu Christi, Klerikern und Laien jeden Ranges, jeder Würde und jeden Standes oder Berufs kund, daß uns nach dem katholischen christlichen Glauben (welchen wir bekennen, in welchem wir durch die Barmherzigkeit Gottes auch selig zu werden hoffen, und nach der Pflicht unserer Würde, durch die wir desto mehr für das Heil seiner Kirche verpflichtet sind, je mehr uns von Gott anvertraut ist) viele schwere und verdammenswerte Ärgernisse

und Verbrechen bewegen, die wir heute vor Augen
sehen und mit unseren Ohren vernehmen am Ort der
Ehre, am heiligen Ort, am Ort des Gerichts, dort
nämlich, wo der Grund des heiligen christlichen Glaubens seit alters gelegt ist, in der römischen Kurie.
Daraus entstehen unausweichlich Verderbnisse der
Gläubigen Christi beiderlei Standes weit und breit in
der ganzen Welt, so daß es wahrlich bejammernswert
ist zu sehen und zu hören, wie das Schifflein Petri,
das ist die ganze gesamte christliche Kirche zumal
(außerhalb deren kein Heil ist, sondern überall ein
Abgrund, der vertilgt und niemand schont), nicht nur
von höchst verderblichen Stürmen und Wirbeln hin
und her gerissen wird, das ist von außen durch die
Verfolgungen der Türken und Ungläubigen, sondern
wie es auch in sich selbst überall durch Spaltungen,
Streitigkeiten, Häresien, Sünden, Laster, Ungerechtigkeiten, Irrtümer und unzählige Bosheiten erschüttert,
gerissen und getrennt wird und die einenden Fugen
sich lockern und lösen, so daß man nicht ohne Grund
fürchten muß, daß es schließlich, weil es leider von
einem ungläubigen Steuermann und uneinigen, teils
furchtsamen, teils tapferen Ruderern mit zerrissenem
Segel des Glaubens und ohne die Beobachtung des
evangelischen Gesetzes nicht, wie wir alle es wünschen, in rechtem Kurs gesteuert wird, sondern, von
widrigem Wind ergriffen, leider gar weit vom Gestade
des Heils in Gefahr und Schwanken hin- und her-
getrieben wird, so daß es, wenn nicht Christus ihm
hilft, sein wahres Haupt und sein Bräutigam, und ihr,
alle und jeder, die ihr in seinem Schoße gerettet und
erlöst zu werden wünscht, von dem verschlingenden
Abgrund der Verdammung hinuntergerissen wird und
im Schlamm der Tiefe aller Übel steckenbleiben muß
und keine Substanz des Glaubens in einem vernünftigen Menschen mehr erhalten bleibt, was der allmächtige Gott in seiner Gnade verhindern möge. Auch erinnern wir, daß nach der Absicht des großen, heiligen
Konzils von Konstanz, wie es im Hinblick auf die Erfahrung der vorangegangenen Zeiten und seiner Zeit
am 9. Oktober des Jahres 1417 in seiner 39. Sitzung

erklärte, die häufige Abhaltung von allgemeinen Konzilien die vornehmste Pflege des Ackers des Herrn ist ... So haben wir uns in diesem unten bezeichneten Jahr in die berühmte Stadt Basel, die wir bereits zum unzweifelhaften Versammlungsort des Konzils ausersehen haben, aus Eifer um das Haus Gottes unter schweren, bedrückenden Mühen und Gefahren hineinbegeben. Und mit dem Beistand der siebenförmigen Gnade des besagten Heiligen Geistes sagen wir an, verkündigen wir, veröffentlichen, autorisieren und bestimmen wir, daß dahier in der Kathedralkirche am Feste Verkündigung der glorreichen Jungfrau Maria ein allgemeines Konzil, welches alle Christ-Gläubigen der Kirche repräsentiert, im Heiligen Geist, dem Lehrer aller Wahrheit, sich versammle im Namen und Auftrag und endlich zum Preis und zum Ruhm und zur Verherrlichung unseres Herrn Jesu Christi, des Sohnes Gottes, des allmächtigen Vaters, und der genannten seligsten Jungfrau Maria, das die Reformation des katholischen Glaubens, die Verbesserung der Sitten, Ausrottung der Verbrechen und Laster und einen allgemeinen Frieden im Christenvolk herbeiführen soll ...

Die erste These ist folgende: Der katholische Glaube ist dermaßen bevorrechtigt, daß er jedem Menschen vorzuziehen ist und nicht aus Furcht, Liebe, Begünstigung und Bevorzugung eines sterblichen Menschen verleugnet werden darf, welche Würde er auch immer einnehmen mag. Auch sind die Kirchenmänner, aber auch die Weltlichen, vor allem die Fürsten, verpflichtet, den christlichen Glauben zu verteidigen, anderenfalls sind sie als vom Glauben Abtrünnige anzusehen. ...

Die zweite These: Weil die Abhaltung eines allgemeinen Konzils das notwendige Mittel ist, um die vorgenannten Übel auszurotten, auszutilgen und zu vernichten, so ist ein jeder Christ unter Strafe der Todsünde mehr oder weniger verantwortlich, die Abhaltung des Konzils zu der genannten Zeit zu fördern, sobald Papst und Kardinäle die Abhaltung eines allgemeinen Konzils zu der genannten Zeit zu fördern unterlassen oder zu verhindern suchen und daher als Begünstiger der Häresie beurteilt werden müssen.

Dritte These: Sobald der Papst zu der genannten Zeit nicht selbst, durch andere oder andere von ihm bestimmte Vertreter rechtmäßig erscheint und das Konzil nicht beginnt, um sich zu reinigen, so sind die dann auf dem Konzil Vertretenen nach göttlichem Recht schuldig, ihm im Namen der gesamten Christenheit zu allererst den Gehorsam zu verweigern, und alle Christgläubigen sind gehalten, denjenigen, die auf dem Konzil vertreten sind, zu gehorchen.

Letzte These: Wenn es sich zeigt, daß der Papst oder die Kardinäle das Konzil nicht fördern, sondern hindern und nicht erscheinen wollen, es sei denn infolge von Krankheit oder Gefängnis, so wird das Konzil auf Grund der Vollmacht, die ihm von Gott gegeben ist, gehalten sein, weil er es nicht fördert, sondern hindert oder nicht erscheint, gegen ihn vorzugehen, indem es über ihn oder sie den Entzug der Einkünfte oder die Absetzung und andere Strafen verhängt, die das Recht wider die Begünstiger der Häresie festgesetzt hat...

Zum Zeugnis für alle diese Worte haben wir unsere Geheimsiegel hier am Ende aufgedrückt im Jahre seit der Geburt unseres Herrn Jesu Christi 1482 am Tage der seligen Jungfrau und Märtyrerin Margarete.

# V. REFORMPREDIGER

## Militsch von Kremsier († 1374)

Vorbereitet durch die intensive Predigttätigkeit der Bettelorden im 13. Jahrhundert und lebhaft begrüßt von der Bevölkerung der Städte, beschäftigte sich die Predigt des 14. Jahrhunderts immer eingehender mit den Schäden in Klerus und Volk. Es gibt kaum eine unter den zahlreichen Predigtsammlungen der Zeit, in der nicht entsprechende kritische Wendungen zu finden sind. Je tiefer man in die Predigtliteratur eindringt, desto mehr ist man erstaunt über das Ausmaß der Selbstkritik in der spätmittelalterlichen Kirche. Man muß sich freilich davor hüten, die massive Verurteilung der Sünden verschiedener Stände mit der Kritik an der Kirche selbst zu verwechseln. Es dauerte seine Zeit, bis man die Mängel an dem System der Kirche als solchem entdeckte und bloßzustellen wagte. Und es bedurfte tieferer Einsicht und besonderen Mutes, bis die Prediger zur offenen Formulierung allgemeiner Reformforderungen vorstießen. Wie sich zur Zeit des avignonensischen Papsttums (1309—1377) und des päpstlichen Schismas (1378—1415) angesichts der offenkundigen Mißstände in der Kirche der Widerstand ihrer alten Gegner, z. B. der Waldenser, verhärtete, während einige scholastische Theologen die rücksichtslose Untersuchung des theoretischen Fundaments der Kirche in Angriff nahmen, wie sich die Mystiker und die *Devotio moderna* auf ihr geistliches Sonderdasein zurückzogen, während die Konziliaristen ihre Reformforderungen immer höher schraubten, so wurden im ganzen Bereich der Kirche da und dort die kritischen Stimmen von Reformpredigern laut. Einige von ihnen, wie z. B. Wyclif und Hus und ihre Anhänger, die ebenfalls in diesem Zusammenhang zu sehen sind, wurden aus der Kirche hinausgedrängt. Sie wurden zu den Begründern mächtiger Reformbewegungen, die sich teilweise zu selbständigen kirchlichen Gemeinschaften organisierten. Das Hervortreten der Reformpredigt gehört zu den charakteristischen Merkmalen des 14. und des 15. Jahrhunderts. Ihre wegbereitende Bedeutung für die Reformation des 16. Jahrhunderts läßt sich — trotz unverkennbarer Unterschiede — nicht ernstlich bezweifeln. Aus der großen Zahl der Reformprediger, die im Raum der Kirche verblieben, sind im folgenden einige wenige, verschiedenartige Stimmen ausgewählt.

Die für die Geschichte Böhmens so bedeutsame Ära Kaiser Karls IV. (1346—1378) erlebte die Predigttätigkeit mehrerer Reformprediger in der Hauptstadt Prag. Nachdem sich Konrad von Waldhausen († 1369) in seinen deutschen Predigten gegen zweifelhafte Reliquienverehrung und gegen die „Simonie", die Übertragung kirchlicher Ämter gegen Geldzahlung, gewandt hatte, wirkte Militsch von Kremsier aus Mähren als Prediger und Seelsorger unter der dortigen Bevölkerung. Ohne in einen Orden einzutreten, verpflichtete er sich zur „evangelischen Armut" und zu strenger Selbstkasteiung (1363). Um das Datum der Ankunft des Antichrists in der Kirche genau zu erfahren, reiste er nach Rom, wo ihm im Geist die ihn zutiefst erregende Offenbarung zuteil wurde, der Antichrist sei jetzt (1367) gekommen. Sein „Libellus de Antichristo" enthält die Gedanken der Predigt, die er in St. Peter in Rom nicht halten durfte, sondern im Gefängnis der Inquisition niederschrieb. Papst Urban V. (1362—1370), den er in seinem Brief zur Einberufung eines allgemeinen Konzils aufforderte, entließ ihn in die Heimat, wo er seine endzeitlichen Buß- und Reformpredigten fortsetzen konnte, bis ihn seine Prager Gegner wegen Ketzerei — schließlich ohne Erfolg — vor der Kurie in Avignon anklagten (1374).

Lat. Texte: Libellus de Antichristo in: Matthias de Janov, Regulae Veteris et Novi Testamenti hg. von *V. Kybal* III (1911) 379 f. — Brief: F. Menčík, Milič a dva jeho spisy z r. 1367, in: Sitzungsberichte der königl. böhmischen Gesellschaft der Wissenschaften, phil.-hist. Kl. 1890, 2, 318—325.

Lit.: *Hauck* V, 889—893.

## Über den Antichrist (1367)

... Schließlich begann ich achtzuhaben, wie es mit dem Heil und dem Zustand der Christen bestellt sei. Und während ich starr dabeistand, hörte ich den Geist, der in mir im Herzen folgendermaßen sprach: „Geh und sage dem Papst, der hierzu vom Heiligen Geist erwählt ist, er soll die Kirche auf den Stand ihres Heils zurückführen, er soll Engel aussenden, Prediger, mit der Posaune der Predigt und mit großem Schall, damit sie die genannten Ärgernisse aus dem Reich Gottes, der Kirche, abtun, damit sie jetzt, weil die Ernte, die

Vollendung der Welt, herbeigekommen ist, das Unkraut ausrotten, die Häretiker und die falschen Propheten, die Heuchler und die Begarden[1] und Beginen[1] und die Schismatiker ... und so sollen die Prediger sie offenbarmachen und gleichsam das Unkraut ausrotten und den Weizen der Gläubigen in die Scheune der heiligen Kirche führen, damit so die Fülle der Völker hereinkomme und ganz Israel gerettet werde und eine Herde und ein Hirte sei und sie in solcher Liebe leben — wenn nicht allesamt, so doch viele —, daß sie alle Güter gemeinsam haben, wie es der Heilige Geist dann vorsehen wird. Rate also dem Papst, daß er ein allgemeines Konzil in Rom abhält, auf welchem alle Bischöfe die Weisung empfangen, wie sie ihre und ihrer Untertanen Mängel beheben und bestimmte Männer aus den Orden und aus dem Weltklerus zum Predigen aussenden sollen, von denen viele verwelken, da sie mächtig sind in der Tat und stark mit dem Wort, daß sie die Lagerstätte Salomos umgeben (Hhld. 3, 7), mit den Schwertern der Worte Gottes in ihrer Hand und jeder mit seinem Dolch an der Hüfte, womit sie wider die Fleischeslust gewappnet sind. Diese werden einen allgemeinen Durchbruch schaffen für die anderen, die zu Hause predigen und kämpfen, um lieber getötet zu werden als selbst zu töten, um für Christus zu leiden. Diese werden das Tier, den Antichrist, besiegen, um des Blutes des Lammes willen, und sie werden einen sicheren Zugang schaffen zu dem Land der ewigen Verheißung. Denn nur schwerlich wird die große Menge des Blutes, das sie für Christus vergossen haben, oder die Mühsal des Leidens, das sie erduldet haben, genügen, um die Sünden zu tilgen, mit denen das Christenvolk überhäuft ist."

Ob das geschehen wird oder nicht — ich fürchte, daß der Zorn Gottes im Übermaß herabkommt und die unheilbare Plage, denn „wenn diese schweigen, so werden die Steine schreien ...!" (Lk. 19, 40).

[1] Angehörige der Armutsbewegung des 13. und 14. Jahrhunderts, die sich, ohne einem Orden anzugehören, zum gemeinsamen geistlichen Leben zusammenschlossen. Zeitweise pauschal der Ketzerei verdächtigt.

Mit den Schritten meines Herzens nahe ich mich im
Namen Christi Dir, heiliger Vater und einziger Herr,
Papst Urban, denn Du hast den Schoß Deines Er-
barmens aufgetan, um mich und alle bedrängten Wai-
sen Deiner Kirche mit dem Trost des heilsamen Bal-
sams der Geister zu heilen. Denn Du bist ausgegangen
zum Heil Deines Volkes und hast Deine Seele nicht
geschont, um der Bedrängnis Deines Volkes zu Hilfe
zu kommen. „Der du die Erde bewegt und verwirrt
hast, heile ihre Brüche, weil sie erregt ist" (Ps. 60, 4).
Damit aber Deiner Heiligkeit nicht verborgen bleibt,
von welcher Art und Zahl die Brüche der Erde sind,
will ich Dir dartun, was ich gleichsam wie meine Wunden vor Dich bringe, der Du allein die heilsame Arznei in Händen hast...

... Während den übrigen Jüngern vom Herrn ge-
sagt ist: „Werfet eure Netze aus, daß ihr einen Zug
tut", hat er zu Dir allein gesprochen: „Führe das Netz
auf die Höhe!" (Lk. 5, 4). Zwar hast Du das Netz der
Wollust Avignons recht wohl hinauf in die Strenge
Roms geführt. Mögest Du dort, umgürtet mit geistlicher
Macht, die Tiefe des Meeres aufwühlen und so den
Leviathan fangen! Vor allem aber ist es notwendig,
Prediger wider ihn auszusenden, welche auch Blitze
sind, und siehe zu, daß sie nicht an einen anderen
Ort gebracht werden! Er hat nämlich das ganze Meer
der Welt so besetzt, daß er getroffen werden muß,
wo immer der Blitz einschlägt. Weil Du aber hierin
nicht allein sein sollst, sind Dir die *Bischöfe* zu Brüdern gegeben, die die Welt von einem Meer zum andern überall erfüllt haben.

Darum hat Dich auch der alte Jakob[1] zu eben
Deinen Brüdern ausgesandt, auf daß Du zusiehst, ob
es wohl steht mit ihnen. Sieh an ihre Pflichtvergessenheit und klage sie vor ihrem Vater mit scharfem Vorwurf an, wie Joseph, doch nicht mit einem Vorwurf,
sondern mit vielen. Denn sie rotten die Häretiker
nicht aus, sie weihen die Kleriker auf simonistische
Art, sie segnen die Kirchen, Kelche, Ornamente simo-

nistisch um Preis oder Pakt, manche von ihnen dulden um Geld sogar solche, die im Konkubinat leben, und fördern die Wucherer, so daß einige in ihren Diözesen sogar erlauben, daß man bis zur Rückzahlung des Kapitals zehn Gulden darreicht um den Preis von einem Gulden. So entstehen unter ihrem Schutz viele Verträge zum Nachteil der Nutzungen und werden mit dem Namen „Zins" verschleiert. Sie weiden ihre Herde nicht und suchen sie nicht heim, während doch die Erde voll ist von Unterdrückung und Greueln. „Darum suche Du sie heim in Deinem Heil!" (Ps. 105, 4 Vulg.) Aber eine Synode und ein Konzil halten nur wenige und auch nur ganz selten ab, einige überhaupt nicht. Wenn Du die Kirche heilig machen willst, „ohne Flecken und Runzeln" (Eph. 5, 27), mußt Du es tun, solange der Friede währt. Wenn das irdische Reich erst in Verwirrung gestürzt ist, wird es unmöglich sein, alle zur Einheit der Kirche zu versammeln. Der Kirche tut rasche Hilfe not, nicht nur wider eine einzige Sekte, sondern wider die ganze Macht des Teufels zumal.

Voll Trauer muß ich vor allem rügen, daß Deine Brüder, die Bischöfe, das beständige Opfer des Wortes Gottes abgetan haben. Keiner predigt mehr wie die Apostel, um den Tyrannen bis aufs Blut zu widerstehen, vielmehr unterwerfen sie sich ihnen wie die Priester Pharaos, um ihr Land unbehelligt und ungestört zu besitzen: Je mehr sie mit den Tyrannen befreundet sind, desto weniger sind sie nütze. Darum ist das Wort Hiobs erfüllt: „Unter ihm werden sie sein die Strahlen der Sonne" (Hi. 41, 21 Vulg.). Machtvoll in Tat und Wort sollten sie Fürsten und Untertanen wie die Strahlen der Sonne mit dem Licht der Wahrheit von oben erleuchten. Da sie sich aber mit ihrer Schmeichelei den Tyrannen untertan machen, so werden sie recht wie Sonnenstrahlen, die sich verächtlich unterworfen haben, mit Füßen getreten. Und so ist das Wort Daniels (8, 12) in Erfüllung gegangen: „Deine Wahrheit wird zu Boden geworfen werden."

Woher kommt das? Sicherlich daher, daß selten einer nach kanonischem Recht gewählt wird. Vielmehr wird man auf Fürsprache, um Geld und um des Fleisches willen erwählt und angenommen, und meistens wird derjenige von seinem Fürsten gewählt, der sich zur Schmeichelei eignet. Wie wird aber ein solcher seinem Fürsten die Wahrheit predigen, wenn er von ihm dazu erwählt ist, das zu sagen, was ihm gefällt? Darum schweigen sie wie „stumme Hunde, die nicht bellen können" (Jes. 56, 10).

Aber die Zeit ist gekommen, da man ihnen sagen muß: „Hinaus, ihr Hunde, Zauberer, Unzüchtige und Götzendiener!" (Apk. 22, 15), so daß nicht jeder Fürst sein Land umsonst verkauft und den Seinen umsonst gibt, wie es ihm fleischlich beliebt; vielmehr muß das Reich der Kirche dem heiligen Volk gegeben werden, wie der Geist auf einstimmigen Wunsch der Gläubigen die Wahl zu treffen pflegt. Wenn Pharao für seine Rinder nach Meistern oder fleißigen Männern suchte, weil er sogar sein stummes Vieh nur fähigen Männern überlassen wollte, wieviel mehr ist es die Aufgabe Deiner Heiligkeit, nur fähigen und gottesfürchtigen Männern, in denen die Wahrheit wohnt, die Herde des Herrn anzuvertrauen, damit keiner ihnen die Worte Sacharjas vorhalten kann: „O unnützer Hirt, der die Herde verläßt!" (Sach. 11, 17).

Viele scheinen auf Deiner Seite zu stehen, solange Du ihnen mit irdischen Gütern die Hände füllst. Wenn sie aber weder Geschenk noch Gaben sehen würden und eine schwere Versuchung über sie käme, so würden nur wenige, mit leeren Händen, aber mit dem Worte Gottes bewaffnet, im Kampf beständig auf Deiner Seite bleiben. Sorge daher rechtzeitig für solche, die keinem Sturm weichen, wenn das schreckliche Chaos hereinbricht. „Es hat dich dein Gott gesalbt mit Freudenöl mehr denn deine Gesellen" (Ps. 45, 8). Salbe nun auch andere mit der Salbung des Geistes an Deiner Statt, „wie Elia den Elisa, den Hasael und den Jehu" (1. Kön. 19, 15 f.), welche er durch die Kraft des Heiligen Geistes zu starken Eiferern nach ihm machte, so daß sie wie jene, die Elia gesalbt hatte, Tyrannen und vor allem götzendienerische und habsüchtige Priester ausrotteten. So könnten diese, durch Dich gesalbt, zu Eiferern für das Gesetz Gottes werden und Heuchelei und Simonie und diejenigen ausrotten, die das Zeichen des lebendigen Gottes nicht haben, um das, was sie umsonst empfangen, auch umsonst weiterzugeben; sie tragen vielmehr das Zeichen des Tieres offen an der Stirn, mit ihrer Rechten aber üben sie das Verbrechen der Heuchelei und der Simonie, während sie ihr linkisches Werk bemänteln, als wäre es recht und richtig. Wenn sie nämlich predigen, Messe lesen, Beichte hören und Sakramente spenden, meinen sie, Gott gehorsam zu sein, während sie doch weniger empfangen haben; wenn ihnen aber einer nichts ins Maul steckt, so rufen sie zum Kampf gegen ihn auf.

Siehe, Dein Acker ist voll von Unkraut, Dein Garten ist voll von Nesseln! Rotte die Bösen aus und pflanze gute Leute, damit man von Dir und Deinem Acker nicht sagen kann: „Ich ging am Acker des Faulen vorbei, und siehe, es waren eitel Nesseln darauf (Spr. 24, 30).

Was soll ich von den *Kanonikern* sagen? Manche kämpfen und reiten in Waffen zum Turnier, anstatt in den Kirchen zu singen; manche haben ihre Pfründen auf Zins oder durch Vertrag zum Nachteil der Nutzungen, andere leihen Geld und benützen die Einkünfte, die das Kapital übersteigen, zum Kauf von Messen. Andere raffen, grausamer als Wölfe, zahlreiche Pfründen an sich und berauben viele Arme. Solche sind es, die das Erbteil des Gekreuzigten den ganzen Tag für irgendeinen Gewinn vererben und die über dem Rock des Herrn das Los werfen. Meistens ziehen sie maßlos die Güter an sich, die den Armen gehören, und häufig verschwenden sie sie auf Lustbarkeiten. Zerstöre ihre Stärke, damit das Wort Salomos in Erfüllung geht: „Es wird zerstört werden die Kaperstaude" (Pred. 12, 5 Vulg.). So wie dieses Kraut die Begehrlichkeit weckt, so werden sie durch die Vielzahl von Pfründen gestärkt, so daß ihre Kraft in ihren Lenden ist, samt Behemoth[2], ihrem Vater.

Nun komme ich auf diejenigen zu sprechen, die den Erdkreis zu tragen scheinen, die ihr Gericht unter den Sternen aufgeschlagen haben und wandeln wie ein Cherub, „der sich weit ausbreitet und deckt inmitten feu-

riger Steine" (Ez. 28, 14), die sich dünken, sie seien die
Säulen des Himmels, über welchen die Kirche begrenzt
wird, und doch scheinen sie in vielen Dingen wie Kot
ins Nichts zerronnen. Das sind die *Mönche,* insbesondere diejenigen, die um Almosen betteln, unter welchen Simonie und Besitz keine Sünde ist. Jetzt ist
das Wesen ihres Ordens Wucher, dazu ist ihnen
„Gottseligkeit ein Geschäft" (1. Tim. 6, 6), weil sie selbst
Kapital zum Wucher leihen, und die minderen Nonnen
ihres Ordens haben persönliche und gemeinschaftliche
Einkünfte. Dies bringt die heilige Kirche über die
Maßen in Unordnung. Die Leute, welche das Joch
des Herrn, das Evangelium, auf sich genommen haben
und dermaßen mißbrauchen, daß sie es nur zu ihrem
eigenen Fortkommen und Gewinn zurechtbiegen, was
immer sie predigen sollten, sind solche, die die Häuser der Kirchen und der Gewissen durchstreifen und
Beichte hören ohne Erlaubnis und ohne Prüfung ihres
Diözesans, und so maßen sie sich frevelhaft Macht an
und zerreißen den ungenähten Rock Christi. Sie sind
schlimmer als jene, die ihn kreuzigten, denn jene ließen den Rock unversehrt. Ablässe erteilen sie, über die
sie gar nicht verfügen. Um Gewinns willen belügen sie
das Volk. „Um eine Handvoll Gerste und um einen
Bissen Brot" (Ez. 13, 19) lassen sie die Wahrheit im
Stich, ja, sie verkehren die Wahrheit Gottes in Lüge.
Das sind die Sterne, die einstmals an ihrem Teil auf
ihren Plätzen Licht verbreiteten, und als man sie rief,
sprachen sie: „Hier sind wir" (Bar. 3, 35) und leuch-
teten ihrem Schöpfer mit Freuden. Jetzt aber stehen
sie am Firmament des Himmels nicht mehr fest, sondern sie sind vom Himmel gefallen, vom Angesicht
dessen, der den Schwanz des Drachen schlägt.

Auch *die gottgeweihten Jungfrauen* leben nicht in
Klausur, sondern manche laufen durch die Welt an die
Höfe der Fürsten zum Tanz und Turnier, andere tanzen im Kloster mit ihren Buhlen und führen, ohne zu
erröten, ihre Verehrer oder besser: Entehrer in ihre
Zellen, und wo Christus, das reine Lamm, ein unbe-
flecktes Lager hielt, da kommt der unreine Teufel auf
das Bett, von dem einer herabfallen muß, Gott oder

210

der Teufel, das Lamm oder der Wolf, weil das Lamm den Wolf nicht duldet und das kurze Tuch nicht beide bedecken kann.

Voll von *Begarden* und *Beginen* ist die Welt, und da ist keiner, der dagegen Vorsorge träfe. Alle Verkehrer der Ordnung und Stifter von Unordnung und Sekten sind nichts als falsche Propheten, die das Zeichen der nahenden Dürre anzeigen, so daß viele Gläubige eher ihren Verführungen Glauben schenken als dem heiligen Evangelium.

Du aber, unser Fürst, erhebe Dich zu dieser gefährlichen Zeit und tritt auf die Seite des Volkes Gottes und warne die Erwählten vor solchen Verführungen. Denn aus ihnen wächst jeglicher Mißbrauch, Bosheit und Heuchelei, in den Städten der ganzen Erde. Von den Bürgern, Freiherren und Bewohnern des Landes will ich lieber schweigen als auch nur wenig sagen. Wenn ich alle Bosheiten und Greuel beschreiben wollte, von denen Natur und Gnade in Unordnung gebracht sind, würde ich die Ohren deiner Heiligkeit allzu sehr verletzen.

*Die Pfarrer* aber der Kirchen, denen diese Leute anvertraut oder besser angehängt und ausgeliefert sind, leben entweder im Konkubinat oder in Simonie und reißen die heilige Kirche ein, statt sie aufzubauen. Sie treiben nichts anderes als Vogelfang und „so wie die Füchse Simsons" (Ri. 15, 4) nicht mehr die Ernte der Philister, sondern die der Kinder Gottes befallen und verwüsten, die sie hätten verbessern sollen, so entflammen sie nicht im Feuer des Heiligen Geistes, sondern im Feuer der Lust und jedweder Eitelkeit. Wundere Dich also nicht darüber, mein Fürst, warum wohl die Rotte gekommen ist und warum die Tyrannen mit äußerster Macht über sie herrschen; wundere Dich vielmehr darüber, daß sich unter so vielen Tausenden von Priestern kein einziger findet, der sich für das Haus Gottes einsetzt, nach dem Wort des Herrn durch Hesekiel (22, 30): „Ich suchte unter ihnen, ob jemand sich zur Mauer machte und wider den Riß stünde vor mir für das Land, daß ich es nicht verderbte, aber ich fand keinen."

Siehe, in allen Teilen der Welt hat sich der Krieg oder die Pest oder der Hunger ausgetobt und jetzt der Zorn Gottes wider alles Volk. Nimm den Weihrauch Deines Herzens und entzünde ihn mit dem Feuer Deiner verzehrenden Liebe, und gib Dich zum Opfer zwischen Gott und dem Volk, daß die Plage ein Ende nimmt. Gestürzt ist Jerusalem, und wenn Du ihr nicht aufhilfst, der Du unter einem solchen gedeihst und dienst, so wird das ganze System der Kirche vom Gift des Greuels und der Heuchelei verderbt werden ...

... Siehe, Du hast nicht wider eine Sekte und Tyrannei Krieg zu führen, sondern gegen so viele Scharen, wie es Bestreitungen der evangelischen Wahrheit gibt. Unter ihnen sind auch gewisse Minderbrüder, acht an der Zahl, die mich, als ich in Böhmen öffentlich auf der Kanzel stand, verleumdeten: alles, was ich predige, sei weder Evangelium noch Epistel. Du aber fürchte sie nicht, denn mit Dir sind mehr als mit ihnen ...

... Darum erhebe Dich, unser Fürst, der Du auf der Seite des Volkes Gottes stehst! Tausende werden Dir dienen, und Zehntausende werden Dir beistehen. „Und siehe, der Adler mit den großen Flügeln" (Ez. 17, 3) wird Dir beistehen und Dich beschützen. Rufe ihn an, und er wird seine Flügel über Dich und Deine Jungen breiten, damit sie nicht umkommen. Wenn Du vor ihm betest, so wird er Dich schützen. Rufe ihn an, so wird ein Gebot von ihm ausgehen, daß unter seinem Schutz und Frieden alle Welt geschätzt wird, was anders nicht geschehen kann als durch ein allgemeines Konzil, auf daß Du Dir einen mannhaften Sohn zeugst, damit von nun an keiner mehr in der heiligen Kirche weibisch sei, damit so die Hirten, die jetzt die Nachtwache bei der Herde halten, zu Dir übergehen und das Wort sehen, was da geschehen ist, und dem Herrn Ehre geben in der Höhe und den Frieden Christi, nicht den der Welt, predigen, daß die Gottlosen keinen Frieden haben, denn es kommt der schreckliche Richter, der das Blut der Heiligen rächen wird.

[1] Allegorisch (nach Gen. 37, 14) für Gott.
[2] Ein Ungetüm (nach Hi. 40, 15—24) = Teufel.

Dies sage ich unter dem Vorbehalt der Berichtigung durch Euere Seligkeit und durch die heilige Kirche, damit eben die Kirche ihrem Bräutigam Christus dargebracht werde ohne Flecken und Runzeln. Amen.

## MATTHIAS VON JANOW († 1393)

Die Gedanken Militschs fielen bei dem leidenschaftlichen Prager Domherrn Matthias von Janow auf empfänglichen Boden. Von der Herrschaft des Antichrists in der Kirche fest überzeugt, widmete er sich, wie Militsch, fleißig der Predigt, drängte auf regelmäßige Beichte und empfahl — ähnlich wie die Brüder vom Gemeinsamen Leben — einen möglichst häufigen Empfang der Kommunion. In dem Ausbruch des päpstlichen Schismas (1378) sah er den Beweis für den Beginn der Endzeit. In seinem umfangreichen Hauptwerk „Regulae Veteris et Novi Testamenti" erblickte Matthias von Janow in der Nächstenliebe, in der Hochschätzung des Sakraments und in dem Gesetz des Heiligen Geistes und des Evangeliums die vornehmsten Grundsätze zur Reform der Kirche, die er allmählich nur noch von der endzeitlichen Wende erwartete. Scharfen Tadel übte er nicht nur an dem Wandel seiner Mitkleriker, sondern auch an kirchlichen Einrichtungen, an der Heiligen-, Reliquien- und Bilderverehrung, am Ablaß und am Mönchtum. Im Konflikt mit seinen Gegnern leistete er einen Widerruf (1389), dessen er nicht mehr froh werden sollte.

Lat. Text: Matthias de Janow, Regulae Veteris et Novi Testamenti, 5 Bde., hg. v. *V. Kybal* und *O. Odložilik* (1908—1927).

Lit.: *Hauck* V, 893—901.

### Regulae Veteris et Novi Testamenti

#### Die Hochschätzung der Bibel

... Vor dem Angesicht des allerheiligsten Christus, des Gekreuzigten, lege ich öffentlich Zeugnis ab, und vor dem Angesicht Gottes gebe ich kund, daß ich das

vorliegende Buch nur deshalb und zu diesem Zweck
verfaßt habe, um wenigstens in bescheidenem Maße
die Fülle der Bosheit anzugreifen, um die erkaltete
Liebe vieler mit Hilfe der Worte des Gesetzes Christi
und der Apostel wieder etwas warmzureiben und um
vielleicht ein paar wenige Männer zum heiligen Eifer
um das Haus des Herrn zu erwecken. Ich habe die
vorliegenden Bücher aber auch aus Liebe und Verehrung für das seligmachende, überhimmlische Sakrament des Leibes und Blutes Christi verfaßt, um unter
den Menschen von heute seine Ehre, seinen Ruhm und
seine Wertschätzung sowie die echte Sehnsucht nach
seiner häufigeren Verehrung und nach einem würdigen Genuß etwas zu vermehren in der Art und zu dem
Zweck, wie es von Christus Jesus bereitet und der
geliebten Kirche des Heiligen Gottes ausgeteilt und
geschenkt worden ist. Auch wollte ich nicht unter dem
Scheffel der Trägheit und Pflichtvergessenheit dasjenige verbergen, was ich, der ich seit meiner Jugend
die Heilige Schrift durchforscht habe (Sir. 51, 21), von
Christus Jesus und mit seinem Beistand aus Büchern
gelernt und aus der Erleuchtung desselben getreuen
Christus Jesus, des Gekreuzigten, empfangen habe,
welcher mit seinem süßen Licht jeden Menschen erleuchtet, der in diese Welt kommt.

Daher habe ich in meinen Schriften durchweg vor
allem von der Heiligen Schrift und ihren Handschriften
Gebrauch gemacht und nur wenig von den Worten der
Lehrer, teils deswegen, weil sich das Wort der Bibel
während der Betrachtung und Niederschrift stets rasch
und reichlich bei mir einstellt, teils deswegen, weil
aus ihr und durch ihre einleuchtenden, durch sich
selbst gewissen göttlichen Wahrheiten alle Sätze sicherer zu bestätigen, fester begründbar und besser zu
wiederholen sind, teils deswegen, weil sie es ist, die
ich seit meiner Jugend liebgewonnen und meine Freun-
din und Braut genannt habe, ja, die Mutter reiner
Liebe, Erkenntnis, Furcht und heiliger Hoffnung. Und
als ich bei dem seligen Augustinus in seinem Werke
„De doctrina Christiana" und bei Hieronymus gelesen
hatte, daß das Studium der Texte der allerheiligsten

Bibel am Anfang und am Ende über alles notwendig und nützlich ist für jeden, der zur Erkenntnis einer theologischen Wahrheit gelangen will, und daß sie das Prinzip und das Fundament für jeden gebildeten Christen ist und sein muß, da begann meine Seele alsbald, sich in beständiger Liebe an die Bibel zu hängen. Darum ist sie, wie ich sagen darf, seit meiner Jugend bis in mein Alter, ja, bis ins Greisenalter nicht von mir gewichen, weder auf dem Wege noch im Haus, weder bei der Arbeit noch zur Zeit der Muße. Und in allen meinen Zweifeln und bei jeder Frage habe ich stets in der Bibel und stets durch sie hinreichende und klärende Unterstützung gefunden und Trost für meine Seele, und in aller meiner Trübsal, Verfolgung und Traurigkeit nahm ich überall meine Zuflucht zur Bibel, die, wie ich sagte, stets mit mir geht, meine Geliebte. Und so ist sie mir immer wie meine verehrte Mutter begegnet und hat mich empfangen wie eine junge Braut (Sir. 15, 2). „Ich hatte viele Bekümmernisse in meinem Herzen, aber deine Tröstungen ergötzten meine Seele" (Ps. 94, 19). O wie süß hat sie mich dann nach meiner geringen Fassungskraft mit „dem Brot des Lebens und der Erkenntnis allenthalben gespeist und die Finsternis, in der ich schwebte, zerrissen, und wie nutzbringend hat sie mich mit dem Wasser der Weisheit getränkt" (Sir. 15, 3)! Als ich daher sah, wie die meisten immer und überall Reliquien und Gebeine verschiedener Heiliger bei sich trugen, ein jeder zu seinem Schutz und seiner besonderen Verehrung entsprechend, da entschloß ich mich, die Bibel, meine Erwählte, als Genossin meiner Pilgerschaft stets bei mir und überall an meiner Seite zu tragen und in Bereitschaft zu halten für meinen Schutz und beständigen Trost, auch im Unglück. Ich hielt es für nützlicher, die Worte und Lehren der heiligen Propheten und Christi und der Apostel und Evangelisten mit ihren allerheilsamsten Mahnungen und süßesten Tröstungen bei mir zu tragen als ihre Gebeine oder etwas ähnliches Lebloses. Dazu bewogen mich unsere seligsten Väter, die in alten Zeiten desgleichen taten, wie es in den Historien der Heiligen von sehr vielen heißt, und man fände kein Ende, wollte man alle diejenigen aufzählen, welche die Evangelien Christi und die Texte der heiligen Bibel überall bei sich trugen. Das bezeugen zur Genüge auch die sehr zahlreichen Bibeln in kleinem und überaus knappem Format, die man sich in der Kirche mit größtem Eifer erwirbt: daß nämlich fromme Männer überall, wohin sie zogen, in der Fülle des Wortes Gottes wohnen wollten und überall die kurze, freudenbringende Bibel bei sich trugen, damit sie auf diese Weise innen im Herzen und außen im Buch überall mit dem Schwert des Geistes, dem Worte Gottes, dermaßen bewaffnet seien, daß sie stets überall die Weide Christi zu finden vermochten und ihre fruchtbaren Kammern neue Schätze daraus entlassen konnten, die im Herzen sprudeln wie eine Quelle, und alte, die in den Büchern heilsam verborgen sind, Schätze der Weisheit und der Erkenntnis Gottes, allenthalben zu ihrem Trost, zur Geduld und zur Belehrung.

In diesen meinen Schriften habe ich mich also nicht der eigenen Worte der Lehrer bedient, sondern nur der Worte der heiligsten Bibel. ... Das aber, was ich hier schreibe oder geschrieben habe, habe ich vor allem während des Gebets und durch das Gebet empfangen und aus der Lektüre der heiligen Bibel begriffen, und ich habe es aus der beständigen und fleißigen Betrachtung dessen gelernt, was in der Welt von heute geschieht, und aus dem Vergleich mit den alten Zeiten.


### Die Mittel zur Reform der Kirche

Siehe, wie der Herr Jesus, der Gekreuzigte, die beständige und feste Vereinigung der Seinen und seiner Familie in höchstem Maße liebte! Daher wollte er alle Verschiedenartigkeit und alle gegensätzliche Vielfalt, die der Einheit Abbruch tut, aus seiner Kirche entfernen. Darum hat er die verschiedenartigen alten Zeremonial- und Judizialgesetze abgetan und allen in gleicher Weise allein die zehn Moralgebote Gottes hinterlassen, und auch sie hat er zu einem einzigen Gebot zusammengefaßt, als er sprach: „Das ist mein Gebot, daß ihr euch untereinander lieben sollt" und noch einmal kurz danach: „Das gebiete ich euch, daß ihr euch untereinander liebet" (Joh. 15, 12 und 17). Aber darüber hinaus hat der fromme Jesus auch die vielen und vielartigen Opfer des Gesetzes Moses aufgehoben und an ihrer Stelle das eine, einzige, überwesenhafte und überhimmlische Opfer eingerichtet, das Opfer seines kostbaren Leibes und Blutes, das zuerst und an erster Stelle Wirkungskraft hat und in der Kirche Gottes die Einheit und die heilige Alleinheit bewahren kann. So ist das Wort des Propheten in Erfüllung gegangen: „Ein verkürztes Wort wird der Herr tun auf Erden" (vgl. Röm. 9, 28, Vulg.).

Aber auch später haben die Apostel Christi den Völkern keine oder doch nur sehr wenige Satzungen auferlegt, und sie haben keine anderen Gebote hinterlassen außer das Gebot des Herrn von der Liebe Gottes und des Nächsten, was sie als einziges unter den Völkern zu befestigen und auszubreiten trachteten. Wenn sie aber einige Dinge vortrugen, so taten sie es in Kürze und mit wenigen Worten und verschonten damit die Herde der einfältigen und schwachen Brüder und handelten vorsichtig wider den Teufel, den überaus hartnäckigen und unermüdlichen Ankläger der Brüder, und übten herzliches Erbarmen in der Familie Jesu. Hierin taten sie es ihrem Meister und Gesetzgeber gleich, der allein getreu und allein weise ist und die Notdurft und die Schwäche der Menschen kennt, der, wie gesagt, seine Jünger keineswegs durch eine Fülle von Geboten und Satzungen beschweren wollte, sondern diejenigen, die das taten, offenbar zurückwies, als er sprach: „Sie binden aber schwere und unerträgliche Bürden und legen sie den Menschen auf den Hals, aber sie selbst wollen dieselben nicht mit einem Finger rühren" usw. (Mt. 23, 4.).

Daher hat der Herr Jesus seinen Nachfolgern kein geschriebenes Gesetz gegeben, obwohl er das während seines irdischen Wandels auf vielerlei Weise hätte tun können, vielmehr gab er allein seinen guten Geist und den Geist des Vaters in die Herzen der Gläubigen als lebendiges und vollkommenes Gesetz und als eine für jeden Lebensstand hinreichende Regel, nach meinen vorigen Erklärungen und nach den Schriften und Propheten.

Daher haben auch seine Apostel die an Jesus glaubenden Völker nicht mit verschiedenen Lehren, Erfindungen und Geboten beschweren wollen und haben nur wenig geschrieben, noch weniger befohlen und am allerwenigsten in Statuten festgelegt. Sie wußten nämlich unverrückt, daß das Gesetz des Heiligen Geistes hinreichend ist, denn es lehrt jeden an Christus Jesus wahrhaft glaubenden Menschen alle Wahrheit im Innern, unmittelbar, immer und überall und in allen Dingen. Und sie wußten wohl, daß jene Salbung oder die Schrift im Herzen alle notwendigen Dinge lehrt. Das geht auch aus dem 15. Kapitel der Apostelgeschichte hervor, als es der Wille der süßen Väter und Apostel Christi war, ihre Mitchristen sollten weitgehend frei bleiben und nicht zu vielen Geboten verpflichtet sein... Und daher handelten und handeln noch jetzt viele der Späteren, wie es scheint, grausam und verkehrt, welche ihre vielen Erfindungen, ihre verschiedenen Lehren und ihre strengen Gebote in der Familie Gottes und des Herrn Jesu eingeführt und in Kraft gesetzt haben und ihre Untergebenen damit übermäßig binden und belasten, so daß es eine derartige Fülle und unendliche Menge von solchen Menschenlehren, Erfindungen und Satzungen gibt, daß sie damit, wie soeben gesagt, unzählige und sehr große und teure Bücher gefüllt haben, die kaum ein Mensch, höchstens ein reicher, zu kaufen vermag und die er, selbst wenn er sein ganzes Leben damit verbringt, kaum richtig lesen und sich mit Nutzen einverleiben kann. Und dennoch wollen sie das Christenvolk zu allen diesen Dingen verpflichten, obwohl sie sie nicht nur selbst nicht ausführen können, sondern nicht einmal kennen oder vollständig im Gedächtnis haben.

Daher ist es meine Meinung, daß es der Reform des Friedens und der Einheit in der gesamten Christenheit dient, wenn jene ganze Pflanzung ausgerottet wird, wenn von neuem „das Wort auf der Erde verkürzt" und die Kirche Christi Jesu zu ihren heilsamen einfachen Anfängen zurückgedrängt wird, unter Beibehaltung der kürzeren und apostolischen Bestimmungen, denn ich glaube im Angesicht meines Herrn Jesu, des Gekreuzigten, daß das Gesetz des Heiligen Geistes und das Evangelium, wie es niedergelegt und bekanntgemacht ist, sowie die ordentlichen Väter der Völker, der Papst, die Bischöfe und die Pfarrer und ihre Helfer, ganz und gar hinreichend sind zur rechtmäßigen Leitung einer jeden Gemeinschaft der Völker und eines jeden einzelnen Menschen in der Gemeinschaft. Dies genügt, sage ich, zur Lösung einer jeden Streitfrage und zur Erörterung einer jeden Angelegenheit vor dem Forum des Gewissens und des Gerichts, wenn man die Schrift des Alten und Neuen Testaments hinzufügt.

## Die Erneuerung der Kirche rückt näher!

... Aus diesen Bemerkungen entnehme man weiterhin, daß die Kirche Gottes nicht in den Zustand ihrer ursprünglichen Würde überführt oder reformiert werden kann, es sei denn, es werde zuvor alles neu, und zwar sowohl die Kleriker und die Priester als auch das Volk und die Völker, oder es sei denn, daß vorher alle diejenigen, die jetzt der Habsucht frönen, vom Geringsten bis zum Größten bekehrt und erneuert werden, sowohl das Volk als auch die Kleriker und Priester.

Dennoch halte ich jetzt das erste für wahrscheinlicher, das ist: Daß sich ganz allmählich ein neues Volk erheben wird, nach dem neuen Menschen gebildet, der nach Gott geschaffen ist, aus dem neue Kleriker und neue Priester entstehen und angenommen werden, welche allesamt die Habsucht und den Ruhm dieser Welt hassen und dem himmlischen Wandel zueilen. Doch glaube ich, daß das allmählich geschieht und zu Zeiten, die Gott dafür ausersehen hat. Gott tut es aber und wird es tun um seiner Barmherzigkeit und Güte und des Reichtums seiner Langmut und Geduld willen, indem er den verstockten Sündern Gelegenheit gibt, Buße zu tun und dem Angesicht des Zorns des Herrn zu entfliehen, bis sie gleicherweise Buße tun und das fleischlich gesinnte Volk und die Priester und Kleriker allmählich verschwinden und gleichsam vom Wurm verzehrt werden.

## Heinrich Kalteisen († 1465)

In vielen Fällen machten sich die Reformprediger die konziliaren Ideen zu eigen, und die enge Verbindung von Kirchenreform und Konzil kommt auch in den zahlreichen Predigten deutlich zum Ausdruck, die während des Konzils in Konstanz gehalten wurden. In der folgenden Predigt, die am Aposteltag Simon und Judas 1434 vor dem Konzil in Basel gehalten wurde, sind die bekannten Klagen und Reformwünsche in origineller Weise miteinander verbunden. In der Überlieferung wird sie dem Dominikaner Heinrich Kalteisen zugeschrieben, der zuerst als Abgesandter des Erzbischofs von Mainz Konzilsredner in Basel war (1433), danach aber (1437), wie Nikolaus von Kues (s. u.) auf die Seite Papst Eugens IV. überging, um 1459 zum Erzbischof aufzusteigen.

Lat. Text: Sermo ... per fratrem Hinricum Kaltisen ... factus in Concilio Basiliensi A. D. 1434 in festo Simonis et Judae, in: *Herm. von der Hardt,* Historia literaria Reformationis ... (1717), Teil 3, S. 40 ff.

### *Predigt vor dem Konzil von Basel (28. Oktober 1434)*

... „So habt nun acht auf euch selbst und auf die ganze Herde, unter welche euch der Heilige Geist gesetzt hat zu Bischöfen, zu weiden die Gemeinde Gottes, welche ich durch mein eigenes Blut erworben habe" (Apg. 20, 28). — „So leget nun von euch ab nach dem vorigen Wandel den alten Menschen, der durch Lüste im Irrtum sich verderbt. Erneuert euch aber im Geist eueres Gemüts und ziehet an den neuen Menschen, der nach Gott geschaffen ist" (Eph. 4, 22 ff.). Damit ihr das besser erfüllen könnt, müßt ihr auf dreierlei Arten von Simon und Judas achthaben, denn ihr findet in den kanonischen Schriften zwei Simonisten dieses Namens, die ihr ausrotten sollt, sodann die beiden Makkabäer dieses Namens, denen ihr nachspüren, und die beiden Apostel, die ihr um Hilfe anflehen sollt.

Die erste Art von Simon und Judas, die ihr ausrotten sollt, sind die ersten Simonisten im Neuen Testament. Judas hat mich in eigener Person verraten und sprach: „Was wollt ihr mir geben? Ich will ihn euch verraten" (Mt. 26, 15). Simon Magnus wollte den Heiligen Geist um Geld kaufen (Apg. 8, 18 ff). Es gibt keine schwerere, härter bestrafte Sünde als diese, denn sie ist Götzendienst und Häresie. Darum starb Simon eines plötzlichen Todes, Judas erhängte sich und barst mitten entzwei. Beide waren Söhne des Satans. Nicht minder ist dieses heftige Verderben der Simonie noch jetzt dermaßen verbreitet, daß man kaum eine Kirche finden kann, die nicht teilweise von dieser Seuche verderbt ist. Darum sagte Nikolaus, der Vorsitzende des allgemeinen Konzils zu Konstanz, eine jede solche Kirche sei gleichsam ein Haus Simons des Aussätzigen. Darin verwaltet Simon alles, er empfängt jedermann und weist keinen zurück. Hieraus, so glaubt man, entsprangen die Übelstände der Kirche. Denn im Tempel haben sie Tauben zu verkaufen gewagt. Vor Gott dem Richter sind die Richtstühle gefallen ...

Wenn ihr also die erste Art von Simon und Judas ausgerottet habt, sollt ihr die zweite, die Makkabäerbrüder, aufspüren, wo Simon, der Mann des Rats, und Judas, der Fürst, Vorbild und Verfahren einer wahren Reformation zeigen (1 Makk. 4, 36—43): „Lasset uns hinaufziehen und das Heiligtum wieder reinigen! Darum kam das Kriegsvolk alles zusammen, und sie zogen miteinander auf den Berg Zion. Und da sie sahen, wie das Heiligtum verwüstet war, der Altar entheiligt, die Pforten verbrannt, und daß der Platz umher mit Gras bewachsen war wie ein Wald oder Gebirge und der Priester Zellen zerfallen waren, da zerrissen sie ihre Kleider und hatten eine große Klage und legten Asche auf ihr Haupt und fielen auf ihr Angesicht und riefen zum Himmel. Und Judas erwählte Priester ohne Tadel, die ihre Lust hatten am Gesetz des Herrn, und sie reinigten die heiligen Stätten." Darum müssen sich die heiligen Lehrer größte Mühe geben, daß die Kirche überall da, wo sie verletzt ist, in den alten Stand heiligen Wandels reformiert wird, wie die Glosse dazu besagt.

Aber du wirst fragen: Wo gibt es denn heute dergleichen in der Kirche? Wo sind die Heiligtümer verwüstet? Ich antworte: Da, wo die römische Kurie, das Haupt aller Kirchen, deformiert ist, und darum ist Rom wegen seines vielfachen Götzendienstes auch schon vor langer Zeit von dem Apostelfürsten „Babylon" genannt worden (1. Petr. 5, 13). Denn dort bläst der Papst als Vorsitzender der meisten allgemeinen Konzilien die Moralgebote aus, als wäre nie ausgearbeitet worden, was die Ordnung der Gerechtigkeit erheischt: daß derjenige Papst, der seine Satzungen von seinen Nachfolgern beachtet sehen will, seinerseits die seiner Vorgänger bewahren muß ...

Auch sollte sich die römische Kurie nicht weigern, sich durch ein allgemeines Konzil reformieren zu lassen, so wie sie es nicht verschmäht hat, ihren hervorragenden Rang, Amt und Würden von dem allgemeinen Konzil entgegenzunehmen. Denn mag sie auch ihren Primat in erster Linie vom Herrn haben, so hat sie ihn doch in zweiter Linie vom Konzil, wie die Glosse über das Kapitel „Konzilien" Dist. 17 besagt.

Wenn du fragen wirst: Wo ist der Altar entheiligt?, so antworte ich: Sicherlich fast überall, insbesondere aber an der Kurie und in der Stadt Rom, wegen der Unmenge der Kommenden und Pfründen und wegen der Inkorporationen von Kirchen. Daraus entsteht Verminderung des Gottesdienstes, Verödung der Kirchen, arglistige Täuschung der Stifter und Ärgernis für die Schwachen, und die Habsucht ihrer Inhaber, eine Frucht des Götzendienstes, tritt deutlich zu Tage. Wo ist jene Bestimmung des Laterankonzils, wonach keiner mehrere Kirchen oder Pfründen haben soll, da doch ein einziger Prälat fünf oder sechs, acht oder mehr davon besitzt und ein anderer einfacher Geistlicher von kaum mittelmäßiger Bildung vier, sechs oder zehn Pfründen verschlingt, ohne einer einzigen recht würdig zu sein ...

Wenn ihr wissen wollt, wo die Pforten verbrannt sind: Überall da, wo die Prälaten, die Kleriker, umgestürzt sind. Wo kann man heute die Bestimmung des Konzils von Karthago finden: Ein Bischof habe Gedeck, Tisch und Kost für die Armen bereit, und die Autorität seiner Würde erwerbe er durch den Glauben und durch den Verdienst seines Wandels. Und die Bischöfe sollen sich nicht außerhalb ihrer Diözesen aufhalten. Wo ist die Bestimmung des Konzils von Chalkedon: „Einem Bischof sei es nicht erlaubt, mehr als drei Monate von seiner Kirche entfernt zu sein"?

Woher kommt es, daß die Kardinäle und andere hohe Geistliche den Papst oder die Bischöfe kaum oder niemals außerhalb ihres Kollegiums wählen oder benennen, obschon außerhalb viel geeignetere Kräfte vorhanden sind? Vielleicht kommt es daher, daß die Kirche bei mir, Christus, dermaßen in Verachtung gefallen ist, daß sie unwürdig ist, von würdigen Männern geleitet zu werden, wie es einem gewissen Menschen offenbart worden ist. Wo ist die Verordnung, daß die Kathedralen einen lesenden Lehrer haben sollen, da sie unkundig sind und nichts lernen wollen? Woher kommt es, daß ein Bischof mit Waffen kämpft wie die Herren, und die Kanoniker sind in allen weltlichen Geschäften weltlicher als die Weltlichen? Wo ist jene Verordnung, daß die Kleriker sich nicht ohne rechtmäßigen Grund außerhalb des Orts ihrer Pfründen aufhalten sollen? Daß Geistliche, die im Konkubinat leben, Jäger und Würfelspieler abgesetzt werden? Daß Kleriker, die zum Morgen- und Abendgottesdienst nicht erscheinen, abgesetzt werden, wenn sie ihrem Dekan oder Prälaten keine Genugtuung leisten? Und dergleichen unzählige Satzungen der Heiligen ...

Doch nun ist noch zu sehen, wie das Gras in den Vorhöfen entsprossen ist. Es ist gewiß der mannigfache Mißbrauch, der im Laienstand aufgekommen ist. Machen sie denn nicht überall meine Gebote zunichte? Denn gegen die Verehrung des einen Gottes läßt man das Wahrsagen aus dem Feuer, aus der Hand, aus dem Wasser, aus der Erde und von den Toten zu. Gegen die Heiligung des Namens Gottes wird täglichen Läste-

rungen, Meineiden und Verfluchungen nicht gewehrt.
Gegen die Ruhe am Sabbat treibt man an Festtagen
Handel und Wandel, Tanzen und Saufen. Gegen die
Verehrung der Eltern straft ihr die Aufsässigkeiten
der Söhne nicht. Die von mir gegen den Ehebruch er-
lassenen Gesetze wendet ihr nicht an. Gegen den
Diebstahl, gegen Gewaltherrscher, Räuber, Wucherer
und insbesondere gegen Steuerbetrüger, geht ihr selbst
in der Nacht meiner Geburt nicht vor. Gegen falsche
Zeugen und Lügner ergreift ihr nicht die geeigneten
Strafen. Ohne Zweifel müßt ihr wissen, daß ein Irr-
tum, der ungestraft bleibt, gutgeheißen wird ... Darum
muß dies alles durch die Bestrafung der Sünden, durch
Besserung der Sitten und durch fromme Gebete zum
Herrn sofort bereinigt werden. Daher heißt es mit
Recht vom Heer des Simon und Judas: „Als sie die
heiligen Stätten verwüstet sahen, zerrissen sie ihre
Gewänder und stimmten ein großes Wehklagen an."
Damit mir aber euer Wehklagen um so wohlgefälliger
sei, sollt ihr die dritte Art, meine heiligen Apostel
Simon und Judas, anrufen, deren Fest ihr heute feiert.
. . .

Wenn ihr nun mannhaft handelt und das Defor-
mierte reformiert, so werdet ihr, wie ich euch mit dem
Wort der Wahrheit versichere, da sein, wo auch ich
bin, mit mir zusammen im Reiche des Vaters ...

## JAKOB VON JÜTERBOG († 1465)

Um die Zeit der Auflösung des Konzils von Basel (1449)
legte der Erfurter Kartäusermönch Jakob von Jüterbog, der
vorübergehend am Konzil teilgenommen hatte, seine Gedanken zur Reform der Kirche an Haupt und Gliedern in
einer Abhandlung nieder. Auch er erwartete die Durchführung
der Reform nur von einem allgemeinen Konzil, dem es
erlaubt sein müsse, nötigenfalls auch den Papst abzusetzen.
Indem er einiges aus der ungeheuren Fülle dessen aufzählte,
was ihm in der Christenheit „deformiert" und reformbedürf-
tig erschien, wollte ihm schier die Hoffnung entschwinden.

Dennoch setzte er sich auch später, bis an sein Lebensende, in zahlreichen Schriften für die Reform des Mönchtums und des kirchlichen Lebens ein. Unter den deutschen Reformschriftstellern des 15. Jahrhunderts war er einer der fruchtbarsten und einflußreichsten.

Lat. Text: De septem ecclesiae statibus in apocalypsi descriptis et de auctoritate ecclesiae eiusque reformatione opusculum, in: *Walch,* Monimenta II, S. 25—66, daraus: 37 f., 43, 54 f., 57, 58—61, 62, 64 f.

Lit.: *L. Meier,* Die Werke des Erfurter Kartäusers Jakob von Jüterbog (1955).

## Die sieben Zeitalter der Kirche (1449)

### Reform der Kirche durch ein allgemeines Konzil

... Denn ich bin der Meinung, daß bei den Leitern der Kirche vor dem Erscheinen des „Sohnes des Verderbens" (2. Thess. 2, 3) das Gegenteil der Leiter der Urkirche, das ist: der Apostel, zu finden ist: Begierde, Ehrgeiz, Üppigkeit, Wollust, Pflichtvergessenheit, Eigenliebe und Abkehr von der Furcht des Herrn; die Väter der Urkirche waren indessen leuchtende Beispiele für das Gegenteil. Unter den Klerikern und den Gottgeweihten aber herrschen Unreinheit, Streben nach irdischem Gewinn, Mangel an Verkündigung, Sorge um den Leib, weiche Gewänder, lockere Sitten und Weltläufigkeit, so daß „es geht dem Priester wie dem Volk" nach dem Wort des Propheten (Jes. 24, 2). Die Mönche aber werden ihren Oberen ungehorsam sein, Besitz an sich reißen, den guten Wandel verlassen und die Satzungen der heiligen Väter übertreten: allein das Gewand und die Tonsur tragen sie zur Schau und nichts anderes als ein Schattenbild des Ordenslebens. Wer klar sieht, kann dergleichen heutzutage bei vielen Mönchen entdecken: in aller Öffentlichkeit verteidigen sie ihre Bosheit, die dem Wesen der Orden widerstreitet. Denn Einfalt, Reinheit und freiwillige Armut werden dann von den Mönchen ferne sein, deren Vorläufer auch heute schon in großer Zahl vorhanden sind. „Wer ist weise und behält dies?" (Ps. 107, 43) ...

... Daß aber die allgemeine Reformation der Kirche zu unseren Zeiten äußerst notwendig geworden ist, bezeugt die Verderbnis der Sitten der ganzen Welt, denn wahrlich fast „alles Fleisch hat seinen Weg verderbt" (Gen. 6, 12). Wie sie jedoch verwirklicht werden kann, ist noch nicht in Angriff genommen, obgleich sie schon einige Male durch Generalkonzile versucht worden ist. Und obwohl gewisse Dekrete zu diesem Zweck von den Konzilien ausgegangen sind, ist der Widerstand auf seiten fremder geistlicher und weltlicher Würdenträger so groß geworden, daß, wie wir mit Betrübnis sehen, das ganze Werk ungetan blieb und „da die Zeit der Geburt gekommen war, hatte die Gebärende keine Kräfte" (Jes. 37, 3). Die Gegner wüteten dermaßen grausam, daß sie nicht nur den heiligen Sproß, die Reformation, zu töten suchen, sondern auch die Mutter, das ist: die Autorität der Konzilien und ihre Einberufung, wie offenbar ist; denn von der Autorität der Konzilien wäre für eine Reformation mehr zu erhoffen ...

... Daher erscheint mir eine allgemeine Reformation der Kirche kaum glaubhaft, bevor nicht die römische Kurie reformiert ist. Doch wie schwierig das ist, zeigen die gegenwärtigen Zeitläufte. Denn kein gläubiges Volk oder Nation leistet der allgemeinen Reformation der Kirche solchen Widerstand wie die Italiener und andere, die ihnen in der Hoffnung auf Fortkommen oder Gewinn oder irdischen Vorteil oder aus Furcht vor dem Verlust ihrer Würden Beifall spenden. Wenn sie auch nur ein Wort von der Versammlung eines Generalkonzils hören, erzittern sie schon, denn sie wissen aus Erfahrung, daß Generalkonzilien nicht schmeicheln, sondern ohne Ansehen der Person berichtigen und bessern, denn es versammeln sich dort aus allen Gegenden der Welt diejenigen, die weder aus Vorliebe noch aus Furcht die Laster beschönigen. Und leichter wird die Wahrheit gefunden, wo menschliche Leidenschaft ausgeschlossen bleibt, ja, der Zugang zur Wahrheit kann sich nicht öffnen, wo die Augen der Vernunft von Leidenschaft umwölkt sind ...

... Man darf daher nicht glauben, daß dem Papst

auf jeden Fall eine solche Gewalt gegeben ist, daß er alles nach seinem Belieben anordnen könnte ohne Rücksicht auf Gott, der ihn einsetzt. Denn es sind nicht seine eigenen, sondern Gottes Gaben, an dessen Ehre und Nutzen alles gemessen werden muß. Man darf nämlich nicht meinen, daß Gott in seiner Weisheit sein Urteil auf einen unbesonnenen Menschen übertragen hat, denn selbst von einem anderen, einem reinen Menschen darf man das nicht annehmen. Als Beispiel hierfür wollen wir den ersten Papst ansehen, zu dem Christus, als er den wahren Glauben bekannte und Christum den Sohn Gottes nannte, die Worte sprach: „Selig bist du, Simon, Jonas Sohn" (Mt. 16, 17). Als er aber, um Christi Leiden zu verhindern, von der wahren Regel Gottes abwich und, wiewohl in frommem Eifer, sprach: „Herr, schone dein selbst!", erwiderte ihm Jesus: „Hebe dich weg von mir, Satan, du bist mir ärgerlich, denn du meinst nicht, was göttlich ist, sondern was menschlich ist" (Mt. 16, 22 f). Siehe da, wie derselbe Mensch eine Wandlung vom Seligen zum Satan erfährt, eine Wandlung nicht der Person, sondern des Verdienstes. Und wenn etwas Ähnliches mit der Person des Papstes geschieht, warum sollte man ihn dann nicht auch mit einem ähnlichen Wort anreden, da er der Nachfolger Petri ist? Denn dadurch wird nicht der Vollmacht Schuld gegeben, sondern dem Versagen der Person, die sich ins Gegenteil verkehrt hat. Warum sollte daher ein Mensch nicht sagen dürfen, daß der Papst durch die auf einem Konzil versammelte Kirche zur Rechenschaft gezogen oder abgesetzt werden kann, falls er unverbesserlich ist und der Kirche Ärgernis gibt? Denn dann, so urteilt man, handelt er nicht wie ein Papst, sondern wie ein Sünder, welcher von der Hoheit der päpstlichen Würde abgefallen ist.

. . . Dies alles habe ich gesagt, damit wir wissen, daß die Kirche nicht durch einen einzigen, fehlbaren Menschen reformiert werden kann, und damit wir nicht daran zweifeln, daß der Papst der auf dem Konzil versammelten Gesamtkirche untergeordnet ist und daß in den Dingen, die zum Glauben und zur Ausrottung des Schismas und zur allgemeinen Reformation der Kirche an Haupt und Gliedern gehören, die Uberordnung der Autorität der Kirche über einen jeden gewahrt werden muß, mag er auch die päpstliche Würde bekleiden, und daß das Konzil einen jeden, auch einen Papst, bestrafen kann und muß, der es hartnäckig zurückweist, seinen Satzungen und Vorschriften zu gehorchen, wobei es, wenn nötig, auch zu anderen Rechtsmitteln greifen darf.

Hieraus folgt: Wenn die gesamte Kirche sowohl am Haupt wie an den Gliedern reformiert werden soll, so muß das durch die ganze, auf dem Konzil versammelte Kirche geschehen, wobei mit dem Haupt zu beginnen ist. Denn man darf nicht meinen, daß der Geist ein Lügengeist gewesen ist, der durch alle jene hochberühmten Männer sprach, die auf dem Konzil von Konstanz versammelt waren und die das in dem Dekret „Frequens" festgesetzt haben — mögen es auch einige von den italienischen Genossen des Papstes nicht gerne gesehen haben. Dennoch haben sie später hinsichtlich der Uberlegenheit des allgemeinen Konzils über den Papst alle übereingestimmt, obgleich der böse Feind erneut sein Unkraut darauf säte. Sollen wir nun glauben, daß die Kirche die allgemeine Reformation durchführen kann, das heißt, daß sie dahin gelangt, daß alle Laster in der Kirche entfernt werden? Ich glaube, das ist auf menschliche Weise unmöglich, denn es war niemals möglich seit dem Anfang der Welt, seit Abel bis auf unsere Zeit. Stets war nämlich der Satan mit den Kindern Gottes zusammen, und das evangelische Netz zieht die guten Fische mitsamt den bösen ans Land, und die törichten Jungfrauen sind mit den klugen vereint, und das Unkraut wächst zusammen mit dem Weizen bis zur Zeit der Ernte. Doch muß man wenigstens versuchen, daß einzelnes ausgejätet wird. Alles sogleich auszurotten ist jedoch unmöglich . . . Aber es ist eine andere Reformation, die hier in Frage kommt, und zwar, daß diejenigen Dinge, die sowohl die weltlichen als auch die geistlichen Stände und Personen um ihr Ansehen bringen, in die rechte Form überführt werden, desgleichen handelt es sich um eine Reformation des Friedens zwischen den Völkern und Fürsten, um die Ausrottung der Häresien und Schismen und die Entfernung der simonistischen Bosheit von der römischen Kirche und von allen geistlichen Oberen der Kirche und um die Unterdrückung der Konkubinen, um die durchgreifende und nützliche Visitation der Kleriker und um Provinzial- und Synodalversammlungen, die Einsetzung geeigneter Prälaten, Kleriker und aller Pfarrer und Rektoren und die kanonische und rechtmäßige Zulassung derer, die auf Grund ihres Wandels, ihres Wissens und ihres Alters zur Weihe geeignet sind, um die rechtmäßige Ausführung alles dessen, was zum Vollzug der Sakramente gehört, und um die sorgfältige Rücksicht auf alles, was zur Ehre des Gottesdienstes in den Kirchen gereicht, unter den Orden die Einschränkung aller Zügellosigkeit, aller Exzesse und Extravaganzen, um ehrbare Gewandung sowohl unter den Klerikern als auch unter den Mönchen, um die Bewahrung der Tonsur und der Regeln und um aufmerksame Überwachung der mönchischen Zucht bei allen, um die Eindämmung von Ehebruch und von Zuchtlosigkeit jeglicher Art, um die Hebung des Kirchenbesuchs, häufige Darbietung und Hören des Gottesworts und um die Heiligung des Sonntags; dazu, daß mit gehöriger Strenge die Zukunftsdeuter, Zauberer, Wahrsager, Opferschauer, Traumdeuter, Bann- und Segensprecher und Totenbeschwörer unterdrückt werden, auch diejenigen, die um schändlichen Gewinns willen auf Grund von scheinbaren Wundern und angeblichen Heiligen an Versammlungsorten Altäre oder Kirchen errichten, desgleichen die Mißbräuche der Gemeinschaften, der Bürgerschaften, der Provinzen und der Ortschaften, die sich vom Glauben und vom guten Wandel entfernen, zu unterdrücken und alle verkehrten Gebräuche und insbesondere die Entartungen abzustellen, die der gesunden Lehre in den Kathedralkirchen, in den Kollegiatkirchen und in den Konventen aller Klöster und Kirchen zuwider sind. Wer könnte alle die Dinge nennen und aufzählen, wodurch die Kirche heutzutage deformiert erscheint?

Sollen wir glauben, daß alle diese Dinge jemals reformiert werden können? Meine Überzeugung ist es, daß weder unsere Zeit noch die Zukunft das vermag. Denn ich habe keine Beweisgründe dafür, wie das geschehen könnte, erstens wegen des althergebrachten und eingewurzelten Mißbrauchs, der nur schwer beseitigt werden kann, zweitens wegen des Widerstands der Mächtigen, drittens wegen der Seuche der Habsucht, die überall herrscht, vor allen Dingen aber in den hohen Ständen, welche auf keine Weise dulden wollen, daß ihnen etwas von der Fülle ihrer Ehre, Pracht, Reichtum und Wohlleben genommen wird. Und diejenigen, die noch mehr auf Reformation bestehen sollten, genießen diesen Prunk um so mehr und erfinden scheinbare Gründe, als gehe es um die Verteidigung der Kirche, so daß sie Überfluß haben müssen, damit nicht ihr hoher Stand verachtet wird, und daß sie eine bewaffnete Miliz haben müssen, damit sie die Starken und die Gegner des Kirchenguts bezwingen können, und deswegen müssen sie sich, wie sie sagen, mit einer Fülle von Pfründen und Würden versehen. Aber es steht zu befürchten, daß hier die Schlange im Grase lauert, weil sie sich in ihren Sünden zu entschuldigen suchen wie solche, die mehr das Ihre suchen als das, was Gottes ist . . .

. . . Ich glaube also, daß die Welt, abgesehen von dem Plane Gottes, dessen Ratschluß niemand kennt, in ihrem schlimmen Wandel Tag für Tag dem Untergang entgegengeht bis zur Erfüllung der Sünde, bis „der Sohn des Verderbens" (2. Thess. 2, 3) kommt, der den Sünden der Welt seine Hilfe leiht und alle, die Unrecht tun, unterstützen wird, so daß der Sünder über jedes Maß an den Sünden schuldig wird . . .

. . . Zwar freut sich die Kirche zu unserer Zeit, jetzt im Jahre des Herrn 1449, des einen und unbezweifelten Hirten, Papst Nikolaus V., aber sie trauert darüber, daß die Dekrete, die auf den vergangenen Konzilien erlassen wurden, mit Füßen getreten werden, und sie lacht darüber, wie man diesen Dekreten zuwiderhandelt. Dennoch scheint es gut, mit allen Mitteln darauf zu dringen, daß jenes Dekret „Frequens" über die Fortsetzung der allgemeinen Konzilien[1] nicht in Vergessenheit gerät. Hierdurch kann die Wunde, welche infolge der Überordnung des Papstes über die Kirche durch den einstigen Papst Eugen[2] entstanden ist, geheilt werden. Mögen auch viele Einspruch erheben, so hat doch durch Gottes Gnade fast der ganze Erdkreis bedeutende Männer, die von der Autorität der Kirche in der künftigen und in unserer Generation nicht weichen werden und sich freuen, in dieser Überzeugung auch ihr Leben zu beschließen. Dabei kämpfen sie mit wirksamen Gründen so, daß keine von Leidenschaft freie Menschenvernunft dagegen Widerstand leisten kann, zumal da Gott, wie man lesen kann, seinen unverbrüchlichen Beistand keiner sterblichen Einzelperson verheißen hat, als er sprach: „Siehe ich bin bei euch alle Tage . . ." (Mt. 28, 20), auch dem ersten Hohenpriester nicht, welcher sowohl vor der Sendung des Heiligen Geistes als auch danach geirrt hat, obgleich Christus zu ihm sprach: „Ich habe für dich gebetet, daß dein Glaube nicht aufhöre" (Lk. 22, 32). Dies hat er ihm vielmehr als dem Stellvertreter der Kirche gesagt . . .

[1] s. o. S. 175 f.
[2] Papst Eugen IV. (1431—1447).

## Dionysius der Kartäuser († 1471)

Zu den am meisten bewunderten Theologen seiner Zeit zählte der Niederländer Dionysius der Kartäuser, Prokurator und Rektor seines Ordens. Seine zahlreichen Werke, die in der modernen Gesamtausgabe 44 Bände füllen, zeigen ihn als belesenen, vielseitigen Schriftsteller. Sie sind ein wahres Sammelbecken der mittelalterlichen Exegese, Dogmatik und Mystik. In der Exegese legte Dionysius vor allem auf die allegorische Auslegung Wert, während er in der Dogmatik den thomistischen Traditionen folgte. Er hat hier mit seinem Sentenzenkommentar für den Thomismus ein ähnliches Werk geschaffen wie Gabriel Biel mit seinem Collectorium für den Ockhamismus: beiden hat man den Titel eines „letzten

Scholastikers" gegeben. In der Mystik war der große Kartäuser am selbständigsten, denn hier gab er nicht nur überkommene Gedanken, sondern eigene visionäre Erfahrungen wieder, die ihm den Namen des „Doctor ecstaticus" und in Verbindung mit seiner schonungslosen Askese den Ruf der Heiligkeit eintrugen. Als Prediger und als Verfasser kleiner, jeweils an verschiedene Stände gerichteter Sittenspiegel war er sein ganzes Leben lang um die Besserung der moralischen Mißstände in der Kirche bemüht — in seiner Vereinigung scholastischer, mystischer und reformerischer Interessen am ehesten mit Jean Gerson vergleichbar, den er besonders schätzte.

Für die Beurteilung der Möglichkeiten der Kirchenreform durch Dionysius sind die folgenden beiden Offenbarungen ungemein bezeichnend: In beiden nimmt Christus der Herr die Fürbitte des Ekstatikers für die zerrüttete Christenheit nicht an: Selbst ihr Gelöbnis, sich zu bessern, straft er Lügen. Der zweiten Offenbarung sind die möglichen Einwände der Fürsten gegen die Kreuzzugspläne des Papstes vorangestellt: Erst Konzil und Reform, dann Türkenkrieg!

Lat. Text: Epistola ad principes catholicos, art. ultimus, in: Opera Minora 4 = Opera Omnia 36 (1908) 517—521.

Lit.: *D. A. Mougel,* Dionysius der Karthäuser (1898).


*Zwei Offenbarungen (vor 1461 und 1461)*

## 1.

Am Fest der Reinigung der seligsten Jungfrau Maria geschah es einem gewissen Mönch, daß er in Gegenwart und unter den Augen seines ganzen Konvents seinen äußeren Sinnen entfremdet und in Geist und Sinn zum Herrn entrückt wurde und nach einer Schau des ungeschaffenen Lichts und der überseligsten Trinität auf die ihm vertraute Weise von ganzem Herzen die göttliche Barmherzigkeit anflehte zum Heil der ganzen Kirche auf Erden und zu ihrer Reformation in allen Stücken. Worauf er vom Herrn der Herrlichkeit in einer geistigen und anagogischen[1] Schau sogleich die folgende Antwort erhielt: „Was willst du und wozu bittest du für die Kirche?"

Darauf jener: „O gütigster Gott, daß du sie in deiner Heiligkeit betrachtest und reformierst und aus den

232

Händen der Ungläubigen, von denen sie jetzt aufs grausamste verwüstet wird, befreist und auch in den früheren Stand der Gnade zurückführst!"

Darauf sprach der Herr des Alls: „Die Kirche hat sich fast ganz von mir abgekehrt und ist deformiert, und von dem Höchsten bis zum Geringsten, vom Scheitel bis zur Sohle findet man allermeist keine Unschuld in ihr. Doch gibt es in ihr viele Gute, ja sogar Heilige."

Darauf entgegnete der Bruder: „Barmherziger Gott, wir bitten um Barmherzigkeit. Auf zwei Wegen kann man zu dir kommen, auf dem Weg der Barmherzigkeit und auf dem Weg der Gerechtigkeit. Wir bitten dich: Handle mit uns nach deiner übergroßen Barmherzigkeit."

Der Herr spricht zu ihm: „Und du willst, daß ich die vielen und großen Missetaten der Kirche vollkommen ungestraft lasse? Du willst, daß ich nicht nach dem Maß meiner Weisheit handle?"

Hierauf der Bruder: „O mildester Herr und Gott, wir bitten dich, daß du uns in deiner Gnade zuvorkommst und unsere Herzen erschütterst, erweichst und zu dir kehrst. Unendlich größer ist deine Güte als unsere Bosheit. Nicht uns, Herr, nicht uns, sondern deinem Namen sei Ehre. Handle nicht mit uns nach unseren Sünden." —

Hierauf der Herr: „Obgleich ich alles vermag, so handle ich doch nach dem Ermessen meiner Weisheit, und in meinen Werken verbinde ich Barmherzigkeit und Gerechtigkeit. Auch habe ich gerade offenbargemacht, daß es die höchste Barmherzigkeit ist, wenn ich die Menschen gegenwärtig mit Schlägen und Unbilden heimsuche und so ihre Herzen ermahne und bekehre. Verhärtet sind euere Herzen, und allein durch Werke der Gnade wollt ihr euch nicht zu mir bekehren lassen. Lange habe ich es hingenommen, häufig habe ich gemahnt und das drohende Unglück vorausgesagt. Weil aber keine Besserung folgt, muß ich euch mit Unglück heimsuchen, damit man im Unglück das verstehen lernt, was man gehört hat." . . .

„O gütigster Herr, wir wollen uns alle bessern. Der Papst, seine Kurie und alle anderen hoch und nieder

werden sich bessern." Darauf sprach der Herr: „Selbst
wenn sie in meinem Namen geschworen haben sollten,
‚so wahr der Herr lebt', so werden sie gerade damit
einen falschen Eid geschworen haben ..."

## 2.

... Der apostolische Herr, der Papst, hat die Fürsten
ermahnt, der Kirche zu Hilfe zu kommen und den
Ungläubigen Widerstand zu leisten. Die Fürsten aber
werden ihm antworten können: „Wir sind bereit, heiligster Vater, deinen Mahnungen und Geboten zu gehorchen, wenn du nur tust, was das Amt des Papstes
erfordert. Siehe, du stehst in der Mitte zwischen unserem Gott und uns. Du stehst über den Menschen und
unter Gott, der Hirte und Leiter des ganzen Christenvolks, geistlicher Richter und Arzt. Dein Amt ist es,
uns alle mit Gott zu versöhnen, die Kirche zu reformieren, alles, was in der Kirche, in Klöstern und
Stiftern und in jedem Stand, Rang und Orden reformiert werden soll, aufs genaueste zu prüfen und alles
ordentlich anzugreifen, zu verfolgen und zu erfüllen,
so daß du, wie es die Liebe erfordert, in erster Linie
bei dir selbst, wenn nötig, und bei dem dir zur Seite
stehenden heiligen römischen Kardinalskollegium be-
ginnst, sodann mit den anderen, und zwar um so
unmittelbarer, je näher sie dir und deinen Kardinälen
an Würde, Amt und Rang stehen. Und wir glauben
nicht, daß deine Heiligkeit das rascher und wirksamer
erreichen und erfüllen kann als durch die Einberufung
und Abhaltung eines allgemeinen Konzils. Sodann
wundern wir uns lebhaft, warum ihr, deine Heiligkeit
und einige unter deinen Vorgängern nach dem Basler
Konzil, ein allgemeines Konzil so viele Jahre lang
aufgeschoben habt, zumal die heiligen allgemeinen
Konzilien bestimmte Beschlüsse zu ihrer Abhaltung
gefaßt hatten ... Türken und Sarazenen ohne den
besonderen Beistand und die gnadenreiche Hilfe Gottes zu überwinden, können wir uns keinesfalls erkühnen. Solange wir daher so mannigfache Entstellung,
Niedergang, Mißbrauch und Übertretung in der Kirche

selbst erblicken, müssen wir fürchten, daß Gott uns feind und ungnädig ist und uns mit seiner Gnade nicht gegen die Ungläubigen zu Hilfe kommen wird. Darum, seligster Vater, bitten wir, daß unverzüglich ein Konzil abgehalten wird, in welchem man mit der größten Umsicht alles behandelt, was reformiert, getan und erledigt werden muß. Danach wollen wir, mit Gott gnädig versöhnt, frisch und mutig im Vertrauen auf den Herrn wider die Ungläubigen zu Felde ziehen. Obschon es der Regel nach Sache des Papstes ist, ein allgemeines Konzil zu berufen und abzuhalten, so glauben wir nicht, daß die Kirche des Herrn Jesus Christus so verlassen sei, daß sie sich nicht von sich aus versammeln könnte, wenn der Papst das nicht zu tun geruht oder allzu lange aufschiebt, zumal angesichts so dringender, wichtiger, schwieriger und notwendiger Dinge..."

...Am Passionssonntag im Jahre des Herrn 1461 wurde der erwähnte Mönch während der Messe im Beisein und unter den Augen seines Konvents den äußeren Sinnen entfremdet und betete zum Herrn im Geist für das allgemeine Wohl der Kirche und sprach: „...Ich vertraue, o Herr, daß jene Weissagung drohender Übel zu der Art der prophetischen Drohungen gehört, die nicht in jedem Falle erfüllt wird."

Da sprach der Herr: „Den Bußfertigen verschließe ich den Weg der Barmherzigkeit nicht. Wie ich dir vor einigen Jahren in einem ähnlichen Gesicht angekündigt habe, wird sich die Milderung meines Zorns oder der zukünftigen Heimsuchung nach dem Maß euerer Besserung richten. Die Offenbarung, die dir damals zuteil wurde, hast du überall bekanntgemacht und selbst in Rom mitgeteilt. Ist aber inzwischen eine Besserung erfolgt? Siehst und sagst du es nicht selbst, daß es für das sündhafte Geschlecht und für das ganz entstellte Volk der Kirche unvergleichlich besser ist, zeitlich gestraft, bedrängt und seiner Güter beraubt zu werden, als in diesem Leben, das kein Leben ist, sondern Tod, irdisch zu gedeihen und auf die verwerflichste Art fortzufahren und ungestraft zu sündigen?"

Darauf sprach der genannte Bruder: „Nichts ist wahrer als das. Wenn doch nur eine Reformation der Kirche ordnungsgemäß geschehen könnte und ohne Anstoß für dich!"

Darauf erhielt der Bruder die Antwort: „Und wenn diejenigen, die dazu berechtigt und verpflichtet sind, der Kirche die nötige Sorgfalt zu ihrer Reformation und insbesondere zu ihrer eigenen angemessenen Besserung nicht zuwenden, glaubst du nicht, daß das Urteil dessen, der das All lenkt und leitet, gerecht ist, daß er es dann nach seiner Anordnung durch diejenigen geschehen läßt, die hierzu keine Autorität haben?"

Da antwortete der Bruder: „... Aber über das eine wünsche ich noch belehrt zu werden: Was kann das Christenvolk, insbesondere der Klerus, angesichts so vieler und großer Übel noch tun?"

Da antwortete der Herr des Alls: „Wozu fragst du nach etwas, was du aus den Schriften wissen kannst? Weißt du nicht, daß geschrieben steht: ‚Einmal spricht der Herr, und ein zweites Mal wiederholt er es nicht'?" (Hi. 40, 5).

[1] Auf die Endzeit hinweisend.

## Hans Böhm, der Pfeifer von Niklashausen († 1476)

Das Ineinander von religiösen, politischen und sozialen Klagen und Anklagen, wie es für den großen deutschen Bauernkrieg von 1525 kennzeichnend werden sollte, trat zum erstenmal vorübergehend in der Predigt des mainfränkischen Laien Hans Böhm von Niklashausen im Taubertal zu Tage. Vom Inhalt seiner Predigt ist nicht viel mehr bekannt als der folgende Bericht. Danach begann er (an Mittfasten 1476) auf Eingebung Mariens, vor dem Volk den Ablaß anzupreisen, der an dem Marienbild der kleinen Wallfahrtskirche in Niklashausen zu gewinnen war. Dann zog er über Kaiser und Papst her und über die weltlichen und geistlichen Herren, die Bedrücker der Bauern. Er verwarf das Fegefeuer, wetterte gegen die Unmoral der Pfaffen und drohte ihnen bereits mit einer Reform durch Gewalt. Der Erfolg der Predigten war riesengroß. Von nah und fern strömten die Bauern zu dem „heiligen Jüngling" — bis ihn der Bischof von Würzburg gefangennahm, seine bewaffneten Anhänger zerstreute und ihn selbst (im Juli 1476) verbrennen ließ. Seine Gedanken blieben im Volk um so eher lebendig, als er ausgesprochen hatte, was viele nur zu denken wagten: Seit langem war die waldensisch-hussitische Kirchenkritik bei den frommen Bauern Süddeutschlands eingesickert. Nach der Jahrhundertwende faßte der sogenannte „Oberrheinische Revolutionär" dieses Verlangen nach einer religiös-moralischen, politischen und sozialen Reform noch einmal in einer eigenen Schrift zusammen.

Text: Handell Hanßen Behem zu Niclaeßhussen, bei *Carl Ullmann*, Reformatoren vor der Reformation (2. Aufl. 1866) 365 f.

Lit.: *G. Franz*, Der deutsche Bauernkrieg (6. Aufl. 1962) 45—52.

### Bericht über seine Predigt (1476)

Zum ersten untersteht er sich, ohne Unterlaß vor dem Volk zu predigen und zu sagen, so wie im folgenden geschrieben steht:

Wie ihm die Jungfrau Maria, die Mutter Gottes, erschienen sein soll und ihm offenbart habe den Zorn Gottes wider das Menschengeschlecht und insbesondere wider die Priesterschaft.

Daß Gott daher habe strafen wollen und Wein und Korn auf den Kreuztag hätten sollen erfroren sein, das aber habe er abgewandt durch sein Gebet.

Wie im Taubertal ebenso große, vollkommene Gnade sein soll und noch mehr als zu Rom oder sonstwo.

Welcher Mensch ins Taubertal kommt, der erlange alle vollkommene Gnade, und wenn er sterbe, so fahre er vom Mund auf zum Himmel.

Auch wer nicht in die Kirche kommen kann, weil sie klein ist, erlange die Gnade ebensowohl.

Er wolle seine Treue zum Pfand dafür setzen. Und selbst wenn eine Seele in der Hölle wäre, so wollte er sie bei der Hand herausführen.

Wie der Kaiser ein Bösewicht sei, und mit dem Papst ist es nichts.

Der Kaiser verleihe dem Fürsten, Grafen und Ritter

und Knecht, geistlichen und weltlichen, Zoll und Steuer über das gemeine Volk, ach weh, ihr armen Dummköpfe.

Die Geistlichen haben viele Pfründen, das soll nicht sein. Sie sollen nicht mehr haben als von Mal zu Mal.

Sie werden erschlagen, und in Kürze werde es dazu kommen, daß der Priester sein kahles Haupt mit der Hand bedecken möchte, damit man ihn nicht erkennt.

Wie der Fisch im Wasser und das Wild auf dem Feld Gemeineigentum sein soll.

Daß die Fürsten, geistliche und weltliche, auch Grafen und Ritter so viel haben. Hätten das die gemeinen Leute, so hätten wir gleich alle genug, was dann auch geschehen soll.

Es kommt noch dazu, daß die Fürsten und Herren um einen Taglohn arbeiten müssen.

Vom Papst hält er wenig, desgleichen vom Kaiser. Sei der Papst fromm und werde er an seinem letzten Ende fromm erfunden, desgleichen der Kaiser, so fahren sie unmittelbar zum Himmel; werden sie aber böse erfunden, so fahren sie unmittelbar in die Hölle. Er hält also nichts vom Fegefeuer.

Er wolle noch eher die Juden bessern als die Geistlichen und Schriftgelehrten, und wenn es schon einen Priester im Glauben gebe — sobald er wieder heimkommt, machen sich zwei oder drei über ihn her und schwatzen ihm die Ohren voll, daß es viel besser würde als zuvor.

Die Priester sagen, ich sei ein Ketzer, und wollen mich verbrennen. Wüßten sie, was ein Ketzer ist, sie erkennten, daß sie Ketzer sind und ich keiner. Verbrennen sie mich aber — weh ihnen! Sie werden wohl merken, was sie getan haben, und der Schaden wird an ihnen abgehen!

Zu Holzkirchen ist einer unter dem Volk vor ihm niedergekniet, den hat er absolviert und sodann nach Niklashausen an den Pfarrer verwiesen.

Die Mutter Gottes wolle zu Niklashausen mehr geehrt werden als an jedem anderen Ort.

Er sagt, der Bann sei nichts, und die Priester scheiden die Ehe, was niemand tun kann außer Gott.

238

Solches alles und noch viel mehr haben wohl-
bekannte Schreiber und Zeugen gehört und geschrieben.


## Johann Geiler von Kaysersberg († 1510)

Der berühmteste deutsche Prediger des ausgehenden Mittelalters war Johann Geiler von Kaysersberg (Oberelsaß). Nach
seinen Studien- und Lehrjahren an der Universität Freiburg
(Rektor 1476/77) wirkte Geiler über drei Jahrzehnte lang
(1478—1510) auf einer eigens für ihn errichteten Prediger-
stelle am Straßburger Münster, einer jener Prädikaturen, die
in den oberdeutschen Städten der reformatorischen Verkündigung früh zum Eingang verhelfen sollten. Der folgende
Ausschnitt aus der Synodalpredigt von 1482, die an den
Bischof Albrecht von Straßburg gerichtet ist, zeigt bereits die
Zielsetzung der lebenslangen Tätigkeit Geilers: Kampf für
Sitte und Ordnung im kirchlichen und sozialen Leben der
Reichsstadt. Theologisch an Gerson orientiert, dessen Werke
er durch einen Schüler zum erstenmal herausgab, hielt Geiler
zäh an allem Althergebrachten fest. Es gab keine kirchliche
Lehre, kaum eine kirchliche Sitte, die er nicht bejahte und
empfahl. Nicht neue Satzungen, sondern strenge Erfüllung
der alten! Das war sein Programm. Unerschrocken prangerte
er sittliche Mißstände unter dem Weltklerus, den Mönchen
und der Stadtbevölkerung an. Auch die Reform der Kirche im
großen war ihm ein vorwiegend moralisches Problem. Seine
Beliebtheit und seine Erfolge beruhten auf seiner wahrhaft
volkstümlichen Predigtweise. Geiler hat der Reichsstadt „die
feine äußerliche Zucht" aufgeprägt, auf der die Reformatoren
aufbauen konnten.

Nach der frühneuhochdeutschen Übersetzung: Ein heilsam
trostliche Predig Doctor Johans Geiler von Keisersperg . . .
uß wolgeziertem Latein durch Jacobum Wimpflingen . . .
(Straßburg 1513), S. V und XI.


### Synodalpredigt (18. April 1482)

. . . Du begehrst in der Nachfolge des wahren Hirten
eine Reformation. Denn du fängst auch an nach der
Ordnung, wie unser Herr hat angefangen, das ist: bei
den Geistlichen. Denn da unser Herr wollte das jüdi-

sche Volk, auch den ganzen Umkreis der Welt, reformieren, da ist er mitten in der Welt gestanden
und ist zum allerersten in den Tempel gegangen, und
entflammt und verzehrt von der Liebe und Inbrunst
zu dem Hause des Herrn, hat er angefangen, hinaus-
zutreiben die Käufer und Verkäufer im Tempel, und
sprach: „Mein Haus ist ein Haus des Gebetes, ihr habt
aber eine Mörder- und Räuberhöhle oder -grube
daraus gemacht." Damit hat er angezeigt, daß eine
Reformation bei den Geistlichen beginnen soll . . .

. . . Ich würde fürbaß stillschweigen und will etliche
Dinge, die da nötig wären zu sagen, abschneiden, wie
zum Beispiel von den elenden und erbärmlichen Ver-
säumnissen und der Übertretung in diesem deinem
Domstift, an deinem Gericht in der Stadt Straßburg,
von dem Geschwätz während der Gottesdienste, was
nicht geringer ist als das der Weiber auf dem Markte,
zuweilen durch die Vikare, meine Mitbrüder im Chor,
zuweilen durch die Herren, die Domherren oben auf
dem Lettner, die da oben so oft und heftig auftreten,
daß die Priester, welche die heilige Messe lesen, ge-
stört und gehindert werden, was fürwahr ihrem hoch-
und wohlgeborenen Adel nicht ziemt. Diese Stätte
heischt und erfordert andere Sitten und Gebärden
als Hadern und Streiten. Ich will schweigen von der
Verachtung und Verwahrlosung der Bibliothek und
der köstlichen Bücher. Ich schweige auch von dem
elenden und unordentlichen Gesang, sofern man es
überhaupt Gesang nennen kann, und daß allein die
Kinder singen, während die anderen ganz stillschweigen oder schwatzen. O Gott, aber kein Prälat straft
das, und warum nicht? Weil sie von derselben Strafe
betroffen wären. Ich will auch jetzt nichts sagen von
dem Mutwillen und von der Übertretung deines Gerichts oder Hofgerichts und von den Hofleuten, von
der Verbannung um geringer und ganz belangloser
Sachen willen, von dem Verkaufen der Satzung des
geistlichen Rechts, daß, wenn man Geld gibt, man
ohne echte Ursache zu verbotenen Zeiten die Ehe bestätigen und herrlich zur Kirche gehen und vieles
andere tun kann, was jetzt zu erzählen nicht statthaft

ist. Denn ich will nichts sagen von der bösen Ent-
ehrung dieser Stätte und von den Statuten und der
Ordnung der Laien wider die geistliche und der Kirchen Freiheit, auch wider die Ehre Gottes, zuweilen
durch das Brechen der gebannten Tage mit Kaufen
und Verkaufen und Dienst- und Knechtsarbeit, zuweilen durch heidnische Gebräuche innerhalb und
außerhalb der Kirche, was ich in meinen Predigten vor
dem Volk oft und streng gescholten und verworfen
habe, Gewohnheiten, von denen etliche mit Gottes
Gnade abgetan sind, noch aber sind etliche vorhanden.
Auch von dem Statut und der Satzung, daß niemand
Vollmacht hat, ein Testament und letzten Willen aufzurichten. Niemand, der in einen Orden eintreten will,
darf dem Kloster etwas geben außer einer bestimmten Summe seiner Güter. Was würde ich — wenn ich
es sagen wollte — davon sagen, daß die Männer in
der Frauen Klöster und daß die Frauen in der Mönche
Klöster gehen, daher schreckliche, abscheuliche, greu-
liche Ertötung und Erstickung der Leibesfrucht geschieht, die noch nicht an das Licht geboren ist. Ich
hätte mir vorgenommen, von allen diesen und vielen
anderen Sachen zu reden, aber siehe, es fehlt mir an
Zeit, und wir warten deiner Rede. Darum so rede, und
zeige uns deine Hände und deine Seite. Sag etwas
zur Reformierung der Geistlichkeit. Zeig uns auch die
Seite deines großen Ernstes, den du hast zur Reformierung der Geistlichkeit, und breite aus die Hände
der Vollstreckung und der Vollendung. Was würde es
sonst Frucht bringen und nützlich sein, neue Statuten
zu den alten aufzurichten, so weder die alten noch
die neuen gehalten werden? Es tut not, daß die Hand
zu dem Mund getan wird, das ist: daß die Werke zu
den Worten, die Vollstreckung und der Nachdruck zu
dem Gebot komme, so daß nicht die Stimme die Stimme
Jakobs sei und die Hand Esaus Hand. Darum so sage,
du allerfleißigster Bischof, du guter Hirt oder Herr,
die Dinge, die du dir vorgenommen hast zu sagen,
denn ich will nun fürbaß schweigen, denn die Dinge,
die ich in mir gehabt habe, die habe ich auf dein Geheiß ausgesprochen.

# JOHANNES TRITHEMIUS († 1516)

Bereits im Alter von 21 Jahren zum Abt des Benediktinerklosters Sponheim erwählt, bemühte sich Trithemius um die
Hebung der Klosterdisziplin und der wissenschaftlichen Ausbildung. Mit Leidenschaft widmete er sich den humanistischen
Studien, denen er sein späteres Ansehen als vielseitiger
Gelehrter und Sammler verdankte. Sein besonderes Interesse
galt neben allerlei Geheimwissenschaften vor allem den
Quellen der älteren deutschen Geschichte, die er freilich mehr
vaterländisch-begeistert als kritisch und zuverlässig verar-
beitete: einige von ihnen entsprangen gar seiner eigenen
Erfindung. Nachdrücklich setzte sich Trithemius als Schriftsteller und Visitator für die Klosterreform nach den Grundsätzen der Kongregation von Bursfelde ein — ein Humanist
im Mönchsgewand, dem die Entscheidung für oder gegen die
Reformation erspart blieb. Bemerkenswert ist es, daß Trithemius trotz tieferer Einsicht in die Reformbedürftigkeit der
Gesamtkirche die Rettung der Kirche, ähnlich wie Geiler,
allein schon von dem moralischen Gesinnungswandel ihrer
verantwortlichen Leiter erwartete.

Lat. Text: Collatio de republica ecclesiae et monachorum
ordinis divi patris Benedicti ... per Rev. P. D. Joannem
abbatem Spanhemensem ... (o. O., o. J.).

Lit.: *P. Joachimsen,* Geschichtsauffassung und Geschichtsschreibung in Deutschland unter dem Einfluß des Humanismus (1910).

*Ansprache über die Kirche und über den Benediktiner-
orden (1. September 1493)*

... So, wie jener Mensch, der von Jerusalem hinab-
stieg nach Jericho, von den Räubern geschlagen, beraubt und halbtot liegen gelassen wurde, so ist das Gemeinwesen der Gesamtkirche, so sind fast alle Orden
und Stände, so ist auch euere Gemeinschaft, ihr Väter,
allenthalben von den Schlägen der Missetaten, von
den Wunden der Verbrechen, von den Stichen der
Laster heimgesucht und liegt beraubt und halbzerstört
am Boden. Um mit der umfassenden Gemeinschaft aller
gläubigen Christen zu beginnen, welche an dem Merk-
mal der Einheit des katholischen Glaubens zu erken-

242

nen sind: Wo ist ihre Zierde von einst, wo ihr Glaube, wo ihre Liebe zu Gott, wo die Bruderliebe? Siehe, wir sehen, wie in der Gemeinschaft der Christen an allen Orten Habgier, Lust, Hoffart, Zwietracht, Rachsucht, Mißgunst und die übrigen Seuchen der Seele vorherrschen, welche wie Räuber die Kirche mit wütender Grausamkeit unter schwersten Schlägen zerreißen, berauben, entkleiden und zu Tode peinigen, so daß sie halbtot weder die Gestalt noch die Schönheit von früher besitzt. Was kannst du tun, heilige Mutter Kirche? Welchen Arzt willst du für deine Wunden rufen? Den Priester? Er sieht dich und geht vorüber, verachtet deine Angst, Schmerzen und Wunden. Den Leviten? Der Diener eines schlechten Priesters ist selber schlecht und liebt deine Ehre nicht, verschmäht es, dich zu pflegen, und haßt es, deine Wunden zu heilen. Den Samariter? Fern bist du von Samaria, und du wirst nicht leicht den finden, den du suchst. Was willst du tun? Wie kannst du deine frühere Gesundheit wiedererlangen? Es ist keiner da, der mit deiner Zerschlagenheit Mitleid hätte, der Wein und Öl auf deine Wunden gösse, der dich einem treuen Herbergsvater anvertraute! Siehe, die über die Verbrechen zu Gericht sitzen, begehen die Verbrechen, und um nicht überführt zu werden, bemänteln sie die Verbrechen anderer. Die Gerechtigkeit wird um billiges Geld verkauft, und die Tugend mißt man an der Verletzung des Statuts... O ihr Priester, ihr Priester, die ihr mit eueren Sünden und Verbrechen die kirchliche Gemeinschaft in Verwirrung bringt, Habgier und Üppigkeit treibt, den Gottesdienst vernachlässigt, die Almosen der Gläubigen schändlich verpraßt! Welch hartem Urteil werdet ihr entgegengehen, die ihr dem Volk, das ihr mit dem Wort der Wahrheit und mit vorbildlicher Heiligkeit hättet erziehen sollen, vorangeschritten seid in die Schuld! Wehe euch, ihr Priester des Vergnügens, wie nahe ist euer Untergang! Keine Gottesfurcht ist vor eueren Augen, kein Schrecken vor den Gesetzen, keine Scheu vor dem inneren Richter! Euer verdammenswerter Wandel hat den Laien Anlaß gegeben zur Sünde, denn um eueres schlechten

Lebens willen könnt ihr es nicht wagen, es ihnen richtig beizubringen. Wie kann ein habgieriger Priester die Habgier geißeln? Ich würde lügen, wenn ich nicht Priester kennte, Bauernsöhne, die, von der Flamme der Habgier erfaßt, zehn, zwanzig, dreißig kirchliche Pfründen mit oder ohne Seelsorge besitzen, die aber die ihnen anvertraute Herde nicht weiden noch versehen. Was wollt ihr dem höchsten Hirten zur Antwort geben, ihr Mietlinge, ihr habgierigen Priester, die ihr die Schafe Christi schmählich im Stiche laßt, die ihr den Schafen nicht nur die Wolle abnehmt, sondern, man kann es kaum aussprechen, die Herde des Herrn zerstreut?...

Ich wundere mich nicht über den Haß der Laien wider die Kleriker, die mit ihrem Wandel keine Liebe verdienen, denn wie der Herr durch den Propheten spricht: „Um ihrer Sünden willen sind die Priester im Volke verhaßt." Wir haben die Vorwürfe des Volkes verdient, denn wir verachten die Gebote Gottes...Das sind die reißenden Wölfe, die in Schafspelzen kommen (Mt. 7, 15), die Zerstreuer und Feinde der Herde des Herrn, die unwürdig kirchliche Ämter anstreben, Prälaturen mit Geld und Blut erkaufen und mit Recht oder Unrecht die Herrschaft über das Volk begehren... Die Verachtung Gottes wird jetzt ganz mit Recht an den Priestern dadurch heimgesucht, daß das Volk sie verachtet, und die Nachlässigkeit seiner Diener wird dadurch gerächt, daß ihnen die Laien ihre irdischen Güter wegnehmen. Glaubt mir, ehrenwerte Priester, Gott läßt nichts ohne Ursache wider euch zu. Er würde seine Kirche ohne Zweifel vor dem Angriff ihrer Räuber schützen, wenn euer Wandel nicht seine Rache hervorgerufen hätte. Wir müssen uns selbst anrechnen, was wir leiden, uns selbst zuschreiben, daß uns die Laien der irdischen Güter berauben . . . Siehe, um euerer Sünden willen stürzt das Volk zusammen, die Gemeinschaft wird zerstört, der Schatz der Kirche zerstreut, die Predigt verachtet, die Erteilung von Ablaß verschmäht. Was bedarf es vieler Beispiele? „Von der Sohle bis zum Scheitel ist nichts Gesundes in unserer Gemeinschaft" (Jes. 1, 6). Alle treiben Habsucht, wie der Prophet sagt, von dem Größten bis zum Geringsten, alle „suchen das Ihre, nicht das Jesu Christi" (Phil. 2, 21). Darum ist das Volk des Herrn in Gefangenschaft geführt, das Reich von Konstantinopel durch die Ungläubigen erobert, die Städte zerstört, die Kirchen verbrannt, die Klöster geplündert, die Christen, klein und groß, entweder grausam umgebracht oder — grausamer noch — in die Sklaverei verkauft. Fast ganz Asien ist vom christlichen Glauben abgefallen, Afrika hat das Christentum aufgegeben, nur noch in Europa ist der katholische Glaube, wenn auch schwach, vertreten. Wehe, wie bedrängt ist die Kirche, die einst über die ganze Erde verbreitet war und in Ehren stand. Darum klaget, ihr Päpste, Priester, Prälaten und ihr Führer des christlichen Staats, und wenn ihr die Gefahr für andere beklagt, so fürchtet für euch selbst! Denn ich befürchte, ich befürchte sehr, daß euere heuchlerische Bosheit schließlich noch schwerer bestraft werden wird. Denn wenn Gott selbst das Heilige Land nicht verschont hat, wo er im Fleische wandelte, wie wird er das unsere verschonen? Näher ist unsere Verwüstung, als wir meinen, näher unser Untergang, als wir befürchten! ...

... Aber ich fürchte, ja, wenn ich das sagen darf: ich weiß, daß sich unter uns auch solche befinden, die dem Namen nach zwar reformiert, der Sache nach aber deformiert sind. Denn es gibt, sage ich, Äbte, die sich zwar des Namens unserer Reformation rühmen, die aber ehrgeizig, eitel, hoffärtig und den Lüsten des Fleisches ergeben sind, welche die Einsamkeit nicht ertragen können und jede Gelegenheit für geeignet halten, unter großem Aufwand dahin und dorthin zu reisen. Siehe, der eine verachtet die Zucht der Regel und sitzt den ganzen Tag mit losen Gesellen betrunken zu Tisch, der andere verachtet die Sanftmut der Heiligen und läßt sich auf Prozesse ein, jener streckt sich am Tisch zum Spiele aus, dieser tanzt töricht zur Trommel.

Was soll ich von den seltsamen, überflüssigen Gebäuden sagen, die ebensoviel Tadel wie Unkosten verursachen? Mit eitlen Gemälden schmückt man die

Wände, die Fenster mit Denkmälern der Dummheit, hoch führt man die Mauern empor, von Gold erglänzen die Zinnen des Daches. Von den anderen Seuchen der Äbte, von Wollust, Fleischgerichten, Mißbrauch der Bäder, von Spielen und Jagden zu reden, verbietet die Scham. O wären sie doch entfernt, die unsere Observanz mit ihren überaus schlimmen Unsitten verwirren!

Nun haben wir, ehrwürdige Väter, kurz von der Lage unserer Gemeinschaft gehört. Laßt uns daher noch an ein Heilmittel dagegen denken. Denn sie ist von Jerusalem nach Jericho, von der alten Schönheit, abgestiegen und abgewichen, sie ist unter die Räuber gefallen. Denn seit der Zeit Heinrichs IV. hat sie mehr als 5000 Klöster verloren. Ich berichte damit nichts Apokryphes, nichts Ungewisses, sondern das, was aus den Schriften, die ich fand, offenkundig hervorgeht...

Der Samariter aber ist unser Herr Jesus Christus, der die Verwüstung unseres Ordens angesehen und aus Barmherzigkeit seine Wunden verbunden hat, indem er zu verschiedenen Zeiten die Beachtung der Regel in ihm erneuerte... Ein treuer Herbergsvater war Kaiser Karl der Große, der unseren Orden als erster in Deutschland zum Teil aus seinem Niedergang reformierte. Ein Herbergsvater war Abt Berno von Cluny[1], unter dessen Reform 5000 Klöster standen. Herbergsväter waren die Äbte Richard von Fulda, Wilhelm von Hirsau[2] und ein Abt von Hersfeld, die, jeder zu verschiedenen Zeiten, den Orden in Deutschland reformiert haben. Herbergsväter waren die Urheber der italienischen Reform der heiligen Justina[3], die bis zum heutigen Tage von vielen Päpsten privilegiert worden ist. Ein Herbergsvater war Kaiser Sigismund mit seinen Helfern, der die Reformation in Melk in Österreich begann. Herbergsväter seid auch ihr, ehrwürdige Väter, die ihr alle zur Erhaltung unserer Gemeinschaft zusammengekommen seid und die Reformation des heiligen Vaters Benedikt achtet, die Observanz der Regel hochhaltet und die Vereinigung von Bursfelde[4] liebhabt. Ihr, sage ich, seid die Herbergsväter, denen der wahre Samariter den kranken Orden anvertraut hat. Sorgt nur, daß ihr treu erfunden werdet! Von euch ist gefordert, den Wein der Heiligen Schrift und das Öl der Frömmigkeit auf seine Wunden zu gießen!...

[1] († 927), Vorgänger des Odo von Cluny.
[2] († 1091), machte sein Kloster zum Zentrum der Klosterreform von Cluny („Hirsauer Reform").
[3] Benediktinische Reformkongregation, 1419 von S. Giustina in Padua ausgehend.
[4] Deutsche benediktinische Reformkongregation (2. Hälfte des 15. Jhs.), von S. Giustina angeregt, von Johannes Busch (s. o. S. 129) tatkräftig unterstützt.

## GIROLAMO SAVONAROLA († 1498)

Zur überragenden, großen Gestalt unter den Reformpredigern des 15. Jahrhunderts wurde der italienische Dominikaner Girolamo Savonarola in Florenz. Verschiedenartige innere Motive und die besondere kirchliche und politische Situation ließen ihn zum Märtyrer seiner Reformpredigt werden. Schon in früher Jugend zu entschiedener Weltverachtung und Weltflucht neigend, trat Savonarola 23jährig in Bologna ins Dominikanerkloster ein. Seit 1482 wirkte er als Bußprediger in Florenz und in anderen Städten Oberitaliens. Seine Auslegung der Apokalypse fand er durch visionäre Erlebnisse bestätigt: Die gottgewollte Züchtigung Italiens und die darauf folgende Erneuerung der Kirche steht unmittelbar bevor! Als Prior von San Marco in Florenz (1491) suchte Savonarola sein Kloster zum Zentrum einer strengen Ordensreform und womöglich zum Ausgangspunkt der ersehnten Reform der Kirche zu machen. Visionär-prophetische und asketisch-moralische Elemente steigerten sich in ihm zu ungestüm-leidenschaftlichem, mitreißendem Schwung. Das gegebene Ziel seiner Angriffe war der Renaissance-Prinzipat der Medici in Florenz und das Renaissance-Papsttum Alexanders VI. (1492—1503). Seine große Anhängerschaft in der Stadt zog den „Frate" in die Politik hinein. Der Reformprediger wurde für kurze Zeit zum Reformer. Die nach der Vertreibung der Medici (1495) wiederhergestellte Demokratie sollte zur Christokratie werden: „Christus König von Florenz!" Das Predigtverbot des Papstes mißachtete Savonarola. Dem Befehl, die neubegründete Reformkongregation von San Marco wieder aufzulösen, kam er nicht nach. Die

Exkommunikation (1497) betrachtete er als ungerechtfertigt und nichtig. Florenz wurde mit dem Interdikt bedroht. Das Volk wandte sich von Savonarola ab. Er wurde verhaftet und als Häretiker und Schismatiker hingerichtet. Noch im Kerker verfaßte er seine Auslegung des 51. und des 31. Psalms, die Luther später herausgab (1523). Die Reformatoren hielten sein Andenken hoch. Aber auch in Italien verband man späterhin seinen Namen mit dem Namen Luthers.

Deutsche Übersetzung nach *G. Gieraths O. P.,* Savonarola, Ketzer oder Heiliger? (1961) 159 (Summe der Reformpredigt) und: Hieronymus Savonarola, Auswahl aus seinen Schriften und Predigten in deutscher Übersetzung von *J. Schnitzer* (1928) 114—117, 119 f., 127 f. (Dritte Predigt über die Psalmen).

Lit.: *Gieraths* (s. o.); *R. Klein,* Le Procès de Savonarole (1957); *J. Schnitzer,* Savonarola, 2 Bde. (1924); *N. Sementovsky-Kurilo,* Savonarola, Revolutionär, Ketzer oder Prophet? (1950).


## Aus den Predigten (1495)

### Die Summe der Reformpredigt

...Als nun der allmächtige Gott sah, wie bei den geistlichen und weltlichen Fürsten Italiens die Sünden sich immer mehr aufhäuften und er sie nicht länger ertragen wollte, da faßte er den Entschluß, seine Kirche gewaltig heimzusuchen. Nach seinem Ratschluß ließ er diese Trübsale zum Heile seiner Auserwählten vorher verkünden, damit sie durch diese Warnung besser vorbereitet seien, denn nach Amos (3, 7) tut der Herr nichts, er habe denn sein Geheimnis seinen Dienern, den Propheten, vorher geoffenbart. Nun ist Florenz, wie das Herz eines Menschen, mitten in Italien gelegen. Deshalb hat Gott es zur Aufnahme dieser Botschaft zu erwählen sich gewürdigt, damit diese Botschaft von hier auch in die übrigen Gebiete Italiens komme, wie es in unseren Tagen tatsächlich geschah. Unter anderen Dienern beauftragte er auch mich, einen unwürdigen und unnützen Menschen, mit dieser Sendung, und so kam ich durch seine Führung im Auftrage meiner Oberen im Jahre 1489 nach Florenz und fing am Sonntag, dem 1. August, in unserer Kirche San Marco damit an, öffentlich die Offenbarung des Johannes auszulegen. Drei Dinge habe ich während des ganzen Jahres dem Volke immer wieder gepredigt: 1. daß die Erneuerung der Kirche in unseren Tagen eintreten werde, 2. daß Gott vor dieser Erneuerung eine schwere Züchtigung über ganz Italien verhängen werde, 3. daß beides bald geschehen werde ...

### Predigt über die Erneuerung der Kirche

... Wir beginnen nunmehr mit den Gründen, welche ich dir schon seit mehreren Jahren zum Beweis der kirchlichen Erneuerung vorführte. Es gibt zwei Arten von Beweisen: die einen beruhen nur auf Wahrscheinlichkeit und lassen einen Widerspruch zu, andere aber dulden keine Einrede, da sie in der Heiligen Schrift verankert sind. Die Gründe, welche ich dir vorlege, sind alle schlüssig, weil in der Heiligen Schrift gegründet. Von den Gründen, aus welchen die unumgängliche Notwendigkeit der kirchlichen Erneuerung erhellt, ist der erste die Befleckung der kirchlichen Oberen. Siehst du ein Haupt gesund, so darfst du sagen: der ganze Leib ist gesund; steht es aber schlecht mit dem Haupte, dann wehe dem Leibe! Sooft daher Gott zuläßt, daß sich am Sitze der Kirchenregierung Ämtersucht, Wollust und andere Laster breitmachen, so darfst du annehmen, die Geißel Gottes sei nahe. Lies zum Beweise dafür im vierten Buch der Könige letztes Kapitel (2. Chr. 36, 16), wo es von Zedekia heißt: „... bis der Grimm des Herrn über sein Volk wuchs." Ebenso im ersten Buch der Könige (2. Kön. 24), wo zu lesen ist, Gott habe David in Sünde fallen lassen, um das Volk zu züchtigen. Und dasselbe wird von Manasse berichtet. Sooft du also siehst, daß Gott zuläßt, wie die Häupter der Kirche in Lastern und Simonie schwelgen, so sprich: Die Geißel des Volkes ist nahe. Ich sage nicht, dies sei gegenwärtig der Fall; wenn es aber zutrifft, so wirst du auch die Züchtigung gewahren.

Der zweite Grund liegt in der Hinwegnahme der Gerechten und Guten. Sooft Gott die Heiligen und Guten hinwegrafft, so sprich: Die Geißel ist nahe. So nahm Gott, als er die Sintflut senden wollte, Noah und seine Familie hinweg, ebenso Lot aus Sodom, als der Stadt die Feuersflut drohte. Sieh dich um, wie wenige es heutzutage noch gibt, welche man gerecht und gut nennen darf, und darum sprich: Die Geißel ist nahe und Gottes Zorn mit dem Schwerte bereit.

Der dritte Grund liegt im Ausschluß der Rechtschaffenen. Wenn du siehst, daß ein Herr oder Oberer keine redlichen, rechtschaffenen Leute um sich dulden will, sondern sie verjagt, weil er die Wahrheit nicht hören will, so sprich: Gottes Geißel ist nahe.

Der vierte Grund liegt in der Sehnsucht der Gerechten. Wenn du siehst, daß alle braven Leute die Geißel ersehnen und herbeirufen, so zähle darauf, daß sie in Bälde folgt. Sieh dich doch um heutzutage: Scheint dir nicht, daß jedermann nach der Geißel ruft? Und glaube mir, Florenz, deine Züchtigung hätte schon stattgefunden, wären nicht die Bitten und Gebete der Frommen gewesen. Glaube mir, du wärest heute dem Erdboden gleich.

Der fünfte Grund liegt in der Verstockung der Sünder. Wenn die Sünder verhärtet sind und sich nicht zu Gott bekehren wollen und jene, welche sie zum Guten mahnen, nicht schätzen und achten, sondern nur immer noch schlimmer werden und sich in ihren Lastern versteifen, so sprich: Gott ist erzürnt. Dieser und die vorausgegangenen Gründe lassen sich an der Hand dessen erweisen, was er an Jerusalem tat, als er so viele Propheten und heilige Männer zur Bekehrung des Volkes sandte; dieses aber blieb verstockt und vertrieb und steinigte die Propheten, weshalb damals alle Frommen die Geißel ersehnten. Ebenso wurden dem Pharao so viele Wunder gesandt, und doch blieb er verstockt. Und darum, Florenz, erwarte die Geißel, denn du weißt, wie lange du schon zur Bekehrung ermahnt wirst, und doch bliebst du immer verstockt. Und auch du, Rom, vernahmst den Ruf, und auch du verharrtest in der Verstockung, darum mache dich auf den Zorn Gottes gefaßt!

Der sechste Grund liegt in der Menge der Sünden. Um der Hoffart Davids willen wurde die Pest gesandt.

Ist denn nicht auch Rom voller Hochmut, Wollust, Habsucht und Simonie? Nehmen die Sünden nicht immer noch zu? Und so ist die Geißel nahe.

Der siebente Grund liegt im Mangel der ersten Tugenden, der Liebe und des Glaubens. Zur Zeit der Urkirche lebte man in lauterer Liebe. Wie wenig ist davon noch auf Erden vorhanden! Auch du, Florenz, denkst nur immer an deinen Ehrgeiz, jeder will oben hinauf. Glaube mir, du hast kein anderes Heilmittel als Buße, denn Gottes Geißel ist nahe!

Der achte Grund liegt in der Verleugnung der Glaubenslehren. Scheint es heutzutage nicht, als habe niemand mehr Glauben? Spricht nicht fast jedermann: Was wird denn nach diesem Leben sein?

Der neunte Grund liegt in der Verwüstung des Gottesdienstes. Sieh dich doch um, wie es in den Kirchen Gottes zugeht und mit wie wenig Andacht man sich darinnen benimmt! Und so ist klar, daß heute der Gottesdienst verdorben ist. Du wirst entgegnen: O, es gibt ja doch so viele Ordensleute, mehr denn je. Wenn es doch weniger wären! O Geistlichkeit, o Geistlichkeit! Um deinetwillen ist dieser Sturm ausgebrochen, du bist der Grund dieser Übel! Heute wähnt sich jedermann selig, der einen Priester zu Hause hat. Ich aber sage dir: Es naht eine Zeit, da man sprechen wird: Selig das Haus, das keinen Geschorenen birgt.

Der letzte Grund liegt in der allgemeinen Überzeugung. Scheint doch jedermann die Geißel und Trübsale zu predigen und zu erwarten, und jedermann hält es für ganz am Platze, daß die Strafe für so viel Ruchlosigkeit nicht ausbleiben könne. Der Abt Joachim [1] und viele andere predigen und verkünden, daß die Geißel in gegenwärtiger Zeit eintreten müsse. Das sind die Gründe, mit welchen ich die kirchliche Erneuerung gepredigt habe ...

Wir beschäftigen uns nunmehr mit den Gleichnissen, welche die Erneuerung der Kirche bedeuten ... Drittes Gleichnis: Ein König hatte einen einzigen Sohn. Er fand eine arme, zerlumpte, schmutzige Frau, nahm sie aus Mitleid in sein Haus auf und erkor sie zu seiner

Gattin. Er hatte von ihr zwei Töchter, welche er seinem einzigen Sohne zur Ehe gab. Die Gattin des Königs begann sich nun aber nach einiger Zeit zu verlieben und viel Böses mit ihren Höflingen und Dienern zu treiben. Der König erfuhr es, nahm sie und verstieß sie in ihre frühere Armut und in ihren Schmutz. Darauf begann eine seiner Töchter ebenso liederlich zu werden wie die Mutter, ja, noch viel ärger, weshalb der König in seinem Grimme auch sie fortschickte und von seinem Sohne vertrieb, mit dem Befehl, ihr kein Brot mehr zu reichen. Die andere Tochter ließ sich das Beispiel ihrer Mutter und Schwester nicht zur Warnung dienen, sondern sank noch tiefer als sie. Meinst du nun nicht, du Gescheiter, daß sie noch härtere Strafe als ihre Mutter und Schwester verdient? Ich will dir nun dieses Gleichnis erklären. Der König ist Gott, er nahm die arme Frau zur Gattin, die jüdische Synagoge, welche er zu seiner Kirche erkor. Sie sündigte, und du weißt, wie Gott sie verstieß und dem früheren Schmutze überließ, der Knechtschaft, dem Elend und der Blindheit. Die beiden Töchter sind die morgenländische Kirche der Griechen und die römische, beide von Gott seinem eingeborenen Sohn Christus Jesus vermählt. Die morgenländische Kirche sündigte mit ihren Ketzereien, weshalb Gott sie von sich und seinem Sohne verstieß und befahl, ihr das Brot nicht mehr zu reichen, auf daß es keine Prediger oder sonst jemanden gebe, ihr das geistige Brot der Seele zu brechen und sie zu erleuchten. Die römische Kirche ist voll Simonie und Schändlichkeiten und sündigte noch viel mehr als Mutter und Schwester. Meinst du nun, Gott werde sie nicht noch viel schwerer züchtigen als jene beiden, welche sich mit vollem Recht beschweren könnten: Wenn wir gesündigt haben, so hast du uns dafür gestraft, die andere aber, welche noch viel tiefer gefallen ist als wir, warum läßt du nicht auch sie büßen? Und so darfst du gewiß sein, daß sich die Kirche erneuern wird, und zwar bald...

... Glaube also, die Zeit ist nahe! Der genaue Zeitpunkt läßt sich allerdings nicht angeben, da Gott es nicht will, auf daß die Seinigen in beständiger Furcht,

Glauben und Gottesliebe verharren. Darum nenne ich
dir auch keine bestimmte Zeit, auf daß du immer Buße
tust und immer im Wohlgefallen Gottes wandelst.
Würde er etwa zu den Menschen sprechen: In zehn
Jahren tritt die Trübsal ein, so spräche jedermann: da
habe ich zur Buße noch lange Zeit, was einem Freibrief
zur Sünde in der Zwischenzeit gleichkäme. Und dies
ziemte sich nicht. Daher will Gott nicht, daß man die
Zeit näher bestimme. Wohl aber sage ich dir, daß es
heute Zeit zur Buße ist. Höhnet nicht über das „bald",
von dem ich sprach! Tut ihr nicht, was ich euch gesagt
habe, dann wehe dir, Florenz! Wehe dem Volke!
Wehe dem Kleinen! Wehe dem Großen!

... O Italien, ihr Fürsten Italiens, ihr Prälaten der
Kirche! Gottes Zorn ist über euch, und es bleibt euch
kein anderer Ausweg als die Bekehrung. „Fanget aber
an an meinem Heiligtum!" (Ez. 9, 6). O Italien, o Florenz, um deiner Sünden willen brechen die Trübsale
über dich herein! O ihr Vornehmen, ihr Mächtigen, ihr
Leute aus dem Volk! Die Hand Gottes ist über euch,
und keine Macht, keine Flucht, keine Weisheit vermag
ihr zu widerstehen. Und er wird nicht der einzige
sein [2], denn du weißt nicht, wie es um die Dinge bestellt ist. O ihr Fürsten Italiens, fliehet vor dem Lande
des Nordens! Tut Buße, solange das Schwert noch in
der Scheide ruht und noch nicht mit Blut befleckt ist!
Fliehet vor Rom! O Florenz, fliehet vor Florenz: fliehet durch die Buße vor der Sünde und fliehet vor den
Übeltätern!

Der Schluß ist dieser: Ich habe dir alle diese Dinge
mit göttlichen und menschlichen Gründen dargetan und
mich einer bescheidenen Sprache befleißigt. Ich habe
dich gebeten, denn befehlen kann ich dir nicht, da ich
nicht dein Herr bin, sondern dein Vater. Möge Gott
dich erleuchten, sein ist die Herrlichkeit und die Macht
von Ewigkeit zu Ewigkeit! Amen.

---

[1] Joachim von Fiore († 1202), einflußreich durch seine prophetische Geschichtsdeutung.
[2] Gemeint war König Karl VIII. von Frankreich als Werk-
zeug des göttlichen Strafgerichts.

# VI. DIE WYCLIFITISCHE REFORMBEWEGUNG

## JOHN WYCLIF († 1384)

Vor der Reformation des 16. Jahrhunderts hat niemand der
Kirche ein so umfassendes und zugleich so tief einschneiden-
des Reformprogramm vorgelegt wie der englische Theologe
John Wyclif. Nachdem er sich in seiner langjährigen Studienzeit vom Nominalismus abgekehrt und dem Realismus zugewandt hatte, begann er seine theologische Lehrtätigkeit in
Oxford (1372) mit biblischen Vorlesungen, Disputationen und
Predigten, in denen er eine ähnliche Kritik an der Kirche
übte wie einst die strengen Franziskaner-Spiritualen: Der
habgierigen, herrschsüchtigen Papstkirche und ihrem Klerus
stellte er das biblische Vorbild des armen, demütigen, geduldig leidenden Christus und der Urkirche gegenüber. Den
Satzungen des Kirchenrechts, auf die sich die Kirche stützte,
hielt er „das evangelische Gesetz" (lex evangelica), „das
Gesetz Christi" (lex Christi) entgegen. Das einzige, radikale
Mittel zur Reform der Kirche erblickte er in der Entmachtung
und Enteignung der Kirche durch die weltlichen Großen,
waren sie es doch, die das jetzt so verderbliche Kirchengut
einst zur Verfügung gestellt hatten. Wyclif machte sich damit den hohen Klerus und die begüterten Orden zum Feind.
Ohne es zu wollen, wurde er zur politischen Figur im Kampf
des Adels mit dem Klerus. Auf die Anklage der Gegner ver-
urteilte Papst Gregor XI. 18 Thesen aus Wyclifs Werk
„Über die bürgerliche Herrschaft" (De civili dominio), die
Wyclif daraufhin dem englischen Parlament vorlegte, während er mit seinem Sendschreiben den neugewählten Papst
Urban VI. vergeblich für sich zu gewinnen suchte. Im gleichen
Jahr (1378), als er in seinen Werken „Über die Wahrheit der
Heiligen Schrift" und „Über die Kirche" die Grundlage seiner
Kirchenkritik erläutert und das Idealbild der schriftgemäßen,
Gott wohlgefälligen Kirche der Zukunft entworfen hatte,
zerfiel er unter dem Eindruck des päpstlichen Schismas mit
dem Papsttum endgültig. Er war überzeugt, der Antichrist
sei jetzt da. In kurzen, wirkungsvollen Flugschriften und
breiteren scholastischen Deduktionen verwarf er im Dialogus
von 1379 den Ablaß, die Heiligenverehrung und das Mönchtum, um schließlich nicht nur einige der wichtigsten Lehren
und Einrichtungen der Kirche, sondern ihr ganzes System zu

bekämpfen. Der Wandlungslehre und ihrer nominalistischen Begründung setzte Wyclif eine symbolische Abendmahlsauffassung entgegen. Dies führte zu der Verurteilung der 24 Thesen auf der sogenannten Erdbebensynode in London (1382). Wyclif mußte Oxford verlassen, wirkte aber in seiner Pfarrei Lutterworth (Leicestershire) unangefochten bis zu seinem Tode. Bis zuletzt hatte er seine Polemik gegen die Kirche gesteigert, ohne sie theologisch noch zu vertiefen. Zumal in der Vereinfachung durch seine Anhänger fielen Wyclifs Reformgedanken im englischen Volk auf empfänglichen Boden. Erst nach langjähriger gewaltsamer Unterdrückung gewann die mächtige Kirche die Oberhand, doch blieben die Gedanken des „evangelischen Lehrers" (doctor evangelicus) lebendig bis in die Tage der englischen Reformation.

Lat. Texte: (Vorlesung) G. A. *Benrath,* Wyclifs Bibelkommentar (1966) 349 ff.; (Predigt) Wyclif, Sermones III (Latin Works 1889) 199 f.; (Sendschreiben) Fasciculi Zizaniorum 341 f.; (Schreiben an das Parlament) ebenda 245—257; De veritate sacrae scripturae (Latin Works) I (1905) 296 f., 382 f., II (1906) 131 f.; Dialogus sive speculum ecclesiae militantis (Latin Works 1886) 23 ff., 26 f., 48 ff., 51 f., 53 ff., 56 f.; (24 Lehrsätze) Fasciculi Zizaniorum 277—282; (Kaim) Wyclif, Trialogus IV, c. 33; (An die einfachen Priester) Wyclif, Opera minora (Latin Works 1913) 7 f.

Lit.: G. V. *Lechler,* Johann von Wiclif und die Vorgeschichte der Reformation, 2 Bände (1873); K. B. *McFarlane,* John Wyclif and the Beginnings of English Nonconformity (1952); J. A. *Robson,* Wyclif and the Oxford Schools (1961); M. *Schmidt,* John Wyclifs Kirchenbegriff, Gedenkschrift für W. Elert (1955) 63—84; H. B. *Workman,* John Wyclif, 2 Bände (1926).

## *Vorlesung über Klagelieder 4, 9—22 (1372/73)*

### *Die Kirche ist geistlich zerstört!*

„Den Erwürgten durchs Schwert geschah besser als denen, so da Hungers starben, die verschmachteten und umgebracht wurden vom Mangel der Früchte des Ackers. Es haben die barmherzigsten Weiber ihre Kinder selbst müssen kochen, daß sie zu essen hätten in dem Jammer der Tochter meines Volks. Der Herr hat seinen Grimm vollbracht; er hat zu Zion ein Feuer angesteckt, das auch ihre Grundfesten verzehrt hat. Es hätten's die Könige auf Erden nicht geglaubt, noch alle Leute in der Welt, daß der Widersacher und Feind sollte zum

Tor Jerusalems einziehen. Es ist aber geschehen um der Sünden willen ihrer Propheten und um der Missetaten willen ihrer Priester, die darin der Gerechten Blut vergossen. Sie gingen hin und her auf den Gassen wie die Blinden und waren mit Blut besudelt, daß man auch ihre Kleider nicht anrühren konnte; man rief sie an: Weicht, ihr Unreinen, weicht, weicht, rührt nichts an! Wenn sie flohen und umherirrten, so sagte man auch unter den Heiden: Sie sollen nicht länger dableiben. Des Herrn Zorn hat sie zerstreut; er will sie nicht mehr ansehen. Die Priester ehrte man nicht, und mit den Alten übte man keine Barmherzigkeit. Noch gafften unsere Augen auf die nichtige Hilfe, bis sie müde wurden, da wir warteten auf ein Volk, das uns doch nicht helfen konnte. Man jagte uns, daß wir auf unsern Gassen nicht gehen durften. Da kam auch unser Ende; unsre Tage sind aus, unser Ende ist gekommen. Unsre Verfolger waren schneller denn die Adler unter dem Himmel; auf den Bergen haben sie uns verfolgt und in der Wüste auf uns gelauert. Der Gesalbte des Herrn, der unser Trost war, ist gefangen worden, da sie uns verstörten; des wir uns trösteten, wir wollten unter seinem Schatten leben unter den Heiden. Ja, freue dich, und sei fröhlich, du Tochter Edom, die du wohnest im Lande Uz! Denn der Kelch wird auch über dich kommen, du mußt auch trunken und entblößt werden. Aber deine Missetat hat ein Ende, du Tochter Zion; er wird dich nicht mehr lassen wegführen. Aber deine Missetat, du Tochter Edom, wird er heimsuchen und deine Sünden aufdecken."

„Den Erwürgten durchs Schwert geschah besser."
Dies alles kann man auf die *Kirche* beziehen, die ihre Verderbnis beklagt. Den durchs Schwert Erwürgten erging es (buchstäblich ausgelegt) besser als den Überlebenden, die der schweren Hungersnot ins Auge sehen mußten, in der sie verschmachten, d. i. im Elend umkommen sollten, wegen der Unfruchtbarkeit, die infolge des Krieges entstanden war. So ergeht es den Bekennern, die „im Frieden bitter geworden sind" (Jes. 38, 17), schlimmer als den Märtyrern, die zuvor umgebracht wurden. Denn der Mangel an dem Wort Gottes ist stark geworden.

„Es haben die barmherzigsten Weiber ihre Kinder selbst müssen kochen."
Und so, wie die Frauen, an denen doch das Erbarmen über ihre eigenen Kinder zu beobachten ist, sie den-

noch kochten, so hat „der Eifer des Hauses Gottes"
(Ps. 69, 10), d. i. der *Kleriker,* die Armen aufgefressen,
da sie sie vor dem sogenannten kirchlichen Gericht
erpreßten und ihrer Güter beraubten.

„Der Herr hat seinen Grimm vollbracht."

Und so wie der Herr sich schließlich rächte an denen,
die den Tempel und Jerusalem bewohnten, indem er
seine Strafe voll über sie ausschüttete, als Nebukad-
nezar den Tempel, die Königsburg auf Zion und die
ganze Stadt in Brand steckte, so ist die Kirche durch
die Prozesse der *Kleriker,* „welchen der Bauch ihr Gott
ist" (Phil. 3, 19), vom Feuer der Habgier angesteckt.
Und diese Habgier hat die Prälaten, welche die Grundfesten der Kirche hätten sein sollen, total verschlungen.

„Es hätten's die Könige auf Erden nicht geglaubt."

Darum strafte der Herr die Kirche und das Königs-
haus in Jerusalem zur Strafe für ihre Sünde mehr, als
ihre Gründer, Salomo und die früheren Könige, je
gedacht hätten. So ist die *Kirche* jetzt in einer Weise
geistlich zerstört, wie es die Säulen, die sie einst
regierten, nicht für möglich gehalten hätten.

„Es ist aber geschehen um der Sünden willen
ihrer Propheten."

Und so, wie das über die Juden kam um der Sünden willen ihrer Propheten und Priester, die unschul-
dige Menschen umbringen ließen, wie es zur Zeit
Manasses geschah (2. Kön. 24), so kommt das Übel über
die *Kirche,* weil ihre Lehrer und Leiter zum Kriege
und anderen Maßnahmen raten, wodurch sie das un-
schuldige Volk in den Tod stürzen.

„Sie gingen hin und her auf den Gassen wie die Blinden."

Und so, wie die Priester und Propheten umherirrten,
geblendet, was die Zielrichtung des Gesetzes anlangt,
so gehen *unsere Kleriker* mit ihrem Lebenswandel in
die Irre und sind blind im Verständnis der Schrift.
Und da sie wegen mangelnder Eignung nicht in den
geistlichen Stand einrücken können, klammern sie sich
an die Rockzipfel der Prälaten von einst, denn solche

257

Äußerlichkeiten wie Geld und Tonsur, welche die Hirten von einst so geringachteten wie den Saum ihres Gewandes, stellen *heutzutage* die Mittel dar, mit denen man durch Simonie eine geistliche Stelle erjagt.

„Weicht, ihr Unreinen!"

Wie die Heiden aus natürlichem Instinkt ihre Stimme gegen die Nichtswürdigkeit ihrer Priester erhoben und gegen ihren frevelhaften Irrtum empört und erregt ausriefen: „Weicht, ihr unreinen Priester, weicht und rühret nichts Heiliges an!", so rufen heutzutage andere Religionsgemeinschaften *unseren Priestern* zu und sagen, unser Gott habe uns durch innere Kriege und andere Katastrophen zerstreut.

„Des Herrn Angesicht hat sie zerstreut."

Er wird deswegen keine Rücksicht auf uns nehmen, weil *unsere Priester* sich nicht schämten, Sünde zu tun, und sich der Armen und Schwachen nicht erbarmt haben.

„Als wir noch verharrten."

Und so, wie die Juden deswegen in die Gefangenschaft geführt wurden, weil sie sich auf Menschen verließen, d. h. auf Pharao, den König Ägyptens, und es unterließen, Hilfe gegen die Chaldäer zu suchen, so setzen *die Geistlichen* ihre Hoffnung auf den, der sie zum Gelderwerb befördert, während sie in ehrbarer Armut hätten verharren sollen. So sind sie abgefallen, indem sie mit den Augen ihres Herzens auf das nichtige irdische Gut hinschielten, „das doch nicht helfen konnte."

„Sie haben unsere Steige schlüpfrig gemacht."

Und so, wie die Ägypter, die man zur Rettung vor den Chaldäern erwartete, die Wege der Juden schlüpfrig machten, weil sie dadurch schließlich im Angesicht ihrer Feinde zu Fall kamen, so bringen es die irdischen Güter dahin, daß *die Geistlichen* straucheln und auf dem Weg des Herrn nicht sicher zu schreiten vermögen. Darum wird durch Gottes Gnade dem Vertrauen auf Reichtum ein Ende gesetzt werden.

„Unsere Verfolger waren schneller."

So, wie nämlich die Chaldäer die Juden „auf den Bergen und in der Wüste" verfolgten, wo sie sich vor allem verborgen hielten, so verfolgt der Teufel samt Simon Magus [1] *die Geistlichen,* nicht nur die niedere Geistlichkeit, sondern auch *die Bischöfe und Prälaten,* die da hochragen wie die Berge, desgleichen *die Ordensleute,* die gleichsam in der Wüste wohnen: „Vom Kleinsten bis zum Größten sind sie alle der Habsucht verfallen, vom Propheten bis zum Priester treiben sie Falschheit" (Jer. 6, 13).

„Der Hauch unseres Mundes, der gesalbte Herr,
ist gefangen"

in unseren Sünden. Und so, wie Josia von den Ägyptern getötet wurde (2. Kön. 29 und 2. Chr. 35) und Zedekia von den Chaldäern auf seiner Flucht in die Wüste von Jericho gefangengenommen wurde — der erstere deswegen, weil er wider die Stimme des Propheten gehandelt hatte (2. Esra 1), der letztere, weil er gegen den Rat Jeremias den Eid brach, durch den er sich gebunden hatte —, so ist (wenn man das sagen darf) *unser allerheiligster Vater, der Papst,* gleichsam die Luft, die uns erfrischt, und der Gesalbte des Herrn, in unseren Sünden, d. i. in Habsucht und Simonie, gefangen, während wir inmitten von anderen Sekten unter dem Schutz seiner trügerischen Heiligkeit sorglos dahinlebten ...

„Freue dich und sei fröhlich, du Tochter Edom,
die du weinst im Lande Uz."

Zum Schluß redet Jeremia ironisch die Nachbarvölker an. Sie mögen sich freuen, weil sie trunken werden sollen vom Becher der Rache des Herrn um ihrer Sünden willen, so, wie Edom, der mit anderem Namen Esau heißt (Gen. 25), die unordentliche Freude wird büßen müssen, die er über Israel empfand. Und dies alles kann man auf die Sarazenen und die anderen Ungläubigen beziehen, die wegen ihrer an den Christen, den geistlichen Kindern Israels, verübten Missetaten der Vernichtung anheimfallen werden.

„Aber deine Missetat hat ein Ende, du Tochter Zion."

Und nachdem sich die Bosheit der christlichen *Kleriker* ausgetobt hat und die *Christenheit* zerrissen ist, wenn der Antichrist nachgefolgt und umgekommen ist, dann werden sich alle Völker, Juden wie Sarazenen, zum Glauben an Christus bekehren. Und die Missetat der Juden wird dann ein Ende finden, und der Götzendienst der Ungläubigen wird dann aufgedeckt sein, wenn die verkehrten Christen mit Hilfe solcher *Kleriker,* die sich dem geistlichen Leben und der Regel der Urkirche unterwerfen, ihre ordnungswidrige Begierde nach irdischem Gut aufgegeben haben und zum ursprünglichen Zustand zurückgeführt werden. Das ist es nämlich, was der Bekehrung des Restes des christlichen Volkes, der Juden und der Sarazenen vorhergehen wird. Jetzt aber machen unsere *Kleriker* die Zeit für den Antichrist reif, indem sie die Ordnung und Regel des Lebens in ihr Gegenteil verkehren.

¹ vgl. Apg. 8, 18—23.

## Predigt über 1. Joh. 5, 4—10

### Vom Ursprung der Reformpredigt

„Wer ist aber, der die Welt überwindet, wenn nicht, der da glaubt, daß Jesus Gottes Sohn ist?" Wer nämlich auf vollkommene Weise an Christi Gottheit glaubt und zu seiner Menschwerdung in vollkommener Weise auch noch seinen irdischen Wandel hinzunimmt, ohne sich dadurch rühren oder von der Liebe umwandeln zu lassen, der ist ein verstockter Teufel. Das vorzügliche Mittel, um zu dieser Überwindung zu gelangen, ist also der vollkommene und ausdrückliche Glaube, daß Jesus wahrer Gott und wahrer Mensch ist. Und viele Namenchristen sagen, sie glaubten das vollkommen, und dennoch versagen sie, schändlich und ungläubig, von Grund auf. Wenn wir nämlich glauben, daß unser Heiland einen solchen Wandel führte, um uns dadurch das Beispiel für unseren Weg zum himmlischen Vaterland zu geben, wie könnten wir mit ihm derart von seinem Pfad abweichen? Denn dadurch, daß wir von ihm abweichen, lästern wir seine Gottheit und Menschheit, und dadurch, daß wir dem Weg des Teufels den Vorzug geben, leben wir nicht im Glauben, sondern lieben den Teufel oder dessen Werkzeuge anstelle unseres Gottes.

Das war ursprünglich der Grund, warum ich alles das zu sagen begann, was ich im Lager der Scholaren über den Zustand der Kirche wiederholt gesagt habe. Als Fundament des Glaubens nahm ich, daß Jesus Christus wahrer Gott und wahrer Mensch ist, und diesem Fundament fügte ich zweitens alle seine Taten und Worte, wie sie im Evangelium oder anderswo aufgezeichnet sind, bei. Und drittens nahm ich hinzu, daß alle jene Berichte oder Taten der Unterweisung der irdischen Kirche dienen sollen. Und von diesem dreifachen Grund aus schritt ich weiter zu den Folgerungen im einzelnen, und so wie Christus begann ich damit bei der Gemeinde meines Klerus. Denn bei seiner höchst denkwürdigen Ankunft in Jerusalem (Mt. 21) ging er sogleich zum Tempel und reinigte ihn zu allererst von den üppig wuchernden Mißständen, die infolge der Habsucht der Priester entstanden waren. Da also „alle Taten Christi unsere Unterweisung sind", müssen wir desgleichen tun. In diesem Falle legte ich die Armut Christi zugrunde, wonach der Herr der Welt, wiewohl im höchsten Maße reich in sich und — sowohl auf Grund seiner vollkommenen Unschuld als auch auf Grund seiner Gottmenschheit — reich über alle Welt, zum Vorbild für seine Kirche und insbesondere für die Oberen des Klerus eindeutig im höchsten Maße arm gewesen ist. Dies geht aus dem glaubwürdigen Zeugnis des Apostels (2. Kor. 8, 9) hervor.

Da aber Jesus, unser Gott, des Neuen ebenso wie des Alten Gesetzes Gott ist, nahm ich ein dreifaches Zeugnis aus beiden. Denn Num. 18, Dtn. 18 und Ez. 44 gebietet Gott, die Leviten sollten an der Erbschaft nicht teilhaben wie das übrige Volk. Wenn es also dem Klerus des Alten Gesetzes, der doch durch irdische Güter dazu gelockt werden mußte, auf vorbereitende Weise seinem Gott zu dienen, der erbliche Besitz so streng verboten war, wieviel mehr zur Zeit des Gesetzes der Gnade, da die Welt in ihr Greisenalter eingetreten ist und der Tag des Endgerichts naht?

Aus dem Neuen Testament nahm ich das oft wiederholte dreifache Zeugnis, an erster Stelle Lukas (14, 33), wo der Herr beider Testamente, Christus Jesus, seine Jünger auf eben diese Weise anspricht. In welchem Sinne sie ihren irdischen Gütern entsagen sollten, lehrt aufs beste das Leben Christi und der Wandel seiner Apostel, der sich nach dieser Regel richtet. Die zweite Schriftstelle, die diese Meinung bestätigt, ist Lukas 22, 25: „Die weltlichen Könige herrschen: Ihr aber nicht also! Sondern so jemand will unter euch gewaltig sein, der sei euer Diener!" Wie man den Taten Christi und den übrigen Evangelien entnehmen kann. Die dritte Stelle ist das Wort Christi (Mt. 20), wo Christus seinen Verwandten, die ihn durch seine Mutter um die irdische Vorherrschaft bitten, eine Absage erteilt, wobei er ihnen implizit die Armut des Leidens zugesteht und dann folgerichtig erklärt, sowohl er, der Führer des Krieges, als auch sie sollten eine solche irdische Vorherrschaft verabscheuen und sich zum Vorbild in Demut der höchsten menschlichen Dienstleistung unterziehen. Da nun diese Glaubensartikel von niemand bestritten werden können, ja vielmehr dem Klerus Christi die Entsagung von weltlicher Herrschaft offenkundig gebieten, so muß nach Christi Verordnung der gesamte Klerus von solchem Besitz irdischer Güter ganz und gar gereinigt werden. Es ist hinreichend, daß der ganze Klerus auf Erden in dem Maße, wie unsere Mutter Kirche bedürftig ist, allein von Zehnten und Darbringungen lebt, so, wie die Priester größerer Dienstleistungen im Alten Testament davon lebten. Und dies eine habe ich oft vorausgesagt und sage es noch: Niemals wird die Kirche ohne beträchtliche Störung sein, bis die Verordnung Christi, die heutzutage so sehr verachtet wird, in ihrer ursprünglichen Weise wieder durchgeführt wird.

Es freut mich, jedermann, insbesondere aber dem Papst zu Rom, mein Glaubensbekenntnis offen darzulegen, denn ich setze voraus, daß es der Papst bestätigen wird, falls es der Lehre der Kirche entspricht, ist es aber irrig, so wird er es berichtigen.

Ich setze voraus, daß das Evangelium Christi das Herz des Leibes des Gesetzes Gottes ist, ich glaube aber, daß Christus, der dies Evangelium unmittelbar gegeben hat, wahrer Gott und wahrer Mensch ist und daß das Gesetz des Evangeliums alle anderen Teile der Schrift in dieser Hinsicht überragt.

Zum anderen setze ich voraus, daß der Papst zu Rom, als der oberste Stellvertreter Christi auf Erden, zur Einhaltung des Gesetzes des Evangeliums unter den Christen am allermeisten verpflichtet ist. Denn der Vorrang unter den Jüngern Christi richtet sich nicht nach ihrer weltlichen Größe, sondern nach dem Maß der Nachfolge Christi in ihrem Lebenswandel.

Des weiteren entnehme ich diesem Herzen des Gesetzes des Herrn, daß Christus auf Erden der ärmste Mensch war und jede weltliche Herrschaft von sich wies, nach dem Zeugnis der Schrift (Mt. 8 und 2. Kor. 8).

Und hieraus schließe ich, daß jeder Gläubige dem Papst oder einem Heiligen nur insoweit nachfolgen darf, als dieser seinerseits dem Herrn Jesus Christus Nachfolge geleistet hat. Indem nämlich Petrus, Paulus und die Söhne des Zebedäus weltliche Ehre erstrebten, verstießen sie gegen diese Nachfolge. Darum darf man ihren Irrtümern nicht nachfolgen. Hieraus entnehme ich gewissermaßen als Ratschlag, daß der Papst seine weltliche Herrschaft dem weltlichen Arm überläßt und ebenso seinen Klerus nachdrücklich dazu ermahnt. Denn das Gleiche hat Christus zeichenhaft durch seine Apostel getan.

Wenn ich aber hierin irren sollte, so ist es mein demütiger Wunsch, berichtigt zu werden — wenn es sein muß, sogar durch den Tod —, und wenn ich selbst nach Wunsch handeln kann, so wollte ich mich in Demut vor dem Papst in Rom persönlich einfinden. Aber

Gott hat mich zum Gegenteil genötigt und hat mich entsprechend gelehrt, Gott mehr zu gehorchen als den Menschen. Da aber Gott unserem Papst gerechte evangelische Gedanken eingegeben hat, so müssen wir ihn darum bitten, daß diese Gedanken nicht durch einen tückischen Ratschlag ausgelöscht werden und daß der Papst oder die Kardinäle nichts wider das Gesetz des Herrn unternehmen. Darum wollen wir den Herrn aller Kreatur bitten, er möge unseren Papst Urban VI. dazu bewegen, daß er, wie er begonnen, samt seinem Klerus mit seinem Wandel dem Herrn Jesus Christus nachfolgt, damit sie das Volk nachdrücklich lehren, ihnen hierin getreulich nachzufolgen. Insbesondere wollen wir ihn bitten, er möge unseren Papst vor bösem Rat bewahren, denn wir wissen: „Des Menschen Feinde sind seine eigenen Hausgenossen" (Mt. 10, 36) und: „Gott läßt euch nicht versuchen über euer Vermögen" (1. Kor. 10, 13), viel weniger fordert Gott von einer Kreatur, daß sie tut, was sie nicht tun kann, denn das wäre die offenbare Forderung des Antichrists.

### Schreiben an das englische Parlament (1378)

Ich lege hiermit, wie auch sonst wiederholt, öffentlich Zeugnis ab, daß es mein Vorhaben und aufrichtiger Wille ist, Christ zu sein und bis zum letzten Atemzug in Wort und Tat das Gesetz Christi zu bekennen. Wenn ich hierin aus Unkenntnis oder aus einem anderen Grunde versagen sollte, so widerrufe ich es für jetzt und für dann und unterwerfe mich in Demut der Berichtigung durch die heilige Mutter Kirche.

### Von der irdischen Herrschaft

#### 1.

*Das ganze Menschengeschlecht auf Erden, Christus ausgenommen, hat keine Macht, unmittelbar zu verfügen, daß ein Mensch und seine Nachkommenschaft beständig auf Erden Herrschaft ausübt.*

Diese Behauptung stütze ich auf das Zeugnis der Schrift, da die gesamte bürgerliche Ordnung vor dem Endgericht ein Ende finden muß, denn der Apostel sagt (1. Kor. 15, 24) vom Jüngsten Tag: „Danach das Ende, wenn er das Reich Gott und dem Vater überantworten wird, wenn er aufheben wird alle Herrschaft und alle Obrigkeit und alle Gewalt". Wer also an die Auferstehung des Fleisches glaubt, glaubt auch an diesen Glaubensartikel, denn von da an wird es keinen weltlichen Handel und Wandel mehr geben. Demnach hat niemand die Macht, irgendwo gegen den Beschluß des Herrn in dieser Sache zu verfügen.

## 2.

*Gott kann keinem Menschen, weder für ihn selbst noch für seinen Erben, ewige bürgerliche Herrschaft geben.*

Ich nehme „ewig" in seinem eigentlichen und bekannten Sinn, so, wie die Kirche betet: „Der Dreifaltigkeit sei Ehre jetzt und ewiglich." Zweitens setze ich voraus, daß „weltliche Herrschaft" formal genommen wird für das, wodurch ein Mensch weltlich herrscht. Und drittens, daß von der verordneten Gewalt Gottes die Rede ist, und dann folgt dieser Satz aus dem vorigen. Aber auch im Blick auf die absolute Gewalt Gottes erscheint es vielen wahrscheinlich, daß Gott die irdische Pilgrimschaft seiner Braut[1] nicht in Ewigkeit fortsetzen kann, denn sonst würde er sie um ihren Lohn bringen, oder er würde die Bestrafung, die der Leib des Teufels verdient hat, ungerechterweise aufschieben.

## 3.

*Menschliche Verträge über ewige Erbschaft sind unmöglich.*

Dieser Satz wurde wörtlich einem Dozenten gesagt, der die Gültigkeit menschlicher Verträge überschätzt und die Schrift des christlichen Bekenntnisses mißachtet hat. Es wäre besser, sage ich, sich der Verteidigung und Auslegung der Schrift zu widmen, denn viele derartige Verträge sind unmöglich. Ich ziehe diese Folgerung, weil es zahlreiche, von Zeugen unbekräftigte Verträge gibt, die von vielen Enterbten und Verstorbenen feststellen, ihnen seien für sie selbst und ihre Erben gewisse Herrschaften auf ewig übertragen. Doch da dies der göttlichen Verordnung zuwiderläuft, so darf man keine Verträge in Kraft setzen unter Mißachtung des Zeugnisses der Heiligen Schrift.

### 4.

*Jeder, der sich am Ende in der versöhnenden Gnade befindet, besitzt nicht nur den Rechtsanspruch auf eine Sache, sondern das volle Recht.*

Dies geht aus dem wohlbekannten Schriftzeugnis (Mt. 24, 47) hervor: „Wahrlich, ich sage euch, er wird ihn über seine Güter setzen" in Verbindung mit dem Apostelwort (Röm. 8, 32): „Welcher auch seines eigenen Sohnes nicht hat verschont, sondern hat ihn für uns alle dahingegeben, wie sollte er uns mit ihm nicht alles schenken?"

Die ersten drei Sätze prägen den Weltleuten den Glauben Christi ein, damit sie nicht ertrinken im Meer der Welt, die da vergeht mit ihrer Lust, während uns der vierte zur Liebe Gottes anspornt, der uns in seiner Liebe zu so vielen wahren Reichtümern erwählt hat.

### 5.

*Ein Mensch kann seinem leiblichen Sohn oder einem, der durch Nachfolge sein Sohn geworden ist, weltliche und ewige Herrschaft nur wie ein Diener übergeben.*

Dies geht aus Lk. 6, 38 hervor: „Ein voll, gedrückt, gerüttelt und überflüssig Maß wird man in eueren Schoß geben", und daß er nur wie ein Diener geben kann, geht daraus hervor, daß man einem Pilger nur als einem Diener Gottes unter dessen Vollmacht etwas geben darf, nach dem Wort des Apostels (1. Kor. 4, 1): „Dafür halte uns jedermann, für Christi Diener und Haushalter." Daher war Christus in Wahrheit ein Diener der Kirche, wie auch der Apostel sagt (Röm.

266

15, 8): „Ich sage aber, daß Jesus Christus sei ein Diener gewesen." So soll sich also sein Stellvertreter nicht schämen, in der Kirche zu dienen, da er der Diener Christi ist oder sein soll. Denn die Abweichung von der Redeweise der Heiligen Schrift und der Hochmut weltlicher Herrschaft samt seinem aufreizenden weltlichen Stil scheint mir die Blasphemie und die Überheblichkeit des Antichrists anzubahnen, insbesondere wenn die Wahrheiten des Zeugnisses der Heiligen Schrift als ein dem christlichen Glauben widersprechendes „Unkraut" von denjenigen Häuptern eingeschätzt werden, die da behaupten, in Glaubensdingen habe man sich ihrer Entscheidung zu beugen, mögen sie selbst das Zeugnis der Schrift noch so wenig kennen. So könnte es nämlich geschehen, daß man sich zur Kurie drängt, um mit Geld die Verurteilung der Schrift als häretisch zu erkaufen und einen Dispens für alle christlichen Glaubensartikel zu erlangen!

*Über die Enteignung der Kirche durch die weltliche Gewalt*

## 6.

*Wenn Gott ist, so können die weltlichen Herren mit Recht und Verdienst der Kirche, wenn sie sich vergangen hat, die irdischen Güter wegnehmen.*

Hierbei sprechen wir vom „Können" so, wie die Schrift trefflich und mit höchster Autorität sagt (Mt. 3, 9): „Gott *kann* dem Abraham aus diesen Steinen Kinder erwecken." Ich entnehme das als Konsequenz aus dem ersten Glaubensartikel. Denn wenn Gott ist, so ist er allmächtig, und ist er allmächtig, so *kann* er den weltlichen Herren eine derartige Gewalt geben, und dementsprechend kann er mit Verdienst und Recht von dieser Gewalt Gebrauch machen. Damit aber diese Folgerung nicht als allzu weit hergeholt und daher unzutreffend erscheint, habe ich gezeigt, daß die weltlichen Herren die Macht haben, die Almosen, die sie der Kirche übergeben hatten, zu entziehen, falls die Kirche sie mißbraucht. Und dieser Entzug wäre vielleicht verdienstlicher als die frühere Verleihung, weil

sie vielleicht ein Werk der *geistlichen* Barmherzigkeit
wäre, das eine Seele vor der Hölle bewahrt und für
beide Seiten Seligkeit schafft. Die bloße Übergabe
eines solchen Almosens ohne oder gegen die Ordnung
Christi erleichtert hingegen nur den *Leib* von seinem
irdischen Elend, wie ein *leibliches* Almosen. Und so,
wie die Schenkung offenbar eine Gelegenheit zum
Erwerb der Seligkeit sein kann, so mit noch größerer
Wahrscheinlichkeit der Entzug. Dennoch habe ich gesagt, daß man ihn nur mit der Erlaubnis der Kirche
vornehmen darf, bei Ermangelung eines geistlichen
Oberen und dann, wenn ein Geistlicher vom Glauben
abgeirrt ist und zur Rechenschaft gezogen werden muß.

*Von der Exkommunikation*

### 7.

*Wir wissen, daß der Stellvertreter Christi rein auf
Grund seiner Bullen oder Briefe, die mit seinem oder
dem Willen und der Zustimmung seines Kollegiums
verfaßt sind, einen Menschen zum Empfang der Gnade
nicht fähig oder unfähig machen kann.*

Dies erhellt aus dem Zeugnis der Schrift, wonach die
Kirche glaubt, daß jede Befähigung eines Menschen
zum Empfang der Gnade an erster Stelle von Gott
ausgehen muß. Dagegen hat der Stellvertreter Christi
in diesem Falle nur die Macht, stellvertretend im Namen Gottes der Kirche denjenigen kundzutun, den
Gott befähigt. Wenn er es daher nicht stellvertretend
im Namen des Herrn tut, den er außerhalb seines Tuns
als den Urheber anerkennt, so ist das eine teuflische
Anmaßung, denn Christus spricht durch den Apostel
(2. Kor. 3, 5): „Daß wir tüchtig sind, ist von Gott."

### 8.

*Es ist nicht möglich, daß ein Mensch zu seinem Ver-
derben exkommuniziert wird, wenn er nicht zuerst und
vor allem von sich selbst exkommuniziert wird.*

Das erhellt daraus, daß jede derartige Exkommunikation den Verdacht einer Beeinträchtigung des Ex-

kommunizierten weckt. Aber niemand kann, nach Chrysostomus und der Heiligen Schrift, beeinträchtigt werden, der sich nicht durch eine Sünde schadet, deren Ursache in dem Sünder selbst liegt. Denn die verdienstliche Suspendierung eines Menschen vom Genuß der Sakramente und vom Betreten der Kirche ist Exkommunikation nur dem Worte, aber nicht der Sache nach. Und was dabei das Verdienst betrifft, so richtet es sich vielmehr nach dem Exkommunizierten als nach dem ihn exkommunizierenden Stellvertreter Christi. Denn nur derjenige wird verdammt, der infolge seiner Sünde die göttliche Hilfe verwirkt hat, wie es heißt (Jes. 59, 2): „Euere Untugenden scheiden euch und eueren Gott voneinander."

9.

*Niemand darf exkommunizieren, suspendieren, das Interdikt aussprechen oder irgendeine andere Kirchenstrafe vollstrecken, es sei denn um Gottes willen.*
Das erhellt daraus, daß niemand eine Strafverfolgung erstreben darf, es sei denn um der Gerechtigkeit willen; jede gerechte Sache ist die Sache Gottes, denn er ist die Quelle der Gerechtigkeit, hieraus ergibt sich der Satz. Wenn nämlich jede derartige Bestrafung ihren Anlaß aus der Sünde nimmt, jede Sünde aber gegen Gott gerichtet ist (nach Ps. 51, 6: „An dir allein habe ich gesündigt"), so ist offenkundig, daß man eine solche Bestrafung nur zur Ahndung eines Unrechts gegen Gott vornehmen darf. Denn nach dem Zeugnis der Schrift darf man nur ein Unrecht gegen Gott ahnden, das selbsterlittene Unrecht muß man vergeben nach dem Gebot Christi (Mt. 18, 22): „Wenn dein Bruder wider dich sündigt, so vergib ihm siebzigmal siebenmal."

10.

Hieraus ergibt sich als zehnte Folgerung, daß *die Verfluchung oder Exkommunikation nur dann uneingeschränkt bindend wirkt, wenn sie gegen einen Feind des Gesetzes Christi gerichtet ist.*

Das ergibt sich folgendermaßen: Eine solche Maledikion bindet nicht im Hinblick auf Gott, wenn nicht der Gebundene wider Gottes Gesetz verstoßen hat; aber sie bindet nicht uneingeschränkt, wenn sie nicht im Blick auf Gott bindet; hieraus ergibt sich die Folgerung. „Wenn nämlich Gott Gnade gibt, wer ist, der da verdammt?" (Röm. 8, 33). Gott aber wird nicht beleidigt, es sei denn durch die Übertretung seines Gesetzes. Und diese Glaubensartikel tragen dazu bei, daß das Gesetz Christi höhergeschätzt wird, denn in jedem rechtmäßigen Verfahren muß das Gesetz Christi die Regel sein, so daß das Zeugnis der Schrift (Röm. 12, 19) besser eingeprägt wird: „Rächet euch selber nicht, meine Liebsten, sondern gebt Raum dem Zorn (Gottes), denn es steht geschrieben: Die Rache ist mein, ich will vergelten, spricht der Herr."

## 11.

*Christus hat seinen Jüngern kein Beispiel dafür gegeben, einen Untergebenen zu exkommunizieren — am wenigsten um der Verweigerung von irdischen Gütern willen —, im Gegenteil.*

Das erhellt daraus, daß Christus lehrt, die Ehre Gottes und der Nutzen der Kirche sei wichtiger als der persönliche Vorteil oder auch die Verweigerung von irdischen Gütern. Und das andere erhellt aus Lk. 9, 55, wo er seine Jünger daran hindert, zur Exkommunikation der Ungläubigen Feuer vom Himmel herabzuwünschen, die ihre Güter Christus und seinen Jüngern vorenthielten: „Ihr wißt nicht, wes Geistes Kinder ihr seid! Des Menschen Sohn ist nicht gekommen, der Menschen Seelen zu verderben, sondern zu erretten." Darum ist es eine katholische Folgerung, daß es dem Stellvertreter Christi nicht erlaubt ist, seinen Nächsten zu exkommunizieren, es sei denn mehr aus Liebe zu ihm als aus Liebe zu allen Gütern dieser Welt. Und hieraus ergibt sich die negative Folgerung durch Induktion und durch den Schluß aufs Unmögliche, daß anderenfalls in Christo „Ja" und „Nein" zugleich gewesen wäre.

### 12.

*Die Jünger Christi haben keine Vollmacht, durch
Kirchenstrafen auf dem Wege staatlicher Zwangsvoll-
streckung Steuern einzutreiben.*

Das ergibt sich aus dem Verhalten der Apostel und
der anderen Jünger Christi bis zur Zeit der Ausstattung der Kirche mit weltlichen Gütern. Selbst in der
größten Not der Gläubigen haben sie keine derartige
Gewalt ausgeübt, sondern sie haben nur immer dem
Gesetz Gottes und ihrem hingebungsvollen Dienst gemäß zu solchen Spenden ermuntert, die freiwillige Almosen sein müssen. Aber nachdem die Kirche mit weltlichem Besitz ausgestattet war, sind die auf solche Weise
bemäntelte Kirchenstrafe und die weltliche Zwangs-
eintreibung miteinander vermischt worden. Dies geht
aber auch daraus hervor, daß die bürgerliche Herrschaft den Jüngern Christi untersagt ist (Lk. 22, 26).

### 13.

*Es ist bei Gottes absoluter Macht nicht möglich, daß
ein Papst oder ein anderer Christ eben dadurch löst
und bindet, daß er vorgibt, er löse oder binde.*

Das ergibt sich daraus, daß in dieser Sache jeder
Christ auf die verschiedenste Art von der triumphierenden Kirche abweichen könnte. Dann aber würde er
weder binden noch lösen, wie er vorgibt. Also kann
es nicht sein, daß er bindet und löst, wenn er vorgibt,
er tue es. Daher scheint es mir, daß derjenige, der sich
diese Gewalt anmaßt, jener „Mensch der Sünde" ist,
von dem geschrieben ist (2. Thess. 2, 4), „daß er sich
setzt in den Tempel Gottes und gibt sich aus, er sei
Gott."

### 14.

*Wir müssen glauben, daß der Stellvertreter Christi
allein dann uneingeschränkt bindet oder löst, wenn er
dem Gesetz Christi gemäß handelt.*

Das ergibt sich daraus, daß jede Gewalt des Stellvertreters Christi allein dann in ihrer Wirkung recht-

mäßig ist, wenn sie dem Willen des Hauptes der
Kirche entspricht.

### 15.

*Katholischer Glaube muß es sein, daß ein jeder
rechtmäßig nach dem Gesetz der Gnade geweihte Priester die Vollmacht hat, alle Sakramente zu verwalten
und infolgedessen auch einen reuigen Sünder loszu-
sprechen, gleichgültig welche Art von Sünde er ihm
bekannt hat.*

Dies ergibt sich daraus, daß die mit den Weihen
verbundenen Vollmachten bei allen Priestern Christi
gleich sind, nach der Meinung von Hugo[2] im zweiten
Buch *De Sacramentis.* Dennoch sind gewisse mit den
Weihen verbundene Vollmachten, obwohl den anderen ihrem Wesen nach gleich, aus guten Gründen
gebunden. Sie können aber zur Darreichung gelöst
werden, wie die Folgerung besagt.

*Über die Enteignung der Kirche durch die weltliche Gewalt*

### 16.

*Es ist den Königen in gewissen, vom Recht begrenz-
ten Fällen erlaubt, den Geistlichen ihre weltlichen
Güter wegzunehmen, wenn sie sie gewohnheitsmäßig
mißbrauchen.*

Dies ergibt sich aus der 6. These. Denn zu den größeren Werken der Barmherzigkeit, die ihnen leichter
fallen, sind die weltlichen Herren strenger verpflichtet. Aber es wäre gelegentlich ein größeres und leich-
teres Almosen, wenn der weltliche Herr sein Almosen
demjenigen, der es durch seinen Mißbrauch zur Hölle
erbaut, wegnähme, als es ihm zu seiner leiblichen
Unterstützung zu schenken ...

### 17.

*Weltliche Herren oder auch andere dürfen die welt-
lichen Güter, die sie der Kirche geschenkt haben, zur
vorbeugenden Verhütung von Sünde gegebenenfalls
wieder wegnehmen, ohne daß dem eine Exkommuni-*

*kation oder eine andere Kirchenstrafe entgegensteht,*
*denn ihre Schenkung ist nur bedingungsweise erfolgt.*

Das ergibt sich daraus, daß mit der Schenkung von
Gütern an die Kirche von vornherein die Bedingung
verbunden ist, daß dadurch Gott geehrt und die Kirche
erbaut wird. Wo diese Bedingung unerfüllt bleibt und
das Gegenteil eintritt, wird die Schenkung ungültig,
und dementsprechend darf der Sprecher des Almosens
seinen Irrtum korrigieren. Der Erfüllung der Gerechtigkeit darf aber keine Exkommunikation entgegenstehen, denn sonst könnte ein Geistlicher mit Hilfe der
Exkommunikation die ganze Welt erobern und dem
Antichrist den Weg bereiten.

*Klerus und Papst sind der Kirche Rechenschaft schuldig*
*Die Kirche steht über dem Papst*

### 18.

*Jeder Geistliche, auch der Papst in Rom, kann von*
*seinen Untertanen von Rechts wegen zurechtgewiesen*
*und zum Nutzen der Kirche sowohl durch Kleriker als*
*auch durch Laien angeklagt werden.*

Der erste Teil der These ergibt sich daraus, daß
jeder derartige Geistliche unser sündhafter Bruder ist.
Infolgedessen muß man ihn, wenn er sich gegen jemand vergangen hat, nach dem Gesetz der brüder-
lichen Zurechtweisung (Mt. 18, 15) zurechtweisen.
Ebenso muß er bei seinen Oberen angeklagt werden,
wenn die hartnäckige Verteidigung einer häretischen
Bosheit oder einer anderen Sünde zum geistlichen
Schaden der Kirche vorliegt, damit durch seine Zurechtweisung eine Gefahr für die Kirche vermieden wird.
So wurde Petrus von Paulus getadelt (Gal. 2, 11) und
viele ungeistliche Päpste von Kaisern abgesetzt, wie
Cestrensis in seinem Polychronikon[3] Buch 5 erzählt.
Die Kirche steht nämlich über diesem Papst. Die Behauptung, der Papst könne, was immer er gesündigt
haben mag, von keinem Menschen, sondern allein von
Gott zurechtgewiesen werden, scheint mir zu bedeuten,
daß er über der Braut Christi, der Kirche, steht und daß
er, wie der Antichrist, seine Überheblichkeit über

Christus zur Schau trägt. Denn Christus wollte, obgleich sündlos, den Fürsten untertan sein, auch als man ihm seine irdischen Güter wegnahm (Mt. 27).

Diese Sätze wollte ich vorbringen, damit das Korn des Glaubens von der Spreu getrennt sei, mit der zusammen man das unerwünschte Unkraut anzündet, welches, nachdem seine rote, nach Rache riechende Blüte verwelkt ist, gegen die Schrift des Glaubens dem Antichrist zum Fraß wird. Dessen untrügliches Kennzeichen ist, daß er im Klerus regiert wie das Gift, mit teuflischem Hochmut, aus Herrschsucht bestehend, dessen Gattin, die Geldgier, mit ihm die Söhne des Teufels zeugt und die Söhne der evangelischen Armut ums Leben bringt. Ein Anzeichen für diesen üppig sprossenden Nachwuchs ergibt sich daraus, daß viele, auch abgefallene Söhne der Armut, durch ihr Reden und Schweigen die Sache Lucifers fördern, weil sie — infolge des Samens des „Menschen der Bosheit" in ihren Herzen — aus knechtischer Furcht vor dem Verlust ihrer irdischen Güter für die evangelische Armut nicht eintreten können oder wollen.

[1] = der Kirche
[2] Hugo von St. Viktor († 1141)
[3] Im 14. und 15. Jahrh. weitverbreitete Weltgeschichte des Benediktinermönchs Ranulph Higden († 1365) in St. Werburg (Chester), daher „Cestrensis".

## Über die Wahrheit der Heiligen Schrift (1378)

... Damit daher die Christenheit eine selbständige Grundlage hat, verordnete Gott das Gesetz der Schrift als Regel, auf die sich die Christen hinsichtlich ihrer Redeweise und der Bedeutung ihrer Begriffe stützen sollen. Daher stütze ich mich auf die Redeweise der Schrift und der ihr folgenden heiligen Lehrer in ihrem Sinne, soweit ich es vermag, wobei ich mich, der neuen Logik zufolge, selbst preisgebe, aber ich sehe keinen Schrift- oder Vernunftgrund für das Urteil, daß die Heilige Schrift überaus falsch sein soll. Darum verabscheue ich diese neue Meinung, weil sie dem katholischen Glauben widerspricht, und nicht allein diese

falsche Schlußfolgerung, sondern auch jeden Vordersatz, aus welchem sie nach der Meinung der weisen
Leute hervorgeht.

Wenn mir aber schließlich vorgehalten wird, auf
diese Weise redete ich gegen alles Herkommen oder
aus Eitelkeit oder aus Mißgunst oder aus einem anderen verborgenen, sündhaften Grund, so muß ich mich
wundern, wie jene Leute, die über die offenbaren
Sünden anderer richten wollen, ein so vermessenes
Urteil über verborgene Sünden fällen, da die allgemeine Art und Weise meines Vorgehens gut und eine
verborgene Bosheit nicht erwiesen ist. Was daher
mein Gewissen und das göttliche Urteil betrifft, so sei
Gott mein Zeuge, daß ich vor allen Dingen die Ehre
Gottes und den Nutzen der Kirche erstrebe auf Grund
der Verehrung der Heiligen Schrift und der Treue zum
Gesetz Christi. Wenn sich in diese meine Zielsetzung
ein böswilliges Streben nach eitlem Ruhm, nach irdischem Gewinn oder Rachgier eingeschlichen haben
sollte, so bedauere ich das und will mich mit Gottes
Hilfe in Zukunft davor hüten, denn ich bin mir des
Gebotes Christi (Mt. 6, 3) bewußt: „Laß deine Linke
nicht wissen, was die Rechte tut"; das heißt, nach
Augustin (über Ps. 136), das Streben nach irdischen Gütern, welche die linke Hand der Kirche sind, vermische
sich nicht mit dem Streben nach geistlichen Gütern,
welche die rechte Hand der Braut Christi sind, so daß
der Christ, will er ein leibliches oder geistliches Almosen geben, die kleinen Nebengedanken der Eitelkeit
und Gewinnsucht an dem Fels der Gerechtigkeit zer-
schmettern muß, so wie der genannte Fels es rein zur
Ehre Gottes vorbildlich getan hat. Und in Wahrheit
dürfte der Christ auf Erden, der das zu tun versteht,
kein so vermessenes Urteil über eine verborgene Zielsetzung und über Werke, die im allgemeinen gut sind,
fällen, sondern er müßte sich bemühen, die offenbaren
Übel, wie zum Beispiel Irrlehre und Laster, anzupran-
gern, wie ich es mit Gottes Gnade tun will, solange
ich lebe. Da nun die Logik der Schrift schuldhaft
außer Gebrauch gekommen ist, so versuche ich mit
Willen wenigstens bei mir, sie in ihren alten Gebrauch

wiedereinzusetzen, wobei ich mich mit Gottes Gnade vor aller Rachsucht, Mißgunst und Eitelkeit hüten will und vielmehr Gottes Ehre, die Ausrottung des Irrtums der Kirche und die Einpflanzung der Tugenden erstrebe, die nicht gedeihen können ohne die Erhellung der Schrift...

### Die Mißachtung der Hl. Schrift deutet auf das Kommen des Antichrists

... Obwohl einige Lehrer der Meinung sind, zur Zeit des Antichrists und seiner Jünger würden die Christen viele Mittel ersinnen, um seinen Ränken zu begegnen, scheint es mir, daß der Glaube an die Schrift das beste Mittel der Unterscheidung ist, ob einer lehrt und lebt im Einklang mit dem Gesetz Christi. Darum wird der Antichrist nicht kommen, bevor das Verständnis und die Liebe zum Gesetz Christi zerstört ist. Denn wie ich im letzten Kapitel sagte, begann zur Zeit des Chrysostomus die Verachtung (der Schrift), zur Zeit Mohammeds wurde sie allgemeiner verbreitet, und seit der Herausgabe der Dekretalen ist die Ehre und das Gewicht des Gesetzes der Schrift fortgesetzt im Schwinden begriffen. Das ist es, was dem Antichrist den Weg bereitet! Manche sagen, wenn ihnen der Antichrist auf den Kopf zusagte, was sie denken, so würden sie ihm Glauben schenken. Doch das könnte tatsächlich auch eine Teufelslist oder ein Zufall sein, oder es könnte mit göttlicher Erlaubnis zur Bestrafung der Sünde geschehen. Andere sagen, man müsse ihnen sagen, jener Prophet werde sie in den dritten Himmel entrücken ... In allen diesen Dingen scheint mir das wichtigste Gegenmittel, am Glauben der Schrift festzuhalten und in keinem Punkt einem Anderen Glauben zu schenken, es sei denn, soweit er sich auf die Schrift gründet ...

### Wer Christus liebt, liebt das Gesetz Christi

... Wenn nämlich die Liebe zum Gesetz der Liebe zum Gesetzgeber entspricht, wie kann jemand Christus über alle Dinge lieben, der sein Gesetz verachtet oder fahrenläßt und menschliche Gesetze befolgt? Liebt er

276

nicht vielmehr die Frucht des Gesetzes, das er mehr liebt, und infolgedessen die irdischen Güter mehr als die ewigen? Ebenso verhält es sich mit dem Studium, das auf seine Kenntnis verwendet wird, denn ein solches Studium brächte dem Studierenden, gälte es dem Gesetz Christi, größere Gottesliebe und damit ein größeres Gut ein. Wird also nicht derjenige, welcher in seiner Torheit ein geringeres Gut wählt, eine schwere Sünde begehen, insbesondere, da er doch das Gesetz Christi leichter, mit geringeren Kosten und in kürzerer Zeit kennenlernen könnte? Und Entsprechendes gilt von denjenigen, die die Gesetze der Menschen vervielfachen, wodurch das Studium der Theologie zerrissen wird. Ist denn das Gesetz Christi, wie es in der Schrift überliefert ist, nicht genug? Werden denn solche nicht gebannt, die etwas hinzutun oder wegnehmen von diesem letzten Gesetz, wie es im letzten Kapitel der Offenbarung (Apk. 22, 18) und Gal. 1, 7 heißt und wie ich am Ende meines dritten Buches dargelegt habe. Sollten wir denn glauben, daß sie, die fremde Gesetze studieren unter dem Vorwand, das Gesetz Christi besser kennenzulernen, zu bewahren und zu beschützen, vor dem Gericht des höchsten Richters eine glaubwürdige Entschuldigung haben werden? Klagen nicht ihre eigenen Taten sie an? Sie mögen sich prüfen, ob sie vom Gesetz Christi so viel wissen, wie sie wissen sollten, vorausgesetzt überhaupt, daß sie sich zur praktischen Erkenntnis der Gebote des Herrn dieselbe Mühe geben wie zur Erkenntnis der Satzungen der Menschen. Sie mögen sich zweitens prüfen, ob es der Zweck ihres Studiums ist, das arme und mühevolle besitzlose Leben Christi zu führen, oder etwa, um in Lust und Glanz der Welt zu leben und für sich und die Ihren Erträge und Einkünfte einzustecken! Sie mögen sich drittens prüfen, ob sie sich zur Verwirklichung und Verteidigung des Gesetzes Christi, das sie in allen Fällen leitet, dieselbe Mühe geben wie zur Verteidigung ihres eigenen Gesetzes! Wird es denn nicht im Gegenteil in der Politik laut offenbar, daß sich die Juristen über die Überlegenheit und die Überordnung ihres Gesetzes über das Gesetz Christi streiten und daher die Förderer des Gesetzes Christi schärfer verfolgen? Und wenn man sie nach den Zehn Geboten fragt, wissen sie kaum die Zahl und die Ordnung der Gebote im allgemeinen! Daraus ergibt sich ferner, daß vor allen anderen unsere Theologen die Schuld trifft, unsere besitzenden Mönche und unsere Juristenpriester, die dem Gesetz Christi den Weg versperren.

## Aus dem Dialogus (1379)

### Heilige Schrift, Tradition, Glaube und Kirche

Kap. 12. Die *Lüge* spricht: Ich sehe, daß du in deinem Wahnwitz viele Ungereimtheiten vorbringst, denn wenn der Gläubige in dieser Sache allein der Heiligen Schrift glauben muß, so würde er den päpstlichen Bullen oder einer Entscheidung der römischen Kurie keinen Glauben mehr schenken, und so würde jegliches Vertrauen, das man glaubwürdigen Mitmenschen entgegenbringen muß, dahinfallen, und man glaubte noch viel weniger den Ablässen, den bischöflichen Briefen oder auch den Briefen der Bruderschaften über die geistliche Fürbitte. Aber welcher Mensch müßte dann nicht an seiner Seligkeit verzweifeln? Selbst beeidete und bezeugte menschliche Vereinbarungen müßten ungültig werden, ja vielmehr auch die Erbschaftsverträge, denn niemand könnte mehr glauben, daß ein junger Mann diesen bestimmten Menschen zum Vater gehabt hat. Aber das brächte den Staat und das staatliche Gesetz ganz und gar in Verwirrung.

Die *Wahrheit* spricht: Ich sehe, daß du vom Vater Lüge gelernt hast, Distinktionen und Äquivokationen[1] aus dem Wege zu gehen und gewisse, wenigstens dir so erscheinende Ungereimtheiten zu folgern. Glauben heißt (1) einer gegebenen Meinung mit Vorbehalt beipflichten oder (2) einer gegebenen Meinung ohne Vorbehalt, aber wie einer Meinung, beipflichten oder drittens einer Meinung wie einem Glaubensartikel beipflichten, der von der ersten Wahrheit ausgesprochen ist, ohne daß er durch eine menschliche Autorität bewiesen wird. In diesem Sinne reden wir in unserem ganzen Gespräch vom Glauben, nicht in dem weiten Sinne wie Boethius, als sei jede Meinung, die einer gefaßt hat, Glaube für ihn. Wir sprechen vielmehr vom katholischen Glauben, der die bloße Meinung notwendig übertrifft, denn er schafft eine unerschütterliche Sicherheit, für die der Gläubige sein Leben der Todesgefahr aussetzen muß. Und so mag ein Mensch den päpstlichen Bullen Glauben schenken im Sinne einer Meinung, insbesondere, wenn er seine Meinung durch sachliche Erfahrung erhärten kann, denn durch sich selbst wecken sie kein Vertrauen, und bei vielen Menschen nur geringe oder gar keine Glaubwürdigkeit, denn sowohl der Papst wie seine Kurie können in die Irre geleitet werden und in die Irre leiten um Gewinns willen und aus Unkenntnis der Wahrheit . . . Und es ist offenbar, daß einer, der die Bosheit der römischen Kurie kennt, mit Besonnenheit gegen sie sprechen kann, obschon er damit nichts gegen Christus und seine Kirche sagt. Denn es ist kein Glaubensartikel, daß jene Kurie mit der Kirche auf Erden identisch ist, mag das auch zuzeiten der Fall gewesen sein.

[1] Unterscheidungen und Mehrdeutigkeiten

*Heiligenverehrung*

Kap. 14. *Lüge:* Zum anderen bist du offenkundig der Meinung, es sei kein Glaubensartikel, daß diejenigen heilig sind, die in der Messe, in der Litanei und in anderen Teilen des Gottesdienstes der Kirche genannt werden. Wozu also sollten wir sie erwähnen, wenn wir nicht glauben, daß sie im Himmel selig sind? Denn die Hoffnung auf Verdienst muß sich bei den Gläubigen auf festen Glauben stützen.

*Wahrheit:* Hierzu ist oftmals gesagt, welche Voraussetzung wir von den Heiligen machen, welche die Kirche heiliggesprochen hat. Aber wir glauben das nicht wie einen Glaubensartikel. Gleichwohl muß man wie einen Glaubensartikel glauben, daß die elf

279

Apostel samt Paulus, Magdalena und den übrigen, die das implizite Zeugnis der Schrift für Heilige hält, selig sind. Von den übrigen, welche besondere Heiligkeit sie im Himmel auch haben mögen, glauben wir, daß sie sich im Stande der Seligkeit befinden, doch ist das kein Glaubensartikel. Und darum hat die Kirche angeordnet, daß jedes Gebet, das einem Heiligen gilt, in erster Linie an Gott gerichtet wird. Und jedes derartige Gebet beruht auf der stillschweigenden Einschränkung, ob und wieweit es Gott gefällt, uns Sündern durch das Verdienst eines solchen Heiligen zu Hilfe zu kommen. Und so ist es die Ansicht vieler, daß ein Gebet, insbesondere dasjenige, das an einen Heiligen Christi gerichtet ist, nicht lobenswert ist, sofern es nicht die Verehrung Christi fördert . . .

*Gegen die weltliche Herrschaft des Klerus*
*Papst und Kardinäle sind unnütz*

Kap. 24. *Lüge:* Wenn, wer sich selbst erhöht, gedemütigt wird, so muß man doch denjenigen, der den Papst und die niedere Geistlichkeit der Kirche so offen bekämpft, unterdrücken, denn wenn sie keine weltliche Herrschaft hätten, so fiele ihr Rang und ihre Würde dahin. Aber wer würde dann Ablässe und Privilegien erteilen, Bischöfe und Priester weihen und strittige Fragen nach den Gesetzen der Kirche entscheiden? Sollen wir denn glauben, daß Christus vom Himmel steigen muß, sooft seine Kirche eines neuen Rats bedarf? Was du hier im Winkel redest, würdest du nicht wagen, vor dem Papst zu vertreten und offen auszusprechen!

*Wahrheit:* Auf den Glauben gestützt, wage ich es vor Gott auszusprechen! Und wenn ich auch, wie Petrus, den irdischen Tod noch fürchte, so bin ich doch überzeugt, daß ich diese Meinung vor dem Papst vertreten muß. Und was (1) die „Erhöhung" im Evangelium betrifft, so muß ich diese Meinung im Geist der „Demut" vortragen und muß hoffen, daß ich dann weiter gedemütigt werde in der Tugend. Ich trage meine Meinung zum Nutzen des Papstes und der

Kirche vor, und wenn für mich daraus der Tod folgt oder eine andere Strafe, so bitte ich Gott, er möge mir die Kraft verleihen, standhaft in Demut zu leiden. Was (2) den Fall des Ranges und der Würde der verweltlichten Geistlichkeit angeht, so wären sie vielmehr anzuklagen, denn du gibst zu, daß sie sich, im Gegensatz zu Christus und seinen Aposteln, auf ihre weltliche Herrschaft stützen. Aber fern sei von den Gläubigen eine solche Priesterwürde. Sie befähigt offenbar vielmehr zur Priesterwürde in der Hölle, weil sie sich auf irdische Güter und weltliche Ehren gründet, denn es widerspräche dem Gesetz, wenn dieser weltliche Rang irgendeinen in der Seligkeit erhöht. So wie daher ein Sünder sich zu sich selbst in Widerspruch befindet, so sprichst du, solange du für den Papst und die verweltlichten Prälaten sprechen willst, in Wirklichkeit gegen sie. Und da das Wort „Papst" ein Begriff ist, der sich innerhalb des Zeugnisses der Schrift nicht findet, so ist er wahrscheinlich vom Kaiser bei der Ausstattung der Kirche mit weltlichem Besitz erfunden worden. Und so wäre es, wenn er auf diese Ordnung[1] hindeutet, wie du meinst, für die Kirche heilsam, wenn es keinen Papst oder Kardinäle gäbe, denn der Bischof der Seelen, der Herr Jesus Christus, samt seinen treuen Knechten würde ohne einen solchen Papst und die übrigen Prälaten die Kirche auf Erden viel besser regieren. So haben Petrus und die übrigen besitzlosen Priester nach der Himmelfahrt des Herrn die Kirche regiert, bevor sie mit weltlichem Besitz ausgestattet wurde, warum sollen sie das heute nicht mehr tun können? Da doch jene Rangstellungen ein Herd des Kampfes und Streites um die weltliche Herrschaft sind. Wenn man daher diesen Fall beklagen wollte, so würde man die Demütigung des Antichrists beklagen. Denn die lästerliche Erteilung von Ablässen im Himmel, die ekelhaften Bedrückungen der Gläubigen auf Erden samt den Traditionen und Verfolgungen des Antichrists fänden in der Kirche ein Ende — ein glückliches Ende —, und so steht es mit allen Dingen, die die Prälaten in ihrem Hochmut betreiben. Und so würde die Kirche gedeihen . . .

Dann würde ohne Zweifel kein Papst, Bischof oder Kleriker weltlich herrschen, denn aus dem Zeugnis der Schrift beider Testamente ist es offenbar, daß der Herr Jesus Christus so gelebt und gelehrt hat. Und was (3) die Ablässe, die Privilegien und die Leitung der Kirche im neuen Gesetz betrifft, so ist es offenkundig, daß es für sie und für die gesamte Kirche auf Erden förderlich wäre, wenn alle derartigen Neuerungen rückgängig gemacht werden. So war es nämlich zur Zeit Christi, bevor der Antichrist zur Herrschaft gelangt war, und so wird es nach dem Jüngsten Tag sein oder auch vorher, wenn es dem Herrn Jesus Christus gefällt . . .

¹ Gemeint ist die weltliche Herrschaft des Klerus

*Der Klerus muß arm sein, das Mönchtum ist überflüssig*

Kap. 25. *Lüge:* Was du gegen den Priesterstand im Sinne hast, kann ich aus deinen Worten gegen den Stand der Mönche ersehen, der vom Papst und von der gesamten Kirche bestätigt ist. Wenn es nach deinem Willen ginge, so dürften die Priester ihre Gebete nicht verkaufen, aber sage mir, wovon sollten sie dann leben oder welcher Handarbeit sollten sie sich widmen?

*Wahrheit:* Gott sei mein Zeuge: ich wünsche das geistliche Gedeihen und den Vorteil der Priester! Dennoch sollten sie nach meinem Wunsch weder ihre Gebete verkaufen noch weltliche Händler werden noch sich mit Wucher oder anderen verbotenen Geschäften abgeben. Mein Wunsch wäre es indessen, daß sie sich der Predigt oder einer Handarbeit wie dem Schreiben oder einer anderen körperlichen Arbeit widmen, wobei sie sich aber vor der Habsucht und allen offenbaren Sünden hüten müßten. Auf jeden Fall könnten sie dabei, wie mir scheint, erlaubtermaßen mit ihren weltlichen oder anderen Arbeitgebern einen Jahreslohn vereinbaren, doch müßten sie, innerhalb der Grenzen, die der Apostel angibt (1. Tim. 6, 8), mit Nahrung und Kleidung besonnen umgehen und zufrieden sein. Überhaupt sollten sie sich vor schweren Sünden hüten, den Müßiggang meiden und ihren priesterlichen Pflichten nachgehen, vor allem aber dürften sie der Kirche nicht dadurch zur Last fallen, daß sie unmäßig oder unkeusch sind oder sich mit weltlichen Geschäften oder Späßen beschäftigen. Und meines Erachtens wäre für die Priester eine Handarbeit heilsamer, wie z. B. Schreiben, Erteilen von Grammatikunterricht oder eine andere Arbeit, die Gott seinen Dienern eingibt, um sie innerhalb der genannten Grenzen zu halten. Daher lesen wir von Paulus, daß er ein Zeltmacher war (Apg. 18, 3), und er bezeugt von sich selbst (Apg. 20, 34): „Diese Hände haben mir zu meiner Notdurft und derer, die mit mir gewesen sind, gedient." Aber wer von uns ist würdiger als Paulus? Eine körperliche Arbeit solcher Art verunreinigt nicht und macht den Priester zur Konsekration des Leibes des Herrn nicht untüchtig, das tut vielmehr der Müßiggang, ein hoffärtiges Amt oder eines, das die Kirche bedrückt, oder etwas anderes, was ihn verunreinigt. Der Priester fasse also Vertrauen auf den Herrn und streite mannhaft wider Teufel, Welt und Fleisch und zweifle nicht, daß Gott für die ihm lebensnotwendigen Güter Vorsorge treffen wird. Er denke daran, wie Christus seinen Gläubigen (Mt. 6, 25) sagt, sie sollten sich um dergleichen nicht sorgen, und wie er sie mit dem Beispiel von den Vögeln und den Lilien daran erinnert, daß Gott es ihnen an den lebensnotwendigen Gütern nicht fehlen läßt, wie viel weniger seinen würdigeren treuen Knechten! Der treue Priester stelle sich also in Gottes Hand und schiebe keinen Riegel vor (durch die Sünde) und keinen Zweifel daran, daß alles, was ihm zustößt, dem Heil seiner Seele dient. Er dulde also Hunger, Durst und Blöße, die ja doch nicht so schwer sein werden wie bei dem Apostel, und in allen Dingen sage er Gott Dank. Und er stehe fest im Glauben daran, daß Gott seine treuen Diener nicht verlassen kann, die in seinem Glauben und Wandel treulich verharren. Es gibt aber berufene Priester unter diesen vier Sekten und insbesondere unter den Bettelmönchen, die durch ihre Sünde einen

Riegel vorschieben, wie diese, die die Freiheit des Gesetzes des Herrn verlassen und in neue, selbsterfundene Orden eintreten und sich gegen Gottes Willen unter den überflüssigen Brüdern in verschwenderisch kostbaren Häusern und anderen unnützen Ordnungen zusammenrotten.

*Ein einziger Laie, der das Gesetz Christi predigt, nützt der Kirche mehr als alle Universitäten*

Kap. 26. *Lüge:* Außerdem scheinst du die Auflösung des englischen Klerus und dementsprechend des Gesetzes Christi zu befürworten. Aber welcher Laie wäre imstande, den Glauben der Kirche gegen die Häretiker zu verteidigen — wie es zum Beispiel bei der Häresie in der Abendmahlslehre und bei anderen derartigen Lehren notwendig ist, die der Teufel am Ende der Zeiten in größerer Menge ausgesät hat —, wenn es an den Universitäten keine Kollegien gäbe, die sich auf ihre weltlichen Herrschaftsrechte und auf die in ihrem Eigentum befindlichen Kirchen stützen können?

*Wahrheit:* Einst hat mich diese Meinung überzeugt, doch er, der mich von dem Leibe des Strebens nach Eigentum ausgesondert hat, sagte mir, daß man alle diese Wünsche fahren lassen und sein Vertrauen auf die Anordnung Christi und Gottes setzen muß. Da also Christus die Errichtung solcher Universitäten und Kollegien nicht angeordnet hat, so ist offenbar, daß sie samt ihren Graden eitles Heidentum sind. Ein Zeichen hierfür ist, daß die Mitglieder der Kollegien wie auch die übrigen Graduierten an den Universitäten das ihre suchen und die Regeln der Liebe mißachten. Daraus entstehen Neid, Ansehen der Person und des Herkunftslandes und viele andere Saaten des Vaters der Lüge, so wie diejenigen wissen, die insbesondere diese Schule [1] betrachten. Darum sprechen dieselben Einwände nachdrücklich gegen sie, die gegen die weltliche Herrschaft der Kleriker und gegen das Eigentum der Kirche zu erheben sind. Und was ihren Nutzen betrifft, so scheint es gewiß, daß ein einziger Laie mit

Gottes Gnade zur Erbauung der Kirche Christi mehr beiträgt als viele Graduierte in ihren Schulen und Kollegien, weil er das Gesetz Christi in Tat und Wort tiefer und reichlicher sät. Wenn daher alle überflüssigen Sorgen um die Erbauung der Kirche diesen Scholaren abgenommen wären, so würde ihre Beschäftigung in der Kirche ganz oder zum größten Teil erlöschen. Ich räume ein, daß alle diese Studien und Kollegien — so wie die Pläne des Teufels überhaupt — auch Nutzen gestiftet haben, doch nicht unmittelbar, sondern nur durch Gottes Gnade, und rein nach seinem Gesetz und seiner Verordnung hätten sie der Kirche mehr Nutzen gebracht. Und was die Widerlegung der Häresien betrifft, so sind viele der Meinung, daß solche Studien das Nest und die Brutstätte der Häresie sind, oder auch, wenn sie bisweilen der Kirche zufällig Nutzen bringen, wie sie zum Beispiel der Theologie zu ihrer Ehre und Bestätigung dienen, so ist das doch ein seltener Fall, und ihre Unterlassungs- oder Tatsünden treten an diesen Orten häufiger hervor. Mit welcher Sicherheit wird in ihnen die Meinung vertreten, daß die geweihte Hostie nicht der Leib Christi sei, sondern ein unbekanntes Akzidens ohne Subjekt, wie die neuen Sekten verkünden? Und ebenso verhält es sich mit den anderen Häresien, die neuerdings gegen den Glauben überhandnehmen, denn die Geistbegabung der einfachen Priester nützt der Fassungskraft der gläubigen Laien mehr als alle genannten Universitäten samt ihren Studien oder ihren erschlichenen Privilegien, die den Laien zur Last fallen. Das sagen wir nicht aus Mißgunst, sondern weil wir den Nutzen der Kirche lieben und den freien Lauf des Gesetzes Christi. Und dasselbe sagen wir von den Häusern der Bettelmönche und anderen Orden in solchen Universitäten. Paulus, einst Pharisäer (Phil. 3), verließ diese Sekte in weiser Voraussicht aus freien Stücken um der Gefolgschaft Christi willen. Warum müssen die Priester nicht heute ebenso handeln? Daher müssen die Mönche, gleichgültig, welcher Sekte oder Regel oder welchem Eid sie verbunden sind, auf Grund des Gebotes Christi aus freiem Entschluß diese

Bindungen verlassen und aus freiem Entschluß in die Gefolgschaft Christi eintreten. Denn wir glauben, daß diese Gefolgschaft in ihrer Freiheit besser, leichter und in jeder Hinsicht nützlicher ist. Welcher Gläubige zweifelt daran, daß Gott in seiner Güte seinen Knechten die Erlaubnis gibt, sich frei für diese Seite zu entscheiden und die Gegenseite zu verlassen? Denn die Verordnungen der Päpste oder auch andere private Regeln können dies Gesetz nicht außer Kraft setzen. Denn warum sollte der Gläubige ein schlechtes Gewissen haben deswegen, weil er etwas wählt, was besser, der Anordnung Gottes gemäßer und der Kirche auf Erden nutzbringender ist? Und wenn er sich — bei vielen schweren offenbaren und heimlichen Sünden — kein Gewissen daraus macht, den Willen des Herrn nicht auszuführen, sollen wir dann nicht glauben, daß er sich mit dieser Bevorzugung menschlicher Satzungen gleichsam wie im Götzendienst falsche Götter macht? Denn was der Mensch vor allem liebt, das macht er zu seinem Gott. Wer aber solche Menschensatzungen liebt, liebt sie gegen die Verordnung Gottes. Dasselbe gilt von den weltlichen Herren, die aus Liebe zum Eigentum und irdischem Ruhm eine solche Neuheit begründen oder doch gutheißen. Gewissermaßen aus Unverstand lästern sie irgendwie alle.

[1] = Oxford.

### Keine Angst vor den Kirchenstrafen des päpstlichen Antichrists! Es gilt die evangelische Wahrheit!

Kap. 27. *Lüge:* Ich sehe, daß du, in törichtem Irrtum verblendet, wie ein fühlloser Stein die von der Kirche über deine Meinung verhängten Strafen nicht fürchtest. Denn wenn du solche Dinge vertrittst, wirst du (1) vorgeladen, (2) exkommuniziert und (3) von jeglichem kirchlichem Ertrag suspendiert werden. Und das erscheint berechtigt, denn zum Schaden der Kirche verteidigst du eine offenbare Häresie. Und ohne Zweifel folgt darauf die Verhaftung und die schreckliche Todesstrafe.

*Wahrheit:* Ich weiß, daß du unbegründete Streit- und Drohworte ausstößt. Deswegen tröste ich mich mit Christus und seinem Gesetz und fürchte deine Worte nicht. Christus trug die Vorwürfe und endlich die bittere Strafe und den schmachvollen Tod in Demut und Geduld. Welcher getreue Knecht des Herrn sollte es daher fürchten, besonnen die Wahrheit zu sagen? Denn alle Strafen des Antichrists sind nichts als trügerische Schatten, welche die Feiglinge vom Wege des Herrn abschrecken sollen. Wenn nämlich (1) der Antichrist einen Menschen vorlädt, den er gar nicht kennt, während er von sich selbst nicht einmal weiß, ob er sich nicht zur Zeit der Vorladung in der Hölle beim Teufel aufhält, und Christus lädt ihn durch sein Gesetz, durch seine Eingebung und die Ereignisse, die er geschehen läßt, zur Gegenseite vor: wer zweifelt daran, daß man der Vorladung des Herrn folgen muß? Darum wird es kein deutlicheres Zeichen dafür geben, daß eine solche vorladende Instanz der Antichrist und der Sohn des Vaters der Lüge ist, als eine solche falsche Vorladung wider Christus. Und was (2) die Exkommunikation betrifft, so ist an anderer Stelle ausführlich gesagt, daß sie wahrscheinlich den Segen Gottes bringt, denn es steht geschrieben (Ps. 109, 28): „Fluchen sie auch, dennoch wirst du segnen" und (Mal. 2, 2): „Ich werde eueren Segen verfluchen", und Christus spricht (Mt. 5, 11): „Selig seid ihr, wenn euch die Menschen um meinetwillen schmähen und verfolgen und reden allerlei Übles wider euch, so sie daran lügen." Christus aber ließ um solcher Drohungen des Teufels willen nicht ab, die evangelische Wahrheit zu sagen. Warum sollte also der Christ, der fest im Glauben steht, sich fürchten, die von ihm erkannte Wahrheit des Gesetzes des Herrn zu leben oder auszusprechen. Es steht geschrieben (Mt. 5, 10): „Selig sind, die um Gerechtigkeit willen verfolgt werden, denn das Himmelreich ist ihr." Welch seliger Lohn für einen Augenblick Strafe! Darum dürfte sich nur der Kleingläubige oder der Ungläubige davor fürchten, im Glauben des Herrn zu stehen. Und was (3) die Suspension betrifft, so ist offenkundig, daß die höchsten Bischöfe Jerusalems und ihre Helfershelfer Christus am Holz des Kreuzes suspendiert haben. Warum können ihre Stellvertreter nicht die evangelische Wahrheit und die treuen Diener des Herrn Jesus Christus suspendieren? Denn der Antichrist und seine Stellvertreter sind, nachdem sie so große Gnaden empfangen haben, undankbarer als jene höchsten Priester und Pharisäer und werden mit ihrer leichtfertigen, unbegründeten Suspension um so mehr schuldig. Es ist der einzige Trost für die Gläubigen, daß alle diese verlogenen Strafen sich nicht auf Christus und sein Gesetz stützen können, sondern vom Antichrist als Mittel zur Einschüchterung erlassen sind. Und was (4) die kirchlichen Erträge betrifft, so ist sicher, daß das geistliche Verdienst einen kräftigeren Ertrag darstellt als das materielle, daher heißt es nach dem Spruch Salomos: „Verflucht, wer um einen Bissen Brot die Wahrheit im Stiche läßt!" (Spr. 28, 21). Ich bin mir aber nicht bewußt, gegen einen Papst oder Kardinal eine Häresie vertreten oder auszusprechen, sondern ich sage die Meinung Christi. Mag sie auch zu Zeiten strafbar sein, so ist sie dennoch zum Heil der Seele nützlich und förderlich. Und wer diese Meinung nicht ausspricht, würde keinen Teil der Kirche Christi lieben, während er aus höchster Liebe diese Liebe seinen Gläubigen zum Vorbild gegeben hat...

## 24 Lehrsätze (verurteilt 1382)[1]

1. Im Altarsakrament bleibt nach der Konsekration die Substanz des materiellen Brotes und Weines erhalten.

2. Nach der Konsekration bleiben im Altarsakrament die Akzidentien nicht ohne Subjekt.

3. Christus ist im Altarsakrament nicht identisch, wahrhaft und wirklich in seiner eigenen leiblichen Person gegenwärtig.

4. Wenn sich ein Bischof oder Priester in Todsünde befindet, so wirkt er nicht die Weihe, den Leib Christi oder die Taufe.

5. Ist ein Mensch von Reue, wie es sich gebührt, erfüllt, so ist jedes äußere Sündenbekenntnis überflüssig oder unnütz.
6. Daß Christus die Messe eingesetzt haben soll, hat keinen Grund im Evangelium.
7. Gott muß dem Teufel gehorchen [2].
8. Wenn der Papst ein Verworfener und ein böser Mensch und infolgedessen ein Glied des Teufels ist, so besitzt er keine Gewalt über die Gläubigen Christi, ausgenommen vielleicht diejenige, die ihm der Kaiser gegeben hat.
9. Nach Urban VI. darf die Kirche keinen Papst mehr annehmen, sondern sie muß, wie die Griechen, unter den eigenen Gesetzen leben.
10. Es widerspricht der Heiligen Schrift, daß die Geistlichen weltliche Besitzungen haben sollen.
11. Kein Prälat darf einen Menschen exkommunizieren, ohne daß er zuvor von ihm weiß, daß er von Gott exkommuniziert ist.
12. Wer es dennoch tut, ist ein Häretiker und selbst exkommuniziert.
13. Ein Prälat, der einen Geistlichen exkommuniziert, welcher an den König und an den Rat des Königreichs appelliert hat, ist ein Verräter Gottes, des Königs und des Königreichs.
14. Diejenigen, die es wegen der Exkommunikation durch Menschen unterlassen, zu predigen oder das Wort Gottes oder das gepredigte Evangelium zu hören, sind exkommuniziert und werden im Jüngsten Gericht zu Verrätern Gottes erklärt werden.
15. Jedem, auch dem Diakon oder Priester, ist es erlaubt, das Wort Gottes zu predigen, auch ohne die Autorität des Apostolischen Stuhles oder eines katholischen Bischofs oder eine andere hinreichend beglaubigte Autorität.
16. Keiner ist weltlicher Herr, keiner ist Bischof, keiner ist Prälat, solange er sich in Todsünde befindet.
17. Die weltlichen Herren können nach ihrer Entscheidung den Geistlichen, die gewohnheitsmäßig Verfehlungen begangen haben, die irdischen Gü-

ter wegnehmen; das Volk kann nach seiner Entscheidung die Herren, die Verfehlungen begangen haben, korrigieren.

18. Die Zehnten sind reine Almosen, und die Pfarrkinder können sie um der Sünden ihrer Pfarrer willen einbehalten und nach ihrem Willen anderen übertragen.

19. Besondere Fürbittengebete, die Weltgeistliche oder Mönche zugunsten einer Person sprechen, nützen dieser Person nicht mehr als die allgemeinen Fürbittengebete.

20. Dadurch, daß einer in einen Orden eintritt, wird er in höherem Grade ungeeignet und unfähig zur Beachtung der Gebote Gottes.

21. Diejenigen Heiligen, die irgendwelche Orden, besitzende oder Bettelorden, begründet haben, haben mit dieser Gründung eine Sünde begangen.

22. Die Mönche, die in ihren Privatreligionen leben, gehören nicht zur christlichen Religion.

23. Die Bettelmönche sollten ihren Lebensunterhalt durch Handarbeit, nicht durch Betteln verdienen.

24. Wer den Bettelmönchen oder einem Prediger aus dem Bettelorden ein Almosen reicht, ist exkommuniziert, desgleichen der Empfänger.

---

[1] Die Thesen 1—10 sind in dieser Irrtumsliste als „häretische", die Thesen 11—24 als „irrige Thesen" bezeichnet.
[2] Mißverständliche Zuspitzung einer Aussage Wyclifs.

## Kaim oder Vom Ursprung der Bettelmönche

*Alithia*[1]: Sag an, Bruder, woher diese Orden kommen, die deiner Meinung nach die Kirche so sehr verwirren. Viele Leute aus dem Volk sind offenbar der Meinung, sie retteten die Kirche, weil sie die Armut und das Leben Christi besonders streng einhalten, während der Papst, die Bischöfe und die übrigen geistlichen Oberen von diesem Leben beträchtlich abgewichen sind. Vier Orden von solcher Größe und Beschaffenheit müssen doch ein starkes Fundament haben!

*Phronesis:* Der Punkt, den du berührst, ist teilweise historisch, und da er außerhalb des Gesetzes Christi liegt, ist er von vielen Geschichtsschreibern, von manchen unter ihnen aber zweifellos lügenhaft, beschrieben worden. Ich halte es aber für wahrscheinlich, daß die Kirche nach der Entfesselung des Satans (Apk. 20, 7), die im zweiten Jahrtausend nach der Himmelfahrt Christi erfolgt ist, von der Nachfolge Christi beträchtlich abgewichen ist. Daraufhin versuchten heilige oder fromme, besorgte Männer, bei sich und ihren Jüngern diese Nachfolge wiederaufzurichten. Und so begannen Dominikus, Franziskus und die übrigen Mönche gewisse, im allgemeinen gute Werke zu tun. Sie sind aber durch die List des Teufels in vielen Lügendingen zu Heuchlern geworden, so wie es allgemein heißt, daß Dominikus, als er die Abweichung der Kanoniker von der Regel und ihre Verweltlichung erblickte, den Predigerorden begründete und so von den Kanonikern törichterweise abwich. Und nach ihm begann Franziskus seinen Orden, aus blindem Eifer, ohne beständige Klugheit. Als aber die anderen Mönchssekten sahen, daß bei diesen Sekten das Alter große Bedeutung hat, gaben sie lügenhaft vor, ihre Orden seien älter als jene, so wie zum Beispiel die Augustiner, die da behaupten, sie seien vom großen Augustinus begründet, und erzählen, sie hätten schon vierhundert Jahre und mehr in einer Einöde der unerforschten Erde gelebt, bevor die Predigermönche aufgekommen seien. Aber die vierte Sekte, die Karmeliter, übertrumpft daraufhin diese Lüge noch durch die Behauptung, ihr Orden sei vor der Menschwerdung des Herrn unter Elia auf dem Berge Karmel zur Ehre der Jungfrau Maria begründet worden.

... Angesichts dieser lockeren Zügel der Lüge behaupten andere, jene vier Sekten hätten bereits mit Kaim [= Kain] begonnen und das Blut seines Bruders Abel schrie von der Erde zum Herrn, um die Bosheit dieser Mönche anzuzeigen. Und zum Zeugnis dafür beginnen die ersten vier Buchstaben des Namens „Kaim" in der Reihenfolge ihrer erlogenen Gründung, so bedeutet

K die Karmeliter
A die Augustiner
I die Jakobiten [2]
M die Minoriten [3]

. . . Man hat aber allgemein gefragt, worin sich die
vier Bettelorden oder -religionen im besonderen unterscheiden oder mit welcher Begründung sie den
Papst bitten, ihre Orden und deren Verbesserungen
zu bestätigen. Und da der neue Ritus, den sie im
einzelnen beachten, kein besonderer Orden oder keine
Religion ist, so fragt man sie allgemein, warum sie
ihn so streng beachten und worin sein Nutzen liegt
oder worauf sie sich im besonderen gründen. Denn
nach der Schrift ist es nicht erlaubt, über ihr Zeugnis
und über die Religion hinaus, die Christus begründet
hat, solche neuen, unbegründbaren Beschwerlichkeiten
einzurichten, und so sind sie gezwungen, ihre Orden
deutlich zu unterscheiden und weit unterhalb der
Ordnung Christi einzuordnen. Denn unser Abt Christus ist würdiger als ihr Patron, unsere evangelische
Regel ist weit vollkommener als ihre unvollkommene,
und die Schar der Heiligen, die unter ihr dient, ist
weit edler als die ihre.

[1] Dialogpartner sind „Alithia" (= Wahrheit) und „Phronesis"
(= Denken)
[2] anderer Name für Dominikaner
[3] = Franziskaner (Ordo Fratrum Minorum)


## An die einfachen Priester

Es ist offenbar verdienstlich, gute Priester zusam-
menzuführen, denn Christus, das Vorbild eines jeden
guten Werks, hat das getan. Aber diejenigen, die ihnen
Almosen geben, mögen im Hinblick auf solche Priester
vor allem für dreierlei Sorge tragen: *Erstens,* daß sie
versetzbar seien und nicht fest angestellt, solange sie
sich nicht bewährt haben, vielmehr sollen sie das
irdische Almosen unter der Bedingung maßvoll empfangen, daß sie würdig und recht leben. *Zweitens*
sollen ihre Anzahl und die Zeit und der Ort ihres

Wirkens passend sein, denn nach der Meinung weiser Leute wird durch Überfluß und Mangel in diesem Punkt Sünde verursacht. *Drittens* sollen sie in der Erfüllung ihrer priesterlichen Pflicht eifrig sein, denn mangelnde Sorgfalt ebenso wohl wie Müßiggang nimmt ihnen die Befähigung. Nicht jede beliebige Beschäftigung wie zum Beispiel der Besuch von Schenken, die Jagd, das Brett- oder Schachspiel ist Sache des Priesters, wohl aber die aufmerksame Unterweisung im Gesetz Gottes, die klare Predigt des Wortes Gottes und das flehentliche Gebet. Das wichtigste davon ist jedoch die Predigt des Evangeliums, denn Christus hat sie den Priestern zum ewigen Gedächtnis zur Pflicht gemacht (Mk. 16, 15). Durch die Predigt hat Christus sein Reich der Hand des Teufels entrungen, und durch die Predigt hat er seine Söhne wieder in den Stand der Herrlichkeit eingesetzt. Wer aber nicht öffentlich predigt, möge seine Mahnungen im kleinen Kreis vorbringen, so daß ein jeder, wenn er etwas sagt, nach dem Satz des Petrus (1. Pt. 4, 11) das Wort Gottes sagt. Darin sollen die Priester stark sein, und sie sollen die Kirche erbauen wie die Apostel. Und jeder, der die Priester hierzu besser instandsetzt, hat dazu die Vollmacht vom Herrn und das Verdienst, sofern er aus Liebe so handelt.

## Die 12 Thesen der Lollarden (1395)

In Oxford gewann Wyclif seine ersten Anhänger unter gleichgesinnten Klerikern. Ihr Kreis wurde zum Zentrum einer jetzt neu entstehenden englischen religiösen Literatur, welche die Gedanken Wyclifs ungemein rasch verbreitete. Vor allem bildete die Bibel in englischer Übersetzung die Grundlage für die Predigt der „Armen Priester" (Poor Priests) und für die Erneuerung der englischen Kirche. Die „Armen Priester" zogen als Prediger durch die Dörfer und Städte Englands, um die Gemeinschaft der wahren, dem Gesetz Gottes (God's law) streng gehorsamen Christen zu sammeln, die sich unter allen Ständen fanden. Obwohl sich inzwischen einige der weltlichen Großen von Wyclif abgewandt hatten, weil sie

ihn für den englischen Bauernkrieg von 1381 mitverantwort-
lich machten, zählte auch weiterhin eine ganze Anzahl von
einflußreichen Angehörigen des Adels zu den treuesten Anhängern „der evangelischen Lehre", denen ihre Gegner bald
den alten Sektennamen „Lollarden" anhängten. Ein ihnen
feindlich gesinnter zeitgenössischer Chronist meinte gar, halb
England oder noch mehr sei auf Wyclifs Seite gestanden.
Unter diesen Umständen konnten die Lollarden hoffen, das
Parlament für die Reform der Kirche zu gewinnen. Ihren
Antrag faßten sie auf englisch in den folgenden zwölf
Thesen zusammen, die mit ihren teils biblizistischen, teils
vernünftig-moralischen Begründungen an manchen Stellen
zwar über Wyclif hinaus und ins einzelne führen, dabei aber
die Reform der Kirche im ganzen nicht aus den Augen ver-
lieren.

Lat. Text: Fasciculi Zizaniorum 360—369; mittelenglischer
(Original-) Text bei *H. S. Cronin,* The Twelve Conclusions
of the Lollards, The English Historical Review 22 (1907)
292—304.

Lit.: (über die Lollarden): *M. E. Aston,* Lollardy and Sedi-
tion 1381—1431, Past and Present 17 (1960) 1—44; *A. G.
Dickens,* Lollards and Protestants in the Diocese of York
1509—1558, (1959); *J. Gairdner,* Lollardy and the Reformation in England, 4 Bde. (1908—1913); *D. Kurze,* Die festlän-
dischen Lollarden, Archiv für Kulturgeschichte 47 (1965)
48—76; vgl. dazu auch *Lechler* und *Workman* (s. o. S. 255).


Wir armen Männer, Schatzmeister Christi und seiner
Apostel, geben den Herren und Gemeinen des gegenwärtigen Parlaments gewisse Thesen und Wahrheiten
bekannt zur Reformation der heiligen Kirche Englands, welche seit vielen Jahren vom Aussatz befallen
ist infolge des Regiments der hoffärtigen Prälaten
sowie unterstützt durch die Schmeichelei der privaten
Religion, die zu einer großen Bürde angewachsen ist
und lästig ist dem Volk hier in England.

(1) Als die Kirche Englands, im Gefolge ihrer Stief-
mutter, der großen Kirche von Rom, im Besitz weltlicher Güter von der rechten Bahn abzuweichen begann und die Kirchen durch Übereignung an verschiedene Orte zu Tode gebracht wurden, da begannen
Glaube, Hoffnung und Liebe aus unserer Kirche zu
fliehen, denn die Hoffart samt ihrer elenden Verwandtschaft, den Todsünden, nahm erblichen Besitz

von ihr. Diese These ist allgemein und aus Erfahrung, Sitte und Brauch erwiesen, wie man im folgenden hören wird.

(2) Die zweite These ist folgende: Unser übliches Priestertum, das in Rom seinen Anfang nahm und erfunden wurde von der Gewalt, die „höher steht als ein Engel", ist nicht das Priestertum, das Christus seinen Aposteln übertragen hat. Diese These ist erwiesen: Das römische Priestertum hat seinen Bestand in Zeichen, Riten und bischöflichen Benediktionen geringer Kraft, die nirgendwo in der Heiligen Schrift ihr Vorbild haben, denn die Ordinalien[1] eines Bischofs sind im Neuen Testament kaum zu finden. Und wir vermögen nicht zu sehen, daß der Heilige Geist wegen derartiger Zeichen irgendeine Gabe verleiht, denn er und alle seine edlen Gaben sind in keiner Person vereinbar mit der Todsünde. Folgerung dieses Satzes: Es ist für weise Menschen seltsam anzusehen, wie die Bischöfe bei der Übertragung ihrer Weihen mit dem Heiligen Geist spielen, denn sie übertragen Tonsuren anstelle von weißen Herzen, und das ist die Livree, die der Antichrist in die heilige Kirche eingeführt hat, um das Nichtstun zu beschönigen.

(3) Die dritte These, traurig anzuhören: Das dem Priestertum auferlegte Gesetz der Enthaltsamkeit, das anfangs im Blick auf die Frauen erlassen war, führt die Sodomie in die ganze heilige Kirche ein. Aber wir entschuldigen uns mit der Bibel, weil ein verdächtiges Dekret [vgl. Weisheit 14, 26] besagt, wir dürften diese Sünde nicht bei ihrem Namen nennen. Vernunft und Erfahrung liefern den Beweis für diese These. Die Vernunft: Weil die üppigen Speisen der Geistlichen ihre natürliche Reinigung haben wollen oder auch Schlimmeres; die Erfahrung: weil die geheime Rede solcher Männer ist, sie hätten an Frauen kein Vergnügen. Und wenn du einen solchen Mann auf die Probe gestellt hast, so merk ihn dir wohl, denn er ist einer von jenen. Die Folgerung aus dieser These ist: Die privaten Orden, die Anfänger dieser Sünde, hätten es sehr wohl verdient, ganz und gar

vernichtet zu werden. Aber Gott in seiner Macht möge für die verborgene Sünde offenbare Strafe schicken.

(4) Die vierte These, welche dem unschuldigen Volk am meisten schadet: Das erfundene Wunder des Sakraments des Brotes verführt alle Menschen mit Ausnahme weniger zum Götzendienst. Denn sie glauben, der Leib Christi, der niemals außerhalb des Himmels ist, werde durch die Kraft der Worte des Priesters wesenhaft in das kleine Brot eingeschlossen, das sie dem Volke zeigen. Aber wollte doch Gott, daß sie glaubten, was der evangelische Lehrer[2] in seinem Trialogus sagt: Das Brot des Altars ist „habitudinaliter" der Leib Christi. Denn wir sind der Meinung, auf diese Weise kann jeder Gläubige, Mann und Frau, auf Grund des Gesetzes Gottes das Sakrament des Brotes schaffen, ohne ein solches Mirakel. Die Folgerung aus dieser These lautet: Mag auch der Leib Christi mit ewiger Freude bekleidet sein, das Fronleichnamsfest, das der Mönch Thomas eingeführt hat, ist nicht wahr, sondern erdichtet und voll von Mirakeln. Und das ist nicht verwunderlich, denn der Mönch Thomas, der es seinerzeit mit dem Papste hielt, wollte ein Mirakel mit einem Hühnerei vollbringen. Und wir wissen wohl, daß jede öffentlich gepredigte Lüge der Ehre dessen schadet, der immerdar wahrhaftig ist und ohne jeden Makel.

(5) Die fünfte These lautet: Kirchliche Exorzismen und Segnungen über Wein, Brot und Wachs, Wasser, Salz und Öl und Räucherwerk, über dem Altarstein, über Gewand, Mitra, Kreuz und über Pilgerstäben sind wahrhaftig eher Praktiken der Nekromantie[3] als der heiligen Theologie. Diese These ist folgendermaßen zu beweisen: Nach solchen Exorzismen werden die betreffenden Kreaturen höher eingeschätzt als sie ihrem eigenen Wesen nach sind, während wir keine Veränderung an irgendeiner derartig exorzisierten Kreatur bemerken können, es sei denn durch den falschen Glauben, die Haupttücke des Teufels. Die Folgerung hiervon ist diese: Wenn das Buch, das in der Kirche gelesen wird, um durch Exorzismus ge-

weihtes Wasser herzustellen, ganz zuverlässig wäre, so dünkt uns, müßte das Weihwasser, das in der Kirche benützt wird, in Wahrheit die beste Medizin für jede Art von Krankheiten sein, doch wir wissen aus Erfahrung das Gegenteil.

(6) Die sechste These, die viel Hoffart in sich schließt, lautet: König und Bischof, Prälat und Richter in weltlicher Sache, Pfarrer und Beamter in weltlichem Amt bringen, wenn sie in einer Person vereinigt sind, jedes Königreich um sein gutes Regiment. Diese These ist offenbar, denn Weltliches und Geistliches sind zwei Teile der heiligen Kirche. Darum soll sich derjenige, der sich dem einen verschrieben hat, nicht in das andere mischen, denn „Niemand kann zwei Herren dienen" (Mt. 6, 24). Wir meinen, Hermaphrodit oder Ambidexter[4] wären die passenden Namen für solche Menschen doppelten Standes. Die Folgerung hiervon ist: Darum suchen wir als die Sachwalter Gottes in dieser Angelegenheit beim Parlament zu erwirken, daß die Pfarrgeistlichen jeder Art, höhere und niedere, gänzlich freigestellt werden und sich nur mit ihrer Seelsorge und mit nichts anderem beschäftigen.

(7) Die siebente These, die wir mit Nachdruck vertreten, lautet: Besondere Fürbitten für die Seelen Verstorbener in unserer Kirche, durch die ein Name dem anderen vorgezogen wird, sind das trügerische Fundament des Almosens, auf dem alle Almosenhäuser Englands ohne Berechtigung aufgebaut sind. Diese These kann durch Gründe bewiesen werden: Eine verdienstliche und irgendwie wirksame Fürbitte müßte aus einem hohen Maß von Liebe hervorgehen. Die vollkommene Liebe aber nimmt keinen aus, denn „Du sollst deinen Nächsten lieben wie dich selbst". Daher scheint uns die irdische Gabe an die Priester und an die Almosenhäuser die vornehmste Ursache für die Fürbitte zu sein, die von der Simonie nicht weit entfernt ist. Ein zweiter Grund ist: Eine besondere Fürbitte für Menschen, die zur ewigen Strafe verurteilt sind, ist Gott höchst widerwärtig. Und mag das zweifelhaft sein, dem gläubigen Christenvolk ist

es wahrscheinlich, daß die Begründer des Almosen-
hauses um ihrer giftigen Stiftung willen größtenteils
den breiten Weg gewandelt sind. Folgerung: Das wirksame, aus vollkommener Liebe hervorgehende Bitt-
gebet würde alle Menschen, die Gott seligmachen
will, ganz im allgemeinen in sich schließen und würde
den üblichen Handel mit besonderen Fürbitten den
Bettelorden und den besitzenden Orden und anderen
Seelenpriestern überlassen, welche eine große Last
sind für das ganze Königreich, das in Nichtstun festgehalten wird. Denn in einem Buch, das dem König
vorgelesen wurde, ist es bewiesen, daß tausend Almosenhäuser dem ganzen Reich genügen würden, und
hieraus ergäbe sich möglicherweise ein großer Gewinn
für die weltliche Partei.

(8) Die notwendige achte These lautet: Pilgerfahrten,
Gebete und Gaben an blinde Kreuze und stumme
Bilder aus Holz und Stein sind dem Götzendienst
nahe verwandt und vom Almosen weit entfernt. Und
obschon dergleichen verboten ist und der Phantasie
entsprungen, bilden sie doch ein Buch des Irrtums
für das Laienvolk, das übliche Bild der Dreifaltigkeit
ist jedoch in höchstem Grade verabscheuenswert. Diesen Satz beweist Gott selbst, indem er gebietet, ein
Almosen den bedürftigen Menschen zu geben; sie sind
das Bild Gottes mehr als Holz und Stein, denn Gott
hat nicht gesagt: „Lasset uns Holz und Stein machen,
ein Bild, das uns gleich sei", sondern: „Lasset uns
den Menschen machen" (Gen. 1, 26), denn die höchste
Ehre, welche die Kleriker „Anbetung" *(latria)* nennen,
gebührt der Gottheit allein, und die geringere Ehre,
welche die Kleriker „Verehrung" *(dulia)* nennen, gebührt dem Menschen und dem Engel und keiner anderen geringeren Kreatur. Die Konsequenz ist: Die
Messe zu Ehren des heiligen Kreuzes, die zweimal im
Jahr in unserer Kirche gehalten wird, ist voll von
Götzendienst, denn wenn das Kreuz, die Nägel und
die Lanze und die Krone Gottes so hoch verehrt werden sollten, dann wären die Lippen des Judas, wenn
einer sie nur bekäme, wunderbar große Reliquien.
Aber wir bitten dich, sag uns, Pilger, ob du mit deiner

Gabe, die du den in irgendeinem Schrein aufbewahrten Gebeinen der Heiligen spendest, dem Heiligen hilfst, der sich in der ewigen Freude befindet, oder dem armen Almosenhaus, das so reichlich ausgestattet ist. Denn Menschen werden heiliggesprochen, Gott weiß wie. Und um deutlicher zu reden: Gläubige Christen wissen, daß die Punkte jenes edlen Menschen, den die Leute den heiligen Thomas[5] nennen, nicht die Ursache seines Martyriums waren.

(9) Die neunte These, welche die Menschen bedrückt, ist folgende: Die für heilsnotwendig erklärte Ohrenbeichte samt der erdichteten Absolutionsgewalt steigert den Hochmut der Priester und gibt ihnen Gelegenheit für einen anderen geheimen Beruf, von dem wir jetzt nicht sprechen wollen, denn Herren und Damen wurden gefangengenommen, weil sie aus Furcht vor ihren Beichtigern nicht wagen, die Wahrheit zu sagen. Und bei der Beichte ist die Gelegenheit günstig für eine Werbung und für die geheime Fortsetzung der Todsünde. Sie sagen, sie seien die Kommissare Gottes zur Beurteilung, zum Erlaß und zur Bereinigung jeglicher Sünde nach ihrem Ermessen. Sie sagen, sie besitzen die Schlüssel des Himmels und der Hölle und können verfluchen und segnen, binden und lösen nach ihrem Willen, so daß sie für einen Buschel Weizen oder zwölf Denare jährlich den Segen des Himmels auf einem Stück Papier verkaufen mit Garantieklausel und einfachem Siegel gesiegelt. Das ist so verbreitet, daß diese These keines weiteren Beweises bedarf. Folgerung: Der Papst zu Rom, der angebliche Hochschatzmeister der heiligen Kirche, hat jenes kostbare Kleinod des Leidens Christi in seiner Verwahrung samt den Verdiensten aller Heiligen im Himmel, so daß er einen erdichteten Ablaß von Strafe und Schuld erteilen kann. Er ist ein Schatzmeister ganz außerhalb der Liebe, da er nach seinem Willen die Gefangenen, die sich in der Höllenstrafe befinden, zu befreien vermag und bewirken kann, daß er selbst niemals dahin gelangt. Doch hier kann jeder gläubige Christ gut erkennen, daß in unserer Kirche vielerlei geheimer Betrug verborgen ist.

(10) Die zehnte These: Die Tötung eines Menschen im Krieg oder durch ein angebliches Gesetz zur Herstellung der Gerechtigkeit in einer weltlichen Sache, ohne besondere geistliche Offenbarung, ist ausdrücklich gegen das Neue Testament, welches das Gesetz der Gnade und voller Erbarmung ist. Dieser Satz ist offenkundig bewiesen durch die Beispiele der Predigt Christi hier auf Erden. Er hat vor allem gelehrt, man solle seine Feinde lieben und sich ihrer erbarmen, nicht aber sie töten. Der Grund hierfür ist, daß da, wo Menschen kämpfen, meistenteils beim ersten Hieb die Liebe zerrissen wird. Und jeder, der nicht in der Liebe stirbt, geht stracks in die Hölle. Und außerdem wissen wir wohl, auf Grund der Schrift und der Vernunft, daß kein Kleriker imstande ist, die Todesstrafe für eine Todsünde festzusetzen, für eine andere aber nicht, vielmehr verbietet das Neue Testament, das Gesetz der Barmherzigkeit, jegliche Tötung eines Menschen, denn es heißt im Evangelium (Mt. 5, 21): „Es ist zu den Alten gesagt: du sollst nicht töten!" Folgerung: Es ist heilige Ausbeutung des armen Volkes, wenn die Herren Ablässe von Strafe und Schuld für diejenigen erwerben, welche ihr Heer unterstützen zur Tötung des Christenvolks in fernen Ländern um irdischen Gewinns willen, so wie wir gesehen haben. Und Ritter, die zu den Heiden eilen, um sich bei der Ermordung von Menschen einen Namen zu schaffen, fallen in die Ungnade des Königs des Friedens, denn durch Demut und geduldiges Leiden hat sich unser Glaube verbreitet, und Jesus Christus haßt und bedroht die Kämpfer und Mörder: „Wer das Schwert nimmt, soll durchs Schwert umkommen!" (Mt. 26, 52)

(11) Die elfte These auszusprechen, ist beschämend: Das Gelübde der Enthaltsamkeit, das die Frauen, schwach und unvollkommen von Natur, in unserer Kirche ablegen, ist der Anlaß für die allerschrecklichste Sünde der Menschheit, denn obschon die Tötung von Kindern vor ihrer Taufe, die Abtreibung oder die Vernichtung des Samens vor der Befruchtung mit Hilfe von Arzneien abscheuliche Sünden sind, so ist doch der Umgang mit ihresgleichen oder mit unvernünftigen

Tieren oder mit einem toten Geschöpf derart verwerflich, daß er mit den Strafen der Hölle bestraft wird. Die Folgerung ist: Wir wünschen daher, daß die Witwen oder solche, die den Mantel und den Ring nur zu ihrem üppigen Lebensunterhalt nehmen, verheiratet wären, weil wir sie nicht von verborgenen Sünden freisprechen können.

(12) Die zwölfte These: Die Vielfalt unnötiger Handwerkszweige in unserem Königreich fördert zahlreiche Sünden wie Üppigkeit, Neuerungssucht und Kleidermißbrauch. Das beweisen teilweise die Erfahrung und die Vernunft, denn zur Linderung der Notdurft des Menschen genügen die Natur und einige wenige Gewerbe. Folgerung: Weil Sankt Paulus sagt (1. Tim. 6, 8): „Wenn wir aber Nahrung und Kleidung haben, so laßt uns genügen", erscheint es uns richtig, daß Goldschmiede und Waffenschmiede und jegliches Handwerk dieser Art, das nach der Meinung des Apostels für die Menschen nicht notwendig ist, abgetan wird zur Vermehrung der Tugend. Denn obschon diese beiden Gewerbe im Alten Gesetz als sehr notwendig bezeichnet waren, verlieren sie und viele andere im Neuen Testament ihre Bedeutung.

Das ist unser Auftrag, den Christus in dieser aus vielen Gründen höchst angenehmen Zeit uns auszurichten befohlen hat. Und jene Punkte, die hier nur kurz niedergelegt sind, sind in einem anderen Buch ausführlicher erklärt, dazu viele andere, zumeist ganz in unserer Muttersprache, welche wir gerne allen gläubigen Christenmenschen mitgeteilt hätten. Wir bitten Gott in seiner unendlichen Güte, er möge unsere Kirche aus ihrer Fessel befreien und entsprechend der Vollkommenheit ihres Uranfangs ganz und gar reformieren[6]. Amen.

[1] Weiheriten
[2] „doctor evangelicus", Ehrentitel für Wyclif
[3] Totenbeschwörung
[4] jemand, der ein Doppelspiel treibt
[5] Thomas Becket von Canterbury († 1170)
[6] reformet nostram ecclesiam totaliter

## Die 37 Thesen (1395)

Im Vergleich mit den „Zwölf Thesen" sind die folgenden 37 Thesen der Lollarden weit konservativer gehalten: Nicht Abschaffung, sondern Verbesserung der bestehenden Einrichtungen und Lehren der Kirche! So wird nicht die Bilderverehrung als solche verworfen, sondern nur die Verehrung von „falschen" Bildern. Das Schwören ist nicht schlechthin verboten. Die Todesstrafe soll nicht abgeschafft werden. Von der Auflösung der Hierarchie ist keine Rede. Ja, selbst die Mönchsorden werden nicht bekämpft, sondern allein zu rechtschaffenem Wandel ermahnt. Es wird betont, daß auch das Sakrament eines sündhaften Priesters vollgültig ist. Und eine deutliche Abkehr von der Lehre Wyclifs besteht in der einfachen Gleichsetzung des eucharistischen Brotes mit dem Leib Christi. Dennoch enthalten auch die 37 Thesen eine Reihe von einschneidenden Reformforderungen, und in einer Hinsicht ist ihre Frontstellung klar: gegen den Papst. Der Papst hat keine Gewalt wider die Heilige Schrift und besitzt nicht dieselbe Vollmacht wie Petrus und Paulus. Er ist nicht unbedingt das Haupt der Heiligen Kirche auf Erden, und seine Bestimmungen sind nicht notwendig Glaubensartikel der Kirche. Er hat kein Recht, in England kirchliche Stellen zu vergeben. So erscheinen die 37 Thesen als Reformplan für eine weitgehend romfreie, gereinigte katholische Nationalkirche Englands.

Lat. und mittelenglischer Text bei: *H. F. B. Compston,* The Thirty-Seven Conclusions of the Lollards, The English Historical Review 26 (1911) 738—749.

1. Priester, Diakone oder Pfarrer sollten keine weltliche Herrschaft ausüben, das ist: Priester und Kleriker sollten nicht mit dem Schwert kämpfen noch gegen die weltlichen Herren auf weltliche Art streiten, um ihnen die weltlichen Herrschaften abzunehmen. Dennoch können die Kleriker irdische Güter als Almosen besitzen, doch nur, soweit sie notwendig und nützlich sind zur Ausübung ihres geistlichen Amtes.

2. Weder Prälaten noch Priester noch Diakone sollten weltliche Ämter innehaben wie zum Beispiel das Amt des Kanzlers, des Schatzmeisters, des Siegelbewahrers und andere solche weltlichen Schatzämter, noch sollten sie Verwalter von Ländereien oder Gebäuden sein noch Küchenbeamte noch Rechnungs-

beamte, noch sollten sie in irgendeinem weltlichen Amt am Hofe der Herren beschäftigt sein, vor allem, weil weltliche Beamte solche weltlichen Ämter in befriedigender Weise ausüben können.

3. Prälaten und Priester sowie Pfarrer müssen dem Volk das Vorbild heiligen Wandels zeigen und das Evangelium wahrhaft predigen in Tat und Wort.

4. Prälaten oder Pfarrer, welche allzu geizig und habsüchtig sind und welche die Kirchengüter, welche die Güter der Armen sind, in Hoffart, Völlerei und Schwelgen und in weltlichem Gepränge samt anderen Eitelkeiten verschwenden, sind Diebe und Mörder der Armen und Verräter Jesu Christi und der einfachen Christen.

5. Prälaten, Pfarrer und Priester und sämtliche Kleriker sollen keine Simonie begehen, weder durch fleischliche Gebete noch durch leibliche Dienstleistung mit der Hand oder durch Geld, unmittelbar oder durch Mittelspersonen.

6. Pfarrkirchen sollten nicht weltlichen Kollegien, zum wenigsten aber den reichen Mönchen übereignet werden, wie es heutzutage mit Lug und Trug allgemein geschieht.

7. Das Christenvolk, das von treuen Pfarrern in Gottes Gesetz unterwiesen wird, muß ihnen willig das Lebensnotwendige darreichen und geben. Und die treuen Pfarrer müssen sich mit diesem Teil bescheiden.

8. Es ist notwendig, daß der Sünder mit gebührender Reue Gott seine Sünden bekennt und sie meidet und in der Tugend fortfährt, soweit ihm Gnade beschieden ist.

9. So wie es sich für den wahrhaft bußfertigen Christen geziemt, seine Sünde einem gläubigen Priester zu beichten, der einen guten Lebenswandel führt und zu binden und zu lösen weiß, so ist es gefährlich für einen unerfahrenen oder nur einfach gebildeten Mann, seine Sünden und das verborgene Tun Gottes in seiner Seele einem Priester zu beichten, der untreu ist im Wandel, unkundig des Gesetzes Gottes, habgierig, stolz und Jesu Christo zuwider.

10. Obwohl wahre Bilder, welche in Wahrheit die

Armut und das Leiden Christi und der anderen Heiligen darstellen, dem Gesetz entsprechen und nach Gregor und anderen Lehrern „Laienbücher" sind, so sind doch falsche Bilder, welche weltlichen Ruhm und Pracht so darstellen, als hätten Christus und andere Heilige auf diese Weise gelebt und die Seligkeit durch Ruhm und Pracht erworben, falsche „Bücher", die es verdient haben, daß man sie verbessert oder verbrennt wie Bücher, die eine offene Irrlehre oder Häresie gegen den christlichen Glauben enthalten.

11. Das Amt des Königs und der weltlichen Herren, das in der Heiligen Schrift Alten und Neuen Testaments genugsam begründet ist, sollte dann besonders gepriesen werden, wenn es die Irrtümer und Ungerechtigkeiten tadelt, welche der König und die Herren in solchem Amt gegen das Gesetz Gottes begehen.

12. Christliche Priester und treue weltliche Leute sollen predigen und wacker dafür eintreten, daß der König und die weltlichen Herren Gewalt und Vollmacht haben, jeden offenbaren Übertreter des Gesetzes in ihren Landen zu bestrafen, mag er Bischof oder Erzbischof sein oder gar der Bischof von Rom.

13. Mag es auch gelegentlich erlaubt sein, böse Christen und hartnäckige Sünder zu töten, wenn anders die Gerechtigkeit und der Friede des Königtums dahinfiele und die Sünde auf einem anderen menschlichen Wege nicht unterdrückt werden kann, so darf dies doch nur aus Liebe und mit der Vollmacht Gottes und bei guten Gründen geschehen, ohne Hoffart, Mißgunst und persönliche Rachsucht, so daß es allein und rein um Gottes und des Gemeinwohls willen mit gebührender brüderlicher Milde geschieht.

14. Mag es auch erlaubt sein, in einer notwendigen Sache unter drei Umständen, nämlich ohne Heuchelei, recht und heilig, bei dem allmächtigen Gott zu schwören (Jer. 4, 2), so ist es doch nicht erlaubt, entweder falsch oder auch zwar wahr, aber mehr als nötig, oder eitel zu schwören, ebensowenig zu einem bösen Zweck oder bei einer Kreatur.

15. Das Sakrament der Eucharistie, welches weiß und rund, sichtbar und fühlbar ist und von den Hän-

den des Priesters gebrochen und mit den Zähnen des Priesters gekaut wird und gesehen wird vom leiblichen Auge des Volkes, ist das Brot, das wir brechen, und der wahre Leib unseres Herrn Jesu Christi.

16. Es ist keine Gewalt außer von Gott, noch hat der Papst Gewalt wider die Wahrheit der Heiligen Schrift, noch ist es ihm erlaubt, etwas gegen die Erbauung oder den Nutzen der heiligen Kirche zu tun.

17. Die Gesetze des Papstes sind nur insoweit gut und für die Gläubigen verpflichtend, als sie ausdrücklich oder offen in der Heiligen Schrift oder mit einem lebendigen, unüberwindlichen Vernunftgrund begründet sind oder soweit sie zum Verständnis der Schrift oder zur Beobachtung von Gottes Geboten beitragen.

18. Dem Bischof von Rom oder einem anderen Bischof muß man, wie St. Peter oder St. Paul, in erlaubten und nützlichen Dingen gehorchen, aber nicht darüber hinaus.

19. Die Christen sind nicht gehalten zu glauben, daß der jetzt lebende Bischof von Rom oder ein anderer Bischof in einer Regierung der Kirche so große Vollmacht hat, wie sie Petrus oder Paulus von Gott verliehen war.

20. Die Christen sind nicht gehalten zu glauben, daß der jetzt lebende Bischof von Rom das Haupt der heiligen Kirche auf Erden ist.

21. Die Christen sind nicht gehalten zu glauben, daß der jetzt lebende Bischof von Rom ein Glied oder auch nur das geringste Glied der heiligen Kirche ist.

22. Die Christen sind nicht gehalten zu glauben, daß alles, was der sterbliche Bischof von Rom oder irgendein anderer sterblicher Bischof zu binden oder zu lösen vorgibt, darum vor Gott und der in der Seligkeit herrschenden Kirche gebunden oder gelöst ist.

23. Nur dann bindet und löst der Bischof von Rom oder irgendein anderer Bischof in Wahrheit, wenn er dem vorangegangenen unfehlbaren Urteil Gottes folgt.

24. Die Christen sind nicht gehalten zu glauben, daß die Ablässe des Papstes in jedem Fall zuverlässig oder ohne offenen oder verborgenen Irrtum oder Betrug sind.

25. Die Christen sind nicht gehalten, ohne offenbare Begründung der Heiligen Schrift oder der Vernunft zu glauben, daß St. Peter größere Vollmacht hat, zu binden oder zu lösen, als andere von Christus geliebte Apostel.

26. Die Christen sind nicht gehalten zu glauben, daß jede Bestimmung der Kirche von Rom in jedem Fall wahr ist oder von der Kirche als Glaubensartikel geachtet werden muß.

27. Wenn ein neuer gewinnsüchtiger Bischof von Rom aus Hoffart oder um weltlichen Gewinns willen den Klerikern alle Pfründen nach seinem Ermessen übergeben wollte und die freien Wahlen und Ordnungen des Klerus unseres Königreichs — welche doch von den weltlichen Herren ausgegangen sind — unter dem Vorwand des Patronats ohne und gegen den Willen der Stifter und der weltlichen Herren für ungültig erklären wollte, so ist dieser hoffärtige Bischof von Rom ein Unruhestifter unter den Bischöfen und anderen Prälaten und in unserem Königreich, denn er handelt offenkundig gegen die alten Beschlüsse der Kirche, wonach die Wahl des Erzbischofs allen seinen Suffraganen[1] zusteht, die aus ihren Reihen den besten erwählen sollen, desgleichen der Archidiakon[2] zusammen mit den Klerikern und dem Volk der Stadt die niederen Pfarrergeistlichen.

28. Die besitzenden Orden, wie zum Beispiel die Mönche und Kanoniker, sollen ein einfaches und ruhiges Leben führen. Und sie sollten sich zufriedengeben mit geringer Nahrung und Kleidung, die sie durch ihre eigene Arbeit erworben haben nach der privaten Regel, die, wie sie sagen, St. Benedikt und St. Augustinus diesen Mönchen gegeben hat. Und in allen Dingen sollen sie den Geboten Gottes und den Räten Christi den Vorzug geben und ihre eigenen, auf der Vernunft beruhenden Satzungen nur insoweit annehmen, als sie damit übereinstimmen und die Befolgung der Gebote Gottes und der Räte Christi fördern, so daß die Wahrheit und die Freiheit des Evangeliums in allen Dingen gewahrt bleibt.

29. Die Mönche der vier Orden, die in England

Mendikanten oder Bettelmönche genannt werden, müssen in freiwilliger, besonderer Armut ein demütigeres, einfacheres und von der Welt weiter abgeschiedenes Leben führen als die übrigen Mönche, so daß sie für die Laien ein Spiegel sind aller Heiligkeit und Entsagung von der Welt und weltlicher Eitelkeit und sie durch Tat und Wort zum demütigen und einfachen himmlischen Wandel veranlassen.

30. Die einfachen Priester der Kirche, die nach der Bestimmung der gegenwärtigen Kirche keine Pfründen haben, müssen mit einfacher Nahrung und Kleidung zufriedengestellt werden, während sie ihrerseits für sich und das Volk fleißig beten und verdienstliche Werke tun und sich, soviel sie können, dem Werk des Evangeliums widmen.

31. Die weltlichen Herren sollen geschmückt oder vornehm bekleidet sein mit der Gerechtigkeit gegen Gott und die Menschen, Reiche und Arme, und sollen ihre Lehensleute, Untertanen und Diener oder Knechte vernünftig behandeln und liebevoll anhören.

32. Die Diener sollen ihren Herren in Demut willig und treulich dienen, nicht nur den gläubigen oder christlichen, sondern auch den ungläubigen oder heidnischen.

33. Richter und Diener des Königs oder anderer Herren müssen reife Männer sein oder gefestigt sein in den Tugenden und in der Kenntnis des Gesetzes Gottes und der Menschen und sollen ohne Ansehen der Person in reinem, aufrichtigem Hinblick auf Gott recht richten, ohne Haß und Liebe und ohne irdischen Gewinn und Frucht.

34. Die Prälaten, Pfarrer und andere Priester sollen die Sakramente der Kirche mit höchster Andacht, reinem Gewissen und brennender Liebe bereiten und sie mit Klugheit und in Freiheit dem hierzu fähigen Volk darreichen.

35. Obwohl böse Priester die Sakramente wahrhaft zustande bringen und den Andächtigen zu ihrem Heil darreichen können, sollen die Christen die Sakramente und den Gottesdienst von offenbaren Simonisten, Unzüchtigen oder lasterhaften Leuten nicht entgegenneh-

men, doch nicht aus Verachtung der Sakramente oder in der Meinung, solche Menschen könnten sie nicht wahrhaftig zustandebringen, sondern aus Abscheu vor solchen offenbaren Sünden und zur Beschämung und zur heilsamen Bekehrung solcher Leute.

36. Prälaten und weltliche Herren sollten sorgfältig darauf achten, daß sie fähige Prälaten und Pfarrergeistliche und einfache Priester einsetzen, nicht solche, die ihre Pfarrei nach dem Verfahren und dem Urteil der heutigen Kirche haben.

37. Die Verweltlichung unter den Prälaten und Pfarrern, wonach einer alle Einkünfte einer Kirche an sich nimmt und nach seinem Ermessen verteilt, gleichviel, ob er das geistliche Amt wirklich ausübt oder nicht, muß ganz und gar aus der heiligen Kirche verschwinden, und die gemeinsame Verwaltung und die dem Evangelium gemäße Unterstützung der Mitarbeiter, die das Werk des Evangeliums durch guten Wandel und freie Predigt ausüben, muß wieder eingeführt werden in Demut und Wahrheit.

[1] die stimmberechtigten Bischöfe der Erzdiözese
[2] der oberste geistliche Vorgesetzte eines Verwaltungsbezirks des Bistums

# JOHN PURVEY († NACH 1407)

Die von Wyclif angeregte englische Bibelübersetzung, die Grundlage und das Rückgrat der wyclifitischen Reformbewegung, war zwar ein Gemeinschaftswerk, doch ist der Hauptanteil daran John Purvey zuzuschreiben, der als „Tischgenosse und unzertrennlicher Begleiter" Wyclifs bis zu dessen Tode in Lutterworth verblieb. Neben John Aston und Nicholas Hereford, der die erste, allzu wörtliche und daher unbrauchbare Bibelübersetzung verfaßt hatte, war Purvey der rührigste, einflußreichste und geistig bedeutendste Führer der Lollarden. Ein unermüdlicher Prediger, gewann Purvey das Volk auf seinen Predigtreisen durch seine ernste Wesensart und durch sein schlichtes Auftreten. Vom Erzbischof von Canterbury verhaftet (1401), leistete er unter

dem Eindruck des an dem Prediger William Sawtre voll-
streckten Todesurteils einen öffentlichen Widerruf — ein
empfindlicher Schlag für die Sache der Wyclifiten. In dem
Vorwort zu seiner Bibelübersetzung legte Purvey die allgemeinen und besonderen Grundsätze seiner Arbeit dar, zu
der ihn die Liebe bewog, „alle Menschen unseres Königreichs seligzumachen".

Engl. Text: The Holy Bible in the Earliest Versions made
from the Latin Vulgate by John Wycliffe and his followers,
ed. by the *Rev. Forshall* . . . and *Sir F. Madden* (1850).

Lit.: *M. Deanesly*, The Lollard Bible (1920); *dies.*, The
Significance of the Lollard Bible (1951); *S. L. Fristedt*, The
Wycliffe Bible, Stockholm Studies in English 4 (1953).


*Aus der Vorrede zur englischen Bibelübersetzung*
*(um 1396)*


Da Christus sagt, daß das Evangelium in der ganzen
Welt gepredigt werden soll, und David sagt von den
Aposteln und ihrer Predigt: „Ihr Schall geht aus in
alle Lande, und ihre Worte gehen aus bis an das Ende
der Welt" (Ps. 19, 5), und wiederum sagt David: „Der
Herr wird reden in den Schriften der Völker und der
Fürsten, die darin sind" (Ps. 87, 6) (das ist: in der hei-
ligen Kirche, so wie Hieronymus zu diesem Vers sagt:
Die Heilige Schrift ist „die Schrift der Völker", denn
sie ist dazu geschaffen, daß alle Völker sie kennen.
Und „die Fürsten der Kirche", die darin waren, sind
die Apostel, welche die Autorität hatten, die Heilige
Schrift zu schreiben), so ist die Schrift darum, weil die
Apostel ihre Schriften mit Autorität und unter der
Bestätigung des Heiligen Geistes schrieben, *Heilige*
*Schrift* und Glaubensgrund der Christenmenschen, und
diesen Rang hat niemand nach ihnen, mag er noch so
heilig und noch so klug sein, wie Hieronymus zu diesem Vers bezeugt. Desgleichen sagt Christus von den
Juden, die ihm im Tempel „Hosianna" zuriefen: Ob sie
gleich still wären, so müßten die Steine schreien. Und
unter den Steinen versteht er die Heiden, welche die
Steine als ihre Götter verehrten. Und wir Engländer
stammen von den Heiden, darum sind mit diesen
Steinen wir gemeint, welche die Heilige Schrift (in das

Volk hinaus) schreien sollen. Und so wie die Juden (das heißt: „die Erkennenden") die Kleriker bedeuten, welche vor Gott ihr Bekenntnis ablegen sollten, indem sie ihre Sünden bereuen und auf Gottes Stimme hören, so sind unsere Laien, die dem Eckstein Christus folgen, den harten, auf dem Fundament beruhenden Steinen vergleichbar; denn obschon die habsüchtigen Kleriker infolge ihrer Simonie, Häresie und vielen anderen Sünden „Holz" sind und die Heilige Schrift, soviel sie nur können, verachten und zum Schweigen bringen, so schreit doch das Laienvolk danach, die Heilige Schrift zu kennen und zu halten trotz großer Kosten und Lebensgefahr. Daher und aus anderen Gründen sowie aus der allgemeinen Liebe, alle Menschen unseres Königreichs seligzumachen, hat ein schlichtes Geschöpf die Bibel aus dem Lateinischen ins Englische übersetzt. An erster Stelle bemühte sich dies einfache Geschöpf zusammen mit verschiedenen Mitarbeitern und Helfern, viele alte Bibeln und andere Lehrer und allgemeine Glossen zu sammeln und eine ungefähr zuverlässige lateinische Bibel herzustellen. Danach studierte er sie von neuem, den Text samt den Glossen und anderen Lehrern, soviel er finden konnte, insbesondere Lyra[1] zum Alten Testament, der ihm bei dieser Arbeit eine große Hilfe war. Zum dritten holte er sich Rat bei den alten Grammatikern und den alten Theologen über schwierige Worte und Sätze, wie sie am besten zu übersetzen und zu verstehen seien. Zum vierten übersetzte er sie so klar wie möglich dem Sinne nach und bemühte sich um viele gute Mitarbeiter und um Kenntnis bei der Korrektur der Übersetzung. Zum ersten muß man wissen, daß die beste Übersetzung aus dem Lateinischen ins Englische die sinngemäße, nicht einfach die wörtliche Übersetzung ist, so daß der Sinn im Englischen ebenso klar ist wie im Lateinischen oder klarer, doch ohne daß er sich weit vom Buchstaben entfernt; und wo bei der Übersetzung nicht dem Buchstaben gefolgt wird, lasse man immer den Sinn vollständig und klar sein, denn die Worte müssen dem Inhalt und dem Sinn dienen, anderenfalls sind sie überflüssig oder falsch ...

Anfangs nahm ich mir vor, mit Gottes Hilfe den Sinn im Englischen so zuverlässig und klar zu machen wie im Lateinischen, ja, zuverlässiger und klarer, und ich bitte um der Liebe und um des allgemeinen Besten der Christen willen: Sollte irgendein Weiser in der Übersetzung einen Mangel an Zuverlässigkeit entdecken, so möge er den wahren und offenbaren Sinn der Heiligen Schrift einsetzen, aber er sehe zu, daß er seine lateinische Bibel genau prüfe, denn ohne Zweifel wird er zahlreiche lateinische Bibeln ganz fehlerhaft finden, wenn er sich in vielen, namentlich neuen, umsieht, und die allgemein verbreiteten lateinischen Bibeln sind, so viele ich in meinem Leben gesehen habe, der Korrektur eher bedürftig als die jüngst ins Englische übersetzte. Und wo das Hebräische nach dem Zeugnis des Hieronymus, des Lyra und anderer Ausleger von unseren lateinischen Bibeln abweicht, habe ich am Rande in der Art einer Glosse vermerkt, was sich im Hebräischen findet und welche Bedeutung es sonstwo hat. So bin ich insbesondere im Psalter verfahren, der unter allen unseren Büchern vom Hebräischen am meisten abweicht. Denn die Kirche liest den Psalter nicht nach der letzten Übersetzung des Hieronymus aus dem Hebräischen ins Lateinische, sondern gebraucht eine andere Übersetzung, die von anderen angefertigt ist, welche viel weniger Kenntnis und Heiligkeit besaßen als Hieronymus. Und nur in wenigen Büchern gebraucht die Kirche die Übersetzung des Hieronymus, wie man an Hand der eigentlichen Originale nachweisen kann, die von Hieronymus glossiert sind. Und ob ich im Englischen so klar übersetzt habe wie im Lateinischen oder klarer, lasse man weise Männer urteilen, welche die beiden Sprachen gut verstehen und den Sinn der Heiligen Schrift gut kennen. Und wo ich so verfahren bin oder nicht — ohne Zweifel sind diejenigen, welche den Sinn der Heiligen Schrift und zu gleicher Zeit auch das Englische wohl verstehen und sich, mit Gottes Gnade, darum bemühen, dazu imstande, die Bibel so wahr und klar zu machen, ja, klarer im Englischen als im Lateinischen. Und es leidet für einen schlichten Mann keinen

Zweifel: Mit Gottes Gnade und großer eigener Bemühung kann man die Bibel auf Englisch klarer und kürzer auslegen als die großen Lehrer auf Lateinisch und viel schärfer und gründlicher als viele neue Postillatoren oder Ausleger. Doch Gott in seinem großen Erbarmen gab uns die Gnade, ein gutes Leben zu führen und auf eine gehörige und Gott und seinem Volk wohlgefällige Art die Wahrheit zu sagen und unsere Zeit nicht zu verschwenden, sie mag kurz oder lang sein nach Gottes Bestimmung.

Dagegen sagen einige, die weise und heilig zu sein scheinen, folgendermaßen: Wenn die Menschen heutzutage so heilig wären wie Hieronymus war, dann besäßen sie die Fähigkeit, aus dem Lateinischen ins Englische zu übersetzen, so wie er aus dem Hebräischen und Griechischen ins Lateinische übersetzt hat. Anderenfalls dürften sie ihrer Meinung nach nicht übersetzen, weil es ihnen an Heiligkeit und Wissen gebricht. Obwohl dieser Einwand gültig zu sein scheint, hat er weder einen guten Grund noch Sinn noch Liebe. Denn dieser Einwand spricht gegen den heiligen Hieronymus und gegen die ersten siebzig Übersetzer[2] und gegen die heilige Kirche viel eher als gegen die schlichten Leute, welche jetzt ins Englische übersetzen. Denn Hieronymus war nicht so heilig wie die Apostel und Evangelisten, deren Bücher sie ins Lateinische übersetzten, noch besaß er so hohe Gaben des Heiligen Geistes wie sie; und noch weniger waren die siebzig Übersetzer ebenso heilig wie Mose und die Propheten und insbesondere David, noch hatten sie ebenso große Gaben Gottes wie Mose und die Propheten. Darüber hinaus billigt die heilige Kirche nicht nur die wahre Übersetzung von einfachen, im christlichen Glauben beständigen Christen, sondern auch von offenbaren Häretikern, die durch ihre falsche Übersetzung viele Geheimnisse Jesu Christi beseitigten, wie Hieronymus in einem Prolog zu Hiob und im Prolog zu Daniel bezeugt. Darum möge die Kirche von England viel mehr auch die getreue und vollständige Übersetzung der schlichten Leute billigen, die um keinen Preis auf Erden, nach ihrem Wissen und Vermögen, den Willen

312

hatten, auch nur die geringste Wahrheit, ja den geringsten Buchstaben oder Tüttel der Heiligen Schrift, der von Bedeutung und Gewicht ist, zu beseitigen. Und sie mögen nicht von der Heiligkeit der Menschen hier in diesem irdischen Leben reden, denn darüber wissen sie nichts, und es ist allein Gottes Urteil vorbehalten. Wenn sie irgendeinen nennenswerten Fehler bei den Übersetzern oder bei ihren Hilfsmitteln entdecken, so mögen sie den Fehler in Liebe und mit Nachsicht tadeln. Und mögen sie niemals etwas tadeln, was nach Gottes Gesetz erlaubt ist, wie zum Beispiel das gelegentliche Tragen eines guten Rocks oder der Gebrauch eines Reitpferds zu einer großen Reise, denn sie wissen nicht, zu welchem Zweck das geschieht. Denn dergleichen Dinge dürfen die schlichten Leute mit ebenso großer Liebe und Tugend tun, so wie manche andere, die sich für groß und weise halten, in einem goldenen Sattel reiten oder Kissen, Betten und Tücher von Gold und Seide gebrauchen samt anderen eitlen Dingen der Welt. Gott gebe Gnade, Erbarmen und Liebe und Sorge um das Gemeinwohl und tue ab solche törichten Urteile, die gegen Vernunft und Liebe verstoßen.

Doch die weltlichen Kleriker fragen gar sehr, welcher Geist die Ungebildeten kühn macht, die Bibel jetzt ins Englische zu übersetzen, da doch selbst die vier großen Kirchenlehrer das niemals gewagt haben. Dieser Einwand ist so laienhaft, daß er keine andere Antwort verdient als Schweigen oder höfliche Ablehnung; denn diese großen Lehrer waren keine Engländer, auch standen sie nicht im Verkehr mit Engländern, noch waren sie in der Lage, die englische Sprache zu verstehen; aber sie ruhten nicht eher, bis sie die Heilige Schrift in der Muttersprache ihres Volkes besaßen. Denn Hieronymus, ein Lateiner von Geburt, übersetzte die Bibel sowohl aus dem Hebräischen wie aus dem Griechischen ins Lateinische und erklärte sie reichlich. Und Augustin und viele andere Lateiner legten die Bibel zu großen Teilen lateinisch den Lateinern aus, in deren Mitte sie lebten, und Latein war die allgemeine Sprache ihres Volkes rings um Rom und darüber hinaus und auf dieser Hälfte, so wie Englisch die allgemeine Sprache unseres Volkes ist. Und noch heutzutage spricht das gemeine Volk in Italien gebrochen Latein, wie glaubwürdige Leute sagen, die in Italien gewesen sind. Und die Zahl derjenigen, die aus dem Griechischen ins Lateinische übersetzt haben, kennt kein Mensch, wie Augustin im zweiten Buch seiner Christlichen Lehre bezeugt und folgendermaßen sagt: „Die Übersetzer aus dem Hebräischen ins Griechische sind zu zählen, aber die lateinischen Übersetzer (oder diejenigen, die ins Lateinische übersetzt haben) sind auf keinen Fall zu zählen. Denn in den ersten Zeiten des Glaubens war jedermann kühn genug zu übersetzen, wenn ein griechisches Buch in seine Hand kam und er der Meinung war, etwas vom Griechischen und vom Lateinischen zu verstehen. Und das war dem Verständnis eher förderlich als hinderlich, sofern die Leser nicht unachtsam sind, denn die Berücksichtigung vieler Bücher hat oftmals dunklere Sätze erhellt oder erklärt." Soweit Augustin (De doctr. Chr. II, 16, 17). Darum sagt Grosseteste[3], es sei Gottes Wille gewesen, daß verschiedene Leute übersetzten und daß verschiedene Übersetzungen in der Kirche in Umlauf sind, denn wo der eine dunkel redet, da spricht vielleicht ein anderer klar. Herr Gott! Da seit den Anfängen des Glaubens so viele Menschen eine Übersetzung ins Lateinische angefertigt haben, zum großen Vorteil der Lateiner, so laß ein schlichtes Geschöpf Gottes (die Bibel) ins Englische übersetzen zum Nutzen der Engländer. Denn wenn die weltlichen Kleriker in ihren Chroniken und Büchern nachsehen wollten, so würden sie finden, daß Beda[4] die Bibel übersetzt hat und vieles ins Sächsische übertrug, das ist: ins Englische oder in die allgemeine Landessprache zu seiner Zeit. Und nicht nur Beda, sondern auch König Alfred, der Gründer Oxfords, hat in seinen letzten Tagen den Anfang des Psalters ins Englische übersetzt, und er hätte das weitergeführt, wäre er länger am Leben geblieben. Auch die Franzosen, Böhmen und Briten haben die Bibel und andere fromme Bücher und Auslegungen in ihrer Muttersprache. Warum sollten die

Engländer sie nicht ebenfalls in ihrer Muttersprache haben? Es sei denn entweder wegen der Falschheit und Pflichtvergessenheit der Kleriker, oder weil unser Volk nicht wert ist, eine so große Gnade und Gabe Gottes zu haben, zur Strafe ihrer alten Sünden. Gott in seiner Gnade tue diese bösen Ursachen ab und verleihe, daß unser Volk die Heilige Schrift besitze, kenne und halte im Leben und im Tod! . . . Gott gebe uns allen die Gnade, die Heilige Schrift gut zu kennen und zu halten und zuletzt um ihretwillen freudig auch Pein zu erdulden! Amen.

[1] Nikolaus von Lyra († 1349) s. o. S. 51.
[2] die „Septuaginta", welche der Überlieferung nach das Alte Testament ins Griechische übersetzten
[3] Robert Grosseteste († 1253), bedeutender englischer Theologe, neben Augustin eine bevorzugte Autorität Wyclifs und der Wyclifiten
[4] Beda Venerabilis († 735)


## WILLIAM THORPE († NACH 1407)

Mehr als zwei Jahrzehnte hindurch wirkte der Priester William Thorpe, der zum engsten Freundeskreis Wyclifs gehörte, als Reiseprediger vor allem im Norden Englands. Nachdem er ein erstes Mal durch Erzbischof Thomas Arundel von Canterbury verurteilt, vom Bischof von London aber freigelassen worden war (1397), wurde er 1407 in Westengland erneut verhaftet und tagelangen Verhören unterworfen. Thorpe blieb standhaft. Von seinem weiteren Schicksal ist nichts bekannt. Die von ihm selbst verfaßte ausführliche, höchst lebendige Schilderung seines Verhörs wurde von seinen Freunden aufbewahrt. Der englische Lutherschüler William Tyndale († 1536), der Bibelübersetzer und Blutzeuge der Reformation, ließ sie später im Druck verbreiten, um weitere Kreise für die Reformation zu gewinnen.

Engl. Übersetzung: The Examination of William Thorpe, penned with his own hand. The Acts and Monuments of John Foxe . . . by the *Rev. George Townsend* III (1844) 255, 278 f.; für die Daten vgl. *A. B. Emden,* A Biographical Register of the University of Oxford to A. D. 1500 III (1959) 1870.

... Und der Erzbischof sagte zu mir: „Kurzum, ich will, daß du mir jetzt hier schwörst, daß du alle von den Lollarden vertretenen und ihnen zur Last gelegten Lehrmeinungen fallenläßt, so daß du von jetzt an keine der Meinungen weder insgeheim noch öffentlich vertreten wirst, die ich dir (nach deinem Schwur) vorsprechen werde. Auch sollst du keinen Mann oder keine Frau begünstigen, die eine dieser Meinungen vertritt, vielmehr sollst du dich, soweit du weißt und kannst, zwingen, allen solchen Störenfrieden der heiligen Kirche in jeder Diözese, in die du kommst, Widerstand zu leisten. Und diejenigen, die von ihren falschen und verdammenswerten Lehren nicht lassen wollen, sollst du ausfindig machen und sie und ihre Namen an die Öffentlichkeit bringen und sie dem Bischof, ihrer Diözese oder seinen Leuten anzeigen. Und außerdem will ich, daß du nicht mehr predigst, bis ich durch gutes und glaubwürdiges Zeugnis weiß, daß dein Wandel derart ist, daß du dich mit Herz und Mund übereinstimmend gegen die Laienlehre richtest, die du vorher hier vorgebracht hast."

Als ich diese Worte hörte, dachte ich in meinem Herzen, daß dies eine unrechte Zumutung sei, und hielt mich für gottverdammt, wenn ich darauf einginge. Und ich dachte, wie Susanna sagte: „Angst ist mir auf allen Seiten." Und da ich still blieb und nichts redete, sagte der Erzbischof zu mir: „Antworte so oder so." Und ich sagte: „Sir, wenn ich ja sagte zu dem, was Ihr mir vorhin gesagt habt, würde ich ein Ankläger oder ein Spion aller Bischöfe und der Büttel ganz Englands. Denn wenn ich auf solche Weise die Namen von Männern und Frauen ausfindig und bekanntmachen wollte, würde ich viele Menschen hintergehen, ja, Sir, ich würde wahrscheinlich, nach dem Urteil meines Gewissens, Männern und Frauen damit den Tod bringen, leiblich und geistlich. Denn von den vielen Männern und Frauen, die sich jetzt auf dem Wege des Heils befinden — wenn ich sie, weil sie ihren Glauben

lernen und lesen, den Bischöfen und ihren erbarmungs-
losen Leuten anzeigen würde, weiß ich teilweise durch
Erfahrung, daß sie durch Verfolgung oder auf andere
Art so verwirrt und gepeinigt würden, daß viele von
ihnen, denke ich, lieber den Weg der Wahrheit verlassen, als behelligt, verachtet, geschmäht oder bestraft
zu werden, wie die Bischöfe und ihre Leute jetzt tun,
um Männer und Frauen zu ihrer Meinung zu zwingen.

Aber ich finde keine Stelle in der Heiligen Schrift
dafür, daß dieses Amt, das Ihr mir jetzt übertragen
wollt, einem Priester der Gefolgschaft Christi oder
irgendeinem Christenmenschen ansteht, und darum
wäre mir das, wollte ich es tun, eine lästige Fessel
und eine qualvolle Bürde. Denn ich nehme an, wenn
ich so handelte, würden mir viele Männer und Frauen,
Sir, mit Recht zu meiner Schande sagen, ich sei ein
Verräter an Gott und an ihnen, denn ich denke, viele
Männer und Frauen schenken mir in diesem Falle
Vertrauen, daß ich ihnen das um mein Leben nicht
antun würde. Denn wollte ich es tun, so würden
viele Männer und Frauen sagen, daß ich falsch und
feige die Wahrheit verlassen und das Wort Gottes
schändlich geschmäht habe. Denn wenn ich hier Euerem
Willen folgen wollte, um alles Guten oder Bösen in
meinem Leben, so sagt mir mein Gewissen, daß ich
den Fluch Gottes und aller Heiligen verdient hätte:
Davor möge mich und alle Christen Gott der Allmächtige behüten jetzt und immerdar um seines Namen
willen" ...

... Da sagte der Erzbischof: „Euere verfluchte Sekte
bemüht sich heftig und mit Freuden, die Rechte und
Freiheiten der Kirche zu bestreiten und zu zerstören."
— Und ich sagte: „Sir, ich weiß niemand, der sich so
heftig wie diese Sekte, die ihr tadelt, darum bemüht,
Ruhe und Frieden in der Kirche zu stiften, denn den
Hochmut, die Begehrlichkeit und die Simonie, welche
die Kirche in Verwirrung bringen, haßt diese Sekte,
und sie bemüht sich, alle anderen Menschen ebenfalls
zur Demut, zu freiwilliger Armut und Liebe und freier
Verwaltung der Sakramente zu bewegen. Diese Sekte
liebt das und tut das und bemüht sich mit aller Kraft,

alle anderen Menschen dazu zu bringen. Denn alle diese Tugenden verdanken alle Glieder der heiligen Kirche ihrem Haupt Christus".

Da sagte ein Geistlicher zu dem Erzbischof: „Sir, es ist spät am Tage, und Ihr habt heute abend einen weiten Ritt vor Euch, darum macht ein Ende mit ihm, denn er wird kein Ende machen, sondern je mehr Ihr Euch bemüht, Sir, ihn auf Euere Seite zu ziehen, desto hartnäckiger wird er und desto weiter entfernt er sich von Euch."

Da sagte Malvern zu mir: „William, knie nieder und bitte Mylord um Gnade und laß alle deine Phantasien und werde ein Sohn der heiligen Kirche."

Und ich sagte: „Sir, ich habe den Erzbischof oft darum gebeten und bitte ihn noch um der Liebe Christi willen, er möge seinen Zorn fahren lassen, den er wider mich hat, und möge mir gestatten, so gut ich weiß und vermag, mein Priesteramt auszuüben, das mir von Gott übertragen ist. Denn ich will nichts als Gott zu Gefallen dienen in meinem Stand."

Und der Erzbischof sagte: „Wenn du dich jetzt hier gutartig in Demut unterwirfst und dich fortan nach meiner Weisung richtest und in Demut und gutwillig meinem Befehl gehorchst, so wird dies das Nützlichste und Beste für dich sein. Darum halte mich nicht länger hin. Sage ja oder nein zu dem, was ich dir jetzt hier in Kürze gesagt habe."

Und ich sagte zu dem Erzbischof: „Sir, müssen wir glauben, daß Jesus Christus war und ist wahrer Gott und wahrer Mensch?" — Und der Erzbischof sagte: „Ja." — Und ich sagte: „Sir, müssen wir glauben, daß das ganze Leben und die Lehre Christi in jedem Punkt wahr ist?" — Und der Erzbischof sagte: „Ja." — Und ich sagte: „Sir, müssen wir glauben, daß das Leben der Apostel und das Leben Christi und aller Propheten wahr ist, welches in der Bibel beschrieben ist zum Heil und zur Rettung der guten Menschen?" — Und er sagte: „Ja." — Und ich sagte: „Sir, müssen alle Männer und Frauen, so gut sie es wissen und vermögen, ihr ganzes Leben vor allem nach der Lehre Christi und auch nach der Lehre und dem Leben seiner Apostel und Propheten ausrichten, soweit es Gott gefällig ist und der Erbauung der Kirche dient?" — Und er sagte: „Ja." — Und ich sagte: „Sir, muß die Lehre, der Befehl oder der Rat eines Menschen angenommen und befolgt werden, ohne daß diese Lehre, diese Befehle oder dieser Rat vor allem durch das Leben und die Lehre Christi oder durch das Leben und die Lehre seiner Apostel und Propheten gestattet und bestätigt sind?" — Und der Erzbischof sagte zu mir: „Eine andere Lehre darf man nicht annehmen, noch sollen wir dem Befehl oder Rat irgendeines Menschen folgen, es sei denn, daß wir sehen, daß sein Befehl oder Rat mit dem Leben und der Lehre Christi und seiner Apostel und Propheten übereinstimmt." — Und ich sagte: „Sir, sind nicht alle Lehren, Befehle und Ratschläge der Heiligen Mittel und Heilmittel zum Widerstand gegen die heimlichen und offenen Versuchungen des Teufels und ebenso Wege und Heilmittel, um die Hoffart und alle anderen Todsünden und ihre Abkömmlinge zu überwinden, und erhabene Mittel zum Erwerb der Gnade, um alle fleischlichen Lüste und Regungen zu bekämpfen und zu besiegen?" — Und der Erzbischof sagte: „Ja." — Und ich sagte: „Sir, was immer Ihr oder sonst jemand mir befiehlt oder rät nach dieser Lehre, will ich, so gut ich weiß und kann, mit Gottes Hilfe demütig von Herzen befolgen."

Und der Erzbischof sagte zu mir: „So unterwirf dich demütig und willig dem Befehl der heiligen Kirche, wie ich dir zeigen will."

Und ich sagte: „Sir, nach dem, was ich jetzt hier vor Euch vorgebracht habe, will ich jetzt freudig Christo gehorchen, dem Haupt der heiligen Kirche, und der Lehre, den Befehlen und Ratschlägen eines jeden ihm wohlgefälligen Gliedes."

Da schlug der Erzbischof mit der Hand auf den Schrank und sprach mit Nachdruck: „Bei Jesu, wenn du diese Zusätze nicht wegläßt und dich jetzt nicht hier ohne Vorbehalt meinem Befehl unterwirfst, bevor ich diesen Ort verlasse, so will ich dich so dingfest machen wie nur irgendeinen Dieb im Gefängnis von

Lantern. Überlege dir jetzt, was du tun willst." Und
dann trat er wie erzürnt vom Schrank, wo er stand,
zum Fenster ...


## Die Leuchte des Lichts (um 1410)

In einer einzigen Handschrift ist „Die Leuchte des Lichts"
der systematischen Vernichtung der umfangreichen und
weitverbreiteten religiösen Literatur der Lollarden durch die
Kirche entgangen. Ihr Verfasser, ein theologisch durchgebil-
deter Wyclifit, ist unbekannt. In einfachen, aber breit aus-
geführten, zum Teil erbaulich gehaltenen Darlegungen faßt
er auf eigene Weise die Grundsätze der Lollarden zusammen,
um ihnen während der jetzt andauernden Verfolgung Mut
zuzusprechen. Der Antichrist, der die Einheit der Kirche
zerstört und sich die Binde- und Lösegewalt in der Kirche
angemaßt hat, ist der Papst. Das Fundament der Kirche, der
Gemeinschaft der Gläubigen, ist die Heilige Schrift. Die vornehmste Pflicht des Priesters ist die Predigt des Gesetzes
Gottes (God's law). Dagegen ist jede Art geistlicher Dienstleistung um Geld verboten. Wallfahrten, Bilderverehrung
und kostbarer Kirchenschmuck sind wider das Gesetz.
Schwören und Eidesleistung verstoßen gegen die Lehre
Christi.

Mittelengl. Text mit Einleitung: The Lanterne of Light, ed.
by *Lilian M. Swinburn*, Early English Text Society Or. Series
151 (1917) 2 ff., 48—67, 136 f.


### *Prolog*

Gott, der gut ist in sich, schön in seinen Engeln,
wunderbar in seinen Heiligen und voll Erbarmen über
die Sünder, sei uns barmherzig jetzt und immerdar
und gebe uns Gnade, den Weg der Wahrheit zu wandeln in diesen Tagen der großen Trübsal. Denn jetzt
sind viele, die in der Tugend gefestigt erschienen, von
ihrem heiligen Vorsatz abgefallen aus Furcht vor dem
Verlust weltlicher Güter und vor der Bestrafung des
Leibes, wie Christus sagt (Mt. 24, 12): *„Quoniam habun-
dabit iniquitas, refrigescet caritas multorum"*, das ist:
Die große Menge und Überfülle der Bosheit wird küh-
len oder kalt machen die Liebe vieler. Denn jetzt hat

der Teufel diese Welt erschreckt durch seinen Statthalter, den Antichrist, so daß die Menschen erschüttert werden in mancherlei Zweifeln, wie die Wogen des Meeres, und elend zerspalten sind in seltsame Meinungen, jeder mit seinem Nachbarn. Aber St. Paulus setzt eine Einheit in der ganzen Christenheit und spricht (Eph. 4, 5): *„Unus dominus, una fides, unum baptisma"*, das ist: Es gibt nur einen Herrn, den alle Menschen fürchten und lieben sollen, einen Glauben, den alle Menschen ohne Wanken glauben sollen, eine Taufe oder Christentum, das alle Menschen ohne Makel festhalten sollen. Aber ach, wie ist diese Einheit oder Einigkeit zerbrochen, daß die Menschen ohne Regel wandeln nach ihren Lüsten wie das Vieh im Korn? Gewiß hat das der böse Mensch getan, von dem Christus spricht (Mt. 13, 25): *„Inimicus homo superseminavit zizania"*, das ist: Der Feind Gottes hat das Unkraut gesät auf die Saat Jesu Christi. Dieser böse Mann ist der Antichrist, der seine Gesetze angeflickt hat wie alte Lumpen auf das reine Kleid des Evangeliums Christi und der in Bosheit wandelt wie der Schurke Judas, während Simon schläft und nicht wacht (Mt. 26, 40, 48). O du böser Mensch, gibt es irgendwen, der Seelen erretten kann außer Christus Jesus? Gott spricht durch den Mund Moses (Dtn. 32, 39): *„Percuciam et ego sanabo et non est qui de manu mea posset eruere"*, das ist: Ich will schlagen und heilen, und es ist keiner, der meiner Hand entrinnen kann. Wer hat die Schlüssel Davids, die Himmelstüren zu öffnen, und da ist keiner zu schließen und keiner zu öffnen? St. Johannes sagt (Apk. 3, 7): *„Sanctus et verus habet clavem David qui aperit et nemo claudit, claudit et nemo aperit"*, das ist: Der heilige und wahre Christus Jesus hat den Schlüssel Davids, der da öffnet und niemand schließt, und schließt und niemand öffnet, der niederschlägt, und niemand hebt auf, der aufhebt, und niemand schlägt nieder. Hiob sagt (12, 14): *„Si destruxerit, nemo est qui aedificet, si incluserit hominem, nullus est qui aperiat"*, das ist: Wenn Gott der Herr zerstört hat, kann kein anderer bauen, und wenn Gott der Herr einen ins Gefängnis setzt, kann keiner ihn erlösen noch seiner Bande entledigen. Und darum steht in der Kraft dieses Namens Jesu alles Menschenheil, wie geschrieben ist (Apg. 4, 12): *„Nec enim aliud nomen est sub celo datum hominibus, unde oporteat nos salvos fieri."* St. Petrus sagt: „Es ist kein anderer Name unter den Himmeln den Menschen gegeben außer dieser Name Jesus, in welchem wir selig werden sollen. Denn nur in der Kraft dieses Namens kommt die Erlösung der Sünden, wie geschrieben steht (Lk. 24, 47): *„Oportebat predicari in nomine eius penitenciam et remissionem peccatorum in omnes gentes"*, das ist: Es soll unter allen Völkern Buße und Vergebung der Sünden gepredigt werden im Namen Jesu. Bist du dann nicht ein böser Mensch, ein törichter Hirte, ein grausames Tier, der Sohn des Verderbens und der Antichrist selbst, der du bei dir und deinen Gliedern beanspruchst, zu binden und zu lösen, zu segnen und zu fluchen außerhalb des Namens Jesu? Menschen ohne Zahl, die dir und deinen zertrennten Gesetzen folgen, sind zertrennt von Christus Jesus und gehen blindlings mit dir zur Hölle für immer. Und das ist dermaßen zu bedauern, daß Christus darüber klagt und spricht (Joh. 5, 43): *„Ego veni in nomine patris mei et non accepistis me, si alius venerit in nomine eius, illum accipietis"*, das ist: Ich bin gekommen im Namen des Vaters, und ihr habt mich nicht angenommen; wenn ein anderer kommt in seinem Namen, den werdet ihr nehmen. Und das ist der Antichrist, wie St. Johannes Chrysostomus (zu Mt. 11, 3) sagt ... Denn wer Christum nicht annehmen will in der Strafe der Sünde, ist gedrängt und gezwungen, den Antichrist anzunehmen. Darum suchen manche in dieser Zeit der gräßlichen Dunkelheit die Leuchte des Lichts, von welcher der Prophet sagt (Ps. 118, 105, Vulg.): *„Lucerna pedibus meis verbum tuum"*, das ist: Dein Wort ist eine Leuchte meinen Füßen. Denn so weit das Licht dieser Leuchte scheint, so weit verschwinden die Dunkelheit der Sünde und die Wolken der Versuchungen des Feindes und können nicht bleiben. Und sooft die Leuchte ins Herz leuchtet, reinigt sie es von der Verdorbenheit, sie lindert und heilt geistliche Wunden, wie der Weise spricht (Weish. 16, 12): *„Neque herba neque malagma sanavit illos, sed omnipotens sermo tuus domine qui sanat universa"*, das ist: Weder Kraut noch Pflaster hat sie geheilt, aber, Herr, dein machtvolles Wort hat alles geheilt. Denn, Herr, als du starbst am Kreuz, gabst du in deinem Wort den Geist des Lebens und gabst ihm die Kraft, lebendig zu machen durch dein eigenes kostbares Blut, wie du selbst sagst (Joh. 6, 63): *„Verba que ego locutus sum, vobis spiritus et vita sunt"*, das ist: Die Worte, die ich zu euch sage, sind Geist und Leben.

### Kapitel 9: Von der Unterscheidung zwischen Gut und Böse

Niemand, der in dieser zweiten Kirche wandelt, kann diese beiden Parteien wahrhaft unterscheiden wegen ihrer Ähnlichkeit und auch, weil sie viele himmlische Dinge gemeinsam haben, denn unser Herr hat in seiner Kirche Arbeiter in seinem Weinberg, Fastende, Beter und auch Wächter. Almosengeber sind in dieser Kirche samt Predigern, und Vorleser und auch Sänger arbeiten hier und solche, die das Sakrament spenden, Leute, die das Gesetz Gottes studieren, und Männer, welche Tage der Liebe halten. Und ähnliche Diener hat der Teufel in der dritten Kirche, aber sie tun ihren Dienst auf seltsame Art. Dennoch sind sie schwer zu erkennen, darum wollen wir sie kennzeichnen, wie wundersam sie sich unterscheiden in den genannten Bedingungen.

(1) Es ist gewiß: In der Kirche Christi enthalten sich die Fastenden von ihrer Lust, um das Ungestüm ihres aufsässigen Fleisches zu zügeln und den Leib rein und keusch zu halten und ihrer Seele untertänig zu machen ...

Aber die Fastenden in der Kirche des Teufels fasten ohne Grund, einige fasten aus Heuchelei und zeigen sich bußfertig vor den Leuten; diese beschuldigt Christus in seinem Evangelium und nennt sie traurige Heuchler (Mt. 6, 16) ...

(2) Die Beter in der Kirche Christi beten mit Andacht, mit aller Kraft ihres Herzens und Mundes, und pochen mit einer vollkommenen Tat bei Gott an um

Hilfe, Erbarmen, und Vergebung für die Zeit, die sie unnütz vergeudet haben, und um Gnade und Leitung für die Gegenwart und für guten Fortschritt in der Zukunft. Sie rufen sich frisch ins Gedächtnis zurück die Freundlichkeit Gottes, wie er sie in diesem Leben geleitet und vor Unheil bewahrt hat; als hätte er nicht mehr als einen, so rettet er alle, die ihn lieben. Dann denken sie an ihre schlimmen Sünden und fühlen, daß sie mit Wissen und Willen wider Gottes Willen gehandelt haben. Sie waren unaufmerksam in seinem Dienst, und das reut sie sehr. Und wenn sie an diese Welt denken, wie sie plötzlich vergeht, und an die Qualen der Hölle, welche die Seelen der Verdammten erleiden müssen, und die Seligkeit, die Gott seinen treuen Dienern bereitet hat — sogleich finden sie eine Quelle der Reinigung, die aus dem Herzen entspringt und weiter rinnt in vielen warmen Strömen, wie Gregor sagt ..., dann finden wir Ströme von Wasser, wenn wir um alle unsere Sünden weinen, um Leib und Seele zu waschen und von der Verderbnis zu reinigen.

Aber die Beter in der Kirche des Teufels machen viel Lärm, und wenn sie ihre Lippen bewegen, kümmern sie sich um nichts, so daß die Leute ihr falsches Geschäft preisen, wie Christus im Evangelium spricht (Mt. 15, 8) ...

(3) Die Wächter in der Kirche Christi wachen in Tugend und andächtigem Gebet und meiden jeden Schlaf, denn sie wollen nicht pflichtvergessen sein. Sie halten vielmehr ihr inneres Auge wach, das treulich die Werke Gottes ansieht und dann sich erhebt, wie St. Paulus sagt: ein neuer Mensch, nach Gott gestaltet und dient ihm in diesen drei Tugenden: Gerechtigkeit, Wahrheit und Heiligkeit ...

Aber die Wächter in der Kirche des Teufels halten eine faule, fleischliche Wache; denn sie schlafen immerfort, wenn eine gute Tat getan wird, besiegt von dem tödlichen Schlaf, der sie ins Unheil stürzt ...

(4) Die Almosengeber in der Kirche Christi helfen den Notleidenden zur rechten Zeit mit der Menge ihrer Güter, wie St. Paulus sagt (2. Kor. 8, 14): *„Vestra*

*habundancia illorum inopiam suppleat*, das ist: Sehet, daß eure Menge die Not anderer stille!... In vier Dingen geben Gottes Diener verdienstlich ein Almosen: erstens suchen sie dabei Gottes Willen und tun es zu seiner Ehre, zum zweiten geben sie es von ehrlich erworbenem Gut mit reinem Gewissen, zum dritten, daß sie wissen, ihr Bruder führt ein gottgefälliges Leben, zum vierten, daß er Not leidet ohne Betrug, denn wenn eines von diesen fehlt, so verlieren sie beides: Gut und Verdienst.

Aber die Almosengeber in der Kirche des Teufels füttern viele Bösewichter wie zum Beispiel gesunde Bettelstab-Bettler und Landstreicher und solche, die ohne Grund jammern, die ihres Guts nicht bedürfen, ja, an Sänger und Gaukler und andere eitle Betrüger teilen sie freigebig ihr Gut aus und nennen das alles Almosen...

(5) Die Prediger in der Kirche Christi kommen freiwillig unter die Leute, wie Christus von der Feste des Himmels herabkam und seinen Jüngern dies zur Auflage machte (Mt. 10, 8)...

Aber die Prediger der Kirche des Teufels predigen nur zum Schein und um Gaben zu sammeln...

(6) Die Lektoren in der Kirche Christi lesen die heiligen Lesungen und achten auf ihr Lesen mit aufmerksamer Andacht, wie Hieronymus sagt... Und diese Lektoren lesen sorgfältig, was man behandeln kann und offenkundig ist in der Schrift, ohne sich zu unterbrechen und töricht etwas auszulassen, ohne etwas zu entstellen oder zu überspringen, Buchstabe, Wort oder Silbe, und sie sind einig in Liebe und tun alles in der Ordnung.

Aber die Lektoren in der Kirche des Teufels schwatzen ihre Lesungen daher, wie Häher im Käfig schwatzen, und wissen nicht, was sie bedeuten, und mühen sich viele Male für nichts, jeder wider den anderen, um der Regeln des Ordinals[1] und um viele eitler Fragen willen: Und wenn sie die Lesung verstehen oder einen Teil von Gottes Gesetz, sofern es erklärt wird, so treten sie es alsbald mit Füßen und hassen es mit ihren Taten...

(7) In der Kirche Christi sind Sänger, die himmlische Lieder singen und mit ihrer süßen Melodie Gott wohlgefallen, wie Paulus sagt in seiner Epistel an die Kolosser (Kolosser 3) ...

Aber die Sänger in der Kirche des Teufels stoßen kuriose Laute aus und was nichts ist als ein Hauch in den Wind, wie St. Bernhard weislich sagt ...

(8) Die Diener der Sakramente, die in der Kirche Christi sind, erinnern sich in aller Weisheit an die große Würde, wie diese Sakramente von Christo kommen und von seiner heiligen Passion, wie sie von seinem gesegneten Leib zum Schatz für die Kirche genommen und Salbe und Arznei für alle diejenigen kranken Glieder sind, die ihre großen Wunden urteilsfähigen Priestern Gottes entdecken und diese Sakramente in der Art gebrauchen, wie St. Paulus lehrt (1. Kor. 5, 7 f.) ...

Aber die Verwalter der Sakramente, die in der Kirche des bösen Feindes sind, verwalten und behandeln diese Sakramente unwürdig, und alle beide, Gelehrte und Laien, sind geistliche Kinder des Judas ...

(9) Diejenigen, die in der Kirche Christi studieren, studieren Tag und Nacht im Gesetz des Herrn, wie der Prophet spricht (Ps. 1, 2) ...

Aber die Studenten in der Kirche des Teufels studieren in ihren verrückten Gesetzen um Reichtums, Hochmuts und weltlicher Ehre willen so sehr, daß kaum ein Mann zu finden ist, der bei Gottes Gesetz klar und unverrückt verbleibt, vielmehr widmet er sich dem Menschengesetz, denn das schmeckt nach Gewinn, und darin studieren sie sattsam und sehr, aber an ihrem letzten Ende wird ihr Lohn sein, wie Gott durch den Propheten spricht (Jer. 17, 5 f.) ...

(10) Die Friedfertigen in der Kirche Christi bringen den Menschen zu der Ruhe, die Christus seinen Jüngern verheißen hat, als er hier unter ihnen weilte (Joh. 14, 27) ...

Aber die Friedfertigen in der Kirche des Teufels verbünden sich in einem falschen Frieden nach der Art dieser Welt, die das Evangelium Christi verdammt

(Mt. 10, 34 und Lk. 12, 51): *„Non veni pacem mittere, sed gladium"*, das ist: Ich bin nicht gekommen, sagt Christus, um einen sündhaften Frieden zu errichten, sondern um ein scharfes Schwert auszusenden und die Sünde aus der Seele des Menschen zu vertreiben. . . .

*Kapitel 13: Von der Kirche des Teufels und ihren Merkmalen*

. . . Dennoch versuche in diesem Leben, die Kirche des Teufels zu verlassen und dich mit Leib und Seele in die Kirche Jesu Christi zu begeben. Bitte ihn, der sich selbst am Kreuz willig und freudig geopfert hat, er möge, solange er Gnade und Erbarmen schenkte, uns alle erretten, wenn wir verloren sind. Denn so steht geschrieben im Worte Gottes, das er zur sündigen Seele spricht (Hhld. 6, 12): *„Revertere, revertere, sunamitis"*, das ist: Kehre wieder, kehre wieder, du sündige Seele, kehre wieder, kehre wieder, daß wir dich sehen können, denn Gott kennt deinen verfehlten Wandel und will dich nicht verlassen, wenn du wiederkehrst . . . Ihr, die ihr mit aller euerer Kraft begehrt, die Gnade Gottes zu finden und zu besitzen und sein gnädiges Antlitz in der Seligkeit zu schauen, müßt das Wasser der wahren Buße haben von eueren Herzen mit der vollen Reue des Willens, niemals in die Sünde zurückzufallen, und wenn ihr darin treu seid und diesen Bund nicht mehr brechen wollt, so will Gott nicht eueren Tod, sondern daß ihr das ewige Leben habt. Amen, Amen, so soll es sein.

[1] s. o. S. 301, Anm. 1.

# SIR JOHN OLDCASTLE († 1417)

Ein überzeugter Anhänger Wyclifs und wohl der tatkräftigste unter den adligen Beschützern der Wyclifiten war der hochangesehene Sir John Oldcastle, Lord of Cobham in Kent. Erst nach dem Tode seines Gönners, König Heinrichs IV. († 1413), wagte Erzbischof Arundel gegen ihn vorzugehen. Bei dem Verhör in St. Paul's in London, von dem das folgende Protokoll seiner Gegner Bericht gibt, verlas Oldcastle sein in englischer Sprache verfaßtes Glaubensbekenntnis, in welchem er sich hinsichtlich der Lehre vom Abendmahl und von der Buße hinlänglich orthodox zu erklären schien, Bilderverehrung und Wallfahrten jedoch ablehnte. Damit nicht zufrieden, suchten ihn seine Gegner genauer festzulegen. Nun verwarf Oldcastle allerdings die Wandlungslehre und die Heilsnotwendigkeit der kirchlichen Form der Buße, während er den Papst als das Haupt und die Hierarchie als die Glieder des Antichrists bezeichnete und ihre Schlüsselgewalt von dem Maß ihrer Verwirklichung der Nachfolge Christi abhängig machte. Daraufhin wurde er exkommuniziert und dem weltlichen Gericht übergeben, das auf Grund des berühmten, eigens gegen die Wyclifiten erlassenen Gesetzes „De haeretico comburendo" von 1401 zum Todesurteil durch Verbrennung berechtigt war. Oldcastle kam jedoch noch einmal frei. Eine Schar beherzter Londoner Bürger holte ihn aus dem Tower heraus. Erst 1417 konnte er in Wales erneut verhaftet werden. Man klagte ihn jetzt — wohl zu Unrecht — der Beteiligung an einer 1414 mißglückten Empörung der Lollarden und damit des Hochverrats an und vollstreckte das Todesurteil. Seit dem Tode Oldcastles war der politische Einfluß der Wyclifiten gebrochen.

Lat. Text: Fasciculi Zizaniorum 438 ff.


*Bekenntnis vor dem geistlichen Gericht (1413)*


. . . Doch Herr Johannes beachtete dieses Angebot nicht und lehnte es rundweg ab, um die Absolution zu bitten. Und so lenkte er das Gespräch auf andere Dinge und sagte, er wolle uns und unseren genannten Mitbrüdern sein Glaubensbekenntnis vorlesen. Er bat um Erlaubnis, erhielt sie und zog aus seinem Gewand ein Schriftstück, dessen Inhalt er ebenda öffentlich vorlas und das er uns aushändigte. Und der Inhalt der Artikel, über welche er verhört wurde, ist der folgende: „Ich, Johan Oldcastell, Ritter, Lord of Cobham, will, daß alle Christen wissen und verstehen, daß ich den allmächtigen Gott zum Zeugen anrufe, daß es mit Gottes Hilfe meine Absicht und mein Wille war, ist und sein wird, treulich und vollkommen an alle Sakramente zu glauben, die Gott der heiligen Kirche zu tun verordnet hat. Darüber hinaus, um mich in diesen vier Punkten zu erklären, glaube ich:

(1) Das allerehrwürdigste Sakrament des Altars ist der Leib Christi in der Gestalt des Brotes, und zwar derselbe Leib, wie er von der seligen Jungfrau, unserer Herrin, der heiligen Maria, geboren wurde und wie er ans Kreuz geschlagen, tot und begraben ward, am dritten Tag wiederauferstand vom Tode zum Leben, welcher Leib jetzt verherrlicht ist im Himmel.

(2) Desgleichen das Sakrament der Buße: Ich glaube, daß es notwendig ist für jedermann, der gerettet werden soll, die Sünde zu lassen und die gebührende Buße für seine vorher begangenen Sünden zu tun, mit wahrer Beichte, wahrer Reue und gebührender Genugtuung, wie Gottes Gesetz es bestimmt und lehrt, andernfalls kann er nicht gerettet werden. Solche Buße, wünsche ich, sollen alle Menschen tun.

(3) Und über die Bilder bin ich der Meinung, daß sie kein Gegenstand des Glaubens sind, sondern daß sie, nachdem der Glaube von Christus gegeben war, mit Erlaubnis der Kirche zum Kalender der Laien bestimmt wurden, um das Leiden unseres Herrn Jesus Christus und das Martyrium und das gute Leben anderer Heiliger darzustellen und in Erinnerung zu bringen. Und daß, wer immer den toten Bildern die Anbetung erweist, die Gott gebührt, oder seinen Glauben, Hoffnung und Vertrauen auf ihre anstatt auf Gottes Hilfe setzt oder dem einen mehr zugetan ist als dem anderen, hierin die große Sünde des Götzendienstes begeht.

(4) Auch nehme ich in vollem Sinne an, daß jeder Mensch auf dieser Erde ein Pilger ist zur Seligkeit oder zur Pein und daß derjenige, der während seines irdischen Wandels die heiligen Gebote Gottes nicht kennt noch kennen will noch hält und so stirbt, verdammt werden wird, mag er auch in alle Welt auf Pilgerfahrt gehen. Und derjenige, der die heiligen Gebote Gottes kennt und hält bis an sein Ende, wird gerettet, mag er auch niemals in seinem Leben auf Pilgerfahrt gegangen sein, wie die Menschen es jetzt tun, nach Canterbury, Rom oder an irgendeinen anderen Ort."

...Daraufhin haben wir, noch immer voll Mitleid und in der Hoffnung, er werde sich eines Besseren besinnen, demselben Herrn Johannes in Aussicht gestellt, wir würden ihm gewisse diesbezügliche lateinische Sätze, zu seinem besseren Verständnis aber ins Englische übersetzt, vorlegen, auf die er deutlicher antworten solle . . .:

(1) „Der Glaube und die Bestimmung der heiligen Kirche hinsichtlich des gesegneten Sakraments des Altars lautet folgendermaßen: Nachdem der Priester in seiner Messe die sakramentalen Worte ausgesprochen hat, ist das materielle Brot von vorher in den wahren Leib Christi verwandelt, und der materielle Wein Christi von vorher ist in das wahre Blut Christi verwandelt, und so bleibt auf dem Altar kein materielles Brot noch materieller Wein, welche da waren, bevor die sakramentalen Worte ausgesprochen waren. Wie glaubt Ihr diesen Artikel?

(2) Die heilige Kirche hat festgesetzt, daß jeder Mensch, der hier leiblich auf Erden lebt, einem von der Kirche verordneten Priester beichten muß, falls er zu ihm kommen kann. Was haltet Ihr von diesem Artikel?

(3) Christus hat den heiligen Apostel Petrus zu seinem Stellvertreter hier auf Erden bestimmt, dessen Sitz die Kirche von Rom ist. Und er ordnete an und gewährte, daß dieselbe Vollmacht, die er Petrus gab, auf alle Nachfolger Petri übergehen solle, welche wir jetzt Päpste von Rom nennen, kraft deren Vollmacht in den Einzelkirchen besondere Prälaten, Erzbischöfe, Bischöfe, Pfarrer und andere Rangstufen eingesetzt sind, welchen die Christen gehorchen sollen nach den Gesetzen von Rom. Das ist die Definition der heiligen Kirche. Was haltet Ihr von diesem Artikel?

(4) Die heilige Kirche hat festgesetzt, daß es notwendig ist für einen Christen, auf eine Pilgerfahrt an heilige Orte zu gehen und dort insbesondere die heiligen Reliquien der Heiligen, Apostel, Märtyrer, Bekenner und aller von der Kirche von Rom kanonisierten Heiligen zu verehren. Was haltet Ihr von diesem Artikel?"

... Sodann baten und ersuchten wir denselben Herrn Johannes sanftmütig und bescheiden, er möge uns ... eine klare Antwort geben, an erster Stelle über das Sakrament der Eucharistie. Zu diesem Artikel (1) antwortete er unter anderem folgendes: „So wie Christus hier auf Erden Gottheit und Menschheit in sich vereinte, und zwar die Gottheit verborgen und unsichtbar unter der Menschheit, die in ihm offenbar und sichtbar war, so ist im Sakrament des Altars wahrer Leib und wahres Brot, und zwar das Brot sichtbar und der Leib unter ihm verborgen und unsichtbar." Und die Lehre hinsichtlich dieses Sakraments, wie sie ihm auf dem genannten Schriftstück durch uns übergeben worden war und wie sie durch die heilige römische Kirche und die heiligen Lehrer festgesetzt ist, bestritt er ausdrücklich und sagte, das sei nicht oder werde die Bestimmung der Kirche nicht sein. Vielmehr, wenn das die Bestimmung der Kirche ist, sagte er, ist sie gegen die Heilige Schrift festgesetzt, nachdem die Kirche mit weltlichem Gut ausgestattet und das Gift in die Kirche eingedrungen sei, aber nicht vor dieser Zeit.

(2) Zum Sakrament der Buße und Beichte sagte und behauptete er dann ebenda ausdrücklich: Wenn sich jemand in einer schweren Sünde befinde, aus der er sich nicht erheben kann, so sei es nützlich und gut für ihn, einen heiligen und verständigen Priester aufzusuchen und um Rat zu fragen. Seine Sünde dem eigenen Pfarrer oder einem anderen Priester zu beichten sei, auch wenn er Gelegenheit dazu habe, nicht heilsnotwendig, weil allein durch die Reue die Sünde getilgt und der Sünder gereinigt werden könne.

(3) Zur Verehrung des heiligen Kreuzes sagte und behauptete er dann ebenda, allein der Leib Christi, der am Kreuz hing, dürfe angebetet werden, denn allein jener Leib war und ist das anbetungswürdige Kreuz. Und auf die Frage, welche Ehre er dem Bild des Kreuzes entgegenbringe, antwortete er mit ausdrücklichen Worten, er erweise ihm nur die Ehre, es gut zu reinigen und gut zu verwahren.

(4) Zur Schlüsselgewalt, zu unserem Herrn Papst, den Erzbischöfen, Bischöfen und anderen Prälaten

sagte er: „Der Papst ist der wahre Antichrist, und zwar dessen Haupt, die Erzbischöfe und Bischöfe und die übrigen Prälaten sind dessen Glieder, die Mönche sind dessen Schweif. Dem Papst, den Erzbischöfen und Prälaten darf man nur gehorchen, soweit sie in ihrem Leben, Sitten und Wandel Nachfolger Christi und Petri sind, und der Nachfolger Petri ist derjenige, der in seinem Leben besser und in seinen Sitten reiner ist, und sonst niemand."

Weiter sagte derselbe Herr Johannes mit lauter Stimme und ausgebreiteten Armen, an die Umstehenden gewandt: „Diese da, die mich richten und verdammen wollen, werden euch alle und sich selber verführen und euch in die Hölle bringen, darum hütet euch vor ihnen!" Nach diesen Worten redeten wir mit dem Ausdruck des Bedauerns auf den genannten Herrn Johannes ein und mahnten ihn, so gut wir es vermochten, er möge zur Einheit der Kirche zurückkehren und glauben und halten, was die römische Kirche glaubt und hält. Darauf antwortete er ausdrücklich, er glaube und halte nicht anders, als er vorher gesagt habe. Als wir daher sehen mußten, daß wir bei ihm offenbar nichts ausrichten konnten, gingen wir bitteren Herzens dazu über, das Urteil zu fällen . . .

## Der Bischof und der Koch,
### eine Anekdote

Lat. Text (aus dem Tschechischen): *Palacky*, Documenta 729.

Ein zuverlässiger Mann seligen Angedenkens, Nikolaus Faulfisch mit Namen, erzählte mir, er habe bei seinem Aufenthalt in England einen Koch kennengelernt, bei dem er speiste. Den habe sein Bischof gefragt, warum er gegen das Mandat die Heilige Schrift in englischer Übersetzung lese. Da habe er sich mit einem Argument aus der Heiligen Schrift verteidigt. Der Bischof fragte ihn: „Weißt du denn überhaupt, mit wem du sprichst?" — Er antwortete: „Mit

dem Bischof, einem Menschen." Darauf der Bischof:
„Du elender Laie wagst es, mich aus der Heiligen
Schrift zu belehren?" — Da antwortete jener: „Ich
weiß, daß du nicht größer bist als Christus, ich hoffe
von mir, daß ich nicht schlimmer bin als der Teufel.
Wenn aber unser gnädigster Herr Christus zuhörte,
als ihm der Teufel Schriftworte sagte (Mt. 4, 1—12),
warum willst du sie dann nicht von einem Menschen
hören, der du weniger bist als Christus?" Der Bischof
aber erzürnte und wollte nicht mit ihm sprechen. Und
so überwand der Koch den Bischof mit der Heiligen
Schrift wie Christus den Teufel.

## AUS DEM TRAKTAT WIDER DIE MYSTERIENSPIELE

Der folgende Traktat eines unbekannten wyclifitischen
Verfassers befaßt sich mit einem sonst selten behandelten
Thema. Mit Nachdruck und Geschick werden hier sechs mögliche Einwände von Befürwortern der kirchlichen Mysterienspiele widerlegt: Die Mysterien Christi, die Taten des Heilands auf Erden, sind eine so ernste und heilige Sache, daß
man mit ihnen kein Spiel treiben darf! Darum sind die
Mysterienspiele zu verwerfen. Es geht um die Ehre Gottes!
Nicht auf die Zeichen, sondern aufs Tun der Liebe kommt es
an und nicht auf eine scheinbare, sondern auf die echte Bekehrung, die nur vom Wort Gottes und von den Sakramenten
gewirkt werden kann, nicht von den Mysterienspielen. Hier
spricht sich ohne Polemik eine schlichte, strenge biblizistische
Frömmigkeit aus, die in ruhiger Gewißheit ihrer Grundsätze
über das Kirchentum ihrer Zeit hinausgewachsen war. Keiner
äußeren Verfolgung konnte es gelingen, eine solche Frömmigkeit je wieder auszulöschen. Sie erinnert an den puritanischen
Einschlag in der englischen Reformation des 16. Jahrhunderts
und von ferne gar schon an deren Weiterführung im 17. Jahrhundert.
Mittelengl. Text: A Sermon against Miracle-plays. Alt-
englische Sprachproben, . . . hg. von *E. Mätzner* I/2 (1869)
222—242.

Wisset, ihr Christenmenschen: Wie Christus Gott
und Mensch ist und der Weg, die Wahrheit und das
Leben, wie das Evangelium Johannis sagt — der Weg

für die Irrenden, die Wahrheit für die Unwissenden und Zweifelnden, Leben für die, welche müde sind von ihrem Ringen um den Eingang ins Himmelreich —, so tat Christus nichts, was nicht wirksam war auf dem Weg durch Gnade, in der Wahrheit durch Gerechtigkeit und im Leben dadurch, daß er unser beständiges Klagen und Trauern im Tale der Tränen mit ewiger Freude vergilt. Darum sind die Mysterien, die Christus hier auf Erden, sei es in eigener Person oder durch seine Heiligen, getan hat, so wirksam und ernstlich vollbracht, daß sie den irrenden Sündern die Vergebung der Sünde brachten und sie auf den Weg des rechten Glaubens führten; den unbeständigen Zweiflern brachten sie Weisheit, Gott wohlgefälliger, und die wahre Hoffnung, in Gott beständiger zu sein; und denen, die des Weges Gottes müde waren (um der Pein und des Leidens der Mühsal willen, welche sie auf diesem Weg haben müssen), brachten sie die inbrünstige Liebe, der alles leicht ist, selbst der Tod, welchen die Menschen sonst aufs höchste fürchten, und zwar um des ewigen Lebens und der Freude willen, welche die Menschen über alles lieben und ersehnen und die, wenn sie sie wahrhaft erhoffen, aller Müdigkeit hier auf dem Wege Gottes ein Ende macht. Darum, weil die Mysterien Christi und seiner Heiligen so wirksam waren, wie wir durch unseren Glauben gewiß sind, sollte kein Mensch im Spaß und Spiel von den Mysterien und Taten Gebrauch machen, die Christus so ernstlich zu unserem Heil vollbracht hat. Denn jeder, der das tut, irrt im Glauben, verkehrt Christus und verachtet Gott . . . Wahrlich, er hat uns befohlen, seinen Namen zu heiligen und seinen Werken von Herzen Furcht und Ehre entgegenzubringen, ohne Spiel oder Spott, so wie in ganz ernsten Menschen vollkommene Heiligkeit ist. Darum, wenn sie mit dem Namen von Gottes Wundern Spiel treiben, so unterlassen sie mit Willen, was ihnen Gott gebietet, und so verachten sie seinen Namen und verachten ihn selbst.

Aber hiergegen sagen sie (1), daß sie diese Mysterien zur Ehre Gottes aufführen, während die

Juden nicht so handelten, die Christum verspotteten. Auch sind oftmals, so sagen sie (2), durch solche Mysterien Menschen zu einem guten Lebenswandel bekehrt worden, da Männer und Frauen an diesen Mysterien sehen, daß durch ihren Aufzug, durch den sie einander zu böser Lust und Hochmut verführen, der Teufel sie zu seinen Knechten macht und sie und viele andere in die Hölle bringt und daß sie durch ihren stolzen Aufzug hier dereinst weit mehr Schande haben werden, als sie hier Ehre haben. Und sie sehen fernerhin (3), daß dieses ganze weltliche Treiben nichts ist als eine kurzlebige Eitelkeit, wie die Mysterien es sind, wodurch sie ihren Hochmut fallen lassen und danach den demütigen Wandel Christi und seiner Heiligen auf sich nehmen, und so bringt das Mysterienspiel die Menschen zum Glauben und führt sie nicht davon ab. Auch werden (4) durch solche Mysterienspiele Männer und Frauen, welche die Passion Christi und seiner Heiligen sehen, zu Mitleid und Anbetung bewegt und weinen bittere Tränen, und so verachten sie Gott nicht, sondern sie ehren ihn. Auch ist es für die Menschen und für die Verehrung Gottes förderlich, alle möglichen Mittel zu gebrauchen und zu suchen, wodurch sie die Sünde fliehen und Tugend annehmen, und während es Leute gibt, welche nur durch eine ernste Tat zu Gott bekehrt werden, sind doch auch andere da, die nur durch Spiel und Spaß zu Gott bekehrt werden wollen, und da heutzutage die Menschen nicht durch eine ernste Tat Gottes oder der Menschen bekehrt werden, ist es an der Zeit und richtig, wenn man versucht, das Volk durch Spiel und Spaß, wie zum Beispiel durch Mysterienspiele und andere Arten von Vergnügen, zu bekehren. Auch müssen (5) die Menschen irgendein Vergnügen haben, und es ist besser oder doch weniger schädlich, wenn sie sie hier an den Mysterienspielen haben als an der Aufführung von anderen Späßen. Desgleichen (6): Da es erlaubt ist, die Mysterien Gottes gemalt abzubilden, warum soll es dann nicht ebenso erlaubt sein, sie aufzuführen, da doch die Menschen den Willen Gottes und seine wunderbaren Taten durch deren

Aufführung besser wahrnehmen können als durch
deren Abbildung. Und sie werden durch die Aufführung besser dem Gedächtnis der Menschen eingeprägt
und öfter wiederholt als durch die Abbildung, denn
diese ist ein totes Buch, jene ein lebendiges.

(1) Auf den ersten Einwand entgegnen wir, daß
solche Mysterien nicht der Ehre Gottes dienen, denn
sie werden eher dazu aufgeführt, daß die Welt sie
sieht und Gefallen an ihnen findet als daß Gott sie
sieht und Gefallen an ihnen findet; so wie uns
Christus kein Beispiel für sie gab, sondern nur die
Heiden, welche Gott immerdar entehren und zur Ehre
Gottes das zu sagen meinen, was ihm zur Schmach
gereicht. Wie daher die Bosheit des Unglaubens der
Heiden sich selbst belügt, wenn sie behaupten, daß
ihr Götzendienst Gottesdienst ist, so belügt die Lust
der Menschen heutzutage sich selbst, wenn sie sagen,
solche Mysterienspiele dienen der Ehre Gottes. Denn
Christus sagt, daß das ehebrecherische Geschlecht
solche Zeichen sucht, wie ein Unzüchtiger Zeichen
wahrer Liebe sucht, aber keine Taten wahrer Liebe.
Da diese Mysterienspiele nur Zeichen der Liebe sind
ohne Taten, sind sie nicht nur der Ehre Gottes zuwider,
die sowohl auf Zeichen als auch auf der Tat beruht,
sondern sie sind Ränke des Teufels, um die Menschen
zum Glauben des Antichrists zu verführen, so wie die
Worte der Liebe ohne wahre Tat nur Ränke des Unzüchtigen sind, womit er seinen Mitmenschen verführt,
um seine Unzucht zu vollbringen.

(2) Und was das zweite Argument betrifft, sagen
wir . . .: Ein Mysterienspiel kann, obwohl es Sünde
ist, zum Anlaß der Bekehrung werden, aber da es Sünde
ist, ist es weit mehr ein Anlaß, Menschen zu
Fall zu bringen, nicht nur den einzelnen, sondern eine
ganze Gemeinschaft, da es ein ganzes Volk in Eitelkeit verstrickt gegen das Gebot des Psalters, was allen
Menschen und namentlich den Priestern befiehlt, die
es jeden Tag zu ihrem Gottesdienst lesen: „Wende
meine Augen ab, daß sie keine Eitelkeiten sehen"
(Ps. 119, 37) und wiederum „Herr, du hassest, die da
halten Eitelkeiten" (Ps. 31, 7) . . . Diejenigen, die

da sagen: „Laßt uns ein Spiel vom Antichrist und vom Jüngsten Tag spielen, auf daß dadurch einige Leute bekehrt werden", fallen daher in die Häresie jener, die das Wort des Apostels verdrehen und sagen: „Lasset uns Übles tun, auf daß Gutes daraus komme; welcher Verdammnis", wie der Apostel sagt, „ist ganz recht" (Röm. 3, 8).

(3) Die dritte Begründung beantworten wir, indem wir sagen: Ein solches Mysterienspiel gibt keinen Anlaß zu echtem und notwendigem Wehklagen. Denn das Wehklagen, das beim Anblick solcher Mysterienspiele über Männer und Frauen kommt und nicht vornehmlich aus ihren Sünden und aus ihrem Glauben und ihrer inneren Trauer entspringt, sondern mehr aus dem äußeren Anblick ohne Trauer, ist vor Gott nicht recht, sondern vielmehr tadelnswert. Denn da Christus die Frauen tadelte, die bei seiner Passion über ihn weinten, sind diejenigen, welche über ein Spiel von der Passion Christi weinen, weit mehr zu tadeln, weil sie nicht um ihrer und ihrer Kinder Sünden willen weinen, wie Christus den Frauen befahl, die über ihn weinten.

(4) Und folgendermaßen beantworten wir die vierte Begründung und sagen: Nur durch die ernste Tat Gottes wird jemand zu Gott bekehrt, nicht durch eitles Spiel, denn wenn das Wort Gottes oder seine Sakramente das nicht bewirken können, wie sollte das Mysterienspiel es bewirken, welches keine Kraft besitzt, sondern ganz mangelhaft ist? . . . Darum sind Priester, welche sich heilig nennen und sich mit solchen Spielen abgeben, wahrhaft Heuchler und Lügner.

(5) Das fünfte Argument beantworten wir folgendermaßen: Wahres Vergnügen ist rechtmäßig, wenn es sich zum Ziel setzt, statt böser Taten mit brennendem Eifer größere Taten zu tun, und darum ist die Darstellung oder auch der Anblick solcher Mysterienspiele kein wahres Vergnügen, sondern falsch und weltlich, wie die Taten der Befürworter solcher Spiele beweisen . . . Und wenn man fragt, welches Vergnügen der Mensch nach seiner heiligen Anbetung in

der Kirche haben soll, so sagen wir zwei Dinge, einmal: wenn er zuvor aufrichtig angebetet hätte, so würde er weder diese Frage stellen noch hätte er den Wunsch, Eitelkeit zu sehen; zum anderen sagen wir: sein Vergnügen sollten die Werke der Barmherzigkeit an seinen Mitmenschen sein und die Freude an jeglichem gutem Verkehr mit ihnen, so wie er sich vorher an Gott gefreut hat, ebenso seine Freude an allen notwendigen Werken, die von Vernunft und Natur gefordert sind.

(6) Und zum letzten Argument sagen wir, daß gemalte Bilder, sofern sie der Wahrheit entsprechen und nicht mit Falschheit vermischt und nicht zu kurios sind, um die Sinne der Menschen zu füttern, und dem Volk keinen Anlaß zum Götzendienst geben, für einen Gelehrten nur gleichsam Buchstaben sind, mit denen er die Wahrheit lesen kann. Mit den Mysterienspielen verhält es sich aber nicht so, welche viel eher ein leibliches Vergnügen sind als „Laienbücher", und darum sind sie, sofern sie „lebendige Bücher" sind, eher lebendige Bücher des Bösen als des Guten. Gute Menschen sind sich daher bewußt, wie ihre Zeit zu kurz ist für gute, ernste Taten und wie der Tag der Rechenschaft rasch herbeikommt, und da sie den Tag ihres Abscheidens nicht kennen, fliehen sie solche Eitelkeit in dem Wunsch, mit Christus, ihrem Gemahl, in der Seligkeit des Himmels zusammenzusein.

Ein halber Freund, der weniger eifrig ist für sein Seelenheil, der das Böse entschuldigen möchte und, wie Thomas von Indien, schwer zu überzeugen ist, erklärt, er wolle die besagte Meinung vom Mysterienspiel nur dann aufgeben, wenn man ihm das mit der Heiligen Schrift und mit unserem Glauben beweist. Damit aus der halben Freundschaft eine ganze werde, bitten wir ihn, zuerst das zweite Gebot Gottes zu betrachten, das da lautet: „Du sollst Gottes Namen nicht mißbrauchen!" . . .

Darum, mein Freund, ist das Mysterienspiel heute ohne Zweifel nichts anderes als die zuverlässige Androhung einer Strafe, die plötzlich über uns kommen wird. Und darum, lieber Freund, wollen wir weder unsere Sinne noch unser Geld auf das Spiel von Mysterien verwenden, sondern wir wollen sie tun in der Tat, in großer Furcht und Pein, denn wahrlich, das Wehklagen und die leibliche Andacht darin sind nichts anderes als die Hammerschläge ringsum, die den Nagel unserer Furcht vor Gott und dem Jüngsten Tag austreiben und den Weg Christi schlüpfrig und schwer für uns machen, wie Regen auf Erde und Löß. Darum, mein Freund, wenn wir überhaupt spielen wollen, so laßt uns spielen wie David vor der Lade Gottes, und wie er sprach vor seiner Frau Michal, die sein Spiel verachtete, weshalb er zu ihr sagte: „So wahr der Herr lebt, ich will vor dem Herrn spielen, der mich erwählt hat vor deinem Vater und vor allem seinem Hause, daß er mir befohlen hat, ein Fürst zu sein über das Volk des Herrn, über Israel, und ich will noch geringer werden denn also und will niedrig sein in meinen Augen, und vor den Mägden, von denen du geredet hast, werde ich ehrenvoller erscheinen" (2. Sam. 6, 21). Dieses Spiel hat drei Teile: Der erste ist: Gewahrwerden, in wie vielen Dingen uns Gott mehr Gnade verliehen hat als unseren Nachbarn, auf daß wir ihm um so mehr Dank sagen, indem wir seinen Willen tun und mehr auf ihn trauen im Angesicht allerlei Tadels unserer Feinde. Der zweite ist: beständige Ergebung in Gottes Allmacht und niedrig und gering erscheinen in den Augen der Welt, wie Christus und seine Apostel und wie David sprach. Der dritte Teil ist: Vor uns selbst niedriger erscheinen als vor anderen und am wenigsten auf uns selbst setzen, da wir unsere eigenen Sünden besser kennen als diejenigen anderer. Und dann werden wir vor allen Heiligen des Himmels und vor Christus am Jüngsten Tag und in der Seligkeit des Himmels um so herrlicher erscheinen, je besser wir die besagten drei Teile spielen. Die Heilige Dreieinigkeit verleihe uns, diese drei Teile hier recht zu spielen und dereinst in den Himmel zu kommen. Amen.

# WILLIAM TAYLOR († 1423)

Unter der zweiten Generation der Wyclifiten nahm William Taylor, Prinzipal von St. Edmund Hall in Oxford, eine führende Stellung ein. Seit Jahren exkommuniziert, wurde er erst 1417 in seiner Heimat Worcestershire verhaftet und nach wiederholter Freilassung und Verhaftung schließlich am 2. März 1423 hingerichtet. Am Tage vorher hatte ihn Erzbischof Chichele von Canterbury in der St. Paul's Cathedral in London feierlich degradiert.

Inzwischen waren die Lehren von Wyclif und Hus auf dem Konzil von Konstanz durch die Gesamtkirche verurteilt worden. So ging man jetzt nach langen Jahren mit Wyclif auch noch äußerlich ins Gericht. Seine Gebeine wurden in Lutterworth aus dem Grab geholt und verbrannt. Die Asche wurde in den Swift gestreut (1428). Wyclifs Gedanken aber lebten weiter. Sie trugen wesentlich dazu bei, nicht nur der englischen Reformation des 16. Jahrhunderts den Weg zu bereiten. Schon vorher wirkten sie unmittelbar auf die Reform der Kirche in Böhmen ein.

Lat. Text: Fasciculi Zizaniorum 412 f. — Datierung nach *A. B. Emden*, A Biographical Register of the University of Oxford to A. D. 1500 III (1959) 1852.

## Neun Sätze (verurteilt 1423)

Erwähnung verdient, daß William Taylor, Magister und Priester, durch Herrn Heinrich, von Gottes Gnaden Erzbischof von Canterbury, im Beisein der ehrwürdigen Väter und Bischöfe von London, Lincoln, St. David's, Herford und Rochester in der St.-Paul's-Kirche zu London durch definitiven Spruch verurteilt, degradiert, dem weltlichen Arm übergeben und auf dem Smithfield verbrannt wurde am 2. März 1422, im ersten Regierungsjahr König Heinrichs VI. Seine Sätze und Häresien waren die folgenden:

(1) Jedes Gebet, das eine Bitte um eine übernatürliche oder gnadenhafte Gabe enthält, ist ausschließlich an Gott zu richten.

(2) Jedes Gebet ist ausschließlich an Gott zu richten.

(3) Ein Gebet an ein Geschöpf zu richten, ist Götzendienst.

(4) Niemals dürfen die Gläubigen ihre Gebete an Gott im Hinblick auf seine Menschheit richten, sondern allein im Hinblick auf seine Gottheit.

(5) Die bürgerliche oder weltliche Herrschaft, welche meiner Meinung nach identisch ist mit der bürgerlichen, ist so unvollkommen, daß sie sich auf keinen Fall mit der priesterlichen Vollkommenheit verträgt. Und auf keinen Fall war es der Wille Christi, daß die Priester der Kirche eine solche Herrschaft ausüben.

(6) Es ist nicht Gottes Wohlgefallen, sondern nur seine Zulassung, daß König und Fürsten, gleichviel, wie rechtschaffen sie sind, bürgerliche Herrschaft über ihre Untertanen und ihre weltlichen Reiche oder Besitztümer ausüben.

(7) Die gewöhnliche Art des Bettels der Bettelmönche ist ganz und gar schädlich und verdammenswert.

(8) Wer dem heiligen Kreuz Christi oder irgendeinem Heiligen eine Gabe darbringt, begeht Götzendienst.

(9) Mögen auch einige der genannten Sätze durch das allgemeine Konzil zu Konstanz verdammt und verworfen sein, so sind sie dennoch nicht minder wahr katholisch und approbiert durch das Gesetz unseres Herrn Jesu Christi.

# VII. DIE HUSSITISCHE REFORMBEWEGUNG

## Jan Hus († 1415)

Über eine lebendige Brücke fanden Wyclifs Reformgedanken ihren Weg auf den Kontinent. Seit der Heirat Richards II. von England mit Anna von Böhmen (1382) wanderten Prager Scholaren und Studenten in großer Zahl zum Studium nach Oxford. Sie brachten von dort die Schriften Wyclifs in ihre Heimat mit, wo sie um so begieriger aufgenommen wurden, als hier die böhmischen Reformprediger (s. o. S. 203 ff.) den Boden bereitet hatten. Mit den Prager Reformgesinnten war während seiner Studien- und Lehrzeit auch Jan Hus aus Husinec in Südböhmen in Berührung gekommen. Jetzt wurde er auch mit den Schriften Wyclifs bekannt. Hus wurde Prediger (1402) an der Bethlehemskapelle in Prag, wo die tschechische Volkspredigt ihren Mittelpunkt hatte. Vom Erzbischof zum Synodalprediger ernannt, machte sich Hus seine Mitkleriker durch den Tadel an ihrem ungeistlichen Wandel zu Feinden. Sie klagten ihn als Anhänger der immer heftiger umstrittenen Lehren Wyclifs an. Hus seinerseits schritt unter dem Einfluß Wyclifs von der moralischen Reformpredigt zur Kritik an der Hierarchie und an kirchlichen Einrichtungen fort: er verwarf Papsttum, Ablaß, Mönchtum und Heiligenverehrung und forderte die Erneuerung der Kirche auf Grund des Gesetzes Christi (Lex Christi) nach dem Vorbild der Urkirche. Das auf ihn abzielende Predigtverbot (1410) mißachtete er als die antichristliche Unterdrückung des vornehmsten Mittels zur Kirchenreform. Sein Widerspruch gegen die Kirche steigerte sich aufs höchste, als Papst Johannes XXIII. zur Finanzierung des Krieges gegen einen politischen Gegner Ablässe verkaufen ließ (1412). Von der Kurie gebannt, appellierte Hus an Christus. Freiwillig verließ er das vom Interdikt bedrohte Prag. Die Summe seiner Reformgedanken legte er jetzt in seinem Buch „Von der Kirche" (1413) nieder. Im Widerspruch zu der Zusicherung freien Geleits durch König Sigismund wurde Hus auf dem Konzil von Konstanz in strenger Haft gehalten, nach wiederholten Verhören als Ketzer zum Tode verurteilt und am 6. Juli 1415 hingerichtet. Mehr Prediger und Parteimann als der gelehrte Wyclif, machte sich Hus, wie viele andere unter seinen Freunden, auf seine Weise gewisse Teile des umfassenden theologischen Systems Wyclifs zu eigen; den Widerspruch Wyclifs gegen die Transsubstantiationslehre teilte er nicht. Dadurch, daß er bis in den Tod hinein an den Grundgedanken der Reform festhielt, wurde Hus alsbald zum Helden und zum Heiligen der nun stürmisch losbrechenden böhmischen Reformbewegung. Hier sollten die Gedanken Wyclifs, verkürzt, vereinfacht und z. T. durch die endzeitlichen Elemente aus der älteren böhmischen Reformpredigt verschärft, eine ungeahnte, umwälzende Verwirklichung erleben.

Lat. Texte: (Predigt 22. XII. 1410) Mag. Jo. Hus Sermones in Bethlehem, hg. von *V. Flajšhans,* Věstník Královské České Společnosti Nauk, Třída filosoficko-historicko-filologicka 1939, 100—104; (Streit um Wyclif) *Palacky* 725 f.; De ecclesia, hg. von *S. H. Thomson* (1956) 157—169; (Gersons Exzerpte) *Palacky* 185—188; (Briefe) *Palacky* 93 f., 124 ff.

Lit.: (Forschungsbericht) *F. Seibt,* Hus und die Hussiten in der tschechischen wiss. Literatur seit 1945, Zeitschr. für Ostforschung 7 (1958) 566—590; *Hauck* V, 907—950, 1002—1016; *G. V. Lechler,* Johannes Hus (1889); *J. Loserth,* Hus und Wiclif (2. Aufl. 1925); *M. Vischer,* Jan Hus (1955); *P. de Vooght,* L'hérésie de Jean Huss (1960); *ders.,* Hussiana (1960).


## Aus den Predigten


### Bileam und Bileams Esel (1410)

... Aber auch sein Name Bileam, das ist übersetzt: „Eitles Volk" oder „Der sie zu Fall bringt", stimmt damit überein, denn es ist offenbar: Wer den Weg der Wahrheit kennt und mit Willen verläßt, ist nichts als „eitles Volk". Christus nämlich befahl, an allen Orten zu predigen, auf dem Meer, in den Dörfern, auf den Plätzen (Mk. 16, 15): „Gehet hin in alle Welt und prediget das Evangelium aller Kreatur." Diese Bileamssöhne aber sagen dagegen: „Prediget nicht in Kapellen!", und gegen das Gebot des Herrn verhindern sie die Predigt in bestätigten Kapellen ... Und weiter: „Die zu *Fall* bringen" ihre Hörer ..., denen sie nichts Heilbringendes predigen, was zu ihrer Besserung dient, sondern Irriges, was ihnen Spaß macht: das ist der „*Fall*". Sie sagen: „Gebt uns nur Geld, so sollt ihr Vergebung von Strafe und Schuld bekommen!" Und das verblendete Volk gibt ihnen Geld und sündigt immer mehr. Und das Evangelium Christi lassen sie fahren, aber ihre Ablässe, die ihnen hilfreiche Hände gewährt haben, teilen sie aus. Und sie sagen ihnen nicht zuerst, wie Christus sprach: „Tut Buße" und „Es wird das Himmelreich" zu euch „kommen" (Mt. 4, 17) ...

... Da könnte nun einer sagen: Aber du, Hus, willst deinen Oberen nicht untertan sein. Du hörst nicht auf die Ältesten (1. Petr. 5, 5), du hast doch dem Erzbischof ... — Darauf sage ich: Ich will Bileams Eselin sein. Denn die Bileamsprälaten sitzen auf mir und wollen mich gegen das Gebot des Herrn zwingen, nicht zu predigen, ich aber klemme ihnen die Füße ihrer Lust ein und will sie nicht hören. Doch in allen erlaubten und ehrbaren Dingen werde ich ihnen um Gottes willen untertan sein. Denn der Engel des Herrn steht mir im Wege. Wenn mir mein Vorgesetzter etwas Schickliches und mit Gottes Willen Übereinstimmendes sagt, so will ich ihm sehr gerne gehorchen. Nein, nicht nur ihm, sondern einem jeden von euch, denn der Apostel sagt (1. Petr. 5, 5): „Seid untertan" in der Tugend. Wenn es aber etwas wider Gottes Willen ist, so will ich keinem gehorchen. Darum sagt er weiter: „Haltet fest an der Demut", das ist: Zeiget in Demut, „daß Gott den Hoffärtigen widersteht, aber den Demütigen gibt er Gnade". So mögen sich die Vorgesetzten demütigen und sagen, daß überall gepredigt wird, und sie mögen mir befehlen, überall zu predigen; ich will ihnen gerne gehorchen ...

... Aber du könntest entgegnen: „Ich will lieber Barmherzigkeit üben als tadeln!" — „Nein, es ist nicht Liebe, sondern Schwäche, wenn die Bösen nicht getadelt werden ..."

... Aber sie sagen: „Da die Oberen nicht tadeln, warum sollte ich es tun?" — Ich antworte: „Gott tadelt mit der Schrift und hat sie den Untergebenen anvertraut. Wenn dein Vorgesetzter in die Hölle

fahren will, willst du es auch? — Die Schrift ist dein
Widersacher. Wenn du mit der Schrift übereinstimmst,
so stimmst du mit Christus überein; wenn du aber
nicht mit der Schrift übereinstimmst, so wird dich die
Schrift dem Richter, das ist: Gott, überantworten, und
der Richter wird dich weiter überantworten den Henkern, das sind die Dämonen."

### Der Streit um Wyclif
### Gegen den Kreuzzug des Papstes
#### (um 1412/13)

Die Prälaten haben von Papst Johannes XXIII. eine
Bulle erlangt, worin er mit beredten Worten befiehlt,
die schlechten und die guten Bücher des Magisters
Johannes Wiclef zu verbrennen. Sie sind nämlich
sehr erzürnt darüber, daß er darin über die Simonie,
über den Hochmut, über die Schamlosigkeit und über
die Habsucht geschrieben hat. Am meisten aber zürnen sie ihm, weil er sie Bettler nennt, die nicht herrschen dürfen wie die weltlichen Herren, sodann weil
er schreibt, die Laien dürften, mit Recht und gut bera-
ten, den Priestern, sofern sie ein böses Leben führen
und ihre Fehler nicht ablegen wollen, ihre Güter wegnehmen und den Zehnten verweigern, damit sie keine
Gelegenheit zur Sünde mehr haben. Diese seine
Worte haben einige Doktoren, Stiftsgeistliche, Weltgeistliche und Mönche zu Prag im Rathaus verurteilt,
aber viele Magister, und zwar fast die Mehrzahl von
ihnen, sowie die Kollegenschaft der Baccalaren und
der Studenten wollten dieser Verurteilung nicht zustimmen; vielmehr klagten die Magister auf Grund
des Zeugnisses der Heiligen Schrift die Doktoren in
der öffentlichen Schule an, im Kollegium, sie hätten
zusammen mit ihrer Anhängerschaft die Wahrheit
verdammt, und forderten sie auf, ihre Argumente aus
der Heiligen Schrift öffentlich kundzutun. Sie aber
wollten und wagten es nicht, weil sie kein Argument
zur Begründung ihrer Verurteilung hatten. Der Urheber aller dieser Streitigkeiten war jener Dr. Stephan
Paletsch, einst mein treuer und — soweit er die
Wahrheit liebte — geliebter Freund, sowie Stanislaus.

Sie wurden aber deshalb meine Gegner, weil wir
der Bulle des Papstes nicht zustimmen wollten, die
den heiligen Krieg ankündigte und jedem, der es nur
wollte, Priestern, Klöstern und Mönchen, gestattete,
König Ladislaus von Neapel und alle seine Untertanen und Bundesgenossen niederzuwerfen. In seiner
Bulle verdammte er ihn und seine Nachkommen bis
in das vierte Glied. Und vieles anderes befahl er, und
allen, die den Krieg durchführen oder durch Geld
unterstützen wollten, versprach er Vergebung der
Sünden und der ewigen Strafe. Aber der Heiland
bekehrte in seinem Erbarmen viele Magister, Priester
und Laien zur Erkenntnis der Wahrheit, so daß sie
aus vielen Gründen die Zustimmung verweigerten.
Andere aber begaben sich in Lebensgefahr, denn sie
widerstanden den Predigern, die da predigten, der
Papst sei Gott auf Erden und könne einem jeden die
Vergebung der Sünde und Strafen schenken und dürfe
mit dem Schwerte kämpfen wie ein weltlicher König.
So wurden Martin, Johannes und Staschek hingerichtet
und im Namen Gottes in der Bethlehemkapelle bestattet. Andere aber wurden ergriffen, gefoltert und
eingesperrt. Dies schreibe ich wie ein zuverlässiger
Chronist, auf daß unsere Nachkommen, falls ihnen
etwas Ähnliches zustößt, wissen, daß sich vor ihrer
Zeit schon andere mutig der Todesgefahr ausgesetzt
haben.


*Aus dem Buch „Über die Kirche" (1413)*


### Der wahre und der falsche Apostolische Stuhl

Jetzt will ich das Wort der Doktoren aufgreifen,
worin es heißt: „Dem Apostolischen Stuhl der römischen Kirche und ihren Prälaten müssen die Untergebenen in allem und jedem gehorchen, sofern darin
nicht das reine Gute verhindert oder das reine Böse
befohlen ist." Hier muß man beachten, was der
Apostolische Stuhl sei, über den viele Leute, insbeson-

dere die Lehrer des Kirchenrechts, vielerlei sagen; was der Apostolische Stuhl jedoch ist, wissen sie nicht. Denn manche meinen, das sei der hölzerne oder steinerne oder sonstwie beschaffene Stuhl des Papstes, auf welchem der Papst zu sitzen pflegt; andere sagen, das sei die römische Kurie; wieder andere, das sei der Sitz des heiligen Petrus, auf welchem er zu sitzen pflegte; andere, das sei Rom; andere, das sei die Gewalt des Papstes; andere, das sei die Kirche oder Basilika des heiligen Petrus. Indessen ist es bekannt, daß „Apostolischer Stuhl" von „apostolisch" kommt, „apostolisch" aber kommt von „Apostel", „Apostel" aber heißt „von Gott gesandt." — „Denn welchen Gott gesandt hat, der redet Gottes Worte . . ." spricht der Heiland (Joh. 3, 34). Darum sagt er auch zu seinen Jüngern (Joh. 20, 21): „Gleichwie mich der Vater gesandt hat, so sende ich euch", und zwar, um die Wahrheit zu bezeugen, das Wort des Heils zu predigen und durch Lebenswandel und Lehre dem Volk den Weg zur Seligkeit zu zeigen. Ein jeder Priester, der nicht das Seine sucht, sondern die Ehre Gottes, den Fortschritt der Kirche und das Heil des Volkes, der den Willen Gottes tut, die Ränke des Antichrists aufdeckt und das Gesetz Christi predigt, hat die Zeichen, welche beweisen, daß Gott ihn gesandt hat . . . Jeder Papst, Bischof, Priester oder Prediger muß auf diese Weise von Gott gesandt sein. Und daher sagt der Apostel (Röm. 10, 15): „Wie sollen sie predigen, wenn sie nicht gesandt werden?"

. . . Da wir nun wissen, was ein Apostel ist, können wir entsprechend wissen, was „apostolisch" ist. Denn „apostolisch" heißt, wer den Weg des Apostels beachtet. So wie als wahrer Christ derjenige bezeichnet wird, der Christo in seinem Wandel nachfolgt, so ist wahrhaft apostolisch derjenige Priester, welcher der Lehre der Apostel folgt, indem er das Leben des Apostels lebt und seine Lehre lehrt. Darum wird jeder Papst in dem Maße apostolisch genannt, wie er die Lehre der Apostel lehrt und tut. Wenn er aber die Lehre der Apostel hintansetzt und mit Wort und Tat das Gegenteil lehrt, so wird er „falscher Apostel" oder „Abtrünniger" genannt . . . Apostolischer Stuhl kann demnach genannt werden der Lebenswandel des Priesters, der mit seinem Tun das Leben des Apostels beachtet, so wie der Apostolische Stuhl das Leben des Apostels ist . . .

Unter dem Stuhl der Majestät Christi ist hingegen die Aufrichtung des ewigen Reiches zu verstehen, von dem er nicht vertrieben werden kann, und dieser Stuhl ist Christi innerer Stuhl. Sein äußerer Stuhl, auf dem er mit seiner Gnade ausruht, wohnt oder residiert, ist die Gesamtheit der Heiligen, so wie umgekehrt gilt: der Stuhl, auf dem der Satan ausruht, wohnt oder residiert, ist die Gesamtheit aller Sünder . . . Aber zu unserem Hauptthema: Der Apostolische Stuhl ist dasselbe wie der Stuhl Moses, von welchem der Heiland (Mt. 23, 2) sagt: „Auf Moses Stuhl sitzen die Schriftgelehrten und Pharisäer." Der Stuhl Moses aber ist weder Mose selbst noch sein hoher Richterstuhl aus Holz oder Stein, noch die Synagoge, der Stuhl ist vielmehr die Vollmacht, zu lehren und das Volk zu richten. Das kann man aus den Worten Christi beweisen, denn er sagt: „Auf Moses Stuhl . . .", andererseits: „Was sie sagen . . ." — das heißt: was sie auf Grund der Vollmacht und Lehre Moses lehren — „das tut" (Mt. 23, 3). Der Apostolische Stuhl ist also die Vollmacht, zu lehren und zu richten nach dem Gesetz Christi, welches die Apostel gelehrt haben, auf welchem die weisen Männer sitzen müssen, „die Gott fürchten, wahrhaftig und der Habsucht feind sind" (Ex. 18, 21).

. . . O wenn doch heutzutage jener Stuhl solche Männer hätte! Und wo sind sie zu finden? In der römischen Kurie, wo sie auf dem Stuhl Petri präsidieren, das heißt: auf Grund der Vollmacht der Apostel sitzen, die eine Vollmacht ist, geistliche Dinge zu richten und das Gesetz des Herrn Jesu Christi zu lehren. Wenn hierbei Habsucht, Ungerechtigkeit und Hochmut ausgeschlossen sind und ein heiliges Leben blüht, so bezeugt es der Heiland selbst (Mt. 23, 2—7): „Auf Moses Stuhl sitzen die Schriftgelehrten und Pharisäer. Alles nun, was sie euch sagen, das haltet und tut's; aber nach ihren Werken sollt ihr nicht tun:

sie sagen's wohl, und sie tun's nicht" — das bezieht sich auf ein Leben ohne die Werke des Gesetzes. „Sie binden aber schwere und unerträgliche Bürden und legen sie den Menschen auf den Hals" — das ist die unrichtige Lehre und die Ungerechtigkeit. „Aber sie selbst wollen dieselben nicht mit einem Finger regen" — das ist das üppige Leben. „Alle Werke aber tun sie, daß sie von den Leuten gesehen werden" — das ist die Eitelkeit. „Sie machen ihre Denkzettel breit" — mit ihren Bullen durch die ganze Welt, als wären sie die ersten, die das Gesetz Gottes beachten, — das ist die Heuchelei. „Und die Säume an ihren Kleidern machen sie groß" — womit sie ihre Maultiere bedecken. „Sie sitzen gerne obenan über Tisch" zu ihrem Vergnügen und um der Ehre willen „und in den Schulen" — das ist: in den Kirchenversammlungen, denn jener will Kardinal sein, dieser Patriarch, dieser Erzbischof — und haben's gerne, daß sie „gegrüßt werden", kniefällig „auf dem Markt", das heißt: in der Öffentlichkeit, „und von den Menschen Rabbi genannt werden" — das ist: Lehrer, welche die gesamte Kirche Christi regieren. Darum nennen sie auch die römische Kurie die Lehrerin der Kirchen.

Dies zugegeben, ist es möglich, daß sie der Stuhl nicht Christi, sondern des Satans sind, denn sie sitzen, ihrem eigenen Leben nach zu urteilen, auf dem Stuhl der Pestilenz . . . Wahrhaftig also sitzt auf dem Stuhl Moses oder Petri, wer in der Vollmacht der Schrift richtig lebt und richtig lehrt, wer nichts Fremdes zum Gesetz hinzutut noch bei dem Stuhle Gewinn oder Hoheit sucht. Umgekehrt sitzt unrichtig auf dem Stuhl, wer unrichtig lehrt und unrichtig lebt oder wer richtig lehrt und falsch lebt oder wer weder richtig lehrt noch richtig lebt. Und solche gibt es leider in großer Zahl, die das Ihre suchen und nicht, was Jesu Christi ist (Phil. 2, 21) . . .

Hieraus ergibt sich: Der Stuhl Moses oder auch der Apostolische Stuhl ist (1) die Vollmacht, das Gesetz Gottes zu lehren, oder (2) die Gemeinschaft der aufeinander folgenden heiligen Päpste oder Bischöfe, eine Gemeinschaft, die für das sorgt, was der Ehre Gottes dient, der heiligen Kirche nützt und für ihren Leiter und für ihre Untergebenen heilsam ist, die keinen Fähigeren benachteiligt noch ohne Prüfung irgendeinen an der Ausübung seines kirchlichen Amtes hindert um Geldes oder um verwandtschaftlicher Beziehungen willen oder aus Ansehen der Person . . .

Wenn daher vom Papst ein Mandat ausgeht, so muß der treue Jünger Christi bedenken, ob es ausdrücklich das Gebot eines Apostels oder des Gesetzes Christi ist oder ob es seine Grundlage im Gesetz Christi hat, und wenn das der Fall ist, so muß er einem solchen Gebot ehrfürchtig und demütig Gehorsam leisten. Wenn er aber in Wahrheit erkennt, daß das Gebot des Papstes dem Gebot oder Rat Christi zuwiderläuft oder der Kirche Schaden bringt, dann muß er mannhaft Widerstand leisten, damit er nicht durch seine Übereinstimmung an dem Verbrechen mitschuldig wird. Darum habe ich im Vertrauen auf den Herrn und Christus Jesus, der in seiner Macht und Weisheit die Bekenner seiner Wahrheit beschützt und mit dem Lohn der ewigen Herrlichkeit belohnt, der Bulle Papst Alexanders V. Widerstand geleistet, die der Prager Erzbischof Sbinko im Jahre des Herrn 1409 von ihm erlangte, worin er befiehlt, niemand dürfe, selbst wenn er eine apostolische oder eine andere Sondererlaubnis dazu besitzt, Predigten oder Ansprachen vor dem Volke halten, außer in Bischofs-, Stifts-, Pfarr- oder Klosterkirchen oder deren Grabeskirchen.

Dieses Mandat, das den Taten und Worten Christi und seiner Apostel zuwiderläuft, ist nicht apostolisch, denn Christus hat auf dem Meer, in der Wüste, auf dem Feld, in Häusern, in Synagogen, in Ortschaften, auf Marktplätzen vor dem Volke gepredigt, und seinen Jüngern befal er (Mk. 16, 15): „Gehet hin in alle Welt und prediget das Evangelium aller Kreatur." Sie aber machten sich auf und predigten überall, das heißt: wo immer das Volk sie hören wollte, mit der Hilfe des Herrn. Auch bringt dieses Mandat der Kirche Schaden, weil es das Wort Gottes bindet, damit es nicht frei laufen kann, und drittens bringt es den Kapellen Schaden, die von den Diözesanen bestätigt und vom Apostolischen Stuhl mit guten Gründen dafür privilegiert worden sind, daß das Wort Gottes in ihnen gepredigt werde. Denn es ergibt sich offenkundig kein Nutzen aus diesem Mandat, sondern es liegt arglistige Täuschung darin, daß Plätze, die für den Gottesdienst bestimmt und mit guten Gründen für die Verkündigung des Wortes Gottes vom Heiligen Stuhl privilegiert sind, um privater Neigung willen und auf eine ungerechte, rücksichtslose und auf irdischen Vorteil bedachte Bittstellung hin ihrer erlaubten Freiheiten beraubt werden. Darum habe ich von jenem Mandat an Papst Alexander selbst zu seiner besseren Unterrichtung appelliert, doch während meiner Appellation verstarb der Papst, und da man mir in der römischen Kurie kein Gehör gab, erlangte Herr Sbinko, Erzbischof von Prag, Prozesse, die mich bedrängten, von welchem ich im Jahre des Herrn 1410 an Papst Johannes XXIII. appellierte, der aber zwei Jahre hindurch meinen Rechtshelfern und Bevollmächtigten keine Audienz gewährte, und in der Zwischenzeit wurde ich weiterhin von Prozessen bedrängt. Da mir also die Appellation von einem Papst an seinen Nachfolger nichts genützt hat und da die Appellation von einem Papst an das Konzil soviel ist wie mitten in der Bedrängnis langwierige und unsichere Hilfe herbeirufen, darum habe ich schließlich an das Haupt der Kirche, an den Herrn Jesus Christus, appelliert. Er ist bei der Entscheidung des Rechtsstreits auf jeden Fall dem Papste vorzuziehen, denn er kann nicht irren, noch kann er einem Menschen, der ordnungsgemäß darum bittet, Gerechtigkeit versagen, noch kann er ihn auf Grund seines Gesetzes unschuldig verdammen.

Im übrigen habe ich der Verordnung über die Erteilung oder Veröffentlichung des Ablasses im Jahre des Herrn 1412 durch die Bullen Papst Johannes' des XXIII. widerstanden, wovon ich anderswo genügend gesagt habe. Denn der Papst kann erlaubtermaßen nur das bestimmen, was der Zerstörung der Bosheit

und der Erbauung der Kirche dient, was allgemein
beachtet werden müßte. Das bezeugt der Apostel
(2. Kor. 10, 4 ff.): „Die Waffen unserer Ritterschaft sind
nicht fleischlich, sondern mächtig vor Gott zu zerstören
Befestigungen, wir zerstören damit die Anschläge und
alle Höhe, die sich erhebt wider die Erkenntnis Gottes." Auch sagt er (2. Kor. 13, 10): „Auf daß ich nicht,
wenn ich gegenwärtig bin, Schärfe brauchen müsse
nach der Macht, welche mir der Herr zu bessern und
nicht zu verderben gegeben hat."

. . . Und es ist offenbar, daß der Papst irren kann,
und zwar um so mehr, als sich in einem solchen Falle
die Menge, Stärke und Unüberwindlichkeit seiner
Sünde ins Vielfache steigern würde . . . Denn so wie
der Stand des Papstes, der der Kirche nützt, größeres
Verdienst erwirkt, so schafft größeren Verlust derjenige, der seine Stellung als Papst mißbraucht und
der Kirche schadet. *Ein Zeichen* für das Versagen des
Papstes ist es, wenn er das Gesetz Gottes und die
frommen Bekenner des Evangeliums hintansetzt und
sich menschlichen Traditionen zukehrt. Diesen Fehler
hat Bernhard[1] an Papst Eugen getadelt, weil er das
Geschwätz der menschlichen Gesetze in seinem Palast
gestatte, während das Gesetz Christi schweigen müsse,
welches das vollkommene Gesetz ist, das da Seelen
bekehrt (Ps. 19, 8). Das *zweite Zeichen* ist es, wenn der
Papst und die geistlichen Oberen den Wandel verlassen und sich weltlich in der Welt verstricken. Das
*dritte Zeichen* ist es, wenn er den Händlern der Welt
im Dienste Christi Vorrangstellungen gibt und mit
Eifer, in erster Linie zur Fortsetzung seines weltlichen Lebens, die armen Kirchen bedrückt. Das
*vierte Zeichen* ist es, wenn er durch sein Mandat oder
durch die Ernennung Ungeeigneter in der Seelsorge
die heilsbedürftigen Seelen des Wortes Gottes beraubt.

Hieraus ist zu entnehmen: Einem irrenden Papst
Widerstand leisten ist soviel wie dem Herrn Christus
gehorchen — was vor allem bei den Provisionen[2] her-
vortritt, die der persönlichen Bevorzugung verdächtig
sind. Darum rufe ich die Welt zum Zeugen dafür auf,
daß die Verteilung von Pfründen durch den Papst in

der Kirche allzu viele Mietlinge zeitigt, auf seiten der Päpste aber Gelegenheit gibt, die Gewalt des Stellvertreters allzu sehr zu steigern, das Ansehen vor der Welt allzu hochzuschätzen und die phantastische Heiligkeit allzu sehr zu lieben. Jene Doktoren aber, welche vom Papst irdischen Lohn erwarten oder sklavisch seine Macht fürchten und so behaupten, er sei von unfaßbarer Gewalt, er sei zur Sünde unfähig und nicht zur Rechenschaft zu ziehen und daher sei es ihm erlaubt zu tun, was ihm beliebt, sind falsche Propheten, falsche Apostel, Antichristen! . . .

*Gersons Exzerpte aus Hussens Buch „Über die Kirche"*

Es folgen die Artikel, die in ausdrücklichen Worten oder ihrer Konsequenz nach in dem Traktat „Über die Kirche" des Johannes Hus von Prag enthalten sind, der hierin den Irrtümern des Johannes Wiklef folgt:

1. Kein von Gott Verworfener ist wahrhaft Papst oder Herr oder Prälat . . .

2. Keiner, der mit einer Todsünde behaftet ist, infolge deren er nicht ein Glied Christi ist, sondern des Teufels, ist wahrer Papst oder Prälat oder Herr . . .

3. Keiner, der von Gott verworfen oder mit einer Todsünde behaftet ist, sitzt auf dem Apostolischen Stuhle Petri, ebensowenig besitzt er apostolische Gewalt im christlichen Volk . . .

4. Die Verworfenen sind keine Glieder der Kirche, ebensowenig diejenigen, welche dem Leben Christi nicht nachfolgen . . .

5. Nur diejenigen sind Glieder der Kirche und sitzen mit apostolischer Vollmacht auf dem Stuhl Petri, die Christo und seinen Aposteln in ihrem Wandel nachfolgen . . .

6. Jeder, der ein gutes, dem Leben Christi gemäßes Leben führt, kann und darf öffentlich lehren und predigen, auch wenn er von keinem Prälaten oder Pfarrer Erlaubnis hat, ja, er kann und darf es selbst dann, wenn sie es ihm verboten oder wenn sie ihn

exkommuniziert haben, so wie er ein Almosen geben kann und darf, denn sein gutes Leben und seine Kenntnis geben ihm dafür Erlaubnis genug . . .

7. Der römische Papst, der von Christo verschieden ist, ist nicht Universalbischof, und die römische Kirche hat keinen Primat über die übrigen, es sei denn vielleicht vom Kaiser, aber nicht von Christus . . .

8. Den Papst darf man nicht „Allerheiligster" nennen noch seine Füße „selig", noch darf man sie küssen . . .

9. Nach der Lehre Christi darf man selbst unverbesserliche Häretiker nicht töten, noch darf man das Interdikt über sie aussprechen . . .

10. Die Untergebenen und die Leute des Volkes können und dürfen in aller Öffentlichkeit die Fehler ihrer Oberen aufdecken und tadeln, denn sie haben hierfür die Vollmacht Christi und das Vorbild des Paulus . . .

11. Allein Christus ist das Haupt der Kirche, nicht der Papst . . .

12. Allein die Kirche, die sich aus denjenigen zusammensetzt, die prädestiniert sind und eine gutes Leben führen, ist die Universalkirche, der man gehorchen muß, aber nicht jene römische, die sich zu Unrecht die Lehrerin der übrigen Kirchen nennt . . .

13. Den verworfenen oder einen schlechten Lebenswandel führenden Prälaten und Oberen sind die Untergebenen weder Gehorsam noch Ehrerbietung schuldig . . .

14. Zehnten und Abgaben an die Kirche und ihre Geistlichen sind reine Almosen . . .

15. Gegen Geistliche, die einen schlechten Lebenswandel führen, können und müssen die Laien Zwangsmaßnahmen ergreifen, wie zum Beispiel Entziehung der Zehnten und Abgaben und anderer weltlicher Unterstützungen.

16. Benediktionen von Geistlichen, die verworfen sind oder einen schlechten Lebenswandel führen, sind Maledikionen oder Verfluchungen vor Gott nach dem Wort der Schrift (Mal. 2, 2): „Ich werde eueren Segen verfluchen."

17. In diesen Zeiten, das ist im Jahre des Herrn 1414, und oftmals in früheren Zeiten gibt und gab es keinen wahren Papst, dazu keine wahre Kirche oder einen sogenannten römischen Stuhl, dem man hätte gehorchen müssen, sondern es waren und sind Antichristen und die Synagoge des Satans und der Klerus des Judas.

18. Jegliche Geldabgabe an die Diener der Kirche für geistliche Dienstleistungen jeder Art macht solche Geistlichen zu Simonisten oder Gesiten [3].

19. Wer, vom Papst exkommuniziert, an Christus appelliert, wird gerettet, so daß er eine solche Exkommunikation nicht zu fürchten hat, sondern verachten kann.

20. Jede Tat, die nicht in der Liebe getan wird, ist Sünde.

[1] Bernhard von Clairvaux (✝ 1153), De consideratione III und IV.
[2] Übertragungen eines geistlichen Amtes.
[3] Vgl. 2. Kön. 5; vgl. *Palacky* 158.

*Briefe aus dem Kerker in Konstanz (1414/15)*

### An Jan von Chlum

Deutet mir den Traum der vergangenen Nacht: Ich sah, daß sie in Bethlehem alle Bilder Christi zerstören wollten und zerstörten. Am anderen Tage stand ich auf und sah viele Maler, die noch schönere und noch mehr Bilder herstellten, die ich voll Freude ansah.

Und die Maler sprachen mitsamt vielem Volk: „Mögen doch die Bischöfe und Priester kommen und sie uns zerstören!" Darüber freuten sich die vielen Leute in Bethlehem und ich mit ihnen. Und als ich erwachte, bemerkte ich, wie ich lachte . . .

### Jan von Chlum an Magister Jan Hus

. . . Hier folgt die Deutung des Traumes: Das Bild Christi an den Wänden des Hauses des Brotes [= Bethlehem] ist sein Leben, dem wir nachfolgen

355

sollen. Desgleichen die Worte der heiligen, unzerstörbaren Schrift, die dort geschrieben stehen. Beides versuchen die Feinde des Kreuzes Christi unleserlich zu machen, und es erscheint vor den Menschen vergessen am Abend, wenn die Sonne der Gerechtigkeit von ihnen weicht, um der falschen Deutung willen, die sie mit ihrem mißlichen Lebenswandel geben. Aber am anderen Tage geht die Sonne der Gerechtigkeit auf, und die Prediger erneuern und malen beides noch schöner, und was ins Ohr geflüstert und gleichsam schon in Vergessenheit geraten ist, werden sie auf den Dächern predigen. Darum wird große Freude sein in der Gemeinde. Und die Gans [= Hus], obgleich sie jetzt auf dem Altar liegt und an ihrem schwachen Fleisch Traurigkeit haben wird, wird doch in Zukunft, so hoffen wir, mit Ihm, der in den Himmeln wohnt, gleichsam aus dem Schlaf dieses elenden Lebens erwachen und jene Zerstörer des Bildes Christi und der Schrift verlachen und verhöhnen; ja, auch jetzt in der Gegenwart wird sie noch mit Gottes Hilfe jene Bilder und Schriften ihrer Gemeinde und ihren lieben Freunden zugute mit Eifer noch schöner erneuern und malen . . .

### An die Freunde in Konstanz

Gnädigste Herren, treueste Eiferer für die Wahrheit, die mir von Gott gesandt sind gleichsam wie Engel, um mich in der Wahrheit zu bestärken: Ich kann gar nicht beschreiben, wie sehr ich mich über Euere Standfestigkeit und über Euere frommen Wohltaten freue, die Ihr mir, einem Sünder, doch in der Hoffnung einem Knecht Jesu Christi, erwiesen habt. Aber ich wünsche, Jesus Christus selbst, unser heiliger Schöpfer, Erretter und Erlöser, möge Euch gegenwärtig vergelten, Er, der sich selbst Euch zum höchsten Lohn geben wird in der Zukunft. Darum ermahne ich Euch bei seiner Barmherzigkeit, Ihr möget Eueren Sinn auf sein Gesetz und vor allem auf seine allerheiligsten Gebote richten. Edler Herr Wenzel, wenn Ihr eine Frau nehmt, so lebet heilig im Ehestand und laßt die Eitelkeiten der Welt hinter Euch. Und Ihr, Herr Johannes, der Ihr Euere Dienste bei sterblichen Königen aufgegeben habt, bleibet samt Frau und Kindern zu Hause im Dienste Gottes, denn Ihr seht, wie das Rad der eitlen Welt sich dreht und bald jenen erhebt, bald zu Boden stürzt, doch dem, den es erhebt, gibt es nur sehr kurzlebigen Trost, auf den die ewige Strafe folgt in Feuer und Finsternis. Ihr kennt ja den Wandel der Geistlichen, die da behaupten, sie seien die wahren und offenbaren Stellvertreter Christi und seiner Apostel und sie seien die heilige Kirche und das heiligste Konzil, das nicht irren kann, während es doch geirrt hat, als es Johannes XXIII. zuerst kniefällig verehrte, ihm die Füße küßte und ihn mit „Allerheiligster" anredete, wohl wissend, daß er ein verworfener Mörder, ein Sodomit, ein Simonist und Häretiker war, wie sie es hernach bei seiner Verurteilung ausdrückten. Jetzt haben sie das Haupt der Kirche abgeschnitten, das Herz der Kirche herausgerissen, die unversiegbare Quelle der Kirche verstopft, die sichere, unzerstörbare Zuflucht, zu der jeder Christ flüchten soll, ganz und gar zerstört. Wo ist jetzt der Satz des Magisters Stanislaus seligen Angedenkens — Gott schone ihn! —, sowie des Paletsch und der übrigen Doktoren, die durch Stanislaus schriftlich niederlegten, der Papst sei das Haupt der Kirche, der sie vollkommen leitet, das Herz der Kirche, das sie belebt, die unversiegliche Quelle, voller Autorität, der Leib, in dem alle Gewalt zu den Untergebenen fließt, und die nie versagende, sondern ganz sichere Zuflucht für jeden Christen, zu der jeder Christ flüchten soll? Jetzt steht die treue Christenheit fest auch ohne den Papst, einen bloßen Menschen, und Christus ist ihr Haupt, der sie aufs beste leitet, ihr Herz, das sie belebt und ihr das Leben der Gnade schenkt, ihre Quelle, von der sie mit den sieben Gaben des Heiligen Geistes erquickt werden, ihr Leib, durch den alle Ströme der Gnade fließen, ihre sichere und nie versagende Zuflucht, zu der ich armer Mensch hineile in der sicheren Hoffnung, sie werde mir ihre Leitung, Belebung und Hilfe nicht versagen, sondern mich von meinen Sünden und von dem Elend dieses gegenwärtigen Lebens erlösen und mich mit Freude belohnen ohne Ende.

Das Konzil hat drei- oder viermal auch darin geirrt, daß es aus meinen Schriften falsche Auszüge machte und einige entstellte, verzerrte und verwarf und einige davon jetzt in der letzten Abschrift der Artikel verkürzte, wie es denjenigen klarwerden wird, die meine Schriften mit den Artikeln vergleichen. Daher bin ich, wie Ihr, vollauf belehrt darüber, daß nicht jede Tat, jedes Wort oder Urteil eines Konzils von dem wahrhaftigsten Richter Christus Jesus gebilligt wird. Selig also die, welche sein Gesetz halten und kennen, das Gepränge, die Habsucht, die Heuchelei und die Tücke des Antichrists und seiner Diener verachten und die Ankunft des gerechtesten Richters geduldig erwarten. Ich beschwöre Euch bei dem Herzen Jesu Christi: Fliehet die schlechten Priester, die guten aber habt lieb nach ihren Werken und lasset nicht zu, soviel an Euch ist, samt den anderen getreuen Baronen und Herren, daß man sie unterdrückt, denn darum hat Gott Euch zu Vorgesetzten über andere gemacht. Soviel ich sehe, wird im Königreich Böhmen eine große Verfolgung derer beginnen, die Gott getreulich dienen, sofern nicht Gott durch die weltlichen Herren Hand anlegt, die er in der Kenntnis seines Gesetzes mehr erleuchtet hat als die geistlichen. O welch ein Wahnsinn ist es doch, das Evangelium Christi wie einen Irrtum zu verdammen und ebenso die Epistel Pauli, die er, wie er sagt, nicht von Menschen, sondern von Christus empfangen hat, und das Tun Christi und seiner Apostel und der übrigen Heiligen, das sich auf die Teilnahme am Sakrament des Kelches des Herrn bezieht, der für alle erwachsenen Gläubigen eingesetzt ist. Jetzt nennen sie es einen Irrtum, daß die gläubigen Laien vom Kelch des Herrn trinken dürfen, und ein Priester, der ihn zum Trinken darreicht — so sagen sie —, wird als Irrlehrer beurteilt, und wenn er nicht davon abläßt, wird er als Häretiker verdammt. O heiliger Paulus! Du sprichst zu allen Gläubigen: „Sooft ihr dieses Brot esset und diesen Kelch trinket, sollt ihr den Tod des Herrn verkündigen, bis daß er kommt" (1. Kor. 11, 28), das ist: bis zum Tag des Jüngsten Gerichts, an dem er kommen wird. Und siehe, jetzt sagt man, daß der Brauch der römischen Kirche das Gegenteil ist!

### PETER VON MLADONIOWITZ († 1451)

Unter den Freunden, die Hus nach Konstanz begleiteten, befand sich außer dem Ritter Jan von Chlum auch dessen Schreiber Peter von Mladoniowitz in Nordmähren. Er war Augenzeuge der Gefangennahme Hussens. Er war es, der nicht nur die Briefe von und an Hus im Kerker überbrachte und für gewisse Hafterleichterungen sorgte, sondern auch alle möglichen Schritte zu seiner Freilassung unternahm. In seinen Bericht von den Ereignissen in Konstanz nahm er eine Reihe von Dokumenten auf. Seine Darstellung vom Ende Hussens, das sogenannte „Finale", ist nach Art der Heiligenlegende stilisiert. Es pflegte später im Rahmen des hussitischen Gottesdienstes verlesen zu werden.

Lat. Text: *Palacky* 321 ff.; dt. Übersetzung: *J. Bujnoch*, Hus in Konstanz, Der Bericht des Peter von Mladoniowitz, Slav. Geschichtsschreiber 3 (1963) 253—256.

*Vom Ende des heiligen Mannes und ehrwürdigen Magisters Jan Hus (1415)*

. . . Als der Magister zur Hinrichtungsstätte kam, beugte er die Knie, betete er, die Arme ausgebreitet und die Augen zum Himmel emporgerichtet, inbrünstig Psalmenverse, insbesondere „Gott sei mir gnädig" und „Herr, auf dich vertraue ich". Bei der Wiederholung des Verses „in deine Hände, o Herr" hörten ihn die Seinen, die dabeistanden, wie er heiter und mit ruhigem Blick betete.

Die Hinrichtungsstätte war aber auf einer Wiese zwischen den Gärten, wenn man aus der Stadt Konstanz heraus gegen die Burg Gottlieben geht, zwischen den Toren und den Vorstadtgräben der genannten

Stadt. Einige dabeistehende Laien sagten: „Wir wissen nicht, was er früher getan oder gesprochen hat. Jetzt aber sehen und hören wir, daß er heilige Worte betet und redet." . . . Während er nun, wie erwähnt, betete, fiel die genannte Schmachkrone, die mit drei Teufeln ringsum bemalt war, von seinem Haupt. Er lächelte, als sein Blick darauf fiel. Und einige Söldner, die um ihn herumstanden, sagten: „Man soll sie ihm wieder aufsetzen, damit er verbrannt werde mitsamt den Teufeln, denen er hier gedient hat!" Auf Geheiß des Henkers aber erhob sich der Magister von der Stelle seines Gebets und sprach mit lauter, vernehmlicher Stimme, so daß er auch von den Seinen gut gehört werden konnte: „Herr Jesus Christus! Diesen entsetzlichen, schändlichen und grausamen Tod will ich um deines Evangeliums und um der Predigt deines Wortes willen auf das geduldigste und demütig ertragen."

Dann wollte man, daß er an den Umstehenden überall reihum geführt werde. Er forderte sie auf und bat immer wieder, sie sollten nicht glauben, daß er die ihm durch falsche Zeugen zur Last gelegten Artikel bejaht, gepredigt oder gelehrt habe. Als sie ihm sein Gewand abgenommen hatten, banden sie ihn mit Stricken an einen Pfahl, wobei er mit den Händen rückwärts an den genannten Pfahl gefesselt war. Und da der Magister mit dem Gesicht nach Osten zu stand, sagten einige der Umstehenden: „Man soll ihn nicht gegen Osten richten, denn er ist ein Häretiker, richtet ihn gegen Westen!" Das geschah auch. Als man ihm aber eine rußige Kette um den Hals band, betrachtete er sie, lächelte und sprach zu den Henkern: „Der Herr Jesus Christus, mein Erlöser und Heiland, ist mit einer härteren und schwereren Kette gefesselt worden, und ich Armer scheue mich nicht, um seines Namens willen gefesselt zu sein und diese Kette zu tragen." Der Pfahl aber war ein dicker Balken von der Stärke ungefähr eines halben Klafters. Sie spitzten ihn an einem Ende zu und befestigten ihn in der Wiese im Erdreich. Unter die Füße des Magisters legten sie zwei Reisigbündel und Bündel von Holz. Noch an dem

Pfahl trug er seine Schuhe und eine Fessel an den
Füßen. Die genannten Holzbündel legten sie, mit Stroh
vermischt, rings um seinen Körper bis hinauf zum
Kinn. Es waren aber zwei Fuhren Holz . . .

Dann zündeten ihn die Henker an. Der Magister
sang darauf mit lauter Stimme zuerst: „Christus, Sohn
des lebendigen Gottes, erbarme dich meiner", zum
zweiten Mal: „Christus, Sohn des lebendigen Gottes,
erbarme dich meiner!" Und als er beim dritten Male
begonnen hatte: „Der du geboren bist aus Maria, der
Jungfrau", da schlug ihm die Flamme ins Gesicht und,
also für sich betend und Lippen und Haupt bewegend,
verschied er im Herrn. Im Augenblick der Stille aber,
bevor er verschied, schien er sich zu bewegen, und
zwar so lange, wie man in Eile zwei oder allenfalls
drei Vaterunser sprechen kann.

## HIERONYMUS VON PRAG († 1416)

Rückhaltlos und leidenschaftlicher noch als Hus setzte sich
Hieronymus von Prag für die Theologie Wyclifs ein. Nach
seinem Studium in Oxford warb er an den Universitäten
Prag, Paris, Köln, Heidelberg (1406), Wien (1410) und Krakau
(1413) für den Realismus Wyclifs. Im April 1415 verteidigte
er Hus vor dem Konzil in Konstanz, wurde aber im September 1415 in Böhmen verhaftet und nach Konstanz zurück-
gebracht. Hier leistete er einen Widerruf, kam dadurch aber
nicht frei. Später bekannte er sich erneut zu der Lehre von
Hus. Er wurde als rückfälliger Ketzer zum Tode verurteilt
(30. Mai 1416) und verbrannt. Der folgende Abschnitt aus der
Verteidigungsrede vor dem Konstanzer Konzil entstammt der
Feder eines Ohrenzeugen, des italienischen Humanisten
Poggio Bracciolini. Er vermittelt einen Eindruck von der
mitreißenden Rednergabe und von der beispiellosen Ver-
wegenheit dieses Mannes, des zweiten großen Blutzeugen
der böhmischen Reformbewegung.

Lat. Text: De Hieronymi heretici obitu et supplicio des-
criptio, in: Poggii Florentini Opera II (1513) 115 f.

Lit.: *R. R. Betts*, Jerome of Prague, Univ. of Birmingham
Hist. Journal 1 (1947) 51—91; *G. Ritter*, Die Heidelberger
Universität I (1936) 353—356.

„. . . Gelehrteste Herren", sprach er, „ich weiß von vielen hervorragenden Männern, die erdulden mußten, was sie mit ihren Tugenden nicht verdient hatten, die von falschen Zeugen unterdrückt und von höchst ungerechtem Urteilsspruch verdammt worden sind." Er begann aber zu erzählen, wie Sokrates von seinen Landsleuten zu Unrecht verurteilt wurde und, obgleich er hätte entfliehen können, nicht entfliehen wollte, um den Menschen die Furcht vor zwei ihnen schrecklichen Dingen zu nehmen: die Furcht vor dem Kerker und die Furcht vor dem Tode. Sodann erwähnte er die Gefangenschaft Platons, die Tortur des Anaxagoras und Zenons und die ungerechte Verurteilung vieler anderer Heiden, das Ende des Rutilius und den unverdienten Tod des Boethius und anderer, von denen Boethius berichtet. Dann ging er über zu den Beispielen aus dem Judentum und erzählte zunächst, wie Mose, der Befreier und Gesetzgeber seines Volkes, von seinen Volksgenossen des öfteren verleumdet wurde, er sei ein Verführer und Verächter des Volkes. Er erwähnte außerdem, wie Joseph aus Neid von seinen Brüdern verkauft und später, der Vergewaltigung verdächtigt, ins Gefängnis geworfen wurde, sodann wie Jesaja, Daniel und fast alle Propheten als Verächter Gottes und als Rebellen mit ungerechtem Urteilsspruch belegt wurden. Hier erwähnte er auch die Verurteilung der Susanna und vieler anderer heiliger Männer, die auf Grund falscher Urteile ums Leben kamen. Sodann kam er auf Johannes den Täufer und auf den Heiland zu sprechen, von denen jeder wisse, daß sie auf Grund von Fehlurteilen verdammt worden seien. Weiterhin sei Stephanus von einem Kollegium von Priestern ums Leben gebracht worden, die Apostel aber seien alle zum Tode verurteilt worden, als ob sie nicht rechtschaffen, sondern rebellische Aufwiegler des Volkes, Verächter der Götter und Übeltäter gewesen seien. Schlimm sei es, wenn ein Priester von einem anderen Priester wider alles Recht verdammt werde, und noch schlimmer, wenn von einem Kollegium von Priestern, und auch das belegte er mit Beispielen. Am schlimmsten aber sei es, so wies er nach, wenn ein ganzes Konzil von Priestern eine solche Verdammung vornehme. Dies alles führte er mit Beredsamkeit und unter großer Aufmerksamkeit aller aus. Da aber das ganze Gewicht eines Prozesses auf den Zeugen beruht, so legte er mit vielen Gründen dar, daß solchen Zeugen kein Glaube zu schenken sei, zumal wenn sie alles nicht um der Wahrheit willen, sondern aus Haß, aus böser Absicht und aus Neid ausgesagt hätten. Sodann zählte er die Ursachen des Hasses wider ihn so einleuchtend auf, daß er einen beinahe überzeugt hätte. Sie schienen so wahr, daß man mit Ausnahme dessen, was den Glauben betraf, den Zeugnissen jener nur wenig Glauben schenkte. Alle waren ergriffen und zur Milde geneigt. Denn er fügte hinzu, daß er aus eigenem Antrieb zum Konzil gekommen sei, um sich von den Vorwürfen zu reinigen. Er legte dar, wie sein Leben und seine Studien voll Pflichterfüllung und Tugend gewesen seien. Er hatte aber gesagt, die gelehrten und heiligen Alten seien nicht deswegen in Glaubensdingen untereinander uneins gewesen, um dem Glauben Schaden zuzufügen, sondern um die Wahrheit des Glaubens zu ergründen. So seien auch Augustin und Hieronymus verschiedener Meinung gewesen, ja, nicht nur verschiedener, sondern gegensätzlicher Meinung, doch ohne daß man sie deswegen der Häresie verdächtigt hätte.

Alle erwarteten, er werde sich entweder durch einen Widerruf reinigen oder um Nachsicht für seine Irrtümer bitten. Aber er behauptete, er habe weder geirrt noch wolle er für die verleumderischen Vorwürfe anderer einen Widerruf leisten. Schließlich ging er dazu über, den zum Feuertod verurteilten Johann Hus zu loben, und nannte ihn einen guten, gerechten, heiligen Mann, der jenes Todesurteil nicht verdient hätte. Auch er sei bereit, jede Strafe tapfer und standhaft auf sich zu nehmen. Er werde seinen Feinden und den unverschämten, lügnerischen Zeugen nachgeben: sie müßten eines Tages vor Gott, der sich von ihnen nicht täuschen lasse, Rechenschaft ablegen für alles, was sie gesagt hätten.

Die Zuhörer waren von Schmerz ergriffen, denn sie hätten den edlen Mann gerne geschont, wäre er nur einsichtig gewesen. Doch er beharrte auf seiner Meinung und schien sich das Todesurteil zu wünschen. Und er lobte Johannes Hus und sprach, jener habe nichts wider die Verfassung der Kirche Gottes gelehrt, sondern nur wider die Mißbräuche der Kleriker, wider den Hochmut, den Stolz und die Pracht der Prälaten. Denn da die Güter der Kirche in erster Linie den Armen zugute kommen sollten, sodann den Pilgern und schließlich den Kirchengebäuden, so sei es dem guten Mann unwürdig erschienen, daß sie für Dirnen, Pferde, Hunde, für Kleider und für andere Dinge verwendet werden, die der Religion Christi unwürdig seien . . .

## Jakob von Mies († 1429)

Neben Hus zählt der Prager Priester Jakob von Mies zu den geistigen Führern der böhmischen Reformbewegung. Auch er ließ sich für die Theologie und die Reformgedanken Wyclifs gewinnen und vertrat selbst dessen Widerspruch gegen die kirchliche Wandlungslehre. Im Gegensatz zum Ritus der Kirche ging Jakob von Mies im Jahre 1414 während der Abwesenheit von Hus dazu über, bei der Kommunion den Laien den Kelch zu reichen (communio sub utraque). Um Rat befragt, erklärte sich Hus auf Grund der biblischen Abendmahlsworte für die Austeilung des Abendmahls unter beiderlei Gestalt (s. o. S. 358 f.), während das Konzil von Konstanz sie ausdrücklich verbot (15. Juni 1415). Nach dem Tode von Hus wurde Jakob von Mies zum eifrigsten Kämpfer für die Gewährung des Laienkelches. Auf diese Weise wurde „der Kelch" zu einer Besonderheit der böhmischen Reform, zu der sich alle Richtungen bekannten, mochten sie gar bald auch noch so sehr auseinanderstreben. Als die Hussiten zu den Waffen griffen, wählten sie den Kelch zum Symbol ihrer Fahnen. In der folgenden Antwort auf die „Regeln" Gersons stellt sich Jakob von Mies auf den Boden der Heiligen Schrift. Leidenschaftlich wendet er sich gegen die Kirche, die sich gegen die Hussiten nicht geistlicher Waffen, sondern roher Gewalt bedient.

Lat. Text: Handschrift IV 346, fol. 143 v — 145 r der Landes-bibliothek Karlsruhe. Den Hinweis auf diesen Text verdanke ich der Freundlichkeit von Herrn *Prof. Dr. Dr. A. Molnár* in Prag.

Lit.: (zur Geschichte der Hussiten) *Hauck* V, 1050—1136; *F. G. Heymann,* John Zizka and the Hussite Revolution (1955); *J. Loserth,* Beiträge zur Geschichte der hussitischen Bewegung, 5 Bde. (1877—1895); *R. Říčan,* Das Reich Gottes in den böhmischen Ländern (1957).

## Antwort an Gerson (1417)

### Über die Austeilung des Kelchs an die Laien

. . . Er sagt, das Konzil von Konstanz darf den Kampf gegen die, welche die Einsetzung Christi und die apostolische Überlieferung befolgen, nicht mit Vernunftgründen und mit der Heiligen Schrift führen, sondern muß den weltlichen Arm gegen sie aufrufen. O wie grausam ist dieser Wahnwitz und wie wahnwitzig diese Grausamkeit, die es versucht, mit Schlägen und Foltern den Sieg zu erlangen, weil ihr die Unterstützung von Schrift und Vernunft fehlt! O höchste Treulosigkeit und höchste Wut aller Ränke des Antichrists, die durch Ströme von Blut gerecht sein und ihre Häresien mit Hilfe des grausamen weltlichen Arms verteidigen will! Du Schwanz des Antichrists und Schuppe des Behemoth[1], welcher Heilige hat jemals zuvor so gehandelt und einen solchen Rat erteilt? Christus niemals, der „nicht gekommen ist, die Seelen zu verderben, sondern zu erretten"! Petrus niemals, der auf das Geheiß des Herrn das Schwert, das er gezückt hatte, wieder ganz in die Scheide stieß, um es nie wieder zu zücken! Paulus niemals, dessen Waffen nicht fleischlich sind, sondern die Kraft Gottes! Augustinus niemals oder Hieronymus oder auch Ambrosius, der sagt, seine Waffen seien Tränen und Gebete! Der Kanon niemals, der besagt, der Kaiser oder ein jeder Hüter der Religion dürfe nichts gegen die Gebote Gottes unternehmen, noch auch etwas, was den evangelischen Regeln der Propheten oder auch den apostolischen Regeln zuwiderläuft! Wo nämlich der Herr oder seine Apostel und die ihnen folgenden heiligen Väter eine Lehrmeinung offenkundig definiert haben, wie die erwähnte Kommunion des Sakraments, da darf kein römischer Papst oder Kaiser ein neues Gesetz erlassen, er muß vielmehr das, was verkündigt ist, bezeugen bis auf Blut und Leben! . . .

O hätte doch der Regelwidrige bemerkt, daß jede Gewalt von Gott dem Herrn eingesetzt ist, um Gericht und Gerechtigkeit zu schaffen! . . . Dann hätte er die Aufstellung solcher Angriffsregeln, die wie diejenigen Mohammeds, der Schriftgelehrten und Pharisäer Unruhe, Aufruhr und Aufregung stiften, unterlassen. Denn als sie Christus, den Urheber der Wahrheit, mit der Schrift und mit der Vernunft nicht zu überwinden vermochten, versuchten sie, mit Steinchen zur Entscheidung zu kommen, wie sie den weltlichen Arm in Bewegung setzen könnten, um ihn zu seiner Tötung aufzurufen und den Urheber des Lebens zu Tode zu bringen. O hätten sie doch auch gemerkt, daß ein Grund aus der Heiligen Schrift oder Wahrheit bei den Verständigen mehr gilt als tausend wütende Tyrannen mit ihren Foltern, wofür es die zahllosen Beispiele der heiligen Märtyrer gibt, so wie zum Beispiel auch Sokrates, jener Heide, den, wie Seneca in seinen Briefen sagt, die dreißig Tyrannen umringten, die aber seinen Geist nicht zu beugen noch umzustimmen vermochten! . . .

. . . Am Ende aller seiner vorausgegangenen Regeln behauptet der Regelwidrige, die Gewohnheit, den Laien die Kommunion unter beiderlei Gestalt vorzuenthalten, sei erlaubtermaßen und mit guten Gründen eingeführt worden, um Gefahr . . . und Ärgernis beim Empfang dieses gesegneten Sakraments zu vermeiden, wie zum Beispiel das Vergießen und Übertragen von einem Ort an den anderen wegen der langen Bärte, wegen der Kostbarkeit des Weines, wegen der Fliegen, die im Sommer entstehen können, und wegen des Einfrierens im Winter und weil in dem Gefäß Essig entstehen kann, samt vielen anderen kindischen Torheiten, die jeden Verständigen zum Lachen bringen könnten. Und ebenso leicht läßt sich abtun, was der Gegner ohne einen Grund aus der Vernunft und aus der Schrift vorbringt. Doch läßt sich, wie ich glaube, zu dem, was der Regelwidrige vorbringt, noch ganz allgemein hinzufügen und zum Schluß anführen, daß keiner einen anderen Grund legen kann als den, welchen unser Herr Jesus Christus gelegt hat. Wo nämlich Christus nicht der Grund ist, läßt sich kein gutes Werk darauf bauen. Wenn also Christus Jesus Gott und Mensch, der Allmächtige, Allwissende und Allwollende, der mit seinen Lehren weder in die Irre führen noch in die Irre geführt werden kann, der vorsorglichste Lehrer der Kommunion der Laien unter beiderlei Gestalt ist, wie der Regelwidrige samt der Synode von Konstanz zugibt, und wenn die Schar der Apostel seine getreuen Gefolgsleute und Vollstrecker sind samt der Urkirche, die nach dem Wort Bedas [2] gleichsam Mutter und Lehrerin der Kirche von heute ist — weshalb Beda in seiner Osterpredigt auch sagt, daß es das beste ist, daß die Urkirche dem Lehrer des Lebens in allen Stücken nachgefolgt ist —, so wage ich mit noch größerer Sicherheit und Gewißheit zu verkünden: Wie der Apostel sagt: „Wenn ein Engel vom Himmel käme und verkündigte etwas anderes, als was verkündigt ist, so muß jeder Gläubige sprechen: ‚Verflucht!‘ " — so muß jeder Mensch auch die längst verkündigte evangelische und apostolische Wahrheit mit kühnem Mut festhalten, die da Siegerin ist über Könige und Konzilien und bleibt und stark ist immerdar und lebt und trägt bis in alle Ewigkeit. Amen.

[1] vgl. Hi. 40, 15 = Teufel.
[2] der bedeutendste englische Theologe des Frühmittelalters († 735).

## DIE VIER PRAGER ARTIKEL (1420)

Die gemeinsame Grundlage der hussitischen Reformbewegung bildeten die vier Prager Artikel, die 1420 in tschechischer, lateinischer, deutscher und ungarischer Sprache veröffentlicht wurden. Ihrer Anerkennung durch Kaiser Sigismund sollte die Anerkennung seiner Herrschaft durch den Adel und die Städte Böhmens folgen. Den gemäßigten Prager Hussiten unter der Führung von Jakob von Mies galten die Artikel, zu denen sich auch der Erzbischof Konrad von Vechta bekannte, als das Maximum des Reformprogramms; die Taboriten erblickten in ihnen aber nur ein Minimum ihrer Forderungen.

Lat. Text abgedruckt bei *J. Th. Müller*, 519—522 (hier mit dem Datum 1421).

Wir, Bürgermeister und Räte und Schöffen und die ganze Bürgerschaft der Stadt Prag, der Hauptstadt des Königreichs Böhmen, tun in unserem und im Namen der anderen Gläubigen dieses Königreichs zu wissen usw. Kund sei allen Christgläubigen, daß die Gläubigen im Königreich Böhmen für die nachstehenden Artikel einstehen und mit Gottes Hilfe, in Tod oder Leben, soviel sie vermögen, einstehen werden:

Erstens, daß das Wort Gottes im Königreich Böhmen frei und ohne Hindernis von den Priestern des Herrn ordentlich gepredigt und nach dem Wort des Erlösers verkündigt werde: „Gehet hin in alle Welt und prediget das Evangelium aller Kreatur" (Mk. 16, 15 und Mt. 28, 20). Denn nach dem Wort des Apostels ist das Wort des Herrn nicht gebunden, sondern man muß beten, daß das Wort Gottes laufe und überall gepriesen werde, wie es heißt 2. Thess. 3. Und am Zungenreden in der Gemeinde des Herrn soll niemand gehindert werden, wie es 1. Kor. 14 heißt.

Zweitens, daß das Sakrament der göttlichen Eucharistie unter beiderlei Gestalt, Brot und Wein, allen Christgläubigen, die ohne Todsünde sind, frei dargereicht werde nach dem Wort und Befehl des Erlösers, der da spricht: „Nehmet, esset, das ist mein Leib; und . . . trinket alle daraus, das ist das Blut des Neuen Testaments, das vergossen wird für viele" (Mt. 26, Mk. 14, Lk. 22, wo den Aposteln auch der Befehl erteilt wird: „Das tut . . .")[1] . . .

Drittens, daß die weltliche Herrschaft über Reichtum und irdische Güter, welche der Klerus gegen das Gebot Christi zum Schaden seines Amtes und zum Nachteil des weltlichen Armes innehat, von ihm genommen und aufgehoben und der Klerus selbst zur evangelischen Regel und zum apostolischen Leben Christi und seiner Apostel zurückgeführt werde nach dem Wort des Erlösers (Mt. 10, 1 und 9): „Und er rief seine zwölf Jünger . . . und sandte sie, gebot ihnen und sprach: ‚Ihr sollt nicht Gold noch Silber noch Erz in euren Gürteln haben.‘ " Und Mt. 20, 25 f.: „Ihr wisset, daß die weltlichen Fürsten herrschen und die Oberherren haben Gewalt. So soll es nicht sein unter euch." Und Lk. 22, 25: „Die weltlichen Könige herrschen" usw.; ebenso Mk. 10, desgleichen 1. Petr. 5, 3: „nicht als die übers Volk herrschen, sondern werdet Vorbilder der Herde." Ähnlich 1. Tim. 6, 8: „Wenn wir aber Nahrung und Kleider haben, so lasset uns genügen." Und 1. Kor. 4, 6: „Seid meine Nachfolger!" Und Phil. 3, 7: „Folget mir, liebe Brüder, und sehet auf die, die also wandeln, wie ihr uns habt zum Vorbild." Das Vorbild der Apostel ist aber dieses: „Gold und Silber habe ich nicht" (Apg. 3, 6). Desgleichen Num. 18, 20: „Und der Herr sprach zu Aaron: Du sollst in ihrem Lande nichts besitzen, auch keinen Teil unter ihnen haben, denn ich bin dein Teil und dein Erbgut unter den Kindern Israel", weiter Num. 26, Dtn. 10, 12, 14 und 18, Jos. 13, 1. Chr. 6, Jos. 14, 18 und 21, Ez. 44, 28, wo es heißt: „Darum sollt ihr ihnen kein Land geben in Israel, denn ich bin ihr Erbteil." In demselben Sinn heißt es 1. Tim. 6: „Aber du, Gottesmensch, fliehe solches", nämlich: reich und habsüchtig werden . . .

Viertens, daß alle Todsünden, insbesondere die öffentlichen, und die übrigen dem Gesetz Gottes zuwiderlaufenden Mißstände in jedem Stand nach der Ordnung und auf vernünftige Weise durch die Verantwortlichen verhindert und abgestellt werden. Denn diejenigen, die solches tun, sind des Todes würdig, aber nicht nur die Täter selbst, sondern auch diejenigen, welche sie begünstigen, als da sind im Volke Hurerei, Schwelgen, Diebstahl, Mord, Lüge, Meineid, überflüssige, hinterlistige und abergläubische Künste, Gewinnsucht, Wucher und dergleichen, im Klerus hingegen simonistische Häresien und Erhebung von Gebühren für die Taufe, Firmung, Beichte, das Sakrament der Eucharistie, für das heilige Öl, für die Eheschließung und für die 30 Messen mit Gebühr oder auch für andere käufliche oder verkäufliche Messen oder für die Totenmessen, Fürbitten und Jahrgedächtnisse und für andere Dienstleistungen, für Predigten, Begräbnisse und Glockengeläut, für die Weihe von Kirchen, Altären und Kapellen, für Pfründen und Erträge, für geistliche Ämter, Würden, Personate [2], Pallien [3] und für den Kauf und Verkauf von Ablaß und unzählige andere Häresien, die hieraus entstehen und die Kirche Christi beflecken, sowie ruchlose Unsitten, wie zum Beispiel die schändlichen Unehen samt der Erzeugung von Kindern und andere Unzucht, Zorn, Streit, Hader, leichtfertige Vorladungen und willkürliche Schikanen und Ausbeutungen der einfachen Leute, gewinnsüchtige Geldforderungen, Bewegung von Opfergängen und unzählige Täuschungen der einfachen Leute durch falsche Versprechungen. Alle diese Dinge soll ein jeder gläubige Diener Christi und wahrer Sohn seiner Mutter Kirche an sich und anderen verfolgen und wie den Teufel selbst hassen und verabscheuen, doch stets unter Wahrung der Ordnung und des Standes seiner Berufung. Wenn uns aber einer gegen unser frommes und heiliges Vorhaben schamlose, unerhörte Laster zuschreiben sollte, so sollen ihn die Christgläubigen wie einen falschen und ungerechten Zeugen behandeln, da in unserem Herzen kein anderer Gedanke wohnt, als aus aller unserer Kraft und Vermögen dem Herrn Christus zu gefallen und sein Gesetz und die Gebote und diese vier katholischen Punkte treulich zu erfüllen und auszuführen. Und jedem Bösewicht, der dem entgegensteht und der uns deswegen Widerstand leistet und uns wider Gott von diesem unserem Entschluß abzubringen versucht und uns um der Verteidigung der evangelischen Wahrheit willen verfolgt, zu welcher ein jeder notwendig verpflichtet ist, müssen wir nach der evangelischen Berufung auf Grund der Vollmacht des weltlichen Arms, die auch uns erteilt ist, wie einem Tyrannen und einem grausamen Antichrist Widerstand leisten bis zum letzten. Und wenn durch irgendeinen aus unseren Reihen etwas Böses oder Anstößiges getan worden sein sollte, so bezeugen wir, daß das in jedem Falle gegen unsere Absicht geschehen ist, denn unser Vorhaben ist es, jedes Verbrechen auszutilgen. Wenn aber irgendeine Person oder eine Kirche an Gut oder Leib Schaden genommen haben sollte, so entschuldigt uns entweder die unausweichliche Notwendigkeit oder die notwendige Verteidigung des Gesetzes und unserer selbst gegen die tyrannische Gewalt. Gleichwohl tun wir kund, daß wir in allen Dingen zur Belehrung aus der Heiligen Schrift bereit sind, falls jemand meint, es falle auf uns auch nur ein böser Schein.

[1] Es folgen Zeugnisse aus den Kirchenvätern und aus dem Kirchenrecht.
[2] Rangstellungen in Stifts- oder Domkapiteln.
[3] Wollenes Halsband, Rangabzeichen der Erzbischöfe.

## Aus den 76 Artikeln der Taboriten (1422)

Nach dem Tode von Hus hatte die Reformpredigt in kürzester Zeit die überwiegende Mehrheit der Einwohner Böhmens erfaßt. Da und dort auf dem Lande vermischten sich die Forderungen der Kirchenreform mit den Bestrebungen, einen sozialen Umsturz hervorzurufen, für den der vermeintliche Kommunismus der Urkirche das Vorbild abgeben sollte. Große Versammlungen unter freiem Himmel führten die Landbevölkerung von weither zusammen. Von dem leidenschaftlichen Aufruf ihrer Prediger bestärkt, fühlten sich die Landleute zu den Trägern der Erneuerung des kirchlichen und sozialen Lebens auserwählt. Sie bildeten eine eigene Reformpartei und nannten sich nach der als Stützpunkt neugegründeten Stadt Tabor in Südböhmen „die Taboriten". Auch die unteren Stände der Stadtbevölkerung traten ihnen zur Seite, um dann je länger, desto mehr die Führung zu übernehmen. Von Anfang an zur Gewalt entschlossen, wurden die Taboriten zu dem gefürchteten militanten Stoßkeil der hussitischen Reformbewegung. Ihr Feldherr Jan Zischka († 1424) führte sie gegen die anrückenden Feinde von Sieg zu Sieg. Für kurze Zeit wurde die religiöse Hochspannung unter den Taboriten durch die feste Erwartung des unmittelbar bevorstehenden Beginns der Endzeit mächtig gesteigert. Ja, die Taboriten wähnten, sie seien dazu ausersehen, durch eine erbarmungslose, blutige Austilgung der Feinde des Gesetzes Christi die Endzeit selbst einzuleiten. Die darauf folgende Erneuerung der Kirche sollte die Herrlichkeit der Urkirche nicht nur wiederkehren lassen, sondern noch übertreffen; sie sollte in die Wiederherstellung des Reiches Gottes und in die neue Schöpfung selbst einmünden.

Lat. Text bei *Döllinger* II 694—699; dt. Übersetzung z. T. bei *E. Staehelin,* Die Verkündigung des Reiches Gottes in der Kirche Jesu Christi 3 (1955) 484—487; *J. Th. Müller,* 28, datiert die 76 Artikel auf 1420.

### Apokalyptische Hoffnungen

25 . . . Jetzt im gegenwärtigen Jahr des Herrn 1422 wird sein und ist das Ende der Welt, das ist: die Vertilgung aller Bösen.

26 . . . Jetzt wird die kämpfende Kirche, lange vor der letzten Wiederkunft Christi zum Jüngsten Gericht, durch eine andere, in Kürze bevorstehende Wiederkunft Christi in ihrem Pilgerstand zum Reich Gottes wiederhergestellt werden und wiederhergestellt, so daß in ihr keine Sünde, kein Ärgernis, kein Greuel, keine Lüge noch irgendein Makel sein wird.

27 . . . Nunmehr ist „der Tag der Rache" und „das Jahr der Vergeltung" (Jes. 34, 8), in denen alle Sünder der Welt und alle Feinde des Gesetzes Gottes ohne Ausnahme untergehen werden und untergehen müssen durch Feuer und Schwert und die sieben Jüngsten Plagen (nach Jesus Sirach 39, 35 f): Feuer, Schwert, Hunger, Wilde Tiere, Skorpione und Schlangen, Hagel und Tod.

28 . . . In dem genannten wiederhergestellten Reich der Pilger wird sich kein Bösewicht den Guten leiblich zugesellen können, bevor er nicht seine Bosheit abgelegt hat.

29 . . . Die Zeit der gegenwärtigen Rache ist keine Gnadenzeit der Erbarmung, darum darf man an den Bösen und den Feinden des Gesetzes Christi keine Werke der Barmherzigkeit tun.

30 . . . Zur Zeit der gegenwärtigen Rache darf man den Feinden des Gesetzes Christi gegenüber nicht die Nachfolge Christi in Milde, Sanftmut und Erbarmen leisten, sondern allein in seinem Eifer, Wüten, Grausamkeit und Rache.

. 31 . . . Zu dieser Zeit der Rache ist jeder Gläubige verflucht, der sein Schwert vor dem Blutvergießen der Feinde des Gesetzes Christi zurückhält, vielmehr muß jeder Gläubige seine Hände im Blut der Feinde Christi waschen, denn „Wohl dem, der der verstörten Tochter Babel vergilt, wie sie uns getan hat" (Psalm 137, 8).

32 . . . Jeder Priester Christi darf und muß zur Zeit der gegenwärtigen Rache nach allgemeinem Gesetz von sich aus kämpfen, die Sünder niedermachen, verwunden und töten mit seinem Schwert oder mit einer anderen Waffe.

33 . . . Noch zur Zeit der kämpfenden Kirche, jetzt zur Zeit der Rache, noch lange vor dem Tag des Jüngsten Gerichts, müssen alle Städte, Dörfer, Burgen und alle Gebäude wie Sodom zerstört und verbrannt werden, weil der Herr nicht mehr in sie eingehen wird noch irgendein guter Mensch.

34 . . . In der gesamten Christenheit werden, solange die kämpfende Kirche dauert, bei der genannten Plage nur fünf Städte übrigbleiben, in denen die Gläubigen zur Zeit der Rache ihre Zuflucht nehmen müssen, weil sie außerhalb von diesen keine Rettung finden können.

35 . . . Jetzt in diesem Jahr der Rache, Tötung und Vergeltung muß die Stadt Prag von den Gläubigen wie Babel zerstört und verbrannt werden.

36 . . . Jetzt zur Zeit der Rache kann vor den Plagen des Herrn niemand gerettet noch bewahrt werden, es sei denn auf den Bergen und in Felshöhlen, wo sich die Gläubigen jetzt versammelt haben.

37 . . . Wer jetzt zur Zeit der Rache das Wort Christi gelesen hat oder hat predigen hören „Alsdann wer in Judäa ist, der fliehe auf die Berge" (Mt. 24, 16) und nicht aus den Städten, Dörfern oder Burgen auf die Berge geht, wo die gläubigen Brüder jetzt versammelt sind, der begeht eine Todsünde wider das Gebot

Christi und wird samt diesen Städten, Dörfern und Burgen von der Plage zur Strafe erfaßt und getötet.

38 . . . Nur jene auf den genannten Bergen versammelten Gläubigen sind „der Leib, wo sich die Adler sammeln" (Mt. 24, 28) und von wo die Heere durch die ganze Welt zur Durchführung der Plagen der Rache zu den Völkern und ihren Städten, Dörfern und Festungen ausgesandt sind, welche jede Zunge, die ihnen widerstrebt, im Gericht richten werden.

39 . . . Jeder Herr, Hörige, Bürger oder Untertan, der von den genannten Gläubigen zu diesen vier Punkten ermahnt ist: Befreiung jeder Wahrheit, Förderung des Lobes Gottes, Schutz des menschlichen Heils, Vernichtung der Sünden, und ihnen auf ihre Weise nicht Folge leistet, soll wie ein Satan und Drache von ihnen zertreten oder getötet und alle seine Güter geplündert werden.

40 . . . Alle irdischen Güter der Feinde des Gesetzes Christi müssen zur Zeit der gegenwärtigen Rache auf jede Weise von den genannten Gläubigen angegriffen und durch Enteignung, Verbrennung oder Vernichtung verwüstet werden.

41 . . . Alle Untertanen, welche den Feinden des Gesetzes Christi die jährlichen Zehnten abliefern, müssen, auch wenn sie es nur gezwungen tun, vernichtet und verdammt und wie die Feinde Christi an ihren Gütern geschädigt werden.

43 . . . Bei der Wiederherstellung des Reiches werden die Erwählten von sich aus auferstehen in ihren Leibern zur ersten Auferstehung, welche der zweiten, allgemeinen Auferstehung lange vorausgeht, und Christus wird vom Himmel herabkommen und leiblich mit ihnen auf Erden wandeln, und jedes Auge wird ihn sehen, und er wird in den Bergen ein großes Gastmahl veranstalten, und wenn er eintritt, um die zu Tische Liegenden zu sehen, so wird er die Bösen in die äußerste Finsternis werfen, und alle, die nicht auf den Bergen sind, wird er in einem Augenblick mit einer Flut von Feuer verzehren, wie einst diejenigen, die nicht in der Arche Noah waren.

44 . . . Vor der ersten Auferstehung werden die-

374

jenigen, welche lebendig mit Christus in die Luft entrückt werden, leiblich nicht sterben, sondern mit Christus sichtbar, leiblich auf Erden leben, und an ihnen wird alles buchstäblich erfüllt, was der Herr Jes. 65 gesagt hat: „Siehe, ich will einen neuen Himmel schaffen" usw. (bis zum Ende des Kapitels) und Apk. 21: „Und ich sah einen neuen Himmel und eine neue Erde" usw. (bis zum Ende des Kapitels).

45 . . . In dem durch die genannten Plagen wiederhergestellten Reich Christi wird es keine Verfolgung der Pilger mehr geben, weil jede Verfolgung Christi und alles Leiden seiner Glieder ein Ende haben wird.

46 . . . In dem genannten Reich der Pilger, das bis zur allgemeinen Auferstehung dauern wird, wird es lange zuvor keinen Steuereinnehmer mehr geben, und die Steuer wird ruhen, und jedes Fürstentum und weltliche Gewalt wird ein Ende haben.

47 . . . Jetzt ist es den Gläubigen des Reiches nicht erlaubt, sich zur Rache an den Bösen einen gläubigen König zu wählen, wohl aber zum Lobe der Guten deswegen, weil allein der Herr König sein wird, und das Königtum wird dem Volk der Erde übergeben werden.

48 . . . Die Herrlichkeit dieses wiederhergestellten Reiches jetzt bis zur allgemeinen Auferstehung wird größer sein als die der Urkirche.

49 . . . Das Reich der kämpfenden Kirche, das letzte Haus vor der allgemeinen Auferstehung, wird mit größeren Gaben bedacht werden als das erste Haus, die Urkirche.

50 . . . In dem wiederhergestellten Reich der kämpfenden Kirche wird die Sonne menschlicher Vernunft den Menschen nicht leuchten, das heißt: keiner wird seinen Nächsten lehren, sondern alle werden von Gott gelehrt sein (Hebr. 8, 11).

51 . . . In dem wiederhergestellten Reich der kämpfenden Kirche wird das geschriebene Gesetz Gottes aufhören und die geschriebenen Bibeln vernichtet, denn das Gesetz wird allen ins Herz geschrieben sein (Hebr. 8, 10), und eines Lehrers bedarf es nicht.

52 . . . Der geschriebene Sinn des Gesetzes der Gnade wird, soweit er an vielen Stellen den genann-

ten Meinungen zuwiderläuft, wie zum Beispiel hinsichtlich der Verfolgungen, Ärgernisse, Leiden der Gläubigen, Betrug, Streit und Lügen, erfüllt oder entleert werden und aufhören, und zwar in seinem wiederhergestellten Reich der kämpfenden Kirche.

53 . . . Die Frauen werden in dem wiederhergestellten Reich der kämpfenden Kirche leiblich gebären ohne leibliche Ängste und Schmerzen.

54 . . . Noch nach der allgemeinen Auferstehung werden sie Kinder gebären bis zu den Enkeln.

55 . . . In dem wiederhergestellten Reich der kämpfenden Kirche müssen die Frauen ihren Männern die Pflicht nicht leisten noch umgekehrt.

56 . . . In dem wiederhergestellten Reich der kämpfenden Kirche werden sie gebären ohne leiblichen Samen.

57 . . . Die Frauen dürfen sich zur Zeit dieser Rache von ihren Männern, auch wenn sie gläubig sind, scheiden und dürfen sich gegen deren Willen von ihren Kindern und ihren Behausungen entfernen und zu den Bergen oder in die fünf Städte begeben.


### Inquisitionsurteil gegen Peter Turnow (1426)

Ein eifriger Vermittler wyclifitischer und hussitischer Gedanken nach Deutschland war der sächsische Priester Nikolaus von Dresden. Ursprünglich Leiter der Kreuzschule in Dresden, dann Lehrer in Prag, gewann er Johannes von Drändorf und Peter Turnow aus Tolkemit bei Elbing für das Hussitentum. Zum Priester geweiht, nahm Drändorf in Deutschland mit den Waldensern Verbindung auf und war kühn genug, die feindselige Stimmung der Bürger von Speyer gegen den Klerus und den Kampf der Stadt Weinsberg um ihre Reichsfreiheit mit taboritischen Reformkundgebungen zu unterstützen — ein Unternehmen, das ihm selbst das Todesurteil einbrachte (1425) und seinen Freund Peter Turnow, inzwischen Schulrektor in Speyer, in seinen Untergang mithineinzog.

Lat. Text bei *Herman Haupt,* Husitische Propaganda in

Deutschland, Hist. Taschenbuch, 6. Folge, 7. Jahrgang (1888) 298—302.

Lit. (zu Nikolaus von Dresden): *H. Kaminsky*, Master Nicholas of Dresden, The old color and the new (1965).

... Nachdem wir benachrichtigt waren, daß du, Peter Turnau, deiner Angabe nach Kleriker der Diözese Worms und Bakkalar des Kirchenrechts, der Begünstigung und Anhängerschaft der häretischen Bosheit bezichtigt und verdächtigt warst, haben wir dich fassen und gefangennehmen lassen und schließlich, unter Heranziehung einer Anzahl von sachverständigen Lehrern der Heiligen Schrift, des kirchlichen und des bürgerlichen Rechts und anderer erfahrener Leute, auf Grund unserer ordentlichen Autorität in Ausübung unserer Amtspflicht die rechtmäßige Inquisition eingeleitet. Wir haben dir den Eid abgenommen, die Wahrheit zu sagen und Verleumdung zu meiden, und haben dich befragt und unter anderem dein freiwilliges rechtsgültiges Geständnis vernommen, daß du ein vertrauter Freund und vordem Genosse des Johann Drändorff gewesen bist, des angeblichen Priesters der Diözese Meißen, der kürzlich durch den in Christo ehrwürdigen Vater Johannes, Bischof von Worms, wegen häretischer Bosheit und mehreren falschen, hartnäckig behaupteten Lehren, die den Aufstellungen des katholischen Glaubens und der Bestimmung der heiligen Kirche zuwider sind, verdammt worden ist, weil er keine Reue zeigte, vermessen und uneinsichtig war und deswegen degradiert, der weltlichen Gewalt übergeben und schließlich mit Feuer verbrannt wurde, und zwar, daß du mit eben diesem Johannes und anderen oftmals an verdächtigen Orten und Zeiten zusammengekommen bist, in Prag und Umgebung, wo die verdammte Verkehrtheit der Hussiten beheimatet ist und war, deren verurteilten Irrglauben über die Darreichung des Sakraments der Eucharistie unter beiderlei Gestalt du zugestimmt hast und auch nach Griechenland gereist bist, wie du gesagt hast, um die Weltwunder und ihren Gottesdienst und Wandel kennenzulernen, obgleich es wohlbekannt ist, daß die Griechen den Bestimmungen der römischen und der allgemeinen Kirche in vielen Stücken zuwider sind. Außerdem warst du Mitwisser einiger aufrührerischer Schriften und verkehrter Lehren, die Johann Drändorff kurz vor seiner Ergreifung verbreitete, und zu der Zeit, als er sich bemühte, solche Lehren da und dort auszustreuen, habt ihr euch gegenseitig besucht, habt euch in mehreren Dingen verglichen und in einigen Irrtümern übereingestimmt. Auch aus deinen eigenen freiwilligen Zugeständnissen vor uns in dieser Sache geht klar hervor, daß du hinsichtlich der Vollmacht der heiligen römischen und allgemeinen Kirche unsicher bist und irrtümlich zweifelst und das, was durch die römische Kirche oder durch ein allgemeines Konzil, welches sie repräsentiert, verurteilt ist, nicht dafür halten willst, sondern über die verurteilten Artikel dieser Art keine andere Antwort hast geben wollen als: das wolltest du Gott anheimstellen, und über die solchermaßen verurteilten Artikel wolltest du auch bei wiederholter Befragung keine andere Antwort geben; außerdem ist deinen Worten zu entnehmen und läßt sich deutlich erschließen, daß du die folgenden Stücke bejahst, behauptest und hartnäckig verteidigst, und zwar erstens: ein allgemeines Konzil, welches die Gesamtkirche repräsentiert, kann und konnte in Sachen des Glaubens, des Ritus oder der kirchlichen Observanz hinsichtlich der Austeilung und des Empfangs der Sakramente irren; desgleichen, daß der Ritus, das Verfahren oder die Observanz oder das Verbot der römischen Kirche hinsichtlich der Kommunion der Laien unter beiderlei Gestalt, des Brotes und des Weines, ohne Grund eingeführt und geändert und daß die Kommunion unter beiderlei Gestalt durch die kirchlichen Vorgesetzten eingeführt werden muß; desgleichen, daß die Laien beiderlei Geschlechts, auch die Kinder und Säuglinge, bevor sie noch zu urteilen vermögen, die Kommunion des Sakraments der Eucharistie unter beiderlei Gestalt erhalten müssen; desgleichen, daß dies heilsnotwendig sei, wenigstens bedingungsweise, das heißt: wo und wann das in angemessener Weise durchgeführt werden kann; desgleichen, daß das Konzil von Konstanz oder ein anderes allgemeines Konzil nichts gegen die genannten Artikel bestimmen konnte und kann; desgleichen, daß ein Leutpriester oder jeder andere Prediger am Tage des Gerichts, so wie über jede andere Sünde, so auch darüber Rechenschaft ablegen muß, daß er das Volk nicht unterweist, daß man unter beiderlei Gestalt kommunizieren muß, und daß er dem Volk die Kommunion nicht auf diese Weise reicht; desgleichen, daß die Kleriker, welche nach dem evangelischen Gesetz zu leben begehren, keine weltliche Jurisdiktion oder Herrschaft annehmen dürfen . . .

Daher beschließen, erklären, verkündigen und urteilen wir, Rabanus, Bischof von Speyer, wie oben genannt, daß du, Peter, ein Häretiker, Aufrührer, Fehlgläubiger, im Irrtum befindlicher Gegner der Bestimmungen, Riten, Observanzen, der Autorität und auch der Gewalt der römischen Kirche bist und daher exkommuniziert und verdientermaßen und mit Recht von der Herde des Herrn getrennt bist . . . und, da die Kirche nichts mehr mit dir zu schaffen hat, schließlich dem weltlichen Arm und Gericht zu überlassen, zu übergeben und aus dem Raum der Kirche gänzlich auszuschließen bist.

## NIKOLAUS VON PILGRAM († 1459)

Je länger, desto mehr erwiesen sich die Taboriten als die wahren Vorkämpfer der Lehren Wyclifs. Während die Prager Utraquisten die Verbindung mit der römischen Kirche aufrechtzuerhalten suchten, stellten sich die Taboriten auf den Boden des wyclifitischen Schriftprinzips. Der hochangesehene Wyclifit Peter Payne, der sich nach seiner Flucht aus England (1413) als Theologe und Diplomat ganz in den Dienst der Hussiten stellte, erreichte die Annahme auch der wyclifitischen Abendmahlslehre durch die Taboriten. In dem von ihrem geistlichen Führer Nikolaus von Pilgram (seit 1420) verfaßten ausführlichen Bekenntnis von 1431 tritt das Übergewicht der Lehren Wyclifs deutlich zutage. Bald danach wurde die politische Kraft der Taboriten durch die Niederlage in der Schlacht von Lipan (1434) gebrochen. Der Einfluß der hussitischen Reformbewegung, die einst das ganze Volk ergriffen hatte, blieb von jetzt an auf gewisse Teile Böhmens beschränkt und wurde auch hier zusehends zurückgedrängt.

Lat. Text bei: *Balthasar Lydius,* Waldensia I (1616) 1, 16—18, 32—36; und *K. Höfler,* Geschichtschreiber der husitischen Bewegung in Böhmen (Fontes Rerum Austriacarum) Abt. 1, 6. Band, Teil 2 (1865) 599 ff.

### Aus dem Bekenntnis der Taboriten (1431)

#### Das Schriftprinzip

Christus Jesus ist der einzige und beste Gesetzgeber (Jak. 4, 12), unser Herr und unser Gesetzgeber (Jes. 33, 22) und der Grund jeglichen Sinnens eines Christen (1 Kor. 3, 11), an welchem der Vater Wohlgefallen hat, den er zu hören befahl (Mt. 17, 5), desgleichen ist er der Maßstab und das untrügliche Maß, nach dem man alles andere, Ungesetzmäßige oder Gesetzmäßige, beurteilen muß, denn in allen Dingen, die den Glauben, das Leben und die Sitten der Christen betreffen, ist es am sichersten, ihm nachzufolgen und in erster Linie und in höchstem Maße auf ihn zu achten.

Zweiter Satz: Das Gesetz Jesu Christi, das evangelische Gesetz, welches das alte Gesetz und die übrigen Gesetze in Kürze, Sparsamkeit der Mittel und Leichtigkeit der Erfüllung übertrifft, ist aus sich selbst in jeder Weise hinreichend zur Regierung der kämpfenden Kirche, und außer ihm bedarf der Mensch für seine Pilgerschaft zum Vaterhaus keines weiteren neuen Gesetzes.

Dritter Satz: Unter Glauben sind die von den Gläubigen zu glaubenden hauptsächlichen Wahrheiten zu verstehen, die im Kanon der Bibel geschrieben stehen, sowie diejenigen Wahrheiten, welche mit unausweichlicher Notwendigkeit zu glauben und unmittelbar aus ihnen ableitbar sind. Alles, was weder durch diese Wahrheiten umschrieben noch aus ihnen, wie gesagt, abzuleiten ist, muß man für eine menschliche Hinzufügung halten.

Vierter Satz: Obwohl die Worte der heiligen Lehrer nach den Aposteln nicht zur Bestätigung der Autorität kirchlicher Dogmen genommen werden dürfen, so sind doch ihre Lehrmeinungen von den Pilgern hier anzunehmen und zuzulassen, soweit Christus in ihnen spricht und soweit sie sich wahrhaftig und unmittelbar im ausdrücklich formulierten Gesetz unseres Herrn Jesu Christi begründen lassen, zumal da die heiligen Lehrer manches bedingungsweise äußern, manches vermutungsweise oder mit Wahrscheinlichkeit, manches aber behaupten sie über alle Meinung erhaben gleichsam als Glaubensartikel und manches zur Abwehr, zum Tadel und zur Verdammung der Häretiker, und bisweilen sind sie dabei doppeldeutig.

Fünfter Satz: Obwohl der mystische Leib Christi zur Zeit des Alten Gesetzes gleichsam wie ein junges Mädchen auf vielerlei Weise durch sichtbare Zeichen unterwiesen werden mußte, darf die Kirche bei wachsendem Alter zur Zeit des Gesetzes der Gnade nicht auf derartige Zeichen achthaben. Gleichwohl darf man, da Christus selbst gewisse Zeichen billigt, sich einiger Zeremonien bedienen, solange die Religion der Pilger unvollkommen ist — mit Maßen jedoch und nur, wenn man sie weder allzu hoch einschätzt noch sich unnütz mit ihnen aufhält noch sie vermehrt noch die Menschen unbegründet auf sie verpflichtet oder ihnen ein unauflösliches Gelübde damit auferlegt noch ihnen etwas Heiliges zuschreibt noch sie ebenso hoch oder höher als das Alte Gesetz achtet und die Kirche über das Alte Gesetz hinaus damit belastet; denn Christus bestimmte, die Kirche sollte zur Zeit des Gesetzes der Gnade von solchen Gesetzen frei sein, denn es sind keine anderen privaten Satzungen erlaubt oder vom Volk als verpflichtend anzunehmen, sofern sie nicht Mittel sind, die Beachtung des Gesetzes Christi zu erleichtern.

Sechster Satz: Gewisse menschliche Erfindungen bringen keinen Nutzen, sondern dienen nur zur Vergegenwärtigung und Hinweisung. Mit diesen hat es eine ganz andere Bewandtnis als mit denjenigen, welche aus eben diesem Grund im Gesetz geschrieben sind.

Siebenter Satz: Diejenigen Priester, welche solche

Riten verwerfen, die von Menschen dem Gesetz Christi hinterher auferlegt sind und es einschränken, hindern, schmälern und dadurch eine Last bilden, tun keine Sünde.

Achter Satz: Im Evangelium Jesu Christi ist jede von den Gläubigen zu glaubende und auszuführende Wahrheit, vor allen Dingen aber die Lehre von den Sakramenten, mit größerer Vollkommenheit, Autorität und Mäßigung entschieden als heutzutage in der römischen Kurie, welche auf Grund ihres Glaubens, Sinnes, Ritus und angeblicher Autorität durch viele Leute heutzutage jenen belanglosen Sakramenten Steigerung und Förderung zuteil werden läßt, während alle Lehrmeinungen durch die verschiedensten Wahrheiten des heiligen Evangeliums, welche einleuchtend und durch sich selbst offenbar sind, besser bekräftigt, fester begründet und mit größerem Nutzen wiederholt werden.

### Vom Abendmahl

Diese Gnade des Sakraments des Leibes und Blutes des Herrn nährt und vermehrt die Gnade der Taufe und der Handauflegung, denn das Sakrament des Leibes und Blutes des Herrn ist das Zeichen, das nach göttlicher Einsetzung die geistliche Ernährung des Menschen in Gott wirksam bezeichnen soll, mit dessen Hilfe das geistliche Leben bewahrt wird und ohne dessen Hilfe es schwindet, wie die Wahrheit spricht Johannes 6, 53: „Werdet ihr nicht essen das Fleisch des Menschensohnes und trinken sein Blut, so habt ihr kein Leben in euch."

Dieses Sakrament, welches alle übrigen Sakramente in vielfacher Hinsicht überragt, hat, wie anderswo ausgeführt, seinen ausdrücklichen Grund im Evangelium, und sein wahres Zeugnis findet sich Mt. 26, Mk. 14, Lk. 22, 1. Kor. 10 und 11. Auf Grund des Zeugnisses der Schrift glauben und bekennen wir von diesem Sakrament von Herzen und aufrichtig, daß das Brot, welches Christus bei seinem Mahle nahm und seinen Jüngern zu essen gab, und bei dessen würdi-

gem Empfang durch den Dienst gläubiger Priester er
das Gedächtnis seines Leidens hinterließ, seiner
Natur nach wahres Brot ist, was durch das Fürwort
„das" in dem Sakramentswort „Das ist mein Leib"
bezeichnet wird. Und zugleich ist es der wahre Leib
Christi, der aus der Jungfrau Maria genommen und
für uns dahingegeben wurde, was man nicht identisch, nicht von stofflicher Identität, verstehen darf,
sondern auf sakramentale Weise, wirklich und wahrhaftig. Dieses Brot ist wegen seines Verhältnisses zu
dem Leib Christi mit der ihm gebührenden Verehrung
hochzuachten, und die Gläubigen verehren es, doch
nicht, weil es seiner Substanz nach Brot ist, sondern
soweit es, wie ausgeführt, der Leib Christi ist, dessen
wahrer Leib, wie man glauben muß, in demselben
auf wahrhaftige sakramentale und geistliche Weise
vorhanden ist; doch ist er nicht mit allen seinen wesenhaften oder zufälligen Eigenschaften identisch mit dem
Leib Christi im Himmel zur Rechten Gottes noch so,
wie diejenigen meinen, welche behaupten, der Leib
Christi sei auf eine Art und Weise vorhanden, die
das Aufhören der Substanz des Brotes und die wesen-
hafte Verwandlung in den Leib Christi voraussetzt.
Darauf muß jeder Gläubige in seinem Sinn achten,
ohne sich um das Wesen der stofflichen Substanz des
Sakraments zu bekümmern, da der Eifer der Gläubigen, mit dem sie es wahrhaft verehren, ihre Knie
davor beugen und es bedenken, in der Nachahmung
unseres Heilandes und in der Hingabe an seinen
Leib, der im Himmel ist, bestehen muß, sowie in dem
Glauben, daß er auf die genannte Weise in dem ehrwürdigen Sakrament vorhanden ist. Und Entsprechendes muß man von dem Sakrament des Kelches glauben ...

### Gegen die römische Meßfeier

... Darum haben wir ... jenen römischen Ritus der
Messe, welchen gewisse Magister aus Prag und diejenigen Priester, die ihre Anhänger sind, für rechtmäßig und notwendig erklären, erlaubtermaßen und

383

aus vernünftiger Ursache aufgegeben aus den folgenden Gründen:

Erstens, weil der genannte Ritus der Magister das freie Gesetz Christi hemmt und hindert. Er hindert nämlich daran, daß den Gläubigen die Sakramente überall bereitwillig gereicht werden, und steht im Gegensatz zu dem Volk, das nunmehr über die Häufigkeit der Predigt belehrt ist, denn ein großer Teil der Zeit wird so unnütz damit vertan, daß das Volk dessen überdrüssig und des würdigen Empfangs der Eucharistie unfähig wird. Und die Priester werden genötigt, die nützlicheren Dinge zu unterlassen, so daß sie den Vorwurf des Heilandes (Mt. 15, 3) fürchten sollten: „Warum übertretet denn ihr die Gebote Gottes um euerer Aufsätze willen?"

Zweitens sind Lügengeschichten und Legenden und viele unbeweisbare Dinge damit verbunden, auch viel lärmender Gesang, der nicht mit dem Gesetz Gottes begründbar ist. Auch werden dabei viele Worte in einer fremden Sprache gelesen und gesungen, welche das Volk, das dabeisteht, nicht verstehen kann, und dies läuft den Geboten Gottes zuwider. Denn „Die Unverständigen wird man nicht verstehen", sagt der Apostel (1. Kor. 14, 38), wo es heißt: „Ist aber kein Ausleger da, so schweige er in der Gemeinde, er rede aber sich selber und Gott" (1. Kor. 14, 28). Und nach der Meinung des Apostels ist es ein Unsinn, wenn die Laien und die Ungelehrten nicht „Amen" sagen können zu dem, was sie nicht verstehen, die doch eher fünf Worte mit ihrem eigenen Sinn sagen sollten als wie Barbaren zehntausend daherzumurmeln.

Drittens ist es nach jenem Ritus täglicher Messe unmöglich, das Gesetz dem Bedürfnis des Volkes und der Zeit entsprechend vorzulesen, so wie es zur Zeit des Dionysius[1] in der Urkirche üblich war, vielmehr muß die ganze Woche hindurch die Epistel und das Evangelium des Herrn wiederholen, denn die Meßworte, welche mehrere Episteln und Evangelien enthalten, sind selten, wogegen im Evangelium des Lukas (12, 42) geboten ist: „Ein kluger und getreuer Knecht muß zur rechten Zeit das Maß des Weizens geben", und Mt.

13, 52: „Ein jeglicher Schriftgelehrte zum Reich Gottes gelehrt, muß Neues und Altes vorbringen", wie es das Bedürfnis des Volkes fordert.

Viertens. Dieser Ritus gibt den falschen Propheten und den Ungelehrten Gelegenheit, den Stand von Heiligen einzunehmen, welche infolge der Menge von Messen im Gegensatz zu dem Ritus der Urkirche ernährt werden müssen und sich an den Almosen der Armen und an der Habe der Witwen weiden, und so lassen sie nach der Prophezeiung Christi und Daniels „den Greuel der Verwüstung am heiligen Ort" entstehen, wo er ohne diese Zeremonien an ihren bösen Werken leichter zu erkennen wäre und wo sie nicht so viele Möglichkeiten hätten, die Einfältigen zu täuschen, und keine Gelegenheiten, das Priestertum an sich zu reißen. Diese schädliche Gelegenheit muß man vernichten nach dem Beispiel des Apostels (2. Kor. 11, 12 f.): „Was ich tue und tun will, das tue ich darum, daß ich die Ursache abschneide denen, die Ursache suchen, daß sie sich rühmen möchten, sie seien wie wir. Denn solche falschen Apostel und trüglichen Arbeiter verstellen sich zu Aposteln Christi." — Wenn es nämlich an der Verkündigung fehlt, welche Christus eingesetzt hat, so war es, wie der evangelische Lehrer [2] sagt, notwendig, daß die Abtrünnigen zur besseren Empfehlung ihrer Lästerung „die Zeichen des ehebrecherischen Geschlechts" (Mt. 12, 39) erfanden.

Fünftens. Dieser Ritus schließt die Verehrung des verehrungswürdigen Sakraments der Eucharistie aus und hat den Mißbrauch der Kommunion nur unter einer Gestalt mit sich gebracht, und durch die Vervielfältigung der Messen verdunkeln sie seinen wahren Brauch. Infolge dieser Vervielfältigung gewöhnte sich das Volk daran, mit dem bloßen Betrachten des Sakraments zufrieden zu sein, und es gibt sich noch größtenteils damit zufrieden, indem es die Hoffnung seines Heils darauf setzt, das Gebot vom Essen und Trinken des Sakraments aber geringachtet, und die Priester sind sich selbst und dem Volk hinderlich, wenn sie an verschiedenen Altären zu gleicher Zeit Messe lesen, denn keiner von ihnen kann die dabei notwendigen

Worte zum Volke sprechen, ohne den anderen zu beeinträchtigen ...

Sechstens. Jener Ritus enthält eine Fülle von Zeichen, die für viele den Anlaß zum Unglauben und Aberglauben bilden, und für die einfachen Priester sind sie in geistlicher Hinsicht Fallstricke, welche die Kraft Gottes nach Art der Heiden in Sinnbilder und Zeichen verlegen, was man am Beispiel geheimer vertraglicher Übereinkunft sehen kann, und das Bündnis mit den Dämonen, das ist das Verbrechen der schwarzen Kunst, welches mit Recht und guten Gründen von der heiligen Kirche verdammt ist. Und mit der Fülle solcher Zeichen, die, wie sie sagen, vieles Gute bedeuten, während sie im allgemeinen eigentlich gar nichts an sich haben, scheinen sie nichts anderes zu bewirken als die Vervielfältigung der Lügen, indem sie sich und dem Volk den Sieg über den Teufel versprechen, was gleichwohl nie oder nur selten geschieht, ja, das Gegenteil ist der Fall, so wie sich einst die falschen Propheten zur Bekräftigung ihrer Lügen nach dem Rat des Teufels falsche Zeichen zurechtmachten, damit man ihren Lügen eher Glauben schenkte, wie Zedekia, der sich eiserne Hörner machte, und sprach zu Ahab: „Hiermit wirst du Syrien stoßen" (1. Kön. 22, 11). Und so täuschte er den König.

Siebentens. Der genannte Ritus schließt Messen ein, welche dem Gewinn habsüchtiger Priester dienen und infolge der ungeordneten Heiligenverehrung Abgötterei sind, da man hierbei Messen der Heiligen unterscheidet, worunter die Priester im allgemeinen nichts anderes verstehen, als daß die Messen für die Heiligen gefeiert werden, gegen das göttliche Gebot (Lk. 22, 19): „Das tut zu *meinem* Gedächtnis" ...

Achtens. Dieser Ritus enthält ungewisse Fürbitten für die Seelen und das Gedächtnis für die Toten, was seit dem Jahre 568 dort eingefügt worden ist, was niemand nützt, sondern vielen schadet, weil es den Glauben an das erdichtete und ungewisse Fegefeuer stützt,

---

[1] Der Schüler des Paulus in Athen (Apg. 17, 34).
[2] = Wyclif, s. o. S. 255.

und das ist der Anlaß für die Simonie und für die Habsucht der Priester, für eine größere Freiheit zur Sünde
und für verkehrte Hoffnungen ...

# Jan Rokycana († 1471)

Nach dem Tode Jakobs von Mies (1429) wurde Jan
Rokycana der Führer der Utraquisten. Er wurde vom böhmischen Landtag zum Erzbischof von Prag erwählt, von der
römischen Kurie aber nicht bestätigt, obwohl er die Annäherung der Utraquisten an Rom betrieb. Wenigstens an der
Gewährung des Laienkelches hielt Rokycana unerschütterlich
fest. Auch in seinem beständigen Eifern um die Hebung der
Moral unter Klerus und Laien, mit seiner Verwerfung von
Wallfahrten und Bilderverehrung und insbesondere hinsichtlich der Lehre von der Kirche verließ Rokycana die hussitischen Prinzipien nicht. Gleichwohl sah er sich um die Früchte
seiner Vermittlungspolitik betrogen: Die Taboriten verachteten ihn wegen seines „Krebsgangs", und die Katholiken
nahmen die mit den Utraquisten getroffenen Abmachungen
einseitig zurück.
   Lat. Text bei *Höfler* (s. o. S. 380) 841 f.
   Lit.: *F. G. Heymann*, Jan Rokycana, Church Reformer
between Hus and Luther, Church History 28 (1959) 240—280;
*ders.*, The Hussite-Utraquist Church in the Fifteenth and
Sixteenth Centuries, Archiv für Reformationsgeschichte 52
(1961) 1—16.

### Aus einer Predigt über Matthäus 16, 18

Die heilige Kirche stützt und gründet sich nicht auf
Petrus oder auf die Würde von Menschen, wie auf den
Papst und die Kardinäle, sondern auf diejenigen, in
welchen sich das wahre Bekenntnis des Glaubens und
der Wahrheit findet, und auf alle Gläubigen und Erwählten Gottes, welche den rechten Glauben von allen
Glaubensartikeln haben und sich nicht fürchten noch
scheuen, ihn zu bekennen, sondern bereit sind, um des
Bekenntnisses des wahren Glaubens willen auch zu

sterben; und diese sind über die ganze Welt hin verstreut ... Und man kann sie nicht an einem Platz oder Winkel dieser Welt einschließen und fassen, etwa in Rom, Jerusalem, Prag, Wien, Pilsen, Klattau oder unter den neuen Brüdern in Lichnow, Bocek, Brandeis und Leitomischl ... Die heilige Kirche, die auf den Glauben Christi gegründet ist, ist niemals gefallen, weil sie auf den festen Felsen, auf Christus, gegründet und von Christus bekräftigt und durch die Worte des Herrn gefestigt ist. Doch die römische Kirche ist viele Male gefallen, wie es von vielen päpstlichen Herrschaften gesagt wird. Darum ist sie nicht die wahre heilige Kirche, sondern dem wahren Glauben und der evangelischen Wahrheit von der Kommunion des kostbaren Kelches gänzlich zuwider, um dessen willen sie die gläubigen Böhmen zu töten befiehlt. Darum ist sie die Synagoge des Satans, des Antichrists, und ohne sie kann auch jeder selig werden. Aber ohne die allgemeine Kirche, die Gemeinschaft der Erwählten, gibt es kein Heil.

Christus hat allen Aposteln dieselbe und die gleiche Vollmacht gegeben wie Petrus, Petrus aber hat sozusagen als Hauptmann und Ältester stellvertretend für alle geantwortet. Und jetzt wird allen Bischöfen und Priestern dieselbe Vollmacht des Amtes gegeben. Einst waren Bischof und Priester dasselbe und von derselben Vollmacht und Autorität. Die beiden Schlüssel sind die Vollmacht des Amtes und die Weisheit der Unterscheidung zwischen Gut und Böse. Darum tun viele Priester an sich und an den Seelen der Gläubigen Unrecht, wenn sie sich eine allzu große Vollmacht zuschreiben und sagen: „Ich habe die päpstliche, bischöfliche Autorität, von Strafe und Schuld freizusprechen und Sünden zu vergeben", und werfen dann den anderen Schlüssel, die Kenntnis des Gesetzes Gottes, fort; und weil sie nur wenig oder nichts zu tun haben, so lesen und lernen sie nur sehr selten im Gesetz. Und daher haben sie das Wort Gottes weggeworfen, und darum ist die göttliche Weisheit der Unterscheidung von Gut und Böse nicht in ihnen. Vielmehr: wo sie hätten hinter den Büchern sitzen und das Gesetz Gottes kennenlernen sollen, gehen sie spazieren und gehen ins Wirtshaus und nehmen sich anstatt der Bibel das Spielbrett vor, und anstelle von Feder und Tinte spielen sie und berauschen sich an den Spielfiguren. Ja, sie sitzen eher bei der schönen Magd ihrer Herrin als hinter der Bibel. Sie lieben ein gutes Pferd mehr als das Testament, und wer ihnen Geld gibt, den sprechen sie los; wenn ihnen aber einer nichts gibt, so lassen sie die Schlüssel fallen und sagen: „Ich habe keine Vollmacht" usw. und binden und erklären zum Häretiker und exkommunizieren und rühmen sich gleichwohl ihrer Vollmacht und betrügen damit sich und die anderen.

Die heilige Kirche, welche die Versammlung aller Erwählten ist, ist allgemein, weil sie über die ganze Welt hin verstreut ist, und sie heißt heilig, weil sie vom Heiligen Geist regiert wird, weil sie heilig lebt. Sie wird römische Kirche genannt, weil die Oberen jener Kirche und die obersten Richter jener Kirche zu Rom gelitten haben, wie Petrus, Paulus, Sixtus, welche sie durch ihr Blut gestärkt haben. Und ohne jene Kirche kann es kein Heil geben, wohl aber ohne den Papst...


PETER CHELTSCHITZKY († UM 1465)

Schon beim Ausbruch der Hussitenkriege gab es einige, die „dem Bösen, das auf beiden Seiten geschah, nicht beigestimmt hatten". Vor allen anderen war es der Laie Peter Cheltschitzky, der sich auf den Boden der in der Bergpredigt geforderten bedingungslosen Feindesliebe stellte und das von den Prager Hussiten formulierte Recht bewaffneten Widerstandes gegen die Obrigkeit entschieden ablehnte. Während auf der einen Seite die Utraquisten mit der Zeit wesentliche Teile des wyclifitisch-hussitischen Programms der Kirchenreform freiwillig aufgaben, die Taboriten auf der anderen Seite durch Waffengewalt dazu gezwungen wurden, erblickte Cheltschitzky seine Berufung darin, das Ideal der geläuterten, heiligen Kirche wenigstens in der kleinen Gemeinschaft der wahren Frommen zu verwirklichen. Hier sollte das Gesetz Christi gehorsam befolgt werden, denn Welt und Kirche im großen zu reformieren, erschien ihm unmöglich. Von überragender geistiger und geistlicher Autorität, behauptete Cheltschitzky seine selbständige Stellung zwischen den Fronten der Taboriten, Utraquisten und Katholiken. Mit dem Maßstab der „besseren Gerechtigkeit" der Bergpredigt (Mt 5, 20) übte er selbst an den anerkannten Autoritäten Wyclif und Hus strenge Kritik. Cheltschitzky wurde als Seelsorger und Schriftsteller zum geistigen Vater der „Böhmischen Brüder", die ihren ersten Mittelpunkt in Kunwald bei Senftenberg (Ostböhmen) fanden (1457).

Texte: (Antwort; lateinisch) *Jaroslav Goll,* Quellen und Untersuchungen zur Geschichte der Böhm. Brüder II (1882) 82—96. — Peter Cheltschitzki, Das Netz des Glaubens. Aus dem Alttschechischen ins Deutsche übertragen von *Dr. Carl Vogl* (1924) 7, 43, 46, 49, 52, 58 f., 66, 70, 78 f., 92, 100, 110 f., 120, 146, 150 f.

Lit.: *E. Peschke,* Die Theologie der Böhmischen Brüder in ihrer Frühzeit I (1935), II (1940).


### Antwort an Rokycana (um 1435)

...Ich will aber zuerst etwas von dem sagen oder hinschmieren, was du vom Stuhle Moses behauptest. ...Du folgerst, daß den Prälaten oder Oberhirten die Macht zustehe, ihren Untergebenen alles zu befehlen, was sie ihnen sagen... Aber ich glaube, daß du es, obgleich du es mir geschrieben, vor Gott nicht beweisen könntest... Christus hat gewußt, daß sie auch schlecht lehrten und Schlechtes geboten und unerträgliche Bürden auf die Schultern der Menschen legten, darum hat er sie auch getadelt, sie und die Schriftgelehrten... Wenn er also das Volk vor ihnen gewarnt hat, so kann er es nicht andererseits zum unbedingten Gehorsam verpflichtet haben, so daß sie oder die jetzigen nach Belieben befehlen könnten... Eine solche Freiheit im Befehlen wirst du, Meister, aus Christi Worten für die Prälaten nicht gewinnen, da sie das Volk in nichts unterrichten sollten, außer in den Worten, die aus dem Munde Gottes gekommen sind...

...Wisse, daß ich alle Lehrer, die heiligen und die jetzigen, insoweit annehme, als sie mir durch ihre

Wissenschaft den Weg zeigen und das Verständnis eröffnen konnten für alles das, was Gott mir in seinem Gesetz gebietet... Allerdings achte ich Wyclif vorzüglich deswegen, da ich von ihm höre, niemand unter den alten und auch unter den jetzigen Lehrern habe so gut gesprochen und geschrieben gegen das Gift, welches der heiligen Kirche eingeflößt ist und aus dem der oberste Antichrist entsprossen ist samt seinen Widerwärtigkeiten, mit denen er Christum unterdrückt hat und sein Gesetz...

Wenn ferner gesagt wird, die Gewohnheiten seien im Gesetz Gottes eingeschlossen, so frage ich dich, Meister, wer sie eingeschlossen hat, ob der, welcher glaubt, das Gesetz Gottes sei genügend ohne sie, oder derjenige, der dem Gesetz Gottes nicht glaubt, es aufhebt und seine Gesetze an dessen Stelle setzt?... Es ist zu ersehen, daß dadurch, daß sich Menschensatzung dem göttlichen Gesetz anschloß, die Kirche nicht gebessert, sondern vergiftet und das wahre Leben in ihr ertötet worden ist. Die Beimengung der Menschensatzung hat die Wissenschaft des göttlichen Gesetzes nicht erhöht, sondern vielmehr der Verachtung preisgegeben, so daß das Recht nach Menschensatzung gesprochen wird und das Gesetz Gottes vor der Türe steht...

... Was nützt dem Mönch seine Armut, da es heißt: „Selig sind die Armen im Geiste!"? (Mt. 5, 3). Da ihre Armut ein Geiz ist, den kein Almosen, keine Schenkung befriedigt, bodenlos, unersättlich, so kann die Seligkeit sich nicht auf ihre unersättliche Armut gründen. Und ihr selbst, befolgt ihr denn die Schrift in anderen Geboten, deren ihr gar viele hersagt?... Sieh an den Glauben vom Leibe Gottes!... Unter den Aposteln und ihren Nachfolgern konnten die Gläubigen täglich im Glauben und aus Liebe den Leib Christi genießen und sein Blut trinken ... Aber unter den Päpsten, da hieß es: „dreimal im Jahre" ... und dann: „einmal, unter der Strafe des Bannes" ... Siehe, wie die Sünder genötigt werden, sich zum Gericht zu genießen! ... Wer anders konnte dies bestimmen als der Antichrist? ... Und so kommt es, daß sie durch ihre Satzungen das Volk im Glauben in keiner höheren Weise regieren als der Magistrat das Volk durch das Stadtrecht...

...Die Folgen lehren, daß diese Satzungen nichts Gutes gebracht haben, so die Bestimmung, man solle den Leib Gottes bei der Elevation[1] zeigen, ausstellen, auf Straßen, Marktplätzen, im Freien, auf Schlachtfeldern herumtragen, dies alles hat nur dem Wahn der Bösen Vorschub geleistet, damit sie, obgleich sie unwürdig sind, ihn zu genießen, ja, auch nur ihn anzusehen, zu dem Schauspiel eilen könnten. Der ganze Dienst besteht für sie darin, daß sie mit einem Blick sich begnügen und schnell wie Hunde sogleich wieder davonlaufen, erfüllt vom Aberglauben wie Zauberer: wenn sie nur den Leib Gottes gesehen, so könne ihnen an dem Tage nichts Schlimmes widerfahren... Und die Fasttage, in welcher Weise bessern sie die Übertreter des göttlichen Gesetzes?... Die Feiertage endlich sind nur das Tor, durch das diejenigen Sünden Einlaß finden, die sonst der Arbeit wegen nicht eindringen könnten... Die Konzilien glaubten, dem Volk eine große Wohltat zu erweisen. Aber sie haben den Gipfel der Torheit erstiegen, indem sie Gottes Gesetz verpönten und abschafften und um des göttlichen Gesetzes willen Gerechte zum Tode verurteilten. Hat doch Matthias[2] vom Basler Konzil nach Pisek geschrieben, die Kirche habe dort ausgesagt: Auch wenn der Genuß des Leibes und Blutes Christi unter beiderlei Gestalt eine Anordnung Christi wäre — was sie nicht sei —, so hätte sie doch das Recht, es zu ändern... Da ist doch offenbar, daß der Antichrist in dem, worin er Christo widerstreitet, den Gipfel erreicht hat... Zur Zeit der Apostel übte er das Böse nur insgeheim, als er aber aufwachsend groß geworden war, da hat er mit der kirchlichen und weltlichen Macht im Bunde sich in der Mitte des Tempels wie ein Gott niedergelassen und verurteilt Gott und sein Gesetz, verbrennt Gottes Diener und läßt sie in Kerkern verschmachten, verdammt und verflucht. Und ließe Gott es zu, so bliebe kein Mensch am Leben, der aus dem Kelch trinkt...

Wenn ihr den Glauben richtig faßt, so dürft ihr den auf Erden Pilgernden keinen Weg zum Fegefeuer weisen. Gott hat hienieden Mittel bereitet, genügend zu jedweder Gerechtigkeit und zur vollständigen Reinigung ... Wieviel in das Fegefeuer eintritt, um so viel ist Christi Kreuz beraubt ...

Wie kannst du mir vorwerfen, ich hätte ihn [Dionysius] gering geachtet und sein Totengebet, da ihr euch mit der ganzen Rotte des Antichrists an die Gebete für die Heiligen nicht haltet ... Für die Sünder zu beten hat Gott den Priestern untersagt, da er sprach: „Denn ich höre dich nicht" (Jer. 7, 16). ... Ihr habt einen Bund geschlossen mit den Sündern der Welt durch euere Gebete und Dienstbarkeiten, auf daß kein Sünder leer ausgehe. Die ärgsten Straßenräuber, Mörder, Wucherer, Trunkenbolde, Fettbäuche: ihnen wird der prächtigste Dienst zuteil ... Wie ihr den Sündern der Welt alle Sakramente spendet, ebenso haltet ihr ihnen nach ihrem Ableben ein feierliches Totenamt, damit jeder Unterschied zwischen dem Heiligen und dem Verdammten verschwinde. Euere Schlüssel sind im Munde des Heiligen Geistes rostig geworden und passen nicht mehr zum Schloß ...

... Was jedoch deine Berufung auf unsere Magister betrifft, so stimme ich ihnen bei, soweit sie mich im Glauben nach dem Gesetze Gottes bestärken. Das haben sie mich selbst gelehrt. So viel sage ich ihnen: Ich bin für ihre Wohltaten nicht undankbar, die sie mir im Namen Gottes erwiesen haben durch ihre Predigten und in anderen guten Dingen. Aber ich sage ferner: Auch sie haben von dem Wein der großen Hure getrunken ... Denn auch sie haben in ihren Schriften Dinge geschrieben, die vom göttlichen Gesetz abführen, und insbesondere Magister Hus, in dem, was er vom Mord, vom Eid, von den Bildern geschrieben hat ... Ich kann nicht billigen, was in ihren Schriften den Stein des Anstoßes bildet, zum Ärgernis für viele, die jene Bücher so verachten, als ob sie heidnisch wären, während andere durch sie im Morden bestärkt werden: Käme ein Engel, uns anders zu lehren, sie glaubten ihm nicht, sondern nur dem Magister Hus ...!

Nur Gott allein kann die Seele des Menschen er-
schaffen, mit dem Leibe verbinden und der Sünde
wegen vom Leib wieder trennen. Aber der Mörder,
der Mensch, maßt sich die Rache an, ... die allein
Gott zukommt...

Die Lehrer haben größeren Ablaß erteilen dürfen
als Christus selbst, der da spricht: „Ihr habt gehört,
daß zu den Alten gesagt ist: Du sollst nicht töten, wer
aber tötet, der soll des Gerichts schuldig sein. Ich aber
sage euch: Wer seinem Bruder zürnt, der ist des Gerichts schuldig" (Mt. 5, 21 f.). Hier aber bleibt nach dem
Mord kein Gewissensbiß, und der Schlechte benötigt
keine Buße und keine Reinigung, so daß das Alte
Testament des Mordes halber härter strafte als die
Nachsicht der Doktoren... Wie hart hätte dein Meister
Jakob[3] denjenigen angefahren, der am Freitag eine
Blutwurst genossen hätte! Aber das Vergießen von
Menschenblut beschwert das Gewissen nicht! ... Sie
haben das Gift den Christen eingeflößt, sie, die im
Rate des armen Jesu nicht saßen... Aber darum ist
der Glaube und das Gesetz nicht aufgehoben, und die
Menschen sind noch immer verpflichtet, Christo ge-
horchend die Feinde zu lieben und ihnen Gutes zu
tun...

Du sagst ferner, ich tadle es, wenn die Priester
sagen: Bekehret euch, zeiget euch, beichtet! Da hast
du weit gefehlt, denn ich tadle keineswegs die Beichte
derjenigen, die sich zu Gott bekehren und wahre
Buße tun... Ich wünsche nichts so sehr, als daß die
ganze Welt dem vernünftigen Priester beichte, der
sich auf die Beichte versteht, daß sie sich zu Gott
bekehre und bis zum Tod in Buße beharre. Aber wisse,
ich widerstrebe euerer Bekehrung, mit der ihr den
Sündern dieser Welt ein Gesetz gebt, daß sie hinken
könnten, die auf beiden Beinen zu hinken gewohnt
sind. ... Aber die Wurzel des Bösen bleibt in ihnen ...

Gar arg und gegen allen Glauben ist das, was man
bei den Magistern und Priestern antrifft, die zu euerer
Partei gehören, aber auch bei den Priestern der Taboriten, nämlich die Herabwürdigung des Sakraments
des Leibes und Blutes Christi. Merke, was sie tun;

sie haben dieses Sakrament so gemein gemacht, so gemein — wenn man das sagen darf — wie eine Marktfrau, die auf dem Markt sitzt und Pflaumen verkauft. Und noch mehr. Denn das Sakrament ist jedermann zugänglich, der es nur haben will, während die Marktfrau einen Preis angibt und Bezahlung fordert. Die Priester aber fragen nicht nach dem Gewissen und dem Wandel des Menschen... Sie reichen es jedermann ohne Unterschied, sie tragen es in den Krieg, wo Mord und Raub herrscht, und bedienen damit Mörder und Räuber. Und daheim bleibt das Sakrament ohne Unterlaß ausgestellt für die ärgsten Sünder, und sie spenden es Räubern, Dieben und Wucherern, Trunkenbolden, Gewalttätern und allerhand mächtigen Menschen ohne Unterschied. Nur wenn sie jemand zürnen, wenn jemand ihnen irgendwie widerstrebt, dann werden sie ihn vielleicht ausschließen... Und diesen Ausflüchten der Magister gemäß morden und rauben die Prager und die Taboriten. Ich aber frage: Hat Gott sein Gebot widerrufen, das da lautet: „Du sollst nicht töten! Du sollst nicht stehlen! Du sollst nicht des Nächsten Gut begehren und wegnehmen!"? Wenn er es nicht widerrufen hat, so muß es in Prag und in Tabor erfüllt werden...!

...Wie weit sind wir von den Aposteln und ihren Schülern abgewichen! ... Das ist aber nicht das Werk der Priester Christi, sondern derjenigen, die es zu sein vorgeben und das Ihre suchen und die Welt lieben. Sie halten es mit den heiligen Dingen, wie die Welt es will, und darum leben sie in Frieden mit den Bösen in Städten und Burgen, wo das Böse seinen Sitz hat... Würden sie aber in Prag, in den Städten und Burgen der Prager und auch der Taboriten, die Menschen auf den engen Weg Christi weisen, so müßten sie von ihnen Kerker, Tod und Vertreibung erleiden...

---

[1] Erheben des Kelches durch die Priester während der Meßfeier.
[2] Matthias von Kunwald (✝ 1500), erster Bischof der Böhmischen Brüder.
[3] Jakob von Mies, s. o. S. 364 f.

## Aus dem „Netz des Glaubens" (nach 1440)

...Diese Netze gehören zunächst Christus, sodann Petrus, und sie sind Christi Wort oder sein Gesetz und allerlei heilige Schrift, von Gott gegeben, aus der verständnisvolle Menschen gelehrt werden können. Darum, gleich wie das wirkliche Netz geflochten und Knoten an Knoten zusammengefügt wird, bis das ganze große Netz entsteht, ebenso fügt sich eine Wahrheit der Heiligen Schrift an die andere, bis schließlich alle zusammen die Menge der Gläubigen und jeden im besonderen mit allen seinen geistlichen und leiblichen Anliegen umfangen, damit er, ganz vom Netz umfaßt, herausgezogen werden könne aus dem Meer dieser Welt. Solches Netz vermag herauszuziehen aus dem Meere tiefer und schwerer Sünden, wofern man sich nur von ihm herausziehen läßt.

### Die beiden Walfische

... Zunächst aber von den zwei starken Walfischen, die als die gewichtigsten das Netz des Glaubens zerfetzt haben und immerfort zerfetzen, das heißt: von dem geistlichen Oberherrn und von dem irdischen Oberherrn. Zuerst von dem geistlichen Herrn, der sich eingewälzt hat in den Gang der Erdendinge und in die heidnischen Herrschaften, um auf solche Art dem apostolischen Glauben oder dem Apostelamt nachzufolgen und zu herrschen über die Welt und über den Glauben.

Dieser große Priester hat das Gesetz Christi zunächst damit beleidigt, daß er die Ehrlichkeit und Unschuld des Apostelstandes verlassen hat, die er in der Pflicht des Glaubens hätte bewahren sollen bis zum Tode, indem er in der Armut, in der Arbeit, im Predigen und in anderen Dienstleistungen, die dem Apostelamt obliegen, verblieb...

Zum zweiten beleidigt der große Priester das Gesetz Christi und die apostolische Diensterfüllung dadurch, daß er, eintretend in Verhältnisse, die dem Apostelamt so sehr widersprechen, den Aposteldienst würdig zu führen vermeint, indem er Kaiserherrschaft und weltliche Ehre hoch über den Kaiser hinaus annimmt und mit der höchsten Hoffart angetan ist, man solle vor ihm niederknien und niederfallen wie vor Gott...

Die dritte Eigentümlichkeit des großen Priesters, womit er den Glauben so sehr beschimpft hat, und nicht nur den Glauben, sondern den Erlöser, den Mehrer des Glaubens selbst, liegt darin, daß er sich in seinem reichen und überaus hoffärtigen Priestertum die göttliche Macht oder die Macht des Erlösers selbst zugeeignet hat, den Menschen die Sünden zu vergeben...

Die vierte Eigentümlichkeit des großen Priesters, mit der er den Glauben geschändet oder entleert hat, liegt darin, daß er seine dem göttlichen Gesetz wie dem Glauben widersprechenden Gesetze so zahlreich gemacht hat, daß die Menschen über diesen Gesetzen das göttliche Gesetz und den Glauben verloren haben und meinen, daß der Glaube nichts anderes sei als einzig diese Gesetze des großen Priesters...

... Also hat dieser Walfisch das Netz des Petrus so zerfetzt, daß man nach solchem Riß nicht mehr damit fischen kann. Und wofern es einer mühsam flicken und sorgsam damit Menschen fischen wollte zu ihrer Erlösung, so trachtet jener einem solchen nach der Gurgel, denn er haßt den Glauben, der des Petrus Netz ist...

Der zweite Walfisch, der sich hineingewälzt hat in das Netz des Glaubens und es gar arg zerfetzt hat, ist der Kaiser mit der heidnischen Herrschaft und den heidnischen Ämtern und den heidnischen Rechten oder Gesetzen. Und er ist die Wurzel des Heidentums, in das sich das Christentum verwandelt hat...

*Die bürgerlichen Gesetze und das Gesetz der Liebe*

„Ohne Zweifel wäre es überflüssig oder unnötig, sich an die kaiserlichen und bürgerlichen Rechte oder Gesetze zu halten, wenn das gesamte Menschengeschlecht das Gesetz oder die Ordnung der Liebe hielte"[1]. Denn viele aus dem Menschengeschlecht hätten es nicht nötig, sich zur Regelung ihrer Angelegenheiten an die bürgerlichen, menschlichen Gesetze zu halten, wofern sie das Gesetz der Liebe recht beobachten würden; denn das Gesetz der Liebe würde alle ihre Dinge so vollkommen regeln, daß sie jener bürgerlichen Ordnung gar nicht bedürften. Deshalb ist der saure Essig der bürgerlichen Ordnung allein den Übertretern des Gesetzes der Liebe vonnöten. Von den Sünden her kam die Notwendigkeit der königlichen Ämter und ihrer Gesetze zur Rache der Sünde und des Ungehorsams gegen Gott, und je mehr sich das Menschengeschlecht von Gott und seinem Gesetz entfernt, um so mehr ist es ihm nötig, sich an jene Rechte zu halten und sich auf sie zu stützen ... Hätte dieses von Gott abgefallene Geschlecht solche Stütze nicht, so würde es in Zeiten des Unrechts umfallen, weil es nichts besitzt, worauf es fußen könnte; einer würde über den andern in Rachsucht herfallen und ihn erschlagen, und es würden sich alle gegenseitig totschlagen, bis das menschliche Geschlecht zugrunde ginge. Also schwankt es auf dieser Stütze gewissermaßen hin und her und hat Bestand nach Gedeihen der leiblichen Dinge. Die jedoch, die unter dem Gesetz der Liebe stehen, die haben ein geistliches, gesundes und starkes Leben. Darum vermögen sie auch in Zeiten des Unrechts, der Versuchung und der bösen Zufälle festzustehen, Unrecht zu ertragen und nicht Böses mit Bösem zu vergelten; sie bedürfen des Richters und der Klagegerichte nicht, um sich in Zeiten böser Zufälle darauf zu stützen ...

*Weltliche Herrschaft und Herrschaft Christi*

Nur als Anlaß vermag die weltliche Macht der Nachfolge Christi förderlich zu sein, indem sie die Diener Christi mit Unrecht bedrückt oder sie tötet um des Namens Christi willen: denn wenn sie auf diese Art unschuldig unter ihr leiden, sind sie in der rechten Nachfolge Christi. Auch fördert sie die Guten, sofern sie allen Gutes tut zum öffentlichen Wohl und Gleichheit und Frieden ordnet und will: auf diese Art ist sie gut für Böse und Gute. Am meisten aber ist diese Macht nötig für mutwillige Widersacher, welche lieblos handeln und andere mit Unrecht bedrücken wollen, damit solche Leute gezähmt, beeinflußt und in irdischen Dingen gelenkt werden. Sie ist deshalb weltlich, weil sie, um des Übermuts irdischen Herrschens und des weltlichen Ruhmes willen eine Menge Sünder in sich fassend, um ihrer eigenen Bereicherung und Erhebung in der Welt und um ihrer vielfachen Üppigkeit willen über sie herrschen will ...

... Christi Herrschaft ist so mächtig und vollkommen, daß die ganze Welt, wenn sie ihn zum König haben wollte, Frieden haben könnte und alle ihre Angelegenheiten gut bestellt wären. Auch würde sie nicht irdischer Könige bedürfen, denn alle stünden in der Gnade und in der Wahrheit ... Nicht durch die Zwangsausübung der heidnischen Macht wird die Sünde in einem Königreich ausgetilgt, sondern aus freiem Willen pflegt man sie zu unterlassen, so daß jeder von sich selbst die Sünde lasse aus Liebe zum König, weil er in seinem Inneren dem Königtum Christi Raum gibt ... Sobald aber sein Königtum verachtet wird, wachsen sogleich die Sünden empor und werden zahlreich. Sogleich wird dann die Herrschaft irdischer Könige notwendig, die zur Rache der Sünden eingesetzt sind ...

Es ist gesagt, daß sich ein guter Christ, ein Diener Christi, nicht dazu hergeben würde, König zu sein mit heidnischer Herrschaft im Volke, über welches Christus selbst König ist, in dem Verlangen, erhöht und gefeiert zu werden im Volke. Solches würde er nicht tun angesichts der Verfassung dieses Volkes, denn in dem Volke, in welchem er (Christus) selbst König ist, ist eine über alle anderen erhabene Verfassung. Obgleich nun diese Verfassung in vieler Weise die der anderen übertrifft, so sind jene darin doch alle sonderlich in Gleichheit geordnet, daß sich nicht die einen in geblähtem Stolz über die anderen erheben und auch nicht unter sich Ämter einführen mit heidnischer Herrschaft, zur Verachtung und Beschwernis vieler. Darum dürfte ein guter Christ in ihrer Mitte auf nichts anderes bedacht sein als darauf, mit allen brüderliche Gleichheit zu halten, in nichts anderem die rechte brüderliche Gleichheit mit jedermann erweisend als einzig so, daß er jeglichen unter ihnen liebt wie sich selbst und nicht nur so, sondern indem man in Ehrerbietung einander zuvorkommt und einer den anderen für vornehmer hält als sich selbst. Und in solcher Gesinnung — wie dürfte sich da einer durch ein königliches Amt über diejenigen erheben, welche er für würdiger hält als sich selbst? Eher würde der gute Christ denjenigen, die würdiger sind als er, dienen wollen, anstatt über sie zu herrschen. Und wiederum gilt unter guten Christen das Gebot: „Einer trage des anderen Last, so werdet ihr das Gesetz Christi erfüllen" (Gal. 6, 2).

. . . Alle diese Dinge sind von Anfang gesagt, damit klar werde, in welcher Reinheit und Unschuld die Kirche Christi durch die Apostel nach der Ordnung des Evangeliums Christi ursprünglich begründet war. Und in dieser Ordnung des Evangeliums Christi stand sie in Unschuld 320 Jahre. Und nach diesen Jahren wurde zweierlei heidnische Herrschaft in die Kirche eingemischt, zwei große Herren sind in sie eingemengt worden: der weltliche Herr, der Kaiser, der geistliche Herr, der große Priester, der Papst; welche zwei Herren über den Glauben herrschen und über alles Volk nach der Einrichtung des Satans im Gegensatz zu Christus. Und diese Herren haben die Kirche durch ihre heidnischen Widerwärtigkeiten an ihrem jungfräulichen Stand und ihrer Reinheit geschädigt und sie mit dem Gift angesteckt, mit dem diese Kirche vergiftet ist . . . Und das soll man wissen: daß Christen, die dem Glauben folgen und einander auf Grund des Glaubens regieren, in Wahrheit nicht übereinander herrschen können nach Art der heidnischen Herrschaft . . . , so daß ein Herr, ein Christ, andere Christen kauft und über sie herrscht wie sonst irgendein Heide mit Grausamkeit und sie schindet und anderes Unrecht übt und dabei samt ihnen glaubt, Christus habe sie allesamt erkauft und schätze einen Hirten ebenso hoch wie einen Herrn, weil er für den Hirten ebensoviel Blut vergossen hat wie für den Herrn.

Darum können sie sich unmöglich aus Glauben so verhalten, daß die einen die anderen kaufen und mutwillig auf ihnen herumreiten und sie schmählich verachten und Lust haben an ihren Schmerzen ...

### *„Seid untertan der Obrigkeit"*

... Nun ist ein großer Unterschied in folgendem: ein anderes ist es, die Christen lehren, sie sollten den heidnischen Mächten, unter deren Herrschaft sie sich aufhielten, in schicklichen Dingen untertan sein, und ein anderes ist es [zu behaupten], der Apostel lehre diese Christen, sie sollten aus ihrer Mitte einen Christen zum Herrn oder König erheben, damit er über sie herrsche und sie nach Art der heidnischen Könige vor Unrecht schütze. Etwas Derartiges werden die Magister in den Worten des heiligen Paulus nicht herausfinden ...

... Was die Macht gemäß der Ordnung Gottes will oder gebietet, dies durch die Tat in Ungehorsam zu verachten, das ist so viel wie Gottes Ordnung widerstreben. Was jedoch diese Macht in Wahn, Hoffart und anderem Unrecht tut oder was sie wider Gott befiehlt oder wenn sie zu irgendeinem Irrwahn oder Unrecht zwänge — ist somit nicht Gottes Ordnung bei dieser Macht, sondern es ist Widersetzlichkeit gegen Gottes Ordnung und ist deren eigene Sünde. Darum würde ein Mensch, welcher der Macht bei einer derartigen grundverkehrten Widersetzlichkeit entgegenträte, nicht sündigen noch sich die Verdammnis zuziehen. .. Allein solches Auftreten wider die Tyrannenmächte ist nicht der Weg leichtfertiger und alberner Menschen, über welchen die Furcht waltet und welche die Angst zweifeln läßt hinsichtlich der Dinge, von denen sie nicht wissen, ob sie wirklich eintreten und sie zugrunde richten ...

... Darum soll keiner vom Wege Christi abweichen und dem Kaiser mit seinem Schwert folgen, denn nicht ist der Weg Christi deswegen widerrufen, weil der Kaiser ein Christ ist. Und darum, gleichwie vordem die Christen verbunden waren, Christo Jesu

nachzufolgen in Geduld und Demut, ebenso sind sie
dazu verpflichtet zu des Kaisers Zeiten. In dem Augenblick jedoch, da sie Geduld und Demut von sich getan
haben um des kaiserlichen Schutzes willen, sind sie
verführt vom Glauben durch den Kaiser und sind
nicht mehr von Christi Glauben, sondern von des
Kaisers Glauben, und er hat den Schwertglauben
unter den Christen angenommen und diesem die
Christen zugeführt. Zuvor standen sie auf Backen-
streichen, und auf Backenstreiche hin sind sie von
Christus erkauft. Jetzt aber stehen sie mit dem
Schwerte da, des Kaisers Lohn gewärtig.

. . . Und Jesus sprach zu ihr: „Weib, wo sind sie,
deine Verkläger? Hat dich niemand verdammt?" Sie
aber sprach: „Herr, niemand." Und Jesus sprach zu ihr:
„So verurteile ich dich auch nicht, gehe hin und sündige
hinfort nicht mehr" (Joh. 8, 10 f.). Dies ist das Gesetz
Jesu, das er selber durch die Tat an den Sündern vollzogen hat, und so zu handeln, hat er geboten und hat
hierauf den Glauben gestellt für alle, die ihm dienen
wollen. Und die aus diesem Glauben nicht sind, auf
denen bleibt die Sünde des Unglaubens, und sie sind
beim Heidentum angelangt, den Lehren der Doktoren
folgend. Denn sie haben sich die kaiserliche Macht des
Schwertes angeeignet und den göttlichen Dienst in das
Totschlagen derer verkehrt, die der Herr Jesus in Gnaden aufnahm . . . So sind dies zwei voneinander weit
entfernte und ganz entgegengesetzte Wege: der
eine Jesu Weg, der andere der der Doktoren. Wer
darum jetzt im Zweifel ist und nicht weiß, wem er
Glauben geschenkt hat, ob Jesus oder den Doktoren,
der bleibt in der Trübsal.

. . . Dem Erlöser nachfolgen heißt: leibliche Schäden und Unrecht, das einem zustößt, übersehen und
die Feinde lieben und ihnen Gutes erweisen für ihr
Böses und ihre Seelenschäden mehr als die eigenen
leiblichen beklagen. Und darauf steht die ganze Sache
des Schwertes und der Widerspruch alles verführten
und von Christus längst abwendigen Christentums,
welches keinerlei Unrecht ohne Rache hinnehmen und
Christo Jesu nicht in Demut und Geduld nachfolgen

will. Und sie streiten über das Schwert und häufen
Beweise aus der Schrift und den Doktoren zur Rechtfertigung des Schwertes und heben die Macht hoch
aus keinem anderen Grunde als deswegen, weil sie
Christum und seine Gebote bereits verworfen haben
und im Heidentum stehen wollen, wie sie es seit
langem gewohnt sind. Hier liegt die ganze Last der
abtrünnigen Christen, die sich von Christus scheiden:
in diesem Gebot der Feindesliebe. Denn wenn sie
diesem Gebot glauben und ihm untereinander Raum
geben würden, würde ihren Händen das Schwert ganz
von selbst entfallen, und alle Streitigkeiten und
Kämpfe würden damit unter ihnen aufhören, keiner
würde dem anderen Schwerthiebe zufügen, sondern
aus Liebe würde er Böses mit Gutem vergelten und
würde, falls einer dem anderen Unrecht täte, das
Unrecht dulden, ohne mit dem Schwert dreinzuschla-
gen, und eher würde er des anderen Seelenschaden
beklagen als seinen eigenen leiblichen . . .

[1] Ein Zitat aus „Meister Widerpart", in welchem man nach
*Vogl* (s. o. S. 390) 311 Wyclif zu sehen hat.

## DIE BÖHMISCHEN BRÜDER

Gregor der Schneider († 1474), ein Neffe Rokycanas und
Schüler Cheltschitzkys, wurde der Organisator und erste
Leiter der Böhmischen Brüder. Unter seiner Führung fanden
die in Böhmen und Mähren verstreuten Frommen zu einer
Gemeinschaft zusammen, die ihre entschieden weltflüchtige,
weltverachtende Ethik in einer gesetzlichen Ordnung des
Gemeindelebens (seit 1464) niederlegte. Der Autorität nach
unterschieden sie zwischen wichtigen und weniger wichtigen
Lehrstücken: 1. Glaube, Hoffnung und Liebe als wesentliche
Dinge (essentialia), 2. Gottes Wort, Kirche, Sakramente und
Kirchenzucht als dienliche Dinge (ministerialia) und 3. Lebens-
und Gottesdienstordnungen als Nebendinge (accidentalia).
Im Jahre 1468 wählten sie aus ihrem Kreise die ersten
Priester, die ihre Weihe von dem Waldenserbischof Stephan,
einem Schüler von Friedrich Reiser (s. o. S. 23) und Freund

von Matthäus Hagen (s. o. S. 21), empfingen. Sie zogen damit eine schwere Verfolgung auf sich herab. Obwohl die Böhmischen Brüder von dem Religionsfrieden von Kuttenberg zwischen Utraquisten und Katholiken (1485) ausgeschlossen blieben, wuchs ihre Zahl stetig an, um 1480 z. B. auch durch den Zuzug der märkischen Waldenser (s. o. S. 23 f.).

Zusammenfassende Darstellung: *J. Th. Müller*; die folgenden Texte finden sich hier in deutscher Übersetzung S. 204 (vgl. S. 588 Nr. 31) und 211 (vgl. S. 588 Nr. 27 a, b); *R. Říčan* und *A. Molnár*, Die Böhmischen Brüder, (1963); Die Brüderunität in Bildern (Prag 1957).

## Antwort der alten Brüder (1470)

### Taufe und Wiedertaufe

Auch wir glauben, daß die Taufe, wenn sie ordentlich in der Teilhabe am Tode Christi geschieht, nicht wiederholt werden soll. Sondern wenn einer nach der Taufe in eine Sünde fällt, soll er Buße tun, wenn er selig werden will, und nicht noch einmal getauft werden. Aber wenn die Taufe in Unsicherheit geschieht und die vom Herrn Christus eingesetzte und von den Aposteln bezeugte Ordnung dabei nicht beobachtet wird und die Leute das erkennen und über die in Unsicherheit empfangene Taufe zweifelhaft werden und nicht glauben können, daß sie in Wahrheit getauft seien, und sich in Erwägung des Befehls Christi nach dem Beispiel der ersten gläubigen Christen taufen lassen, so halten wir das nicht für einen Irrtum noch dem christlichen Glauben zuwider, denn es ist nicht gegen die Heilige Schrift . . .

## Von den guten und bösen Priestern (um 1470)

### Die Abendmahlsfeier der Brüder

Wo so gläubige Christen im Namen des Herrn zusammenkommen, tun sie Bitte und Gebet und glauben, daß sie das Erbetene empfangen werden, auch besprechen sie das Wort Gottes und gedenken des Herrn

Jesus Christus, was er ihnen Gutes getan hat. Darum
reden sie miteinander von ihm und erwägen es im
Gemüt . . . , indem sie einander erklären, welche Kraft
ihnen durch seinen Tod und sein heiliges Blutvergießen widerfahren ist. Und so erwägen sie weiter
sein ganzes Leben von seiner Geburt bis zu seinem
Grabe und danken Gott dem Vater für seinen Sohn,
durch den ihnen alles Gute zum ewigen Leben zuteil
geworden ist. Und bei dieser gemeinsamen Erwägung
der göttlichen Wohltaten begehren sie die Speise des
himmlischen Lebensbrots und damit die Gemeinschaft
des Leibes und Blutes des Sohnes Gottes, wie er beim
Brotbrechen geboten hat. Auf diesen gemeinsamen
Beschluß der im Heiligen Geiste versammelten Gemeinschaft vollzieht der Priester diesen Dienst nach
ihrem Wunsch, auf den Glauben und das Gebet hin,
das sie an Gott richten. Auch er selbst verrichtet mit
ihnen, den Anwesenden, Bitte und Gebet, und sie
glauben, daß nach der göttlichen Verheißung das geschehen wird, worum sie bitten: daß sie die geistliche
Speise zum ewigen Leben empfangen werden. Dann
verkündet er mit lauten und verständlichen Worten
den Versammelten und sagt: „Unser Herr Jesus Christus nahm das Brot, dankte, brach es und sprach:
Nehmet, esset, das ist mein Leib, der für euch gegeben
wird. Desgleichen nahm er auch den Kelch nach dem
Abendmahl und sprach: Trinket alle daraus. Das ist
der Kelch des neuen Testaments in meinem Blut, das
für viele vergossen wird zur Vergebung der Sünden."
Und so glauben sie, der Priester zusammen mit ihnen,
die sich zur Gemeinschaft des Leibes und Blutes des
Herrn Jesus Christus versammelt haben . . . , daß es
so geschehen ist, wie es der Herr Jesus bei seinem
letzten Abendmahl eingesetzt und geboten hat. In diesem Glauben, wie die Worte kundtun, die der Priester
zuvor zu ihnen gesagt hat, essen und trinken sie die
sichtbaren Gestalten des Brotes und Weines und glauben, daß sie die unsichtbare Speise, das lebendige
Himmelsbrot, empfangen und so die Gemeinschaft des
Leibes und Blutes des Herrn Christus haben. Von
einem Brote essend und aus einem Kelche trinkend,

glauben sie, daß sie ein Leib im Herrn Christus sind. Und diese Einigkeit besteht und hat ihre Kraft nicht im Essen und Trinken der sichtbaren Gestalt und im Hören und Sprechen der Worte, sondern im Empfang der unsichtbaren Gestalt. Denn die Kraft dieser Einigkeit und das Labsal dieser Speise und also der Empfang des Leibes und Blutes des Herrn Christus geschieht durch die Kraft des Glaubens und der wahren Liebe gegen Gott und den Nächsten. Und so ist das mit zuversichtlichem Herzen zu erlangen. Und durch den Glauben und die Liebe des Geistes soll der Gläubige sich mit ihm vereinigen, damit er in ihm wohne und jener in ihm, wie er Joh. 6, 56 sagt. Und darin besteht die Kraft des Empfangs des Leibes Christi, in der Einigkeit der heiligen Kirche zu bleiben.

## LUKAS VON PRAG († 1528)

Angesichts des Wachstums ihrer Gemeinden vermochten die Böhmischen Brüder ihre ursprüngliche rigorose Abkehr von der Welt nicht auf die Dauer durchzuhalten. Gegen den Widerstand der älteren Generation öffneten sich die jüngeren Kräfte in den 1490er Jahren für den Dienst in der Welt. Sie entschlossen sich, unter gewissen Umständen auch weltliche Ämter zu übernehmen, Waffendienst zu tun, vor Gericht zu erscheinen und nötigenfalls auch den Eid zu leisten. An dieser wichtigen Neuorientierung war der gebildete Lukas von Prag († 1528) führend beteiligt. Einer utraquistischen Prager Familie entstammend, ließ er sich durch die Schriften Cheltschitzkys für die Brüderunität gewinnen, deren Priester, Leiter und „zweiter Begründer" er werden sollte. Sein Werk war die Neuordnung von Gemeindeleben und Gottesdienst einschließlich der Gestaltung der katechetischen Unterweisung und des hussitischen Kirchengesangs. Vor allem aber hat er als fruchtbarer Schriftsteller die theologischen Grundsätze der hussitischen Reformbewegung entfaltet. Geschickt und umsichtig führte er die Brüder durch Jahre erneuter Verfolgung und Bedrückung hindurch.

Die Hussiten begrüßten die Reformation in Deutschland und in der Schweiz von ganzem Herzen. Luthers Hoffnung,

die Mehrheit der Utraquisten für die Reformation zu gewinnen, erfüllte sich freilich nicht so bald. Freundschaftlich
entwickelten sich aber auch die Beziehungen zwischen Luther
und den Böhmischen Brüdern unter Lukas von Prag. Neben
kleinen Differenzen wurde hier indessen der grundlegende
Unterschied sichtbar, durch welchen sämtliche Reformbewegungen des Mittelalters von der Reformation getrennt bleiben
sollten: Jene erstrebten die Erneuerung durch die Heilige
Schrift als gesetzlich verstandene Norm für Lehre und Leben
der Kirche, diese war aus der Wiederentdeckung des Evangeliums von der Gnade Gottes in Christus hervorgerufen.
Lukas von Prag vermißte bei Luther die Betonung des göttlichen Gesetzes; er war mit Luthers Auffassung von der
christlichen Freiheit nicht einverstanden. Luther seinerseits
meinte, er könne den Brüdern mit reinerer Lehre dienlich
sein, die Brüder den Wittenbergern durch das Vorbild christlichen Lebens. Trotz dieses bleibenden grundlegenden Unter-
schieds steht es außer Frage, daß die waldensische, die wyc-
lifitische und die hussitische Reformbewegung, ohne die Reformation des 16. Jahrhunderts irgendwie „vorwegzunehmen", in vielfacher Hinsicht hervorragende Wegbereiter der
Reformation gewesen sind. In bewußtem Gegensatz zur Fülle
und Überfülle menschlicher Macht und Lehre in der mittelalterlichen Kirche wagten sie es, Christus und sein Gesetz
als einzigen Maßstab in die Mitte zu rücken.

Dt. Übersetzung: *E. Peschke,* Die Theologie der Böhmischen
Brüder in ihrer Frühzeit II (1940) 248·f., 251 ff., 254, 157, 258 f.
Datierung bei *J. Th. Müller* 594 f.

Lit.: *A. Molnár,* Bruder Lukas, der Theologe der Brüderunität (1948) (tschech.).


## Rechtfertigungsschrift (um 1496)

### Von der heiligen allgemeinen Kirche

Von der heiligen allgemeinen Kirche dem Endziel
nach, zu dem sie gelangen, nämlich zu der Errettung
nach der göttlichen Erwählung und dem Verdienst des
Herrn Christus und der Begabung mit dem Heiligen
Geist, wird geglaubt, daß sie die Zahl aller Auserwählten Gottes, der vorherigen, der gegenwärtigen und
der zukünftigen, ist, deren Zahl, Personen und Namen
nur Gott der Herr kennt. Doch von der heiligen Kirche
hinsichtlich der verordneten Errettung glauben sie,
daß sie die Zahl aller derer ist, die unter christlichem

Namen an Gott den Vater und an Christus Jesus und an den Heiligen Geist glauben, wo auch immer sie sich befunden haben oder befinden mögen oder versammelt sein werden, in jedem Stand, Ordnung, Volk, Sprache, Alter, Beschaffenheit.

### Von der Gemeinschaft der Heiligen

Von den heiligen allgemeinen Dingen sind die einen wesentlich, wie die Gnade Gottes, das Verdienst des Herrn Christus, die Gaben des Heiligen Geistes, Glaube, Liebe, Hoffnung. Und an diesen haben alle heiligen Glieder Christi Gemeinschaft und erlangen hierdurch aus Gnade die wahre Heiligkeit. Die anderen sind in der Wahrheit heilig, wie die in der Wahrheit dienlichen Dinge, wie die wahrhaft von Gott gesandten Diener Gottes, das Wort in der Wahrheit Gottes, die Sakramente in ihrer Reinheit, die guten Gewohnheiten usw. Wenn diese Dinge in ihrer Wahrheit ohne Irrtümer sind, sind sie heilig und allgemein für die Gemeinschaft der Heiligen, und wenn sie mit ihnen zum Genuß der ersten, sowohl zur Erlangung als auch zum Genuß, dienen. Und davon heißt die Kirche heilig, wenn sie diese Dinge in der Reinheit und in der Wahrheit hat, unrein hingegen, wenn sie diese Dinge im Irrtum hat.

Aus dieser Gemeinschaft wird letztlich die Vergebung aller Sünden geschenkt und demjenigen, der darin beharrt, auch das selige Leben. Doch wenn einer, obgleich er es vermag, nicht in der ordentlichen Wahrheit wandelt, wird er die Vergebung der Sünden, die Auferweckung des beseligten Leibes und das ewige Leben im Himmel nicht erlangen, sondern das ewige in der Hölle . . .

### Beweis, daß die Brüder den wirklichen Glauben haben

Beweis durch den Glauben an Gott den Vater: denn sie erweisen die schuldige Gerechtigkeit beim Glauben des Sohnes Gottes ihrem Schöpfer. Erstens: dem einen Gott allein in der Einheit der Gottheit und in der

Dreifaltigkeit der Personen erweisen sie Ehre, innere und äußere Anbetung und hüten sich vor jedem Götzendienst. Zweitens: den Namen ihres Gottes halten sie in Achtung und in Ehre, vertrauen auf ihn und rufen ihn in ihren Gebeten um Schutz an, bekennen ihn usw. Hingegen hüten sie sich, den Namen Gottes unnütz zu gebrauchen, aus Leichtfertigkeit, aus Gewohnheit, aus Schlechtigkeit, aus Habsucht, beim Schwur, beim Eid usw., auch nicht zu Zaubereien und zu Hexereien, noch rufen sie fremde Namen zugleich mit dem Namen Gottes des Herrn an, noch beten, bitten oder bezeugen sie auf einen fremden Namen hin.

Im Glauben an Christus bemühen sie sich, ein gutes Gewissen auf Grund des Glaubens und des Zeugnisses des Glaubens zu haben. Sie heiligen Christus in ihrem Herzen, tun keine bösen Werke, genießen die Hoffnung aus dem Glauben, heiligen die Tage des Herrn zur Ehre Gottes usw. Sie bewahren die Gerechtigkeit gegen die Nächsten und hüten sich, sie zu verletzen. Sie tun Buße für vergangene Untaten, sie glauben von dem Herrn Christus und dem Herrn Christus, so daß sie seine Reden bewahren und an ihn glaubend ihn lieben, indem sie ihn allein zur Rechten mit dem Vater ehren, dankbar für sein Verdienst, und ihn woanders nicht annehmen noch suchen.

Sie glauben auch an den Heiligen Geist, seiner Stimme gehorsam, und bemühen sich, die Gerechtigkeit aus dem Glauben an Christus zu erlangen. Sie glauben den von ihm eingegebenen Schriften und Boten, sie folgen seiner Liebe nach. Sie glauben eine heilige, allgemeine Kirche, lieben die ihnen bekannten Glieder, gebrauchen mit ihnen ordnungsgemäß die heiligen Dinge der Kirche, an erster Stelle die wesentlichen, sodann die dienlichen, unter den dienlichen das Wort der Wahrheit und dann die Sakramente, und auf Grund der Gemeinschaft mit beiden glauben sie die Vergebung der Sünden, und auf Grund der Gnade und der guten Werke erwarten sie die Hoffnung der Gerechtigkeit aus dem Glauben, die selige Auferstehung und das ewige Leben.

Diese und ihre vielen Werke geben Zeugnis davon, daß sie den rechten christlichen und heilsamen Glauben haben und daß sie auf dem schmalen Wege der Errettung sind. Denn um dieses Glaubens willen erleiden sie auch von denjenigen Widriges, von denen sie sich wegen der widrigen Werke und Dienste dieses heiligsten Glaubens wie wegen der Werke getrennt haben, die dem Glauben zuwider sind, von denen das erste ist: daß sie die Ehre Gottes auf das Geschöpf übertragen und das Geschöpf vergöttern und ehren; zweitens: daß sie das Verdienst des Herrn Christus anderen außer ihm zuschreiben und predigen, daß es das Verdienst anderer sei, und sich bemühen, dessen teilhaftig zu werden; und drittens: daß sie nicht danach streben, das Verdienst des Herrn Christus ursprünglich aus dem Glauben allein im inneren Menschen vor den Sakramenten in der wesentlichen Wahrheit zu haben; sondern indem sie es in die Sakramente verlegen, suchen sie aus den Werken eines fremden Glaubens den sakramentlichen Empfang zu erlangen, und daß sie allem Bösen in den Dienern und im Volk eine Stätte gegeben haben und das Böse wie das Gute in der Macht und im Genuß achten. Die Diener haben sich auf Grund ihrer Verpflichtung in die Welt, in Hoffart, in Habsucht und in andere Ungerechtigkeiten begeben und halten sich für die allgemeine Kirche und schreiben, statt Christus, ihrem eigenen Haupt und Macht die Errettung zu und berauben alle, die sich ihnen nicht unterwerfen, des ewigen Lebens. Die dienlichen Dinge halten sie für die wesentlichen, Formen und Gebräuche für die Wahrheit, ihre Heuchelei und ihre Erfindungen für Frömmigkeit, ihre Anordnungen für Gebote. Und kurz, die ganze verordnete Errettung verkehren sie in das Gegenteil und verfälschen sie. Die grausame Macht der Welt gebrauchen sie zu geistlichen Dingen und nötigen die Gläubigen zu verbotenen Dingen, damit sie von den bösen Dingen nicht nur wie von den guten, sondern wie von Gott, ja oft noch höher als von Gott, denken sollen. Und die Welt halten sie im Irrtum, und gegen Geschenke versprechen sie die Errettung vom Fegefeuer.

Doch die Brüder leiden lieber unter ihnen, als daß sie, im Gegensatz zum Glauben, zu ihnen gingen und ihnen nachfolgten und dadurch die Worte Gottes verletzten. Damit beweisen sie den wirklichen Glauben Jesu.

... Und es ist oben gezeigt worden, daß die Brüder in Christus die Fülle des Verdienstes seiner Gnade und Wahrheit glauben und daran glauben, daß der Vater ihn zu seinem liebsten Sohn erklärt und befohlen hat, ihm zu gehorchen. Er aber hat befohlen, daß jedermann zu ihm gehen und das Joch seines Glaubens und die Last seiner Liebe auf sich nehmen und Stille, Demut und Geduld lernen solle. Und indem die Brüder das glauben, gehen sie weder hinter dem Papst her, denn sie widersprechen ihm darin, noch hinter den falschen Propheten, denn sie sammeln nicht mit ihnen, noch gehen sie durch die Türen, noch hinter den Dominikanern, Franziskanern, Bernhardinern usw. her, denn diese haben Quellen ohne Wasser gegraben, noch hinter denen, die ihn woanders persönlich und wesentlich anzeigen und ehren, denn er hat verboten, zu glauben, hinauszugehen, nachzufolgen, vielmehr gehen sie allein zum Herrn und hinter ihm her ...

Einwand: Vielleicht sagst du, daß sie deshalb nicht den Glauben hätten und nicht Christen seien usw., weil sie der römischen Kirche und ihrem Bischof nicht untertan und gehorsam sind. Und dadurch erscheint es so, als hätten sie nicht den Glauben an den Heiligen Geist, weil sie ihr bestreiten, daß sie vom Heiligen Geist geleitet wird, und hätten den Glauben von der heiligen allgemeinen Kirche nicht, wenn sie dem römischen Bischof nicht untertan sind, und seien demnach keine Christen, sondern irren mit den Heiden und mit den Juden in die Verdammnis. Dafür kannst du auch viele Schriften vom Gehorsam anführen, wie etwa Samuel gegen Saul usw.

Antwort: Wenn dieser Priester beweisen könnte, erstens, daß die heutige römische Kirche — nimm in ihr, was du willst, entweder die Vorsteher allein oder mit dem allgemeinen Volk zusammen — heilig sei, zweitens, daß sie die allgemeine sei, außer der es keine Errettung gibt, drittens, daß sie vom Heiligen

Geist geleitet wird, viertens, daß sich in ihr keine Irrtümer und Ketzereien und Ungerechtigkeiten, die Welt mit den Begierden und eine schändliche Vermischung von Babylon und Ägypten befinden, fünftens, daß sie die Zucht und Bestrafung des göttlichen Gesetzes habe und dem öffentlichen Bösen nicht Raum gebe, die Personen ansehe, und daß sie vom göttlichen Gesetz des Heiligen Geistes geleitet wird — wenn du dieses und vieles andere wirst beweisen und wirklich aufzeigen können, so wirst du mit Recht auf sie beziehen können: „Wer euch hört, der hört mich, und wer euch verachtet, der verachtet mich" (Lk. 10, 16) und: „Was ihr bindet, soll gebunden sein" usw. (Mt. 18, 18).

Doch wenn du das nicht beweisen kannst, werden vielmehr diejenigen, denen du den Glauben und das Christentum und die Errettung absprichst und die du samt den irrgläubigen Juden und Heiden in die Verdammnis schickst, Dinge beweisen — wie sie bewiesen haben —, die der Heiligkeit einer Kirche des Glaubens zuwider sind, und zwar, daß solche Dinge in der römischen Kirche, besonders bei den Dienern und bei den Dienlichkeiten, bei den Einrichtungen und Erfindungen zu finden sind, nämlich Irrtümer, Ketzereien, Ungerechtigkeiten und Sünde und Gelegenheiten zu Sünden, und daß sie nicht vom Geiste Gottes geleitet wird . . .

. . . Und daraus entnimm die Antwort: Derjenige, welcher der römischen Kirche nicht gehorcht, die im Widerspruch zu Gott und seinem Gesetz befiehlt, handelt weder im Widerspruch gegen den Glauben an den Heiligen Geist noch verliert er die Teilhabe am Christentum, so daß er aufhörte, ein Glied der heiligen Kirche zu sein oder daß er der Gemeinschaft mit den heiligen Dingen und dadurch der Errettung beraubt wäre . . .

Deshalb wisse: Obgleich es nicht gerecht ist, den römischen Gebietern, wie man sie nennt, zu gehorchen, so sind sie dennoch bereit, falls sie etwas nach dem Gesetz des göttlichen Willens befehlen sollten, ihnen und jedem in Liebe zu gehorchen und um ihrer Errettung willen selbst den Staub von den Füßen zu lecken. Jedoch mögen sie durch das Gesetz Gottes beweisen, daß sie darin so und derart beschaffen seien, worin sie als Boten Christi gesandt wurden, daß sie dem Volke den rechten Weg zur Erlösung zeigen. Wenn sie nur dazu verhelfen, daß man das von ihnen denken kann, so wollen sie ihnen in allem gerne gehorchen. Amen.

# VIII. REFORMTHEOLOGEN

## Nikolaus von Kues († 1464)

Im 15. Jahrhundert war der Ruf nach Reform der Kirche ganz allgemein verbreitet. In den verschiedensten Lagern der Kirche erhoben sich die Stimmen. Verschieden waren die Reformvorschläge, die man vorbrachte, verschieden der Wille und die Kraft, sie in die Tat umzusetzen. Während sich die Hoffnungen der Konziliaristen und vieler Reformprediger auf eine Reform der äußeren Verfassung und Verwaltung und, damit verbunden, auf eine Reform der Disziplin des Klerus und der weltlichen Stände richteten, erwarteten die Brüder vom Gemeinsamen Leben die Erneuerung von der „inneren Reformation", der sie sich mit Hingabe widmeten. Mochte dort die Kritik an den kirchlichen Mißständen auch noch so scharf, die Abkehr von den Äußerlichkeiten des kirchlichen Lebens hier noch so vollkommen sein — der Boden der kirchlichen Lehre wurde nicht grundsätzlich verlassen. Die Reformbewegungen hingegen schritten über die Grenzen der Lehre bald weiter, bald weniger weit hinaus und bildeten in der Nachfolge Christi selbständige, von Rom gelöste kirchliche Gemeinschaften. Als „Reformtheologen" sind im folgenden einige Theologen bezeichnet, welche sich, ohne die Kirche zu verlassen, von der Notwendigkeit einer Änderung einzelner Lehrstücke entweder dadurch überzeugten, daß sie durch selbständig denkende Neubesinnung das Wesen und die Aufgabe der Kirche anders erfaßten, oder doch so, daß sie die Berechtigung der oppositionellen Einwände gegen die kirchliche Lehre anerkannten.

Nikolaus von Kues, der größte Denker des 15. Jahrhunderts, gab zwar die kirchliche Lehre weder im ganzen noch im einzelnen preis, aber sein eigenes neues Gesamtverständnis von Theologie und Philosophie entfernte sich weit von der traditionellen Scholastik, um sie in einer höheren Einheit aufzuheben. In Kues an der Mosel geboren und bei den Schülern vom Gemeinsamen Leben in Deventer erzogen, nahm Nikolaus von Kues nach dem Studium des Kirchenrechts und der Theologie am Konzil von Basel teil, wo er, obschon Konziliarist, in seiner bedeutenden Reformschrift „De concordantia catholica" (1434) einen Standpunkt über den Parteien einnahm, indem er den notwendigen Zusammenhang und Einklang von Einheit und Vielheit, von Kirche (Papst und Konzil) und Reich (Kaiser und Stände) in sich und untereinander aufzudecken bestrebt war. Nach seinem Überwechseln auf die päpstliche Seite wurde er zur Vorbereitung der Unionsverhandlungen mit der griechischen Kirche nach Konstantinopel entsandt (1437). Auf der Rückkehr von dort wurde ihm wie „ein Geschenk von oben" der erleuchtende Grundgedanke vom Zusammenfallen der Gegensätze im Unendlichen (coincidentia oppositorum) zuteil, den er in seinem Hauptwerk „De docta ignorantia" (Vom wissenden Nichtwissen, 1440) entfaltete. Zum Kardinal ernannt (1448), bemühte sich Cusanus als Visitator und Prediger um die Kirchenreform in Deutschland. Unter dem erschütternden Eindruck der Eroberung von Konstantinopel durch die Türken (1453) übertrug er in seiner Schrift „De pace fidei" (Über den Frieden im Glauben) den Grundsatz von der Verwirklichung des Unendlichen im Endlichen auf die Religion. Nach Gottes Willen soll die eine christliche Wahrheit in individueller Vielheit lebendig sein (Una religio in rituum varietate). Dabei wird gelegentlich im einzelnen die Bedeutung der Rechtfertigung durch den Glauben an Christus betont. Die Taufe ist auf den Rechtfertigungsglauben bezogen. Gegenüber dem geistlichen Genuß erscheint der leibliche Genuß der Eucharistie nicht heilsnotwendig. Die Transsubstantiation ist ins Geistige umgedeutet. In der „Reformatio generalis" (1459), die er Papst Pius II. in den Mund legte, schickte Cusanus seinen 14 Regeln zur Reform der kirchlichen Stände einen ins Universale ausgeweiteten Aufruf zur Nachfolge Christi und zur Reformation als Verwirklichung der Christusfrömmigkeit voraus.

Texte: Nikolaus von Cues, Über den Frieden im Glauben (De pace fidei) von *Ludwig Mohler* (1943) 92 f., 142—147, 149—153; (Entwurf) lat. Text bei *Stephan Ehses,* Der Reformentwurf des Kardinals Nikolaus Cusanus, Hist. Jahrbuch der Görres-Gesellschaft 32 (1911) 274—297.

Lit.: *R. Haubst* (Hg.), Das Cusanus-Jubiläum in Bernkastel-Kues vom 8. bis 12. August 1964, Die wissenschaftlichen Referate (1964), hierin insbesondere: *E. Iserloh,* Reform der Kirche bei Nikolaus von Kues (S. 54—73) und *R. Weier,* Der Einfluß des Nikolaus Cusanus auf das Denken Martin Luthers (S. 214—229); *G. Heinz-Mohr,* Unitas Christiana (1958); *E. Hoffmann,* Nikolaus von Cues, Zwei Vorträge (1947); *K. Jaspers,* Nikolaus Cusanus (1964); *O. Menzel,* Johannes Kymeus, Cusanus-Studien VI (1941); *M. Seidlmayer,* „Una religio in rituum varietate", Archiv für Kulturgeschichte 36 (1954) 145—207.

## Über den Frieden im Glauben (1453)

### Gebet um Erkenntnis und Versöhnung

...Im irdischen Menschenwesen liegt es nun, daß eine lange geübte Gewohnheit, die zur Natur geworden ist, schließlich als Wahrheit verteidigt wird. So entstehen, wenn jedes Gemeinwesen seine Überzeugung dem Glauben der anderen voranstellt, nicht geringe Gegensätze. Darum komme denn Du, der allein helfen kann, zu Hilfe; denn um Deinetwillen, den sie in all dem allein verehren, was sämtliche anzubeten scheinen, besteht dieser Wettstreit. Jeder erstrebt ja in allem, wonach er zu trachten scheint, nur das Gut, das Du bist, und keiner sucht mit all seinem geistigen Bemühen etwas anderes als die Wahrheit, die Du bist. Was will denn der Lebende anderes als leben? Was der Seiende anderes als sein? Du also, der Du das Leben und das Sein spendest, bist es, der offensichtlich in den verschiedenen Religionen in unterschiedlicher Weise gesucht und mit vielfältigen Namen genannt wird, weil Du in Deinem wahren Sein allen verborgen und unaussprechlich bleibst. Denn Du, die unendliche Schöpfermacht, bist nichts von all dem, was Du geschaffen hast, und kein Geschöpf kann sich von Deiner Unendlichkeit einen Begriff machen, weil es zwischen dem Endlichen und Unendlichen kein Verhältnis gibt. Du aber, allmächtiger Gott, der Du jedem Verstand unfaßbar bist, kannst Dich jedem auf eine Dir gut dünkende Weise erkennbar offenbaren.

So verbirg Dich nicht länger, o Herr! Sei gnädig und zeige Dein Antlitz, und Heil wird allen Völkern widerfahren, die künftighin die Ader des Lebens und seine bisher zu wenig gekostete Süßigkeit nicht mehr verlassen können. Denn niemand entzieht sich Dir, außer, wer Dich nicht kennt. Wenn Du so zu walten Dich herablässest, dann wird ruhen das Schwert, der scheelsüchtige Haß und jedes Leiden, und alle werden einsehen, daß unter der Verschiedenheit der religiösen Bräuche nur eine Religion besteht. Wenn aber diese Verschiedenheit der Bräuche nicht aufgehoben werden kann oder ihre Beseitigung nicht zweckdienlich erscheint, weil die Verschiedenheit zur Erhöhung der Frömmigkeit beiträgt, weil ein jedes Land mit seinen religiösen Übungen, die es Dir als König für genehm hält, einen größeren Eifer zu entfachen sucht, so soll wenigstens, wie Du nur ein einziger bist, nur eine Religion und eine Gottesverehrung sein. Schenke uns also Versöhnung, o Herr, denn Dein Zorn ist Liebe, und Deine Gerechtigkeit ist Erbarmen! Habe Mitleid mit Deinem schwachen Geschöpf! So flehen wir, Deine Bevollmächtigten, die Du Deinem Volke zu Wächtern gesetzt hast und die Du hier vor Deinem Throne siehst, in tiefster Demut zu Deiner Majestät.

### Rechtfertigung durch den Glauben an Christus

Da begann der Völkerapostel *Paulus* im Auftrag des Wortes also: Man muß darlegen, daß das Heil der Seele nicht durch die Werke, sondern durch den Glauben geschenkt wird. „Abraham", der Vater des Glaubens aller Gläubigen, sei es der Christen, der Araber oder der Juden, „glaubte Gott, und dies wurde ihm zur Gerechtigkeit angerechnet." Die Seele des Gerechten wird das ewige Leben erben. Wird dies zugegeben, dann werden jene Verschiedenheiten in den Riten keine Störung mehr hervorrufen, denn sie sind lediglich als sinnlich wahrnehmbare Zeichen der Wahrheit des Glaubens eingesetzt und angenommen. Wohl lassen die Zeichen eine Abwandlung zu, dagegen nicht die von ihnen bezeichnete Wahrheit.

*Der Tartar:* Erkläre mir, wieso der Glaube rechtfertigt.

*Paulus:* Wenn Gott etwas aus seiner reinen Freigebigkeit und Gnade verspricht, muß man dann nicht ihm glauben, da er doch die Macht hat, alles zu geben, und da er wahrhaftig ist?

*Der Tartar:* Gewiß! Denn wer ihm glaubt, kann nicht betrogen werden. Wer ihm nicht glauben wollte, wäre unwürdig, eine Gnade von ihm zu erhalten.

*Paulus:* Was rechtfertigt also den, der die Gerechtigkeit erlangt?

*Der Tartar:* Seine Verdienste erwirken das nicht, sonst wäre es nicht Gnade, sondern Schuldigkeit.

*Paulus:* Du urteilst ganz richtig. Allein, weil kein Mensch auf seine Werke hin vor Gott gerechtfertigt wird, sondern weil der Allmächtige, was er seinen Auserwählten schenken will, aus Gnade gibt, so muß der Mensch, wenn er würdig sein will, die Verheißung, die aus reiner Gnade ergangen ist, zu erlangen, unbedingt Gott glauben. Denn darin besteht die Rechtfertigung des Menschen, daß er aus dem einzigen Grunde die Verheißung erlangt, daß er Gott glaubt und hofft, das Wort Gottes werde in Erfüllung gehen.

*Der Tartar:* Nachdem Gott versprochen hat, ist es billig, daß er seine Versprechungen auch hält. Wer Gott glaubt, wird also eher durch die Verheißung als durch den Glauben gerechtfertigt.

*Paulus:* Gott, der dem Abraham einen Nachkommen versprochen hat, in welchem alle Völker gesegnet werden sollten, hat Abraham gerechtfertigt, auf daß er die Verheißung erlange. Hätte aber Abraham dem Herrn nicht geglaubt, so hätte er weder die Rechtfertigung noch die Verheißung erlangt.

*Der Tartar:* Das stimmt...

*Paulus:* ...Daher muß der Mensch Gott glauben, wie Abraham geglaubt hat, auf daß er auf Grund dieses Glaubens ebenso wie der gläubige Abraham gerechtfertigt werde, um in dem einen Nachkommen Abrahams, das ist Christus Jesus, die Verheißung zu erlangen, denn diese Verheißung, die alles Gute in sich schließt, ist der göttliche Segen.

*Der Tartar:* Meinst du also, dieser Glaube allein rechtfertige zur Erlangung des ewigen Lebens?

*Paulus:* Das ist meine Auffassung...

*Der Tartar:* Doch frage ich: Genügt der Glaube?

*Paulus:* Ohne den Glauben ist es unmöglich, Gott zu gefallen. Der Glaube muß aber lebendig sein; denn ohne die Werke ist er tot.

*Der Tartar:* Was sind das für Werke?

*Paulus:* Wer Gott glaubt, muß seine Gebote halten.

Denn wie kannst du glauben, Gott sei Gott, wenn du dich nicht bestrebst, seine Gebote zu erfüllen?

*Der Tartar:* Es ist nicht mehr als billig, die Gebote Gottes zu beobachten. Indes sagen die Juden, sie hätten seine Gebote durch Mose, die Araber durch Mohammed, die Christen durch Jesus, und andere Völker verehren vielleicht wieder ihre eigenen Propheten, aus deren Hand sie die Gebote Gottes bekommen haben wollen. Wie kommen wir da zu einer Übereinstimmung?

*Paulus:* Die göttlichen Gebote sind überaus kurz und allen vollkommen bekannt. Dazu sind sie allen Nationen gemeinsam. Ja, das Licht, das sie uns erkennen läßt, ist der verstandbegabten Seele anerschaffen. Denn in uns selbst spricht Gott, daß wir ihn, von dem wir das Leben haben, lieben sollen, und daß wir keinem anderen etwas zufügen, außer was wir wünschen, daß es auch uns zugefügt werde. Die Liebe ist also die Erfüllung des göttlichen Gesetzes, und alle Gesetze gehen auf dieses eine Gebot zurück ...

### Taufe und Eucharistie

*Der Armenier:* Was meinst du nun, wie man es mit der Taufe halten soll, da diese bei den Christen als ein heilsnotwendiges Sakrament gilt?

*Paulus:* Die Taufe ist ein Sakrament des Glaubens. Denn wer glaubt, er könne in Christus Jesus die Rechtfertigung erlangen, der glaubt auch, daß es durch ihn eine Abwaschung der Sünden gibt. Diese Reinigung, die in dem Bad der Taufe ihr sichtbares Zeichen hat, wird jeder Gläubige offen an den Tag legen. Denn die Taufe ist nichts anderes als das Bekenntnis dieses Glaubens mittels des sakramentalen Zeichens ...

...

*Der Böhme:* In allen bisher besprochenen Punkten dürfte es möglich sein, eine Übereinstimmung zu finden; dagegen wird hinsichtlich des Opferwesens eine sehr große Schwierigkeit bestehen. Wir wissen doch, daß die Christen die Darbringung von Brot und Wein im Sakrament der Eucharistie aus Gefälligkeit gegen andere nicht aufgeben können, da dieses Opfer von Christus selbst eingesetzt ist. Daß aber andere Nationen, die nicht so zu opfern pflegen, diese Einrichtung annehmen, ist nicht leicht zu glauben, zumal da sie es für Unsinn ansehen, an eine Verwandlung des Brotes in den Leib und des Weines in das Blut Christi zu glauben und nachher das Sakrament zu genießen.

*Paulus:* Das Sakrament der Eucharistie versinnbildlicht nichts anderes, als daß wir aus Gnade in Christus Jesus dereinst die Erquickung des ewigen Lebens erlangen werden, so wie wir in dieser Welt durch Brot und Wein erquickt werden. Wenn wir also glauben, Christus sei die Nahrung des Geistes, dann empfangen wir Christus unter den Gestalten, die den Körper speisen. Da wir aber in diesem Glauben übereinstimmen müssen, daß wir der Nahrung des lebendigen Geistes in Christus teilhaftig werden, warum wollen wir dann diesen Glauben nicht in dem Sakrament der Eucharistie offen zeigen? Man muß doch erwarten, daß alle gläubigen Menschen ganz und gar im Glauben schon in dieser Welt jene Speise kosten wollen, die in Wahrheit die Nahrung unseres Lebens in der anderen Welt sein wird.

*Der Böhme:* Wie wird man aber alle Völker davon überzeugen, daß die Substanz des Brotes in den Leib Christi verwandelt wird?

...

*Paulus:* ...Durch den Glauben sehr leicht. Denn nur im Geist ist das zu erfassen, weil nur das Auge des Geistes sieht, daß die Substanz ist, ohne zu begreifen, was sie in ihrer Wesenheit ist; denn die Substanz geht jedem Akzidens[1] voraus. Da demnach die Substanz weder aus Qualität noch aus Quantität besteht und weil einzig und allein die Substanz verwandelt wird, so daß nicht mehr die Substanz des Brotes, sondern die Substanz des Fleisches vorhanden ist, so ist diese Verwandlung nur eine geistige, weil sie weit entfernt ist von allem, was durch die Sinne erfaßt werden kann. Durch diese Verwandlung wird also das Fleisch in seiner Menge nicht vermehrt, auch nicht der Zahl nach vervielfältigt. Daher ist es nur die eine Substanz des Fleisches, in welche die Substanz des Brotes verwandelt wird, mag auch das Brot an verschiedenen Orten dargebracht werden und mögen es mehrere Brote sein, die beim Meßopfer auf den Altar gelegt werden. ... Soweit dieses Sakrament auf sinnlichen Zeichen beruht, ist es, sofern nur der Glaube vorhanden ist, nicht von solcher Notwendigkeit, daß ohne es die Seligkeit nicht erlangt werden könnte, denn zur Seligkeit genügt es, zu glauben und auf diese Weise das Brot des Lebens zu genießen ...

[1] Zufällige Eigenschaft.

### Entwurf einer
### allgemeinen Reform der Kirche (1459)

... Da wir aber die auf den festen Felsen gegründete Kirche zur Leitung erhalten haben, dürfen wir keinen anderen Glauben und keine anderen Formen aufsuchen als diejenigen, welche wir von dem Haupt, Christus, von den heiligen Aposteln und von deren Nachfolgern, den Leitern der Kirche, erhalten haben, vielmehr sind wir ausschließlich gehalten, uns zu bemühen, soweit es uns mit der Gnade von oben möglich ist, die böse Begierde dieser Welt abzutun, die nicht vom Reiche Christi ist — „denn die Welt vergeht mit ihrer Lust" (1. Joh. 2, 17) — und christusförmig zu werden, ein jeder in seinem Stande, um auf diese Weise Erben Gottes in der Teilhabe an seinem Reiche des unsterblichen Lebens und Miterben Christi, des eingeborenen Sohnes Gottes, zu sein. Denn er nahm, ob er wohl in der Form Gottes war (Phil. 2, 6), welcher allein Unsterblichkeit besitzt, unsere sterbliche Natur und unsere Knechtsgestalt an, um sie so mit seiner göttlichen Natur zu vereinigen, daß sie in die Form seiner Unsterblichkeit überging. Da nun Christus, unser Haupt, und wir dieselbe menschliche Natur besitzen, welche nur in ihm die Form Gottes anzieht, so ist es nicht möglich, daß ein Mensch zum Reich der Unsterblichkeit gelangen kann, es sei denn, er ziehe die Form des Herrn Christus an. Diese Form erwirbt man durch die Nachfolge. Daher sagt der Apostel: „Seid Nachfolger Gottes als seine geliebten Söhne!" und an einer anderen Stelle: „Seid meine Nachfolger, geliebte Söhne, gleichwie ich Christi" (1. Kor. 11, 2).

Damit nun wir, die wir an die Stelle der Apostel getreten sind, durch unsere Nachfolge andere mit der Form Christi bekleiden können, müssen wir in jedem Fall vor allen anderen christusförmig sein. Nun hat aber die menschliche Natur vor allen anderen Geschöpfen dieser Welt von Gott die Gabe empfangen, gelehrig zu sein, welche er dem Menschen in der Schöpfung mitgegeben hat, so daß er glückselig werden kann: „Darum werden sie alle von Gott gelehrt sein" (Joh. 6, 45). Wir sehen aber die unverwelklichen Tugenden und eine von vielen am Gebrauch und an der Lehre teilhaben. Nun ist aber Christus, unser König und Herr aller Tugenden und daher auch der König der Herrlichkeit, jene lebendige Tugend, welche allen, die an ihr teilhaben, ewige Ruhe verleiht, „in welchem verborgen sind alle Schätze der Weisheit und der Erkenntnis" (Kol. 2, 3). Daher ruft der Meister uns allen, seinen Schülern, die wir in seine Form übergehen wünschen, zu und spricht: „Lernet von mir, denn ich bin sanftmütig und von Herzen demütig, so werdet ihr Ruhe finden für euere Seelen" (Mt. 11, 29), und als er sich bei der Fußwaschung demütig erzeigte, sprach er: „Ein Beispiel habe ich euch gegeben, daß ihr tut, wie ich euch getan habe" (Joh. 13, 15). Denn er lehrte durchs Tun, „denn er fing an, zu tun und zu lehren" (Apg. 1, 1), um zu zeigen, nicht jede moralische Tugend verschaffe das ewige Leben, sondern nur diejenige, welche so lebendig ist, daß sie diese vergängliche Welt besiegt wie Christus, der erste Sieger über die Welt. In jedem Christusförmigen muß die Tugend aber so lebendig sein, daß dieses sinnliche Leben wegen der Tugend, welche das Leben des Geistes ist, für nichts geachtet wird. Das nämlich ist die Liebe Christi, die Tugend so sehr zu lieben, daß für sie die Welt hinzugeben und zu sterben gering-

geachtet und für etwas Ruhmvolles gehalten wird.
Jegliche Schrift, von Gott eingegeben, sucht uns
nichts anderes zu offenbaren als Christus, die Form
der Tugenden und des unsterblichen Lebens und der
von allen ersehnten Seligkeit. Diejenigen, welche ihn
als den einzigen Lehrer des Lebens ergreifen, sind in
Glauben und Werk so geformt, daß sie des ewigen
Lebens fähig sind. Doch sind sie dessen nicht durch
sich selbst fähig, sondern Christus muß es ihnen mitteilen und schenken, weil er dieses Leben durch das
Verdienst seines Gehorsams nicht nur besitzt, um
selbst „in der Herrlichkeit des Vaters" (Phil. 2, 11) zu
sein, sondern auch, um es den Fähigen schenken zu
können, so daß sie es durch sein Verdienst besitzen
und durch seine Gerechtigkeit an sich und zu eigen
nehmen. Denn aus Gnade sind wir zur Erbschaft
berufen. Wenn wir sie nicht auf Grund der Gerechtigkeit der Verdienste Christi erlangen, so können wir
die höchste Stufe der Glückseligkeit nicht erreichen.
Daher ist er für uns zur Gerechtigkeit geworden, da
er sich für alle in den Tod dahingab, wodurch alle
Toten nach dem gerechten Urteil Gottes leben in
Ewigkeit. Denn Gott Vater, der gerechteste Vergelter,
hat allen, die in seinem Gehorsam sterben, in Christo
das ewige Leben gegeben. Alles also, was zur vollkommenen Glückseligkeit notwendig ist, sei es Gnade,
sei es Gerechtigkeit, können wir ohne ihn nicht haben.
Er ist also der einzige Mittler, in dem alles ist und
ohne den wir unmöglich wahrhaft glückselig werden
können.

Indem wir nun alle Christen reformieren wollen,
können wir ihnen jedenfalls keine andere Form zur
Nachahmung vor Augen stellen als diejenige Christi,
von dem sie ihren Namen erhalten haben. Er ist
das lebendige Gesetz und die vollkommene Form,
in welcher sich die Entscheidung über das ewige Leben und den ewigen Tod vollzieht. Die ihm Gleichförmigen sind die gesegneten Söhne des Lebens, die
zum Besitz des Reiches Gottes berufen sind, die ihm
Ungleichförmigen aber, die verfluchten Söhne des
Todes, werden in die Hölle geworfen werden. Es muß

daher unser ganzes Bestreben sein, durch die Buße gereinigt zu werden und die Form der Unschuld anzuziehen, welche wir in der Taufe Christi empfangen haben, dann werden wir, wenn Christus in der Herrlichkeit Gottes, des Vaters, erscheint, ihm, das ist: seiner Form, gleich werden, welche allein im Reich Gottes, zu dem wir streben, zu finden ist.

Weil nun aber die Kirche Gottes der mystische Leib Christi ist, so wird sie mit Recht von dem Apostel mit dem menschlichen Leibe verglichen (1. Kor. 12, 12 ff.), in welchem durch den belebenden Geist alle Glieder vereinigt sind und leben... Nun ist es aber bekannt, daß sich der ganze Leib gegenwärtig vom Licht und vom Tage weit entfernt hat und in dunkle Schatten gehüllt ist, hauptsächlich deshalb, weil die Augen, welche sein Licht sein sollten, zur Finsternis entartet sind. Weil aber das Auge, das die Fehler anderer sieht, die eigenen nicht bemerkt, kann das Auge sich selbst nicht untersuchen, sondern muß sich der Untersuchung eines anderen unterwerfen, der es kontrolliert, korrigiert und reinigt, um es tauglich zu machen, die Glieder des Leibes zu untersuchen.

Zwei Punkte gehen hieraus als für unser Unternehmen notwendig hervor: Erstens, daß wir, die wir die Augen sind, uns solchen, die einen gesunden Blick haben, unterwerfen, damit wir nicht glauben, wir hätten helle Augen, und uns selbst täuschen zu unserem und der von uns zu untersuchenden Kirche Verderben; zweitens, daß wir alsdann die hellen Augen auf den ganzen Leib der Kirche richten und die einzelnen Glieder durch uns oder durch unsere Stellvertreter gründlich visitieren, da wir vor Gott über die unserem Amte anvertraute Kirche und über alle Sachen strenge Rechenschaft abzulegen haben, wenn wir nicht allen möglichen Fleiß anwenden. Und hierbei müssen wir mit unserer römischen Kirche und Kurie beginnen und danach Visitatoren in die einzelnen Provinzen absenden. Die Regeln aber, welche unsere Stellvertreter, die Visitatoren, zu beobachten haben, sind die folgenden:

Wir wollen drei Visitatoren auswählen und absenden, ernste, gereifte Männer, in welchen die Form Christi deutlich hervorleuchtet, welche die Wahrheit allem anderen vorziehen und mit Eifer für Gott Sachverstand und Klugheit verbinden und nicht weiter nach Ehre und Reichtum streben, so daß sie in ihrem Urteilen, Denken und Handeln frei und untadelig sind, die niemand zur Last fallen, sondern mit Kost und Kleidung nach den Bestimmungen des Rechts zufrieden sind und sich durch Eid dazu verpflichten. Diesen übergeben wir die folgenden 14 Regeln:

Zum ersten wollen wir, daß sie den Akt der Visitation unter frommen Zeremonien in Gottesfurcht und mit Gottes Wort feierlich und öffentlich beginnen, den Zweck ihrer Ankunft darlegen und die zu Visitierenden zum Gehorsam geneigt machen, indem sie ihnen die Form Christi vor Augen stellen ...

Zweitens ... wollen wir daher, daß die Visitatoren Sorge tragen, die zu Reformierenden zu ihrer ursprünglichen Form zurückzuführen, und zwar allgemein alle Christen zu der Form, welche sie in der Taufe angezogen haben, als sie Christen wurden, die Prälaten aber überdies zu der Form, welche sie erhielten, als sie Prälaten wurden, die Könige und Fürsten in ähnlicher Weise zu derjenigen Form, welche sie zur Zeit ihrer Einsetzung angenommen haben, ebenso bei den Priestern und Pfründeninhabern, bei den Mönchen und im allgemeinen bei allen Beamten.

Drittens wollen wir, daß die Visitatoren, falls die genannten Formen in gewissen Provinzen infolge schlechter Gewohnheit und Nachlässigkeit außer acht gekommen sind, diejenigen Formen einführen, welche sie im Recht vorgeschrieben finden.

Viertens wollen wir, daß über diese Eidschwüre, Gelübde und Versprechungen hinaus, welche auf das strengste eingehalten werden müssen, jeder von den Visitatoren angehalten wird, der Etymologie seines Namens und seiner Ursache gemäß kanonisch zu leben. Das Leben eines jeden ist nämlich durch die Definition seines Namens bestimmt. Wer anders lebt, als es sein Name bezeichnet, trägt seinen Namen jedenfalls zu Unrecht und ist seiner nicht wert, weil sein Leben ihm widerspricht. Denn wie kann einer in Wahrheit Christ genannt werden, dessen Leben Christus zuwider ist? Oder wie einer ein Ordensmann, der abtrünnig ist? Wie einer ein Kanoniker, der wider die Regel lebt? Wie einer ein Priester, der profan ist? Wie einer ein Seelsorger, der keine Seelsorge treibt? Wie einer ein Leiter, der abwesend ist? Wie einer ein Bischof, der die ihm vertraute Herde nicht überwacht? Wie einer ein Führer, der ein Verführer ist? Wie einer ein König, der ein Tyrann ist?

Fünftens gehen wir insbesondere zu den Inhabern von Pfründen über und wünschen, daß die Visitatoren anordnen, daß sie in Kleidung, Tonsur, Sittenreinheit, Wandel, Dienst und Gottesdienst die kanonischen Satzungen beachten...

Sechstens wollen wir: Wenn die Visitatoren finden, daß der Gottesdienst deswegen beeinträchtigt ist, weil einer, der mehrere, auch miteinander zu vereinbarende Pfründen innehat, in gewissen Dingen, die er innehat, durch sich oder einen anderen seine Pflicht zu tun unterläßt..., so werde ein solcher als der Titelinhaber angehalten, den Gottesdienst persönlich oder durch einen anderen zu versehen.

Siebentens wollen wir, daß die Würde des Pontifikats, der Abtei, der Propstei, des Dekanats, des Archidiakonats, der Schulführung, der Kantorei, des Schatzamts und alle anderen Würden oder Ämter dieser Art in Dom- und Stiftskirchen mit diesen Ämtern an einer anderen Kirche unvereinbar seien, da niemand an zwei Orten auf einmal und zugleich sein und seine Pflicht erfüllen kann...

Achtens wollen wir, daß die Visitatoren, wenn sie finden, daß Pfarrkirchen einer Dom- oder Stiftskirche oder einem Kloster inkorporiert[1] sind, und es sich zeigt..., daß... der Gottesdienst nach der Inkorporation nicht besser ist als vorher..., so sollen sie dafür sorgen, daß alle Einkünfte der Pfarrkirchen zur Vermehrung des Gottesdienstes zurückbehalten und zur Verfügung gestellt werden, gleich als ob durchaus keine Inkorporation stattgefunden hätte.

Neuntens wollen wir: Wenn Ordensleute, welche die Visitatoren nicht zulassen und anhören und dabei Privilegien des Apostolischen Stuhles, Exemptionen[2] oder anderes vorweisen, so sollen diese Privilegien durch die Visitatoren in unserem Namen widerrufen werden.

Zehntens wollen wir: Wenn die Visitatoren Dom- oder Stiftskirchen finden, welche apostolische Exemptionen und Inkorporationen von Kirchen oder andere Privilegien des Apostolischen Stuhls und der Ordinarien[3] besitzen und keine Visitation und Verbesserung zulassen, ... so sollen alle derartigen Privilegien durch die Visitatoren kraft unserer Vollmacht widerrufen und ihnen die Abhaltung des Gottesdienstes untersagt werden ...

Elftens wollen wir: Wenn die Visitatoren Ordensleute oder andere, welche in sträflicher Frechheit gewisse Strafen verachten, mögen sie nun im geschriebenen Recht enthalten oder von uns oder von unseren Legaten[4] oder von den Ordinarien ausgesprochen sein, und gegen das Verbot des Rechts oder eines Menschen Gottesdienst abhalten, so sollen derartige Verächter der Schlüsselgewalt ihre Pfründen verlieren und des Altardienstes für unfähig erklärt und am Betreten der Kirche verhindert werden.

Zwölftens sollen die Visitatoren auf die Reformation der Hospitäler bedacht sein ...

Dreizehntens wollen wir: Wenn die Visitatoren Kirchen, Kapellen, Ornamente, Bücher, Kelche und anderes visitieren, so sollen sie nicht unterlassen, die Reliquien zu untersuchen und die Gründe für ihre Echtheit zu ermitteln ... Es genüge dem Christenvolk, Christus wahrhaftig in seiner Kirche im Sakrament der göttlichen Eucharistie zu besitzen, in welchem es alles hat, was es zu seinem Heil wünschen kann. Echte Reliquien mag es verehren, weit mehr aber Christus, das Haupt der Heiligen. Und es hüte sich davor, indem es Christus und die Reliquien zu seinem irdischen Gewinn mißbraucht, die Religion zur Sache des Gewinns zu machen und so, wenn sie nichts bessern, Gott zu beleidigen.

Vierzehntens sollen sie sorgfältig auf die Ausrottung der öffentlichen Wucherer, der Ehebrecher und der Verächter der kirchlichen Verordnungen bedacht sein, alle Parteilichkeiten mißbilligen und unterdrükken, alle heiligen Orte von Wahrsagerei und Zauberei und allen solchen Sünden, durch welche die göttliche Majestät und das christliche Gemeinwesen verletzt werden, reinigen. Und sie sollen dafür sorgen, die Kirche zu einer reinen, gottgefälligen Braut zu machen, wie die Urkirche war, damit sie verdiene, von der kämpfenden zur triumphierenden Kirche aufzurücken und dort der ewigen Glückseligkeit teilhaftig zu werden.

Wir aber, die wir die Stellvertretung Christi, obschon unwürdig, über seine kämpfende Kirche innehaben, erklären, daß wir zum Bekenntnis, zur Beachtung und zur Bewahrung des orthodoxen christlichen Glaubens und zu allem, wozu sich unsere Vorgänger bei ihrem und wir uns bei unserem Amtsantritt verpflichtet haben, verpflichtet sind. Denn wir wissen, daß wir „Papst" genannt werden, weil wir der Vater der Väter sein sollen, und „Patriarch", weil wir noch mehr als alle anderen dazu verbunden sind, wozu alle auf gleiche Weise verpflichtet sind... Wenn wir uns dieser Benennungen rühmen, so müssen wir jedenfalls versuchen, das zu sein, was wir heißen, und in der Tat zeigen, was wir zu sein bekennen. Um uns aber nicht in eigener Sache zu täuschen, bitten wir die an Gottes Statt erwählten Visitatoren, uns genau zu visitieren und zu richten, und wir versichern, daß wir bereit sind, diejenige Form, welche uns nach ihrem Urteil zukommen soll, im Hinblick auf unsere Person, Dienerschaft, Kurie und alles, was sich auf die Würde und das Amt des Papstes bezieht, mit dem dankbarsten Herzen anzunehmen. Es schrecke sie nicht, den Papst zu visitieren...

[1] Einverleibt, angeschlossen.
[2] Ausnahmeregelungen.
[3] Die ordentlichen geistlichen Vorgesetzten, insbesondere Bischöfe.
[4] Der zur Durchführung der Reform beauftragte Abgesandte des Papstes.

# Johann Pupper von Goch († 1475)

Johann Pupper aus Goch am Niederrhein, Weltpriester der Diözese Utrecht, war der Begründer (1459) und geistliche Vorgesetzte des Augustinerinnenklosters Tabor bei Mecheln. Gochs Schriften wurden erst in den Jahren 1520 und 1521 durch den Stadtsekretär von Antwerpen, den Humanisten Cornelius Grapheus († nach 1540), vermutlich in etwas überarbeiteter Form mit der Absicht veröffentlicht, die anbrechende lutherische Reformation in den Niederlanden damit zu fördern — ein Unternehmen, das Grapheus vor die Inquisition und nach dem öffentlichen Widerruf seiner eigenen, in den Vorreden dargelegten Gedanken in langjährige Gefängnishaft brachte. In der Tat sind in Puppers Schriften zum erstenmal einige der besonderen Themen behandelt, die zu Beginn der Reformation eine wichtige Rolle spielen sollten: Gesetz und Freiheit, Gerechtigkeit als Lohn oder aus Gnaden, Schrift und Tradition, der Sinn der Mönchsgelübde u. a. m. Dabei zeigt sich Pupper als Gegner der Scholastik und als Vertreter der augustinischen Gnadenlehre.

Lat. Texte: (Dialogus) *Walch*, Monimenta I/4, 82—85, 91, 109; (Neun Thesen) ebenda 183—199; (Rechtfertigungsschreiben) Bibliotheca Reformatoria Neerlandica 6 (1910), hg. von *F. Pijper*, 284—295; (Fragmente) ebenda 297 f., 303 ff.

Lit.: *R. R. Post*, Johann Pupper von Goch, Nederlands Archief voor Kerkgeschiedenis, N. S. 47 (1965/66) 71—97; *G. Ritter*, Romantische und revolutionäre Elemente in der deutschen Theologie am Vorabend der Reformation, Dt. Vierteljahrsschrift für Literaturwissenschaft und Geistesgeschichte 5 (1923) 342—380.

## Aus dem Dialogus

### Über die vier Irrtümer hinsichtlich des evangelischen Gesetzes

... Es sind also vier Arten von Irrtümern anzutreffen, die seit dem Beginn des christlichen Lebens die Liebe des evangelischen Gesetzes verdunkelt und den Frieden der Christen nicht wenig verwirrt haben.

... Der erste ist der Irrtum jener, die da behaupten, zusammen mit dem evangelischen Gesetz, das Christus seinen Nachfolgern mit maßvollen Geboten und einigen wenigen Sakramenten als ein freies Gesetz hinterlassen hat, sei auch die beschwerliche Knechtschaft des mosaischen Gesetzes notwendig zum Heil. Jene scheinen sich auf den Satz des Heilands stützen zu können: „Ich bin nicht gekommen, das Gesetz aufzulösen, sondern zu erfüllen" (Mt. 5, 17). Ihrer Meinung nach soll man das so verstehen, daß es für jedermann notwendig sei, die vollkommeneren Gebote des evangelischen Gesetzes zu halten, ohne doch die unvollkommeneren des mosaischen Gesetzes zu mißachten. Aber diesem Irrtum hält der Apostel Paulus in seinen überaus tiefsinnigen Briefen an die Römer und an die Galater unwiderlegbare Sätze entgegen und schließt den Zweifel aus. Der Apostel legt nämlich dar, daß die Beachtung des evangelischen Gesetzes nicht allein nur hinreichend sei, sondern auch, daß sie allein hinreichend sei zur ganzen Vollkommenheit des christlichen Lebens. Die Beachtung des mosaischen Gesetzes dagegen, welches zu seiner Zeit eine gewisse Kraft besaß, trage zur Vollkommenheit des christlichen Lebens nicht nur nichts bei, sondern sei ihr in vielem zuwider ...

... Die zweite Art von Irrtümern findet sich bei denjenigen, welche die Vollkommenheit des christlichen Lebens allein in den Glauben verlegten und meinten, die Werke des Glaubens seien für sie nicht notwendig, so daß sie glaubten, denjenigen, die an Christus glauben und das Gut des Glaubens haben, sei alles übrige freigestellt. Jene scheinen sich auf den Satz des Heilands stützen zu können: „Wer da glaubt und getauft wird, der wird selig" (Mk. 16, 16). Diesen Irrtum widerlegt der Apostel vielfältig, wenn er zu den Galatern (5, 13) sagt: „Ihr seid zur Freiheit berufen. Allein, sehet zu, daß ihr durch die Freiheit nicht dem Fleisch Raum gebet, sondern durch die Liebe des Geistes diene einer dem andern." Und wenn er spricht: „Ihr seid zur Freiheit berufen", so zeigt er das Gut des Glaubens, welches durch die Gnade Christi in den Geist der Gläubigen eingegossen wird. Denn so wie allein die Liebe, welche die Gläubigen zum Glauben an Christus bringt, den Affekt des Geistes von jeglicher Kreatur reinigt, so befreit sie auch den in Gott Freigemachten ...

...Die dritte Art von Irrtümern ist bei denjenigen zu finden, die zwar glauben, daß zur Vollkommenheit des christlichen Lebens beides notwendig ist, sowohl der Akt des inneren Wollens als auch des äußeren Wirkens, aber sie scheuen sich nicht, ruchlos zu lehren, daß die natürlichen Kräfte des freien Willens oder auch die natürliche Fähigkeit der menschlichen Natur ohne die Hilfe der göttlichen Natur dazu genügen. Dies war die Häresie des Pelagius. Obwohl sie durch die Kirche verdammt und durch viele Schriftzeugnisse widerlegt ist, sind doch gewisse Überbleibsel in den Herzen mancher anzutreffen, welche die Betätigung der Tugenden nicht der göttlichen Gnade allein zuschreiben, sondern, mehr als billig, ihr Vertrauen auf das Vermögen der natürlichen Fähigkeiten setzen. Gegen diese richtet sich aber das Wort des Apostels: „Von Gottes Gnade bin ich, was ich bin, und seine Gnade an mir ist nicht vergeblich gewesen" (1. Kor. 15, 10).

...Aus allen vorigen Darlegungen kann man klar erkennen, daß die natürliche Fähigkeit der Menschen zwar eine gewisse Kraft zu natürlichen Akten besitzt, daß sie aber für die übernatürlichen Akte, wodurch die Seele zum Leben der ewigen Seligkeit bereitet wird, nichts vermag ohne die Hilfe der Gnade...

...Die vierte Art von Irrtum ist bei jenen anzutreffen, die zwar glauben, daß zur Vollkommenheit des christlichen Lebens sowohl der Glaubensakt des inneren Wollens als auch des äußeren Wirkens notwendig ist, aber darin irren, daß sie behaupten, zu den vollkommeneren Werken des evangelischen Gesetzes genüge die Freiheit des Geistes nach der inneren Regung des Glaubens nicht, vielmehr scheuen sie sich nicht, ruchlos zu lehren, hierzu sei ein verpflichtendes Gelübde notwendig, so daß sie die evangelische Freiheit zu einer zwingenden Knechtschaft machen und sich damit, wie man finden kann, nicht weit von dem Aberglauben der Pharisäer entfernen. Dies ist der Irrtum unserer Zeit, ein Irrtum, der mit der Häresie des Pelagius offenkundig übereinstimmt. Denn sie hat sich in ihrem Wahnwitz dahin verstiegen, daß die

Gnade zu den Werken der Tugenden der ewigen Seligkeit nicht notwendig sei, daß vielmehr allein das natürliche Vermögen des Willens dazu hinreiche. Wenn man diesen Irrtum genau betrachtet, so erkennt man, daß ihm zufolge die Gnade Gottes, obgleich er sie für solche Werke notwendig hält, an sich hierfür nicht hinreicht.

### Neun Thesen über die Freiheit der christlichen Religion

Erste These: Ein Ordensgelübde ist der christlichen Religion durch eine positive Anordnung der Kirche hinzugefügt und festgesetzt, nicht zur Behebung eines Mangels der christlichen Religion, sondern zur notwendigen und zwingenden Beachtung der mit höchster Vollkommenheit überlieferten Religion selbst im Hinblick auf das Wesen des äußeren Aktes.

Zweite These: Ein Ordensgelübde ist, soweit es eine notwendige Verpflichtung behauptet und eine Festsetzung der Kirche ist, kein verdienstliches Gut, noch wirkt es durch sich selbst irgendein übernatürliches Gut. Dennoch kann es, wenn die Gelegenheit zum Bösen ausgeschlossen ist, dem Willen Gelegenheit geben, Gutes zu tun und aus der Regung und Einformung der Gnade ein verdienstliches Gut hervorbringen. Und so kann ein Gelübde zufälligerweise zur Ursache eines verdienstlichen Guten werden.

Dritte These: Ein Ordensgelübde ist, soweit es das freie Opfer des Willens zur Beachtung des Evangeliums behauptet und soweit es der Akt eines durch die Liebe geformten Willens ist, ein verdienstliches Gutes, das ein übernatürliches Gutes hervorbringt.

Vierte These: Die christliche Religion kann ohne Ordensgeblübde durch die Freiheit des Geistes nach seiner ganzen Vollkommenheit auf vollkommene Weise gehalten werden ...

Fünfte These: Die christliche Religion ist von Anfang an seit ihrer Einsetzung durch Christus mit Notwendigkeit in der Freiheit des Geistes, aber nicht in einem Zwang verordnet ...

Sechste These: Die evangelischen Werke nach der

Vollkommenheit selbstgemachter Religionen zu tun, ist nicht die höchste Vollkommenheit der christlichen Religion; die höchste Vollkommenheit der christlichen Religion besteht vielmehr darin, sie nach dem Maß der ganzen Vollkommenheit zu tun, wie sie, im evangelischen Gesetz begriffen, von dem Gesetzgeber Christus gewollt und verfügt ist.

Siebente These: In jedem Stand der christlichen Religion kann der höchste Lohn der ewigen Seligkeit verdient werden, obwohl nicht in jedem Stand der christlichen Religion der höchste Akt evangelischer Vollkommenheit geübt werden kann.

Achte These: In der universalen katholischen Kirche muß es eine höchste Vollkommenheit geben, welche jede Vollkommenheit selbstgemachter Religionen übersteigt, in welcher der menschliche Wille sowohl nach seinem äußeren Akt als auch nach seinem inneren Affekt dem göttlichen Willen gleichförmig wird. Diese Vollkommenheit wird richtig als die Vollkommenheit der inneren Heiligkeit bezeichnet.

Neunte These: Das priesterliche Leben ist, wenn es sich nach dem Maß der Besonderheit des priesterlichen Standes und der Würde der Weihe richtet, wahrhaft und schlechthin apostolisch und die höchste Vollkommenheit der christlichen Religion.

### Rechtfertigungsschreiben (um 1474)

Das Büchlein eines gewissen Predigermönchs habe ich zusammen mit dem Brief Deiner Liebe empfangen und gelesen. Gegen die Freiheit der christlichen Religion gerichtet, richtet es sich mitsamt seinem Autor von selbst. Als ich ihn genauer gelesen hatte und sah, daß er sich auf die Worte des Lehrers seines Ordens, Thomas von Aquino, stützt, begann ich mich nicht wenig darüber zu wundern, daß er sich in seiner Anmaßung mit einem so zerbrechlichen Grund, der mehr auf der philosophischen als auf der kanonischen (biblischen) Wahrheit beruht, so heftig gegen die biblische Wahrheit stemmt und daß eine so luftige und eitle Darlegung Euch, dem die kanonische Schrift bekannt ist, zu beunruhigen scheint. Was ist denn die Autorität des Thomas von Aquino, daß wir seinen Schriften, mögen sie sich auch noch so sehr auf philosophische Gründe stützen, gegen die kanonische Wahrheit ungezweifelten Glauben schenken sollten? Wird ihm nicht in der ganzen Kirche vielfach widersprochen, und werden seine Schriften nicht an vielen Orten von namhaften Lehrern ähnlicher Autorität nicht nur mit starken Gründen widerlegt, sondern bisweilen auch polemisch verhöhnt? Manchen Leuten scheinen seine Schriften von der gesunden Lehre sogar so weit abzuirren, daß sie meinen, sie seien einer vernünftigen Widerlegung nicht wert. *Einhellig* ist die kanonische und katholische Wahrheit, die sich auf das prophetische und apostolische Fundament stützt. Obwohl sie die Strahlen ihres Glanzes weit und breit ausschickt, so verbreitet sie überall doch nur *ein* Licht... Was sollen wir über die Schriften der modernen Lehrer, insbesondere aus den Bettelorden, sagen? Sie bekämpfen sich nämlich mit einer solchen Fülle verschiedener Meinungen, daß sie ihre Leser eher in Zweifel stürzen als mit der Klarheit zuverlässiger Wahrheit erleuchten, so daß derjenige, welcher sie gelesen hat, manchmal größere Zweifel hegt als zuvor. Doch ist es nicht verwunderlich, daß diese Schrift ihre Leser in dunkle Zweifel hüllt, anstatt sie mit dem Licht der Wahrheit zu erleuchten. Denn diese Schriften sind von der trüben Quelle der Philosophen abgeleitet und bewahren das Wesen und das Maß der Quelle und weichen von dem Geschmack der Quelle nicht ab. Denn Aristoteles samt seinen Genossen kann, von der Dunkelheit des Unglaubens umgeben, nichts anderes liefern, als was die Quelle hervorsprudeln läßt. Er hat nichts vom Licht der Wahrheit, obgleich er mit dem natürlichen Licht der Vernunft über Himmel und Erde viel disputiert hat. Denn das Licht der Wahrheit ist nicht dasjenige, welches die Vernunft zur Erkenntnis des Geschaffenen erhebt, sondern dasjenige, welches zur Erkenntnis und zur Liebe Gottes hinführt... Man darf sich also nicht wundern, daß die modernen Lehrer in ihren Schriften von der Wahrheit abweichen, weil sie sich in ihren Schriften auf die Worte derjenigen stützen, welche nach dem Wort des Apostels die Wahrheit Gottes zur Lüge verkehrt haben (Röm. 1, 25). ... Ich möchte unversehrten Fußes und sicheren Gewissens denjenigen folgen, die dieses Licht geschaut und erkannt haben und, von ihm gelehrt, in alle Wahrheit gedrungen sind: Petrus, Paulus und Johannes mit den Seinen. Dem ersten hat es nicht Fleisch und Blut offenbart, sondern der Vater im Himmel. Der zweite aber wurde bis zum dritten Himmel entrückt und schaute die geheimen Worte, die kein Mensch auszusagen vermag. Der dritte aber ruhte an der Brust dieses Lichtes und konnte daher wahrhaftig und einzigartig davon künden... Ihre Schriften, die von dem Fels Christus wie die Wasser der Weisheit des Heilands ausgeströmt sind, besitzen unbezweifelbare Glaubwürdigkeit und unwiderlegbare Autorität. Durch den Glanz dieses Lichtes wird die gesamte Kirche auf Christus hingeführt, und durch seine untrügliche Führung gelangt sie zur verheißenen Erbschaft der ewigen Seligkeit. Ohne Wanken stützt sie sich auf dieses feste Fundament der kanonischen Wahrheit... Im übrigen darf man daran erinnern, damit der eifrige Leser, der in verschiedenen Schriften die Wahrheit zu ermitteln sucht, weiß, welcher Schrift er unzweifelhaften Glauben schenken soll. Denn nicht jede Schrift besitzt dieselbe Autorität, allein die kanonische Schrift besitzt unbezweifelbare und unwiderlegbare Autorität. Die Schriften der alten Väter haben nur insoweit Autorität, als sie mit der kanonischen Wahrheit übereinstimmen; mit gläubiger Ehrfurcht muß man an ihnen festhalten, weil sie mit der kanonischen Wahrheit zu beweisen suchen, was sie sagen. Die Schriften der modernen Lehrer hingegen, vor allem der Lehrer der Bettelorden, sind nur als Meinungsäußerungen zu betrachten, denn, auf philosophische Traditionen gestützt, haben sie kein festes Fundament noch erleuchten sie die Vernunft mit der Wahrheit, vielmehr verdunkeln sie die klare und einfache Wahrheit mit verwickelten Argumenten und dienen mehr der Eitelkeit als der Wahrheit...

Es soll sich also niemand so leicht von dem bewegen lassen, was Albertus sagt oder Thomas oder Scotus oder sonst jemand, der mit verschiedenen Arten von Argumenten logisch und sophistisch beweist, was er sagt, es sei denn, daß die kanonische Autorität hinzukommt, die mit ihrer einfachen Darlegung beweist, was sie sagen ...

... Nicht alle Werke sind Werke des Glaubens, sondern nur diejenigen, die aus Liebe getan werden, denn nur durch solche Werke wird der Glaube lebendig, die aus Liebe getan werden. Die guten Werke aber, die aus Liebe getan werden, gehen niemals aus einer zwingenden Verpflichtung hervor, sondern stets aus der Freiheit des Willens. Daher gilt: Selbst wenn ein Mensch hundert Jahre lang die Werke der Keuschheit, der Armut und des Gehorsams ununterbrochen übte, jedoch aus der Verpflichtung heraus, durch die er sich verpflichtet weiß, und nicht aus der Liebe, um dadurch Gott näherzukommen, so würde sein Glaube durch diese Werke weder lebendig noch vollkommen, man müßte ihn vielmehr für tot und eitel halten, denn der Apostel spricht: „In Christus Jesus gilt weder Beschneidung noch Unbeschnittensein, sondern der Glaube, der in der Liebe tätig ist" (Gal. 5, 6). Schließlich sind die Werke Abrahams, durch die sein Glaube vollkommen wurde, nicht aus einer zwingenden Verpflichtung geschehen, sondern aus freiem Opfer. Dies besagt nämlich die erwähnte Schriftstelle. Ist unser Vater Abraham denn nicht aus Werken gerechtfertigt worden, weil er seinen Sohn Isaak auf dem Altar zum Opfer brachte? Und wiederum spricht der Herr zu ihm: „Nimm Isaak, deinen einzigen Sohn, den du liebhast, und bringe ihn mir zum Opfer ..." (1. Mose 22, 2). Es ist also zu beachten, daß Abraham deswegen Gott gefiel, weil er Gott seinen Sohn zum Opfer brachte, nicht aber, weil er sich dazu verpflichtete. Das Opfer ist ein Akt der Freiheit, die Verpflichtung jedoch ein Akt zwingender Notwendigkeit. Dennoch hat Abraham Gott nicht dadurch gefallen, daß er äußerlich seinen Sohn zu opfern suchte, sondern dadurch, daß er im Gehorsam gegen das Wort Gottes sich in allen Stücken dem göttlichen Willen gleichförmig machte. Denn der göttliche Wille ist das Maß und die Regel alles Guten in dem geschaffenen Willen. Daher kommt es, daß alles Gute im menschlichen Willen daran gemessen wird, wie weit es dem göttlichen Willen gleichförmig wird. Denn wenn Abraham seinen Sohn äußerlich dargebracht hätte, ohne die Regung seines Willens innerlich dem göttlichen Willen gleichförmig zu machen, so wäre sein Opfer Gott nicht angenehm gewesen. Weil er sich aber in allen Stücken dem göttlichen Wohlgefallen unterwarf und angesichts der Verheißung Gottes nicht im Zweifel verharrte, weil er wohl wußte, daß er alles, was er verheißen hat, auch tun kann, darum war sein Opfer Gott angenehm. ... Siehe also, durch welche Werke der Glaube Abrahams zur Vollendung kam. Auf keinen Fall waren es Werke einer zwingenden Verpflichtung, durch welche er sich dem Gebot Gottes unterwarf, sondern es waren Werke der Liebe, durch welche er sich aus freiem Willen dem göttlichen Willen gleichförmig gemacht hat. Durch alle diese Darlegungen kann man beweisen, daß unter dem evangelischen Gesetz nichts verdienstlich und Gott angenehm sein kann, was auf Grund einer zwingenden Verpflichtung getan wird, sondern daß alles auf Grund der Freiheit der Liebe getan werden muß, zu der uns Christus befreit hat. „Denn wir haben nicht einen knechtischen Geist empfangen, daß wir uns abermals fürchten müßten, sondern wir haben den Geist der Kinder Gottes empfangen, durch welchen wir rufen: Abba, lieber Vater (Röm. 8, 15), durch den Glauben, der in Christo Jesu ist, so daß er ist der Erstgeborene unter vielen Brüdern (Röm. 8, 29). Amen."

## Fragmente

Es gibt Leute, welche die Wahrheit verfehlen, indem sie die Rechtfertigung des Gottlosen und die Verleihung der ewigen Herrlichkeit nicht der göttlichen Gnade allein zuerkennen, sondern einen Teil davon den Werken der Gerechtigkeit zuschreiben, die aus Liebe getan sind. Hierbei stützen sie sich auf den Satz Augustins: „Der, welcher dich ohne dein Zutun geschaffen hat, wird dich nicht ohne dein Zutun gerecht machen", dazu auf den Satz des Heilands (Mt. 20, 8): „Rufe die Arbeiter, und gib ihnen den Lohn", und außerdem auf den Satz des Apostels: „Ein jeglicher wird seinen eigenen Lohn empfangen nach seiner Arbeit" (1. Kor. 3, 8). Lohn ist, was einem Menschen gegeben wird, der ein Verdienst erworben hat. Was aber einem, der etwas verdient hat, gegeben wird, gibt man ihm nicht aus Gnade, sondern auf Grund einer gerechten Schuld. Daher sagen sie, das Verdienst sei die Wirksamkeit eines guten Werkes, um dasjenige zu erlangen, was man noch nicht besitzt, oder um mit größerem Recht zu besitzen, was man aus Gnade hat. So kommt es, daß durch ein Verdienst, das man nicht schuldig war, ein Schuldanspruch entsteht, und aus der Schuld entsteht eine größere Schuld — was nichts anderes bedeutet, als wenn man sagte, daß aus der Gnade eine Schuld entsteht, und aus der erstatteten Schuld wird durch die Gnade ein größerer Schuldanspruch zur Erlangung einer größeren Gnade ... Aus alledem schließen sie, daß zur vollen Wirksamkeit des Verdienstes ein hartes und schwieriges Werk gehört. Daher kommt es, daß die Menschen ihr Vertrauen vielfach auf Menschenwerke setzen und sich bemühen, große und schwierige Werke zu tun, um damit zu verdienen, daß sie bei der ewigen Belohnung große Leute sind. Durch solchen Fleiß ist dieser Mißbrauch in der Kirche Gottes dermaßen eingewurzelt, daß es scheint, als wäre der Christenglaube, der sich auf die Gnade Gottes stützt, zum Judentum und pharisäischen Aberglauben abgesunken. Hat denn nicht das jüdische Volk behauptet, es werde aus den Werken des Gesetzes gerecht, und bestand nicht der Aberglaube der Pharisäer in ihrer Werkgerechtigkeit? Von ihnen sagt der Herr (Mt. 23, 27 f.): „Weh euch, Schriftgelehrte und Pharisäer, ihr Heuchler, die ihr gleich seid wie die übertünchten Gräber, welche auswendig hübsch scheinen, aber inwendig sind sie voller Totengebeine und alles Unflats. Von außen scheint ihr vor den Menschen fromm, aber inwendig seid ihr voller Heuchelei und Untugend." Wenn ein Christenmensch aus den Werken gerecht werden und die ewige Seligkeit verdienen kann, warum sollte nicht auch der Jude aus seinen Werken gerecht werden? Sind doch die Väter des Alten Bundes von derselben Gnade zum Wirken informiert worden, wie die Christen des Neuen Bundes bewegt und informiert werden. Denn sowohl diese als auch jene empfangen den Geist des Lebens zum gerechten Leben und Tun von Christus, welcher wie ein Eckstein beide Mauern zur Einheit des Glaubens verbindet. Denn sowohl die Vorausgehenden als auch die Nachfolgenden riefen: „Hosianna, du Sohn Davids"; jene glaubten an seine Zukunft, diese aber glauben an die Erfüllung. Und wenn sie aus ihren Werken dem geformten Glauben gemäß gerechtfertigt und des ewigen Lohnes würdig sein können, wozu mußte Gott Mensch werden, und wozu ist Christus gestorben? Eitel ist euer Glaube und brüchig das Fundament des Gebäudes der Kirche. Wenn aber unser alter Mensch getötet ist und alle Sünden durch den Tod Christi vergeben sind und wenn wir durch seine Auferstehung alle zusammen lebendig gemacht sind, die wir von seinem Leibe sind, so daß wir jetzt nach der Freiheit seines Geistes in einem neuen Leben wandeln, den Geist des Lebens von dem Einfluß seines Geistes empfangen und gute Werke tun nach der Regung und Weisung seines Geistes, was können wir uns dann noch unserer Werke rühmen, da es doch Christus in uns ist, der alle Werke tut?

... Was nützen also tugendreiche Werke, wenn sie nicht belohnt werden? Da doch geschrieben steht (Mt. 20, 8): „Rufe die Arbeiter und gib ihnen den Lohn." Dazu ist zu sagen, daß die tugendreichen Werke, die vom geformten Glauben ausgehen, Zeichen für die Gerechtigkeit des Glaubens sind, welche durch die Gnade Jesu Christi entsteht. Durch diese Zeichen zeigen wir nämlich, daß wir der Sünde gestorben, mit Christus in der Taufe begraben und mit ihm auferstanden sind und daß wir im neuen Leben wandeln,

das ist: in den Werken der Gerechtigkeit. Denn die
Werke sind vor allem Zeichen des Lebens, und zwar
dafür, daß wir Christo eingeleibt sind, von seinem
Geiste getrieben werden und gute Werke nicht unterlassen können, so wie auch er nicht untätig sein
kann, der immerdar lebt und wirkt, nach dem Wort
des Johannes: „Mein Vater wirkt bisher, und ich wirke
auch" (Joh. 5, 17). Denn die Werke, die wir aus der
Gnade Christi tun, sind Zeichen unseres mit Christus
gleichförmigen Lebens, weil wir durch seine Gnade
so leben, wie er lebt. Aber dennoch wird diesen
Werken, welche die Heiligkeit unseres Lebens anzeigen, die ewige Seligkeit nicht zum Lohn gegeben,
denn sie sind ungenügend. Darum spricht der Herr:
„Wenn ihr alles getan habt, was euch befohlen ist,
so sprechet: Wir sind unnütze Knechte; wir haben
getan, was wir zu tun schuldig waren" (Lk. 17, 10).
Der Gerechtigkeit des Glaubens hingegen, durch
welche wir der Verheißung Gottes Vertrauen schenken, gebührt die ewige Seligkeit, denn der Glaube
stützt sich auf die Verheißung. Wenn wir der Verheißung Gottes Vertrauen schenken, so ist das Glaube
nach dem Wort: „Abraham glaubte Gott" (Röm. 4, 3).
Wem glaubte er? Der Verheißung Gottes . . . Uns
wird das Himmelreich also nicht deswegen gegeben,
weil wir Christus folgen oder weil wir Haus und Hof
verlassen haben oder weil wir mit ihm in seinen Anfechtungen und Trübsalen ausharren oder weil wir
Buße tun oder weil wir seine Gebote halten, sondern
weil er verheißen hat, er werde denen, die das tun,
sein Himmelreich geben. Wenn er also denen, die
es tun, das Himmelreich gibt, so vollendet und bekräftigt er seine Verheißung. Er belohnt aber nicht
etwa die Arbeit mit Lohn, den er schuldig wäre. Wie
könnte sonst, wenn es die Bezahlung eines geschul-
deten Lohnes gäbe, die Gnade, die das Mittel ist zwischen Natur und Herrlichkeit, noch Bestand haben?
Man müßte sie vielmehr für nichtig erklären, denn
wenn eine Schuld bezahlt wird, so wird keine Gnade
geschenkt. Gnade ist nämlich, was umsonst gegeben
wird. Durch die Werke des geformten Glaubens wer-

den die Gläubigen als solche bezeichnet, die im Hause Gottes und im Leibe Christi leben . . . Aber durch die Gerechtigkeit des Glaubens, durch welche wir der Verheißung Gottes Vertrauen schenken, weil wir wissen, daß er getreu und mächtig ist zu belohnen, empfangen wir das Himmelreich. Die Werke der Tugenden sind also Anzeichen für den ewigen Lohn, aber nicht ihre Ursache. Wenn aber der Herr (Mt. 20, 8) spricht: „Rufe die Arbeiter und gib ihnen den Lohn", so sage ich: nicht einen verdienten Lohn, sondern den verheißenen, wie es dort verheißen wird: „Da er mit ihnen eins ward" (Mt. 20, 2). „Diejenigen, die die Gerechtigkeit Gottes nicht kennen, sondern ihre eigene Gerechtigkeit aufrichten, sind der Gerechtigkeit Gottes nicht unterworfen. Denn Christus ist des Gesetzes Ende für jeden, der da glaubt" (Röm. 10, 3 f.).

Was ist Belohnung? Sie ist die Freiheit der Kinder Gottes, von welcher der Apostel spricht (Röm. 8, 20): „Die Kreatur ist der Eitelkeit unterworfen . . ."

Was ist Verdienst? Es ist die Bereitschaft des menschlichen Willens, die Freiheit der Herrlichkeit der Kinder Gottes zu empfangen.

Was ist diese Bereitschaft? Sie ist die Freiheit des durch die Gnade geschenkten Willens, welche, obgleich sie durch die Gnade eingegossen ist, dennoch dem Menschen zugehört, denn sie ist ihm geschenkt.

Was heißt: Das ewige Leben wird den Verdiensten gegeben? Es heißt: Zu der durch die Gnade geschenkten Freiheit des menschlichen Willens wird die Freiheit der Herrlichkeit hinzugefügt, so wie der von Natur hierfür bereiteten Materie die Form gegeben wird. Dabei muß man beachten, daß es zweierlei ist: „etwas schenken *auf Grund von* Verdiensten" und „etwas *den Verdiensten*" schenken; auf Grund von Verdiensten bedeutet soviel, als seien die Verdienste die Ursache der Belohnung — das ist irrig, denn Gott krönt nicht, weil er es muß, sondern aus Barmherzigkeit und Erbarmung. Dagegen heißt „den Verdiensten schenken" soviel wie: der gnadenhaft bereiteten Materie die Form der vollendeten Gnade geben, das ist: die Herrlichkeit.

Seit dem Beginn des evangelischen Gesetzes, als die Gnade unseres Mittlers Jesu Christi aufleuchtete, durch welchen wir erlöst und befreit sind von der elenden Knechtschaft und zur Freiheit der Herrlichkeit der Kinder Gottes angenommen sind, hat es gewisse Feinde der evangelischen Freiheit gegeben. Obgleich sie das schwere Joch der elenden Knechtschaft, das durch die Sünde Adams allen seinen Nachkommen auferlegt war, nur mit Mühe tragen konnten, so kümmerte es sie doch nicht, die Freiheit der Kinder Gottes, die durch das Evangelium Christi erstrahlte, zu atmen. Und obschon sie durch die Sünde des einen dem ewigen Tode verfallen sind, wollten sie doch nicht durch die Gerechtigkeit des einen das Leben empfangen. Und obwohl sie nichts zum Tode beigetragen haben, erkühnen sie sich doch in blinder Anmaßung, etwas zum Leben beizutragen. Gegen sie spricht jedoch der Apostel: „Gerecht ohne Verdienst aus seiner Gnade, welche in Christo Jesu ist" (Röm. 3, 24).

## JOHANN RUCHRATH VON WESEL († NACH 1479)

Johann Ruchrath aus Oberwesel bei St. Goar studierte (seit 1441) und lehrte Theologie in Erfurt. 1463 Domprediger in Worms, trat er erst in hohem Alter während der 1470er Jahre mit scharfer Kritik an verschiedenen kirchlichen Lehren hervor. In seinen Thesen schränkte er den Ablaß auf den Erlaß der Kirchenstrafe ein und bestritt die Lehre vom Schatz der Kirche (thesaurus ecclesiae). Die sogenannten Paradoxa enthalten die Aussagen der Belastungszeugen vor dem Inquisitionsgericht, das auch die Artikel des Widerrufs aufsetzte (1479). Ruchrath leistete den verlangten Widerruf und starb bald danach in Klosterhaft. Seine Lehren haben mit den Grundsätzen der wyclifitisch-hussitischen Reformbewegung manches gemein, z. B. das Schriftprinzip im Gegensatz zu den Menschensatzungen, den spiritualistischen Kirchenbegriff und die Ablehnung der Wallfahrten. Aber auch die Verbindung des biblizistischen mit dem rationalen Element fehlt nicht: durch sie wurde der leidenschaftliche Mann zur Bestreitung eines trinitarischen Lehrstücks, des sog. filioque, geführt.

Lat. Texte: (7 Thesen) bei *Walch,* Monimenta I/1, 115—119; (Paradoxa) Aeneas Sylvius Piccolomini, De Concilio Basileae celebrato libri duo (1522) 335 f.; (Widerruf) O. *Clemen,* Zu dem Ketzerprozeß Johanns von Wesel, Hist. Vierteljahrschrift 3 (1900) 522 f.

Lit.: G. *Ritter,* Studien zur Spätscholastik III (1927).

### Sieben Thesen über den Ablaß

Erste These: Jedem, der gegen das Gesetz Gottes verstößt, erkennt Gott als Gesetzgeber auf Grund der Gerechtigkeit eine Strafe zu, die er nicht erläßt, mag er auch infolge seiner Barmherzigkeit die Schuld erlassen. Die Grundlage dieser These ist Ex. 32, wo es am Ende heißt (Ex. 32, 34): „Ich werde ihre Sünde wohl heimsuchen, wenn meine Zeit kommt heimzusuchen." — Desgleichen heißt es (Num. 14, 20—24): „Und der Herr sprach: Ich habe es vergeben, wie du gesagt hast. Aber so wahr als ich lebe, so soll alle Welt der Herrlichkeit des Herrn voll werden. Denn alle die Männer, die meine Herrlichkeit und meine Zeichen gesehen haben, die ich getan habe in Ägypten und in der Wüste, und mich nun zehnmal versucht und meiner Stimme nicht gehorcht haben, deren soll keiner das Land sehen, das ich ihren Vätern geschworen habe, auch keiner soll es sehen, der mich verlästert hat!" — Desgleichen (Dtn. 32, 35): „Die Rache ist mein, ich will vergelten." Noch deutlicher als jene Texte spricht es Augustin in der Psalmenauslegung aus: „Keiner, der einer schwereren Strafe schuldig ist, erlangt Gnade; er muß vielmehr die Strafe bezahlen, auch wenn das Maß der Bezahlung weit geringer ist als das Maß der Strafe, deren er schuldig ist. Denn Gott verleiht das Geschenk seiner Barmherzigkeit in der Weise, daß darüber die Ausübung der Gerechtigkeit nicht vergessen wird." — Und dies zitiert der Magister im vierten Buch. Dist. 17[1].

Zweite These: Die Priester Christi, denen die Schlüssel des Himmelreichs gegeben sind, sind bei der Sündenvergebung Gottes Diener. Der Beweis für diese These liegt in den deutlichen Worten Christi: „Wel-

443

chen ihr die Sünden vergeben werdet, ..."
(Joh. 20, 23).

Dritte These: Die Strafe, die Gott dem Sünder für seine Sünde zuerkannt hat, kann kein Mensch ihm vergeben. Beweis: Weil dem Willen Gottes nichts widerstehen kann. Denn es heißt in der Schrift (Daniel 4, 32): „Niemand kann seiner Hand wehren." — Und bei dem Apostel (Röm. 9, 19): „Wer kann seinem Willen widerstehen?"

Vierte These: Es steht im Kanon der biblischen Schriften nicht geschrieben, daß irgend jemand, auch ein Priester oder selbst der Papst, einen Ablaß erteilen kann, durch welchen der Mensch von Strafe befreit wird, die ihm Gott zuerkannt hat. Dies läßt sich folgendermaßen beweisen: Weil überall da, wo im biblischen Kanon das Hauptwort oder Zeitwort für „Nachlaß" steht, es den Nachlaß der Schuld bezeichnet ...

Fünfte These: Von jeder Strafe, die ein Mensch oder das positive Recht für eine begangene Sünde auferlegt, kann der Papst freisprechen. Beweis: Weil er von der Kirche zum Gesetzgeber des positiven Rechts eingesetzt ist, soweit er zur Erbauung der Kirche, nicht zu ihrer Zerstörung, handelt, wie es aus einer größeren Anzahl von Kanones hervorgeht, die ich um der Kürze willen jetzt nicht in Betracht ziehe.

Sechste These: Es ist nicht sicher noch glaubhaft, es sei denn für einen, dem es Gott geoffenbart hat, daß die Strafen, die durch einen Menschen oder durch das positive Recht für eine Sünde festgesetzt sind, der von Gott zuerkannten Strafe derart entsprechen, daß damit, wenn die Freisprechung von jener erfolgt, auch Gott Genugtuung geleistet ist. Das ergibt sich daraus, daß der göttliche Wille den Menschen unbekannt ist, außer durch seine heiligen Worte oder durch eine besondere Offenbarung. In den heiligen Worten ist darüber aber nichts ausgesagt.

Siebente These: Mag auch die Meinung der Lehrer über den Schatz der Kirche, der aus dem Verdienst Christi und aus den überschüssigen Werken der Heili-

gen gebildet und dem höchsten Priester zur Verteilung anvertraut ist, sehr fromm sein, so lassen sich
dennoch kräftige Gründe dagegen vorbringen. Vor
allem läßt sich folgendes einwenden: Jener Schatz
ist nicht auf Erden zur Verfügung gestellt, „denn ihre
Werke folgen ihnen nach" (Apk. 14, 13). Auf Grund
dieser Stelle argumentiere ich so: Die Werke der
Heiligen sind, solange sie leben, ihrem Wesen nach
vergänglich, und sobald sie aufhören zu wirken, haben sie kein Sein an sich, wohl aber durch Gottes
Barmherzigkeit, denn wenn zu ihrem Wirken die rechtfertigende Gnade hinzukommt, so ist es entweder
Verdienst oder es wirkt Verdienst. Die Werke haben
also kein anderes Sein als ihrem Verdienst entsprechend, und so folgen sie den Seligen nach, wenn sie
von ihrer Arbeit ausruhen. Sie sind also nicht auf
der Erde, sondern da, wo sich diejenigen befinden,
die gearbeitet und gewirkt haben. Ebenso: Gesetzt
den Fall, daß die Seligen, solange sie noch hier im
Elend waren, Verdienst für andere erworben haben,
so war das nur möglich durch den Willen Gottes, der
es auf jene übertrug, so wie es ihm gefiel. Denn
unser Verdienst ist Verdienst nicht kraft unseres
Willens, sondern kraft göttlichen Willens. Niemand
aber kann jene Verdienste übertragen außer Gott
an erster Stelle. Wenn aber ein Mensch diese Übertragung in seiner Eigenschaft als Diener Gottes vornehmen könnte, so wäre das nur möglich auf Grund
eines Vertrages, den Gott mit den Menschen geschlossen hat, so wie es die Lehrer hinsichtlich der Sakramente erklären. Ein solcher Vertrag zwischen Jesus
und seinen Dienern ist aber in den Schriften des Evangeliums nicht enthalten. Daher ist er auch nicht geschlossen worden, denn man kann nicht glauben, daß
der Herr nach der Verkündigung des Evangeliums
mit den Menschen neue Verträge abgeschlossen hat,
die allgemein heilsnotwendig sind. Doch davon abgesehen, ist es unglaubwürdig, daß der Herr gegenüber seinen Heiligen nach der Art eines Wunders
gehandelt hat.

[1] Petrus Lombardus († 1160), Libri IV Sententiarum.

Ob die Prälaten die Autorität haben, Gesetze zu erlassen? Ich antworte: nein. Denn Christus sagt im Evangelium zu seinen Jüngern: „Gehet hin in alle Welt ..." (Mt. 28, 19). Er übertrug ihnen, das Evangelium zu predigen. Also dürfen und können sie keine neuen Gesetze machen, vielmehr sollen sie die Gläubigen dazu anleiten, das Evangelium zu beachten. Ebenso: „Lehret halten alles, was ich euch befohlen habe" (Mt. 28, 20).

Alle Christen, selbst die gelehrtesten und weisesten, besitzen nicht die Autorität, die Worte Christi auszulegen. Wer unter den Menschen will den Sinn Christi zum Ausdruck bringen, den er in seinen Worten vorgibt, außer er selbst allein? Daher tragen scharfsichtige Ausleger beim Auslegen die Texte zusammen und legen den einen durch den anderen aus.

Er glaubt, der Ablaß sei nichts.

Er glaubt der Glosse nicht.

Er glaubt den Schriften selbst der heiligsten Lehrer nicht.

Die Gebote der Kirche können nicht zur Sünde verpflichten.

„Dein Reich komme" (Mt. 6, 10). Damit erbitten wir nicht das Himmelreich, denn das kommt nicht zu uns.

Nur selten oder gar nicht finde ich zwei Gebildete, die einer Meinung sind. Selbst im Glauben stimmt keiner mit mir überein, wenn man vom Evangelium absieht, worin wir alle einig sind.

Gott hat von Ewigkeit her ein Buch verfaßt, in welchem er alle seine Erwählten eingeschrieben hat. Wer immer darin nicht geschrieben steht, wird niemals darin eingeschrieben werden bis in Ewigkeit. Und wer darin geschrieben ist, wird niemals daraus getilgt. — Das hat er ohne genauere Erklärung gesagt. Daraus haben einfache Leute einen Anlaß zum Bösen genommen oder einen Schaden.

Allein durch Gottes Gnade werden die Erwählten selig: und wen Gott seligmachen will, indem er ihm Gnade schenkt, wird selig, selbst wenn alle Priester ihn verdammen und exkommunizieren wollten. Und wen Gott verdammmen will, wird verdammt, selbst wenn alle Priester, der Papst und andere ihn seligmachen wollten.

Er fürchtet, daß unsere Lehrer die Heilige Schrift schlecht, eigensinnig und falsch auslegten.

Wenn es niemals einen Papst gegeben hätte, so wären dennoch selig, die da selig sind. Und der Papst und die Bischöfe und die Priester bedeuten für das Heil nichts, sondern allein die Eintracht genügt und der Friede der Menschen und ein friedfertiges Leben.

Wer der Gewalt widersteht, widersteht Gottes Ordnung, dadurch nämlich, daß er wünscht, die Gewalt solle nicht sein.

Wenn der heilige Petrus das Fasten angeordnet hat, so hat er es vielleicht deswegen angeordnet, um dadurch seine Fische besser zu verkaufen.

Christus hat niemals ein Fasten angeordnet, noch hat er eine Speise, wie zum Beispiel Fleisch, an irgendeinem Tage verboten.

Das heilige Öl ist wie gewöhnliches Öl, das man zu Hause beim Essen verzehrt.

Christus hat kein Fest vorgeschrieben. Ebensowenig hat er ein Gebet gelehrt außer dem Gebet des Herrn. Auch hat er den Priestern nicht geboten, die sieben Stundengebete bald lang, bald kurz am Morgen zu singen oder zu lesen. Damit ist die Messe jetzt in der Christenheit belastet. Als nämlich der selige Petrus die Messe las, hat er einzig das Vaterunser vorausgeschickt, dann konsekrierte er und reichte sich und den anderen die Kommunion, dann war alles erledigt. Jetzt aber muß der Priester bei der Messe eine Stunde oder länger stehen und frieren, so daß er ein Jahr lang oder länger einen Schaden davonträgt. Und so bringt sich der Mensch selber zu Tode.

Die heilige Kirche hat das Fasten nicht verordnet, noch hat sie es verboten, in der Fastenzeit Hochzeit zu feiern.

Wenn einer beichtet, so wird ihm eine harte Strafe auferlegt, eine Wallfahrt nach Rom oder an andere, noch weiter entfernte Orte, strenges Fasten und viele

Gebete. Das hat Christus nicht getan, er sagte vielmehr nur: „Gehe hin und sündige hinfort nicht mehr" (Joh. 8, 11). In dieser Weise ist die Christenheit durch menschliche Gesetze und Verordnungen beschwert.

Die Heilige Schrift sagt nicht, daß der Heilige Geist vom Sohne ausgeht.

Diejenigen, die nach Rom wallfahren, sind Narren, denn sie hätten hier finden und erlangen können, was sie anderswo gesucht haben.

Im Glaubensbekenntnis füge ich bei dem Artikel von der heiligen Kirche nicht das Wort „katholisch" ein. Auch Hieronymus fügt es nicht ein, denn „katholische Kirche" heißt „allgemeine Kirche". Aber die allgemeine Versammlung aller Getauften ist nicht heilig, sondern größtenteils verworfen. Vielmehr hat jemand dies Wort zufällig hinzugefügt, und später wurde es bei der ganzen Menge gebräuchlich. Also geht es zu in der Christenheit.

Item Doctor Wesalia soll gesagt haben[1]:

Was Sünd in der Heiligen Gschrift nit stehn, will ich auch nit für Sünd halten. Weiß ein anderer mehr und Besseres, will ichs ihm wohl gönnen.

Die heilige Kirch soll aufgesetzt haben die Fasten und daß man fortan in der verordneten Zeit keine Bräute mehr einführen und Hochzeit machen soll. Es ist eitel Lügen (sagte er) wiederholt und mit lauter Stimme.

Die Väter, die die Fasten aufgesetzt haben, wollten damit erreichen, daß man verschiedene Speisen meiden soll. Sie haben damit aber nicht gewollt, daß der Mensch nicht essen soll, wenn ihn hungert.

Sooft den Menschen hungert, mag er essen, und du könntest am Karfreitag einen guten Kapaun essen.

Ich veracht den Bapst, die Kirch und Concilia. Ich lob Christum. Verbum Christi habitet in nobis abundanter[2].

Ebenso hat er gesagt: Es ist nunmehr schwer, ein Christ zu sein.

[1] Das Folgende in oberdeutscher Fassung.
[2] „Das Wort Christi wohne unter uns reichlich" (vgl. Kol. 3, 16).

1. Der Heilige Geist geht nicht vom Vater und vom Sohne aus.
2. Im Kanon der biblischen Schriften ist weder ausdrücklich noch der Möglichkeit nach der Satz enthalten, daß der Heilige Geist vom Sohne ausgeht.
3. Es ist eher zu glauben, daß der Heilige Geist vom Vater ausgeht, als daß er vom Sohne ausgeht.
4. Die Kirche Christi, auf den festen Felsen gegründet, kann irren und hat manchmal im Glauben geirrt.
5. Christus hat keinen Stellvertreter auf Erden hinterlassen.
6. Die Apostel, der Papst und andere Würdenträger und Prälaten der Kirche haben von Christus keine Autorität erhalten, kanonische Verordnungen zu schaffen und Gesetze zu erlassen.
7. Jeder Priester ist in Wirklichkeit Bischof, und nur dem Namen nach oder auf Grund menschlicher Satzung unterscheiden sich beide.
8. Kein Christ, sei er auch noch so gelehrt oder gebildet, besitzt die Autorität, die Worte Christi auszulegen.
9. Die Heilige Schrift ist durch die heiligen Väter und Lehrer der Kirche nicht in demselben Geist ausgelegt worden, in dem sie ursprünglich überliefert worden ist.
10. Es gibt keine Erbsünde, und die Kinder werden nicht in Erbsünde empfangen.
11. Mit seinen Schriften und Predigten über die Enthaltsamkeit der Kleriker und die Fastengebote der Kirche, über den Ablaß und anderes hat er die Ohren der Frommen aufs höchste beleidigt und einen Anreiz zu Übertretungen gegeben.
12. Nichts ist zu glauben, was nicht in den kanonischen Schriften der Bibel enthalten ist. Daher ist weder den kanonischen Verordnungen noch den Dekretalen noch den Dekreten der heiligen Väter und der allgemeinen Konzilien zu glauben.

13. Kirchliche Gehorsamspflicht besteht auf Grund der Erfindung der Priester.

14. Allein solche, die in Gnade und Liebe verbunden sind, gehören zur heiligen katholischen Kirche.

15. Unbelebte Dinge, die gesegnet und geweiht sind, wie z. B. Weihwasser und dergleichen, haben keine andere Wirkung als solche, die nicht geweiht sind.

16. Er hat gesagt und geschrieben, jener Vers des athanasianischen Glaubensbekenntnisses: „Gleichwie die vernünftige Seele" usw. sei falsch, und die Kirche irre damit, daß sie ihn gebilligt hat.

17. Der Schatz der Verdienste der Heiligen kann nicht vom Papst verteilt werden, denn jener Schatz ist nicht der Erde überlassen.

18. Leiden, die als Strafe für Übertretungen oder Sünden zu leisten sind, können nicht durch die Leiden Christi und der Heiligen ersetzt werden, weil es nicht möglich ist, die Verdienste Christi auf andere Menschen zu übertragen zur Genugtuung für geschuldete Strafen. Und deswegen können der Papst und die anderen Prälaten jenen Schatz nicht verteilen. Und der Ablaß ist ein frommer Betrug der Gläubigen.

19. „Die Kirche macht den Ablaß." Das ist wahr im Hinblick auf jene Kirche, die da irrt. Daher stiftet die Kirche, indem sie Ablaß erteilt, mehr Schaden als Nutzen ...

## WESSEL GANSFORT († 1489)

Eine ganz außergewöhnliche, umfassende Überwindung der Grundlagen des spätmittelalterlichen Kirchentums findet sich bei Wessel Gansfort aus Groningen, der die Gedanken der *Devotio moderna,* der Mystik, der Scholastik und des beginnenden Humanismus in sich aufnahm, um sie zu einem neuen, selbständigen Ganzen zu verarbeiten. Erst Schüler, dann Lehrer bei den Brüdern vom Gemeinsamen Leben in Zwolle, wuchs Wessel Gansfort über die *Devotio moderna* hinaus, als er in Köln sein theologisches Studium begann

(1449) und gleichzeitig Griechisch und Hebräisch lernte. In Paris (seit 1458) griff der „Meister der Widersprüche" (magister contradictionum), wie man ihn bald nannte, in die theologischen Schulgegensätze ein, nahm aber selbst einen Stellungswechsel vom Realismus zum Nominalismus vor, um sich dann, von der Scholastik nicht befriedigt, lernend und lehrend in unabhängiger Stellung weiterzubilden. Seit 1470 in Rom und vorübergehend in Florenz und Venedig, nahm er zu den bekanntesten kirchlichen Vertretern des Humanismus Verbindung auf, so z. B. zu Papst Sixtus IV. und Kardinal Bessarion. Erst 1478 kehrte der Weitgereiste in die Klosterstille auf dem Agnetenberg bei Zwolle zurück, wo er, gedeckt durch die Autorität seines Bischofs, seine Anschauungen in kleinen Traktaten und in Form von Aphorismen (erstmalig veröffentlicht 1522 unter dem Titel „Farrago" [= Allerlei]) niederlegte und vorsichtig, aber deutlich genug im engeren Freundeskreis verbreitete. Mit ganz ursprünglicher Intensität rückt Wessel Gansfort den Gedanken der unmittelbaren, persönlichen Gemeinschaft zwischen Gott und Mensch in den Mittelpunkt seiner mystisch getönten, von Augustinus bestimmten Lehre. Diese Gemeinschaft ist von Christus ermöglicht, vom Heiligen Geist getragen und von der Liebe bestimmt. Von daher ergibt sich ihr Widerspruch gegen alle äußeren, ungeistlichen Lehren und Gebräuche der hierarchisch verfaßten Kirche, ein vornehmer, souveräner, von höheren Gesichtspunkten bestimmter Widerspruch, der sich weder eifernder Polemik bediente, noch in Einzelheiten verrannte, der aber auch die universale Bestimmung von Theologie und Kirche nicht preisgab, um einem engen Spiritualismus zu huldigen. Dadurch, daß Wessel Gansfort aus der verwirrenden, kraftlosen Überfülle der Theologie und Frömmigkeit seines Zeitalters die wertvollsten Gedanken kritisch auswählte, vereinfachte und mit eigener, persönlicher Färbung neu belebte, hat er auf die deutschen Humanisten, wie z. B. auf Rudolf Agricola, Johannes Reuchlin und vor allem auf Erasmus, starke Anziehungskraft ausgeübt. Auch auf Johann Ruchrath von Wesel wirkte er nachweislich ein. In der Abendmahlslehre wurde später Zwingli sein Schüler. Luther begrüßte seine Theologie mit überschwenglichen Worten. Daß sie für die Reformation wegbereitend gewirkt hat, ist unverkennbar. Ja, man wird urteilen dürfen, daß in ihr die echte, verheißungsvolle Möglichkeit einer eigenen umfassenden Reform der Theologie beschlossen lag, die jedoch von der Reformation überboten und aufgehoben wurde.

Lat. Texte: (Farrago) M. Wesseli Gansfortii Groningensis . . . Opera (1614) 746 f., 748, 759 f., 768 f., 773 f., 778, 780,

781 f., 788, 793, 794 f., 796, 800 f., 810 f., 850; (De sacramento eucharistiae) ebenda 676 ff., 680, 686, 695 f., 700—704.

Lit.: *M. van Rhijn*, Wessel Gansfort (1917); *ders.*, Studiën over Wessel Gansfort en zijn tijd (1933); *G. Ritter*, s. o. S. 429.

## Aus der „Farrago"

### Von Glaube und Liebe

„Ihr seid schon rein um des Wortes willen, das ich zu euch geredet habe" (Joh. 15, 3) — nicht um des Wortes eueres Glaubens willen noch um des Wortes eueres Bekenntnisses willen, gleich als wäret ihr rein, wenn ihr das Wort des Glaubens im Herzen und das Wort des Bekenntnisses im Munde führt, denn er reinigt zwar die Herzen der Gläubigen durch den Glauben, aber nicht um des Glaubens willen, vielmehr um der Rede und des Wortes Gottes willen, das den Menschen lebendig macht. So wird der Gottlose, obschon er im Glauben und aus dem Glauben lebt, in der Taufe weder wegen des Wortes seines Glaubens und seines Bekenntnisses, noch wegen des Wortes des Taufsakraments gerechtfertigt und lebendig gemacht, sondern um des Wortes willen, das Gott spricht. Der Glaube ist, sage ich, gleichsam das Beweismittel hierfür, aber er ist nicht die Ursache. Denn alles das geschieht durch das Wort, von dem es heißt: „Ihr seid schon rein um des Wortes willen, das ich zu euch geredet habe", wie er seine Rede beschließt.

Der Apostel nennt (Heb. 3, 14) Glaube und Bekenntnis den Anfang des Wesens Christi, denn durch ihn sind wir Teilhaber an Christus, denn er ist das Leben. Der Gerechte lebt durch den Glauben (Röm. 1, 17). Und das wird noch deutlicher am Ende des dritten Kapitels, wo es heißt: „Welchen er aber schwor, daß sie nicht zu seiner Ruhe kommen sollten." Bei den Ungläubigen ist es also der Unglaube, der sie vom Leben trennt, und wer an ihn glaubt, hat das ewige Leben. Unsere guten Werke nähren und stärken daher den Glauben, sie machen ihn aber nicht lebendig, sondern sie stärken das Band des Lebens, unseren Glau-

ben. Denn allein Christus und der Geist macht uns
lebendig, und das Opfer Christi heiligt uns, und je
stärker das Band des Glaubens, desto stärker sind
wir mit diesem Leben verbunden, aber nichts stärkt
dieses Band mehr als die Liebe, denn „die Liebe ist
stark wie der Tod" (Hhld. 8, 6). Wenn er durch sie
tätig ist (Gal. 5, 6), dann ist der Glaube fest, und „das
Prinzip unseres Wesens" ist fest. Der stärkste Anfang
des Wesens Christi ist also bei denen, in welchen
allein die Liebe tätig ist . . .

### Der Papst kann irren und getadelt werden

Der Papst ist gehalten und verpflichtet zu glauben,
so wie alle Gläubigen verpflichtet sind. Und wenn er
glaubt, wie er verpflichtet ist, dann sind die Gläubigen
verpflichtet zu glauben, was er glaubt, nicht weil er
es glaubt, sondern weil er glaubt, was er glauben
muß. Und sollte ein anderer Mensch besser als er
glauben, was er glauben muß, so muß der Papst glauben wie dieser Mensch, mag es sich auch um einen
Laien oder eine Frau handeln, und zwar nicht deswegen, weil er ein Laie ist oder weil die Frau das
glaubt, sondern weil er auf rechtem Pfad nach der
Wahrheit des Evangeliums wandelt. Daher war Petrus (Gal. 2), als er nicht richtigen Schrittes nach der
Wahrheit des Evangeliums wandelte, gehalten, dem
Paulus zu glauben, nicht weil es sich um Paulus handelte oder er sein Untergebener gewesen wäre, sondern weil er richtigeren Schrittes nach der Wahrheit
des Evangeliums wandelte. Daher muß man schließen:
Mag man es auch für wahrscheinlich halten müssen,
daß der Papst und die Prälaten um so richtiger nach
der Wahrheit des Evangeliums wandeln, je höher
ihre Rangstellung ist, so daß man, bei im übrigen
gleichen Voraussetzungen, ihnen eher glauben muß
als einem Untergebenen, so sind doch die Untergebenen nicht einfachhin verpflichtet, ihnen zu glauben.
Denn das ist so widervernünftig und der Lästerung
voll, daß es verderblicher ist als jede Häresie. Denn
ein Prälat, selbst der höchste Prälat, kann irren, so

wie der Erste von ihnen, der durch das eigene Wort des Herrn Jesus erwählt und des Heiligen Geistes voll war. Aber der Herr ließ das zu, damit wir wissen sollten, daß unser Glaube nicht einem Menschen, sondern dem Heiligen Geist verpflichtet ist. Und mit Recht. Denn da der Glaube eine theologische Tugend ist, die allein Gott unterworfen ist, so glaubt er allein an Gott, in welchem allein der Gerechte lebt durch den Glauben. Sehr gefährdet wäre das Leben des Gerechten, wenn es vom Leben eines Papstes abhinge. Denn die meisten Päpste haben in verderblicher Weise geirrt ...

... Kein Papst ist weiser als Petrus. Keiner besitzt größere Autorität als der heilige Petrus, keiner größere Heiligkeit als der heilige Petrus, so daß, wenn niemand einem Papst sagen dürfte: „Warum tust du das?" oder den Papst tadeln und richten dürfte, so dürfte man Petrus am wenigsten tadeln. Wenn aber ein Papst tadelnswert ist und nicht richtig nach der Wahrheit des Evangeliums wandelt, so daß es alle, die den Geist der Wahrheit, Gott, haben, leicht sehen können, warum sollte er dann nicht von ihm getadelt werden dürfen, denn der weiseste und heiligste von ihnen ist von einem noch weiseren und heiligeren öffentlich mit Vorwürfen getadelt worden: Paulus beschuldigte ihn nach dem Empfang des Heiligen Geistes, so wie der Herr Jesus vor dem Empfang des Heiligen Geistes jenen elf, die mit ihm zu Tische saßen, den Unglauben ihres Herzens zum Vorwurf machte ...

### Wir sind Knechte Gottes, nicht des Papstes

Dem Wort des Herrn Jesu: „Auf Moses Stuhl sitzen die Schriftgelehrten und Pharisäer. Alles nun, was sie euch sagen, daß ihr es halten sollt, das haltet und tut's" (Mt. 23, 3 f.) entnehmen viele Prälaten der Kirche einen irrigen und falschen Sinn. Sie meinen nämlich auf Grund dieses Wortes sei ihnen die authentische Gewalt gegeben, den Hörer zur Beachtung und zur Befolgung dessen zu zwingen, was sie sagen ... Derselbe Herr aber, der befiehlt, alles zu tun und zu halten, was sie sagen, befiehlt auch, man solle sich vor dem Sauerteig ihrer Lehre hüten. Der Hörer der Schriftgelehrten und Pharisäer muß also einfältig sein wie die Taube, um nur das gute Korn zu suchen, doch obendrein auch klug und weise, klug nämlich, um ihre Schlauheit zu kennen, damit er alle Worte der Schriftgelehrten und Pharisäer prüfen und allein, was bei ihnen gut ist, behalten kann. Mit diesem Geist der Unterscheidung müssen die gläubigen Hörer begabt sein. Denn die Schriftgelehrten und Pharisäer haben keine Lehrgewalt wie der Fürst der Priester und die von ihm Geweihten. Denn sie saßen auf dem Stuhl der Lehre, nicht auf dem Richtstuhl oder Thron, so wie bei uns heute die Lehrer oder Prediger ... Man muß daher die Gebote der Prälaten und der Lehrer so halten und tun, wie Paulus gemahnt hat, das ist: solange diejenigen, die auf dem Stuhl Mose lehren, Mose gemäß lehren. Und wenn sie etwas außerhalb oder gegen seine Autorität sagen, so bindet das die Gläubigen nicht wider das Gesetz der vollkommenen Freiheit. Denn wir sind die Knechte Gottes, nicht des Papstes, dem wir jedenfalls dienen würden, wenn wir zu allen seinen Geboten verpflichtet wären. Doch es steht geschrieben: „Du sollst den Herrn deinen Gott anbeten und ihm allein dienen."

### Obrigkeit und Widerstand

„Es ist keine Obrigkeit außer von Gott. Wo aber Obrigkeit ist, ist sie von Gott verordnet. Wer sich daher der Obrigkeit widersetzt, widersetzt sich der Ordnung Gottes" (Röm. 13, 1 f.). Dieses Wort des Apostels darf man nicht leichthin oder oberflächlich lesen oder verstehen. Denn diejenigen, die leibliche oder geistliche Obrigkeit sind, können irren, ja sogar schwer irren, so daß sie den Untertanen auf dem Wege Gottes ein Ärgernis geben und ihre Untergebenen in tödlichen Irrtum stürzen. Das ist offenbar von den römischen Kaisern, welche Glauben und Frömmigkeit der Christen verfolgt haben, denen Laurentius und Vincentius[1] tapferen Widerstand leisteten. Ja,

wenn das Volk aus Frömmigkeit gegen jene wütenden Kaiser zu den Waffen gegriffen und auf diese
Weise ihr Toben in Schranken gewiesen hätte, so
glaube ich, hätte das Volk mit dieser Widersetzlichkeit
keine Todsünde begangen. Ja, Augustin führt den Tod
des Herrn auf die stille Zustimmung des Volkes zurück, weil es den Plänen der Fürsten keinen Widerstand leistete. Und Ambrosius wie auch Gregor wollen, daß derjenige den geheimen Tadel der Gesellschaft trage, der einem offenbaren Verbrechen seinen
Widerstand versagt. Man muß die Worte des Apostels
über die Obrigkeit so verstehen, wie er sie selbst an
einer anderen Stelle modifiziert, indem er sagt: „Es
ist keine Obrigkeit außer zur Erbauung" (2. Kor.
10, 8). Soweit eine Obrigkeit erbaut, ist sie von Gott,
und soweit sie nicht erbaut, hat derjenige die Vollmacht des Widerstandes von Gott, der durch seinen
Widerstand erbaut. Erbauen können und Vollmacht
haben ist von Gott, und wer mehr erbaut, hat mehr
Vollmacht. Paulus besaß also in größerem Maße
wahre Vollmacht als Petrus, Bernhard mehr als Innozenz oder Eugen, Franziskus mehr als Honorius.
Den Untertanen ist befohlen, den geistlichen Oberen
zu ermahnen: „Saget dem Archippus: Siehe auf dein
Amt, daß du es erfüllest!" (Kol. 4, 17). Ja, es wird
ihnen befohlen (2. Thess. 3, 6), sich zu entziehen „von
jedem Bruder, der da unordentlich wandelt und nicht
nach der Satzung", wie viel mehr gilt das im Blicke
auf einen verderbten geistlichen Oberen... Niemand
zerstört die Kirche mehr als der verderbte Klerus.
Alle Christen bis hin zum Bauernstand sind gehalten,
den Zerstörern der Kirche Widerstand zu leisten.

[1] Märtyrer der Decischen Christenverfolgung in Rom (250/51).

*Die Binde- und Lösegewalt der Hierarchie und aller Gläubigen*

Ablaß und Exkommunikation erfordern gleichen
Rang der Autorität oder Gewalt der Schlüssel, und der
Papst vermag zur Wiederversöhnung der Seelen mit
Gott nicht mehr als zu ihrer Absonderung. Er kann

aber die Exkommunizierten nur äußerlich sichtbar durch das kirchliche Gericht absondern und den Leibern der Toten die kirchliche Bestattung versagen, desgleichen kann er beim Ablaß nur von der Bindung an die kirchlichen Gebote und Strafen befreien. In Beziehung auf Gott hingegen vermag er außer dem einfachen Gebrauch oder Nichtgebrauch des Glaubens, der Hoffnung und der Liebe nichts zu versöhnen oder abzusondern.

Denn wer durch die sakramentale Gnade und durch die Liebe mit Gott versöhnt ist, kann durch das Urteil oder die Entscheidung des Papstes nicht besser mit ihm versöhnt werden, und durch die Exkommunikation des Papstes ist er nicht weiter von Gott getrennt.

Wer immer gläubig oder klug ist im Hause des Herrn, hat den Heiligen Geist empfangen und erläßt oder behält Sünden nicht unklug oder ohne Glauben oder wider den Heiligen Geist noch sucht er dem Urteil Gottes vorzugreifen, und leicht wird er, was er nach dem Urteil Gottes klug und gläubig urteilt, im Himmel gültig finden. Hierzu kann die Autorität eines klugen und gläubigen Bischofs, abgesehen von seinem Dienst, nicht mehr beitragen als die brennende Liebe eines gläubigen und klugen Gerechten, ja nicht einmal das weibliche Geschlecht ist ein Hindernis dafür, daß jeder gläubige und kluge Mensch, in dessen Herz die Liebe ausgegossen ist, selbst dem göttlichen Urteil entsprechend eine Meinung fassen, richten, begünstigen und eine Entscheidung treffen kann. Diese Schlüssel sind die wahren Schlüssel des Himmelreiches, mit denen allen Kindern Gottes das Reich aufgetan wird, und wirksam öffnen sie die Tür zum Reich.

### Die Einheit der katholischen Kirche

An Gott den Herrn und Vater glauben, ist Gottesdienst. Was daher die Kirche glaubt, glaubt sie keinem Glied der Kirche, denn sie glaubt an Gott, und indem sie an Gott glaubt, glaubt sie an Jesus Christus, der Gott ist, und glaubt an den Heiligen Geist, der durch die Apostel, Evangelisten und Propheten spricht ...

Daraus geht zur Genüge hervor, welchen Glauben man den Lehrern der Kirche schenken muß, welchen den Päpsten und welchen den allgemeinen Konzilien. Denn immer muß man denjenigen glauben, die im Geiste Gottes reden, das ist: die dasjenige reden, wann und was der Heilige Geist gesprochen hat. Wir glauben nämlich an Gott, nicht an die katholische Kirche, nicht an ein lateinisches Konzil, nicht an den Papst. Dennoch ist es wahrscheinlich, daß die Fülle der Gläubigen oder die Versammlung der lateinischen Gläubigen von Gott nicht dermaßen verlassen wird, daß sie verderbten Hirten übergeben und im Stich gelassen werden, es sei denn, daß Gott aus tief verborgenen Gründen, wenn die Liebe erkaltet zu gefährlicher Zeit, etwas anderes über seine Kirche verhängt und ihnen Hirten des Irrtums gibt. Denn bereits haben auch allgemeine Konzilien Plenarablässe angekündigt, nicht weniger als die römischen Päpste. Gegen die allgemeine Meinung über die Monarchie des römischen Papstes spricht, daß es einem Menschen unmöglich ist, die Grenzen der Erde zu kennen, die von keinem Kosmographen je ganz erfaßt worden sind. Wie aber soll einer diejenigen richten, die er nicht kennen kann? Wie soll er den Glauben derjenigen beurteilen können, deren Sprache er nicht versteht? Die Einheit der Kirche zu hegen, zu beleben, zu erhalten und zu vermehren, hat sich also der Heilige Geist vorbehalten, er hat es nicht dem römischen Papst überlassen, der sich oft gar nicht darum kümmert.

Die eine katholische Kirche muß man bekennen, aber deren Einheit beruht auf der Einheit des Glaubens und des Hauptes und der Einheit des Ecksteins, nicht auf der Einheit ihres Leiters Petrus oder seines Nachfolgers ... Denn heutzutage ist in Wahrheit nach dem Wort des Herrn das Zeugnis des Evangeliums im letzten Winkel der Erde aufgenommen, und es werden in Wahrheit Christen gefunden jenseits der Hyperboräer, jenseits der Inder und Skythen, jenseits der Äthiopier und jenseits des Wendekreises des Steinbocks, obwohl diesen geographisch und sprachlich weit entfernten Menschen die Satzungen des römi-

schen Papstes oder unserer allgemeinen Konzilien zu
Konstanz oder Basel auf menschliche Weise nicht bekannt werden können. Nichtsdestoweniger bilden sie
in der Einheit des Glaubens, der Frömmigkeit und der
wahren Liebe mit uns zusammen die eine katholische
und apostolische Kirche, auch wenn sie nicht wissen,
daß es eine Stadt Rom oder einen Papst der Römer
gibt.

### Über die Universitäten

Ein bedeutendes und gewichtiges Zeugnis gegen die
Universitäten ist darin zu sehen, daß Paulus in Athen
wenig Frucht geschaffen hat, in der benachbarten
Stadt Korinth und in dem damals nahezu barbarischen
Thessalien aber größere als in der Stadt Attikas, wo
damals die Quelle der griechischen Weisheit war. Das
wissenschaftliche Studium gefällt Gott nicht sehr, und
in der Tat, so wie ich zu Köln und Paris gelebt und
was ich dort gesehen habe, das ist Gott eher verhaßt: keine Studien der Heiligen Schrift, sondern ein
verdorbenes Gemisch von Studien.

### Von der Gottesliebe

Weil das ganze Gesetz und die Propheten in der
Liebe begriffen sind, wird die Betätigung der Liebe
nützlicher sein als das Studium der Wahrheit, nicht
nur um Lohn zu erwerben, sondern auch zum Fortschritt in der Erkenntnis. Deswegen nämlich wird die
Heilige Schrift gelesen, damit Gott geliebt wird. Und
mag auch die Heilige Schrift aus der Liebe dadurch,
daß man Gott sieht, klar und offenbar werden, so
wird doch Gott nicht vor allem ihretwegen geliebt.

Der fleischliche Mensch spürt nichts, was zur heiligen Liebe gehört, also kann er nicht urteilen. Darum
ist das Urteil der Kirche und ihrer Leiter deswegen,
weil sie oft fleischlich, animalisch, weltlich oder teuflisch sind und dennoch ihr Amt wahrhaft verrichten
so wie geistliche und gottvolle Männer, offenbar: ihre

Exkommunikationen und Ablässe erstrecken sich nicht auf das, was zur Liebe gehört, sondern nur auf den äußeren Frieden und die Eintracht der Kirche. Darum sind die Ablässe Nachlässe von solchen Strafen, die der Prälat auferlegt hat oder auferlegen kann. Die Exkommunikationen sind Absonderungen von der irdischen Gemeinschaft und Teilhabe, denn von der geistlichen Teilhabe derer, die Gott fürchten und lieben, kann niemand trennen als Gott allein.

Wenn in der Kirche Gottes Irrtümer geschehen, sei es durch die Torheit, den Unverstand, das Ungeschick oder die Bosheit der geistlichen Oberen dadurch, daß sie Satzungen aufrichten, Dispense erteilen, aus den Satzungen Gewinn schlagen, Kirchenstrafen aussprechen, Ablässe erteilen, das Volk Gottes beunruhigen, herrschen und exkommunizieren, so nimmt doch der wahre Liebhaber Gottes — ein solcher, dem doch Sterben Gewinn ist — an nichts größeren Anstoß als an der offenen Verfolgung der Ungläubigen. Denn die Liebe Gottes ist so frei, daß sie nicht nur nicht menschlichen Gesetzen, sondern nicht einmal den Propheten und dem Gesetz Moses unterworfen ist, selbst als es noch in Kraft war.

Zur Liebe sind wir berufen, nicht zur Traurigkeit. An der Liebe, nicht an der Traurigkeit hat Gott Wohlgefallen. Darum, wenn einer aus Liebe traurig ist, ist er wohlgefällig, nicht weil er traurig ist, sondern weil er aus Liebe traurig ist. Dies geht aus dem Wort des Herrn Jesus hervor, der Magdalena, weil sie viel geliebt hatte, befahl, ihre Traurigkeit aufzugeben und sprach: „Gehe hin in Frieden" (Lk. 7, 50).

### Vom Sakrament der Buße

Im Sakrament der Beichte richtet oder absolviert der Priester so wenig wie er bei der Taufe reinigt. Denn so wie der Priester äußerlich mit Wasser benetzt, während Christus tauft im Heiligen Geist, so verhält es sich auch mit den übrigen Sakramenten. Der Priester leistet zwar den sichtbaren Dienst, aber er übt nicht die Rechte einer Vollmacht aus, denn das geistliche Leben, welches durch die Gnade des Heiligen Geistes entsteht, wird ausschließlich von Christus geschenkt. Bei der Beichte hängt der Segen des sakramentalen Lossprechens also nicht an der richterlichen Vollmacht des Beichtvaters, als ob es keine Lossprechung gäbe, es sei denn von ihm als Richter oder von einem anderen Priester (wenn er mit frommer Einfalt in aufrichtiger Frömmigkeit einem anderen ohne Verachtung der kirchlichen Autorität außerhalb gebeichtet hat), denn nicht der Priester löst die Bande der Sünden, sondern Christus, so wie nicht der Priester im Heiligen Geiste tauft, sondern Christus. Denn die Taufe ist die Taufe Christi, nicht des Johannes, des Petrus, des Paulus oder des Apollos.

Ein wichtiges Argument für die Unmöglichkeit, Genugtuungsleistungen zur Pflicht zu machen oder aufzuerlegen, sehe ich darin, wie der Vater seinen Sohn aufnimmt, welcher aus dem Verderben und Tod zu ihm zurückgekehrt ist (Lk. 15). Er schalt ihn nicht, er züchtigte ihn nicht, er geißelte ihn nicht, er warf ihn nicht ins Gefängnis, sondern er eilte auf ihn zu, küßte ihn und weinte vor Freude und umarmte ihn und ließ ihm Schuhe an die Füße tun und ihn mit dem besten Rock bekleiden und gab ihm den Ehrenring an den Finger, er ließ ein fettes Kalb schlachten und veranstaltete ein Gastmahl mit Schmausen, Fröhlichkeit und Singen. Welche päpstlichen Ablässe sollten nötig sein für diesen, der sich bekehrt hat? Also ist die volle Bekehrung zu Gott die einzige wirkliche Frucht der Buße. Also ist die Bekehrung allein Satisfaktion...

Das Wort der Satisfaktion, welches nach der Lehre der Dekretisten und der Prediger bei dem Sakrament der Buße den dritten Teil darstellt, enthält genaugenommen nicht nur einen Irrtum in sich, sondern auch eine Lästerung und nährt die Verzweiflung. Wenn nämlich Christus eidlich zum Priester über das Haus Gottes gesetzt ist ewiglich und als ein solcher weder leer noch eitel ist, sondern von Gott her voll Gnade und Wahrheit, weil er der wahren Gnade voll ist, auf daß alle von seiner Fülle nehmen, so

muß man bekennen, daß er der Priester vollkommenen Priestertums ist; also ist voll und vollkommen
das Opfer, das Schlachtopfer, vollkommen die Erst-
linge, vollkommen die Zehnten, vollkommen die
Friedopfer, vollkommen das Brandopfer, vollkommen
das Ganzopfer, vollkommen das Rauchopfer, welches
er dargebracht hat. Also hat er mit seinem Opfer das
Volk für die Sünde vollkommen versöhnt, vollkommen gereinigt, vollkommen wiedergewonnen, vollkommen gerechtgemacht, vollkommen erhöht, vollkommen geeinigt in der Fülle der Gnade und Wahrheit. Man wird also die Fülle der Gnade und Wahrheit nicht schmälern dürfen, und wer immer hier etwas
schmälert, ist der Lästerung schuldig wider den gnädigen Stifter und der Verleumdung wider die Stiftung.
Es schmälert aber, wer das nicht volle Gnade nennt
oder wer nicht bekennt, daß es ein Geschenk aus
Gnaden, eine Versöhnung aus Gnaden, eine Vergebung aus Gnaden ist. Doch wie könnte sie aus
Gnaden sein, wenn einer für seine Vergebung, für
seinen Nachlaß, für seine Erlösung das Entsprechende
oder so viel erstatten müßte, bis er genuggetan hat?
Streng genommen leistet keiner Genugtuung, der
nicht das Entsprechende oder mehr als das erstattet.
Vielleicht sagst du, er müsse nicht das Entsprechende,
aber doch wenigstens so viel Genugtuung leisten, wie
durch das Leiden Christi noch nicht genuggetan ist.
Und damit stimmen die Worte des Paulus überein:
„Ich erstatte, was noch mangelt an den Leiden Christi"
(Kol. 1, 24); auf diese Worte stützt sich der Brauch der
Kirche. Aber die Reinheit der Beichtenden ergreift die
reine Gnade Gottes, und zwar durch das gnädige Geschenk Christi, und durch sie allein vertraut sie auf
die Rechtfertigung in Christus, nicht auf die eigene
Rechtfertigung. Nichtsdestoweniger ergänzt, was an
den Leiden Christi noch mangelt, derjenige, der tut,
was zur Gnade der Teilhabe am Leiden notwendig
erforderlich ist, indem er dem Verheißenden glaubt,
auf die Verheißung hin hofft und das Verheißene
liebt. Wieviel er aber aus dem Glauben durch die
Liebe tätig ist, so lebt er zwar seines Lebens, aber er

kann damit keineswegs weder den früheren Sünden noch der zukünftigen Herrlichkeit gleichkommen. Außer dem vollkommenen Glauben und der Liebe hat Christus nichts gefordert, als er Maria Magdalena Vergebung zusprach.

### Vom Ablaß

Vom Schatz der Kirche kann der Papst oder ein allgemeines Konzil niemandem etwas teilweise oder ganz schenken, es sei denn, daß sie ihn im Herzen untadelig machen und zur Liebe entflammen, damit der wahre Schatz der Kirche ihm wahrhaft zum Schatz wird ... Denn niemand betrachtet etwas als seinen Schatz, wenn er nicht sein Herz daran hängt. Ein Knabe sammelt Nüsse und Äpfel wie einen Schatz. Der Narr hält Gold und Edelsteine für Schmutz. Allein durch die Beurteilung des Herzens wird etwas zum Schatz. Wem daher der Schatz der Kirche kein Schatz ist, kann der Papst nichts davon geben oder schaffen, daß er ihm zum Schatz wird. Wer also an dem Schatz der Kirche teilhaben will, muß an der Liebe teilhaben, und wer mit dem Schatz beschenkt werden will, muß reich werden an Liebe. Und wer vollkommen reich werden will, muß voll und vollkommen lieben. Jeder andere Weg ist eitel. Und diesen Weg haben auch Antonius und Paulus in der thebaischen und in der sketischen Wüste beschritten, die von dieser Vollgewalt eines römischen Papstes noch nichts wußten. Ich glaube, daß sie mit voller Vergebung, mit vollem Lohn und voller Nießung frei zu Gott gegangen sind, und sie wären nicht freier gegangen, selbst wenn ihnen der römische Papst aus Barmherzigkeit einen Plenarablaß geschenkt hätte ...

Der heilige Petrus, der erste Papst, hat alle Wege und Zugänge zum Himmelreich außer dem Weg der zehn Stufen versperrt, und dieser allein verschafft den Eingang zum Reich Gottes und des Heilandes; dies sagt er nicht auf Grund der Autorität des Papstes, der irren kann; sondern auf Grund der Autorität Gottes des Geistes, der durch ihn spricht. Offenbar hat also der Heilige Geist prophetisch durch Petrus den Ablaßbrief ausdrücklich verdammt und mißbilligt, denn er sagt ausdrücklich (2. Pt. 1, 4–11): „Wer diese (zehn Dinge) nicht hat: die vergängliche Lust der Welt zu fliehen, allen Fleiß daran zu wenden, Glauben, Tugend, Erkenntnis, Mäßigkeit, Geduld, Gottseligkeit, brüderliche und allgemeine Liebe — wer dieses nicht hat, ist blind und tappt mit der Hand und vergißt die Reinigung seiner vorigen Sünden." Desgleichen sagt er: „Wo ihr solches tut, wird euch reichlich dargereicht werden der Eingang in das Reich des Heilandes." Dies ist also die Bulle, und zwar nicht des heiligen Petrus, sondern des Heiligen Geistes, wie sie durch Petrus erlassen und durch die Kirche in die Schrift aufgenommen ist, die einzige, ausschließliche, unbezweifelbare, wahrhaftige und vollkommene Ablaßbulle, und es ist kein längerer oder anderer „vollkommener" Weg einzuschlagen, der die Vergebung verheißt.

### Vom Fegefeuer

Und ich glaube, in dieser Reinigung liegt keine Pein, die ja nur wenig Nutzen schaffen könnte, sondern eine zu allem nützliche Gottseligkeit, und diese Gottseligkeit reinigt. Nichtsdestoweniger trägt diese Gottseligkeit, vielmehr die brennende, aber noch unerfüllte Liebe, Qual und Pein in sich, sie hat aber auch selige Tröstung in sich. Und zwar tröstet die Gegenwart des Hirten und Heilands. Weil aber der Lehrer und ·Evangelist vom Vater gesandt ist, lehrt er die Liebe, mit der er den Vater geliebt hat und liebt, und lehrt die Nachahmung seiner Liebe, und so entbrennen sie in Liebe. Weil sie aber noch nicht genügend lieben, so werden sie noch zurückgehalten, und ihre Seele wird betrübt. Diese Betrübnis ist aber nicht Trauer, sondern göttliche Traurigkeit, und wie sie aus der Liebe zu Gott entsteht, so bewirkt sie die Vermehrung der Liebe, und je größer die Traurigkeit, desto heiliger ist sie und desto mehr erreicht sie.

## Vom Sakrament des Abendmahls

### Geistliches Essen

„Werdet ihr nicht essen das Fleisch des Menschensohnes und trinken sein Blut, so habt ihr kein Leben in euch" (Joh. 6, 53). Offenbar und ausdrücklich ist das Leben, von dem hier die Rede ist, das Leben des inneren Menschen, das Leben im Heiligen Geist. Man wird es also von dem inneren Essen verstehen müssen, wenn es heißt: „Werdet ihr nicht essen das Fleisch des Menschensohnes", und „trinken sein Blut" wird man vom Trinken des inneren Menschen verstehen müssen. Aber wie ißt der innere Mensch das Fleisch und wie trinkt er das Blut, da er doch Geist und Vernunft ist? Der innere Mensch, das ist Geist, Vernunft, Wille, soll sich auf das fleischgewordene Wort, auf den menschgewordenen Gott, auf die Zeiten, Geschäfte, Lehren, Beispiele, Gebote, Wohltaten und Verheißungen richten, so wie der äußere Mund, der Schlund und der Magen sich mit den Speisen beschäftigen. So wie sie nämlich diese Dinge aufnehmen, zerbeißen, schmecken, zerkauen, genießen, prüfen, billigen, annehmen, in den Magen befördern und sich nähren, kräftigen und stärken lassen für die Aufgaben des Lebens, so muß in unserem inneren Menschen der Geist jenes Fleisches, welches vom ewigen Wort in die Einheit der Person angenommen wurde, in seinen Werken und Geschäften, in seinen Lehren und Beispielen, Geboten, Sakramenten, Pflichten und Verheißungen fleißig meditieren, behandeln, betrachten, vergleichen und bewahren, desgleichen muß es um seiner Würde und Erhabenheit willen durch die geübte Vernunft unterschieden, geschätzt, erhoben, gepriesen werden, desgleichen müssen wir es mit unserem ganzen Willen ersehnen, begehren, erstreben, liebgewinnen, lieben, liebhaben und mit Liebe suchen und anrufen... Essen ist also: gedenken, hochschätzen und lieben...

„... Werdet ihr nicht essen, so habt ihr kein Leben in euch." Es haben aber diejenigen das wahre Leben, die an ihn glauben. Also sind diejenigen, die an ihn glauben, solche, die sein Fleisch essen. Ausdrücklich heißt es, daß die heiligen Einsiedler, die viele Jahre in ihren Höhlen wohnten, das Leben gehabt haben. Paulus, der erste Einsiedler, aß also auch zu jenen Zeiten, als er keinen Sterblichen, geschweige denn einen Priester, kommunizieren sah. Aber er aß, weil er glaubte, und was er glaubte, bedachte er häufig, was er aber bedachte, betrachtete er sorgfältig, was er aber ersehnte, wonach ihn hungerte und dürstete, das war ihm etwas, das süßer ist als Honig und Honigseim, das erstrebte er, gewann er lieb, liebte er und hatte er lieb, das liebte er mit Schmerzen. Denn wenn einer in allen diesen Dingen treulich und vollkommen handelte, so verkündigte er den Tod des Herrn. Wem? Sich selbst. Und welchen Tod und wessen und wofür? Dessen, der sich, obschon er der Heiligste und Erhöhteste war, seiner Herrlichkeit entäußern wollte und demütig wurde aus Liebe zu Gott, der ihm den Gehorsam gebot bis zum Tod, ja bis zum Tode am Kreuz. Wenn einer sich diesen Tod treulich verkündigt hat, bis der Herr kommt und anklopft, so entflammt ihn gewiß die Bruderliebe zu diesem erstgeborenen Bruder mehr als die Selbstliebe. Und diese Liebe zum Herrn Jesus muß in uns wachsen bis zu ihrer richtigen Stufe nach dem Wort des Apostels: „So jemand den Herrn Jesus nicht liebhat, der sei verflucht" (1. Kor. 16, 22). ...Auf vollkommene Weise sein Fleisch essen und sein Blut trinken, ist: sein Blut trinken aus Liebe und wie jenes große Opfer selbst zum Opfer werden aus Liebe zu ihm, der uns zu einem solchen Vorbild gemacht ist.

### Die rechte Vorbereitung

Denn dann wird unser Opfer Gott gefallen, wenn es gleichförmig ist jenem Opfer des Hohenpriesters Jesu. Es wird also nicht genügen, wenn wir kennen und wissen, daß wir es vorbereiten müssen, vielmehr müssen wir zu jenem Grad der Gnade hingelangen, daß wir es von ganzem Herzen, von ganzer Seele, von ganzem Gemüt und aus allen Kräften in uns vorbereiten.

Das ist also die erste Stufe der Gerechtigkeit aller Gläubigen, die treulich glauben und auf allen ihren Wegen des Herrn Jesus gedenken. Die zweite Stufe ist, daß sie sorgfältig alles betrachten, was sein ist. Die dritte Stufe ist, daß sie sich schließlich durch seinen süßen Geschmack zur Nachfolge anschicken. Die letzte Stufe ist, daß sie Christi Schmach auf sich nehmen und sich im Kreuz des Herrn Jesu rühmen. Derjenige, der mit dem Herrn Jesus gekreuzigt ist, wird, mag er auch ein Übeltäter und Schächer gewesen sein, am Tage des Herrn ganz rasch, als wäre es heute, mit ihm im Paradies sein. Diejenigen aber, die auf den drei unteren Stufen verharren, müssen lernen, daß sie, obgleich sie auf Hoffnung gerettet sind, nichtsdestoweniger wie Unreine am Eintritt gehindert werden, bis sie die Stufen erklommen haben und bis zur vierten Stufe gelangen. Denn den Gläubigen, gleichsam den Kindern in Christus, hat der Herr Jesus geboten, ihn im Gedächtnis zu behalten; denjenigen aber, die fortgeschritten sind, gebot Salomon, sie sollten sorgfältig betrachten. Diejenigen, welche diese beiden Gebote häufig erfüllen, sind frei, zu sehen und zu schmecken, wie freundlich der Herr ist. Und wenn sie wahrhaft schmecken, so werden sie wachsen, werden entzündet und befestigt und beseelt werden zur Nachfolge. Den ersten ist Christus Milch, den letzteren ist er feste Speise und Brot. Doch ist er allen Gläubigen, den ersten, den mittleren und den letzten, wahre Speise, die sie durch ihre Schau mit den inneren Augen durch ihr Bedenken, Betrachten, Ersehnen und Lieben essen, nicht aber mit den Zähnen zerreiben dürfen. ... Denn es wird das Mahl der Liebe sein, dessen niemand würdig ist außer dem, welcher als hochzeitliches Kleid die entsprechende Liebe mitbringt. Daher spricht der Herr Jesus jene strengen, aber wahren Worte: „Wer sein Leben nicht haßt um meinetwillen, der ist mein nicht wert." Denn alle Heiligen sind jenes Mahls der beseligenden Liebe unwürdig, solange irgendein Makel an äußerer Liebe ihren Geist für die heilige Umarmung unrein macht. Weil aber die Autorität der Kirche diese Reinheit und Würde der Liebe nicht verleihen kann, so ist es klar, daß sie die strafende Verhinderung am Eintritt in das Reich und zur Umarmung nicht aufheben kann. Denn jene Strafe, wie sie auch sein mag, wird, weil sie den Rest der Unreinigkeit beseitigt und in Reinheit überführt, nach dem Brauch der Väter Reinigungsstrafe genannt. Nur die aufrichtige Liebe bedarf der Reinigung nicht. Das ist im Kampf der Liebe das Wundersame, wenn anders sie an dieser Stelle und zur Liebe des wahrhaft würdigen Gutes bestimmt ist: Je mehr einer sich selbst verliert um des willen, den er liebt, desto mehr wird er sich durch sich selbst selig finden . . .

### Zweierlei Kommunion

Das Vertrauen aller Gläubigen auf das Sakrament der Eucharistie muß groß sein, weil es deswegen gegeben ist, damit sie wissen, daß derjenige für Wünsche und Gebete zugänglich ist, welcher auch leiblich denen nahe sein wollte, die ihn ersehnen. Denn er selbst ist da, wie er in Judäa, Galiläa und Samarien die Rufe und Gebete aller erhörte und sich der Tränen der Bittsteller erbarmte und ihre Wünsche erfüllte, ja, der auch aus freien Stücken, ohne gerufen zu sein, aus Erbarmen die Elenden oftmals tröstete. Dazu ist er also im Sakrament des Altars durch den Dienst des Priesterstandes gegeben. Er wird aber sogar leiblich gegenwärtig der Frömmigkeit der Gläubigen gegeben auch außerhalb der Eucharistie und ohne die Gestalten von Brot und Wein, wenn er denjenigen gegeben wird, die an ihn glauben. Wenn nämlich niemand das Leben hat, der nicht sein Fleisch ißt und nicht sein Blut trinkt, und derjenige, welcher an ihn glaubt, das ewige Leben hat, so muß man notwendig gestehen, daß jeder Gläubige sein Fleisch ißt und sein Blut trinkt. Und wenigstens um einiges wird die Kommunion der Frömmigkeit darin fruchtbarer sein als die Kommunion des Priesterstandes, weil man bei dieser sowohl ißt als auch trinkt, bei jener aber, sofern sie unter den Laien vertreten ist, ausschließlich ißt[1], es sei denn, daß sie mit seligem Schluck durch den Frieden der Frömmigkeit ergänzt wird. Jene Kommunion ist an Zeit und Ort gebunden, nur bestimmten Personen verstattet und muß den Ritus beachten. Diese aber, sofern sie aus reinem Herzen und ungeheucheltem Glauben kommt, hindert kein Alter, kein Geschlecht und keine Art und ist an jedem Ort und zu jeder Zeit angemessen. Jene ist oftmals schädlich, diese aber ist immer fruchtbar und heilbringend.

[1] Weil den Laien nur das geweihte Brot gereicht wird.

### Eine Erläuterung der Abendmahlsworte

„Die Worte, die ich rede, sind Geist und Leben" (Joh. 6, 63), das heißt: geistlich und nicht fleischlich verstanden bringen sie Leben. Der Geist nämlich macht den inneren Menschen lebendig, und das fleischliche Verständnis ist hierzu nichts nütze ... „Wer an mich glaubt, den wird nimmermehr dürsten"; also ist „glauben" soviel wie: sein Blut trinken. — „Ich bin das Brot des Lebens, wer zu mir kommt, den wird nicht hungern." Also ist „zu ihm kommen" soviel wie: essen.

„Nehmet also und esset alle davon: Das ist mein Leib. Sooft ihr das tut, tut es zu meinem Gedächtnis", indem ihr sorgfältig betrachtet, was euch vorgesetzt ist, und den Leib des Herrn unterscheidet, der für euch gegeben wird, und verkündiget den Tod des Herrn. Denn indem wir essen, gedenken, betrachten, unterscheiden, verdauen, schmecken, hungern, begehren, Mangel haben, hochschätzen, lieben und vor Liebe vergehen, werden wir lebendig gemacht, gestärkt, entflammt zum lebendigen Gott, so daß wir bleiben und leben in Gott.

„Und wer lebt und glaubt an mich, der wird in Ewigkeit nicht sterben." Dadurch, daß man an ihn glaubt, wird also sein Fleisch gegessen und zum Munde geführt und sein Blut getrunken.

Diejenigen, die an ihn glauben, werden, auch wenn sie tot gewesen sind, leben und in Ewigkeit nicht sterben.

Denn der Gerechte lebt vom Glauben, nicht vom Brot, sondern „von dem Wort, das aus dem Mund Gottes geht".

Durch dieses Wort macht er die Glaubenden lebendig und reinigt er die Fortschreitenden; denn durch den Glauben reinigt er und macht ihre Herzen rein, er wäscht die Liebenden, er reinigt und ergötzt sie, und er entflammt die Vollkommenen. Amen.

. . . Das ist das Werk Gottes, daß sie an den glauben, den Gott gesandt hat.

Gott kennen und den er gesandt hat, Jesum Christum, das ist Speise wirken, die nicht verdirbt.

Es ißt, wer schmeckt, daß er freundlich ist.

So wie Magdalena aß, da sie zu Jesu Füßen saß, da sie zuerst viel geliebt hat, da sie auch durch ihre Salbung ein gutes Werk getan hatte; als sie sich mit seinen Schlägen schlagen und mit seinen Scheltworten schelten ließ, viel mehr, als wäre sie selbst gescholten worden; als sie durch seine Wunden mit ihm gekreuzigt war; als sie in herbem Schmerz mit dem Sterbenden mitstarb; als sie sich an dem Sieger über den Tod freute, als sie mit dem Triumphator frohlockte. In allen diesen Stücken aß sie das Fleisch des Menschensohns. Und trinkt sein Blut, und deswegen lebt sie wahrhaftig in Ewigkeit. So teilhaben an seinem Leib und Blut: das ist essen mehr, als wenn wir tausendmal von der Hand des Priesters am Altar die Eucharistie entgegennehmen mit kaltem Herzen und unbewegtem Willen, obschon im Stande des Heils.

Wer nämlich mehr liebt, der wirkt mehr Speise, die nicht vergeht.

So wie nämlich das Leben des inneren Menschen aus Weisheit, Ruhm und Liebe besteht, so muß notwendigerweise der innere Mensch von solchen Dingen genährt werden.

Denn wir bestehen aus denselben Dingen, von denen wir uns nähren.

470

Da wir aber keinen anderen wahrhaftigen Weg
haben zur vollkommenen Weisheit, Ruhm und Liebe,
es sei denn durch die Weisheit, den Ruhm und die
Liebe, welche uns der Herr Jesus im Fleische gezeigt
hat, darum werden wir, wenn wir das Fleisch des
Menschensohns nicht essen, die Speise nicht wirken,
die nicht verdirbt, noch werden wir das Leben in uns
haben.

## TRAKTAT VON DER AUTORITÄT, DEM AMT UND DER GEWALT DER KIRCHLICHEN LEHRER

Die folgende Flugschrift eines unbekannten Verfassers, die
lange Zeit hindurch Johann Ruchrath von Wesel zugeschrieben wurde, machte wesentliche Gedanken von Wessel Gansfort in polemischer Zuspitzung weiteren Kreisen bekannt. Im
Zeitalter der Reformation fand sie starke Verbreitung in ganz
Europa.
Lat. Text bei *Walch* II/2, 149—153.

... Wir sind daher jedem menschlichen Geschöpf in
der Weise untertan, daß unser Papst, Bischof, Hirte
und Herr derjenige ist, der uns aus dem Wort Gottes
Beweis und richtige Lehre erteilt, mag er auch ein
Mann aus dem Volke sein, ein Ungebildeter oder ein
Mann von der untersten Bank. „Nur den Elenden
sehe ich an und der zerbrochenen Geistes und der sich
fürchtet vor meinem Wort", spricht der Herr
(Jes. 66, 2). Die dreifache Krone, die strahlende Bulle,
die hochragende Mütze, die mächtigen Priestertümer
sind schuld daran, daß das Wort Gottes, das von den
Demütigen seinen Ausgang nahm, zum Gegenstand
von Spott und Schmach wird, so daß man es nicht frei
predigen darf, ohne sein Leben aufs Spiel zu setzen.
Wir sehen, wie man bei den Rabbinern von heute so
handelt wie bei den Juden zur Zeit Christi; sie sprechen: „Du bist ganz in Sünden geboren und lehrst
uns?" (Joh. 9, 34). Guter Gott, wie verhaßt und un-
erträglich ist diesen eingebildeten und aufgeblasenen

Moabitern ein Herold Christi! Ihr Götter, nehmt diese Pest von unseren Landen!

Wenn nun vorgeschrieben wird, was mit evangelischer und christlicher Frömmigkeit gar nichts zu tun hat, so laß dich von keinem Bannstrahl, Fluch und Schimpf des Papstes erschrecken. Der Blitz, nur aus Bullen, aus Siegel und Papier, ist eitel. Denn nach dem Wort: „Wenn euch einer etwas anderes verkündigen sollte, so sei er verflucht" (Gal. 1, 9) war er, der Bannende, zuvor bereits von Gott dem Richter gebannt, noch ehe er die ihm Ungehorsamen verflucht hat. Wer aber gebannt ist, kann selbst nicht bannen. Daher ist jene Warnung „Wehe euch, die ihr das Böse gut und das Gute böse nennt" (Jes. 5, 20) mehr zu fürchten als die, welche menschliche Tyrannei sich angemaßt hat. Denn es steht geschrieben: „Fluchen sie, so sollst du segnen" (Röm. 12, 14). Ganz zu schweigen davon, daß derjenige sich selbst zugrunde richtet, der einen Unschuldigen zugrunde zu richten sucht.

Da das Gesetz nicht für den Gerechten, sondern nur für die Ungerechten und Ungläubigen bestimmt ist, darum ist über dem Gesetz, wer im Heiligen Geist seinen Wegweiser hat. Denn es gibt keine andere Erfüllung des Gesetzes, als daß die Liebe Gottes im Herzen des Menschen ausgegossen ist. Wer sie besitzt und mit Gott bereits eines Geistes geworden ist, darf in Wahrheit mit dem Apostel sprechen: „Ich lebe, doch nicht ich, sondern Christus lebt in mir" (Gal. 2, 20). Wie soll es daher möglich sein, daß der Gerechte das nicht rechtfertigende Gesetz nötig hat, welcher dem Gesetz gestorben ist und Christo lebt, ja, in dessen (nunmehr) erstorbenem Leibe Christus selbst lebt. Die ihr vom Geist geführt seid, seid nicht unter dem Gesetz, das heißt: Ihr, die ihr das Gesetz erfüllt, seid nicht Schuldner des Gesetzes. „Die Liebe ist des Gesetzes Erfüllung" (Röm. 13, 10). Denn diejenigen, die unter dem Gesetz sind, sind in den Werken des Fleisches und dienen dem Fleisch mit traurigem Mut und auf Grund der Unausweichlichkeit des Gesetzes, auch wenn sie infolge der Heuchelei des Gesetzes keine fruchtbaren Erfüller des Gesetzes zu sein scheinen.

Doch Gott hat einen fröhlichen Geber lieb (2. Kor. 9, 7), der mit frohem Herzen und mit liebenswürdigem Geist ohne Hinblick auf die Vorschrift des Gesetzes das Gute tut, welcher eben das tut, was anderenfalls dem Gesetz vorgeschrieben war. So verstehe ich, was Paulus sagt: „Das Gesetz ist geistlich" (Röm. 7, 14), so daß derjenige, der das Gesetz, auch das moralische, auf Grund des Zwangs des Gesetzes tut, das Gesetz fleischlich einhält, ohne dem Willen des Gesetzes Genüge zu tun, wer aber das Werk des Gesetzes, auch das leibliche, im Geist des Glaubens und aus der rechten Bereitschaft des Willens tut, dem ist schließlich das Gesetz wahrhaft geistlich. Und diese echte Erfüllung des Gesetzes schenkt allein der Geist, welcher den Gottlosen lebendig macht und jeden Frommen gewißlich leitet. Wenn das auch von den göttlichen Gesetzen zu verstehen ist, sind mit demselben Maßstab dann nicht noch viel mehr auch die menschlichen Satzungen zu beurteilen? So daß wir, ohne von beiden Arten des Gesetzes gehindert zu sein, niemand etwas schuldig sind, außer daß wir einander lieben (Röm. 13, 8).

Es ist eine ganz seltsame, unerträgliche Anmaßung der Prälaten, daß sie einen Christenmenschen, der von jenem ewigen, wahren Gesetz geleitet wird, mit neuen Befehlen belasten. Oder ist es ein Irrtum, was der Psalmist sagt: „Der Herr führt mich und mir wird nichts mangeln" (Ps. 23, 1) und die Weisheit (7, 11): „Mit ihm ist mir alles Gute zuteilgeworden?" Oder muß man jenes Gleichnis des Evangeliums (Lk. 11,21ff) für sinnlos halten, wonach zum Frieden nichts mangelt, wo der starke Bewaffnete zugegen ist. Oder was fehlt an der Gerechtigkeit der Gerechten, das durch die Beachtung menschlicher Satzungen erstrebt werden müßte, wenn der Heilige Geist im Herzen des Gerechten Herberge nimmt und wohnt, wie der Herr spricht: „Ich werde bei ihnen wohnen und unter ihnen wandeln"? Und an einer anderen Stelle: „Wir werden zu ihm kommen und Wohnung bei ihm machen" (Joh. 14, 23)? Wer soll denn jener Leiter der gläubigen Seele sein außer dem Geist, der alles eingibt? Wer hat der Seele Gesetze vorzuschreiben außer ihm, der alles in allem wirkt? Ist es etwa der Papst, der hier dem Geist Gottes den Befehl streitig machen dürfte? Das sei ferne! Ebenso: Wenn ich Christus habe, der die innersten Triebe des Herzens leitet, dem alle Gewalt gegeben ward im Himmel und auf Erden, wie sollte ich dann nicht dieselbe Gewalt haben wie Gott, die mir aus Gnaden geschenkt ist? Der sich selbst für uns hingegeben hat, „wie sollte er uns mit ihm nicht alles schenken?" (Röm. 8, 32) fragt Paulus. Also folgt daraus: Wenn du gläubig bist, so hast du mit dem Papst, einem Menschen, nichts zu schaffen, von einem Menschen nichts zu hoffen, denn was auch immer dem Papst und den Prälaten verliehen ist, das hast du bei dir zu Hause, sofern es sich um die Gaben des Geistes zur wahren Seligkeit handelt. „Mein König, mein Herr bist du, Gott (Ps. 44, 5). Er ist mir erwählt und ich ihm (Hhld. 2, 16). Er wird mich zum Quell des lebendigen Wassers führen" (Apk. 7, 17), so spricht die Braut Christi, die Seele des gläubigen Menschen.

Ich bitte dich, Herr Jesu, daß ich durch diese Einswerdung zu dir getragen, zu dir gerissen, in dir ganz entzündet, ganz deinem Leibe eingepflanzt werde, um mit dir schließlich ein Geist zu werden, damit ich so es vielleicht lerne, nicht auf Fürsten zu vertrauen noch auf die Söhne von Menschen, bei denen kein Heil ist. Denn du hast Menschen über unsere Häupter gesetzt, die uns untragbare Lasten aufbürden und sie nicht mit einem Finger bewegen wollen. Erhöre uns endlich, die wir zu dir rufen, und nimm von uns die Lasten, die uns bedrücken, löse auf das Joch unserer Gefangenschaft! Erhöre das Seufzen der Gefesselten und zerreiße die Bande der Henker ...!

# IX. HUMANISTEN

## Lorenzo Valla († 1457)

Das vermehrte und erweiterte Studium der Quellen der griechisch-römischen Antike führte während des 14. und 15. Jahrhunderts, am frühesten in Italien, zu einer Wiederentdeckung des antiken Menschentums. In zunehmendem Maße wurde die Antike als eine in sich geschlossene Lebenswirklichkeit erkannt, die vor und außerhalb der christlich-kirchlichen Welt ein eigenes Dasein geführt hatte. Als wiederholbare Lebensmöglichkeit von neuem bejaht, gefeiert und nachgeahmt, entstand eine immer weiter ausgreifende, die meisten Lebensbereiche erfassende Erneuerung der Antike: die Renaissance. Die sprachlich gebildeten Vermittler und Träger dieser Erneuerung waren die Humanisten. Keineswegs nur in antiquarischer, rückwärts blickender Forschung befangen, waren sie von der Notwendigkeit einer Umgestaltung oder Erneuerung ihrer von der christlichen Kirche bestimmten Gegenwart überzeugt. Die wiederbelebte Antike und das Christentum der Zeit mußten sich auseinandersetzen oder zusammentun. Es entstand in Europa eine geistige Bewegung größten Ausmaßes mit einer ungeahnten Fülle von Möglichkeiten der Verschmelzung und Ausscheidung, der Anziehung und Abstoßung. Auch die in- und außerhalb der Kirche bereits lebendigen Bestrebungen zur Reform der Kirche wurden vom Humanismus verstärkt und schließlich beherrscht: Nördlich der Alpen wurden die Humanisten am Ende des 15. Jahrhunderts zu den wichtigsten Befürwortern der Kirchenreform.

Aus der großen Zahl der italienischen Humanisten ragt Lorenzo Valla († 1457) durch seine kühne, treffende Kritik an einigen wichtigen Dokumenten der kirchlichen Vergangenheit hervor. Zum Priester geweiht, aber ohne priesterliches Amt, wirkte Valla als Lehrer der Rhetorik in Pavia (1431), trat dann nach vorübergehendem literarischem Wanderleben für zwei Jahrzehnte in Fürstendienste ein, um schließlich, trotz zeitweiliger Verfolgung durch die Inquisition, päpstlicher Sekretär zu werden (1455). Valla erkannte u. a. den späten Ursprung der Schriften des Pseudo-Dionysius Areopagita und trug begründete Zweifel an der apostolischen Herkunft des Apostolischen Glaubensbekenntnisses vor. Seit langem ein Gegner der verweltlichten Kirche seiner Zeit, entlarvte er mit Scharfsinn und Schärfe die sogenannte Konstantinische Schenkung als tendenziöse Fälschung. Damit entzog er dem Anspruch des Papsttums auf Besitz und weltliche Herrschaft für immer die wichtigste historische Stütze.

Lat. Text: De falso credita et ementita Constantini donatione declamatio, rec. W. *Schwahn* (1928) Anfang (= I. 1, 2, 4; II. 5, 6) und Schluß (= XXIX. 94. bis XXX. 99).

Lit.: (allgemein) *H. Baron*, Zur Frage des Ursprungs des deutschen Humanismus und seiner religiösen Reformbestrebungen, Hist. Zeitschr. 123 (1926) 413—446; *E. Garin*, Der italienische Humanismus (1947); *P. Kalkoff*, Die Stellung der deutschen Humanisten zur Reformation, Zeitschr. für Kirchengeschichte 46 (1928) 161—231; *W. Näf*, Aus der Forschung zur Geschichte des deutschen Humanismus, Schweizer Beiträge zur Allgemeinen Geschichte 2 (1944) 211—227; *G. Ritter*, Die geschichtliche Bedeutung des deutschen Humanismus, Historische Zeitschrift 127 (1923) 393—453 (Nachdruck separat 1963); *B. Moeller*, Die deutschen Humanisten und die Anfänge der Reformation. Zeitschr. für Kirchengesch. 70 (1959) 46—61. — (Zu Valla) *H. I. Grimm*, Lorenzo Vallas Christianity, Church History 18 (1949) 75—88; *G. Laehr*, Die konstantinische Schenkung in der abendländischen Literatur des Mittelalters, Quellen und Forschungen aus italienischen Archiven und Bibliotheken 23 (1931/32) 120—181.

*Über die fälschlich für wahr gehaltene, erlogene Schenkung Konstantins (1440)*

Eine ganze Anzahl von Schriften über fast alle Wissensgebiete habe ich verfaßt, in welchen ich von einigen großen, längst anerkannten Autoren abweiche. Wenn mir viele schon aus diesem Grunde zürnen und mich als frechen Schänder des Heiligtums verdammen, was werden sie jetzt meinen, mir antun zu müssen, wie werden sie auf mich einstürzen und begierig sein, mich, wenn möglich, rasch vor den Richterstuhl zu zerren, da ich jetzt nicht mehr nur gegen Tote schreibe, sondern gegen Lebende, nicht gegen den oder jenen, sondern gegen fast alle, und nicht nur gegen Privatleute, sondern auch gegen die Obrigkeit! Doch welche Obrigkeit? Gegen den Papst, der nicht nur, wie Könige und Fürsten, mit dem weltlichen, sondern auch mit dem geistlichen Schwert bewaffnet ist, so daß du dich vor ihm und seinem Bann, seiner Verdammung und Verfluchung nicht einmal unter dem Schild eines Fürsten schützen kannst...

Aber es besteht kein Grund dafür, daß mich der doppelte Schrecken dieser Gefahr verwirren oder von meinem Vorhaben abhalten sollte. Denn dem Papst ist es nicht erlaubt, jemand gegen Recht und Gerechtigkeit zu binden oder zu lösen, und sein Leben bei der Verteidigung von Wahrheit und Gerechtigkeit zu lassen, ist die höchste Tugend, der höchste Ruhm, der höchste Lohn. Es sind wohl viele, die bei Verteidigung ihres irdischen Vaterlandes ihr Leben aufs Spiel gesetzt haben, wie sollte ich mich dann abschrecken lassen, wenn es darum geht, das himmlische Vaterland zu erlangen? Nur diejenigen werden es erlangen, die Gott, nicht den Menschen gefallen. Weg mit dem Zaudern, weg mit der Furcht, weg mit dem Schrecken! Mit kühnem Mut, großem Vertrauen und fester Hoffnung muß die Sache der Wahrheit, die Sache der Gerechtigkeit, die Sache Gottes verteidigt werden! Denn der ist kein wahrer Redner, der etwas wohl zu sagen weiß, aber nicht zu sagen wagt. So wollen wir es denn wagen, denjenigen anzuklagen, der Untaten begeht, die eine Anklage verdient haben, und der, welcher wider alle sündigt, soll von einem getadelt werden anstelle aller...

Auch tue ich das nicht, um jemand zu verfolgen und gleichsam eine Philippica wider ihn zu verfassen. Das sei ferne von mir! Vielmehr um den Menschen den Irrtum zu nehmen und um sie durch Mahnung und Tadel von ihren Fehlern und Lastern abzubringen. Ich wage nicht zu sagen, daß andere, durch mich belehrt, den allzu üppigen päpstlichen Sitz, den Weinberg Christi, mit dem Schwert zwingen und ihn drängen, volle Trauben zu tragen und keine dürftigen Ranken. Wenn ich das aber tue — wird mir keiner den Mund und sich die Ohren verstopfen oder mir gar Tod und Verderben bereiten? Was soll ich den nennen, der das tut, selbst wenn es ein Papst sein sollte? Einen guten Hirten? Oder eine taube Natter, welche die Stimme ihres Beschwörers nicht hören, sondern seine Glieder mit giftigem Biß erdrücken will?

Ich weiß, daß die Menschen schon lange darauf warten, daß ich den römischen Päpsten diesen Vorwurf mache, den ungeheuren Vorwurf tiefster Ignoranz oder schlimmster Habsucht (welche ist Götzendienst [Eph. 5, 5]) oder eitler Herrschsucht, die stets von der Grausamkeit begleitet wird. Denn schon seit einigen Jahrhunderten haben sie die Konstantinische Schenkung entweder nicht als erlogen oder falsch erkannt oder haben selbst etwas dazugedichtet, oder sie sind später in die tückischen Fußtapfen ihrer Vorgänger getreten und haben sie, obwohl sie ihre Falschheit durchschauten, als wahr verteidigt und haben damit die Majestät des Papsttums, das Andenken der alten Päpste und die christliche Religion entehrt und alles mit Mord, Zerstörung und Schande gemischt. Sie behaupten, die Stadt Rom gehöre ihnen, ihnen gehöre das Reich Sizilien und Neapel, ganz Italien, Gallien, Spanien, die Germanen, die Britannen, ja der ganze Okzident. Das alles sei in der Schenkungsurkunde enthalten. Das alles soll dein sein, höchster Papst? Das alles willst du wiedergewinnen? Du willst alle Könige und Fürsten des Okzidents ihrer Städte berauben oder sie zwingen, dir Jahrestribut zu bezahlen? Ich dagegen bin der Meinung, daß vielmehr den Fürsten erlaubt ist, dir alle Herrschaft zu nehmen, die du besitzt. Denn, wie ich zeigen werde, ist jene Schenkung, aus der die Päpste ihr Recht abzuleiten suchen, sowohl Silvester als auch Konstantin unbekannt gewesen.

Doch bevor ich auf die Kritik der Schenkungsurkunde selbst zu sprechen komme, welche ihr einziger, aber nicht nur falscher, sondern auch törichter Rechtsschutz ist, erfordert es die Ordnung, daß ich weiter aushole. Zuerst will ich davon sprechen, daß weder Konstantin noch Silvester dazu in der Lage waren: Konstantin wollte und konnte die Schenkung mit

Recht nicht vornehmen, weil er die Vollmacht zur Übereignung an einen anderen nicht besaß, dieser aber
wollte und konnte dergleichen mit Recht nicht annehmen. Selbst wenn das nicht der Fall wäre — was aber
doch vollkommen wahr und klar ist —, hat zweitens
weder dieser die Gegenstände der sogenannten Schenkung angenommen noch hat jener sie gemacht, sie sind
vielmehr stets in der Entscheidungsgewalt der Kaiser
verblieben. Drittens hat nicht Silvester etwas von Konstantin erhalten, sondern, bevor er noch die Taufe erhalten hatte, ein früherer Papst, und diese Geschenke
waren zu gering, als daß der Papst davon hätte leben
können. Viertens: Es ist eine falsche Behauptung, daß
das Vorbild der Schenkung entweder in den Dekreten zu finden oder aus der Historie Silvesters [1] genommen ist, denn es ist weder dort noch in irgendeiner
Historie zu finden, vielmehr sind gewisse unmögliche,
törichte, barbarische und lächerliche Widersprüche
darin enthalten. Außerdem will ich von der angeblichen, wertlosen Schenkung gewisser anderer Kaiser
sprechen ...

... Ich behaupte, daß Konstantin nicht nur keine
solche Schenkung gemacht hat, und nicht nur, daß der
römische Papst keine Vorschriften über sie machen
kann, vielmehr: Selbst wenn beides wahr wäre, ist
dieses doppelte Recht infolge der Verbrechen der Besitzer erloschen, denn wir sehen, daß der Niedergang
und die Verwüstung Italiens und vieler anderer Länder
allein aus dieser Quelle geflossen sind. Ist die Quelle
bitter, so ist es auch der Strom; ist die Wurzel unrein,
so sind es auch die Äste; ist der Sauerteig verdorben,
so ist es der ganze Teig. Ist aber der Strom bitter, so
soll man die Quelle verstopfen, sind die Äste unrein,
so kommt die Ursache aus der Wurzel. Ist der Teig
verdorben, so muß man auch den Sauerteig meiden.
Oder können wir den Anfang der päpstlichen Gewalt
für rechtmäßig ausgeben, in dem wir die Ursache aller
Verbrechen und aller Arten von Lastern erkennen?
Darum sage ich und rufe es laut hinaus — denn ich
verlasse mich auf Gott, darum fürchte ich Menschen
nicht —: Zu meinen Zeiten ist kein einziger Papst ein

treuer oder kluger Haushalter gewesen! Vielmehr hat
er, anstatt der Familie Gottes Speise zu reichen, sie
selbst verspeist wie Zukost und Brot! Auch erweckt der
Papst selbst den Krieg, wenn die Völker friedlich sind,
und zwischen Städten und Fürsten sät er Zwietracht.
Auch dürstet den Papst nach fremden Gütern, und
seine eigenen Güter verpraßt er, so wie Achill wider
Agamemnon sagte: „Ein volkverschlingender König."
Der Papst hat nicht allein den Staat — was weder
Verres noch Catilina noch sonst einer, der öffentliches
Gut unterschlägt, je gewagt hätten —, sondern auch
die Kirchengüter und den Heiligen Geist zum Gegenstand des Wuchers gemacht, was selbst der Zauberer
Simon verabscheute. Und wenn er an dergleichen erinnert und jetzt von etlichen rechtschaffenen Männern
getadelt wird, so streitet er es nicht ab, sondern gibt
es öffentlich zu und rühmt sich, es sei ihm erlaubt, das
der Kirche von Konstantin geschenkte Patrimonium
Petri auf jede nur mögliche Weise denjenigen abzu-
jagen, die es innehaben, als ob die christliche Religion
dann seliger wäre, wenn er es erlangt hat, und nicht
viel mehr mit aller Schande, Lastern und Begierden
bedeckt wäre, sofern sie überhaupt noch mehr davon
bedeckt sein kann als bisher und noch Raum ist für ein
Verbrechen. Um also die anderen Teile der Konstantinischen Schenkung zurückzugewinnen, verschleudert er das Geld, das er rechtschaffenen Leuten auf
arglistige Weise entrissen hat, auf noch ärgere Weise
und unterhält davon eine Menge von Kriegsknechten
zu Roß und zu Fuß, mit welchen er alles mit Krieg
überzieht, während Christus in so vielen tausend Armen Hunger und Blöße erleiden und sterben muß. O
welch schändliches Laster! Er begreift es nicht, daß
er, indem er den Weltlichen das ihre abzunehmen
trachtet, sie durch sein böses Beispiel dazu verführt
oder gar dazu zwingt — auch wenn es kein echter
Zwang ist —, den Geistlichen das ihre zu nehmen.
Daher kommt es, daß nirgendwo Frömmigkeit, Heiligkeit und Gottesfurcht zu finden sind und daß, ich
scheue mich, es auszusprechen, die gottlosen Menschen
ihre Verbrechen mit dem Hinweis auf den Papst ent-

schuldigen, denn er und seine Gesellen sind aller Bosheit Exempel, so daß wir mit Jesaja und Paulus (Röm. 2,21—24) wider den Papst und die Seinen sagen können: Euerthalben wird Gottes Name gelästert unter den Heiden! Ihr lehrt andere Leute und lehrt euch selbst nicht! Ihr, die ihr predigt, man solle nicht stehlen, ihr raubt und mordet selbst! Ihr, die ihr Bilder und Götzen verabscheut, begeht Tempelschändung! Ihr, die ihr euch eueres Gesetzes und eueres Priestertums rühmt, verunehrt durch euere Übertretung das Gesetz und den wahren Priester! Wenn das römische Volk infolge seines übergroßen Reichtums seine wahre römische Art verloren hat, wenn Salomo aus demselben Grund um der Frauenliebe willen zum Götzendienst abgefallen ist, kann nicht an dem Papst und an den übrigen Klerikern dasselbe geschehen? Und dann sollen wir glauben, daß Gott zugelassen haben soll, daß Silvester die Ursache zur Sünde angenommen hat? Ich will es nicht dulden, daß dem heiligen Mann ein solches Unrecht geschieht. Ich will es nicht dulden, daß dem besten Papst solche Schmach widerfährt, daß man von ihm sagt, er habe Reiche, Königtümer und Provinzen an sich genommen, welchen alle diejenigen gerade zu entsagen pflegten, die Priester werden wollen. Silvester hat wenig besessen, wenig die übrigen heiligen Päpste, deren Anblick auch Feinden heilig war. So wie Papst Leo den trotzigen Sinn des barbarischen Königs schreckte und brach, den die römische Streitmacht weder zu schrecken noch niederzustrecken vermochte. Aber die Päpste von heute, die vor Reichtum und Üppigkeit strotzen, scheinen danach zu trachten, daß sie ebenso gottlos und töricht sind, wie die alten klug und fromm waren, ja, daß das Maß ihrer Schande das herrliche Lob jener noch übertrifft. Welcher Christ könnte das mit Gleichmut hinnehmen? Aber ich will in dieser unserer ersten Rede die Fürsten und das Volk nicht dazu ermuntern, daß sie den Papst in seinem zügellosen Lauf hindern und ihn zwingen, in seinen Grenzen zu bleiben, sondern nur, daß sie ihn ermahnen. Vielleicht wird er sich, wenn er die Wahrheit erfahren hat, freiwillig aus dem frem-

den Haus in sein eigenes und vor den schädlichen
Fluten und wütenden Wettern in den Hafen zurückziehen. Wenn er sich aber weigert und es nicht tun
will, so wollen wir uns zu einer anderen, weit schär-
feren Rede rüsten. O dürfte, dürfte ich es noch erleben — denn es wird mir nichts so lang, als daß ich
das erlebe und insbesondere, wenn es durch meinen
Rat dahingekommen ist —, daß der Papst allein ein
Stellvertreter Christi ist und nicht auch des Kaisers,
und daß man fortan nicht mehr das schreckliche Wort
zu hören bekommt: Ein Teil der Kirche ist wider den
anderen, die Kirche kämpft gegen Perugia, gegen Bologna. Nicht die Kirche kämpft gegen Christen, sondern der Papst. Sie kämpft wider die geistliche Bosheit in himmlischen Dingen. Dann wird der Papst mit
Recht genannt und sein ein „heiliger Vater", der Vater
aller, ein Vater der Kirche, und er wird keine Kriege
mehr führen unter den Christen, sondern wird den
Kriegen, die andere begonnen haben, mit apostolischer
Strafe und päpstlicher Majestät ein Ende bereiten!

[1] vgl. o. S. 10 f.


## Marsilio Ficino († 1499)


Überzeugt von der grundsätzlichen Einheit von Christentum und platonisch-neuplatonischer Philosophie, widmete sich
Marsilio Ficino († 1499) der Aufgabe, die christliche Lehre
durch den Platonismus zu ergänzen und vertiefend weiterzubilden. Ohne eine Wirkung auf weitere Kreise zu beabsich-
tigen, zog er als das verehrte Haupt der von Lorenzo Medici
begründeten Platonischen Akademie in Florenz, dem Mittelpunkt des erneuerten Platonismus, eine Generation von
Humanisten heran, die weniger der Kirche als dem Christentum positiv zugewandt blieben. Als Priester (1473) hielt
Ficino öffentliche Vorlesungen über neutestamentliche Schriften. Mit seinem Sendschreiben an Papst Sixtus IV. (1471 bis
1484) wandte er sich in humanistisch geschliffener Diktion
gegen das politische Papsttum seiner Tage.

Lat. Text: Marsilius Ficinus Opera (1576) I, 1; I, 853 f., 886, 25 f., 808 ff.

Lit.: *W. Dreß*, Die Mystik des Marsilius Ficinus (1931); *P. O. Kristeller*, The Philosophy of Marsilio Ficino (1943).

## Über die christliche Religion (1474)

### Die Einheit von außerchristlicher und christlicher Weisheit und Religion

Die ewige Weisheit Gottes hat es angeordnet, daß die göttlichen Mysterien, wenigstens in den Anfängen der Religion, von denjenigen behandelt werden sollten, die wahre Liebhaber der wahren Weisheit waren. Daher kam es, daß es bei den Alten dieselben waren, welche nach den Ursachen der Dinge forschten und zugleich die Opfer der höchsten Ursache der Dinge gewissenhaft verwalteten, und daß bei allen Völkern die Philosophen zugleich Priester waren. Und das nicht zu Unrecht. Denn wenn unser Geist, wie unser Platon lehrt, mit zwei Flügeln, das ist: mit seiner Vernunft und mit seinem Willen, zu dem himmlischen Vater und Vaterland zurückfliegen kann und der Philosoph sich dabei vor allem auf die Vernunft, der Priester aber auf den Willen stützt und die Vernunft den Willen erleuchtet, der Wille aber die Vernunft entflammt, so ist man sich darüber einig: diejenigen, welche zuerst die göttlichen Geheimnisse entweder durch ihre Vernunft oder von sich aus fanden oder durch Gottes Wirken anrührten, haben die göttlichen Geheimnisse zuerst durch den Willen auf richtige Weise verehrt und die richtige Verehrung und den Grund ihrer Verehrung an die anderen weitergegeben. Die Propheten der Hebräer und der Essäer widmeten sich zugleich der Weisheit und dem Priestertum. Die Philosophen wurden von den Persern, weil sie die heiligen Handlungen leiteten, Magier, das ist: Priester, genannt. Die Inder befragten ihre Brahmanen sowohl über die Natur der Dinge als auch über die Sühnung der Seele. Bei den Ägyptern verwalteten die Mathematiker und Metaphysiker sowohl das Priestertum als auch das Königtum. Bei den Äthiopiern waren die Gymnosophisten zugleich Meister der Philosophie und Leiter der Religion. Derselbe Brauch bestand in Griechenland unter Linos, Orpheus, Musaios, Eumolpos, Melampos, Trophimos, Aglaophemos und Pythagoras, derselbe in Gallien unter der Leitung der Druiden. Wer wüßte nicht, wie sehr sich bei den Römern Numa Pompilius, Valerius Soranus, Marcus Varro und viele andere um die Weisheit und um die heiligen Handlungen zugleich bekümmerten? Wer wüßte schließlich nicht, wie wichtig und wahr die Lehre bei den alten christlichen Bischöfen und Priestern war? O selige Zeiten, die ihr diese göttliche Verbindung zwischen Weisheit und Religion vor allem bei den Hebräern und Christen unversehrt bewahrt habt! O ihr ganz unseligen Zeiten, da schließlich Trennung und bejammernswerte Scheidung zwischen Pallas und Themis, das ist: zwischen Weisheit und Ehrbarkeit, eintrat. O wehe! So gab man das Heilige den Hunden. Denn die Lehre fiel großenteils den Profanen anheim, so daß sie meistenteils zum Mittel der Ungerechtigkeit und der Ausschweifung wurde und eher Bosheit zu nennen ist als Weisheit. Die kostbarsten Perlen der Religion hingegen werden oft von Ignoranten in die Hand genommen und wie von Säuen zertreten. Denn oftmals scheint die Bemühung von Toren und Trägen mehr Aberglaube als Religion. Und so verstehen jene weder die Wahrheit richtig, welche gleichsam göttlichen Ursprungs, allein den Augen der Frommen sichtbar wird, noch verehren diese, soviel an ihnen ist, Gott richtig, wenn sie ganz ohne Kenntnis der göttlichen und menschlichen Dinge die heiligen Handlungen leiten. Wie lange sollen wir dies harte und elende Los des eisernen Zeitalters noch dulden? O ihr Männer, Bürger des himmlischen Vaterlandes und Bewohner der Erde, laßt uns doch, wenn wir können, endlich die Philosophie, die heilige Gottesgabe, aus den Händen der Gottlosigkeit befreien! Wir können aber, wenn wir wollen. Laßt uns die heilige Religion nach Kräften aus den Händen der verdammenswerten Unwissenheit erlösen! Ich ermahne und bitte daher alle: die Philosophen, daß sie die Religion tiefer erfassen oder berühren, die Priester aber, daß sie sich mit Sorgfalt den Studien der echten Weisheit widmen. Wie viel ich selbst hierin erreicht habe oder erreichen werde, weiß ich nicht, doch will ich es versuchen und werde nicht damit aufhören, im Vertrauen nicht auf das Maß meiner geringen Begabung, sondern auf die Hilfe und die Kräfte Gottes...

## Aus dem Kommentar zu den Paulusbriefen

### Christus ist die Idee und das Urbild der Tugenden

Was war Christus anderes als das lebendige Buch der sittlichen, ja, der göttlichen Philosophie, das vom Himmel kam, und die göttliche Idee der Tugenden selbst, zur Offenbarung für menschliche Augen. Hierhin also wollen wir alle unsere Augen und Sinne richten. Er wird uns die wahre Weisheit lehren, der einst ungebildete Menschlein plötzlich zu Weisen gemacht hat. Er lehrt uns die rechte Gerechtigkeit, der nichts Eigenes besessen hat, und was sein ist, gibt er Gott und den Menschen: Gott die väterliche und mehr als väterliche Verehrung, den Menschen aber brüderliches Wohlwollen und Fürsorge. Er lehrt uns Seelengröße und ausgezeichnetste Tapferkeit, der auf Erden nichts Großes begehrt, nichts Schlimmes gefürchtet hat. Er lehrt uns einzigartige Mäßigung, er, in dem sich kaum die urtümlichen Triebe regten, und auch sie nur gemäßigt und maßvoll. Er lehrt uns die unglaubliche Sanftmut, durch welche wir die Überheblichkeit, die Pest der menschlichen Gesellschaft, vertreiben können. Denn wer war sanftmütiger als er, der, obschon der Allerhöchste, sich den Niedrigsten gleichstellte? Er lehrt uns die inbrünstige Liebe zu allen Menschen, der nicht nur sich, sondern dem ganzen Menschengeschlecht lebte und gern in den Tod ging, um alle vom Tode zu erretten. Er lehrt uns die vollkommenste Regel des Betrachtens und des Handelns, er, der sich der Heilung der Irrtümer und Krankheiten der Menschen hingab, sehr oft aber der Betrachtung der göttlichen Dinge.

Zeugen für sein Leben sind uns eine Mehrzahl von Schriftstellern von Anfang an, die wichtigsten aller Schriftsteller, Nachfolger aber hat er in großer Menge, ja, schließlich die ganze Welt...

## Von den neutestamentlichen Schriftstellern

Und darin offenbart sich die christliche Wahrheit vielleicht in besonderem Maße, daß sie von Anfang an nicht blindlings irgendwelche Schriftsteller zuläßt, sondern heilige, einfache, nüchterne und möglichst auserlesene. Diejenigen aber von jenen ersten, welche hochgeschätzt sind, haben teils Christus selbst, teils seine Jünger gehört und, obwohl sie in verschiedenen Sprachen und zu verschiedenen Zeiten und an verschiedenen Orten geschrieben und ihre Schriften untereinander nicht gesehen haben — ausgenommen vielleicht Johannes —, haben sie unter der Leitung der Wahrheit dennoch dieselben Dinge bestätigt. Bisweilen findet sich bei ihnen eine gewisse unharmonische Verschiedenheit, niemals aber ein echter Widerspruch. Daher scheint es, als habe einer seinen Bericht verfaßt ohne den anderen, doch keiner ohne die Wahrheit. Sie haben aber so viele, große, öffentliche Wunder so viele Jahre hindurch in Judäa und Jerusalem gepredigt, wo sie sich ereignet haben, daß es klar ist, daß sie die Wahrheit gepredigt haben. Denn wie hätten sie unter den gebildetsten Menschen in einer so schwierigen Sache mit falschen Behauptungen Glauben finden können? Hätten sie Bewunderung verdient, wenn sie Widersprüche vorgetragen hätten? Hätten jene Leiter in der Tat nicht miteinander übereingestimmt, so wäre das christliche Reich plötzlich zerstreut worden. Evangelisten und Apostel haben über Christi Leben und Lehre gemeinsam vieles gesagt, und ein jeder hat etwas Eigentümliches dazu beigetragen. Wenn nämlich einer alles gesagt hätte, so wären die vielen anderen überflüssig erschienen, und hätte jeder etwas Besonderes und Neues allein für sich gesagt, so wäre die Kontinuität und die Autorität der Historie dahin. Es ist wunderbar: Gewiß sind die Schriften des

Matthäus, Markus, Lukas, Johannes, Petrus, Paulus, Jakobus und Judas derart, daß in den hauptsächlichen Dingen mehrere Zeugen vorhanden sind. Und wenn wir alle Zeugnisse hören, so hören wir doch keine überflüssige und unpassende Wiederholung.

## Sendschreiben der Christenheit an Papst Sixtus IV.

Wäre ich nichts als Zunge, seligster Vater, ich könnte nicht deutlich machen, wie groß die Besorgnis ist, die mich drückt, wie groß der Schmerz, der mich quält. Niemand kann beschreiben, wie groß die Freude war, die mich damals durchdrang, als Gott selbst dich mir zum Hirten setzte. Ich hatte gehört, du seist ein Phönix der Philosophie, welcher die Burg der Minerva hoch oben vor anderen selbst bewohnt. Das ist freilich allen so offenkundig, daß niemand es leugnen kann. Ja, ich hoffte, die höchste Macht werde sich mit der höchsten Weisheit verbinden, jenes goldene Zeitalter werde wiederkehren, das Platon für die Zeit geweissagt hat, da Macht und Weisheit zusammenkommen. Zwar hatte ich längst die Wahrheit vernommen, was deine Weisheit betrifft, doch habe ich von meinem Glück fast ebenso Verkehrtes erhofft. Ich fürchte, kein noch so schmähsüchtiger oder ungeduldiger Mensch wagt jemals so etwas auszurufen: Wehe, wie hat mich Elenden meine Hoffnung getrogen! Meine Freude ist in Trauer verkehrt! Denn nicht ist, wie ich hoffte, unter dem weisesten Papst das goldene Zeitalter wiedergekehrt, sondern das eiserne. Nichts sehe ich als Waffen, geschmiedet zu meinem Verderben, nichts höre ich als den Lärm der Rüstungen, das Schnauben der Rosse, das Donnern der Geschütze, nichts bemerke ich als Geschrei, Plünderung, Brandstiftungen und Morde, dazu auch werde ich vom Hunger geplagt, und Seuchen zehren mich täglich mehr auf ...

Denke daran, daß du der Stellvertreter des sanftmütigsten, mildesten Christus bist. Vergiß, wie früher, das Unrecht, dessen Erinnerung für einen Menschen nichts anderes ist als: sich selbst vergessen. Wenn du voll Haß bist wider die Deinen, so lege den Haß ab und nimm die gewohnte große Sanftmut, wenn du sie jetzt hast fahren lassen, wieder auf. Du kannst sie nicht verlieren, ohne dich selbst zu verlieren, die erste Liebe also (wir wissen, was wir sagen), welche du bewahren sollst, damit du nicht gezwungen wirst, jenen deinen Genius zu verlieren. Laß nicht zu, daß einer mit deinen Waffen fernerhin wider deine Herde wütet, damit du nicht selbst durch die Schuld eines anderen Wolf wirst statt Hirte oder doch als ein solcher giltst. Jeder, der Waffen wider die Deinen anwendet, verwundet ohne Zweifel an erster Stelle dich selbst. Denn es gibt keinen Hirten ohne Herde, und wer einen Teil der Herde verleugnet oder verliert, ist nicht mehr der Hirte aller!... Christus hat dir vor allem die göttliche Gewalt nicht über Waffen, sondern über die Seelen gegeben. Außerdem hat er dir Schlüssel verliehen, nicht den Helm oder das Schwert, Schlüssel, mit denen du die Pforten des Janus und Plutons schließen, die Tore des Himmelreichs aber öffnen sollst. Dreimal sprach er zu dir: „Hast du mich lieb? Hast du mich lieb?" Dann sagte er: „Wenn du mich liebhast, weide meine Lämmer." Verzeih ihnen, selbst wenn sie siebzigmal siebenmal geirrt haben sollten! Laß für eine Weile die neunundneunzig gehorsamen Schafe, um das hundertste, ungehorsame, zu retten! An diesem einen wirst du dich mehr freuen als an den anderen! Er hat nicht gesagt: Verfolge es mit Flüchen, sondern folge ihm mit Segen! Er hat dir keine Rute gegeben, mit der du die irrenden Schafe niederhauen sollst, sondern vielmehr sanfte Worte, mit denen du sie gütig zum Stall zurückrufen sollst, und Schlüssel, mit denen du sie ganz fest bewahren sollst. Ein Mietling schlägt fremde irrende Schafe bisweilen in seiner Roheit nieder, der Hirte aber verzeiht ihnen stets und hilft ihnen. Gott hat dich nicht zum Mietling gemacht, sondern zum Hirten... Es ist deine Pflicht, wie du wohl weißt, alles zu erkennen, um es zu verzeihen, die Kranken zu reinigen, um ihnen Genesung zu verschaffen. Dein Sieg liegt nicht im Krieg, sondern im Frieden. Ja, wenn du Christenmenschen im Kriege besiegst — das sei ferne von dir —, wirst du von den Dämonen und vom Verlust deines Rufs in der Öffentlichkeit besiegt. Wenn du gütig besserst und verzeihst, so besiegst du alle und behältst deine Gewalt über alle die Deinen. Deine Tapferkeit bewährt sich nicht darin, daß du sie anwendest, sondern darin, daß du sie nicht anwendest. Deine ganze Hoheit ist Demut. Dann versöhnst du alle, wenn du selbst zur Versöhnung bereit bist. Leicht wirst du alle lenken können, wohin du nur willst, wenn du dich von niemand lenken läßt. Willst du nicht diesen raschen, seligen Sieg erlangen? Besiege nicht die Deinen im Krieg, besiege du vielmehr selbst den Krieg. Gebiete den Gestirnen des Himmels mit mehr als himmlischer Vorsehung: Zähme durch deine Güte den bösartigen, wütenden Mars, den kalten Saturn. Denn es ist kein großer Sieg, geringe Feinde zu besiegen. Denn was ist groß auf Erden, wo selbst die ganze Erde winzig ist? Laß also die Erde sein, himmlischer Statthalter, besiege den Himmel, denn hast du den Himmel gewonnen, so gewinnst du die Erde gar leicht. Wo dein Reich ist, da ist dein Sieg! Dein Reich ist aber nicht von dieser unteren Welt, wie Jesus sagt, sondern von der überirdischen, göttlichen. Siehe, was willst du lieber, heiligster Vater, beides liegt in deiner Hand: Entweder bist du auf Erden Soldat oder Papst! Entweder wirst du im Himmel von Christus, dem gänzlich Waffenlosen, verleugnet werden, wenn du, bis an die Zähne bewaffnet, ihm unähnlich bist, oder aber du legst die Waffen ab und wirst von ihm angenommen, weil du ihm ähnlich bist.

## RUDOLF AGRICOLA († 1485)

Weit mehr als sein mit ihm befreundeter Landsmann Wessel Gansfort (s. o. S. 450 f.) öffnete sich Rudolf Agricola († 1485) während seines langjährigen Aufenthalts in Italien dem Geist der Renaissance. Nach Deutschland zurückgekehrt, wirkte er hier vor allem durch seine vielseitig gebildete,

würdevolle Persönlichkeit. Er vermittelte den Humanismus
dadurch, daß er ihn selbst darstellte. Strenge Kritik übte
Agricola an dem Formalismus der Scholastik. Von den Theologen forderte er die Abkehr von der Spekulation und die
Berücksichtigung der praktischen Aufgaben der Theologie. In
der Anleitung zum Studium (de formando studio), dem
ersten in der langen Reihe der Programme für die humani-
stische Universitätsreform, empfahl er zum Studium der
Moralphilosophie die antiken Autoren und die Heilige Schrift.
Auch die Kenntnis der verschiedenen „realen" Wissenszweige
erschien ihm wertvoll.

Lat. Text: Rud. Agricola, De formando Studio epistola
elegantissima, in: Ph. Melanchthonis de arte dicendi declamatio (o. J.).

Lit.: *G. Ritter,* Die Heidelberger Universität I (1936) 467 bis
474.

### Anleitung zum Studium (1484)

Wenn du aber der richtigeren Meinung bist, das
Edle um seiner selbst willen zu erstreben, und glaubst,
die Möglichkeiten, die es besitzt, werden deiner Be-
scheidenheit genügen, da der Unbescheidenheit auch
die geringsten Dinge zu groß sind, andererseits auch
die größten Dinge nicht genug sind, so meine ich,
solltest du dich der Philosophie zuwenden, das ist:
dich bemühen, über alle Dinge ein zutreffendes Urteil
zu gewinnen und dieses Urteil in angemessener Weise
zum Ausdruck zu bringen. Das richtige Urteilen ist
ein doppeltes, daher ist auch die Beschaffenheit der
Dinge, die wir untersuchen, eine doppelte. Denn die
Dinge beziehen sich einmal auf unsere Handlungen
und auf unsere Sitten, in welchen der ganze Sinn einer
rechten und richtigen Lebensführung besteht. Diesen
Teil der Philosophie behandelt die sogenannte Moralphilosophie. Von ihr müssen wir zunächst und vor
allem handeln. Du darfst sie aber nicht allein aus den
Philosophen schöpfen, welche sie in ihren Schriften
behandelt haben, wie zum Beispiel Aristoteles, Cicero,
Seneca und andere lateinische oder ins Lateinische
übersetzte Autoren, deren Werke lesenswert sind, sondern auch aus den Historikern, den Dichtern und
den Rednern. Denn wenn diese das Gute loben und

490

das Böse tadeln, lehren sie nicht allein, sondern, was das Wirksamste ist, sie zeigen an Hand von Beispielen wie in einem Spiegel, was recht ist oder nicht. Von ihnen aus muß man zu den heiligen Schriften weiterschreiten. Nach ihrer Vorschrift müssen wir die Ordnung unseres Lebens ausrichten, und unter ihrer Führung müssen wir den Glauben an unser Heil gewinnen. In allem anderen, was überliefert ist, findet sich doch mehr oder weniger Irrtum beigemischt. Denn einen richtigen, nach keiner Seite abirrenden Lebensgang einzurichten, konnte denjenigen nicht gelingen, welche entweder nicht wußten, welches das vorgesteckte Ziel ihres Lebens ist, oder die gleichsam wie durch eine Wolke hindurch Mutmaßungen anstellten und nachdrücklicher etwas behaupteten als sie es glaubten. Die heiligen Schriften jedoch sind es, die von jeglichem Irrtum so weit entfernt sind wie Gott, ihr Urheber, und die uns allein auf einem sicheren, festen und richtigen Pfad führen und die einen jeden, der ihnen folgt, von aller Finsternis befreien, so daß er nicht getäuscht wird, zu Fall kommt oder vom rechten Wege abirrt.

Es gibt daneben auch andere Dinge, deren Kenntnis mehr zum Schmuck unseres Geistes und zum ehrenhaften Vergnügen gehört als zum notwendigen Gebrauch. Dieser Art ist jede Erörterung über die Natur der Dinge, ein vielfaches und verschiedenartiges Unternehmen, welches auch von vielen Männern höchster Geistesgaben und Beredsamkeit auf vielerlei Weise durchgeführt worden ist. Obwohl sie zur Geistesbildung eines rechtschaffenen Mannes nicht notwendig sind, so dürften sie doch nicht wenig dazu beitragen, wohl deswegen, weil einem, sobald man sich guten Glaubens um die Dinge bekümmert und sie untersucht, kein Raum mehr bleibt für Schmutz und niedrige Sorgen. Sodann lehrt sie, solche Dinge zu verachten und geringzuschätzen, deren Anblick das Volk in Erstaunen versetzt, um deren Besitz diejenigen, die für glücklich gehalten werden, zu bedauern sind. Denn sie zeigt, wie eitel und nichtswürdig ihre Ursachen sind, und sie sagt, einem Ding der Natur könne nichts

Schlimmeres zustoßen, als wenn alle seine Teile, selbst die schmutzigsten, so werden, wie jetzt Gold und Edelsteine sind, welchen die allgemeine Torheit des Menschengeschlechts den höchsten Wert zuerkennt. Schließlich aber gewinnen wir unter ihrer Anleitung die Einsicht in die Verfassung dieses unseres gebrechlichen und hinfälligen Körpers, der allen Wechselfällen unterliegt, und wir lernen es, alle Sorgen unserer Seele zuzuwenden und sie auszubilden, deren Pflege in keinem Fall eine vergebliche oder verlorene Mühe bedeutet, da alles, was man ihr zuwendet, ewig bleiben wird, so wie sie selbst unsterblich ist. Vieles andere übergehe ich, denn es wäre nicht die Aufgabe eines Briefes, sondern eines Bandes, alles zu umfassen, was in dieser Richtung gesagt werden kann. Mir ist es genug, gezeigt zu haben, daß dieser Teil der Studien, mit dem sich der Geist eines rechtschaffenen Mannes abmüht, deiner würdig ist.

Doch will ich nicht, daß du nur den Zugang und die ersten Anfänge dieser Dinge ergreifst, so wie es, wie wir sehen, jetzt allgemein in den Schulen geschieht und wie du es schon längst mit großem Lob aufs schönste und vollauf bewiesen hast, sondern ich möchte meinen, daß man zu den Sachen selbst vorstoßen muß, zur Lage und zu den Eigenarten der Länder, der Meere, der Berge, der Flüsse und zu den Sitten, den Zeiten, den Umständen und zur politischen Abhängigkeit oder Vormacht der Völker, die darin wohnen, ja, auch teils zu den Kräften der Bäume und Pflanzen, welche Theophrast, teils zur Betrachtung und zur Entstehungsgeschichte der beseelten Wesen, welche Aristoteles in seinen Schriften zu erforschen befiehlt. Was soll ich von den Schriften über den Landbau und über die Heilkunde sagen? Der eine hat über Kriegführung, der andere über Baukunst, ein dritter hat über Malen und Dichten geschrieben, Künste, die ich zwar kenne, aber nicht in den Kreis derjenigen Disziplinen einschließen will, welche die Natur der Dinge erforschen; weil sie aber mit ihnen verwandt sind und beinahe aus denselben Quellen hervorgehen, so halte ich mich für den Augenblick nicht sehr damit auf, denn ich meine, daß sie nach derselben Ordnung ausgerichtet werden sollen.

Dies alles nun, von dem ich gesagt habe, es beziehe sich sowohl auf die Bildung unserer Sitten als auch auf die Natur der Dinge, mußt du aus solchen Autoren erarbeiten, welche den wissenswerten Dingen das klarste Licht der Beredsamkeit beigefügt haben, damit du zu gleicher Zeit die Kenntnis der Dinge und das, was ich als das nächste hinzugefügt habe, nämlich: die Fähigkeit des angemessenen Ausdrucks, gewinnen kannst, worüber, wie du weißt, die ausgezeichnetsten Männer viele Regeln hinterlassen haben, was sich jedoch auf die Verbesserung der verdorbenen Unterweisung im Reden bezieht, welche wir als Knaben in der Schule lernen. Darum scheint es mir gut, dich zu ermahnen: Alles sei dir verdächtig, was du bisher gelernt hast, halte alles für verurteilenswert und wirf es von dir, es sei denn, du wirst durch das Zeugnis der besseren Autoren und gleichsam auf ihren Befehl ausgesandt, sie gewissermaßen von neuem in Besitz zu nehmen. Am nützlichsten wird es für dich sein, das, was du bei den verbesserten Autoren liest, möglichst mit eigenen, dasselbe bedeutenden Worten in deiner Muttersprache wiederzugeben. Denn durch diese Übung wirst du folgendes erreichen: Sooft du etwas zu sagen oder zu schreiben hast und sich bei dir die Muttersprache, ihrem Wesen entsprechend, zur Formulierung der Worte anschickt, werden sich alsbald auch die lateinischen Worte einstellen, die sich durch diese Übung schon längst an sie angeglichen haben. Wenn du außerdem etwas schreiben willst, so wird es das beste sein, es möglichst vollständig und richtig im Geist in deiner Muttersprache zu formulieren und sodann mit reinen und treffenden, dasselbe bedeutenden lateinischen Worten auszudrücken. So wird erreicht, daß alles klar und möglichst vollständig gesagt wird, denn wir alle erkennen einen Fehler im Reden am ehesten in unserer Muttersprache, und wenn etwas unklar oder kürzer als nötig oder allzu verworren ausgedrückt ist oder nicht hinreichend mit dem Thema zusammenhängt, wird es jeder am leichtesten in der Sprache anzeigen, die ihm bestens bekannt ist.

Und endlich, um diesen Abschnitt zu beschließen: Immer, wenn du etwas schreibst, gib dir Mühe, es möglichst rein und nur richtig und von Anfang an lateinisch auszudrücken. Um eine zierliche Ausdrucksweise kann man sich später bemühen, was dir aber gewiß nicht gelingen kann, wenn die Rede nicht richtig und korrekt ist, denn es geht der Beredsamkeit wie dem Leibe: Wenn nicht alle Glieder an ihrem gehörigen Platz sind, wenn sie von ihrer richtigen Lage verrenkt sind oder wenn sie das Maß ihrer Größe überschritten haben, so wird es vergeblich sein, wenn du ihnen ein schönes Gewand anlegst, denn dann wird der Leib mit seinen Gewändern kämpfen, und die äußere Zier, die du ihm verschafft hast, wird die Entstellung nur um so deutlicher hervortreten lassen. So viel über die Art der Studien, denen du dich meiner Meinung nach widmen mußt...

## Jakob Wimpfeling († 1528)

Durch die ernsthafte Verknüpfung von Kirchenreform und Bildungsreform wurde Jakob Wimpfeling aus Schlettstadt († 1528) richtungweisend für viele seiner humanistischen Gesinnungsgenossen in Deutschland. Bei den Brüdern vom Gemeinsamen Leben in Deventer erzogen, studierte Wimpfeling bei Geiler von Kaysersberg in Freiburg, danach in Erfurt und Heidelberg. Nach seiner Tätigkeit als Domprediger in Speyer (1483) und Dozent in Heidelberg (1498) wirkte Wimpfeling als Reformer in Straßburg, wo er die älteren Reformbestrebungen Geilers (s. o. S. 239) mit dem Programm der humanistischen Schulreform verband. Konservativ gesonnen, erging er sich in ehrlichen Klagen über die Mißstände und die Verweltlichung der Kirche. Dabei wurden hin und wieder bereits nationaldeutsche, romfeindliche Töne vernehmbar. In der Jugenderziehung legte er Wert auf das, was im bürgerlichen Leben nötig und anwendbar erschien. In der Theologie setzte er sich für die Vereinfachung der Scholastik und für die Pflege schlichter Frömmigkeit ein. Von der Refor-

mation, der er selbst den Weg bereitet und seine Schüler
zugeführt hatte, hielt er sich auf die Dauer fern.

Lat. Text: (Reform) Epistola Jacobi Wymphelingi de
inepta et superflua verborum resolucione in cancellis et de
abusu exempcionis in favorem omnium episcoporum et
archiepiscoporum (1503); (Adolescentia) unter Heranziehung
von *J. Freundgen,* Jakob Wimphelings pädagogische Schriften
(1892) 176 f.

Lit.: *G. Ritter,* Die Heidelberger Universität I (1936) 483 bis
490; *O. Herding,* Wimpfeling und die „Adolescentia", Zeitschr.
für württ. Landesgeschichte 22 (1963) 1—18.

## Über die Schwierigkeit einer Reform
### des geistlichen Standes

... Ich wollte, der ganze Klerus würde sich selbst
in einen besseren Zustand bringen, damit nicht Gott
es geschehen läßt, daß er schließlich von den Leuten
aus dem Volk gezüchtigt wird, wie Kaiser Sigismund
auf dem Konzil von Konstanz oftmals gewarnt haben
soll: „Reformiert euch selbst", so sprach er, „oder ihr
werdet schließlich vom Volk reformiert werden!" Ich
spreche vom Weltklerus. Denn was sollen wir von
den anderen sagen, welche sich von einem Weltkleri-
ker nicht belehren lassen wollen, welche die Zucht des
Bischofs meiden, welche sich zum Nachteil der Ordnung der kirchlichen Hierarchie rühmen, sie seien
exempt; denn die gesetzmäßige Ordnung der Leitung und Verbesserung geht vom Papste aus und
erstreckt sich über die Vorgesetzten als Mittelleute
bis hinab auf die Untertanen, und die Willkür derjenigen, die sich rühmen, sie seien von dieser Ordnung befreit, schadet der christlichen Zucht. Denn von
den Bischöfen können wohl viele Fehler gebessert
werden, denn ihnen wird das bekannt, was dem Apostolischen Stuhl andauernd unbekannt und daher un-
verbessert und unverboten bleiben muß. Denn der
Papst kann nicht an allen Orten, wo man behauptet,
exempt zu sein, seine Finanzbeauftragten haben, die
Seiner Heiligkeit von den schweren und regelwidrigen
Verstößen der Mehrzahl Bericht und Meldung erstat-

ten. Siehe, mein lieber Jakob, wie schwer die Reformation der Christgläubigen ist, wie schwer es für die Bischöfe ist, ihre Herde zu beaufsichtigen und ihre Pflicht zu erfüllen. Wenn die Bischöfe die Mönche zur Ehrbarkeit anleiten wollen, so sagen diese stolz, sie seien privilegiert und exempt. Wenn sie die großen Mißbräuche gewisser Leute bei der Erlangung und beim Besitz vieler Pfründen rechtfertigen wollen, so weisen sie ihre Dispense vor. Der übrige Klerus unterwirft sich teilweise der Gerichtsbarkeit der Laien: der eine wird Bürger, der andere wird Teilhaber an einem Monopol, ein dritter befindet sich im Schutz eines Potentaten und sucht sich gegen die heiligsten Satzungen und wider alles Gesetz der Autorität seines Priesters, Richters und Vaters zu entziehen. Die Rute des Hirten fürchten sie, doch fürchten sie sich nicht davor, in die Zähne der höllischen Wölfe zu fallen! Weil sie nicht in der wahren Ordnung und im Leibe der Kirche, unter den Bischöfen und ihren Häuptern sein wollen, haben sie keine andere Bezeichnung verdient als „räudige Schafe ..."

## Adolescentia (1508)

### An die Lehrer, daß sie den Knaben nützliche Dinge beibringen

Leiht mir willig euer Ohr, ihr redlichen Lehrer der Knaben, und auch ihr, ihr hochberühmten Lehrer der Weisheit, die ihr das Verlangen habt, euere Schüler zu ihrem eigenen Heil, zum Wohl der Ihren und des ganzen Vaterlands zu unterrichten. Höret auf den Ausspruch Ciceros und befolgt sein Mahnwort getreulich: „Verwendet nicht zu viel Eifer und Mühe auf dunkle und schwierige Dinge, die dazu noch unnötig sind. Widmet vielmehr euere Mühe und Sorge schicklichen und wissenswerten Dingen und nicht ausschließlich solchen, die wir nur mit unserem Geiste erfassen." Denn nicht nur in den schwierigeren Lehren der Dialektik und der Geometrie, auch nicht nur in den sogenannten ersten und zweiten Zwecksetzungen sollen die Kinder und Kindeskinder nach dem Willen ihrer Eltern und Freunde unterrichtet werden. Sie sollen vielmehr auch zu solchen Studien angehalten werden, durch welche das Heil der Seelen, die Ehre Gottes und der Ruhm des Staates erzielt werden kann. Es sollen daher auch solche Unterrichtsstoffe behandelt werden, welche für die Durchführung öffentlicher Aufträge heilsam und nutzbringend sind. Aber auch bei den sonstigen Übungen in scharfsinnigen Untersuchungen sollt ihr, sooft sich die Gelegenheit darbietet, den empfänglichen Sinn der Knaben auf die Tugend, auf das Edle, auf die Verehrung des Herrn, auf die Furcht vor Tod und Gericht hinlenken, auf daß ihr nicht der Zahl derer beigesellt werdet, von denen der heilige Paulus sagt: „Die immerdar lernen und können nimmer zur Erkenntnis der Wahrheit kommen" (2. Tim. 3, 7). Seid also nicht die ganze Zeit hindurch von den Tagen der Jugend bis ins Mannesalter einzig und allein bemüht, beflissen und bekümmert um Spekulationen, unfruchtbare Vermutungen, Wortklaubereien, nicht allein um die Begriffe der Gattung und der Art und um die übrigen Allgemeinbegriffe. Euere Einsicht und euer Scharfsinn sollen von jenen allgemeinen Begriffen nicht so sehr in Anspruch genommen, bestrickt und beherrscht werden, als ob sich die christliche Religion auf ihnen aufbaute, als ob gerade an ihnen unser Glauben seine Stütze fände, als ob die Grundlage des Gottesdienstes und die Verehrung Unserer Lieben Frau gerade in den Universalien bestände, als ob alles Recht und alle Gerechtigkeit, als ob die Trefflichkeit der Gesetze und die Billigkeit der Urteile von ihnen abhinge, als ob das Studium aller Künste und Wissenschaften aus ihnen erwachse, als ob die Gesundheit des Leibes und der Seele, als ob die Verwaltung der Königreiche und der Fürstentümer, als ob das Wachstum der Staaten und die Sicherheit der Städte, als ob das Ansehen der Geistlichkeit und die Würde der Orden, als ob die Reformation der allgemeinen Kirche und der Schutz der römischen Kirche, als ob die Macht der Tugend und das Verderben des Lasters, als ob der

Ruhm des Friedens und die Vertreibung des Krieges, als ob die Eintracht der christlichen Fürsten, die Rache des Christenbluts und die Abwehr der Türken und der Feinde unserer Religion, als ob schließlich das Ziel des menschlichen Lebens und die Einrichtung der ganzen Welt in jenen Allgemeinbegriffen beruhte, bestände und begründet wäre!

## JOHANNES REUCHLIN († 1522)

Vor und neben Erasmus galt Johannes Reuchlin aus Pforzheim als der gelehrteste Humanist in Deutschland. Zielbewußt vertiefte er sich schon während seiner Studienjahre ins Griechische. Drei Italienreisen im Dienst der Herzöge von Württemberg eröffneten ihm den Zugang zur Renaissance. In Florenz lernte er Marsilio Ficino und Giovanni Pico della Mirandola († 1494) kennen. Von jüdischen Lehrern ließ er sich in der biblischen Ursprache, im Hebräischen, unterweisen, und in der Geheimwissenschaft der Kabbala meinte er gar die Urweisheit schlechthin zu erfassen. Das günstige Urteil über die jüdische Literatur, das er in einem Gutachten an den Kaiser niedergelegt hatte, verwickelte ihn in einen jahrelangen Prozeß mit der Inquisition, in dessen Verlauf die deutschen Humanisten zum erstenmal als geschlossene Kampftruppe gegen kirchliche Engherzigkeit und Rückständigkeit für Reuchlin eintraten. Reuchlin wurde zum Begründer der christlichen Hebraistik. Seine „Grundlagen des Hebräischen" (De rudimentis Hebraicis, 1506) waren von bahnbrechender, wegbereitender Bedeutung für das Studium des Alten Testaments, das von der Reformation zu neuem Leben erweckt werden sollte. Den Weg zur Reformation beschritt Reuchlin allerdings nicht. Er distanzierte sich von seinem Großneffen Melanchthon, den er selbst noch (1518) nach Wittenberg empfohlen hatte.

Lat. Text: Johannes Reuchlin, De rudimentis Hebraicis (1506).

Lit.: *M. Krebs* (Hg.), Johannes Reuchlin, 1455—1522 (1955); *J. Wille*, Johannes Reuchlin, Zeitschr. für die Geschichte des Oberrheins 76 (1922) 249—275.

## Vorwort und Nachwort
### zur hebräischen Grammatik (1506)

Nachdem ich, mein lieber Bruder Dionys, oftmals über den allgemeinen Verfall des Studiums der Heiligen Schrift nachgedacht habe, welche sowohl in vergangenen Jahren durch eine Fülle von Sophismen als auch jetzt ganz besonders infolge des Studiums der Beredsamkeit und der anmutigen Dichter nicht nur vernachlässigt, sondern von der Mehrzahl geradezu verachtet wird, kam mir schließlich ein geeignetes Hilfsmittel in den Sinn, das verhindern kann, daß die Heilige Schrift der Bibel eines Tages vielleicht ganz untergeht und zugleich damit der Zug unserer Seelen unter dem süßen Sang der Sirenen, von denen selbst ein Ulysses niemals etwas vernommen, zur Unterwelt führt. Auf die folgende Weise, meine ich, muß man dieser Gefahr begegnen: Da in unserem Geist — ich weiß nicht woher — eine Sehnsucht nach vielfacher Abwechslung angelegt ist, weshalb es das Sprichwort gibt: „Das Alltägliche gilt nichts", so wird es vor allen Dingen notwendig sein, daß die alte Würde der Heiligen Schriften in einer neuen, den lateinischen Lesern bisher unbekannten Gestalt wiederkehrt, damit wir, gelöst von der allzu großen Vertrautheit, welche ihre tägliche Lektüre mit sich bringt, eine neue und zugleich die ursprüngliche Redeweise in der Heiligen Schrift, so wie sie der Mund Gottes gesprochen hat, selbständig erfassen, nicht ohne Bewunderung für das unerhörte, jüngst neu erwachte Studium. Dann nämlich wird die allgemeine Verachtung aller Auslegungen ein Ende nehmen, wenn wir die Bibel des Alten Testaments selbst in ihrer Ursprache, der hebräischen Sprache, zu lesen und zu verstehen vermögen. Nichts anderes erstrebt die erste Unterweisung, die der allerhöchste Schöpfer der Dinge selbst unternommen hat. Das kann aber nicht geschehen, wenn wir nicht zuvor zu der besonderen Bedeutung der hebräischen Wörter und zu der wahren Beschaffenheit der Rede, aus deren Quelle jede Theologie entspringt, mit großer Lust und Begier vorstoßen. Obwohl der Unterricht hierin etwas für junge Schüler ist, so ist er doch keineswegs zu verachten, weil auf Grund dieser Lehre eine genauere Kenntnis entsteht, wie sie der Inhalt dieser Schriften mit sich bringt und die Gewöhnung an die hebräische Redeweise und die häufige Lektüre der ältesten Schriften bekräftigt. Im Gegenteil: wir müssen ihn wie das allerkostbarste Gut, nicht anders als unsere kleinen Kinder, hätscheln und mit beiden Armen umfassen. Nun werden überall in Italien hebräische Bibeln gedruckt, die sich jeder leicht für wenig Geld kaufen kann, doch hat sich keiner aus der ganzen Schar der Gelehrten bis auf den heutigen Tag dazu bereitgefunden, den Christen die hebräische Sprache zum Nutzen der heiligen Theologie nach Art der Grammatiker beizubringen, vielleicht weil unsere Vorfahren die große, meiner Meinung nach beinahe unendlich große Mühe gescheut haben, oder auch, weil sie meinten, es sei unter ihrer Würde, die höchsten Wissenszweige des Göttlichen und Menschlichen beiseite zu lassen und sich wie Schulmeister den Anfangsgründen der Schüler zuzuwenden. Darum habe ich mich, weil mich die Heilige Schrift jammerte und ich es bedauerte, daß die Gelehrten meiner Zeit noch länger die Kenntnis der hebräischen Sprache entbehren sollten, um ihretwillen, vielleicht allzu kühn, als allererster daran gewagt, diese schwere Last auf meine Schultern zu nehmen und mich zugleich dem Bellen bissiger Gegner — und nicht allein der jüdischen — auszusetzen ...

Das schreibe ich dir deswegen, mein wahrer Bruder, damit du weißt und oft bedenkst, unter welchem Aufwand an Mühe, Zeit und Kosten ich mir allein die Anfangsgründe der hebräischen Sprache angeeignet habe, die ich dir jetzt weit reichlicher weiterzugeben vermag, als ich sie empfing. Denn ich bin der einzige, der mit viel Fleiß und Eifer ein hebräisches Wörterbuch und andere Übungsstücke, wie du sie sehen wirst, verfaßt habe. Dabei dachte ich an die Unglücksfälle der Juden unserer Zeit, die nicht aus Spanien, nein, aus unserem Deutschland vertrieben und dazu gezwungen werden, sich andere Wohnsitze zu suchen und gar zu den Sarazenen auszuweichen, so daß es sein kann, daß bei uns die Kenntnis der hebräischen Sprache zum großen Schaden der Heiligen Schrift schließlich aufhört und ganz verschwindet. Daher habe ich mich im Blick auf die heilige Konstitution de magistris Papst Clemens' V. dazu entschlossen, für die Unterweisung der Christen in der hebräischen Sprache mit diesem Buch die Grundlagen zu legen. Das hat unter den Lateinern, wie mir scheint, vor mir noch niemand unternommen. Ich erhoffe mir dabei keinen geringen Dank und bei der Nachwelt, ohne Mißgunst gesagt, nicht ersterbenden Ruhm. Und so will ich das ganze Unternehmen mit Gottes Hilfe in drei Teilen ausführen: Der erste handelt von den Buchstaben, Silben und Wörtern bis zum Buchstaben K, der zweite von den Wörtern mit dem Anfangsbuchstaben L bis zum Schluß, der dritte enthält die Grammatik und ihre Einübung; der Titel lautet: „Grundlagen des Hebräischen" (de rudimentis Hebraicis), denn ich habe diese Bände nicht für die bereits Gelehrten, sondern für die Anfänger und Schüler verfaßt. Später werde ich, so Gott will, die höheren Kenntnisse vermitteln, welche zur Erforschung der Geheimlehre des Pythagoras und der Kunst der Kabbala dienlich sind, aber durchaus nur von demjenigen verstanden werden können, der hebräische Vorkenntnisse besitzt. Dabei möchte ich aber mit Recht hoffen, die Studierenden der christlichen Religion werden diese „Grundlagen des Hebräischen" statt aus der Hand der Juden lieber aus deiner, eines Priesters, Hand entgegennehmen und von mir, der ich dir ganz ergeben bin, die wir beide Christen sind und von christlichen Eltern, Georg und Elisa Reuchlin, Bürgern der Stadt Pforzheim, stammen. Ich ermahne dich also, mein lieber Dionys, gib dieses Buch an viele fähige und fleißige Menschen weiter zum Lobe und Ruhme Gottes des Allerhöchsten und zum Nutzen der Heiligen Schrift, zugleich auch zur Einleitung in die entlegensten Künste und in die älteste Philosophie der Heiden, damit weithin bekannt, von Herzen geliebt und innig

gepriesen werde der heilsame Name des höchsten
Gottes, hochgelobt in Ewigkeit . . .

＊

  Damit bin ich am Ende meiner Lehre, du aber, sofern du klug bist, nicht am Ende des Lernens, denn
kein Besitz ist größerer Ehren wert als die Lehre, doch
muß die ehrenwerteste diejenige sein, welche sich mit
den höchsten, wunderbaren Dingen befaßt, wie zum
Beispiel diese meine „Grundlagen", welche dir und
durch dich allen Freunden der geheimen Philosophie,
wenn auch schulmäßig, den Weg zur Erforschung der
tiefsten Wissenschaften eröffnen. Dieser meiner Meinung pflichtet ein gewichtiger Zeuge bei, jener vornehme, edle Graf des römischen Reiches, der Philosoph Johannes Picus von Mirandula, der in seinen
Konklusionen sagt: „Wer die Ordnung der hebräischen Sprache gründlich und mit der Wurzel einhält
und sie in den Wissenschaften entsprechend anzu-
wenden weiß, besitzt Norm und Regel zur vollkommenen Auffindung alles Wißbaren." Und der heilige Hieronymus spricht zu Paula von Rom über das hebräische
Alphabet die Worte: „Was gibt es Heiligeres als dieses
Heiligtum? Was Lieblicheres als die Lust des Heiligtums? Welche Speise, welcher Honig ist süßer als die
Weisheit, Gott zu kennen und in seine verborgenen
Abgründe einzudringen?" Darum sucht Rabbi Moses
ben Nachman von Gerona zu Beginn seines Kommen-
tars zur Genesis in langer Darlegung zu beweisen, daß
König Salomo alle Ergüsse seiner Weisheit aus den
Schriften des Pentateuchs geschöpft habe.
  Liebster Dionys, in früheren Jahren, als du noch ein
Knabe warst, habe ich dich nicht ohne große Kosten
mit einem Präzeptor zum Studium der griechischen
Sprache aus dem Schwabenland über die Alpen nach
Florenz geschickt, damit du zwei Jahre lang als flei-
ßiger Tischgenosse und Gast bei dem hochheiligen
Georg Vespucci wohnen und täglich den Angelus
Politianus, Marsilius Ficinus, Demetrius Chalkondy-
las und die übrigen besten Philosophen hören konn-

502

test. Und nun glaube ich es dieser deiner Würde schuldig zu sein, daß du jetzt als Priester auch noch Hebräisch lernst, zumal unsere Juden teils aus Mißgunst, teils aus mangelnder Kenntnis sich weigern, einen Christen in ihrer Sprache zu unterrichten, und zwar auf Grund der Autorität eines Rabbi Ami, der im Talmud Chagiga folgendes sagt: „Die Worte des Gesetzes sollen keinem Heiden erklärt werden, denn es steht geschrieben: ‚Er zeigt Jakob sein Wort, Israel seine Sitten und Rechte. So tut er keinen Heiden'" (Ps. 147, 19). Uns aber ist im Stande der Gnade ein anderes Gebot gegeben (Mt. 10, 27): „Was ihr hört in das Ohr, das prediget auf den Dächern." Das will ich auch tun, und ich bitte dich, das gleiche zu tun. Und darum gedenke meiner, mein Gott, und sei mir gnädig nach der Fülle deiner Barmherzigkeit. Amen.

„Exegi monumentum aere perennius" [1] am 7. März im Jahre 1506.

[1] „Errichtet hab' ich ein Denkmal, dauerhafter als Erz" (Horaz).


## ULRICH VON HUTTEN († 1523)

Zum Vorkämpfer des national gestimmten deutschen Humanismus wurde der fränkische Reichsritter Ulrich von Hutten. Nach seiner Flucht aus dem Kloster Fulda (1505) studierte er an verschiedenen Universitäten Deutschlands und Italiens, um dann seine meisterhafte lateinische Dichtkunst in den Dienst einer reichstreuen, romfeindlichen Publizistik zu stellen. Nacheinander ergriff er für Kaiser Maximilian, für Reuchlin, für die Reichsritterschaft und für Luther Partei gegen den Papst und „die Kurtisanen". Eine Zeitlang ließ sich Hutten von dem Reformprogramm des Erasmus beeindrucken, verzweifelte aber bald an dessen Hoffnung auf eine allmähliche, friedliche Verbesserung der Verhältnisse in Reich und Kirche allein durch Verbreitung der humanistischen Bildung. An der Abfassung der satirischen „Dunkelmännerbriefe" (Epistolae obscurorum virorum) zur Unterstützung Reuchlins war Hutten führend beteiligt, und mit der Veröffentlichung von Vallas Schrift über die Konstantinische Schenkung (1518) erregte er das größte Aufsehen. Seit der Leipziger Disputation (1519) erblickte Hutten in Luther den kommenden Mann und trat mit scharfgeschliffenen lateinischen und deutschen Schriften auf die Seite der Reformation. Nach dem Scheitern der geplanten gewaltsamen Reichsreform durch Franz von Sickingen (1522) fand Hutten, von Erasmus in Basel schmählich abgewiesen, schwer erkrankt Zuflucht bei Zwingli. Erst 36jährig, starb er auf der Insel Ufenau im Zürichsee.

Dt. Übersetzung: (Epigramme) Ulrich von Huttens Jugenddichtungen ... übersetzt ... und hg. von *Ernst Münch* (1838) 312 f., 329, 357, 359; (Dunkelmännerbrief): Briefe von Dunkelmännern an Magister Ortuin Gratius aus Deventer, übers. von *W. Binder* (1885) 250—255.

Lit.: *H. Holborn,* Ulrich von Hutten (1929); *G. Ritter,* Ulrich von Hutten und die Reformation, in: Die Weltwirkung der Reformation (2. Aufl. 1959).

### Epigramme an Kaiser Maximilian I.
#### (zwischen 1512 und 1518)

##### Auf Papst Julius II.

Julius, der Krieger, erschüttert die Welt, die zum Grimm
    er gereizt hat,
Friedlichen Fürsten dringt mordende Waffen er auf.
Welschland schafft er Geschosse, in Deutschland
    facht er den Kampf an,
Er ist's, der um die Ruh', störend, Iberien bringt.
Auch die verwegenen Franken bewegt der nämliche
    Wahnsinn,
Und die Fackel ergreift selbst der Venediger Macht.
Von der äußersten Insel erregt er die blonden Britannen,
Zum gemeinsamen Mord nahen die Schotten in Wehr.
Wo bleiben die Türken? Ach, den unentschuldbaren Krieg
Schmiedet ein einziger Mensch zum Verderben der Welt!
Alle bewaffnet ein einziger Mensch und treibt in den
    Kampf sie,
Er bewirkt, daß der Staat rettungslos gehet zugrund.
Tod ergreifet die Schafe Christi, Verwirrung den Schafstall,
Und aus dem offenen Gang brechen die Wölfe hervor.
Seine Wut nur entriegelt die Pforten des friedlichen Janus,
Seine Furie füllt alles von neuem mit Blut.
Diesem, wie er auch war (und gewiß war er nicht gut!),
    vertrauten
Wir unseren Schafstall, unsere Herde wir an!

Ja, wir haben ihn unter dem Namen des Hirten und Priesters
Selber zum König gesetzt über die sämtliche Welt!
Räuber und höllische Brut aus giftgeschwängertem Samen,
Dies ist die Weise, wie du Christo und Petro nun folgst?


### Über den Zustand Deutschlands

Wann doch kommt es dahin, daß Deutschlands Augen
  sich öffnen
Und es erkenne, wie Rom sich's zur Beute gemacht?
Wann doch kommt es dahin, daß um Gold man
  bleierne Bullen
Anderen Völkern vielleicht, nur nicht dem deutschen,
  verkauft?
Oder wird so wie jetzt dein Deutschland, mächtiger Kaiser,
Immer ein Spott nur sein für das beraubende Rom?
Nein! Das Szepter des Reichs und seine Stadt Rom, der
  Welt Hauptstadt,
Ist (in Wahrheit gesagt — Wahrheit red'
  ich nur —) dein!


## Epigramme an Crotus Rubeanus

### Über den Zustand Roms (1516)

Also sah ich sie denn, Roms halbzertrümmerte Mauern,
Wo mit dem Heiligen man selber den Gott auch verkauft.
Sah den erhabenen Priester, o Freund, mit dem heiligen Rate,
Und Kardinäle geschart, prächtig in schleppendem Zug.
Schreiber so viel und Troß von überflüssigen Menschen,
Die mit den Pferden zugleich wallend der Purpur bedeckt.
Tätig die einen in schandbarem Werk, die anderen leidend,
Unter dem heiligen Schein frönend der wildesten Lust.
Andre sodann, die selbst auch den Schein des Guten
  verschmähen
Und mit erhobener Stirn Sitte verhöhnen und Zucht,
Welche mit Lust und mit Vollmacht schlecht sind, ach,
  und in deren
Joch das teutonische Volk leider so willig sich fügt.
Sie handhaben Verbot und Erlaubnis, schließen und öffnen,
Und wie es ihnen beliebt, teilen den Himmel sie aus.
Römerinnen und Römer nicht mehr! Voll Üppigkeit alles,
Alles, wohin du auch blickst, voll der verworfensten Lust.
Und das alles in Rom, wo Curius einst und Metellus

Und Pompejus gelebt, o der veränderten Zeit!
Drum dem Verlangen entsage, mein Freund, nach der
heiligen Roma:
Römisches, welches du suchst, findest in Rom du nicht mehr.


### Von den jetzigen Römern

Heiliges sprechen die Väter zu Rom, doch das
Schlechteste tun sie,
Manche aber sprechen nichts Gutes noch tun sie es je.
Stets nur führen sie Religion und Christus im Munde,
Aber das Kreuzesbild lieget zu Boden, ist feil.
Täglich vermehrt sich das Erbgut Petri, des dürftigen Fischers,
Und es schleudert der Papst mächtige Blitze nach uns.
Purpur hüllet ihn ein vom Scheitel herab zu den Füßen,
Sprich, der zur Seite du folgst, geht es wohl einfach hier zu?
Doch wenn nicht alles mich trügt — und nie kann alles
uns trügen —
Birgt sich in jenem Gewand gar ein gewaltiger Wolf.


### Ein „Dunkelmännerbrief" (1517)

*Bruder Otto Flaschenklirrer an Magister Ortuin Gratius*

Mein andächtiges Gebet anstatt des Grußes, verehrungswürdiger Mann, wie Ihr mir schreibt, wir Theologen hätten alle Gott dem Allmächtigen dafür zu danken, daß die Theologie jetzt so in Blüte steht und es in allen Teilen Deutschlands eine Menge gelehrter Theologen gibt und alle Menschen, Herren und Knechte, Vornehme und Bauern, ihnen große Ehre erweisen, sie „Unsere Magister" nennen und die Hüte und Barette mit den Worten vor ihnen ziehen: „Ich empfehle mich Eurer Vortrefflichkeit, unser ausgezeichneter Herr Magister!" Daß, wenn einer unserer Magister über die Straße geht, er wie ein Fürst verehrt wird. Und das mit Recht. Denn unsere Magister sind wie die Apostel Gottes. So schreibt Ihr mir große Dinge in Eurem Brief!

Allein, ich muß Euch widersprechen, indem ich feststelle: Das mag wohl in Köln so sein, anderswo aber nicht. Namentlich hier in meiner Heimat genießen unsere Magister aus dem Ordensstande keine Achtung;

die Kanoniker und Adligen sehen gar sehr auf sie herab. Dagegen genießen die Weltgeistlichen noch Ehre und stehen in Ansehen. Mir erscheint dies sehr unwürdig, denn die Ordensmitglieder sollten stets den ersten Platz einnehmen, da sie doch in eigentlicherem Sinne Geistliche sind, und was das Himmlische betrifft, steht der Mönch immer über dem Weltgeistlichen. Die Ordensgeistlichen sind so recht dazu geschaffen, die Ehre Gottes und seiner heiligen Mutter, der allzeit gebenedeiten Jungfrau, wie die Ehre aller Heiligen, Märtyrer, Bekenner usw. in göttlichen Lobgesängen laut zu verkünden. Darum erscheint es mir als ein großer Irrtum, daß die Menschen den Weltgeistlichen jetzt mehr Ehre erweisen als den Mönchen. Auch fangen die Theologen aus der Weltgeistlichkeit in den höheren Stellen an, stolz zu werden, und treten den Mönchen gewissermaßen feindlich gegenüber, während sie doch viel mehr an der Welt hängen und dadurch um so weiter vom Himmelreich entfernt sind. Denn Ihr wißt doch, daß Christus sagt: „Ihr, die ihr mir nachgefolgt seid, werdet sitzen auf Stühlen und richten die zwölf Geschlechter Israels." Die Ordensgeistlichen aber haben all ihr Hab und Gut verlassen und die Welt verachtet, darum sind sie dem Himmelreich am nächsten.

Verzeiht, daß ich Euch so von den Theologen aus der Weltgeistlichkeit schreibe, da Ihr doch selbst auch einer seid, aber zu Köln ist das anders, da ist man diensteifrig und ehrerbietig gegen die Mönche. Und Ihr selbst seid, was den Glaubenseifer anlangt, auch ein Mönch, denn in Köln sagtet Ihr einmal zu mir: „Herr Otto, ich glaube, daß ich noch ein Mönch aus Eurem Orden werde, denn ich habe große Neigung dazu." Darum schreibe ich Euch in so vertraulichem Tone. Denn es mißfällt mir sehr, daß manche Theologen unter den Weltgeistlichen jetzt so stolz sind, wie hier Dr. Johannes Reiß, der Domprediger in unserer Stadt ist. Er steht in großen Ehren, und die Kanoniker und Adligen lieben ihn alle sehr, weil er ihnen gute Worte zu geben versteht. Gegen die Mönche aber scheint dieser Doktor gar sehr eingenommen zu sein.

Und einer sagte zu mir, daß er überhaupt einen eigentümlichen Weg einschlage und weder Albertist noch Scotist, weder Occamist noch Thomist sei, und wenn ihn jemand frage: „Vortrefflicher Herr Doktor, welchen Weg geht Ihr?", so antworte er: „Den Weg Christi." Auch lacht er, wenn die Doktoren der Theologie sich „unsere Magister" nennen. Ebenso hält er von den Mönchen nicht viel und meint, man brauche, um selig zu werden, keine Kutte anzuziehen, sondern könne es auch auf andere Weise, denn Gott sehe nicht auf die Kleidung. Darin erscheint er mir als ein Ketzer, denn er ist unehrerbietig gegen die Mönche und heiligen Väter. Er hat auch eine besondere Art und Weise zu predigen und wirft nicht wie die anderen spitzfindige Fragen auf, formuliert keine Gegenbeweise, die er hinterher wieder auflöst, um Folgerungen daraus abzuleiten, sondern geht einfach immer auf seinem Weg fort. Ich wundere mich daher, daß man seine Predigten gern hört, denn er ist doch kein kunstgerechter Prediger.

Daß er den Mönchen nicht günstig gesinnt sei, davon konnte ich mich durch zwei Vorkommnisse überzeugen: das eine Mal, als Ihr Kölner gemeinsam mit unserem Orden jenen löblichen Streit mit Johannes Reuchlin anfingt. Da brachte ich ihm einen Zettel mit dem Mandat gegen Johannes Reuchlin, daß dessen Buch verbrannt und er selbst zum Widerruf gezwungen werden solle. Da sagte ich zu ihm, wie es mir von unserm Provinzial aufgetragen worden war: „Vortrefflichster Herr Magister, hier hat Euer Vortrefflichkeit ein Mandat, daß Reuchlin ein Ketzer ist und daß sein Buch verbrannt werden soll, Ihr wollt es daher von der Kanzel verkündigen, und dabei bitten wir Euch, Ihr wollet Euch wider genannten Ketzer auf unsere Seite stellen." Darauf las er das Mandat und sagte: „Ich sehe hier weiter nichts als ein Mandat, daß der ‚Augenspiegel' bis zum Urteil und Austrag der Sache nicht öffentlich verkauft werden darf. Daß Reuchlin ein Ketzer sein soll, ersehe ich daraus nicht." Ich erwiderte, daß das daraus zu entnehmen sei, daß der Verkauf seines Buches verboten sei, und bat ihn, unserer

Sache auf der Kanzel doch auf alle Fälle das Wort zu reden. Da entgegnete er: „Laßt mich in Frieden! Ich bin hier, um das Wort Gottes auszusäen, und darf niemand zum Ärgernis Anlaß geben, denn es steht geschrieben: ‚Was ihr einem dieser Geringsten tut, usw.‘" So konnte ich es nicht erreichen, daß er die Sache des Glaubens unterstützte. Als nämlich der Bruder Jakob (von Hochstraten) aus unserm Orden hier war und den Ablaß verstreute, den wir zu Rom für das Augsburger Kloster erwirkt hatten, bat er auch obgenannten Dr. Reiß, er wolle diesen Ablaß auf der Kanzel lobend erwähnen und die Frauen und andere Personen auffordern, Geld in den Kasten zu tun, da es für einen guten Zweck gegeben werde. Dieser aber ließ ihn reden, soviel er wollte, und bequemte sich nicht, auch nur ein Wort von dem Ablaß zu sagen. Einmal sagte der Bruder Jakob zu ihm: „Sieh da, Ihr seid neidisch, daß wir Geld sammeln dürfen. Wir werden es jedoch sammeln, selbst wenn Euch das Herz darüber brechen sollte." Ein andermal sagte er auf der Kanzel: „Hier habt ihr Ablaß und Ablaßbriefe, was in diesen geschrieben steht, das ist so wahr und glaubwürdig wie das Evangelium, und wenn ihr diese Ablässe kauft, seid ihr genauso absolviert, wie wenn Christus selbst gekommen wäre und euch losgesprochen hätte." Dagegen aber erhob Dr. Reiß Widerspruch, indem er sagte: „Mit dem Evangelium kann nichts verglichen werden, und ‚Wer recht handelt, geht recht von dannen'. Wenn einer gleich hundertmal jene Ablässe kauft und nicht rechtschaffen lebt, wird er verloren sein, und die Ablässe werden ihm nichts helfen. Wenn jemand im Gegenteil aber rechtschaffen lebt oder, wenn er Sünden begangen hat, diese bereut und sein Leben bessert, so verheiße ich ihm, daß er ein Glied des Himmelreichs sein und keiner anderen Hilfe bedürfen wird."

Und so habe ich wahrgenommen, daß dieser Dr. Reiß ein Feind der Ordensgeistlichen ist. Auch scheint er mir ein Gönner des Johannes Reuchlin zu sein, doch weiß ich das nicht gewiß. Seht deshalb zu, was da zu sagen ist. Daß in Köln die Theologen in hohen

Ehren stehen und die Weltgeistlichen mit den Mönchen dort fest zusammenhalten, gebe ich gerne zu, allein hier ist es nicht so. Doch hoffe ich, daß sich, wenn man erst mit Reuchlin fertig geworden ist, die Theologen gegenseitig freuen werden. Das verleihe uns unser eingeborener Erlöser! Amen. — Gegeben zu Würzburg.

## Erasmus von Rotterdam († 1536)

Das neidlos anerkannte, von Gelehrten und Fürsten mit Ehrungen überhäufte, hochberühmte Haupt des europäischen Humanismus war Erasmus von Rotterdam († 1536). Bei den Brüdern vom Gemeinsamen Leben erzogen, wurde Erasmus Augustinerchorherr und Priester, fühlte sich aber zum Literaten berufen. Über seinen humanistischen Studien in Paris (1495) zerfiel er mit der Scholastik. Durch den englischen Humanisten John Colet († 1519), einen Schüler Ficinos, ließ er sich für den christlich-platonischen Humanismus gewinnen, dem er durch das Studium der Bibel und der Kirchenväter Tiefe und Weite, durch seine von der *Devotio moderna* geprägte Frömmigkeit die persönliche Note gab. Ein kleiner Kosmos in sich, verkörperte Erasmus Antike und Christentum in eigenartiger, einmaliger Synthese. Überzeugt von der grundsätzlich guten Naturanlage des Menschen, erblickte er seine wissenschaftliche Lebensaufgabe darin, seinem Zeitalter die Grundsätze der *philosophia Christi,* der von Christus vorgelebten Tugendlehre der Bergpredigt, nahezubringen. Er wollte die *Restitutio Christianismi,* die umfassende Reform der Christenheit, durch die sittliche Bildung der einzelnen Christen erreichen. Diesem Ziel dienten seine verschiedenartigen, weitverbreiteten Schriften, sein „Handbüchlein des christlichen Streiters" (Enchiridion militis Christiani, 1503) ebensowohl wie die satirischen „Vertrauten Gespräche" (Colloquia familiaria, 1518), von deren Inhalt und Form die Zeitgenossen gleichermaßen entzückt waren. Im „Lob der Torheit" (1511) erscheint die von geistreichen Einfällen nur so überschäumende Kritik an den törichten, abergläubischen Lehren und Gebräuchen der Kirche, an den bornierten und so weltfremd verstiegenen Scholastikern und an den rohen, barbarischen Mönchen ergänzt durch den Hinweis auf die andere, tiefere „Torheit" des Kreuzes Christi, des Wan-

dels der Christen und der christlichen Hoffnung auf Seligkeit.
Der *Restitutio Christianismi* sollte auch die erste griechische
Ausgabe des Neuen Testaments (1516) mit ihren Vorreden
dienen. Sie wurde grundlegend für die Bibelwissenschaft der
Reformation. Doch nicht allein hierdurch, vielmehr als Lehrer
und geistiges Vorbild der ganzen zukunftsfrohen Generation
der Gebildeten Europas, die sich unter seiner Führung von
dem kirchlichen System ihrer Zeit gelöst oder doch distanziert
hatten, wurde Erasmus zum einzigartigen Wegbereiter der
Reformation. Zur Zeit seines größten Ruhms und Einflusses,
am Beginn der Reformation, war er es, von dem sie wenn
nicht die Reform selbst, so doch die entscheidende Weisung
erhofften. Vor die Wahl gestellt, vermied er jedoch den
Bruch mit der Kirche, mit der sich der Kern seiner Theologie
noch eher zu vertragen schien als mit der Theologie der
Reformation. Viele seiner Schüler traten der Reformation bei.
Auf eigene Weise haben Zwingli und Melanchthon sein Erbe
mit der Reformation verschmolzen.

Übersetzung (Handbüchlein) nach: *Walther Köhler*, Desi-
derius Erasmus (1917) 39 f., 42 ff., 47 f., 56, 58, 74—82 und
*W. Welzig,* Erasmus von Rotterdam, Enchiridion (1961); (Lob
der Torheit) nach: Erasmus, Auswahl aus seinen Schriften
von *Anton Gail* (1948) 202—205, 225—229, 233 ff., 264 f., 266 f.,
271 ff.; (Vorreden) nach *Köhler,* 146—149, 151, 155 f., 157 f.,
160 f., 163 ff., 175 f.; (Evangeliumsträger) nach *Gail,* 411,
414—417, 418, 420.

Lit.: *A. Auer,* Die vollkommene Frömmigkeit des Christen
nach dem Enchiridion militis Christiani des Erasmus von
Rotterdam (1954); *H. Bornkamm,* Erasmus und Luther, in:
Das Jahrhundert der Reformation (2. Aufl. 1965) 36—55;
*Johan Huizinga,* Erasmus (1924), Neuauflage 1958; *E. W.
Kohls,* Die Theologie des Erasmus (1966); *P. Mestwerdt,* Die
Anfänge des Erasmus, Humanismus und Devotio moderna
(1917); *G. Ritter,* Erasmus und der deutsche Humanistenkreis
am Oberrhein (1937).

## Aus dem Handbüchlein
### des christlichen Streiters (1503)

#### Allgemeine Regeln des wahren Christentums

Erste Regel: Gegen das Übel der Unwissenheit.
Da der Glaube die einzige Türe zu Christus ist, so
muß es die erste Regel sein, über Christus und die

von seinem Geist überlieferten Schriften die rechte
Kenntnis zu haben. Dein Glaube darf nicht, wie gemeinhin beim Christenvolk, auf den Lippen liegen,
kalt, schläfrig, zaghaft sein, er muß vielmehr von
ganzem Herzen kommen und fest und unverrückt im
Inneren sitzen, daß jeder Buchstabe in der Heiligen
Schrift ohne Ausnahme gar sehr zu deinem Heil dient.
Es darf dich nicht stören, daß du ein gut Teil Menschen so leben siehst, als wären Himmel und Hölle
Altweiberfabeln oder Droh- oder Lockmittel für Kinder. Bleibe fest in deinem Glauben. Und wäre die
ganze Welt auf einmal verrückt, die Elemente wan-
delten sich, die Engel fielen ab: Die Wahrheit kann
nicht lügen. Was Gott vorhergesagt hat, muß sich erfüllen. Glaubst du an Gottes Existenz, so mußt du
auch an seine Wahrhaftigkeit glauben. Sei überzeugt,
nichts ist so wahr, so sicher und unzweifelhaft zu
hören, zu sehen oder zu greifen wie die Schriften,
welche die Gottheit, die Wahrheit, eingegeben, die heiligen Propheten kundgetan, viele Märtyrer mit ihrem
Blut besiegelt, Tausende von frommen Menschen viele
Jahrhunderte hindurch einmütig bestätigt haben, welche
Christus selbst in seiner Menschheit überliefert und in
seinem Wandel zum Ausdruck gebracht hat, welche
von Wundern bekräftigt und selbst von den Teufeln
geglaubt werden, die vor ihnen erzittern (Jak. 2, 19).
Schließlich stimmen sie mit dem Gleichmaß der Natur
überein, sind unter sich einhellig, packen, reißen mit
und wandeln diejenigen um, die sie aufmerksam lesen.
Wenn so viele Beweise allein auf sie zutreffen, welcher Wahnwitz wäre es, am Glauben zu zweifeln!
Schließe aus der Vergangenheit auf die Zukunft! Was
hatten die Propheten nicht von Christus vorausgesagt,
fast Unglaubliches! Alles ist eingetreten. Wer hier
nicht trog, sollte sonst trügen? Schließlich haben die
Propheten nicht gelogen, und Christus, der Herr der
Propheten, sollte lügen? Wenn du durch solche Über-
legungen die Glaubensflamme entfacht hast, so bitte
Gott inständig, er möge dir den Glauben mehren —
es würde mich wundern, wenn du lange schlecht sein
könntest. Denn wer ist so verrucht, daß er nicht vor

dem Laster zurückschreckt, wenn er nur fest glaubt, daß man mit kurzem Vergnügen wegen der unglückseligen Gewissenspein auch ewige Marter erkauft, daß hingegen den Frommen für die kurze und leichte Anfechtung die hundertfältige Freude eines reinen Gewissens und endlich unsterbliches Leben zuteil wird?

Zweite Regel: Erstens darfst du an den göttlichen Verheißungen nicht zweifeln, sodann mußt du den Heilsweg nicht zögernd, nicht furchtsam, sondern festen Entschlusses, von ganzem Herzen, in gutem Vertrauen und sozusagen wie ein Schwertkämpfer betreten, bereit, für Christus Gut und Leben dahinzugeben. Der Träge will und will doch wieder nicht. Nicht den Trägen wird das Reich Gottes zuteil, vielmehr will es offenbar Gewalt leiden, „und die Gewalttätigen reißen es an sich" (Mt. 11,12). Eilst du ihm nach, so dürfen dich nicht die Zuneigung zu deinen Lieben, keine Verlockungen der Welt, keine häuslichen Sorgen zurückhalten. Das Band mit der Welt muß zerschnitten werden, entknoten kann man es nicht...

Dritte Regel: ...Alle Schrecken und Gespenster, die dir von Anfang an gleichsam am Rand des Höllenschlundes entgegentreten, achte für nichts, wie Äneas bei Vergil...Das Menschenleben an sich ist voll von tausend Sorgen, es trifft Gute und Böse in gleicher Weise. Das alles aber wird dir zu einer Fülle von Verdienst, wenn es dich auf der Bahn Christi trifft, im anderen Fall ist die Mühseligkeit größer, ohne doch einen Nutzen zu schaffen...

Vierte Regel: ...Christus sei das einzige Ziel deines ganzen Lebens, all dein Streben, dein Wollen, dein Tun und Lassen richte auf ihn! Unter Christus darfst du aber nicht ein bloßes Wort verstehen, vielmehr nichts anderes als Liebe, Einfalt, Geduld, Reinheit, kurz: alles, was er gelehrt hat...

Fünfte Regel: ...Zwei Welten wollen wir uns vorstellen, die geistige und die sichtbare. Die geistige können wir auch „Welt der Engel" nennen, in welcher Gott mit den seligen Geistern wohnt, die sichtbare Welt sind die himmlischen Sphären und was sie umschließen. Der Mensch steht gleichsam als dritte Welt

in der Mitte und nimmt an beiden Welten teil, an der
sichtbaren dem Leibe nach, an der unsichtbaren der
Seele nach. In der sichtbaren Welt dürfen wir, da wir
Pilger sind, nicht ausruhen, vielmehr muß man alles
Sinnliche in geeigneter Vergleichung entweder auf
die Engelwelt oder, was noch besser ist, auf die mo-
ralischen Wahrheiten und auf das, was ihnen im Men-
schen entspricht, beziehen ... Kurzum: Alle leiblichen
Empfindungen müssen seelisch verstanden werden.
Darin beruht also der Weg zu einem geistlichen und
vollkommenen Leben, daß wir uns allmählich lossagen
von der Welt dessen, was nicht wahrhaft ist, sondern
zum Teil zu sein scheint, was es nicht ist, wie zum
Beispiel schändliche Lust, weltliche Ehre, oder zum
Teil zerfließt und zunichte wird, und daß wir zum
Ewigen, Unveränderlichen, Echten entrückt werden ...
Was soll also der Christ tun? Soll er die Gebote der
Kirche nicht befolgen? Soll er die ehrenwerten Traditionen der Vorfahren verachten? Soll er die frommen
Gewohnheiten verdammen? Im Gegenteil: Wenn er
ein schwacher Christ ist, wird er sie halten, als seien
sie notwendig, ist er aber stark und vollkommen, so
wird er sie um so mehr halten, um nicht durch sein
Wissen dem schwachen Bruder Ärgernis zu geben und
ihn zu töten, für den Christus gestorben ist. Jenes
muß man tun, dies soll man nicht lassen. Leibliche
Werke werden nicht verdammt, aber die unsichtbaren
haben den Vorzug. Der sichtbare Gottesdienst wird
nicht verdammt, aber Gott wird nur durch unsichtbare
Frömmigkeit versöhnt. Gott ist Geist und will geistige
Opfer. Schlimm ist es, wenn Christen nicht wissen,
was schon ein heidnischer Dichter wußte, der von der
Frömmigkeit sagte: „Ist Gott ein Geist, wie uns künden die Lieder, so wisse das eine: Rein sei dein Geist,
wie Gott heischt, willst du verehrend ihm nahn!" —
Laßt uns den Verfasser nicht verachten, mag er auch
ein Heide oder unbedeutend gewesen sein! Der Satz
selbst ist eines großen Theologen würdig und, soweit
ich sehe, kennt ihn jeder, aber wenige nur verstehen
ihn, obwohl alle ihn lesen. Er hat aber die Bedeutung:
Gleiches wirkt auf Gleichartiges ...

514

Sechste Regel: ... Ein Herz, das nach Christus verlangt, muß vom Tun und Denken der Menge möglichst abweichen und nur in Christus das Vorbild seiner Frömmigkeit erblicken. Wer von diesem Urbild auch nur einen Finger breit abweicht, verläßt den rechten Weg und gerät auf Abwege ...

Siebente Regel: Sind wir noch zu jung und schwach, jene Geisteshöhe zu erreichen, so müssen wir uns doch Mühe geben, um ihr möglichst nahe zu kommen ... Je mehr du in der Liebe zu Christus zunimmst, desto mehr wirst du die Welt hassen. Je mehr du das Unsichtbare bewunderst, desto mehr vergehen die flüchtigen Dinge des Augenblicks. Man soll, was Fabius für die Bildung rät, auch in der Tugend beherzigen: sogleich nach dem Besten streben! Erreichen wir das infolge unserer Fehler nicht, so sollen wir wenigstens in gewisser Menschenklugheit uns von großen Lastern fernhalten und uns, soweit es möglich ist, für Gottes Güte bewahren ... Sind wir noch zu schwach, um den Aposteln, Märtyrern oder Jungfrauen nachzufolgen, so sollen wir es doch nicht zulassen, daß uns die Heiden in dieser Rennbahn vorauseilen ...

Achte Regel: Wenn der Sturm der Anfechtungen allzu häufig und schwer auf dich einfällt, so sei nicht sogleich unzufrieden mit dir, als ob deshalb dein Gott nicht für dich sorgte oder als wärst du zu wenig fromm oder nicht vollkommen genug. Danke vielmehr Gott, daß er dich zum künftigen Erben erzieht, wie seinen geliebten Sohn schlägt, als Freund prüft. Wenn jemand durch keine Anfechtungen bekümmert wird, so ist das der beste Beweis, daß ihn die göttliche Barmherzigkeit verworfen hat.

Neunte Regel: Wie kluge Feldherren auch im Frieden auf der Wache stehen, so wache auch du stets und schau aus nach dem kommenden Angriff des Feindes ...

Zehnte Regel: Der Versucher wird am besten so vertrieben: entschlossen das Herz von ihm abwenden, sofort gleichsam ausspucken, sobald er sich mit seinen Einflüsterungen naht, inbrünstig beten, von ganzem

Herzen sich einer heiligen Beschäftigung zuwenden, mit Worten der Schrift dem Versucher antworten, wie oben gesagt. Sehr wertvoll ist es dabei, gegen Versuchungen aller Art bestimmte Sprüche bereitzuhaben, besonders solche, die dich einmal innerlich stark bewegt haben.

Elfte Regel: Bei frommen Menschen besteht eine doppelte Gefahr: einmal, daß sie in der Versuchung unterliegen, sodann, daß sie nach dem Sieg in Trost und geistlicher Freude übermütig werden. Damit du nun nicht nur vor dem Schrecken der Nacht, sondern auch vor dem Dämon des Mittags sicher bist, so blicke, wenn dich der Feind zu schmählichem Tun reizt, nicht auf deine Schwäche, sondern denke daran, daß du in Christus alles vermagst, der nicht nur zu den Aposteln, sondern auch zu dir und zu allen, auch seinen geringsten Gliedern, gesprochen hat: „Seid getrost, ich habe die Welt überwunden" (Joh. 16, 33). Wiederum, wenn du dich nach der Überwindung des Versuchers oder über ein frommes Werk innerlich erfreut fühlst, so hüte dich erst recht, etwas deinen Verdiensten zuzuschreiben, vielmehr nimm alles als Geschenk der gütigen Gnade Gottes an und dränge dich gelöst ganz mit den Worten des Paulus zurück: „Was hast du, das du nicht empfangen hättest?" (1. Kor. 4, 7) . . .

Zwölfte Regel: Wenn du mit dem Feinde kämpfst, darf es dir nicht genügen, seinen Schlag abzuwehren oder auch ihn zurückzuschlagen, vielmehr mußt du seinen Spieß tapfer packen, ihn auf den Schützen zurückwerfen und ihn mit seiner eigenen Waffe töten. Das wird der Fall sein, wenn du, zum Bösen gereizt, nicht nur nicht sündigst, sondern vielmehr Anlaß nimmst zur Tugend . . .

Dreizehnte Regel: Kämpfe immer mit der Absicht und Hoffnung, als wäre der Streit dein letzter, falls du glücklicher Sieger bleibst. Denn möglicherweise schenkt die göttliche Güte deiner Tugend auch den Lohn, daß der einmal schmählich besiegte Feind niemals wieder dich angreift . . .

Vierzehnte Regel: Hüte dich, eine Sünde zu verachten, als wäre sie leicht. Kein Feind siegt häufiger als der verachtete. Ich habe die Erfahrung gemacht, daß sich manche Menschen darin elend getäuscht haben...

Fünfzehnte Regel: Schreckt dich die Mühsal, die man beim Kampf mit den Anfechtungen erleiden muß, so gibt es dagegen ein Mittel: nicht die Beschwerde des Kampfes mit der Lust der Sünde vergleichen, vielmehr die gegenwärtige Bitterkeit des Kampfes mit der künftigen Bitterkeit der Sünde, die denjenigen trifft, der sich besiegen ließ, und sodann die gegenwärtige Süßigkeit der Sünde, die dich reizt, mit der künftigen Süßigkeit des Sieges und der Ruhe des Gewissens, die dem tapfer Kämpfenden zuteil wird...

Sechzehnte Regel: Hast du einmal eine tödliche Wunde empfangen, so wirf nicht sogleich Schild und Waffen fort und ergib dich dem Feinde... Sind wir in Sünde gefallen, so sollen wir nicht nur nicht verzweifeln, sondern es vielmehr den tapferen Soldaten gleichtun, welche nicht selten die Furcht vor der Schande und der Schmerz ihrer Wunde nicht allein vor der Flucht bewahrt, sondern zu noch tapfererem Kampfe als zuvor reizt und befähigt...

Siebzehnte Regel: Doch gegen die immer wieder verschiedenen Angriffe des Versuchers gibt es immer wieder verschiedene Mittel: Aber das einzigartige, unter allen wirksamste Mittel gegen jede Art von Unglück und Anfechtung ist das Kreuz Christi: Es ist den Strauchelnden ein Vorbild, den Leidenden eine Erquickung und den Kämpfern eine Rüstung. Es ist die eine Waffe gegen alle Pfeile des Bösen...

Achtzehnte Regel: Ist dieses Mittel des Kreuzes auch weitaus das allerbeste, so mag es doch denen, die auf dem Wege zum Leben schon etwas fortgeschritten, aber doch noch zu schwach sind, auch förderlich sein, wenn sie sich beim Reiz zur Sünde sofort vor Augen stellen, wie häßlich, wie abscheulich und verderblich die Sünde ist, andererseits, wie groß die Menschenwürde...

Neunzehnte Regel: Sodann vergleiche die beiden untereinander so verschiedenen Meister Gott und den Teufel. Den einen machst du dir durch deine Sünde zum Feind, den anderen zum Herrn. Durch Unschuld und Gnade wirst du in die Zahl der Freunde Gottes berufen, aufgenommen in das Recht und Erbe der Kinder. Durch die Sünde aber wirst du zum Knecht und Sohn des Teufels...

Zwanzigste Regel: Wie die Meister verschieden sind, so auch ihr Lohn: ewiger Tod und unsterbliches Leben. Gibt es etwas Verschiedenartigeres als den ewigen Tod und das ewige Leben; ohne Ende das höchste Gut genießen in Gemeinschaft der Himmelsbürger und ohne Ende aufs grausamste gequält werden in der unglücklichen Gemeinschaft der Verdammten!... Aber auch ganz davon abgesehen, zeitigen schon hier in diesem Leben Frömmigkeit und Gottlosigkeit ihre ganz verschiedenen Früchte. Aus jener erntet man die ruhige Sicherheit des Geistes und jene selige Freude eines reinen Herzens. Wer sie einmal geschmeckt hat, möchte sie um kein Gut und keine Lust dieser Welt eintauschen...

Einundzwanzigste Regel: Bedenke auch, wie mühselig und flüchtig das Leben ist, wie überall der Tod lauert, der uns packt, wenn wir es nicht ahnen. Und wenn nun niemand auch nur für einen Moment seines Lebens sicher ist, wie gefährlich ist es dann, das Leben noch weiter fortzuführen, das dich, wenn dich, wie es häufig geschieht, ein plötzlicher Tod überfällt, in ewiges Verderben bringt...

Zweiundzwanzigste Regel: Sodann mußt du immer die Unbußfertigkeit fürchten. Sie ist das schlimmste Übel. Du mußt bedenken, wie wenige aus der großen Schar sich wahrhaft und von ganzem Herzen von ihren Sünden bekehren...


## Lob der Torheit (1511)

...Dieses Zeichens sind zweifellos ganz und gar die Liebhaber lügenhafter Wunder und Weissagungen, ob sie nun bereitwillige Zuhörer oder Verbreiter sind. Sie sind unersättlich, wenn irgendwo Schauergeschichten von Erscheinungen, Totengeistern, Gespenstern, Abgeschiedenen und tausenderlei Wundern dieser Art berichtet werden. Je unwahrscheinlicher sie sind, um so bereitwilliger werden sie geglaubt und um so angenehmer juckt und kitzelt es in ihren Ohren. Das alles eignet sich nicht nur zum Zeitvertreib, sondern dient sogar dem Gelderwerb, besonders bei Geistlichen und Predigern. Ihnen verwandt sind jene, die sich mit Freuden einer törichten Einbildung hingeben und überzeugt sind, sie könnten an dem Tag, an dem sie einen Blick auf eine Statue oder ein Bild des Polyphem Christophorus geworfen haben, nicht sterben, oder sie würden heil aus der Schlacht heimkehren, wenn sie die Statue der Barbara mit einer Gebetsformel bedacht hätten, oder es würde einer schnell reich, wenn er sich an bestimmten Tagen mit den üblichen Wachslichtern und Anrufungen an den Erasmus wendet. Aus Georg haben sie gar einen Herakles gemacht und haben sich einen neuen Hippolytos geschaffen. Sein Pferd haben sie voll Ehrfurcht mit Brustschmuck und Knöpfen geziert und beten es nicht nur an, sondern suchen ihn noch mit einer neuartigen Ehrung zu gewinnen: Bei seinem ehernen Helm zu schwören, gilt als ausgesucht vornehm!

Was soll ich noch von jenen sagen, die sich mit trügerischem Ablaß in Sicherheit wiegen und die Fegefeuerstrafen gleichsam mit der Wasseruhr mathematisch genau und untrüglich nach Jahrhunderten, Jahren, Monaten, Tagen und Stunden abmessen? Oder was soll man von den Liebhabern *magischer Sprüche* und Gebetchen sagen, die irgendein frommer Betrüger aus Neigung oder Gewinnsucht ersonnen hat und von denen sie sich Reichtum, Ehre, Vergnügen, Überfluß, bleibende Gesundheit, langes Leben, blühendes Alter und einen Vorzugsplatz droben bei Christus versprechen? ... Hierher gehört doch auch, daß jede Landschaft ihren besonderen Heiligen für sich in Anspruch nimmt und die Heiligen für besondere Fälle ihre besonderen Wirkungen haben: Dieser hilft gegen den Zahnschmerz, jener wirkt als Geburtshelfer, wieder ein anderer schützt gegen Schiffbruch oder bewacht die Herde. Ähnlich ist es bei den übrigen. Denn es würde zu weit führen, alles aufzuzählen. Manche helfen in vielerlei Lagen, besonders die Jungfrau und Gottesgebärerin, von der die Menschen im allgemeinen fast mehr halten als von dem Sohn. Was sucht man aber bei diesen Heiligen anderes als törichtes Zeug? Habt ihr jemals unter den zahllosen Weihegeschenken, von denen ihr manche Kirche so voll seht wie die Bundeslade, jemand gesehen, der nicht außer Fassung geriet, der auch nur um einen Deut weiser wurde? ... So wimmelt das gesamte Leben der Christenheit auf Schritt und Tritt von solchem Aberwitz. Die Priester selbst gestatten und fördern das ohne Anstand. Wissen sie doch allzu gut, wie sehr ihnen hier der Weizen blüht ...

Die Theologen sollte man füglich mit Schweigen übergehen und diesem Kraut „Rührmichnichtan" aus dem Wege bleiben. Dieses hochmütige und reizbare Geschlecht könnte mir leicht mit sechshundert Konklusionen geschlossen auf den Leib rücken und mich zum Widerruf zwingen, dessen Verweigerung mich in den Geruch der Ketzerei brächte. Sie drohen nämlich unversehens mit dem Bannstrahl, wem sie nicht gewogen sind. Obwohl sonst keiner seine Verbindlichkeit gegen mich widerwilliger zugibt, stehen auch sie nicht wenig in meiner Schuld. Sie sonnen sich in ihrer Eigenliebe wie im dritten Himmel und blicken aus ihrer erhabenen Höhe voll Verachtung und Mitleid auf alle anderen Sterblichen wie auf kriechendes Gewürm herab. Sie verschanzen sich mächtig hinter ihren meisterlichen Definitionen, Konklusionen, Korrollarien und expliziten und impliziten Propositionen und sind so wenig um Ausflüchte verlegen, daß nicht einmal die Netze des Vulkans ihre Begriffsbestimmungen fesseln könnten. Mit ihnen zerschneiden sie alle Knoten, wie man es mit dem berühmten Beil von Tenedos nicht besser könnte, so strotzen sie von neuen Wortprägungen und Ungeheuerlichkeiten des Ausdrucks, vor allem, wenn sie die tiefen Geheimnisse nach ihrem Gutdünken auslegen, wie zum Beispiel das Weltall gestaltet und eingerichtet ist, durch wen jener Schandfleck der Erbsünde auf die Nachwelt gekommen ist, von welchem Augenblick an im Leibe der Jungfrau Christus wirklich vorhanden war, wie in der Eucharistie die Akzidenzien ohne Substanz bleiben. Doch das sind noch allbekannte Dinge. Etwas anderes scheint ihnen großer und, wie sie sagen, erleuchteter Theologen würdig. Sobald die Rede auf solche Dinge kommt, werden sie wach: Ob es einen Augenblick gibt in der göttlichen Zeugung, ob in Christus mehrere Sohnwerdungen sind, ob der Vordersatz möglich ist: „Der Vater haßt den Sohn", ob Gott die Substanz eines Weibes, eines Teufels, eines Esels, eines Kürbis oder eines Kieselsteins hätte annehmen können, sodann, wie der Kürbis etwa gepredigt, wie er Wunder gewirkt hätte und ans Kreuz wäre zu schlagen gewesen, was Petrus konsekriert hätte, wenn er zur selben Zeit konsekriert hätte, als der Leib Christi am Kreuz hing, ob Christus zur selben Zeit hätte Mensch genannt werden dürfen, und ob nach der Auferstehung Essen und Trinken erlaubt sein werden, da wir uns schon jetzt vor Hunger und Durst hüteten. Zahllos sind die Spitzfindigkeiten, die noch nichtiger sind als diese, die Instanzen, Notionen, Relationen, Formalitäten, Quidditäten, Haecceitäten, die niemand sehen kann, er sei denn ein solcher Lynkeus, daß er auch im tiefsten Dunkel sieht, was nirgendwo ist. Dazu gehören noch jene Sentenzen, die so widerspruchsvoll sind, daß die sogenannten Paradoxa der Stoiker im Vergleich dazu höchst einfach und alltäglich erscheinen. Da heißt es zum Beispiel, es sei ein geringeres Vergehen, tausend Menschen umzubringen, als nur einmal an einem Sonntag einem Armen den Schuh zusammenzunähen. Der Untergang der ganzen Welt mit all ihrem Essen und ihrer Kleidung sei, wie sie sagen, eher zu verantworten als eine einzige, noch so unbedeutende Lüge. Das Auftreten so vieler Scholastiker macht diese unaussprechlichen Spitzfindigkeiten noch spitzfindiger, so daß man sich eher aus einem Labyrinth herauswindet als aus dem Gewebe der Realisten, Nominalisten, Thomisten, Albertisten, Occamisten und Skotisten. Dabei habe ich noch nicht einmal alle, sondern nur die auffallendsten erwähnt. So viel mühselige Bildung ist zu allen diesen Dingen erforderlich, daß die Apostel wohl einen anderen Geist brauchten, wenn sie mit dem neuen Theologengeschlecht darüber disputieren wollten. Paulus konnte zwar den Glauben vorleben, hat aber offenbar wenig meisterlich definiert, als er sagte, „der Glaube ist die Substanz der Dinge, die wir erhoffen, das Beweismittel dessen, was nicht sichtbar ist" (Heb. 11,1). So gut er die Liebe vorgelebt hat, so wenig dialektisch definiert er sie im 13. Kapitel des ersten Korintherbriefs ... Immer wieder weisen die Apostel auf die Gnade hin, unterscheiden aber nirgendwo zwischen der unverdient empfangenen und der wohlgefällig machenden Gnade. Sie mahnen zu guten Werken, kennen aber noch nicht den Unterschied zwischen wirkendem und bewirktem Werk. Bei jeder Gelegenheit prägen sie das Gebot der Liebe ein, kennen aber keine eingegebene neben einer erworbenen Liebe und erörtern nicht, ob sie ein Akzidens ist oder eine Substanz, ein geschaffenes oder ungeschaffenes Ding ...

Ihr Glück teilen jene, die sich gemeinhin Religiosen und Mönche nennen. Diese Bezeichnungen sind allerdings grundfalsch, da die meisten unter ihnen von Religion gar nichts an sich haben und niemand überall häufiger zu finden ist als sie. Ich könnte mir keine jämmerlichere Lage denken, wenn ich ihnen nicht nach Kräften unter die Arme griffe. Alle Welt verwünscht sie und sucht sogar einer zufälligen Begegnung abergläubisch auszuweichen, trotzdem erheben sie sich selbst in den Himmel. Zunächst halten sie es für den Inbegriff frommen Wandels, die Bildung bis zur Unkenntnis des Lesens zu vernachlässigen. Wenn sie dann ihre Psalmen genau abgezählt, aber ohne Verständnis, mit eselhaftem Stimmaufwand in der Kirche herunterleiern, meinen sie das Ohr der Gottheit mit reicher Lust zu umschmeicheln. Manche sind unter ihnen, die großspurig Schmutz und Bettelhaftigkeit zur Schau stellen, an den Türen mit wehleidigem Gewinsel um Brot bitten, aber in keiner Kneipe oder Kutsche und in keinem Fährboot fehlen und auf die anderen Bettelbrüder mit höchster Verachtung herabsehen. So führen uns die liebsten Menschen mit ihrem Schmutz, ihrer Unwissenheit, ihrer Tölpelhaftigkeit und Unverschämtheit nach ihrer Meinung ein apostolisches Leben vor Augen. Das Köstlichste an ihnen ist aber, daß sie alles genau nach Vorschrift tun, als ob sie mathematische Formeln zu Gebote hätten, deren Mißachtung sie als Sünde betrachten. Und man achtet ängstlich darauf, wie viele Knoten die Sandale haben muß, welche Farbe die Bänder, welche Unterschiede die Kleidung aufzuweisen hat, aus welchem Stoff und wie viele Halme breit der Gürtel sein muß, welche Form die Kutte und wieviel Scheffel Inhalt sie fassen muß, wieviel Daumen die Tonsur breit sein und wie viele Stunden man schlafen muß ... Sie suchen weniger die Übereinstimmung mit Christus als die Unterscheidung voneinander. Daher tun sie sich viel auf ihre Ordensnamen zugute. Da lassen sich manche mit Behagen „Strickträger" nennen, und unter diesen heißen wieder einige Coleter, andere Minoriten, wieder andere Minimi, andere Bullisten; wieder andere Benediktiner, Bernhardiner, Brigidenser, Augustiner, Wilhelmiten und Jakobiten, als ob es zu wenig wäre, Christen zu heißen. Die meisten pflegen ihre besonderen Zeremonien und ihr Menschenwerk an Traditionen so ängstlich, daß ein einziger Himmel unmöglich so viel Verdienst würdig belohnen kann. Sie denken gar nicht daran, daß Christus alles andere geringschätzt und die Beobachtung seines Gebotes verlangt, der Liebe nämlich ...

Jetzt will ich aber endlich auf Paulus zurückkommen. „Willig", sagt er, „ertragt ihr die Narren" (2. Kor. 11, 19) und spricht dabei von sich selbst. Und wiederum: „Nehmt mich als einen Narren!" Und: „Ich spreche nicht im Sinne des Herrn, sondern gleichsam in Narrheit" (2. Kor. 11, 17). — „Wir sind", sagt er, „Narren um Christi willen" (1. Kor. 4, 10). Ihr hört, von welch hervorragendem Autor hier die Torheit hoch gepriesen wird. Empfiehlt der gleiche Apostel die Torheit nicht geradezu als überaus lebensnotwendig und heilsam...?

Beweist das folgende nicht eindeutig, daß alle Menschen töricht sind, auch die Frommen? Ist nicht Christus selbst, der doch die Weisheit des Vaters ist, auf eine gewisse Art zum Toren geworden, um die Menschheit von ihrer Torheit zu erretten, und menschliche Gestalt annahm und an Gebärden wie ein Mensch erfunden war? So ist er auch zur Sünde geworden, um die Sünden zu tilgen. Er wollte sie aber nicht anders tilgen als durch die Torheit des Kreuzes, durch die einfältigen und ungebildeten Apostel. Ihnen legt er beständig die Torheit ans Herz und warnt sie vor der Weisheit, wenn er sie auf das Beispiel der Kinder, der Lilien, des Senfkorns und der winzigen Sperlinge verweist, die doch alle stumpf und gefühllos sind und frei von Arglist und Sorge leben, allein von der Natur geführt. Ja, er verbietet ihnen jede Art von Sorge, wie sie wohl vor den Großen sprechen sollten, er untersagt ihnen das Forschen nach Zeit und Gelegenheit, vielleicht, damit sie nicht auf ihre eigene Klugheit bauten, sondern ihre Sache ganz auf ihn stellten. In diesem Sinne auch warnt Gott, der Schöpfer der Welt, die Menschen, nicht vom Baum der Erkenntnis zu essen, als ob die Erkenntnis für das Glück Gift sei. Paulus verwirft die Erkenntnis unverblümt als aufgeblasen und gefährlich...

Die christliche Religion hat allem Anschein nach eine gewisse Verwandtschaft mit der Torheit und recht wenig mit der Weisheit gemein. Wollt ihr die Beweise dafür haben, dann richtet euer Augenmerk zunächst einmal auf die Kinder, Greise, Frauen und einfältigen Seelen, die mehr als alle anderen ihre Freude an heiligen und religiösen Dingen haben und deshalb, wie von der Natur getrieben, immer in unmittelbarer Nähe der Altäre sind. Zudem seht ihr ja auch, daß jene ersten Glaubensboten in ihrer unverbrüchlichen Einfalt heftige Gegner der Wissenschaft waren. Schließlich gibt es wohl keine besesseneren Narren als diejenigen, welche die Inbrunst christlicher Frömmigkeit einmal ganz erfaßt hat: Sie verschleudern ihre Habe, ertragen Ungerechtigkeiten, lassen sich hintergehen, machen keinen Unterschied zwischen Freund und Feind, die Lust ist ihnen zuwider, sie haben ihr Genügen am Hunger, an Nachtwachen, Tränen und Mühsal und Schmähungen. Sie hassen das Leben und wünschen sich einzig nur den Tod, kurz: Sie scheinen jedes Gefühl für gesunden Menschenverstand eingebüßt zu haben, als ob ihr Geist woanders lebte, nicht in ihrem Körper. Was ist denn das anderes als Unverstand, Verrücktheit? Um so weniger erstaunlich mag es sein, wenn die Apostel „voll süßen Weines" erschienen und Paulus dem Richter Festus zu rasen schien.

Doch da wir uns einmal ins Löwenfell gekleidet haben, wollen wir auch noch beweisen, daß die Seligkeit der Christen, die sie unter so vielen Mühen erstreben, nichts anderes ist als eine Art Verrücktheit oder Torheit. Nehmt an den Worten keinen Anstoß und überlegt lieber die Sache! ...

Das wird noch deutlicher erkennbar, wenn ich meinem Versprechen gemäß in Kürze beweise, daß jenes höchste Entzücken nichts anderes ist als eine Art Verrücktheit. Bedenket also an erster Stelle, wie schon Platon etwas Ähnliches geträumt hat, als er schrieb, die Liebesraserei sei das Allerseligste. Denn wer heftig liebt, lebt schon nicht mehr in sich, sondern in dem Gegenstand seiner Liebe. Je weiter er von sich selbst ausgeht und in jenen eingeht, desto größer und größer wird seine Freude. Wenn die Seele von dem Körper scheiden will und ihre Werkzeuge nicht recht gebraucht, so wird man ohne Zweifel von Raserei sprechen können. Was soll es denn sonst heißen, was man allgemein sagt: „Er ist nicht bei sich" und „Komm zu dir!" und „Er hat sich gefaßt"? Je vollkommener die Liebe ist, um so heftiger und seliger ist die Raserei. Wie wird also das himmlische Leben beschaffen sein, nach welchem die frommen Seelen mit solchem Eifer seufzen? Als überlegener Sieger wird der Geist den Körper aufzehren, und er wird es um so leichter tun, weil er den Körper im Leben schon längst auf diese Verwandlung hin geläutert hat, dann aber wird auch der Geist von jenem höchsten Geist auf wunderbare Weise aufgezehrt, da dieser ja unendlich mächtiger ist. Wenn so schon der ganze Mensch außer sich ist und nur selig werden kann, wenn er außer sich ist, erfährt er etwas Unaussprechliches von dem höchsten Gut, das alles an sich zieht. Immerhin wird diese Seligkeit erst dann vollkommen zuteil, wenn die Seelen ihren früheren Körper wieder empfangen haben und Unsterblichkeit genießen. Da aber das Leben der Frommen nur die immerwährende Betrachtung und gleichsam der Schatten jenes Lebens ist, verspüren sie gelegentlich schon einen Geschmack oder Hauch jener Belohnung. Obwohl das nur ein winziges Tröpflein ist im Vergleich zur Quelle der ewigen Seligkeit, übertrifft es doch bei weitem alle Lust des Körpers, auch wenn man alle Köstlichkeiten der Welt zusammennimmt. So hoch steht das Geistige über dem Körperlichen, das Unsichtbare über dem Sichtbaren. Das ist es, was der Prophet verheißt: „Kein Auge hat es gesehen und kein Ohr gehört, und in keines Menschen Herz ist es gedrungen, was Gott bereitet hat denen, die ihn liebhaben" (1. Kor. 2, 9). Das ist auch der Teil der Maria, der ihr nicht genommen wird im Wandel der Dinge, sondern zur Vollendung gebracht wird. Diejenigen, welche das fühlen durften — es wird aber ganz wenigen zuteil —, erleiden etwas, was der Entrückung sehr nahekommt, sprechen unzusammenhängende Worte und machen sich nicht nach Menschenart, sondern ohne Sinn bemerkbar, wobei sie unvermittelt den Gesichtsausdruck völlig wechseln. Bald sind sie erregt, bald niedergeschlagen, bald weinen, bald lachen, bald seufzen sie. Kurz gesagt: Sie sind ganz außer sich. Wenn sie wieder zu sich kommen, wissen sie nicht, wo sie gewesen sind, ob im Körper, ob außerhalb des Körpers oder im Schlaf. Sie erinnern sich nur nebelhaft und wie nach einem Traum, was sie gehört, gesehen, gesagt und getan haben, und wissen nur so viel, daß sie in tiefster Seligkeit waren, als sie so entrückt waren. Darum bedauern sie es auch, daß sie wieder zur Besinnung

gekommen sind, und möchten am liebsten auf immer
in solcher Verrücktheit von Sinnen sein. Und doch
ist das nur ein dürftiger Vorgeschmack der künftigen
Seligkeit...

## Aus den Vorreden zum Neuen Testament (1516)

### Ermahnung

...In allen übrigen Disziplinen, die menschlicher
Fleiß hervorgebracht hat, ist nichts so verborgen und
versteckt, was der Scharfsinn des Geistes nicht erforscht, nichts so schwer, was nicht harte Arbeit erobert hätte. Warum aber beschäftigen wir uns mit
dieser einen Philosophie nicht so, wie wir sollten,
obwohl wir uns doch schon durch unseren Christen-
namen zur Heerschar Christi bekennen? Die Platoni-
ker, Pythagoräer, Akademiker, Stoiker, Zyniker, Peri-
patetiker, Epikuräer kennen die Lehren ihrer Sekte
genau oder wissen sie sogar auswendig, sie kämpfen
für sie und wollen eher sterben, als die Fahne ihres
Meisters verlassen. Warum haben wir nicht vielmehr
eine solche Gesinnung gegenüber unserem Meister
und Haupt Christus? Wer fände es nicht sehr abscheulich, wenn ein Jünger der aristotelischen Philosophie nicht wüßte, was Aristoteles über die Ursache des Blitzes, den Urstoff, das Unbegrenzte gedacht hat — Dinge, deren Kenntnis keinen glücklich,
deren Unkenntnis keinen unglücklich macht. Und wir,
die wir so vielfach Christus geweiht und durch so
viele Sakramente Christus verbunden sind, wir halten es nicht für Schimpf und Schande, seine Lehren
nicht zu kennen, die das gewisseste Glück für alle
vermitteln...?

Warum denken wir nicht alle so: Es muß eine neue
und wunderbare Art von Philosophie sein, um deren
Verkündigung willen Gott Mensch wurde, der Un-
sterbliche ein Sterblicher, der im Herzen des Vaters
Weilende sich auf die Erde herabließ. Was auch immer es sein mag, es muß etwas Großes und keineswegs Alltägliches sein, was uns jener bewunderns-

werte Meister nach so vielen trefflichen Philosophenschulen, den vielen glänzenden Propheten auf Erden lehren wollte. Warum suchen wir hier nicht in frommer Neugierde alle Einzelheiten kennenzulernen, zu erforschen und zu untersuchen? Zumal man diese Art von Weisheit, die so hervorragend war, daß sie einst die ganze Weisheit dieser Welt zur Torheit machte (1. Kor. 1, 20), aus diesen wenigen Büchern wie aus den klarsten Quellen mit viel geringerer Mühe schöpfen kann als aus den vielen dornenreichen Bänden und den unübersehbaren, noch dazu einander widersprechenden Kommentaren die aristotelische Lehre, ganz abgesehen von ihrem größeren Nutzen. Denn es bedarf hier nicht vieler strenger wissenschaftlicher Kenntnisse. Das Wegegeld ist einfach und für jedermann bereit. Bring nur ein frommes, williges Herz mit und einen einfachen, reinen Glauben! Du mußt nur lernen wollen, so hast du schon viel in dieser Philosophie erreicht. Sie selbst gibt dir den Heiligen Geist zum Lehrer, der sich am liebsten einfältigen Herzen mitteilt. Die Disziplinen jener Philosophen verheißen nicht nur ein falsches Glück, durch die Schwierigkeit der Gebote schrecken sie auch viele ab. Diese hingegen paßt sich allen in gleicher Weise an, sie unterwirft sich dem Kleinen, fügt sich in ihr geringes Maß, nährt sie mit Milch, trägt, hegt und pflegt sie und tut alles, bis wir groß werden in Christus. Sie steht zwar den Geringen bei, aber sie ist auch für die Höchsten bewundernswert. Ja, je mehr du dich in ihre Schätze vertiefst, desto mehr fördert dich ihre Majestät. Den Kleinen ist sie klein, den Großen mehr als übergroß. Kein Alter, kein Geschlecht, keine Stellung, keine Lage verschmäht sie. Die Sonne scheint nicht so allgemein für alle wie die Lehre Christi. Keinen hält sie fern, außer denjenigen, der sich selbst mißgünstig fernhält.

Ich bin ganz und gar nicht der Meinung derer, die nicht wünschen, daß die Heilige Schrift von Laien in der Volkssprache gelesen werde, so, als ob Christus so dunkel gelehrt hätte, daß ihn kaum die wenigen Theologen verstehen, oder als ob die christliche Religion ihren Schutz darin hätte, daß man sie nicht kennt! Vielleicht ist es besser, die Geheimnisse von Königen zu verbergen, doch Christus will, daß seine Geheimnisse möglichst weit bekannt werden. Ich wünschte, alle Frauen läsen das Evangelium, läsen die paulinischen Briefe. Wenn sie doch in alle Sprachen übersetzt wären, so daß nicht nur die Schotten und Iren, sondern auch die Türken und Sarazenen sie lesen und verstehen könnten! Der erste Schritt ist es freilich, sie irgendwie kennenzulernen. Mögen viele darüber lachen, aber doch einige gewonnen werden! Möge doch der Bauer hinter dem Pflug davon singen, der Weber zu seinen Fäden etwas davon summen, der Wanderer sich mit solchen Geschichten die Langeweile des Weges verkürzen! Mögen sich doch die Gespräche aller Christen darum drehen...!

...Wenn wir daher wahrhaft von Herzen Christen sind, wenn wir wirklich glauben, er sei uns vom Himmel gesandt, um uns zu lehren, was die Weisheit der Philosophen uns nicht lehren konnte, wenn wir wirklich von ihm erwarten, was auch die reichsten Fürsten nicht schenken können, warum ist uns dann etwas ehrwürdiger als seine Schriften? Warum erscheint uns dann etwas gelehrt, was von seinen Geboten abweicht? Warum erlauben wir uns bei diesen anbetungswürdigen Schriften ebensoviel — fast hätte ich gesagt: noch mehr —, als was sich die profanen Ausleger mit den kaiserlichen Gesetzen oder medizinischen Büchern erlauben, so daß wir alles, was uns vor den Mund kommt, kommentieren, verdrehen, verhüllen, als handele es sich um etwas Lächerliches? Warum beziehen wir die himmlischen Dogmen wie eine Norm auf unser Leben und schleppen, um nur ja den Schein geringen Wissens zu meiden, noch den ganzen profanen Wissensstoff hinzu, und die Hauptsache in der christlichen Philosophie verderben wir vielleicht nicht gerade, aber wir beschränken sie doch zweifellos auf wenige Menschen, eine Sache, die doch nach Christus die allgemeinste sein sollte? Diese Philosophie beruht mehr auf dem

Willen als auf Syllogismen, sie ist mehr Leben als Disputation, mehr Begeisterung als Bildung, mehr Lebensverwandlung als Vernunft. Gelehrt sind allenfalls einige wenige Menschen, aber Christ sein kann jeder, fromm sein kann jeder, ja, kühn will ich noch sagen: Theologe kann jeder sein. Leichter geht nunmehr allen ein, was im höchsten Maß der Natur gemäß ist. Was ist aber die Philosophie Christi, die er selbst „Wiedergeburt" nennt (Joh. 3, 3), anderes als Erneuerung der gut erschaffenen Natur? Obwohl das keiner so unbedingt, keiner so wirksam gelehrt hat wie Christus, kann man doch sehr vieles, was mit seiner Lehre übereinstimmt, in den Schriften der Heiden finden.

Wir alle, die wir in der Taufe auf Christi Worte geschworen haben, sollen, wenn es ein ernster Eid gewesen sein soll, unter den Liebkosungen der Eltern und den Schmeichelworten der Ammen mit den Lehren Christi erfüllt werden. Denn was das kleine, ungebildete Seelchen zuerst in sich eingesaugt hat, das sitzt am tiefsten und haftet am besten. „Christus" soll das erste Kindeslallen sein, aus seinen Evangelien soll die erste Kindheit sich formen. Ich wünschte, er würde von Anfang an so behandelt, daß auch die Kinder ihn liebhaben. Denn wie strenge Lehrer es dahin bringen, daß die Kinder die Buchstaben hassen, noch ehe sie sie kennen, so gibt es Leute, welche die Philosophie Christi zu einer traurigen, verdrießlichen Sache machen, während es doch nichts Lieblicheres gibt als sie. Dann aber sollen sie sich studierend mit ihm beschäftigen, bis sie in stillem Fortschritt heranwachsen zu einem Mann, stark in Christus. Bei anderen Studien tut einem oft die darauf verwendete Mühe leid, und häufig kommt es vor, daß diejenigen, welche zur Verteidigung ihrer Entscheidungen ihr ganzes Leben hindurch bis zum Tode gekämpft haben, noch im Tod ihrem Meister untreu werden. Doch selig der, den der Tod bei der Betrachtung dieser Schriften ereilt!

Laßt uns also alle von ganzem Herzen nach ihnen verlangen, sie umfangen, mit ihnen beständig umgehen, sie liebkosen, im Vertrauen auf sie schließlich sterben und ihnen gleichgestaltet werden, da ja die Studien zur Gestaltung des Lebenswandels führen. Wer das nicht erreichen kann — doch wer kann es nicht, wenn er nur will? —, soll sie wenigstens verehren wie den Schrein jenes göttlichen Herzens. Zeigt jemand eine Fußspur von Christus, wie fallen die Christen vor ihr nieder, wie beten sie sie an! Doch warum verehren wir nicht lieber sein Leben atmendes Bild in diesen Schriften? Stellt jemand den Rock Christi aus, wer läuft nicht bis ans Ende der Erde, um ihn küssen zu können? Und doch: Sollte man auch Christi ganzen Hausrat aufbieten können: Nichts vergegenwärtigt Christus deutlicher und wahrer als die evangelischen Schriften. Ein Christusbild aus Holz oder Stein schmücken wir aus Liebe zu ihm mit Edelsteinen und Gold. Wie sollten sie nicht vielmehr den Schmuck von Gold und Edelsteinen oder von noch Kostbarerem verdienen, die uns Christus viel greifbarer darstellen als irgendwelche Bildchen. Denn das Bild gibt ja, wenn überhaupt, nur die Figur seines Leibes wieder, doch sie stellen dir das lebendige Bild seines heiligen Sinnes dar, Christus selbst, wie er redet, heilt, stirbt, aufersteht, ja, sie machen ihn so vollkommen gegenwärtig, wie du ihn mit deinen leiblichen Augen nicht sehen könntest.

*Einführung*

... Wir müssen zu dieser nicht stoischen oder aristotelischen, sondern ganz himmlischen Philosophie ein himmlisch gesinntes Herz mitbringen, das ihrer würdig ist, das nicht nur rein ist von allen Fehlern, sondern auch ruhig und gelöst von jeglicher Unruhe der Begierden, damit in uns wie in einem stillen Strom oder in einem glänzenden Spiegel das Bild jener ewigen Wahrheit um so klarer widerleuchtet. Denn wenn Hippokrates von den Seinen heilige, reine Sitten fordert, wenn Julius Firmicus zur abergläubischen Sternkunst keinen von Gewinn- oder Ruhmsucht verdorbenen Geist zuläßt, mit wieviel größerem Recht müssen wir zur Schule oder besser: zum Tempel dieser göttlichen Weisheit mit dem reinsten Herzen herantreten! Höchster Lerneifer muß da sein. Diese unvergleichliche Perle darf nicht auf alltägliche Weise oder nur neben anderen Dingen geliebt werden! Sie fordert ein verlangendes Herz, das nur nach ihr verlangt. Wer nun diese heilige Schwelle betreten will, sei fern von jedem Hochmut, fern von jener der Wahrheit schädlichen Pest: der Gier nach Ruhm, fern von Eigensinn, dem Vater des Streits, ferner noch von blindem Unverstand. Wenn du eine heilige Stätte der Andacht betrittst, so küßt du alles, betest alles an und hast heilige Scheu vor allem, als wäre die Gottheit überall. Vergiß nicht, das noch viel andächtiger zu tun, wenn du dieses Allerheiligste des göttlichen Geistes betreten willst. Was dir zu schauen vergönnt wird, das küsse gebückt, was dir nicht vergönnt wird und verschlossen bleibt, bete doch von ferne an und verehre es! Fern sei von dir alle unfromme Wißbegier! Gewisse Geheimnisse wirst du vielleicht gerade deshalb zu schauen verdienen, weil du dich selbst ehrfurchtsvoll von ihrem Anblick zurückgehalten hast. Das sei dein einziges, alleiniges Ziel, dein Wunsch und Bestreben, verwandelt, entrückt, begeistert und dem gleichgestaltet zu werden, was du erfährst. Die Seelenspeise ist erst dann nützlich, wenn sie nicht im Gedächtnis, gleichsam wie im Magen, verbleibt, sondern wenn sie ins Wollen und bis in die innersten Teile des Geistes übergeht. Nicht dann darfst du glauben, etwas gelernt zu haben, wenn du scharfsinniger disputieren kannst, sondern erst dann, wenn du merkst, daß du ein anderer Mensch wirst, weniger stolz, weniger jähzornig, weniger lebenslustig, wenn täglich etwas von deinen Fehlern abfällt und dir ein Stück Frömmigkeit zuwächst!

Was nun die Schriften betrifft, mit deren Hilfe wir besser dahin gelangen, so muß man in erster Linie drei Sprachen lernen, Lateinisch, Griechisch, Hebräisch, denn die ganze geheimnisvolle Schrift ist bekanntlich in diesen Sprachen ans Licht gekommen ...

Wenn außerdem eine besondere, glückliche Begabung und eine reine, natürliche Anlage einen guten Theologen zu verheißen scheinen, so habe ich ebensowenig wie Augustin etwas dagegen, daß er in bestimmten Grenzen in den freien Künsten geschult und vorbereitet wird, in Dialektik, Rhetorik, Arithmetik, Musik, Astrologie, insbesondere aber in der Naturkunde der Tiere, der Pflanzen, der Gesteine, dazu in der Kenntnis derjenigen Stätten, welche die Heilige Schrift erwähnt. Denn wenn wir diese Gegenden kennen, folgen wir in Gedanken der Erzählung und werden im Geist gleichsam dort umhergeführt, so daß wir die Dinge zu sehen, nicht nur zu lesen vermeinen. Zugleich bleibt das so Gelesene viel besser im Gedächtnis. Wenn wir dann aus den Schriften der Historiker nicht nur die geographische Lage der Völker, von welchen berichtet wird oder an welche die Apostel schreiben, sondern auch ihren Ursprung, ihre Sitten und Einrichtungen, ihren Kultus und ihre Wesensart kennengelernt haben, so fällt eine wundersame Fülle von Licht und gleichsam Leben auf die Lektüre, die geradezu einschläfernd und tödlich wirken muß, wenn nicht nur diese Sachkenntnis, sondern vielfach auch die Wortkenntnis fehlt ...

Auch dürfte es nicht unnütz sein, wenn sich der junge Theologe in der figürlichen und übertragenen Redeweise der Grammatiker und Rhetoren fleißig schult, wenn er sich zur Vorübung mit der allegorischen Auslegung von Fabeln, mit Erzählungen, mit Gleichnissen, mit denjenigen Teilen der Rhetorik beschäftigt, die von den Gegenständen, den Sätzen, den Beweisen, von der Erweiterung von Wortschatz und Satzbau und von den Affekten handeln, denn das trägt zur Steigerung der Urteilsfähigkeit bei, worauf es bei den Studien vor allen Dingen ankommt.

... Es dürfte sachgemäßer sein, unserem Schüler die Lehren Christi in knapper Zusammenfassung in die Hand zu geben, und zwar hauptsächlich aus den Evangelien, sodann aus den Schriften der Apostel, so daß er überall einen festen Skopus hat, auf den er alles übrige beziehen kann. Zum Beispiel: Christus hat sich auf Erden ein neues Volk geschaffen, das ganz vom Himmel abhängig sein sollte und, allen irdischen Hilfen mißtrauend, auf eine ganz andere Weise reich, weise, geadelt, mächtig und glücklich ist, und durch Verachtung aller Dinge den wahren Wert der Dinge erwirbt. Ein Volk, das einfältigen Auges von Haß nichts weiß, das freiwillig beschnitten, die Lust nicht kennt, das sich nicht, wie sonst die Menschen, zu schämen hat, das die Größe in der Dienstbarkeit gegenüber allen erblickt, das zur Einfalt und Reinheit der Kindlein gleichsam wiedergeboren ist, das wie die Vögel unter dem Himmel in den Tag hinein lebt, dem das Leben nichts wert ist, der Tod erwünscht, das keine Tyrannei fürchtet, noch den Tod, noch den Satan, weil es fest allein auf Christi Schutz vertraut. Ein Volk, das, selbst wenn es gereizt wird, von Zürnen und Fluchen nichts weiß, das auch denen, die ihm Böses getan haben, Gutes tun möchte, bei dem die größte Eintracht herrscht, so wie bei den Gliedern des Leibes, bei dem die gegenseitige Liebe alles zum Gemeingut aller macht. Ein Volk, das als Salz und Licht der Welt leben und so handeln soll, daß es stets für den Jüngsten Tag gleichsam gegürtet bereit steht. Auch wäre kurz zu zeigen, daß Christus mit seiner Lehre die Seinen gegen alles im voraus geschützt hat. Worin die Glückseligkeit bestehen müsse, hat er in der Bergpredigt gelehrt; wodurch man sich die Unsterblichkeit erwirbt, hat er im Gleichnis vom Gericht mit dem Bild von den Böcken und Schafen gelehrt (Mt. 25, 32 ff). Wie man sich gegen die Brüder verhalten soll, die uns beleidigt haben, wie gegen Kranke, gegen Heiden, gegen Feinde und Verfolger, wie gegen böse oder gottlose Obere.

Weiter muß man ihn daran erinnern, fleißig den ganzen Lebens- und Wirkungskreis Christi zu betrachten, wie er geboren und erzogen wurde, wie er aufwuchs, wie er sich gegen Eltern und Verwandte betrug, wie er sein Amt der Verkündigung des Evangeliums antrat, wie verschiedenartig er war in seinen Wundern, wie verschiedenartig in seinen Antworten! Wie er sich des Volkes erbarmte, gegen Pharisäer und Schriftgelehrte eiferte, gegen die Käufer und Verkäufer wütete er gar mit der Geißel (Mt. 21, 12)! Wie er die Zeremonien allenthalben verachtet, so fordert er immer nur den Glauben. Gewisse Dinge hat er gleichsam außer acht gelassen, wie zum Beispiel das Bild des Kaisers auf der Münze (Mt. 22, 20). Zu einigen ging er von sich aus, zu anderen nur ungern, einige zog er von selbst an sich heran, andere, die ihm folgen wollten, ließ er nicht zu. Herodes antwortete er nichts, Pilatus wie auch Hannas und Kaiphas nur wenig. Insbesondere muß man beobachten, wie er sich zum letzten Kampfe vorbereitet hat, wie er sich sterbend verhielt, wie er begraben wurde und auferstand. Nichts ist unter diesen Dingen, was nicht die wunderbare Lehre der Frömmigkeit in sich enthält, wenn man nur aufmerksam genug beobachtet und darüber nachdenkt und philosophiert. Es genügt nicht zu ergründen, wie die ewige Wahrheit nach dem historischen, tropologischen, allegorischen und anagogischen Sinn in verschiedenen Dingen verschieden aussieht, vielmehr muß man Punkt für Punkt bei den einzelnen Dingen die Abstufungen, Unterscheidungen und die Art der Behandlung ins Auge fassen. Wie vielfältig behandelt Origenes die Versuchung Abrahams! Was findet jedoch, wer sich mit der Historie befaßt? Um nicht davon zu reden, daß derselbe Typos je nach den verschiedenen Dingen, auf die er angewendet wird, je nach dem Unterschied der Zeiten gleichsam eine andere Gestalt annimmt, wie man zum Beispiel die „Treber, die die Säue aßen" (Lk. 15, 16), auf den Reichtum, auf die Lüste, die Ehrungen und auf die weltliche Bildung beziehen kann. Und doch bleibt man dabei noch im Bereich der Tropologie. Doch kann das ganze Gleichnis auf das Volk der Juden und Heiden gedeutet werden. Gewisse Dinge beziehen sich nur auf die Jünger und insbesondere auf die damalige Zeit, andere auf alle, manches ist den Leidenschaften jener Zeit zuzuschreiben, einiges ist ironisch gemeint. Wollte man das an Beispielen klarmachen, ein Band reichte nicht aus ...

Sicherlich wünschte ich selbst, es sei in der Heiligen Schrift nichts verdorben und nichts Unstimmiges. Das ist zwar leicht zu wünschen, aber niemals Wirklichkeit gewesen und wird es auch nie werden...

Was nützt es, diejenigen zu widerlegen, die ebenso ungebildet wie unverschämt zu schreien pflegen, es sei ein unerträgliches Verbrechen, daß jemand die Evangelien korrigiere? Ein Kutscher dürfte sich kaum so äußern, viel weniger ein Theologe! ... Jeder Windbeutel darf Evangelienhandschriften verderben, und da sollte es ein Verbrechen sein, Verderbtes wiederherzustellen? Zumal für einen Mann, der, um nichts Übertriebenes zu sagen, in dieser Art Wissenschaft nicht gerade nachlässig, auch nicht ungeübt ist und der so viele griechische und lateinische Handschriften, so viele berühmte Autoren zu Rate gezogen hat!

Mir ist es aus den verschiedensten Gründen sehr wahrscheinlich, daß das ganze Neue Testament ursprünglich griechisch geschrieben war, nicht lateinisch. Man könnte höchstens das Matthäusevangelium und den Hebräerbrief ausnehmen, das übrige ist unumstritten. Wer etwas von den Aposteln und Evangelisten Geschriebenes ändern will, gegen den mag man mit Recht den Vorwurf erheben, er korrigiere die Evangelien, nicht aber gegen den, der guten Glaubens nach den päpstlichen Dekreten auf Grund der griechischen Quellen und auf Grund der Meinung der heiligen Ausleger die Fehler der Schreiber oder die Unstimmigkeiten der Übersetzung in den lateinischen Handschriften verbessert, weil die Apostel griechisch geschrieben haben. Doch warum darüber viele Worte? Wo doch der heilige Hieronymus in mehreren Briefen für meine Sache eintritt, der auch seinerseits bei seiner ganz ähnlichen Arbeit von Vorwürfen nicht verschont blieb. Hätten wir seine Textverbesserungen noch, so hätten wir unsere Arbeit nicht zu tun brauchen, oder wir hätten ihn zum Vorbild nehmen können.

Wenn du also, liebster Leser, eine Textänderung

bei mir findest, so verwirf und verdamme sie bitte
nicht sofort nach der gewöhnlichen Lesart, so, als ob
schlecht sein müßte, was anders ist. Damit nimmst
du mir zugleich mein Lob und dir den Nutzen meiner
Arbeit!

## Der Evangeliumsträger (1518)

### Ein Gespräch. Polyphem und Cannius

*Cannius:* Wonach jagt denn hier Polyphem?

*Polyphem:* Wonach soll ich schon jagen ohne Hunde
und Jagdspieß?

*Cannius:* Vielleicht eine Waldnymphe?

*Polyphem:* Gut geraten. Hier ist das Jagdnetz.

*Cannius:* Was muß ich sehen? Bacchus im Löwenfell
— Polyphem mit einem Buch? Das paßt wie die
Faust aufs Auge.

*Polyphem:* Ich habe das Buch sogar mit Gelb und Rot
und Blau verziert.

*Cannius:* Ich dachte weniger an die Besonderheiten
des Buches als an deine Abneigung gegen Bücher
überhaupt. Es ist anscheinend ein militärisches
Werk mit seiner streitbaren Zier aus Buckeln, Plat-
ten und Eisenbändern.

*Polyphem:* Sieh es dir an!

*Cannius:* Gib es her! Es ist wirklich sehr hübsch ...
...

*Polyphem:* Sag einmal im Ernst! Ist es denn nicht
fromm, das Evangelium umherzutragen?

*Cannius:* Gewiß ist das fromm, wenn es frei bleibt
von Eitelkeit und Heuchelei.

*Polyphem:* Heuchelei ist Sache der Mönche. Was hat
ein Soldat damit zu tun?

*Cannius:* Sag an, was du unter Heuchelei verstehst!

*Polyphem:* Wenn man sich anders gibt, als man innerlich fühlt.

*Cannius:* Was deutet man denn an, wenn man das
Evangelium mit sich herumschleppt? Ein dem Evangelium gemäßes Leben?

*Polyphem:* Das glaube ich doch.

*Cannius:* Ist es dann etwa keine Heuchelei, wenn nun der Lebenswandel nicht mit dem Buch übereinstimmt?

*Polyphem:* Es sieht so aus. Was nennst du denn, das Evangelium ohne Heuchelei tragen?

*Cannius:* Manche halten es in der Hand wie die Franziskaner die Regel des heiligen Franz. Das können aber auch die Pariser Lastträger, die Esel und Klepper. Andere führen das Wort Gottes im Mund und triefen nur so von Christus und dem Evangelium. Das ist Pharisäerart. Wieder andere hegen es in ihrem Herzen. Es trägt also auf die rechte Art und ohne Heuchelei nur das Evangelium, wer es in der Hand, im Munde und im Herzen führt.

*Polyphem:* Wo gibt es solche Menschen?

*Cannius:* In der Kirche sind es die Diakone, die das Buch tragen, es dem Volke verkünden und im Herzen bewahren.

*Polyphem:* Obwohl noch lange nicht alle heilig sind, die das Evangelium auswendig wissen!

*Cannius:* Treib keine Wortklauberei! Nur der kennt es durch und durch, der es von Herzen liebt. Niemand aber liebt es wahrhaftig, der das Evangelium nicht in seinem Leben verwirklicht.

*Polyphem:* Diese Feinheiten verstehe ich nicht.

*Cannius:* Ich will mich einfacher ausdrücken. Wenn du einen Krug Beaune auf den Schultern trägst, was ist das anderes als eine Last?

*Polyphem:* Nichts anderes natürlich.

*Cannius:* Wenn du ihn bereits in der Kehle hättest und ihn wieder ausspucktest?

*Polyphem:* Das nützt nichts. Ich tue es auch nicht.

*Cannius:* Wenn du nun nach deiner Gewohnheit einen anständigen Schluck nimmst?

*Polyphem:* Es gibt nichts Köstlicheres!

*Cannius:* Er erwärmt den ganzen Körper, rötet das Antlitz und erheitert die Stirn.

*Polyphem:* Das steht fest.

*Cannius:* So ist es auch mit dem Evangelium. Wenn es in das Innere gedrungen ist, erneuert es das ganze Wesen des Menschen.

*Polyphem:* Mein Lebenswandel ist dir also zu wenig evangelisch?

*Cannius:* Die Frage könntest du selbst am besten beantworten.

*Polyphem:* Ja, wenn man das mit dem Schwert in der Hand könnte!

*Cannius:* Was würdest du tun, wenn dich jemand ins Gesicht einen Bettler und Nichtsnutz nennen würde?

*Polyphem:* Was ich tun würde? Er würde meine Fäuste spüren.

*Cannius:* Wenn dir jemand eine Ohrfeige gäbe?

*Polyphem:* Ich würde ihm den Hals umdrehen.

*Cannius:* Dein Buch lehrt dich aber, für eine Schmähung ein gütiges Wort zu geben und die linke Wange hinzuhalten, wenn dich einer auf die rechte schlägt!

*Polyphem:* Gelesen habe ich das, es ist mir aber entfallen.

*Cannius:* Du betest doch fleißig?

*Polyphem:* Das ist pharisäisch!

*Cannius:* Pharisäisch ist häufiges Beten, wenn es selbstgefällig geschieht. Dein Buch lehrt aber, immer zu beten, und zwar von Herzen.

*Polyphem:* Immerhin bete ich gelegentlich.

*Cannius:* Wann?

*Polyphem:* Wenn es mir gerade einfällt, einmal oder zweimal in der Woche.

*Cannius:* Was betest du dann?

*Polyphem:* Das Vaterunser.

*Cannius:* Wie oft?

*Polyphem:* Einmal. Das Evangelium untersagt ja eine leiernde Wiederholung.

*Cannius:* Kannst du ein Vaterunser andächtig beten?

*Polyphem:* Ich habe es nie versucht. Ist es denn nicht genug, daß ich laut bete?

*Cannius:* Ich weiß nur, daß Gott nichts hört als die Stimme des Herzens. Fastest du häufig?

*Polyphem:* Nie.

*Cannius:* Dein Buch empfiehlt aber Beten und Fasten.

*Polyphem:* Ich wäre auch dafür, wenn mein Bauch nicht dagegen wäre.

*Cannius:* Paulus bestreitet aber, daß diejenigen Jesus Christus dienen, die dem Bauch frönen. Ißt du jeden Tag Fleisch?

*Polyphem:* Wenn möglich, ja.

*Cannius:* Die körperliche Widerstandskraft eines Fechters wie du könnte doch mit Heu und Baumrinde gestählt werden.

*Polyphem:* Christus sagt aber, daß der Mensch nicht verunreinigt werden könne durch das, was in seinen Mund kommt.

*Cannius:* Gewiß, wenn man Maß hält und kein Ärgernis gibt. Paulus, der Jünger Christi, will lieber vor Hunger sterben, als einem schwachen Bruder im Essen Ärgernis geben. Er mahnt uns, nach seinem Beispiel allen zu gefallen.

*Polyphem:* Paulus ist Paulus, ich bin ich.

*Cannius:* Prächtig. Hilfst du den Armen gern?

*Polyphem:* Ich habe nichts für sie.

*Cannius:* Du hättest genug, wenn du mäßig lebtest und redlich arbeitetest.

*Polyphem:* Nichtstun ist auch angenehm.

*Cannius:* Hältst du die Gebote Gotes?

*Polyphem:* Es fällt mir schwer.

*Cannius:* Tust du Buße für deine Vergehen?

*Polyphem:* Christus hat für uns gezahlt.

*Cannius:* Wie kannst du denn sagen, du liebtest das Evangelium?

*Polyphem:* Hör zu! Ein Franziskaner hielt bei uns fortgesetzt von der Kanzel Hetzreden gegen das Neue Testament des Erasmus. Ich habe mir den Menschen persönlich vorgenommen, seinen Haarschopf mit der Linken gefaßt, ihn mit der rechten Faust so gewaltig verbläut, daß ihm das ganze Gesicht angelaufen ist. Was sagst du dazu? Heißt das etwa nicht, dem Evangelium gewogen sein?

*Cannius:* Überaus evangelisch, fürwahr! Das heißt wirklich, das Evangelium mit dem Evangelium verteidigen ...

Es ist aber Zeit, daß du aus einem stumpfen Tier allmählich in einen Menschen verwandelt wirst.

*Polyphem:* Du mahnst mit Recht. Die Propheten die-

ser Zeit behaupten nämlich, der Jüngste Tag stehe
bevor.

*Cannius:* Um so größere Eile tut not.

*Polyphem:* Ich erwarte die Hand Christi.

*Cannius:* Sieh du nur zu, daß du der Hand einen
bildsamen Stoff darbietest! Aber woraus schließt
man auf das Ende der Welt?

*Polyphem:* Weil, sagen sie, die Menschen jetzt das
gleiche tun, was sie vor der Sintflut taten. Sie essen, trinken, feiern, freien und werden gefreit, treiben Unzucht, kaufen, verkaufen, borgen, wuchern
und bauen Häuser. Die Könige führen Krieg, die
Priester sorgen sich um die Steigerung ihrer Einkünfte, die Theologen spinnen Syllogismen, die
Mönche schweifen durch die Welt, das Volk ist re-
bellisch, Erasmus schreibt Gespräche; kein Übel
fehlt! Hunger, Durst, Räubereien, Krieg, Pest, Meu-
terei und schlechte Zeiten. Beweist das alles nicht,
daß es mit der Menschheit zu Ende geht? . . .

# LITERATURHINWEISE UND ABKÜRZUNGEN

Nach dem vorgegebenen Verfahren des Nachdrucks konnten an der Einleitung und am Textteil des vorliegenden Bändchens Änderungen nicht angebracht werden. So mußten leider auch geringfügige Verbesserungen unterbleiben. Hingegen sind innerhalb des beschränkten Rahmens die Literaturhinweise auf den gegenwärtigen Stand (1987) ergänzt worden.        G.A.B.

Zur ersten Orientierung seien die entsprechenden Artikel in folgenden Lexika empfohlen:

Realencyklopädie für protestantische Theologie und Kirche, 3. Aufl. 1(1896)-24(1913) = RE

Die Religion in Geschichte und Gegenwart, 3. Aufl. 1(1957)-6(1962) ND 1986 = RGG

Lexikon für Theologie und Kirche, 2. Aufl. 1(1957)-10(1965), ND 1986 = LThK

Die deutsche Literatur des Mittelalters, Verfasserlexikon, 2. Aufl. 1(1978)-6(1987) = VerLex²

## ALLGEMEINES

*W. Andreas*, Deutschland vor der Reformation (1932), 6. Aufl. 1959

*F. Baethgen*, Europa im Spätmittelalter, 1951

*G. von Below*, Die Ursachen der Reformation, 1916

*C. T. Berkhout/J. B. Russell*, Medieval Heresies. A Bibliography 1960-1979. (1981)

*H. Feld*, Die Anfänge der modernen biblischen Hermeneutik in der spätmittelalterlichen Theologie, 1977

*G. Ficker*, Das ausgehende Mittelalter und sein Verhältnis zur Reformation, 1903

*E. van Gelder*, The two Reformations in the Sixteenth Century, 1961

*M. Greschat* (Hrsg.), Gestalten der Kirchengeschichte Bd. 3 und 4, Mittelalter I und II, 1983 = Greschat 3 und 4

*H. Grundmann*, Ketzergeschichte des Mittelalters, 1963

*E. Gothein*, Politische und religiöse Volksbewegungen vor der Reformation, 1878

*A. M. Haas*, Geistliches Mittelalter, 1984

*J. Haller*, Papsttum und Kirchenreform I, 1903

*J. Haller*, Die Ursachen der Reformation, 1917

*B. Hamm*, Frömmigkeit als Gegenstand theologiegeschichtlicher Forschung, in: Zeitschr. für Theologie und Kirche 74(1977)464-497

*A. v. Harnack*, Lehrbuch der Dogmengeschichte III, 4. Aufl. 1910, ND 1964

*J. Hashagen*, Staat und Kirche vor der Reformation, 1931

E. *Hassinger*, Das Werden des neuzeitlichen Europa 1300-1600 (1959),
2. Aufl. 1966, ND 1976

A. *Hauck*, Kirchengeschichte Deutschlands V/1 (1911), V/2 (1920), =
Hauck V

H. *Heimpel*, Das Wesen des deutschen Spätmittelalters, in: Archiv für
Kulturgeschichte 35 (1953), 29-51

C. *von Höfler*, Die romanische Welt und ihr Verhältnis zu den Reformideen des Mittelalters, Sitzungsberichte der Wiener Akademie der
Wissenschaften 91 (1878), 257-538

J. *Huizinga*, Herbst des Mittelalters (1924), 11. Aufl. 1975

H. *Jedin* (Hrsg.), Handbuch der KG III/2, Das Spätmittelalter, 1968,
365-740

R. *Kottje* und B. *Moeller* (Hrsgg.), Ökumenische Kirchengeschichte,
Bd. II: Mittelalter und Reformation (1973), 3. Aufl. 1987

F. *Kropatschek*, Das Schriftprinzip der lutherischen Kirche I, 1904

M. D. *Lambert*, Ketzerei im Mittelalter, 1981

G. *Leff*, Heresy in the Later Middle Ages, 2 Bde. 1967

F. *Loofs*, Leitfaden zum Studium der Dogmengeschichte II, 7. Aufl.
1968

J. *Lortz*, Die Reformation in Deutschland (1939/40), 6. Aufl. 1982

E. *Meuthen*, Das 15. Jahrhundert, 1980

B. *Moeller*, Spätmittelalter, 1966

R. I. *Moore*, The Origins of European Dissent, 1977

H. A. *Oberman*, Forerunners of the Reformation (1966), 2. Aufl. 1981

H. A. *Oberman*, Spätscholastik und Reformation I: Der Herbst der
mittelalterlichen Theologie (1965); II: Werden und Wertung der Reformation (1977), 2. Aufl. 1979

S. *Ozment*, The Age of Reform 1250-1550, 1980

W. E. *Peuckert*, Die große Wende (1948), ND 1976

F. *Rapp*, L'église et la vie religieuse en Occident à la fin du Moyen
Age, 1971

G. *Ritter*, Die geistigen Ursachen der Reformation (1931), in: Die Weltwirkung der Reformation, 2. Aufl. 1959, 32-46

H. *Schüssler*, Der Primat der Heiligen Schrift als theologisches und
kanonistisches Problem im Spätmittelalter, 1977

R. *Schwarz*, Vorgeschichte der reformatorischen Bußtheologie, 1968

R. *Seeberg*, Lehrbuch der Dogmengeschichte III (4. Aufl. 1930),
ND 1959

M. *Spinka*, Advocates of Reform from Wyclif to Erasmus, 1953

R. *Stadelmann*, Vom Geist des ausgehenden Mittelalters, 1929

E. *Staehelin*, Die Verkündigung des Reiches Gottes in der Kirche Jesu
Christi III, 1955

G. *Strauss* (ed.), Pre-Reformation Germany, 1972

F. *Thudichum*, Papsttum und Reformation im Mittelalter, 1903

P. *Wunderlich*, Die Beurteilung der Vorreformation in der deutschen
Geschichtsschreibung seit Ranke, 1930

EINLEITUNG

G.A. *Benrath*, Reformatoren vor der Reformation, in: Blätter für
pfälzische Kirchengeschichte (1987) 141-151

F. *Böhringer*, Die Vorreformatoren des 14. und 15. Jahrhunderts,
= Die Kirche Christi und ihre Zeugen II/4/1 (1856), 2 (1858)

*Matthias Flacius Illyricus*, Catalogus Testium Veritatis, 1556

L. *Flathe*, Geschichte der Vorläufer der Reformation, 2 Bde. 1835/36

W. *Gilpin*, Lebensbeschreibungen der bekanntesten Reformatoren
vor Luthero, 1769

G.V. *Lechler*, Johann von Wiclif und die Vorgeschichte der Reformation, 2 Bde., 1873

C. *Ullmann*, Reformatoren vor der Reformation, 2 Bde. 2. Aufl. 1866

C.G.F. *Walch*, Monimenta medii aevi I (1757-59), II (1761) = Walch I
und II

G. *Wolf*, Quellenkunde der deutschen Reformationsgeschichte I,
1915; ND 1965


I. WALDENSER

I. *von Döllinger*, Beiträge zur Sektengeschichte des Mittelalters, 2. Teil
(1890), ND 1982, = I. v. Döllinger II

E. *Cameron*, The Reformation of the Heretics. The Waldenses of the
Alps 1480-1580. (1985)

D. *Kurze*, Märkische Waldenser und Böhmische Brüder, in: FS Walter
Schlesinger II (1974), 456-502

W. *Mohr*, Waldes von seiner Berufung bis zu seinem Tode, 1970

A. *Molnár*, Die Waldenser, 1980

A. *Patschovsky/K.V. Selge* (Hrsg.), Quellen zur Geschichte der Waldenser, 1973

M. *Schneider*, Europäisches Waldensertum im 13. und 14. Jh., 1981

V. *Vinay*, Waldes, in: Greschat 3 (1983) 238-248


II. SCHOLASTIKER

K. *Bannach*, Die Lehre von der doppelten Macht bei Wilhelm von
Ockham, 1975

U. *Bubenheimer*, Gabriel Biel, in: Greschat 4 (1983) 308-319

C. *Burger*, Aedificatio, fructus, utilitas. Johannes Gerson als Professor
der Theologie und Kanzler der Univ. Paris, 1986

C. *Burger*, Art., Gerson, in: TRE 12 (1984) 532-538

W. *Dettloff*, Art. Biel, Gabriel, in: TRE 6 (1980) 488-491

*Gregor von Rimini*, Lectura super Primum et Secundum Sententiarum,
1(1981)-7(1987)

H. *Junghans*, Ockham im Lichte der neueren Forschung, 1968

G. *de Lagarde*, La naissance de l'ésprit laïque au déclin du moyen âge
III: Le Defensor pacis, 1970; IV: Guillaume d'Ockham: Défense de
l'empire, 1962; V: Guillaume d'Ockham: Critique des structures
ecclésiales, 1963

G.H.M. *Posthumus Meyjes*, Jean Gerson, in: Greschat 4 (1983), 267-285

J. *Miethke*, Wilhelm von Ockham, in: Greschat 4 (1983) 155-175

H.A. *Oberman* (Hrsg.), Gregor von Rimini, 1981

L.B. *Pascoe*, Jean Gerson. Principles of Church Reform, 1973

D. *Trapp*, Art. Gregor von Rimini, in: TRE 14 (1985) 181-184


III. MYSTIKER

É. *Brouette/R. Mokrosch*, Art. Devotio moderna, in: TRE 8 (1981) 605-616

G.H. *Gerrits*, Inter timorem et spem: a study of the theological thought of Gerard Zerbolt of Zutphen (1367-1398), Leiden 1986

L. *Gnädinger*, Johannes Tauler von Straßburg, in: Greschat 4 (1983) 176-198

A.M. *Haas*, Meister Eckhart als normative Gestalt geistlichen Lebens, 1979

A.M. *Haas*, Sermo mysticus. Studien zur Theologie und Sprache der deutschen Mystik, 1979

„Der Franckforter" („Theologia Deutsch"), Kritische Textausgabe von W. *von Hinten*, 1982

H.N. *Janowski*, Geert Groote, Thomas von Kempen und die Devotio Moderna, 1978

U. *Kern*, Art. Eckhart, in: TRE 9 (1982) 258-264

M. *de Kroon*, Gerard Groote, in: Greschat 4 (1983) 234-250

R.R. *Post*, The Modern Devotion, 1968

S.E. *Ozment*, Homo spiritualis, 1969

F. *Rapp*, Art. Gottesfreunde, in: TRE 14 (1985) 98 ff.

E. *Soudek*, Meister Eckhart, 1973

*Johann von Staupitz*, Sämtliche Schriften 1(1987), 2(1979), 3(1988)

Thomas von Kempen, Beiträge zum 500. Todesjahr 1471-1971. (1971)

A.G. *Weiler*, Art. Grote, Gerhard, in: TRE 14 (1985) 274-277

F.-W. *Wentzlaff-Eggebert*, Deutsche Mystik zwischen Mittelalter und Neuzeit (1939) 3. Aufl. 1969


IV. KONZILIARISMUS

R. *Bäumer* (Hrsg.), Die Entwicklung des Konziliarismus, 1976

R. *Bäumer* (Hrsg.), Das Konstanzer Konzil, 1977

J. *Gill*, Konstanz und Basel-Florenz. = Geschichte der Ökumenischen Konzilien Bd. 9, Mainz 1967

P. *Johanek*, Art. Heimburg, Gregor, in: VerLex² 3 (1981) 629-642

W. *Krämer*, Konsens und Rezeption. Verfassungsprinzipien der Kirche im Basler Konziliarismus, 1980

G. *Kreuzer*, Art. Konrad von Gelnhausen, in: VerLex² 3 (1981) 629-642

J. *Leuschner*, Art. Dietrich von Nieheim, in: VerLex² 2 (1980) 140-144

H.J. *Sieben*, Theorien und Traktate zum Konzil, 1984

E. *Wolgast*, Art. Gravamina nationis Germanicae, in: TRE 14 (1985) 131-134

F.J. *Worstbrock*, Art. Matthäus von Krakau, in: VerLex² 6 (1987) 172-182

## V. REFORMPREDIGER

K. *Arnold*, Niklashausen 1476, (1980)

É. *Brouette*, Dionysius der Kartäuser, in: TRE 9 (1982) 4 ff.

B.H. *Haage*, Art. Kalteisen, Heinrich OP, in: VerLex² 4 (1983) 966-980

J. *Kadlec*, Art. Milíč, Jan, von Kremsier, in: VerLex² 6 (1987) 522-527

H. *Kraume*, Art. Geiler, Johannes, von Kaysersberg, in: VerLex² 2 (1980) 1141-1152

D. *Mertens*, Art. Jakob von Paradies, in: VerLex² 4 (1983) 478-487

A. *Prosperi*, Girolamo Savonarola, in: Greschat 4 (1983) 320-334

F. *Rapp*, Art. Geiler von Kaysersberg, in: TRE 12 (1984) 159-162

F. *Rapp*, Réformes et Réformation à Strasbourg (1450-1525), 1974

M.A. *Schmitt*, Dionysius der Kartäuser, in: VerLex² 2 (1980) 166-178

E. *Valašek*, Das Kirchenverständnis des Prager Magisters Matthias von Janov, 1971

## VI. WYCLIFITISCHE REFORMBEWEGUNG

M. *Aston*, Lollards and Reformers, 1984

G.A. *Benrath*, John Wyclif, in: Greschat 4 (1983) 219-233

F. *de Boor*, Wyclifs Simoniebegriff, 1970

M. *Deanesly*, The Lollard Bible (1920) ND 1978

Fasciculi Zizaniorum Magistri Johannis Wyclif cum Tritico ed. by W. W. Shirley, 1858, ND 1965, = Fasciculi Zizaniorum

A. *Hudson* (ed.), Selections from English Wycliffite Writings, 1978

A. *Hudson*, P. *Gradon* (edd.), English Wycliffite Sermons 1(1983), 2(1987)

A. *Hudson*, Lollards and their Books, 1985

A. *Kelly* (ed.), Wyclif in his times, 1986

J.A.F. *Thomson*, The Later Lollards 1414-1520, 2. Aufl. 1967

## VII. HUSSITISCHE REFORMBEWEGUNG

P. *de Vooght*, Hussiana, 1976

P. *de Vooght*, Jacobellus de Stříbro, premier théologien du hussitisme, 1972

H. *Heimpel*, Drei Inquisitionsverfahren aus dem Jahr 1425, 1969

Zd. *Hledíková*, Art. Chelčický, Petr, in: TRE 7 (1981) 712 ff.

H. *Kaminsky*, A History of the Hussite Revolution,1967

F. *Machilek*, Art. Böhmische Brüder, in: TRE 7 (1981) 1-8

F. *Machilek*, Art. Hus/Hussiten, in: TRE 15 (1986) 710-735

A. *Molnár* (ed.), Confessio Taboritarum, 1983

J.Th. *Müller*, Geschichte der Böhmischen Brüder I, 1922, = J. Th. Müller

F. *Palacký* (ed.), Documenta M.J. Hus vitam, causam, doctrinam illustrantia, 1869, ND 1966, = Palacký

E. *Peschke*, Kirche und Welt in der Theologie der Böhmischen Brüder, 1981

F. *Seibt*, Jan Hus, in: Greschat 4 (1983) 251-266

F. *Seibt*, Hussitenstudien, 1987

K.-V. *Selge*, Heidelberger Ketzerprozesse in der Frühzeit der hussitischen Revolution, in: Zeitschrift für Kirchengeschichte 82 (1971)
167-202

M. *Spinka*, John Hus, A Biography, 1968

P. *Spunar*, Repertorium auctorum Bohemorum . . . I, 1985

J.K. *Zeman*, The Hussite Movement and the Reformation in Bohemia,
Moravia and Slovakia (1350-1650). A Bibliographical Study Guide,
1977


VIII. REFORMTHEOLOGEN

G.A. *Benrath* (Hrsg.), Reformtheologen des 15. Jahrhunderts, 1968

R. *Haubst* (Hrsg.), Der Friede unter den Religionen nach Nikolaus von
Kues, 1984

E. *Meuthen*, Nikolaus von Kues, 4. Aufl. 1979

S.D. *Reeves*, Art. Gansfort, Wessel, in: TRE 12 (1984) 25-28

H.G. *Senger*, Nikolaus von Kues, in: Greschat 4 (1983) 286-307


IX. HUMANISTEN

K. *Arnold*, Johannes Trithemius (1472-1516), 1971

C. *Augustijn*, Erasmus von Rotterdam, 1986

G.A. *Benrath*, Die Lehre des Humanismus (15.-17. Jh.), in: C. Andresen,
Handbuch der Dogmen- und Theologiegeschichte 3 (1984) 1-35

S.I. *Camporeale*, Lorenzo Valla, 1972

*Erasmus*, Novum Instrumentum (1516), ND 1983

H. *Grimm*, Ulrich von Hutten, 1971

O. *Herding* (Hrsg.), Jakob Wimpfeling. Beatus Rhenanus, Das Leben
des Johannes Geiler von Kaysersberg, 1970

G.C. *Huisman*, Rudolph Agricola, A Bibliography, 1985

M. *Krebs* (Hrsg.), Johannes Reuchlin und sein Kampf, 1965

J. *Nolte*, Art. Ficino, in: TRE 11 (1983) 171-174

S. *Raeder*, Johannes Reuchlin, in: Greschat 5 (1981) 33-51

A. *Renaudet*, Préréforme et humanisme à Paris, 2. Aufl. 1953

W. *Setz* (ed.), Lorenzo Valla, De falso credita et ementita Constantini
donatione, 1976

W. *Setz*, Lorenzo Vallas Schrift gegen die Konstantinische Schenkung,
1975

S. *Skalweit*, Art. Hutten, in: TRE 15 (1986) 747-752

L.W. *Spitz*, Art. Humanismus/Humanismusforschung, in: TRE 15
(1986) 639-661

W. *Welzig* (Hrsg.), Erasmus von Rotterdam, Ausgewählte Schriften
8 Bde. 1968

F.J. *Worstbrock*, Art. Agricola, Rudolf, in: VerLex² 1 (1978) 84-93